P

Philippe G

Rédacteur en chef
Pierre JOSSE
Rédaction
Florence BOUFFET, Benoît LUCCHINI,
Yves COUPRIE, Olivier PAGE,
Véronique de CHARDON, Amanda KERAVEL,
Isabelle AL SUBAIHI, Anne-Caroline DUMAS,
Carole FOUCAULT et Bénédicte SOLLE

LE GUIDE DU ROUTARD

1999/2000

WEEK-ENDS AUTOUR DE PARIS

Hachette

Hors-d'œuvre

Le G.D.R., ce n'est pas comme le bon vin, il vieillit mal. On ne veut pas pousser à la consommation, mais évitez de partir avec une édition ancienne. D'une année sur l'autre, les modifications atteignent et dépassent souvent les 40 %.

Chaque année, en juin ou juillet, de nombreux lecteurs se plaignent de voir certains de nos titres épuisés. À cette époque, en effet, nous n'effectuons aucune réimpression. Ces ouvrages risqueraient d'être encore en vente au moment de la publication de la nouvelle édition. Donc, si vous voulez nos guides, achetez-les dès leur parution. Voilà.

Nos ouvrages sont les guides touristiques de langue française le plus souvent révisés. Malgré notre souci de présenter des livres très réactualisés, nous ne pouvons être tenus pour responsables des adresses qui disparaissent accidentellement ou qui changent tout à coup de nature (nouveaux propriétaires, rénovations immobilières brutales, faillites, incendies...). Lorsque ce type d'incidents intervient en cours d'année, nous sollicitons bien sûr votre indulgence. En outre, un certain nombre de nos adresses se révèlent plus « fragiles » parce que justement plus sympas ! Elles réservent plus de surprises qu'un patron traditionnel dans une affaire sans saveur qui ronronne sans histoire.

Les tarifs mentionnés dans ce guide ne sont qu'indicatifs et en rien contractuels. Ici un menu aura augmenté de 10 F, là une chambre de 25 F. Il faut compter 5 mois entre le moment où notre enquêteur passe et la parution du G.D.R. *Grosso modo*, en tenant compte de l'inflation, de la température à Moscou et de l'âge du capitaine, les prix que nous donnons auront grimpé de 5 à 10 %. En France, les prix sont comme les petits oiseaux, ils sont libres, tant pour les hôtels que pour les restaurants.

Spécial copinage

– *Restaurant Perraudin* : 157, rue Saint-Jacques, 75005 Paris. ☎ 01-46-33-15-75. Fermé le samedi midi, le dimanche, le lundi midi et la 2ᵉ quinzaine d'août. À deux pas du Panthéon et du jardin du Luxembourg, il existe un petit restaurant de cuisine traditionnelle. Lieu de rencontre des éditeurs et des étudiants de la Sorbonne, où les recettes d'autrefois sont remises à l'honneur : gigot au gratin dauphinois, pintade aux lardons, pruneaux à l'armagnac. Sans prétention ni coup de bâton. D'ailleurs, c'est notre cantine, à midi.

IMPORTANT : le 36-15, code ROUTARD, a fait peau neuve ! Pour vous aider à préparer votre voyage : présentation des nouveaux guides ; « Du côté de Celsius » pour savoir où partir, à quelle saison ; une boîte à idées pour toutes vos remarques et suggestions ; une messagerie pour échanger des bons plans entre routards. Nouveau : notre rubrique « Bourse des vols » permet désormais d'obtenir en un clin d'œil tous les tarifs aériens (charters et vols réguliers). On y recense tous les tarifs de 80 voyagistes et 40 compagnies pour 400 destinations. Fini le parcours du combattant pour trouver son billet au meilleur prix ! Et notre rubrique « Docteur Routard ! » ! Vaccinations, protection contre le paludisme, adresses des centres de vaccination, conseils de santé, pays par pays.
Et toujours les promos de dernière minute, les voyages sur mesure, les dates de parution des *G.D.R.*, une information détaillée sur ROUTARD Assistance.

TABLE DES MATIÈRES

NORD-EST

SUD-EST

SUD-OUEST

LES GUIDES DU ROUTARD
1999-2000

(dates de parution sur le 36-15, code ROUTARD)

France

- Alpes **(avril 99)**
- Alsace, Vosges
- Auvergne, Limousin
- Banlieues de Paris **(nouveauté)**
- Bourgogne, Franche-Comté
- Bretagne
- Châteaux de la Loire
- Corse
- Côte d'Azur **(nouveauté)**
- Hôtels et restos de France
- Junior à Paris et ses environs **(nouveauté)**
- Languedoc-Roussillon
- Lyon et ses environs **(sept. 99)**
- Le Marché du routard à Paris **(nouveauté)**
- Midi-Pyrénées
- Normandie
- Paris
- Paris exotique **(nouveauté)**
- Pays de la Loire
- Poitou-Charentes
- Provence **(nouveauté)**
- Restos et bistrots de Paris
- Sud-Ouest
- Tables et chambres à la campagne
- Week-ends autour de Paris

Amériques

- Brésil
- Canada Ouest et Ontario
- Chili, Argentine et île de Pâques
- Cuba
- États-Unis, côte Est
- États-Unis (côte Ouest et Rocheuses)
- Floride, Louisiane
- Guadeloupe
- Martinique, Dominique, Sainte-Lucie, Grenadines
- Mexique, Belize, Guatemala
- New York
- Pérou, Équateur, Bolivie
- Québec et Provinces maritimes

Asie

- Birmanie **(printemps 99)**
- Inde du Nord, Népal, Tibet
- Inde du Sud, Ceylan
- Indonésie
- Israël
- Istanbul **(printemps 99)**
- Jordanie, Syrie, Yémen
- Laos, Cambodge **(printemps 99)**
- Malaisie, Singapour
- Thaïlande, Hong Kong, Macao
- Turquie
- Vietnam

Europe

- Allemagne
- Amsterdam
- Angleterre, pays de Galles
- Athènes et les îles grecques **(nouveauté)**
- Autriche
- Belgique
- Écosse
- Espagne du Nord et du Centre
- Espagne du Sud, Andalousie
- Finlande, Islande
- Grèce continentale **(nouveauté)**
- Hongrie, Roumanie, Bulgarie
- Irlande
- Italie du Nord
- Italie du Sud, Rome, Sicile
- Londres
- Norvège, Suède, Danemark
- Pologne, République tchèque, Slovaquie
- Portugal
- Prague
- Suisse
- Toscane, Ombrie
- Venise

Afrique

- Afrique noire Sénégal Gambie Mali Mauritanie Burkina Faso Niger Côte-d'Ivoire Togo Bénin Cameroun
- Égypte
- Île Maurice, Rodrigues
- Kenya, Tanzanie et Zanzibar
- Maroc
- Réunion
- Tunisie

et bien sûr...

- Le Guide de l'expat
- Humanitaire
- Internet
- Les Métiers du voyage

SPÉCIAL DÉFENSE DU CONSOMMATEUR

Un routard informé en vaut dix ! Pour éviter les arnaques en tout genre, il est bon de les connaître. Voici, par ordre alphabétique, un petit vade-mecum destiné à parer aux coûts et aux coups les plus redoutables (coup de bambou, coup de fusil et même... coup du sous-marin !).

Accueil : aucune loi n'oblige un hôtelier ou un restaurateur à recevoir aimablement ses clients. On imagine d'ailleurs assez mal une amende pour accueil désagréable. Là encore, chacun fait ce qu'il peut et reçoit comme il veut. Selon la conscience professionnelle, l'aptitude à rendre service et le caractère de chacun, l'accueil peut varier du meilleur au pire... Une simple obligation incombe aux hôteliers et aux restaurateurs : ils doivent renseigner correctement leurs clients, même par téléphone, sur les prix des chambres et des menus, sur le niveau de confort et le genre de cuisine proposé.

Arrhes ou acomptes ? Au moment de réserver votre chambre (par téléphone ou par écrit), il n'est pas rare que l'hôtelier vous demande de verser à l'avance une certaine somme, celle-ci faisant office de garantie. Il est préférable de parler d'arrhes et non d'acompte. Légalement, aucune règle n'en précise le montant. Toutefois, ne versez que des arrhes raisonnables : 25 à 30 % du prix total sachant qu'il s'agit d'un engagement définitif sur la réservation de la chambre. Cette somme ne pourra donc être remboursée en cas d'annulation de la réservation, sauf cas de force majeure (maladie ou accident) ou en accord avec l'hôtelier si l'annulation est faite dans des délais raisonnables. Si, au contraire, l'annulation est le fait de l'hôtelier, il doit vous rembourser le double des arrhes versées : l'article 1590 du Code civil le dit très nettement et ce depuis 1804 !

Affichage des prix : les hôtels et les restos sont tenus d'informer les clients de leurs prix, à l'aide d'une affichette, d'un panneau extérieur, ou de tout autre moyen. Ça, c'est l'article 28 de l'ordonnance du 1er décembre 1986 qui l'impose à la profession. Donc, vous ne pouvez contester des prix exorbitants que s'ils ne sont pas clairement affichés.

Commande insuffisante : il arrive que certains restos refusent de servir une commande jugée insuffisante. Le garçon ou le patron fait la moue. Il affirme même qu'il perd de l'argent. Cependant, le restaurateur ne peut pas vous pousser à la consommation. C'est illégal.

Eau : une banale carafe d'eau du robinet est gratuite, à condition qu'elle accompagne un repas.

Hôtels : comme les restaurants, ils ont interdiction de pratiquer la subordination de vente. C'est-à-dire qu'ils ne peuvent pas vous obliger à réserver plusieurs nuits d'hôtels si vous n'en souhaitez qu'une. Dans le même ordre d'idée, on ne peut vous obliger à prendre votre petit déjeuner ou vos repas dans l'hôtel où vous dormez ; ce principe est illégal et constitue une subordination de prestation de service condamnable par une amende. L'hôtelier reste cependant libre de proposer la demi-pension ou la pension complète. Bien se renseigner avant de prendre la chambre dans les hôtels-restaurants. À savoir aussi, si vous dormez en compagnie de votre « moutard », il peut vous être demandé un supplément.

Menus : très souvent, les premiers menus (les moins chers) ne sont servis qu'en semaine et avant certaines heures (12 h 30 et 20 h 30 généralement). Cela doit être clairement indiqué sur le panneau extérieur : à vous de vérifier.

Sous-marin : après le coup de bambou et le coup de fusil, celui du sous-marin. Le procédé consiste à rendre la monnaie en plaçant dans la soucoupe (de bas en haut) : les pièces, l'addition puis les billets. Si l'on est pressé, on récupère les billets en oubliant les pièces cachées sous l'addition.

Vins : les cartes des vins ne sont pas toujours très claires. Exemple : vous commandez un bourgogne à 50 F la bouteille. On vous le facture 100 F. En vérifiant sur la carte, vous constatez qu'il s'agit d'une demi-bouteille. Mais c'était écrit en petits caractères illisibles.
La bouteille doit être obligatoirement débouchée devant le client, sinon il n'est pas sûr qu'il y ait adéquation entre le vin annoncé et le contenu de la bouteille.

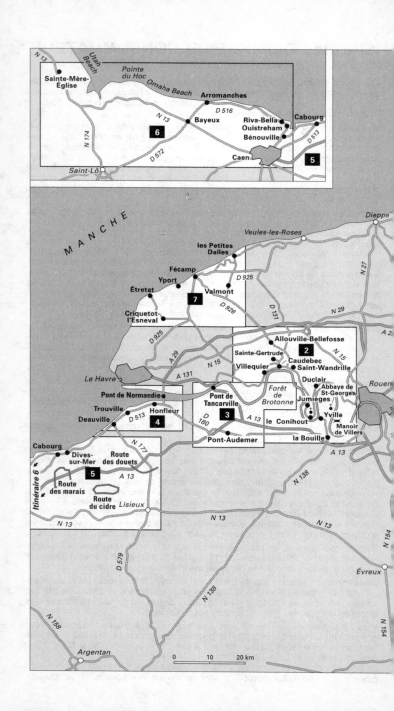

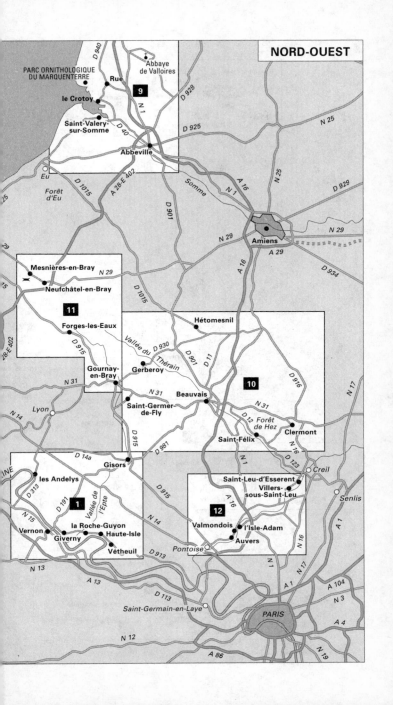

NORD-OUEST

PARC ORNITHOLOGIQUE DU MARQUENTERRE

Abbaye de Valloires

Rue

9

le Crotoy

Saint-Valéry-sur-Somme

Abbeville

Eu

Forêt d'Eu

Somme

Amiens

Mesnières-en-Bray

Neufchâtel-en-Bray

11

Forges-les-Eaux

Hétomesnil

Vallée du Thérain

Gournay-en-Bray

Gerberoy

10

Beauvais

Saint-Germer-de-Fly

Forêt de Hez

Clermont

Saint-Félix

Lyon

Gisors

les Andelys

Vallée de l'Epte

1

la Roche-Guyon

Vernon

Giverny

Haute-Isle

Vétheuil

Saint-Leu-d'Esserent

Villers-sous-Saint-Leu

Creil

Senlis

12

Valmondois

l'Isle-Adam

Auvers

Pontoise

Saint-Germain-en-Laye

PARIS

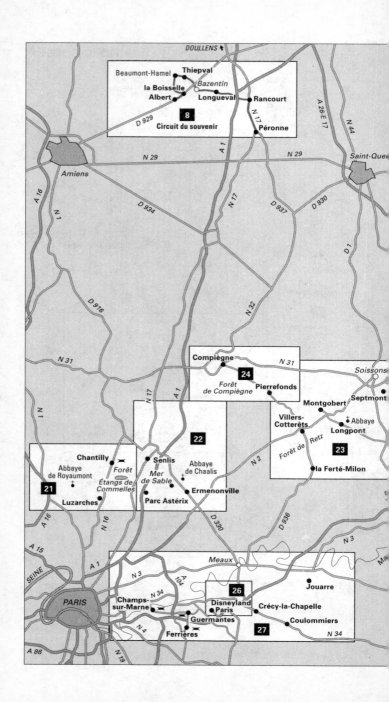

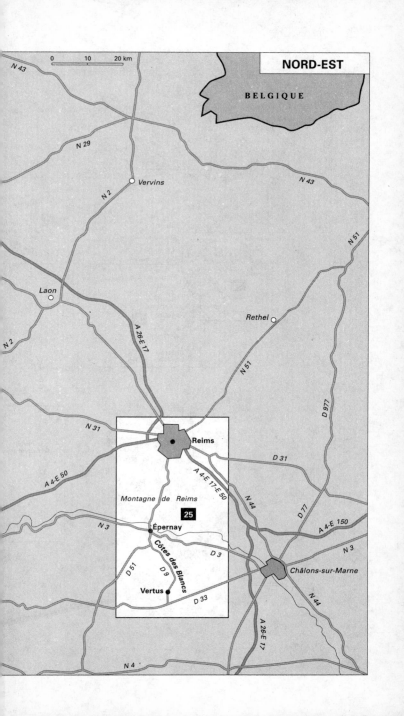

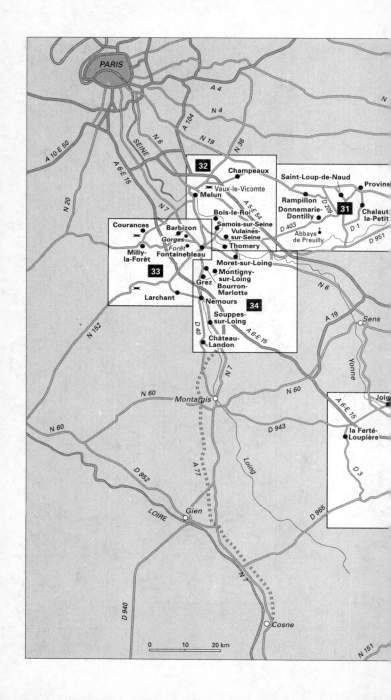

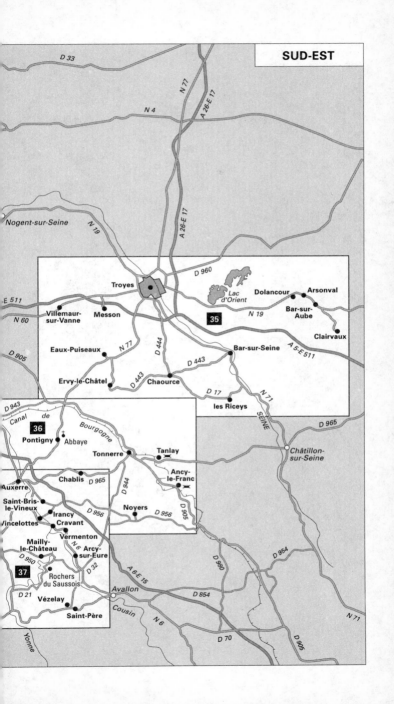

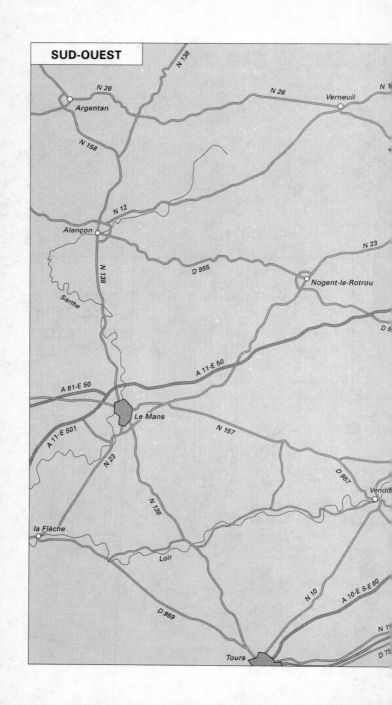

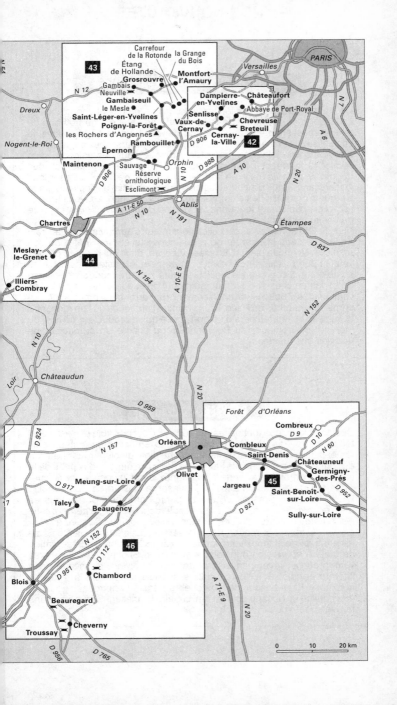

NOS NOUVEAUTÉS

LE MARCHÉ DU ROUTARD À PARIS (paru)

De l'humble boulanger à la star de la miche, du génial chocolatier au confiseur d'antan, du roi de l'andouillette au seigneur du fromage de tête, en passant par le boucher aux viandes tendres et goûteuses, le spécialiste de la marée et le marchand de primeurs, chez qui la salade a toujours une mine superbe et les fruits le goût des saisons, sans oublier le fromager génie des alpages, le caviste capable de vous dégoter le petit vin malin en assurant le cru bourgeois, et bien sûr tous ces artisans venus d'ailleurs, italiens, grecs, chinois, philippins... grâce auxquels nos assiettes s'emplissent de saveurs inédites, vous trouverez tout, absolument tout dans *Le Marché du routard à Paris,* le guide de vos emplettes dans la capitale.

Plus de 250 adresses essentielles pour mieux s'approvisionner au coin de la rue, dans le quartier ou à quelques stations de métro de son domicile. Un guide plein d'adresses inédites, mais qui n'ignore pas les valeurs sûres, les grands noms pour grandes occasions, déniche les as du produit, cherche les meilleurs coûts, et le traiteur qui dépanne à deux pas de chez soi. Bref, un guide qui dresse la carte complète de l'artisanat de bouche arrondissement par arrondissement avec, en prime, les marchés de Paris, lieux vivants et pratiques où l'on rencontre aussi bien les maraîchers d'Île-de-France qu'un producteur de miel du Morvan, un fromager du Bourbonnais ou encore un producteur de volailles des Landes.

PARIS EXOTIQUE (paru)

Découvrir le monde tout en restant à Paris, c'est possible et c'est à portée de métro. Passage Brady, laissez-vous tenter par les senteurs parfumées des *currys,* avant d'aller boire une pinte de bière rousse au son de la musique traditionnelle irlandaise dans l'un des fameux pubs de la capitale. À moins que vous ne préfériez dîner japonais rue Sainte-Anne avant de passer la soirée à danser la salsa à *La Coupole.* De l'Australie à Madagascar en passant par le Pérou et la Corée, tous les pays du monde sont à Paris. Et pas seulement avec leurs *nems, pastillas, burritos* et autres délices : au temple bouddhique du parc de Vincennes, partez à la rencontre de la sérénité asiatique ; à la Comédie italienne, perfectionnez votre langue en assistant à une représentation de théâtre en version originale ; à la librairie Shakespeare, préparez votre prochain voyage en lisant ou relisant les grands classiques de la littérature anglaise ; à l'Institut culturel suédois, initiez-vous à la cuisine nordique. Plus besoin de chercher un traiteur marocain pour un méchoui ou un havane pour un ami cubain de passage, nous les avons trouvés pour vous.

Retrouvez
Le Web du Routard
sur Club-Internet
www.club-internet.fr/routard

POUR SEULEMENT 77 Frs* par mois,
vous aurez accès...

A Club-Internet :

- Tout l'Internet pour 77 Frs par mois*
- Accès en tarification locale sur toute la France métropolitaine
- Une des meilleures bandes passantes du marché, dont une liaison satellite
- Assistance technique gratuite* 7 jours sur 7
- 10 Mo gratuits pour héberger votre page personnelle
- 5 adresses e-mail

Au Web du Routard**,
le site officiel du Guide du Routard.

Retrouvez gratuitement :
Le quizz piégé des 4 familles du Routard, les bonnes adresses par type de
voyage, des galeries de photos, une sono mondiale, les anecdotes des baroudeurs
du Routard, des forums pour partager vos coups de cœur et préparer vos voyages,
une boutique pour acheter les produits du Routard, des bons plans, etc.

Profitez des meilleures adresses et des bons plans avant parution dans les guides
(informations inédites mises à jour en permanence), des offres spéciales sur les
voyages, des réductions sur les produits du Routard... en vous abonnant au
Cyber Club du Routard pour seulement 22 Frs*/mois (en plus de votre
abonnement à Club-Internet). Vous pourrez également acheter ces exclusivités
au coup par coup très prochainement.

Club-Internet
, rue de Cambrai
927 PARIS Cedex 19
l. : N°Azur 0 801 800 900
ou 01 55 45 46 47
x : 01 55 45 46 70

GROLIER INTERACTIVE

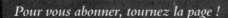
Pour vous abonner, tournez la page !

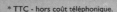
* TTC - hors coût téléphonique.
** une co-édition Routard / Moderne Multimédias.

BULLETIN D'ABONNEMENT

(à découper ou à photocopier)

• **Vous souhaitez vous abonner à Club-Internet et au Cyber Club du Routard :** Cochez l'offre n° 1 (ou l'offre n° 2 si vous êtes déjà membre de Club-Internet).
Vous profiterez des informations inédites du Cyber Club du Routard.

• **Vous souhaitez vous abonner uniquement à Club-Internet :** Cochez l'offre n° 3.
Vous pourrez acheter au coup par coup les exclusivités du Cyber Club du Routard.

Notez : Si vous vous inscrivez pour la première fois à Club-Internet, vous recevrez **gratuitement** un kit de connexion à Club-Internet qui comprend :
- un logiciel de navigation en français permettant la navigation sur le web, l'utilisation de la messagerie électronique...,
• 1 mois d'abonnement gratuit* à Club-Internet, pour un temps de connexion illimité.

Configuration conseillée :
PC : compatible 486 DX2 66 sous Windows 3.x ou Windows
Macintosh : compatible système 7.5
Lecteur de CD-Rom, 12 Mo de mémoire vive
Modem : 28 800 bps

❏ **Offre n° 1** : Je m'abonne à Club-Internet / Cyber Club du Routard pour 99 F TTC*/mois (77 F TTC + 22 F TTC), minimum 2 mois soit 198 F TTC.

❏ **Offre n° 2** : J'ai déjà un abonnement à Club-Internet et je souhaite m'abonner à l'option Cyber Club du Routard au prix de 22 F TTC*/mois, minimum 2 mois soit 44 F TTC.

• Mon login d'accès à Club-Internet est : ....

• Précisez ci-dessous uniquement votre nom et prénom : ....

❏ **Offre n° 3 :** Je m'abonne à Club-Internet pour 77 F TTC*/mois, minimum 2 mois soit 154 F TTC/mois.

Voici mes coordonnées :
Société : ....
Nom : .... Prénom : ....
Adresse : ....
Code Postal : .... Ville : ....
Tél. personnel : .... Tél. professionnel : ....
Télécopie : ....

Choisissez votre login d'accès à Club-Internet :
Votre login vous servira d'identifiant pour accéder au serveur Club-Internet et composera votre adresse e-mail (courrier électronique). Par exemple, si vous optez pour le nom de Dupont, votre adresse e-mail sera :
dupont @ club-internet.fr
Proposez trois logins (entre 3 et 8 caractères, lettres minuscules ou chiffres en dernières positions), par ordre de préférence.

Choix n° 1 : ☐☐☐☐☐☐☐☐
Choix n° 2 : ☐☐☐☐☐☐☐☐
Choix n° 3 : ☐☐☐☐☐☐☐☐

Votre login (nom d'utilisateur) et votre password (mot de passe) vous seront communiqués par courrier.

❏ J'accepte d'être prélevé(e) de deux mois d'abonnement**, tous les deux mois, en fonction de l'offre choisie. Je peux à tout moment résilier cet abonnement pour la période suivante, par lettre recommandée, quinze jours avant l'échéance de mon abonnement.
Carte bancaire n° :

☐☐☐☐ ☐☐☐☐ ☐☐☐☐ ☐☐☐☐

Expire le : |__|__|__|__|

Votre équipement informatiq
• Mon micro-ordinateur :
❏ PC compatible 486 DX2 66
❏ PC Pentium
❏ PC Portable
  ❏ Avec Windows 95 ❏ Windows 3.
❏ PowerMacintosh (PowerPC)
❏ Powerbook
❏ autre Macintosh compatible Système 7.

• Je possède déjà un modem de marque :
❏ Oui ❏ Non
❏ 28 800 bps ❏ 33 600 bps ❏ 56 0C
Autre : ....

*hors coût téléphonique
**à la fin du mois gratuit si je bénéficie du kit de connexion gratuit.

À renvoyer avec votre règlement à :
Club-Internet / Web du Routard
11, rue de Cambrai
75927 PARIS Cedex 19
Informations / abonnement :
N° Azur 0801 800 900 ou 01 55 45 46 4

Signature
(des parents pour les mineurs) :

Conformément à la loi Informatique et libertés du 06/01/1978, vous disposez d'un droit d'accès et de rectification sur les informations qui vous sont demandées, nécessaires au traitement de votre bulletin d'abonnement. Les destinataires sont les services chargés de la gestion des abonnements à Club-Internet ainsi que les services marketing du Routard et de Moderne Multimédias.

GROLIER INTERACTIVE

R.C.S. Paris B 381 737 5

En route pour la France.

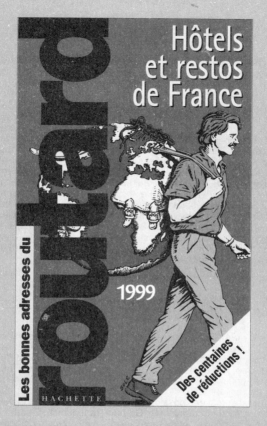

Plus de 4 350 adresses sélectionnées pour :

- *la chaleur de l'accueil*
- *la qualité de cuisine*
- *le charme du décor et la douceur des prix.*

Une France où il fait bon vivre.

Le Guide du Routard.
La liberté pour seul guide.

Hachette Tourisme

NOS NOUVEAUTÉS

GUIDE DE L'EXPAT (mai 99)

Pas un jour où la mondialisation n'est pas sur le devant de la scène. Et si on s'arrachait aux jérémiades quotidiennes pour enfin se servir de cette mondialisation dans le bon sens ? Partir vers des taux de croissance plus prometteurs n'est pas si difficile mais encore faut-il s'affranchir des clichés touristiques. En Europe, rien ne vous retient. De Dublin à Athènes, de Lisbonne à Oslo il ne faut plus être bardé de diplômes pour pouvoir gagner le pari de l'adaptation et de la réussite. En revanche, le chemin n'est pas aussi aisé lorsqu'il s'agit de partir à Buenos Aires, Abidjan ou Chicago. Soit vous avez suffisamment de cran pour gravir à la force du poignet les barreaux de l'échelle sociale. Soit vous peaufinez, mûrissez votre projet de départ à l'aide des multiples conseils du *Guide de l'Expat.* Pour se mettre dans le bain, rien ne vaut une bonne expérience scolaire « sponsorisée » par l'Union Européenne. Mais pour les autres, une foule d'institutions, de fondations et d'associations peuvent vous informer. À celles-ci on a ajouté les contacts de quelques-uns des 2 millions de Français (quitte à bousculer quelques vieilles habitudes) qui sont aptes à vous informer quand ce n'est pas à vous aider. Histoire de se rendre compte que la solidarité aux antipodes est encore une valeur sûre...

BANLIEUES DE PARIS (paru)

Enfin, ça y est ! Le *Routard* est allé flécher les banlieues parisiennes. Comment avons-nous pu ignorer si longtemps ce vaste paradis des Doisneau, des Céline et des meilleurs metteurs en scène du Grand Paris ? Ces anciens villages qu'on appelle aujourd'hui banlieues déploient une incroyable floraison culturelle, qui ne se limite pas aux cours de rap des MJC : partout, ce ne sont qu'abbayes, châteaux, ports fluviaux, musées passionnants, réunis par des bois et des parcs, au fil d'inattendus chemins de Grande Randonnée. C'est aussi une mosaïque de peuples et de races, venus avec leurs traditions et leurs croyances, qui travaillent en permanence le tissu urbain pour forger de nouvelles cultures et réinventer l'art de vivre ensemble.
Ce guide voudrait leur révéler ce qu'ils ont sous les yeux, sans peut-être toujours l'apprécier ou le connaître. Casser l'esprit de clocher pour leur ouvrir des chemins vers les banlieues voisines. Sans oublier les gourmands... les dizaines de tables décrites ici nous ont surpris tant par leur qualité que par leur atmosphère conviviale. Et si les Parisiens, à leur tour, partaient explorer les banlieues ?

Le Polar du routard

paraître : 5 mai 99

Le jeune Edmond Benakem (dit Eddie), français de souche tuniso-bretonne, grand reporter au Guide du routard, voudrait bien faire paisiblement son job de globe-trotter fureteur. Mais c'est compter sans la redoutable force des choses qui, pour chaque nouvelle destination, l'entraîne dans d'invraisemblables tribulations. Confronté à des situations folles, Eddie réagit avec ses tripes, son cœur, son humour et sa sensibilité.

Dans chaque polar, un long voyage coloré au pays des embrouilles carabinées.

HACHETTE

NOUVEAUTÉ

JUNIOR (paru)
(Paris et ses environs)

Tous les parents emmènent au moins une fois dans leur vie un enfant à Thoiry, à Disneyland, au Palais de la Découverte ou au Mac-Do. Mais Paris et ses environs regorgent de centaines de bons plans, que nous, adultes, aimons bien et qui laissent aux bambins des souvenirs plus chaleureux et plus doux qu'aucun grand classique. Où dégoter un élevage de castors ? Où voir sortir les papillons de leurs cocons ? Comment initier les enfants à la pêche en bord de Seine, à la cuisine avec un grand chef ou à la fabrication d'un masque africain ? Où découvrir cette péniche-café avec un serveur magicien ? Quels musées proposent des visites conçues pour les gamins ? Le Routard a fouiné ici et là pour vous offrir ces trésors, tout en revisitant d'un œil neuf les incontournables. Le *Routard Junior* : enfin un guide pour communiquer la passion « Routard » aux petits !

– *Le Chèque-Vacances* nouveau moyen de paiement dont le concept, à la fois simple et ingénieux, permet de régler hébergements, restos, transports, activités sportives, entrées de musées, billets de spectacles sur le lieu de villégiature ou dans votre ville.
Ces chèques, nominatifs, s'achètent auprès des comités d'entreprises et employeurs et sont valables dans tous les points d'accueil agréés.
Se renseigner auprès des différents établissements du *Guide du Routard* pour savoir s'ils sont agréés.
Avantage : ils donnent souvent droit à des réductions.
Renseignements par Minitel 36-15, code C-Vacances ou par téléphone ☎ 01-41-06-27-28.

Le Web du Routard

Retrouvez le *Guide du Routard* sur Internet, en version interactive et multimédia !
Pour chaque pays : nos meilleures adresses par type de famille, une sono mondiale, des photos, les anecdotes de l'équipe du *Routard*, des liens vers les meilleurs sites, des conseils pour mieux voyager, les bons plans des agences de voyages...
Mais aussi : la saga du Routard, le quiz « Quel routard êtes-vous donc ? », les infos médicales, une météo mondiale, des petites annonces gratuites et des forums de discussions ouverts à tous !

www.club-internet.fr/routard/

Nous tenons à remercier tout particulièrement Thierry Brouard, François Chauvin, Vincent Cossé, Jean-Louis Galesne, Michèle Georget, Jérôme de Gubernatis, Pierrick Jégu, François-Xavier Magny, Bernard-Pierre Molin, Patrick de Panthou et Jean-Sébastien Petitdemange pour leur collaboration régulière.

Et pour cette chouette collection, plein d'amis nous ont aidés :

Albert Aldan
Véronique Allaire
Catherine Allier et J.-P. Delgado
Didier Angelo
Christine Bain
Arnaud Bazin
Nicole Bénard
Armand Bernard
Cécile Bigeon
Anne Boddaert
Philippe Bordet et Edwige Bellemain
Gérard Bouchu
Hervé Bouffet
Florence Breskoc
Jacques Brunel
Vincent Cacheux et Laure Beaufils
Guillaume de Calan
Alexandre Cammas
Danièle Canard
Jean-Paul Chantraine
Bénédicte Charmetant
Claire Chiron
Sandrine Copitch
Maria-Elena et Serge Corvest
Roland et Carine Coupat
Sandrine Couprie
Valentine Courcoux et Jean-Christian Perrin
Florent Cristol-Barthès
Franck David
Laurent Debéthune
Agnès Debiage
Marie-Clothilde Debieuvre
Angela Demian
Sophie Duval
Roland Essayan
Hervé Eveillard
Didier Farsy
Sandra Fernandes
Alain Fisch
Pauline Fraisse
Dominique Gacoin
Bruno Gallois
Cécile Gauneau
Adelie Genestar
Edouard Genestar et Guillaume de Bourgoing
Hubert Gloaguen
Jean-Marc Guermont

Sharooz Hatami
Xavier Haudiquet
Bernard Houlat
Fabrice Jahan de Lestang
François Jouffa
Pascal Kober
Jacques Lanzmann
Éric Laumonnier et Fabrice Maréchal
Grégoire Lechat
Marine Lefebvre
Catherine Legros
Raymond et Carine Lehideux
Jean-Claude et Florence Lemoine
Virginie Lherm
Fabienne Linas
Marie Lung
Aymeric Mantoux et François-Régis Gaudry
Pierre Mendiharat
Anne-Marie Minvielle
Xavier de Moulins
Jean-Paul Nail
Jean-Pascal Naudet
Alain Nierga et Cécile Fischer
Sabine Nourry
Franck Olivier
Marie Osenat et Nicolas Dhotel
Isabelle du Parc
Martine Partrat
Odile Paugam et Didier Jehanno
Bernard Personnaz
André Poncelet
Thomas Ponsard et Gabriel Martin-Pacheco
Jean-Alexis Pougatch
Michel Puysségur
Anne Riou
Guillaume de Rocquemaurel
Philippe Rouin
Marie-Josée Sanselme
Frédérique Scheibling-Sève
Jean-Luc et Antigone Schilling
Régis Tettamanzi
Christophe Trognon
Cécile Verriez
Cyril Voiron
Anne Wanter

Direction : Isabelle Jeuge-Maynart
Contrôle de gestion : Ghislaine Stora et Martine Leroy
Direction éditoriale : Catherine Marquet
Édition : Catherine Julhe, Anne-Sophie du Cray, Yannick Le Bihen et Fabienne Travers
Préparation-lecture : Jean-François Lefèvre
Cartographie : Fabrice Le Goff et Cyrille Suss
Fabrication : Gérard Piassale et Laurence Ledru
Direction artistique : Emmanuel Le Vallois
Direction des ventes : Francis Lang, Éric Legrand et Ségolène de Rocquemaurel
Direction commerciale : Michel Goujon, Cécile Boyer, Dominique Nouvel et Dana Lichiardopol
Informatique éditoriale : Lionel Barth et Pascale Ochérowitch
Relations presse : Danielle Magne, Martine Levens, Maureen Browne et Hélène Maurice
Régie publicitaire : Carole Perraud-Cailleaux et Monique Marceau
Service publicitaire : Frédérique Larvor et Marguerite Musso

Pour ce guide, nous remercions tout particulièrement :

– Michèle Duval et Séverine Brette, du CDT de l'Aube
– Isabelle Dufresne, du CDT de l'Oise
– Anne Gaborit, du CDT du Loiret
– Sabine Derouard, du CDT de la Seine-Maritime
– Anne Vermes et Sandrine Goumard, du CDT de la Seine-et-Marne
– Catherine Petit-Jouvet et Carole Rossi, du CDT de l'Eure-et-Loir
– Sylvain Michon, de la Maison du Parc et Emmanuel Provin, de l'abbaye de Clairvaux dans l'Aube

... Et tous les offices de tourisme et guides-conférenciers pour leurs compétences et leur disponibilité.

RENSEIGNEMENTS PRATIQUES

Adresses utiles

■ *Espace du tourisme d'Île-de-France :* 99, rue de Rivoli, 75001 Paris. ☎ 08-03-03-19-98 (1,09 F la minute) ou 01-40-50-19-98. Fax : 01-44-50-19-98. Internet : www.paris-île-de-france.com. M. : Palais-Royal-Musée du Louvre. Ouvert tous les jours de 10 h à 19 h, sauf le mardi. Dans la galerie du Carrousel du Louvre. En collaboration avec le Comité régional du tourisme d'Île-de-France, assure un service d'information touristique sur Paris et sa région : vaste sélection de brochures gratuites, programme des manifestations, spectacles, activités. Bornes interactives et murs d'images. Par Internet, commande de brochures, questions en ligne, etc.

■ *Comité régional du tourisme de Bourgogne :* 12, bd des Brosses, 21000 Dijon. ☎ 03-80-50-90-00. Fax : 03-80-30-59-45. Internet : www.bourgogne-tourisme.com.

■ *Comité régional du tourisme du Centre-Val-de-Loire :* 9, rue Saint-Pierre-Lentin, 45041, Orléans Cedex 1. ☎ 02-38-70-32-74. Fax : 02-38-70-33-80. Internet : www.loirevalleytourism.com.

■ *Comité régional du tourisme de Champagne-Ardenne :* 15, av. du Général-Leclerc, 51013 Châlons-en-Champagne Cedex. ☎ 03-26-21-85-80. Fax : 03-26-21-85-90.

■ *Comité régional du tourisme d'Île-de-France :* 91, av. des Champs-Élysées, 75008 Paris. ☎ 01-56-89-38-00. Fax : 01-56-89-38-39. Internet : crt@imaginet.fr. M. : George V.

■ *Comité régional du tourisme de Normandie :* 14, rue Charles-Corbeau, Le Doyenné, 27000 Évreux. ☎ 02-32-33-79-00. Fax : 02-32-31-19-04. Internet : www.normandy-tourism.org. E-mail : normandy@imaginet.fr.

■ *Comité régional du tourisme de Picardie :* 3, rue Vincent-Auriol, 80011 Amiens Cedex 1. ☎ 03-22-22-33-66. Fax : 03-22-97-92-96.

Argent

Cartes bancaires

Pour la carte *Visa*, le n° à composer en cas de perte ou de vol est, que vous habitiez Paris, la région parisienne ou la province, le : 08-36-69-08-80, ou le n° communiqué par votre banque.

Hébergement

– *Pratique :* la **FUAJ** offre à ses adhérents la possibilité de réserver depuis la France, 6 nuits maximum et jusqu'à 6 mois à l'avance, dans certaines auberges de jeunesse officielles situées en France (et à l'étranger), grâce à un réseau informatique *I.B.N. (International Booking Network)* qui couvre près de 50 pays.

Gros avantage, les A.J. étant souvent complètes, votre lit (en dortoir, pas de réservation en chambre individuelle) est réservé à la date souhaitée. La procédure est simple, il suffit de téléphoner pour demander si le pays où vous vous rendez est relié par ordinateur. Si c'est le cas, il vous faut remplir un formulaire de réservation dans un des points *I.B.N.* Vous saurez instantanément s'il y a de la place (aucun frais ne vous sera demandé si la réponse est négative) et quel est le prix des nuitées. Vous réglez en France, plus des frais de réservation (environ 17 F). L'intérêt, c'est que tout cela se passe avant le départ en français, et en francs ! Vous recevrez en échange un bon d'hébergement que vous présenterez à l'A.J. une fois sur place. Ce service permet aussi d'annuler et d'être remboursé : comptez 33 F de frais (se renseigner au moment de la réservation sur les délais d'annulation).

– *Paris :* FUAJ, Centre national, 27, rue Pajol, 75018. ☎ 01-44-89-87-27. Fax : 01-44-89-87-10. M. : Marx-Dormoy, Gare-du-Nord (R.E.R., ligne B et D), ou La Chapelle. Internet : www.fuaj.org.

– *Paris :* FUAJ, 9, rue Brantôme, 75003. ☎ 01-48-04-70-40. Fax : 01-42-77-03-29. M. : Châtelet-Les Halles ou Hôtel-de-Ville.

– *Paris :* A.J. « D'Artagnan », 80, rue Vitruve, 75020. ☎ 01-40-32-34-56. Fax : 01-40-32-34-55. M. : Porte-de-Bagnolet.

– *Clichy :* A.J. « Léo Lagrange », 107, rue Martre, 92110. ☎ 01-41-27-26-90. Fax : 01-42-70-52-63. M. : Mairie-de-Clichy.

– *Le Pré-Saint-Gervais :* A.J. Cité des Sciences, 24, rue des Sept-Arpents, 93310. ☎ 01-48-43-24-11. Fax : 01-48-43-26-82. M. : Hoche.

– *Aix-en-Provence :* A.J. de Jas-de-Bouffan, 3, av. Marcel-Pagnol, 13090. ☎ 04-42-20-15-99. Fax : 04-42-59-36-12.

– *Aix-les-Bains :* A.J., promenade du Sierroz, 73100. ☎ 04-79-88-32-88. Fax : 04-79-61-14-05.

– *Angoulême :* A.J., île de Bourgines, 16000. ☎ 05-45-92-45-80. Fax : 05-45-95-90-71.

– *Annecy :* A.J., 4, route du Semnoz, 74000. ☎ 04-50-45-33-19. Fax : 04-50-52-77-52.

– *Arles :* A.J., 20, av. Foch, 13200. ☎ 04-90-96-18-25. Fax : 04-90-96-31-26.

– *Biarritz-Anglet :* A.J., 19, route des Vignes, quartier Chiberta, 64600 Anglet. ☎ 05-59-58-70-00. Fax : 05-59-58-70-07.

– *Biarritz :* 8, rue Chiquito-de-Cambo, 64200. ☎ 05-59-41-76-00. Fax : 05-59-41-76-06.

– *Boulogne-sur-Mer :* A.J., place Rouget-de-Lisle, 62200. ☎ 03-21-99-15-30. Fax : 03-21-80-45-62.

– *Brive :* A.J., 56, av. du Maréchal-Bugeaud, parc Monjauze, 19100. ☎ 05-55-24-34-00. Fax : 05-55-84-82-80.

– *Carcassonne :* A.J., rue du Vicomte-Trencavel, Cité Médiévale, 11000. ☎ 04-68-25-23-16. Fax : 04-68-71-14-84.

– *Chamonix :* A.J., 127, montée J.-Balmat, 74400. ☎ 04-50-53-14-52. Fax : 04-50-55-92-34.

– *Cherbourg :* rue de l'Abbaye, 50100. ☎ 02-33-78-15-15. Fax : 02-33-78-15-16.

– *Grenoble-Échirolles :* A.J., 10, av. du Grésivaudan, « La Quinzaine », 38130 Échirolles. ☎ 04-76-09-33-52. Fax : 04-76-09-38-99.

– *Lannion :* A.J. « Les Korrigans », 22300. ☎ 02-96-37-91-28. Fax : 02-96-37-02-06.

– *Le Mont Dore :* A.J. « Le Grand Volcan », « Le Sancy », 63240. ☎ 04-73-65-03-53. Fax : 04-73-65-26-39.

– *Lille :* A.J., 12, rue Malpart, 59000. ☎ 03-20-57-08-94. Fax : 03-20-63-98-93.

Avant de retenir un vol, retenez le nom de nos meilleurs tarifs : *Tempo*

Nos meilleurs tarifs, pour tous, toute l'année, en France et dans le monde entier. Tempo c'est une nouvelle gamme de prix qui s'adapte à votre rythme : plus vous vous décidez tôt, moins vous payez cher.
Renseignez-vous dans votre agence Air France, votre agence de voyages ou au 0 802 802 802 (0.79 F ttc/mn).

APL

AIR FRANCE
GAGNER LE CŒUR DU MONDE

– *Lyon :* 41-45, montée du Chemin-Neuf, 69005. ☎ 04-78-15-05-50. Fax : 04-78-15-05-51.
– *Lyon-Vénissieux :* A.J., 51, rue Roger-Salengro, 69200 Vénissieux. ☎ 04-78-76-39-23. Fax : 04-78-77-51-11.
– *Marseille :* A.J., impasse du Dr-Bonfils, 13008. ☎ 04-91-73-21-81. Fax : 04-91-73-97-23.
– *Menton :* A.J., plateau Saint-Michel, 06500. ☎ 04-93-35-93-14. Fax : 04-93-35-93-07.
– *Montpellier :* A.J., rue des Écoles-Laïques, impasse Petite-Corraterie, 34000. ☎ 04-67-60-32-22. Fax : 04-67-60-32-30.
– *Nantes :* A.J. « La Manu », 2, place de la Manu, 44000. ☎ 02-40-29-29-20. Fax : 02-40-29-29-26.
– *Nice :* A.J., route forestière du Mont-Alban, 06300. ☎ 04-93-89-23-64. Fax : 04-92-04-03-10.
– *Nîmes :* A.J., chemin de la Cigale, 30900. ☎ 04-66-23-25-04. Fax : 04-66-23-84-27.
– *Poitiers :* A.J., 1, allée Roger-Tagault, 86000. ☎ 05-49-30-09-70. Fax : 05-49-30-09-79.
– *Poggio Mezzana (Corse) :* L'Avillanella, 20230. ☎ 04-95-38-50-10. Fax : 04-95-38-50-11.
– *Rennes :* Centre international de séjour-A.J., 10-12, canal Saint-Martin, 35700. ☎ 02-99-33-22-33. Fax : 02-99-59-06-21.
– *Saint-Brévin-les-Pins :* A.J. « La Pinède », « Le Pointeau », 1-3, allée de la Jeunesse, 44250. ☎ 02-40-27-25-27. Fax : 02-40-64-48-77.
– *Sète :* A.J. « Villa Salis », rue du Général-Revest, 34200. ☎ 04-67-53-46-68. Fax : 04-67-51-34-01.
– *Strasbourg :* A.J. Strasbourg-Parc du Rhin, rue des Cavaliers, B.P. 58, 67017. ☎ 03-88-45-54-20. Fax : 03-88-45-54-21.
– *Strasbourg :* A.J. René-Cassin, 9, rue de l'Auberge-de-Jeunesse, La Montagne Verte, 67200. ☎ 03-88-30-26-46. Fax : 03-88-30-35-16.
– *Tours :* A.J. « Parc de Grandmont », av. d'Arsonval, 37200. ☎ 02-47-25-14-45. Fax : 02-47-48-26-59.
– *Verdun :* A.J. du Centre mondial de la Paix, place Monseigneur-Ginisty, 55100. ☎ 03-29-86-28-28. Fax : 03-29-86-28-82.

Musées à la carte

La Caisse Nationale des Monuments Historiques et des Sites propose un laissez-passer valable un an pour 100 monuments publics dans toute la France. Autour de Paris, on trouve par exemple le château de Chambord, les tours et trésors des cathédrales de Chartres, Reims et Amiens, l'abbaye de Jumièges... Avantages : pas de file d'attente et gratuité des expositions dans les monuments répertoriés. Coût : 280 F.
L'achat s'effectue dans les lieux culturels concernés, ou par correspondance 62, rue Saint-Antoine, 75004 Paris. ☎ 01-44-61-21-50. Fax : 01-44-61-20-36.
Par ailleurs la ***carte musées-monuments*** offre un accès libre et direct à 70 musées et monuments de Paris et de la région parisienne, pour un prix forfaitaire de 80 F pour 1 jour, 160 F pour 3 jours consécutifs et 240 F pour 5 jours consécutifs. Disponible dans les musées et monuments participants, dans certaines stations de métro, à l'Espace du tourisme au Carrousel du Louvre, à l'office du tourisme de Paris, 127, av. des Champs-Élysées, 75008 Paris. M. et R.E.R. : Charles-de-Gaulle-Étoile. Pour plus d'informations : *association Inter Musées*, 25, rue du Renard, 75004 Paris. ☎ 01-44-78-45-81. Fax : 01-44-78-12-23. M. : Hôtel-de-Ville. Internet : www.intermusees.com.

Sur simple présentation de ce guide, Hertz vous offre 100 francs de réduction. Ça fera toujours ça de moins dans votre sac à dos.

H ertz vous offre 100 francs de réduction immédiate sur les forfaits Hertz Week-end standard ou Hertz Vacances standard en France.

A ujourd'hui avec Hertz, découvrez la liberté d'une location de voiture à prix « routard ».

Hertz. A vous la liberté.

Hertz

S.N.C.F.

Les renseignements SNCF

– *Ligne directe :* Information et vente grandes lignes 7 jours sur 7 de 7 h à 22 h. ☎ 08-36-35-35-35 (2,23 F la minute).
– *Ligne Vocale :* serveur vocal permettant d'obtenir des informations horaires pour la France et les grandes lignes internationales 7 jours sur 7 et 24 h sur 24 : ☎ 08-36-67-68-69 (1,49 F la minute).
– *Minitel :* 36-15 ou 36-16, code SNCF (1,29 F la minute).
– *Internet :* www.sncf.fr (la réservation est disponible sur le site depuis l'été 98).

En achetant votre billet par téléphone ou par Minitel, vous pouvez le faire envoyer sans frais à domicile. Il vous suffit de régler par carte bancaire (pour un montant supérieur à 100 F) et de passer votre commande au moins 4 jours avant le départ.

Des réductions pour tous

– *Pour tous :* **Découverte à deux** (25 % de réduction pour deux personnes sur un aller-retour), **Découverte Séjour** (25 % de réduction sur un aller-retour de + de 200 km, avec séjour incluant la nuit de samedi à dimanche), **Découverte J 8 et Découverte J 30** (de 25 à 45 % de réduction si vous réservez votre billet jusqu'à 8 ou 30 jours avant le départ).
– *Pour les Seniors :* **Découverte Senior** (25 % de réduction pour les + de 60 ans), **carte Senior** (carte réservée aux + plus de 60 ans offrant des réductions de 25 à 50 %).
– *Pour les 12-25 ans :* **Découverte 12-25** (25 % de réduction pour les - de 26 ans), **carte 12-25** (carte réservée aux jeunes de - de 26 ans permettant d'obtenir des réductions de 25 à 50 %).
– *Vous voyagez avec un enfant de moins de 12 ans :* **Découverte Enfant** + (si vous voyagez peu souvent), **carte Enfant** + (des voyages illimités). Le nombre des accompagnateurs est limité à quatre.
Toutes ces offres sont soumises à conditions.

Téléphone

● *La carte France Télécom*

Pour vous simplifier la vie, demandez une *carte France Télécom* : elle vous permet de téléphoner en France à partir de n'importe quel poste téléphonique ou d'une cabine, et vous êtes débité directement sur votre facture téléphonique personnelle.
Vous composez dans l'ordre le 36-10 ou le 30-10, puis le numéro de la carte, votre code confidentiel, et enfin le numéro de votre correspondant. Tapez sur la touche #, et c'est parti... Plus besoin de monnaie.
Une particularité, la *carte France Télécom* peut être utilisée dans toutes les cabines à cartes.
Très pratique, elle permet également de téléphoner en France de plus de 60 pays, et dans le monde entier de plus de 40 pays. Tous les appels sont facturés aux tarifs français.
Pour obtenir une *carte France Télécom,* composez le numéro vert : ☎ 0-800-202-202, ou tapez le 36-14, code CARTEFT sur votre Minitel. Carte sans abonnement.

POUR VOS VACANCES, SUIVEZ LE GUIDE

Parce que vos vacances sont uniques, nous vous proposons 10 guides nationaux et 95 guides départementaux pour vous accompagner partout en France. Pour une nuit, un week-end ou plusieurs semaines, à la montagne, à la mer ou à la campagne, les Gîtes de France ont sélectionné 55.000 adresses hors des sentiers battus. Retrouvez les 10 guides nationaux dans votre librairie ou renvoyez ce coupon réponse à l'adresse suivante.

Découvrez aussi nos 95 guides départementaux, disponibles dans les relais départementaux ou à la Maison des Gîtes de France et du Tourisme Vert.

3615 GÎTES DE FRANCE
(1,29F/mn)

LE VEXIN NORMAND
Vétheuil. Haute-Isle. La Roche-Guyon. Giverny.
Vernon. Les Andelys. La vallée de l'Epte. Gisors.

La Seine, pourtant paresseuse, trouve le moyen d'entamer fortement le plateau crayeux du Vexin, y découpant de hautes falaises blanches pittoresques. Premières villes et sites agréables à l'ouest de Paris : Vétheuil, La Roche-Guyon et Vernon, à l'ombre duquel prospère le Giverny de Claude Monet, enfin Les Andelys et leur Château-Gaillard, presque aux portes de Rouen. Sur la rive droite, le Vexin normand et sa capitale Gisors sont traversés par l'Epte qui forme une bien agréable petite vallée.

Comment y aller ?

– *Par la route :* autoroute de l'Ouest ; sorties Mantes-Est pour Vétheuil, Vernon pour Vernon, et Gaillon pour Les Andelys.
– *Par le train :* pour Vétheuil, jusqu'à Mantes-la-Jolie de la gare Saint-Lazare. Un train toutes les demi-heures maximum. Durée : de 30 mn (trains grandes lignes) à 1 h (trains banlieue).
La même ligne, mais avec une fréquence moindre en dehors des heures de pointe, mène à Vernon (45 mn) et à Gaillon, la gare la plus proche des Andelys (1 h). De Gaillon, 12 km par la D316. Renseignements S.N.C.F. : ☎ 08-36-35-35-35 (2,23 F la minute). Internet : www.sncf.fr.
– *Location de vélos :* à la gare de Vernon.
– *« Mini-croisières » sur la Seine :* genre bateaux-mouches, qui partent de différents endroits. Renseignements : ☎ 02-35-78-14-08. Promenade de 2 h ou location à la journée.

Où s'initier au parapente et à toutes ces sortes de choses ?

– *Décollage :* 11, place Rollon, 95770 Saint-Clair-sur-Epte. Sur la N14, entre Gisors et Vernon. ☎ 01-34-67-66-67. Fax : 01-34-67-66-01.
Décollage c'est avant tout, autour de Jean-Pierre Henry, une équipe de passionnés. Très pro (ça va de soi !), elle propose de vous initier aux parapente, paramoteur, ULM et même montgolfière. Pas mal de formules : séance ou week-end découverte du parapente loisir, stages de parapente, école de pilotage, vols d'initiation biplace, perfectionnement, etc. Pour ceux qui ne volent pas, descente de l'Epte en canoë et mur d'escalade. Prix particulièrement étudiés, accueil chaleureux (ah ! bon, en plus ?). Demandez leur petite brochure (en couleurs, c'est trop !)... Sur place, boutique pour vous équiper dans les meilleures conditions et librairie. Vente par correspondance également.

VÉTHEUIL (95510)

Petit bourg niché près d'une des boucles de la Seine et qu'aima le peintre Claude Monet. Cadre sympa, mais on pourra pousser plus loin pour passer la nuit. Voir la belle église.

Dès maintenant

nova 101.5

c'est

nova 92.4

MONTPELLIER

nova 89.6

ANGERS

nova 96.8

DREUX

et à Paris toujours

nova 101.5

PARTOUT EN FRANCE SUR CANALSATELLITE

Où manger ?

Chic

|●| *La Pierre à Poissons* : 4, rue de Seine. ☎ 01-34-78-18-71. Fermé les dimanche soir, lundi et mardi, ainsi qu'une semaine et demie en février et trois semaines et demie en août. À deux pas de la Seine, dans le cadre vert et sympa d'une maison ancienne décorée de façon moderne. Excellente cuisine fraîche et savoureuse, basée évidemment sur le poisson. Menus à 185 et 225 F, et plateau de fruits de mer à 250 F. À la carte, échelle des prix étendue, ce qui permet de s'en sortir honorablement (raie au vinaigre de framboise, ris de veau aux morilles, barbue aux blancs de poireaux, lotte à la crème de safran...).

Où dormir ? Où manger aux environs ?

🏠 *Gîtes ruraux et de groupes de M. et Mme Vandeputte* : ferme du Grand-Chemin, 95510 Villers-en-Arthies. ☎ 01-34-78-17-73. Fax : 01-34-78-24-97. À 4 km de Vétheuil, par la D142. Il s'agit d'une exploitation agricole transformée pour partie en exploitation « touristique » de grande ampleur. On ne conseille pas l'endroit pour les amoureux à la recherche d'un endroit de charme, mais plutôt pour des mariages champêtres, des camps scouts ou des groupes scolaires du genre « S'il te plaît, dessine-moi une vache ». À votre disposition, plusieurs gîtes de 2 chambres, un dortoir de 19 lits, 2 maisons, 7 studios et de nombreuses salles de réunion. Tarif week-end : 160 F par personne. Chambres fonctionnelles et sans charme.

|●| *Crêperie de Villers* : 18, Grande-Rue, 95510 Villers-en-Arthies. ☎ 01-34-78-17-00. Ouverte les vendredi, samedi, dimanche et jours fériés à partir de 12 h. Cette crêperie-brocante, à la façade délicieusement rétro, est tenue par Didier et Nathalie Mabille. On peut y satisfaire en paix deux péchés capitaux : curiosité et gourmandise. Pour un repas complet, compter 70 F, bouteille de cidre comprise ; on est servi soit dans la salle ornée de meubles et objets chinés ou bien dans la petite cour de verdure si le temps s'y prête. Café offert sur présentation du *G.D.R.*

À voir

★ *L'église :* ouverte de Pâques au 1er novembre, le dimanche uniquement, de 15 h à 17 h. Pour les groupes, sur rendez-vous : ☎ 01-34-78-12-17 ou 01-34-78-14-26. Un grand escalier aux marches disjointes mène à ce sanctuaire dominant le fleuve auquel Monet consacra plusieurs tableaux. Construite au XIIe siècle, retouchée sous la Renaissance (la façade et le porche sud en sont le plus bel exemple). De la période gothique, elle conserve sa tour carrée. Belle galerie Renaissance qui relie les tourelles de la façade. À l'intérieur, nombreuses statues anciennes, boiseries et stalles gothiques. Dans le croisillon, un primitif français du XVe siècle. Fonts baptismaux du XIIe siècle. Église souvent fermée pour cause de vols.

★ À la sortie du village, en allant vers La Roche-Guyon, on aperçoit une modeste maison ocre. Monet y vécut. Un petit chemin descend jusqu'au bord de Seine.

et si vous passiez
ce week-end
en villes

**2 nuits d'hôtel
pour le prix d'une
dans 58 villes
en France**

Bon WEEK end en villes

FNOTSI

**Procurez-vous le guide "Bon-Week End en Villes" en écrivant à la FNOTSI,
280 Bd St Germain, 75007 Paris ou en téléphonant au 01 44 11 10 47**

Dans les environs

★ *Le Musée archéologique du Val-d'Oise :* 95450 Guiry-en-Vexin, à une quinzaine de kilomètres au nord-est de Vétheuil. ☎ 01-34-67-45-07. Ouvert tous les jours sauf le mardi. En semaine, de 9 h à 12 h et de 13 h 30 à 17 h 30. Les samedi, dimanche et jours fériés, du 15 mars au 15 octobre, de 10 h à 12 h et de 14 h à 19 h; le reste de l'année, de 13 h 30 à 17 h 30. Entrée : 20 F. Pour les fanas d'archéologie, un must dans la Région parisienne. Édifice moderne dans lequel sont réunies les plus belles trouvailles archéologiques de la région, présentées avec un souci pédagogique certain. On passe en revue les différentes périodes depuis le néolithique jusqu'à l'époque carolingienne. Nombreuses poteries, mégalithes, objets de verre, outils, bijoux. Descriptions et photos des sites archéologiques de la région tels Épiais-Rhus ou Genainville. Parmi les plus belles pièces, une épée décorée de plaques de bronze avec son fourreau, une admirable tête de bronze du IIe siècle, un calice en verre polychrome de toute beauté, ainsi que de belles stèles de l'époque mérovingienne.

★ Face au musée, le beau *château* du marquis de Guiry, du XVIIe siècle. Ne se visite pas.

★ L'*église*, à côté du château, présente une jolie tour-clocher et un dôme de pierre.

HAUTE-ISLE (95780)

Ancien village troglodytique. Il reste d'ailleurs une église creusée dans la falaise, l'*église de l'Annonciation,* située à la sortie de Haute-Isle, sur la droite en allant vers La Roche-Guyon. On y accède par un petit escalier. Ouverte normalement de 10 h à 12 h et de 15 h à 18 h. Seul le clocher émerge de la roche. À l'intérieur, un retable en bois du XVIIe siècle. L'église fut creusée en 1670 à la demande de Boileau qui venait s'y recueillir.

Où dormir ? Où manger ?

🏠 ⏺ *Auberge du Lapin Savant :* 36, route de la Vallée, 95780 Chantemesle-Haute-Isle. ☎ 01-34-78-13-43. Un peu avant Haute-Isle, à droite sur la route de Vétheuil à Haute-Isle. Fermée le mercredi soir, le jeudi toute la journée, ainsi qu'au mois de novembre. Superbe auberge en pierre, en bord de route, aux corps de bâtiments étagés sur plusieurs niveaux et aux fenêtres abondamment fleuries. 12 chambres décorées avec goût dans un style classique dont les prix oscillent entre 270 et 330 F pour 3 personnes. Très bon rapport qualité-prix, mais un rien de gentillesse supplémentaire dans l'accueil ne nous aurait nullement déplu. Bons menus à 135 et 165 F proposant une cuisine traditionnelle : feuilleté de langouste, vol-au-vent à la strasbourgeoise, cassolette de lapereau, gratin de saumon, coquilles Saint-Jacques.

LA ROCHE-GUYON (95780)

Du côté de La Roche-Guyon, la Seine glisse entre les falaises de craie parfois découpées d'aiguilles ou creusées de grottes. La Roche-Guyon s'annonce de loin avec son donjon majestueux. Il faisait partie, comme le château de Gisors, de la ligne de défense du duché de Normandie. Au pied

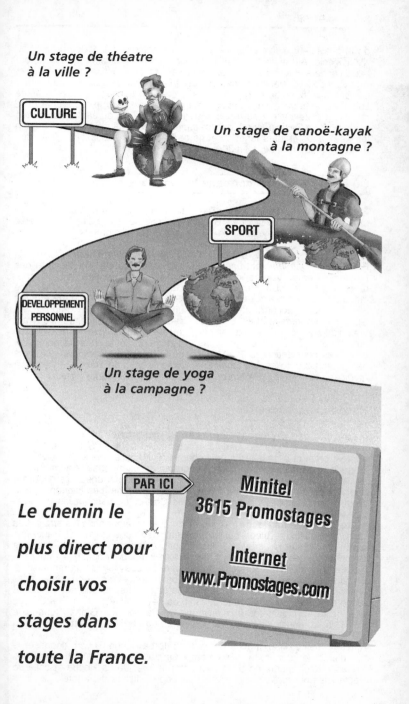

de la falaise, un château présente toute la gamme des styles du XIIIe au XVIIIe siècle. Autrefois il était relié au donjon par un escalier. La Rochefoucauld l'acheta et y rédigea une partie de ses *Maximes* à la fin du XVIIe siècle. Au début du XIXe siècle, le château passa dans les mains du duc de Rohan-Chabot qui, bien qu'entré dans les ordres, y donna de sacrées fêtes coquines, entouré de nombreux romantiques de l'époque. Le calme et le charme du site invitent au repos et à la détente. Très agréable promenade sur le bord de Seine. Ouvert tous les jours, sauf le lundi, de 10 h à 18 h (19 h les week-ends et jours fériés). Fermé de Pâques à la Toussaint. Visite guidée à 14 h 30, 15 h 30, 16 h 30.

Où dormir ? Où manger dans les environs ?

▲ *Chambres d'hôte Les Damiers :* Monique et Jacques Bouquet, 3, route de Gasny. ☎ 01-34-79-75-10. Situées au cœur d'un village classé parmi les plus beaux de France, *Les Damiers* sont une halte recommandée si vous sillonnez la route des Crêtes. Dans une splendide demeure en pierre des années 30, vous serez accueilli par la chaleureuse propriétaire. Les 6 chambres sont équipées de sanitaires privés. Aux 1er et 2e étages, les chambres sont décorées avec goût par Monique : toiles de maîtres, meubles de style. Préférez les

chambres nos 1, 4 et 6 pour leur vue sur la Seine. 280 à 310 F pour deux, petit déjeuner compris.

▲ |●| *Hostellerie Saint-Denis :* 1, rue des Cabarets, sur la route des Crêtes, entre Vétheuil et La Roche-Guyon, à l'entrée de Chérence (95510). ☎ 01-34-78-15-02. Ouvert uniquement sur réservation. Délicieuse auberge au calme, s'ouvrant sur un jardinet fleuri. On a plus le sentiment d'être chez un particulier qu'à l'hôtel. 6 chambres soignées avec douche ou bains et toilettes, à 350 F, petit déjeuner inclus.

Randonnées pédestres

– *La route des Crêtes :* de La Roche-Guyon, prendre la rue de la Charrière-des-Bois qui grimpe jusqu'à la falaise. Au bout de 300 m, après les grottes, prendre à gauche un petit chemin (G.R. balisé blanc et rouge). On longe la falaise sur environ 3 km. Panorama absolument superbe sur le val de Seine. On redescend ensuite à La Roche-Guyon par une route goudronnée. Possibilité de prendre ce chemin en sens inverse. Les fainéants prendront la route au-dessus du chemin des Crêtes, où passent les voitures. Beaux points de vue.

– *Les boves de La Roche :* 10 km et 3 h aller et retour sans les arrêts. Les rochers de calcaire blanc qui environnent La Roche-Guyon et Haute-Isle sont un véritable gruyère. Habitations préhistoriques ou maisons secondaires, ces abris creusés à même la craie ont pour nom des « boves ». Faire des randonnnées sur ces coteaux offre des paysages surprenants.

En partant de la mairie de La Roche-Guyon, le sentier monte en pente raide ; attention aux jours de pluie qui rendent le trajet glissant. Balisage : blanc et rouge du GR 2, jaune et rouge du G.R. de pays, jaune du P.R. Réf. : « Les plus belles randonnées aux environs de Paris », éd. Glénat, topoguide « P.R. à la découverte du Val d'Oise », éd. F.F.R.P. Carte I.G.N. au 1/25 000, n° 2113 E.

Après la mairie donc, proche du château de La Roche-Guyon, dépasser le gîte d'étape et prendre le G.R. de pays. On traverse la D100 ou « route des Crêtes » et on monte en plein bois entre la forêt de La Roche et celle de Haute-Isle pour arriver à un champ qui longe la lisière de la forêt.

Aux premières maisons d'Amenucourt, le G.R. de pays continue vers l'est en direction de la *ferme de Chesnay*, par une route champêtre. Les murs fortifiés de cette magnifique ferme dominent le vallon où l'Epte, dans le lointain, creuse sa rivière. Juste après la ferme, le sentier s'enfonce dans le bois du Parc pour redescendre vers la vallée de la Seine. Il rejoint le balisage jaune du P.R. en plein bois. Suivre ce dernier pour continuer vers le sud et rattraper la route des Crêtes. Continuer en direction des carrières de Chérence vers l'est.

Histoires de troglos à raconter en route ? Les *carrières de Chérence* ont été utilisées pour la construction de l'arc de triomphe de l'Étoile à Paris. À La Roche-Guyon, les souterrains du château sont également creusés dans la craie et s'étirent très loin dans la campagne. Un véritable labyrinthe qui se perd dans un calcaire tendre mais humide. Rester en surface ! À la hauteur de Haute-Isle, en lisière d'un bois, on descend vers le clocher de l'église troglodytique qui pointe à même la falaise.

En retournant vers la D100 en direction de La Roche-Guyon, on bifurque sur un chemin qui se rapproche de la Seine pour revenir par le cimetière au point de départ.

Vol à voile

Petit aérodrome sur le plateau des Crêtes à Chérence. On y accède en prenant la route des Crêtes de Vétheuil, ensuite c'est indiqué. Sur ce vaste plateau s'étend le terrain de vol à voile. Pour toute réservation : ☎ 01-34-78-13-93. Fermé les lundi et mardi, sauf de début avril à fin septembre. Pour un vol d'initiation, compter 250 F pour une balade de 20 mn au moins. Aucune compétence n'est requise... puisque vous êtes accompagné. C'est vraiment un grand moment de se retrouver dans un planeur avec seulement le bruit du vent contre la carlingue et un paysage digne des dieux.

GIVERNY (27620)

Charmant village s'étageant sur une douce colline en bordure de Seine. Le peintre Claude Monet contribua fortement à sa gloire lorsqu'il choisit d'y vivre de 1883 jusqu'à sa mort, en 1926. Il repose d'ailleurs dans le cimetière paroissial. Sous l'impulsion de Monet, nombre d'artistes (dont beaucoup d'Américains) vinrent à Giverny. Aujourd'hui, outre la maison et les jardins, on vient voir le superbe *Musée américain*.

Monet et Giverny

Si Giverny doit une fière chandelle au peintre, l'inverse n'est pas vrai. Difficilement accepté par les autochtones, Monet vivait sans véritable contact avec les habitants, qui lui faisaient payer très cher les meules de foin qu'il souhaitait coucher sur la toile. Il avait besoin de la nature pour peindre et, surtout, de la lumière qui s'en dégage aux différentes heures de la journée, et plus particulièrement tôt le matin. Il fut l'un des premiers, conseillé par Boudin, à peindre sur le site même, symbolisant les images à l'extrême pour les « réduire » à une impression lumineuse, à un effet de lumière. La manière de peindre dépasse le sujet peint. *Impression, soleil levant* est la toile qui donna naissance à l'impressionnisme. Si Boudin se rapprochait déjà fortement de cette lecture si délicate de la lumière naturelle, Monet en devint le grand maître. Dans le jardin qu'il créa entièrement, il peignit certaines de ses toiles les plus célèbres, notamment la série des *Nymphéas*.

TICKET POUR UN ALLER-RETOUR-ALLER-RETOUR-ALLER-RETOUR-ALLER-RETOUR...

À Giverny, Monet s'installa dans cette longue maison rose aux volets verts. Il se levait avant le jour, prenait un copieux petit déjeuner et filait étudier la lumière avant qu'elle ne se défilât. Souvent, il travaillait sur plusieurs tableaux à la fois, captant pour un même sujet les nuances de chaque heure. À sa suite s'installeront à Giverny de nombreux artistes français, mais aussi américains, qui logeront pour certains à l'hôtel Baudy (aujourd'hui ouvert au public). Pour refléter la présence américaine à Giverny, un Musée américain a ouvert ses portes. Une raison de plus de venir sur les traces du maître.

Où dormir ?

🏠 *Hôtel La Musardière :* 123, rue Claude-Monet. ☎ 02-32-21-03-18. Fax : 02-32-21-60-00. Un peu après le musée. Une grande maison bourgeoise avec véranda, dans un jardin. On n'est pas loin de la maison du peintre. Calme assuré : les autocars et les touristes sont restés à distance. Pour une chambre double, compter 300 F avec douche et de 320 à 400 F avec bains, petit déjeuner compris. Bon confort. Chambres spacieuses. Restaurant cher. Fait aussi crêperie.

Où manger ?

Prix moyens

|●| *Les Nymphéas :* rue Claude-Monet, face à sa maison. ☎ 02-32-21-20-31. Fermé le lundi et du 31 octobre au 1er avril (dates de fermeture de la maison de Monet). Endroit idéal pour combler un petit creux entre la visite de la maison et des jardins de Monet et le Musée américain. Ambiance bistrot avec ses tables de marbre. Une terrasse le long du parking et une véranda de l'autre côté de l'établissement. Accueil routinier en période d'affluence. Assiette anglaise à 70 F, salades composées autour de 45 et 55 F, assiette de fromages, plats simples, glaces... Menus à 89 et 139 F. L'établissement est décoré d'affiches de Toulouse-Lautrec. L'été, c'est un peu l'usine.

Beaucoup plus chic

|●| *Les Jardins de Giverny :* 1, rue du Milieu ou D5 du chemin du Roy. ☎ 02-32-21-60-80. Sur la D5, à droite de la route en venant de Giverny. Fermé tous les soirs sauf le samedi, le lundi toute la journée, ainsi qu'en février. Ce n'est pas le jardin de Claude Monet, mais il ne manque pas de charme... On n'y déjeune pas : il est réservé à l'apéritif. On déguste des plats normands dans la salle à manger Louis XVI d'une maison normande. C'est d'ailleurs cette même salle à manger que fréquentèrent Georges Clemenceau, Aristide Briand et bien d'autres « stars » de l'époque. On peut encore voir au mur l'anneau d'attache de leurs chevaux. Menus à 130 F (sauf les dimanche et jours fériés), 170 et 230 F, tous avec trou normand (sorbet au cidre fouetté au calvados servi au milieu du repas afin de faciliter la digestion). Excellentes spécialités du terroir et produits de la mer (à noter, quelques plats aromatisés aux algues). Initiative heureuse, chaque menu est accompagné de conseils afin de choisir le vin adéquat. Une adresse très classe... et chère. Apéritif offert sur présentation du guide.

|●| *Le Moulin de Fourges :* à Fourges. Voir « Où manger dans les environs de Vernon ? ». Excellente adresse.

À voir

★ **La Fondation Claude Monet** *(la maison de Monet) :* ☎ 02-32-51-28-21. Ouverte du 1er avril au 31 octobre. Visite de la maison et des jardins de 10 h à 18 h. Fermeture le lundi (sauf les lundis fériés). Entrée : 35 F pour la maison et les jardins, 25 F pour les jardins seulement. Réduction étudiants et enfants. On a restitué à la maison et aux jardins leur aspect d'origine. Aux amoureux de Monet, signalons quand même qu'il n'y a ici aucune œuvre originale du peintre. On vient seulement observer le cadre de vie et surtout admirer le superbe jardin fleuri du maître qui détourna les eaux de l'Epte pour alimenter son petit univers japonais. À la saison des nénuphars, émotion garantie. Sans l'explosion de couleurs du jardin, la visite perd grandement de son intérêt.
La maison est touchante de simplicité. Noter la belle salle à manger éclatante de jaune et les cuisines habillées d'azulejos. Outre le mobilier, on verra de superbes estampes japonaises, collection personnelle de Monet. Une merveille ! Quant à l'atelier, il abrite la boutique de la Fondation.
Le jardin devant la maison est éblouissant de couleurs. L'étang aux nénuphars, situé de l'autre côté de la route, est accessible par un passage souterrain au fond du jardin. Au temps de Monet, l'endroit était bien plus romantique puisque seuls un chemin de terre et une voie ferrée (rares étaient les trains) séparaient le jardin du célèbre plan d'eau. C'est évidemment là que le peintre réalisa ses séries de *Nymphéas*.

★ **Le musée d'Art américain :** 99, rue Claude-Monet. ☎ 02-32-51-94-65. Ouvert du 1er avril au 31 octobre de 10 h à 18 h. Fermé le lundi. Réduction enfants et étudiants. Resto-salon de thé ouvert à partir de 10 h. Beau choix de salades appétissantes et fraîches. Menus à partir de 85 F.
Ouvert depuis 1992, cet excellent musée fut fondé par le créateur du musée Terra d'Art américain à Chicago. On pouvait craindre que les Américains ne débarquent à Giverny avec leurs gros sabots, ou plutôt leurs grosses boots pointues, tirant la couverture à eux. Que nenni ! Voici un musée moderne, aux lignes sobres et discrètes, en pierre blanche, enfoui dans un jardin lui aussi au dessin contemporain qui a su merveilleusement se fondre dans un milieu à l'équilibre fragile. Les toits dégoulinent de verdure et, d'ici peu, on ne verra pratiquement plus cette structure raffinée. Un grand coup de chapeau donc aux architectes et aux concepteurs.
L'objectif du musée est de montrer l'importance des liens entre la peinture française et la peinture américaine au XIXe et au début du XXe siècle. Giverny attira beaucoup d'Américains que la nature environnante et surtout cette nouvelle manière de peindre fascinèrent.
Composé de trois grandes salles en légère déclivité, à l'aménagement moderne et éclairées de lumière naturelle parfaitement diffusée, le musée présente essentiellement les œuvres de peintres américains venus travailler à Giverny et ailleurs en France du temps de Monet. Des panneaux explicatifs replacent chaque artiste dans son contexte historique et rappellent le lien particulier entretenu avec Giverny et la France en général. Des photos noir et blanc montrent les peintres *in situ*. Chaque année, une expo temporaire. Après la visite, délicieuse terrasse pour prendre un verre ou manger un morceau.

★ **Ancien hôtel Baudy :** 81, rue Claude-Monet. ☎ et fax : 02-32-21-10-03. Ouvert du 1er avril au 31 octobre, de 10 h à 22 h. Fermé le lundi. (Attention : à partir du 1er avril 1999, nouveaux horaires d'ouverture : du mardi au samedi, de 10 h à 22 h ; le dimanche, de 10 h à 18 h). Entrée gratuite.
L'ancien hôtel où résidèrent plusieurs peintres américains a été restauré. Derrière, le grand jardin incliné a été recomposé comme à l'époque. C'est en 1886 que le premier peintre américain vint ici chercher une chambre. Il

s'appelait Metcalf. D'autres suivirent, nombreux, qui revinrent chaque week-end par le train. L'hôtel Baudy devint un lieu de rencontre d'artistes : Robinson, Butler, Mary Cassatt, Frieske, Sargent et bien d'autres y séjournèrent. Comme à Barbizon ou en Provence, une colonie d'artistes s'y installa. Jolie roseraie. Le rez-de-chaussée a été réaménagé dans le style du salon de l'hôtel, mais le résultat n'est pas probant. Plus intéressant est ce petit atelier adorable, dans le jardin même, habilement reconstitué. Sur des photos noir et blanc, les peintres qui logeaient à l'hôtel.

Possibilité de se restaurer ou de prendre une consommation à la *Buvette Baudy* chez Floriane-Laurence et Jean-Charles.

VERNON (27200)

Situé à 80 km de Paris. Fondé au Xᵉ siècle par Rollon, Viking fasciné par la Normandie et premier roi normand. Plus tard, la ville plut beaucoup à Saint Louis qui venait s'y repaître de cresson, la culture locale (on en voit trois bottes sur les armoiries de la ville). La ville fut occupée par les Anglais au XVᵉ siècle. Bombardée pendant la Seconde Guerre mondiale, Vernon perdit beaucoup de son pittoresque avec la reconstruction moderne du centre. Cependant, quelques vestiges intéressants du vieux Vernon demeurent. Atmosphère toute provinciale. La ville représente un point de départ idéal pour de belles balades dans la région.

Comment y aller ?

– *Par le train :* de Paris-Saint-Lazare, direction Rouen-Le Havre. Une bonne vingtaine de liaisons quotidiennes. Compter 1 h 15 de trajet. Renseignements S.N.C.F. : ☎ 08-36-35-35-35 (2,23 F la minute). Internet : www.sncf.fr.

Adresses utiles

🛈 *Office du tourisme :* 36, rue Carnot. À côté de la collégiale. ☎ 02-32-51-39-60. Fax : 02-32-51-86-55. Minitel : 36-15, code ITOUR. Ouvert de mai à septembre du mardi au samedi de 9 h 30 à 12 h 15 et de 14 h 30 à 18 h 30 ; le dimanche de 10 h à 12 h. En hiver, du mardi au samedi, de 10 h à 12 h 15 et de 14 h 30 à 17 h. Fermé le lundi.

🔳 *Location de vélos :* à la gare. ☎ 02-32-51-01-72.

Où dormir ? Où manger ?

🛏 I●I *Hôtel d'Évreux-Le Relais Normand :* 11, place d'Évreux. ☎ 02-32-21-16-12. Fax : 02-32-21-32-73. Restaurant fermé le dimanche (sauf fériés). Chouette hôtel du XVIIᵉ siècle en plein centre-ville, bourgeois et rustique à la fois, tenu par une Autrichienne. Quelques chambres à 210 F avec douche (sans w.-c.) et plusieurs autres à 350 F avec w.-c. et salle de bains. Très bien tenues et calmes. Petit déjeuner en sus. On y mange une délicieuse cuisine vraiment soignée. Menus à 130 et 175 F (menu-dégustation). Celui à 175 F propose des plats authentiques et réussis (lapereau en gelée, cabillaud Bovary, saucisson de pieds de porc au jus de truffe et délicieuse tarte fine aux pommes par exemple).

🛏 *Chambres d'hôte Le Moulin Saint-Jean :* chez Mme Geneviève Brion, le Saint-Jean, rue Pierre-Bonnard. ☎ 02-32-51-59-49. À deux pas du port de plaisance. De l'autre côté de la Seine, au rond-point, suivre la direction de Gisors. À environ 500 m, prendre sur la gauche le chemin portant l'indication « Quille ». Après avoir franchi un petit pont, on arrive dans un charmant écrin de verdure bordé de saules pleureurs. On comprend que le peintre Pierre Bonnard, qui habitait tout près, s'en soit inspiré. Mme Brion loue 2 chambres partageant la même salle de bains. Meublées à l'ancienne, éclairées sur deux côtés par des fenêtres donnant sur Vernon ou sur le parc, elles sont gaies et accueillantes, à l'image de l'hôtesse de la maison. Idéal pour une famille ou des amis. Compter 440 F les deux chambres, petit déjeuner copieux inclus.

|●| *Le Relais des Tourelles :* rue de la Chaussée, Vernonnet. ☎ 02-32-51-54-52. Fax : 02-32-21-63-66. Fermé le dimanche soir et le lundi. Juste en face de Vernon, de l'autre côté de Seine, Vernonnet est un petit village où Saint Louis venait déguster du cresson aux pieds des tourelles. Dans une charmante maisonnette à pans de bois, à la décoration chaleureuse, et à 100 m de ces tourelles, vous pouvez à votre tour goûter aux spécialités régionales comme le saint-pierre au beurre nantais et les huîtres chaudes à la fondue de poireaux. Menu à 90 F (servi tous les jours sauf le week-end) avec un excellent buffet de hors-d'œuvre à volonté, plat, fromage et dessert. Sinon, menus à 120 et 169 F ou carte. Une bonne adresse à seulement 4 km de Giverny, loin des cars de touristes et du fan-club de Claude Monet.

|●| *Restaurant de la Poste :* 26, av. Gambetta. ☎ 02-32-51-10-63. Fermé les mardi soir et mercredi. L'intérieur à la décoration fraîche et sobre est assorti à la façade toute de rose vêtue. La cuisine, faite par le patron en personne, est traditionnelle et élaborée. Beaucoup de plats à base de produits de la mer comme les gambas grillées sauce whisky, mais aussi la terrine maison ou les ris de veau à la normande. Menus à 120 et 185 F, ou carte.

Où manger dans les environs ?

|●| *Le Moulin de Fourges :* 38, rue du Moulin, 27630 Fourges. ☎ 02-32-52-12-12. Fermé le dimanche soir et le lundi ainsi que du début janvier à mi-février. De novembre au 1er mars, ouvert seulement mardi midi et mercredi midi, jeudi, vendredi et samedi toute la journée, et le dimanche midi. Au bord de l'Epte. Bien fléché au départ de *Fourges,* village situé à une douzaine de kilomètres de Vernon. Voici ce superbe moulin enfin repris. Ce rendez-vous des artistes en général et des impressionnistes en particulier a pris un nouveau souffle et on a plaisir à voir couler des fenêtres la vigoureuse Epte dans un paysage d'un romantisme inégalé. Côté décor, on a rompu avec le passé puisque les couleurs pastel dominent : vieux rose et vert d'eau, avec des nappes rappelant les teintes florales d'un Monet, illustre voisin. Avant ou après Giverny, venez donc voir les paysages qui ont ému tant de pinceaux et déguster une cuisine pleine de saveur, à la fois moderne et simple. Un menu à 160 F (en semaine seulement) avec boudin de saumon aux poireaux rissolés et poêlée de joues de cochon à l'infusion d'herbes. Autre menu à 250 F. Cave honnête. Un conseil : à fuir le week-end où cars de tourisme et autos se disputent les places de stationnement. On se demande ce qu'en penseraient les Monet et autres impressionnistes...

À voir

★ *L'église collégiale Notre-Dame :* rue Carnot, à côté de l'office du tourisme. Date du XIIe siècle, mais fut sans cesse remaniée. Sur la façade, du XVe siècle, rosace flamboyante entre deux galeries, absolument admirable. Tour centrale du XIIIe siècle. À l'intérieur, nef élancée encerclée d'un triforium. Au fond, dans le chœur, une série d'arcades romanes supportant un étage du XVIe siècle. Beau buffet d'orgue et superbe maître-autel provenant de la chartreuse de Gaillon. Vitraux du XVIe siècle dans une des chapelles de droite. Visite guidée sur demande à l'office du tourisme : ☎ 02-32-51-39-60.

★ Sur le côté gauche de l'église, très jolie *maison* du XVe siècle. Abrite aujourd'hui l'office du tourisme.

★ *La tour des Archives :* haute de 22 m et d'époque médiévale. C'est le seul vestige de l'ancien château. Ne se visite pas. Elle est entourée de maisons à colombage.

★ On trouve encore quelques belles *maisons* anciennes à colombage dans les rues Potard, Carnot, du Chapitre, ainsi que dans la rue Bourbon-Penthièvre. À l'angle de la rue Carnot et de la rue du Pont (celle du musée Poulain), belle sculpture en bois représentant deux anges rongés par le temps.

★ *Le musée municipal A.-G. Poulain :* 12, rue du Pont. ☎ 02-32-21-28-09. Fax : 02-32-51-11-17. En haute saison, ouvert du mardi au vendredi, de 11 h à 13 h et de 14 h à 18 h ; le reste de l'année, ouvert de 14 h à 17 h 30. Gratuit pour les enfants et les étudiants. Collection réunie au début du siècle par M. Poulain, ancien archéologue et historien local.
Dans un bel hôtel particulier du XVIe siècle sont regroupés des œuvres et objets très différents. Salle d'archéologie gallo-romaine, plusieurs autres consacrées à la peinture animalière et aux dessins (œuvres de Steinlen), une consacrée à l'histoire locale. Les deux dernières pièces sont dédiées aux paysagistes avec de belles toiles de Daubigny, Rosa Bonheur, Prieur, Leroux, et aux artistes de Giverny dont une toile ronde des *Nymphéas* de Monet et une autre des *Falaises de Pourville*, entourées d'œuvres de Bonnard, Vuillard, Maurice Denis, Vallotton... Expos temporaires également.

★ En traversant le pont principal, on voit en contrebas le *Vieux Moulin*, une maison ancienne à encorbellement posée sur les deux premières arches du pont du XIIe siècle et qui semble défier les lois de la pesanteur.

À faire

– *Randonnée cycliste sur le plateau du Vexin :* superbe randonnée au nord de la vallée de la Seine, de part et d'autre de la vallée de l'Epte. Au total, 76 km de Vernon à Vernon : Vernon - Giverny - Limetz - Gommecourt - route des Crêtes avec vue sur la Seine et la vallée de Moisson – Chérence - Chaussy - manoir de Villarceaux et ses jardins - Villers-en-Arthies - Maudetour - Genainville - vallée de l'Aubette - Ambleville et son château - Bray et Lu - Écos - Fours-en-Vexin - Tourny et son château - Mézières - Vernon.

À voir dans les environs

★ *Le château de Bizy :* à la périphérie de la ville, vers le sud-ouest. Prendre la direction de Pacy-sur-Eure. Ouvert du 1er avril au 1er novembre, tous les jours sauf le lundi, de 10 h à 12 h et de 14 h à 18 h ; en novembre, février et mars, ouvert les samedi et dimanche de 14 h à 17 h. Fermeture annuelle en décembre et janvier. Visite guidée. Renseignements : ☎ 02-32-51-00-82.

Détruit pendant la Révolution, il n'a conservé de la première construction que les communs et les écuries. De facture très classique, le château fut reconstruit au XIXe siècle dans le style Louis XVI. Les Allemands, le trouvant à leur goût, y firent halte durant la dernière guerre. On passe en revue les salons richement meublés et décorés de belles boiseries Régence. À voir, les tapisseries des Gobelins aux couleurs extraordinaires. Dans le premier grand salon, cheminée dont les conduits de fumée sont latéraux. Au-dessus, curieuse verrière donnant sur la fontaine de la cour d'entrée. Voir encore ce splendide guéridon en marqueterie offert par Napoléon Ier au maréchal Suchet. Superbe parc à l'anglaise planté de grands arbres plusieurs fois centenaires et constellé de statues baroques, bassins et fontaines. Dans les écuries, série de calèches du XIXe siècle.

★ *La maison de Monet :* se reporter au chapitre « Giverny ».

LES ANDELYS (27700)

L'un des plus beaux sites de la vallée de la Seine, à 92 km de Paris. Célèbre pour son château fort surplombant la boucle du fleuve et pour le charme de ses rives. Du château, superbe panorama sur les falaises de craie enca-drées de bois, les rives verdoyantes, la forêt de vieux toits du village, la Seine s'étalant langoureusement dans son méandre. Balzac, Hugo, Ingres, Monet, Signac, Léger vinrent souvent y chercher l'inspiration. Pourquoi « Les » Andelys ? Tout simplement parce que la ville est scindée en deux : le Petit Andely au bord de la Seine, de loin le plus charmant, protégé par les ruines de Château-Gaillard, et le Grand Andely, à 1 km à l'intérieur des terres, qui n'a guère de charme mais dont la visite se justifie par la présence de l'église Notre-Dame et du petit musée.

Adresses utiles

▣ *Office du tourisme :* 24, rue Phi-lippe-Auguste, le Petit Andely. ☎ 02-32-54-41-93. À l'entrée sud du Petit Andely, par la 313, sur la droite. Ou-vert tous les jours en été de 9 h 30 à 12 h et de 14 h à 18 h (17 h le di-manche). En hiver, de 14 h à 18 h (17 h 30 le dimanche).

– *Piscine découverte :* en bordure de Seine. Bien agréable.

Où dormir ? Où manger ?

Bon marché

🛏 *Camping municipal L'Île des Trois Rois :* en bordure de Seine, presque au pied du pont enjambant le fleuve. ☎ 02-32-54-23-79. Ouvert du 1er avril au 1er novembre. Bien si-tué, avec un petit étang d'un côté, et la Seine de l'autre. Pas beaucoup d'ombre et une flopée de caravanes. Pour deux, une voiture et une tente, compter 71 F.

De prix moyens à plus chic

🛏 |●| *Hôtel Le Normandie :* 1, rue Grande, le Petit Andely. ☎ 02-32-54-10-52. Fax : 02-32-54-25-84. Fermé en décembre. Resto fermé le mer-credi soir et le jeudi. Parking. Vieille bâtisse normande avec petit jardin et tables dehors, en bord de Seine. Sur le fleuve, les péniches jouent la même pièce depuis longtemps. Chambres doubles de 200 à 300 F, tout confort. Dîner conseillé. Le resto propose plusieurs menus de 105 à 270 F (le moins cher est un peu léger) : boudin de saumon, civet de lotte au pommeau, délicieux ris de veau vallée d'Auge, etc. Une bonne adresse champêtre, tenue par la même famille depuis plusieurs décennies.

▲ |●| *Hôtel de Paris :* 10, rue de la République, le Grand Andely. ☎ 02-32-54-00-33. Fax : 02-32-54-65-92. En venant de la Seine, sur le côté gauche de l'avenue principale. Grande maison bourgeoise entourée d'un petit jardin clos par une grille. Chambres confortables, de 190 à 220 F. Dommage que la proximité de la rue les rende assez bruyantes. Restaurant proposant de la bonne cuisine régionale. Spécialités : le foie gras frais, les magrets au miel, la marquise au chocolat. Menus à 88, 105 et 188 F. Apéritif maison offert et réduction de 10 % sur le prix de la chambre sur présentation du guide.

Très chic

▲ |●| *Hôtel de la Chaîne d'Or :* 27, rue Grande, le Petit Andely. ☎ 02-32-54-00-31. Fax : 02-32-54-05-68. L'hôtel et le resto sont fermés le dimanche soir, le lundi et en janvier. Parking. Un long et massif bâtiment, dans un calme parfait et au bord du fleuve. Une position unique. Fondé en 1751, son nom provient de la chaîne tendue de la rive à l'île voisine et qui délimitait la zone d'octroi sur la Seine à cet endroit. Celle-ci rapportait tant d'argent qu'elle fut appelée la « Chaîne d'Or ». L'hôtel offre de belles chambres à 460 F pour deux. Deux suites à 710 et 740 F. Une adresse de luxe donc. Certaines, avec vue sur la Seine, sont décorées et meublées avec beaucoup de goût. D'autres plus modernes. Pour se restaurer, splendide salle à manger avec vue plongeante sur les péniches et feu dans l'âtre. Au mur, une photo dédicacée de Ronald Reagan (eh oui !). Menus copieux à 145, 245 et 320 F, proposant de bonnes spécialités, dont la poêlée de ris et rognons de veau à l'aigre-doux de banyuls.

Où dormir dans les environs ?

▲ *Gîte rural :* chez Mme Ginette Goethals, hameau des Noyers, à quelques kilomètres au nord-ouest des Andelys. Bien indiqué dans le hameau. ☎ 02-32-54-02-21. À l'extrémité d'un admirable corps de ferme superbement restauré, un gîte tout confort devant une grande pelouse, pouvant accueillir 6 ou 7 personnes. Calme total. À la semaine, de 1 400 à 2 200 F en fonction de la saison.

▲ *Gîte le Clos Normand :* chez M. José Callens, hameau des Noyers. En face du précédent. ☎ 02-32-54-21-53. Là aussi, gîte indépendant, agréable, pour 5 personnes. Tranquillité totale. À la semaine, de 860 à 1 350 F en fonction de la saison.

À voir

★ *Château-Gaillard :* ouvert du 15 mars au 15 novembre, tous les jours sauf le mardi et le mercredi matin, de 9 h à 12 h et de 14 h à 18 h. ☎ 02-32-54-04-16, poste 213. On s'y rend à pied de la rue Richard-Cœur-de-Lion par un chemin pas trop fatigant qui démarre au centre du Petit Andely ou en effectuant un long détour en voiture par le Grand Andely et les collines environnantes. Bien indiqué. Du parking, là-haut, vue globale du château, de la Seine et du bourg. En fait, on peut très bien se balader au milieu des ruines et tout autour sans avoir à payer l'entrée. Le billet donne accès au donjon et à quelques tourelles un peu mieux conservées mais quand on n'est pas spécialiste, ça n'apporte pas grand-chose de plus et la vue est tout aussi belle juste à côté.

Forteresse édifiée par Richard Cœur de Lion, duc de Normandie et roi d'Angleterre, pour prévenir les attaques de Philippe Auguste, roi de France. Aujourd'hui, le château est en ruine et il offre l'une des visions les plus magiques de la vallée de la Seine, digne des images de château hanté des bandes dessinées de Walt Disney, d'où sortent des nuées de chauves-souris sur fond de ciel violacé. À l'époque de son édification, les promoteurs furent zélés et rapides. Sa construction prit tout juste un an. Le site fut choisi à cause de l'escarpement et de la configuration stratégique du paysage mais, comme on le sait, les nobles ont toujours su allier raison/fonction et esthétisme. Richard se serait écrié, l'œuvre achevée : « Que voilà un château gaillard ! », d'où le nom... Rusé, Philippe Auguste attendit la mort de Richard pour attaquer le château en 1204. Après un siège de plusieurs mois, l'assaut fut donné. Eu égard à l'épaisseur des murs, et à la qualité des défenses, il aurait irrémédiablement échoué si quelques soldats n'avaient trouvé une faille en passant courageusement par les latrines et en réussissant ensuite à faire baisser le pont-levis. La chute de Château-Gaillard allait précipiter celle de Rouen, et Philippe Auguste reconquit la Normandie. Tout est bien qui finit bien.

Par la suite, le château servit de prison aux héroïnes du roman d'Alexandre Dumas, *La Tour de Nesle :* Marguerite de Bourgogne y fut étranglée à l'aide de ses longs cheveux pour ses adultères répétés.

L'ouvrage militaire, malgré l'ordre de démantèlement de Richelieu, présente des restes magnifiques qui donnent une idée de sa puissance. On distingue encore quelques éléments des remparts extérieurs. L'enceinte intérieure, bien conservée, présente une suite de saillies rondes contiguës et enveloppe le gros donjon de 8 m de diamètre intérieur. Ses murailles font 5 m d'épaisseur. Initialement, il comptait trois étages et présentait une géniale conception : sa base était en plan incliné, calculé précisément pour que les projectiles lancés des mâchicoulis ricochent et rebondissent vers l'ennemi. Évidemment, Richard n'avait pas prévu le coup des latrines !

★ *L'église Saint-Sauveur :* au Petit Andely. Petite église en forme de croix grecque, réalisée en style gothique de la fin du XIIᵉ siècle. Intérieur très lumineux par beau temps. Porche en bois. Le clocher a disparu lors d'un orage, il y a une dizaine d'années, mais a été entièrement refait. Remarquez la simplicité des lignes du chœur.

★ *L'église Notre-Dame :* au Grand Andely. Façade à trois portails, flanquée de deux tours, nef et chœur dans le style gothique du XIIIᵉ siècle, révélant une parfaite harmonie dans les proportions. Les croisillons du transept et les chapelles sont de style flamboyant dans la nef de droite, et Renaissance dans celle de gauche. Cette opposition se retrouve plus nettement dans les transepts : à droite, rosace et balustrade élégantes, à gauche règnent la géométrie et le classicisme. Tour centrale du XVᵉ siècle. À l'intérieur, magnifique buffet d'orgue Renaissance en chêne sculpté où apparaissent des musiciens en bas-relief. Vitraux du XVIᵉ siècle, côté droit de la nef. La chapelle immédiatement à droite de l'entrée abrite une belle mise au tombeau du XVIᵉ siècle et un Christ au tombeau du XIVᵉ siècle, peu stylisé mais plein de force expressionniste.

★ *Le musée Nicolas Poussin :* rue Sainte-Clotilde, le Grand Andely. ☎ 02-32-54-31-78. Ouvert tous les jours sauf le mardi, de 14 h à 18 h. Ce petit musée abrite des souvenirs liés au « Raphaël français » (né à quelques kilomètres des Andelys) ainsi qu'une de ses toiles célèbres : *Coriolan.* Collection de tableaux, documents et mobilier Régence et Louis XV. Toiles d'un certain René Sautin, artiste du cru.

À voir dans les environs

★ *Le château de Gaillon :* à Gaillon (tiens donc !). ☎ 02-32-29-60-01 ou 02-32-53-13-38. Visite uniquement en juillet et août, de 10 h à 12 h et de 14 h à 17 h. Fermé les mardi et mercredi. Visites sur rendez-vous uniquement en envoyant un courrier précisant vos date et heure d'arrivée.
Un château que Saint Louis donna à l'archevêque de Rouen en 1263. Son propriétaire, à la fin du XVe siècle, Georges Ier d'Amboise, le fit transformer dans le style Renaissance italienne. Le château subit de graves dommages au fil des siècles et aujourd'hui encore on n'a pas fini de le restaurer. Ça fait des années que ça dure et ce n'est qu'un début ! En réalité, on déconseille la visite car le château est perpétuellement en travaux et il n'y a rien à voir actuellement. En revanche, grimpez la rampe d'accès pour admirer le superbe portail Renaissance, encadré de deux tours. Sur le flanc droit, élégante coursive à arcades. Belle vue plongeante sur les toits de Gaillon.

Où écouter de la musique classique ?

– *Le Moulin d'Andé « Musique au moulin » :* dans le minuscule village d'Andé (27430). Andé est situé sur les bords de Seine, à 15 km à l'ouest des Andelys, par la charmante D313. ☎ 02-32-59-90-89. Fax : 02-32-61-08-78. E-mail : musique@moulinande.asso.fr. En sortant d'Andé vers Saint-Pierre-du-Vauvray, tourner à droite juste avant le pont sur la Seine. Suivre les indications.
On l'avoue, voici un endroit qu'on a bien failli garder pour nous. Sous l'impulsion de la belle et entreprenante Mme Lipinska, le Moulin d'Andé organise depuis de nombreuses années déjà des concerts de musique classique de grande qualité tous les samedis soir et souvent également le dimanche après-midi de mars à décembre, dans une élégante orangerie. Au moulin lui-même résident (ou passent) des artistes, surtout des écrivains, qui viennent chercher calme et inspiration. Un lieu rare.

|●| ☕ Avant le concert qui débute généralement à 20 h, apéritif-cocktail. Après, possibilité de partager le copieux buffet avec les musiciens et les autres spectateurs, dans une atmosphère familiale, chaleureuse et simple. Concert seul : 80 F (étudiants : 60 F). Pour la soirée complète, apéritif, concert et dîner : 200 F.
🛏 La direction du *Moulin* met également des chambres à la disposition des spectateurs les soirs de concert ou lors de week-ends musicaux : 300 F la double et 200 F la simple, petit déjeuner inclus.

Fêtes

– *Foire-à-tout :* ses origines remontent au Moyen Âge. Se tient tous les 1er ou 2e week-ends de septembre. Antiquaires et brocanteurs de la région s'y donnent tous rendez-vous.
– *Fête Sainte-Clotilde :* 1re semaine de juin.
– *Fête Saint-Sauveur :* 1re semaine d'août.

Randonnée à vélo (42 km)

Des Andelys, longer la Seine en amont par la rive droite. La route suit de superbes falaises de craie, parmi les plus belles de la région. On traverse

Val-Saint-Martin et La Roque. À Muids, la route passe par une plaine alluviale pour aboutir à Andé (20 km).
Traversez la Seine. À Saint-Pierre-du-Vauvray, remontez la rive gauche du fleuve par le chemin de halage, en grande partie non goudronné. À Venables, prenez la D135 qui vous ramène aux Andelys.

Randonnée pédestre (21 km)

Le G.R. 2 passe par Les Andelys et suit la rive droite de la Seine jusqu'à Andé. Une variante emprunte la rive gauche pour rejoindre les écluses de Poses via Aubevoye, Venables, Vironvay et Saint-Pierre-du-Vauvray. Se procurer les topoguides de la Fédération française de la randonnée pédestre intitulés « À pied dans l'Eure » ou « Promenades et randonnées dans l'Eure ».

LA VALLÉE DE L'EPTE

Cette route, doucement vallonnée, mène à *Anevy* (pont du XVe siècle), *Berthenonville* (église classée et vieux moulin), *Château-sur-Epte,* qui possède des ruines du château construit par le deuxième fils de Guillaume le Conquérant, *Dangu* (église décorée de boiseries du XVIIIe siècle et de panneaux peints ; beau plan d'eau aménagé), *Neaufles-Saint-Martin* et son imposant donjon et, pour finir, *Gisors* et son magnifique château normand.
Au retour, une variante permet de traverser de jolis villages typiques du Vexin : Bourg-en-Vexin, Montjavoult, Parnes, Saint-Gervais, Ambleville, Villarceaux.

GISORS (27140)

Bien qu'ayant perdu de son charme suite aux destructions de la dernière guerre, la vieille capitale du Vexin normand reste une cité agréable dont on visitera l'église et les ruines du château. Rappelons que le Vexin normand est composé d'un vaste plateau délimité par les vallées de l'Epte et de l'Andelle.

Comment y aller de Paris ?

– ***Par la route :*** prendre l'autoroute A15 jusqu'à Pontoise (Sortie 10) puis la D915.
– ***Par le train :*** de la gare Saint-Lazare, 10 aller-retour quotidiens en semaine, 6 le week end. Durée du trajet : 1 h 15. Renseignements S.N.C.F. : ☎ 08-36-35-35-35 (2,23 F la minute). Internet : www.sncf.fr.

Adresse utile

🛈 ***Office du tourisme :*** place des Carmélites. ☎ 02-32-27-60-63. Fax : 02-32-27-60-75. Ouvert le lundi de 9 h à 12 h et de 14 h à 18 h, du mercredi au vendredi de 8 h 45 à 12 h et de 14 h à 18 h. Fermé le mardi (mais permanence téléphonique assurée), le samedi et le dimanche (informations dans la salle d'accueil du château sauf en décembre et janvier).

Où manger?

IOI *Restaurant Le Cappeville :* 17, rue Cappeville. ☎ 02-32-55-11-08. Fermé le mardi soir et le mercredi, deux semaines en janvier, et de fin août à début septembre. Bonne étape dans cette petite ville pour un repas de qualité dans la droite ligne de la tradition régionale. Menus à 110, 145 F, et menu du terroir à 195 F. Spécialités : duo d'escargots et cuisses de grenouilles, turbot au jus de moule, rognons de veau flambés au calvados.

Où dormir? Où manger dans les environs?

🛏 IOI *Chambres d'hôte Les Ombelles :* 4, rue du Gué, 27720 Dangu. ☎ 02-32-55-04-95. Fax : 02-32-55-59-87. Fermé du 15 décembre au 15 mars. Dans une jolie maison rurale (du XVIIIe siècle) du Vexin normand, au bord de l'Epte qui était autrefois la frontière entre Vexin normand et Vexin français. Tenu par une dame très gentille. Grand jardin fleuri et terrasse sur laquelle on prend le petit déjeuner les jours de soleil. 2 chambres adorables meublées avec goût et personnalité, disposant de salles de bains spacieuses. Chambres à 290 F avec douche et 320 F avec bains, petit déjeuner compris. 10 % de réduction à partir de 3 jours. Table d'hôte de 90 F (sauf le samedi) à 130 F par personne. Circuits à thème en minibus ou sportifs. Réduction de 10 % sur le prix de la chambre pour nos lecteurs (sauf le samedi) à partir de trois nuits consécutives.

🛏 *Gîte communal et chambres d'hôte :* à 4 km de Gisors, dans le délicieux village de Delincourt (60240), juste face à l'église et au 1er étage de la mairie. Pour les réservations, appeler M. Collongues, l'instituteur et secrétaire de mairie, qui gère le gîte et les chambres (☎ 03-44-49-03-58). Le gîte (chambre, kitchenette, salle de séjour, salle d'eau et toilettes) peut accueillir 4 ou 5 personnes. Pour le week-end, 400 F ; à la semaine, de 600 à 750 F selon les périodes. Les 2 chambres d'hôte sont à 110 et 130 F, l'une avec un grand lit, l'autre avec deux lits d'une personne. Pas de petit déjeuner.
– Essayez donc l'adorable mercerie-buvette-marchand de jouets juste à côté. Cette boutique semble sortir tout droit d'un film de Carné.

À voir

★ *Le château fort :* il se trouve dans l'enceinte d'un parc ouvert tous les jours sauf le mardi, de 8 h à 18 h (19 h l'été). ☎ 02-32-27-60-63 (office de tourisme). Visite guidée du 1er avril au 30 septembre, tous les jours sauf le mardi ; en semaine, à 10 h, 11 h, 14 h 30, 15 h 15, 17 h ; le week-end, à 10 h, 11 h, 14 h 30, 15 h 15, 16 h et 17 h ; en octobre, novembre, février et mars à 10 h 30, 14 h 30 et 16 h le week-end ; en semaine, sur rendez-vous pour les groupes. Fermeture annuelle en décembre et janvier. Parc public ouvert de 8 h à 19 h 30 (d'octobre à mars jusqu'à 18 h, en décembre et janvier jusqu'à 17 h 30).
Ce beau château féodal militaire normand est aujourd'hui ruiné, mais on en voit encore le superbe donjon du XIe siècle, édifié sur un mamelon et équipé

d'une tour de guet, ainsi que la grosse tour carrée dite du Prisonnier. Pas grand-chose à voir à l'intérieur. Le mieux est de grimper au sommet du donjon (gratuit) et d'admirer le superbe panorama, puis de se balader dans le parc.

Le château fut construit de 1096 à 1184, commencé par le fils de Guillaume le Conquérant, duc de Normandie, puis terminé par Henri II Plantagenêt, roi d'Angleterre ; il passa entre les mains de Philippe Auguste, à qui l'on doit la construction du deuxième donjon, lorsque Richard Cœur de Lion fut emprisonné en Allemagne. Le château fut déclassé par Sully. Il abriterait le fameux trésor des Templiers qui, prévenus de leur arrestation imminente, auraient en octobre 1307 transféré de Paris à l'ancienne capitale du Vexin normand les fonds de leur maison mère. Certains cherchent encore...

★ **L'église Saint-Gervais-et-Saint-Protais :** ☎ 02-32-27-60-63 (office de tourisme). Alors que tout le quartier autour fut bombardé en 1940, l'église a pu faire l'objet, malgré des destructions importantes, d'une restauration miraculeuse. Commencée au XIIIᵉ siècle, la construction se poursuivit aux XVᵉ et XVIᵉ siècles. Très belle façade Renaissance encadrée, à gauche, d'une tour au style bâtard et, à droite, d'une tour Henri II. Côté nord de l'église, un remarquable portail ciselé (1520) de style gothique.

À l'intérieur, le chœur de 1240 au style très pur contraste avec la nef de style flamboyant. Les chapelles du côté sud sont dotées de très beaux piliers sculptés dont le plus travaillé est dû aux tanneurs de la ville. Les sculptures décrivent les différentes activités de cette corporation. Un autre pilier aux nervures torsadées présente une jolie frise de coquillages, tandis que son voisin est orné en hauteur d'élégants dauphins alternant avec des fleurs de lys. Jeter ensuite un œil aux chapelles elles-mêmes. Tout au fond, la première chapelle abrite un bel arbre de Jessé de la fin du XVIᵉ siècle : Jessé, à terre, sert de racine à l'arbre dont l'extrémité des branches accueille des apôtres, et le sommet l'enfant Jésus. Derrière, escalier en colimaçon. Une autre chapelle abrite un curieux gisant représentant un corps décharné touchant de réalisme. L'épitaphe est assez mordante. Dans une autre chapelle, fresque du XVIᵉ siècle. Enfin, dans la chapelle Saint-Claude, beau vitrail de l'école de Beauvais.

★ Il subsiste quelques belles *maisons médiévales à colombage* dans la rue de Vienne, la rue principale. Au bas de cette dernière, remarquez le vieux lavoir à charpente en bois du XVIIᵉ siècle, dont la courbe suit celle de la rivière.

À voir dans les environs

★ *Saint-Denis-le-Ferment* (27140) : une petite escapade à 6 km au nord de Gisors vous mène dans ce village plein de charme et traversé par la Levrière aux eaux très pures. Nombreuses fermes et habitations en brique aux formes et styles intéressants. À l'évidence, des résidences secondaires, mais restaurées avec goût par de riches esthètes.

★ *Le château de Boury :* à 6 km au sud-est de Gisors. À côté de Dangu. ☎ 02-32-55-15-10. Château privé que l'on peut visiter de 14 h 30 à 18 h 30 les samedi et dimanche, de Pâques à la Toussaint ; tous les jours en juillet et août, sauf le mardi. Visites payantes : 30 F. Très pur et très bel exemple de l'architecture classique du XVIIᵉ siècle (1685). Les plans sont de Jules Hardouin-Mansart et la façade de Thibault Poissant qui travailla également sur un autre chantier, celui de... Versailles.

VEXIN NORMAND

Où dormir ? Où manger à Saint-Denis-le-Ferment ?

▲ *Chambres d'hôte Le Four à Pain :* chez Mme Madeleine Rousseau, 8, rue des Gruchets (route vers Sancourt), 1re rue à gauche en venant de Gisors. ☎ 02-32-55-14-45. Bien fléché à Saint-Denis-le-Ferment. 2 chambres (dont une équipée d'une kitchenette) avec salle de bains, une à l'étage de sa gentille maison à colombage et l'autre dans une maisonnette, ancien four à pain réaménagé avec goût. Une halte paisible à 240 F pour deux. Bon accueil.

▲ *Chambres d'hôte :* chez Mme Bourillon, 29, rue de Saint-Paër ; sur la gauche de la route avant l'entrée du village en venant de Gisors. ☎ 02-32-55-27-86. Grande maison agréable, avec espace vert, qui propose 4 chambres spacieuses et soignées avec douche et w.-c. dans un style champêtre. Compter 210 F pour deux, petit déjeuner compris.

▮●▮ *L'Auberge de l'Atelier :* 55, rue Guérard. ☎ 02-32-55-24-00. Fermée le dimanche soir et le lundi (sauf les jours fériés), ainsi que la première quinzaine de novembre. Cuisine à base de poisson. De 140 à 265 F, plusieurs menus au choix restreint, mais les plats sont réussis, comme le sauté de ris de veau aux morilles ou bien les queues de langoustines sur chiffonnade au vinaigre de cidre qui figuraient au menu lors de notre passage. Aux beaux jours, on mange dehors.

Où danser dans la région ?

– *La Broche :* à l'entrée d'Étrépagny. ☎ 02-32-55-77-10. Ouvert uniquement le week-end. On cite rarement des boîtes de nuit dans ce guide mais celle-ci, dans un grand parc, avec piscine couverte et piste géante, réunit toute la jeunesse de Pontoise à Rouen. Clientèle très jeune le vendredi, un poil plus âgée le samedi. 90 F l'entrée (10 F pour les étudiants sur présentation de leur carte et à condition d'entrer avant 23 h).

NORD-OUEST	Paris : 150 km	Itinéraire	2

LA VALLÉE DE LA SEINE
**La Bouille. Le manoir de Villers. L'abbaye de Saint-Georges.
Duclair. L'abbaye de Jumièges. Le Conihout.
L'abbaye Saint-Wandrille. Caudebec-en-Caux.
Sainte-Gertrude. Allouville-Bellefosse.
Villequier. Sainte-Adresse.**

Notre itinéraire suit tout simplement les méandres du fleuve en aval de Rouen. Un parcours en douceur, en virgule, avec des pleins et des déliés, sur les traces de Maupassant. Il vous faudra faire des sauts de puce, rive droite-rive gauche, pour mieux découvrir toutes les facettes de cette merveilleuse vallée, finalement assez méconnue. Un des plus beaux itinéraires normands.

Comment y aller?

– **Par la route :** autoroute de l'Ouest à péage. Sortie Rouen. Ceux qui souhaitent éviter Rouen et aller directement à La Bouille continueront sur l'autoroute et sortiront à Maison-Brûlée.
– **Par le train :** pour Rouen (gare rive droite), départ de la gare Saint-Lazare. 17 aller-retour quotidiens. Pour certains trains, il faut payer un supplément. Compter de 1 h à 1 h 30 de trajet. Renseignements S.N.C.F. : ☎ 08-36-35-35-35 (2,23 F la minute). Internet : www.sncf.fr.

LA BOUILLE (76530)

Ancien port de mer, situé à une quinzaine de kilomètres en aval de Rouen sur la rive gauche de la Seine, et sommeillant au pied des falaises bordant le plateau du Roumois. Son essor date du XVe siècle. Trait d'union entre Rouen et la Basse-Seine, La Bouille est à l'époque un carrefour animé, encombré de diligences, de voiliers au long cours et d'attelages de chevaux halant péniblement de lourds bateaux le long du fleuve. Avec les premiers bateaux à vapeur débarquent les peintres et les promeneurs du dimanche. Hector Malot (l'auteur de *Sans famille,* pardi!) décrit dans son œuvre les foules pittoresques qui se pressent alors aux terrasses des auberges.
Le site reste éminemment touristique, et on le comprend : le village est une plongée directe dans l'époque médiévale et semble respirer un autre air. Allez à la recherche de la plus belle maison à colombage, de l'encorbellement le plus majestueux, du pignon le plus pittoresque et du... menu gastronomique le plus alléchant. Eh oui ! à La Bouille, on a gardé du passé une tradition culinaire.
– **Bacs réguliers de La Bouille à Sahurs :** toutes les 20 minutes, de 6 h à 22 h. De Sahurs : même fréquence, mais à partir de 6 h 05 et jusqu'à 22 h 05.

Où dormir? Où manger?

🏠 ❙●❙ **Hôtel-restaurant Bellevue :** 13, quai Hector-Malot. ☎ 02-35-18- 05-05. Fax : 02-35-18-00-92. Fermé pendant les vacances scolaires de

Noël et de février. En bord de Seine. Grande maison blanche, à la fière allure, proposant 20 chambres sans grand style mais toutes avec bains et w.-c., de 280 à 295 F la double, sans petit déjeuner. Demi-pension obligatoire le week-end. Demandez-en une avec vue sur la Seine. Ce ne sont pas forcément les plus chères. Au restaurant, cuisine honnête avec des menus à 110 F (sauf le week-end), à 160 F avec entrées, un plat, fromage et dessert, et plusieurs autres jusqu'à... 250 F. Bon service mais cuisine inégale.

|●| **Restaurant du Relais Fleuri :** 4, place de la Libération. ☎ 02-35-18-03-58. Fermé en novembre, le lundi hors saison et les jours fériés. Déco gentiment rustique, ambiance familiale. Plats régionaux au menu à 76 F, servi tous les jours avec quart de vin, fromage et dessert. D'accord, vous n'avez pas la vue sur la Seine, mais c'est vraiment bon et vraiment pas cher, même à la carte (quenelles de brochet à 27 F et brochet à 45 F).

|●| **Restaurant de la Maison-Blanche :** 1, quai Hector-Malot, en bord de Seine. ☎ 02-35-18-01-90. Fermé le dimanche soir et le lundi, ainsi que du 15 juillet au 5 août. De la bonne cuisine du terroir, dans une salle assez chic : faïenceries et meubles anciens. Différents menus respectant un bon équilibre qualité-prix et qui s'échelonnent doucement de 110 à 270 F. Carte un peu plus chère.

À voir

★ À vous de flâner dans les ruelles et de découvrir les mille détails et raffinements de l'*architecture médiévale*. Trouvez, place Saint-Michel, cette belle maison au coin orné d'un archange sculpté dans la masse. Admirez l'*ancienne mairie,* rue du Grenier-à-Sel, avec son toit à clochetons. Toutes les vieilles demeures sont abondamment fleuries et beaucoup possèdent encore une poulie servant à monter le grain et de pittoresques toits à lucarnes.

★ Dans l'*église*, de beaux vitraux et deux ex-voto de la mer, représentant deux bateaux en pleine tempête. Au-dessus des ex-voto, on a suspendu la jolie maquette d'un trois-mâts.

À voir dans les environs

★ **Le château de Robert le Diable :** à 2 km de Moulineaux en remontant la Seine. ☎ 02-35-18-02-36. Ouvert tous les jours de mars à août de 9 h à 19 h ; de septembre à mi-novembre, ouvert tous les jours sauf le lundi, de 10 h à 17 h. Fermé l'hiver entre la fin novembre et février, selon la météo. Château fort du XIe siècle entouré de mystère et d'autoroute.
Incroyablement situé au bord de l'autoroute A13, sa silhouette nous est familière mais que sait-on de lui, hein ? Pas grand-chose à vrai dire... Qui était Robert ? Le père ou le fils de Guillaume le Conquérant ou encore un esprit saint sorti de l'imagination populaire ? Quelle est l'origine de son sobriquet diabolique ? Est-ce en raison d'un tempérament belliqueux comme la rumeur le laisserait entendre ? Enfin pourquoi ne peut-on pas accéder au château de l'autoroute, qui passe à une portée de flèche du pont-levis ? Les proprios ne sont vraiment pas aidés ! La forteresse fut détruite plusieurs fois : elle contrôlait l'accès à Rouen. La dernière restauration en date est plus pittoresque que rigoureusement historique. Scènes de l'épopée viking avec mannequins de cire dans les souterrains, vue panoramique sur la Seine du donjon. Une visite qui passionnera surtout les enfants.

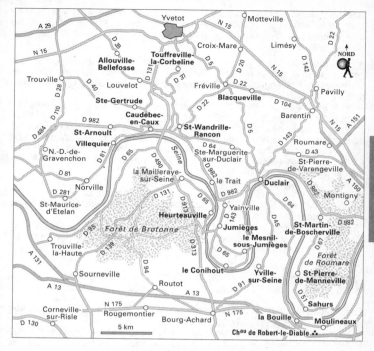

LA VALLÉE DE LA SEINE

LE MANOIR DE VILLERS

À Saint-Pierre-de-Manneville, sur la rive droite de la Seine, à 7 km au sud de Saint-Martin-de-Boscherville. Ouvert du 1er avril au 31 octobre, uniquement le samedi de 14 h 30 à 17 h 30 et les dimanche et jours fériés de 15 h à 18 h 30. ☎ 02-35-32-07-02. Typique manoir normand de la fin du XVIe siècle, inscrit à l'inventaire des Monuments historiques, qui, au fil du temps, a pris des allures néo-gothiques. La visite guidée passe en revue les différentes pièces de la demeure ainsi que la chapelle. Beau mobilier, vaisselle et objets de différentes époques.

Visite du parc les lundi, mardi et mercredi, de 14 h 30 à 17 h 30, avec jardins de roses et de vivaces, ainsi qu'un ravissant « chalet » du XIXe siècle, où se tiennent de temps en temps des expos de peintures.

L'ABBAYE DE SAINT-GEORGES

Belle abbaye bénédictine située dans le village de Saint-Martin-de-Boscherville. Ouverte tous les jours (sauf Noël et Jour de l'An). Du 1er octobre au 31 mars, ouvert de 14 h à 17 h ; du 1er avril au 31 mai, de 9 h 30 à 12 h et de 14 h à 19 h ; du 1er juin au 30 septembre, de 9 h à 19 h.

Bâtie au XIe siècle par Guillaume de Tancarville, duc de Normandie, sur une ancienne collégiale, l'abbaye accueillit au XIIe siècle une trentaine de bénédictins qui la firent vivre jusqu'à ce qu'un décret de la Convention (1791) lui retirât ses droits. Contrairement à Saint-Wandrille, elle échappa aux destructions de la Révolution. D'abord transformée en filature, elle ne doit sa survie qu'à l'effondrement de l'église du village. On vint alors célébrer la messe ici, au couvent.

★ De ce site unique, on retiendra surtout la belle *église* (entrée gratuite) à l'architecture et aux proportions particulièrement harmonieuses. Elle possède une façade équilibrée, sobre, notable pour son portail roman à voussures et à motifs géométriques.

À l'intérieur, nef d'une remarquable harmonie dont les beaux piliers massifs, dépouillés et élégants, sont reliés par des arcades romanes. Un triforium court au-dessus de celle-ci. Chaque bras de transept est soutenu par un pilier massif dont le chapiteau présente des motifs végétaux, animaliers ou humains. En regardant juste au-dessus des colonnes, on voit de chaque côté un petit bas-relief. Côté gauche, il s'agit d'un évêque donnant la bénédiction, à droite un combat singulier.

À gauche de l'église, un chemin mène à l'ancien réfectoire des bénédictins. À l'intérieur, un guichet d'accueil où l'on achète les billets pour la salle capitulaire du XIIe siècle et les jardins, en cours de restauration. Celle-ci devrait encore durer quelque temps.

Du haut des jardins, un promontoire offre une vue dégagée sur l'abbaye, et les pelouses devraient s'enrichir sous peu d'un conservatoire de plantes médicinales et de variétés anciennes.

DUCLAIR (76480)

Dans cette bourgade de bord de Seine, on fera halte pour visiter l'église, voir passer les bateaux et... manger du canard !
– *Bac de Duclair :* relie la rive droite de la Seine à la rive gauche, environ toutes les 20 minutes de 5 h à 23 h (toutes les heures seulement entre 5 h et 6 h et entre 20 h et 22 h).

Où dormir ? Où manger ?

🛏 🍽 *Hôtel-restaurant de la Poste :* 280, quai de la Libération. ☎ 02-35-37-50-04. Une adresse simple et chaleureuse qui mérite amplement son excellente réputation. Les prix paraissent bien doux pour ces chambres particulièrement confortables avec vue sur le bac et les bateaux qui passent. De 190 F avec douche à 240 F avec bains. Deux salles de restaurant, avec grosses banquettes moelleuses et magnifique cheminée sculptée ou peintures champêtres et salle panoramique, on se sent ici comme un canard en pâte ! D'ailleurs l'envol de canards empaillés est là pour vous rappeler que vous êtes dans le temple de ce noble palmipède. C'est ici que la recette du canard de Duclair à la presse aurait été inventée avant d'être piquée par Rouen. Cela reste évidemment la spécialité de la maison... Menus à 75, 120 et 170 F.

🍽 *Restaurant Au Val de Seine :* 380, quai de la Libération. ☎ 02-35-37-99-88. Fermé en novembre, le lundi soir et le mardi. Dans ce petit resto au décor neutre et assez banal, vous serez accueilli avec le sourire et vous aurez vue sur Seine et les allers et retours du bac. Salle panoramique au 1er étage. Prix sveltes pour cette crêperie améliorée, qui propose aussi quelques plats gentiment préparés, essentiellement à base de poisson. Menu à 68 F très complet. Quatre autres à 75, 108, 138 et 183 F. Salade tiède aux pétoncles, moules au vinaigre de framboise, raie à la normande, assiette du pêcheur... Surtout, le service est ici assuré à toute heure le dimanche, pour les envies de sucré comme de salé.

|●| *Restaurant Le Parc :* le long de la Seine, en direction de Jumièges. ☎ 02-35-37-50-31. À l'écart de la route et donc des voitures, un cadre romantique à souhait, avec un décor qu'ont dû connaître Flaubert et Maupassant. C'est sans doute la plus belle vue du coin sur le fleuve, avec terrasse magnifique et jardin surplombant la Seine. Accueil adorable et pas du tout guindé, tout comme la maison. Atmosphère délicate et surannée, avec la jolie vaisselle de porcelaine à fleurs, les nappes de dentelle et les jolies cheminées. Beaux menus à 98 F en semaine, 135 et 168 F... (avec crêpe dieppoise, canard de Duclair au cidre, fromage et soufflé au calvados), carte un peu plus chère.

À voir

★ *L'église Saint-Denis :* cette modeste église de campagne aux styles très mélangés (du XIe au XVIe siècle) renferme pas mal d'éléments dignes d'intérêt. Par exemple, la nef et le chœur avec ses arcades romanes surmontées de frises crénelées, typiques de l'art normand. Beaux chapiteaux sculptés de feuilles d'acanthe. Sur le devant du chœur, deux panneaux sculptés du XIVe siècle. Un panneau de pierre, sur le côté droit, laisse apparaître trois personnages. Celui de droite, ventre ouvert, nous présente ses entrailles. Vitrail d'Ingrand au fond du chœur.

L'ABBAYE DE JUMIÈGES (76480)

À 4,5 km du Mesnil par la route des fruits (la D65), un site hautement touristique, et à juste titre. C'est sans conteste l'abbaye que l'on préfère en Normandie. L'une des plus admirables de France. Largement ruinée, elle n'en conserve pas moins une majestueuse prestance dans un environnement au charme fou.

Il était une fois...

Fondée au VIIe siècle par saint Philibert, sur l'ordre du roi Dagobert (ce n'est pas une plaisanterie), l'abbaye bénédictine de Jumièges accueillait une centaine de moines dont le rôle était l'évangélisation de la population gallo-romaine. Deux siècles plus tard, on en comptait 800. Leur influence était grande, trop grande certainement, puisque les Vikings brûlèrent l'abbaye en 841.

Laissée à l'abandon un bon moment, elle fut reconstruite sous l'influence du moine lombard Volpiano (qui fonda l'abbaye de Fécamp) et consacrée en 1067 en présence de Guillaume le Conquérant. Au XVe siècle, Charles VII vint ici avec Agnès Sorel, la première favorite, qui y mourut. Son cœur fut enterré dans une chapelle. L'abbaye ne cessa de prospérer et de s'agrandir jusqu'à la Révolution, époque à laquelle la communauté monastique se dispersa. L'abbaye perdit de l'importance. Il n'y avait alors plus que 13 moines ! Elle servit ensuite de caserne puis fut vendue à un marchand qui l'utilisa comme carrière de 1802 à 1824.

Un nouveau proprio, touché par l'état de grâce, cessa les destructions en 1852. Des travaux de consolidation des ruines furent alors entrepris.

La position des sept abbayes de la région formerait la constellation de la Grande Ourse, citée par Maurice Leblanc dans un de ses livres. On n'a pas vérifié !

VALLÉE DE LA SEINE

Où dormir?

🛏 *Chambres d'hôte Le Relais de l'Abbaye :* chez Brigitte et Patrick Chatel, 798, rue du Quesnay. ☎ 02-35-37-24-98. Longer l'enceinte de l'abbaye vers le sud. Bien fléché. Très calme. Ouverte toute l'année, une petite fermette de style normand, aménagée avec 4 chambres agréables. Au rez-de-chaussée, une belle salle à manger. Les proprios sont toujours prêts à faire un brin de causette. Espace vert devant la maison pour le petit déjeuner. Une chouette adresse. Compter 230 F pour deux, petit déjeuner compris.

🛏 *Gîte rural :* chez M. et Mme Quesne. ☎ 02-35-37-24-57. De Jumièges, se diriger vers l'embarcadère. Arrivé au fleuve, prendre la rue à droite. C'est la 2e maison. Les proprios habitent dans la 3e. Adorable gîte de pierre blanche, au toit d'ardoise et aux volets en bois, entouré d'un charmant jardinet. Peut accueillir 4 personnes. En bord de Seine, voici un endroit au calme parfait, à l'atmosphère rurale et maritime à la fois, d'où l'on observe le gentil va-et-vient des bacs. Compter 660 F le week-end et de 850 à 1 450 F la semaine selon la saison.

Où dormir dans les environs?

🛏 *Chambres d'hôte :* chez Mme Françoise Taupin, le Haut de l'Ouraille, 76150 La Vaupalière. ☎ 02-35-33-81-34. Ouvert toute l'année. À peu près à 10 km à l'est de Duclair. Aller jusqu'au village de La Vaupalière. De là, passer devant l'église qu'on laisse sur la gauche. À 1 km au stop, prendre à gauche (D267) et immédiatement sur la droite, puis suivre la flèche. C'est tout au bout, sur la droite. Grosse demeure de brique, une sorte de petit manoir dans un parc verdoyant planté de beaux pommiers, tenue par un gentil couple d'agriculteurs. 2 chambres pour 2 à 3 personnes. Pour deux, compter 190 F avec le petit déjeuner. Douche et toilettes privées. Délicieuse adresse calme et champêtre. On s'y sent vite chez soi.

Plus chic

🛏 *Château du Bourg-Joly :* près de Saint-Pierre-de-Varengeville, dans le hameau de Bourg-Joly, à 12 km au nord-est de Jumièges. ☎ 02-35-37-52-41. Château privé du XVIIIe siècle, superbe, tenu par une dame adorable qui vous accueille comme un ami. Décoration intérieure sophistiquée et chaleureuse. Grand parc de 4 ha et forêt attenante. Seulement 4 chambres avec salle d'eau privée. 400 F la nuit pour deux, (copieux) petit déjeuner compris.

Où manger?

🍴 *Ferme-auberge La Mare au Coq :* chez M. Gilbert Douillet, face à l'enceinte de l'abbaye, côté sud. ☎ 02-35-37-43-57. Ouverte du jeudi au dimanche. Fermée en mars et une semaine début novembre. Ferme entièrement retapée par les proprios, où même le cochon de la maison a l'air heureux; laissé en liberté dans le jardin, il remue la queue quand on le complimente et dort dans une jolie niche à colombages! Plats du terroir servis dans la bonne humeur familiale. Menus à 120 et 145 F (café et boisson compris). Ficelle cauchoise, canard au vinaigre de framboise, feuilleté aux pommes... c'est bon et copieux. La ferme propose aussi des chambres doubles avec douche et w.-c. pour 220 F.

Très chic

|●| *Auberge des Ruines :* 17, place de la Mairie. ☎ 02-35-37-24-05. Fermée le dimanche soir et le lundi, ainsi que pendant les vacances de Noël et février, du 15 au 31 août et le soir en hiver, sauf le week-end. Au coin du feu en hiver, sous la tonnelle aux beaux jours, vous êtes à la meilleure table de Jumièges, et les mets servis ici sont dignes des moines qui résidaient en face (d'ailleurs, l'auberge serait édifiée sur un cimetière bénédictin). En cuisine, le poisson est à l'honneur. Un seul regret : que le premier menu du week-end soit si cher. Ça exclut bien du monde... Menus à 88 F (servi jusqu'au samedi midi), 130, 170 et 250 F. Les fins palais goûteront à l'émincé d'escargots à l'ail et courgettes en anchoïade, au pigeon à la vanille ou au tartare d'huîtres et saumon fumé... tout un programme. 4 chambres, modestes, avec lavabo simplement. Demi-pension obligatoire à 240 F par jour et par personne. 10 % de réduction sur le prix de la chambre sur présentation du guide.

VALLÉE DE LA SEINE

Où boire un verre en bord de Seine ?

⚑ *Auberge du Bac :* ☎ 02-35-37-24-16. Fermée le mercredi toute l'année. Une charmante terrasse en bord de Seine, devant le départ des bacs. Idéal pour un apéro ou un thé en prenant le soleil. Fait également restaurant. Menus de 90 F (en semaine) à 285 F. Spécialités : ris de veau aux pleurotes et canard aux fruits.

À voir

★ *L'abbaye :* ☎ 02-35-37-24-02. Du 16 avril au 15 septembre, ouverte de 9 h 30 à 19 h ; du 16 septembre au 15 avril, de 9 h 30 à 13 h et de 14 h 30 à 17 h 30 (18 h les week-ends et jours fériés). Fermée à Noël et les 1er janvier, 1er mai, 1er et 11 novembre. Visite guidée comprise dans le prix, toutes les heures. Durée : 45 mn. Réduction pour familles nombreuses et jeunes gens de 18 à 26 ans.

L'imposante *église Notre-Dame* garde entière sa façade flanquée de deux tours (hautes de 46 m) et la majeure partie de la nef. L'impression est grandiose dans cette église à ciel ouvert. De la tour centrale, il ne subsiste qu'un pan de mur et surtout un arc d'entrée. Lorsqu'on élève le regard, on se sent aspiré vers le haut. La perspective est saisissante. L'effet de force et de fragilité tout à la fois de la construction est merveilleux. Le style roman de l'ensemble est très dépouillé. Le plan sera repris plus tard pour les églises gothiques. Les trous sur la façade proviennent des échafaudages de la construction. La nef s'élevait à 25 m, ce qui est comparable en proportions à la cathédrale de Rouen. De-ci, de-là, on devine quelques voûtes et chapelles gothiques qui furent ajoutées au XIVe siècle. Du chœur, il ne reste presque plus rien, seuls des vestiges du déambulatoire et de deux chapelles. Sur le côté droit du chœur, on trouve le « passage de Charles VII », menant aux ruines de l'église Saint-Pierre dont une partie date du Xe siècle (médaillons et voûtes romanes). Le porche d'entrée est encadré de deux portes permettant l'accès aux tours et galeries par de petits escaliers. Une galerie s'ouvrait sur la nef par des baies jumelées en plein cintre.

Retour devant la façade de l'abbatiale : sur le côté droit des tours, quelques visages sculptés par les Vikings au XIIe siècle. La végétation s'est évidemment emparée de l'ensemble. Arbres, taillis et pelouse fusionnent avec la pierre.

★ Si vous avez le temps, jetez aussi un œil à l'*église* du village sur la colline, de forme et d'architecture un peu bizarres avec une nef romane des XIe et XIIe siècles et un chœur Renaissance. On y retrouve certaines pièces du mobilier de l'abbaye. Malheureusement, l'église est souvent fermée.

À faire

– *Base de plein air et de loisirs :* à 2 km de Jumièges, à Jumièges-le-Mesnil. ☎ 02-35-37-93-84. Fax : 02-35-37-99-97. La base est ouverte de mars à octobre. Le golf reste accessible toute l'année. Cette superbe base de plein air, gérée par l'UCPA mais appartenant au parc de Brotonne, propose des courts de tennis (ouverts à tous), une plage artificielle au bord d'une ancienne carrière, une aire de pique-nique. L'UCPA organise dans ce bel endroit de nombreux stages : voile (optimiste, catamaran, planche), tennis, golf, tir à l'arc, canoë-kayak et escalade. Possibilité offerte à tous de camper dans ce cadre de rêve à prix très corrects. Ambiance jeune, sportive et cool.
– *Centre équestre :* M. Dany Pecot, 76480 Jumièges. ☎ 02-35-37-20-97. De Jumièges, aller en direction du bac. En bord de Seine, prendre à droite et poursuivre la route qui entre un peu dans les terres. Le centre est à environ 1 km sur la gauche. Balades à l'heure (50 F). Poneys (50 F l'heure) et attelages (200 F l'heure) pour les enfants. Téléphoner pour réserver.

Fête

– *Saint-Pierre :* fête patronale, le dernier week-end de juin, avec fanfare et défilé de chars.

Bacs Jumièges-Heurteauville

– *Départ de Jumièges :* à l'heure, toutes les heures, de 6 h à 21 h. Du 1er avril au 30 septembre toutes les 30 minutes.
– *Départ de Heurteauville :* à la demie de chaque heure, de 6 h 30 à 20 h 30.

LE CONIHOUT   (76480)

Une diversion agréable. Au lieu d'emprunter la route directe pour l'abbaye de Jumièges du Mesnil-sous-Jumièges, tourner à gauche vers le lieu-dit le Conihout et longer le méandre de la Seine. On traverse de beaux vergers parsemés de fermes pittoresques et de maisons rurales à l'architecture normande typique. Très peu de constructions modernes, un coin de Normandie authentique. Remarquer les « boîtes à pain » sur le bord de la route dans lesquelles le boulanger dépose le pain tous les matins ; de forme rigolote, certaines vont jusqu'à reproduire des maisons.
– *Bac :* du Mesnil-sous-Jumièges (rive gauche de la Seine) à Yville-sur-

Seine. Toutes les 20 minutes de 6 h 30 à 19 h, puis toutes les heures jusqu'à 21 h.

L'ABBAYE SAINT-WANDRILLE

À 3,5 km à l'est de Caudebec, le superbe village de Saint-Wandrille vous invite à la visite d'une abbaye bien différente de celle de Jumièges puisqu'elle accueille toujours une cinquantaine de moines. Encore une halte à ne pas manquer, tant pour la messe avec chants grégoriens du matin que pour la visite guidée.

Où manger ?

ioi *Les Deux Couronnes :* face à l'église. ☎ 02-35-96-11-44. Fax : 02-35-56-56-23. Fermé les dimanche soir et lundi (sauf fêtes). Dans cette auberge, édifiée au XVIIe siècle à quelques pas de la fameuse abbaye, le péché de gourmandise n'est pas un mot vain (les moines nous le pardonneront) : panaché de rognons, escalope vallée d'Auge, soufflé chaud au chocolat, crêpes aux pommes et à la glace à la cannelle... Service jusqu'à 21 h. Premier menu servi en semaine à 85 F, un autre avec deux plats au choix à 130 F et le dernier avec trois plats à 160 F. À la carte, compter 200 F. Service un peu lent. Réserver car l'endroit est connu.

Où dormir dans les environs ?

🛏 *Le Vert-Bosc :* 76190 Touffreville-la-Corbeline. ☎ 02-35-95-18-85 (téléphoner aux heures de repas). De Saint-Wandrille, prendre la D33 qui rejoint la D37, puis la D89 et la D104 sur 1 km. Le chemin d'accès est à gauche, embusqué dans les vergers. Au fond d'un beau parc planté de pommiers, un petit château du XVIIe siècle, de brique et de pierre, dégageant beaucoup de charme, entièrement meublé à l'ancienne avec un mobilier superbe, des trophées de chasse... Presque la vie de château. 3 chambres en tout, dont une seule avec sanitaires privés. Une authentique halte pour amoureux, une adresse rare surtout pour le prix : de 230 à 250 F pour deux. Dans certaines chambres, on peut ajouter un troisième couchage. Attention, Mme Allard ferme la porte à minuit !

🛏 *Chambres d'hôte Le Domaine de la Fauconnerie :* chez Mme Annie Mignot, 76190 Blacqueville. ☎ 02-35-92-19-41 ou 02-35-92-68-08. À 9 km à l'est de Saint-Wandrille par la D22. Resto fermé le dimanche soir. En pleine nature, dans une ancienne fauconnerie du XVIIe siècle en brique recouverte de lierre, 6 chambres, dont 2 regroupées pour les familles, avec salle d'eau ou salle de bains privée (w.-c. communs pour deux chambres). Décoration simple et soignée. Compter 250 F pour deux avec petit déjeuner. Repas à 95 F vin compris à la table familiale, dans une salle rustique avec une grande cheminée. Petite ferme-auberge attenante. Spécialité : le canard. Accueil agréable. Christophe est éleveur de chevaux de selle français : vous pourrez les admirer, mais pas les monter ! Prêt de vélos.

À voir

★ *L'abbaye :* accès libre aux ruines mais on ne voit pas grand-chose. Pour visiter le monastère avec son cloître magnifique, s'adresser à l'accueil, à gauche du portail principal. Les visites sont guidées les dimanche et jours fériés à 11 h 30 et 15 h 30. En semaine : à 15 h 30 seulement. Entrée payante. Messe chantée (superbe) tous les jours à 9 h 45 (10 h le dimanche) dans la nouvelle église abbatiale. L'abbaye accueille les gens qui souhaitent faire une retraite. Il suffit d'écrire au père hôtelier (abbaye Saint-Wandrille, 76490 Saint-Wandrille). Les moins motivés se contenteront d'une visite, elle n'en sera pas moins contemplative et inspirée... Tout comme Jumièges, elle fut fondée au VIIe siècle par saint Wandrille et connut les mêmes vicissitudes, notamment la destruction par les Vikings au IXe siècle. De cette époque, date l'histoire de *La Geste des abbés de Fontenelle*. Ce sera la première à narrer la vie d'une abbaye. Au XVIe siècle, l'abbaye périclite doucement et il faudra attendre les deux siècles suivants pour que l'ensemble soit restauré et agrandi. La Révolution voit l'église se transformer en carrière. Les moines en reprennent possession en 1931 et y réintègrent le chant grégorien. Dans l'intervalle, plus précisément dans les années 1910, la comédienne Georgette Leblanc, sœur cadette de Maurice, le père d'Arsène Lupin, louait l'abbaye avec son amant Maurice Maeterlinck. Ils y recevaient Sarah Bernhardt, Réjane, Lucien Guitry. On ne veut pas savoir ce qu'ils y faisaient. En 1969, après bien des difficultés administratives, on fit venir une ancienne grange dîmière des environs, qui deviendra la nouvelle église, absolument superbe par sa simplicité et ses proportions, et qui sied à merveille au recueillement et à la prière. Les 50 moines résidant à Saint-Wandrille appliquent la règle de saint Benoît : « Prie et travaille ». Les temps changent, le business aussi : exit la fameuse cire élaborée à l'abbaye ! On réalise à présent des microfiches et des photocopies dans un atelier de reprographie à la pointe de la technique...

Visite fort intéressante, conduite par un père. On passe en revue les principaux points d'intérêt, dont le cloître, très élégant. Du réfectoire, on aperçoit une porte et un lavabo datant du XVIe siècle. Sur trois côtés du cloître, splendide dentelle de pierre mi-gothique, mi-Renaissance, dont les remplages offrent un décor toujours différent. Au fond, admirable statue de Notre-Dame-de-Fontenelle, du XIVe siècle, à qui il manque malheureusement une partie du visage. Elle a pourtant de beaux yeux bleus. À côté, superbe tympan de la même époque. On termine par la nouvelle église dont on remarquera la splendide charpente de bois, entièrement montée au moyen de chevilles de bois, sans le moindre clou.

À noter qu'en 1954 l'abbaye fit la fortune de louveteaux qui, lors d'un jeu de piste, trouvèrent, en descellant certaines pierres gravées d'un signe, des jarres remplies de louis d'or très rares. Alléluia !

CAUDEBEC-EN-CAUX (76490)

Ville qui fut entièrement rasée lors de la dernière guerre, et dont la reconstruction ne fut pas un modèle d'imagination. Le site est cependant fort agréable, avec la Seine omniprésente et particulièrement belle, ainsi que de bien jolies choses à voir. À proximité, la superbe forêt de Brotonne qu'on gagne par un pont aux lignes audacieuses.

Caudebec connut son heure de prospérité au XVIIe siècle grâce à la confection des gants et des chapeaux (le Caudebec en feutre était porté à la cour du roi). Sinon, pas grand-chose à signaler si ce n'est l'éternelle gué-guerre avec les Anglais au XVe siècle, puis celles de Religion qui ne firent pas beaucoup de bien à la ville... ni à la religion d'ailleurs.

Adresse utile

◘ *Office du tourisme :* mal logé dans une sorte de kiosque, sur les bords de Seine, place du Général-de-Gaulle. ☎ 02-35-96-20-65. Ouvert du 1er avril au 30 novembre, du lundi au dimanche de 9 h 30 à 13 h et de 14 h 30 à 19 h; en basse saison, seulement l'après-midi et le dimanche toute la journée. Guides des randonnées et visite du vieux Caudebec disponibles gratuitement. Location de vélos à côté.

Où dormir ? Où manger ?

VALLÉE DE LA SEINE

De jour, il est facile de trouver un certain charme à Caudebec et ses « curiosités » valent bien de s'arrêter quelques heures. Mais quand vient le soir, la ville s'avère plutôt morose. Si vous le pouvez, mieux vaut gagner les environs. Quelques adresses pour dépanner.

⌂ |●| *Le Cheval Blanc :* 4, place René-Coty. ☎ 02-35-96-21-66. Fax : 02-35-95-35-40. Le soir, service jusqu'à 21 h 30. Resto fermé le dimanche soir et le lundi midi, sauf les jours fériés. Congés annuels de mi-janvier à début février. Bon accueil, cuisine agréable et cadre sympathique. Chambres doubles, jolies et confortables, de 190 F (avec lavabo et w.-c.) à 280 F (avec bains et w.-c.). Elles n'ont pas la vue sur la Seine, mais celle-ci est à deux pas. Côté resto, petits plats régionaux. Spécialité : le gras-double. Menus à 62 et 75 F (en semaine et le samedi midi) et de 100 à 195 F. Le soir, service jusqu'à 21 h 30.

⌂ |●| *Le Normandie :* 19, quai Guilbaud. ☎ 02-35-96-25-11. Fax : 02-35-96-68-15. Restaurant fermé le dimanche soir (sauf les jours fériés). Congés annuels en février. Dans une construction d'après-guerre, un hôtel confortable. Chambres avec vue sur la Seine à 260 F (avec douche et w.-c.) et 370 F (avec bains). Sans la vue, c'est moins cher et plus calme. Le spectacle de la Seine et du pont de Brotonne illu-

miné peut justifier le fait de s'arrêter au resto, où le chef, maître « canardier », accommode ce palmipède à différentes sauces (caneton rouennais à la presse extra). Sinon, cuisine régionale et poisson : effiloché de lapereau au calvados, barbue au cidre... Menus à 59 F (sauf les dimanche et jours fériés), 98, 155 et 220 F (cela dit, en dessous de 155 F, menus sans imagination). Assez cher à la carte.

⌂ *Chambre d'hôte :* chez M. et Mme Villamaux, 68, rue de la République. ☎ 02-35-96-10-15. En direction d'Yvetot, sur la D131. Une grande maison où règne un gentil désordre, tant dans le jardin qu'à l'intérieur. Il faut dire que Mme Villamaux passe son temps à jardiner et à faire des confitures pour le bonheur de ses hôtes... Chambres ravissantes, coquettes et fleuries, avec tout le confort possible. Toutes ont salle de bains et TV, certaines ont même une kitchenette avec frigo et micro-ondes. Entre 245 et 265 F pour deux personnes, petit déjeuner compris (tarifs dégressifs à partir de la 2e nuit).

Où dormir ? Où manger dans les environs ?

⌂ |●| *Chambres d'hôte et ferme-auberge La Bergerie :* chez C. et L. Lefrançois, 76490 Saint-Arnoult. ☎ et fax : 02-35-56-75-84. Sur la D982 entre Caudebec-en-Caux et Lillebonne. Ferme-auberge sans charme particulier avec 2 grandes chambres d'hôte : 225 F pour deux, petit déjeuner inclus. Pour les routards de passage, possibilité de prendre un repas à la ferme-auberge, sauf le dimanche soir, en téléphonant à l'avance. Cheminée en hiver, jardin en été. Menu copieux à partir de 85 F en semaine, sinon menu terroir à 100 F, jusqu'à 145 F. Excellente cuisine normande (tarte au camembert, pâté de foie d'agneau, sauté d'agneau au cidre). Tarif groupe à 125 F.

À voir

★ *L'église Notre-Dame :* admirable église de style gothique flamboyant mâtiné de Renaissance, élevée aux XVe et XVIe siècles à l'emplacement d'une église romane et ayant par miracle échappé aux multiples destructions et incendies, dont celui qui, en 1940, détruisit 80 % de la ville. Henri IV l'appelait « la plus belle chapelle du royaume ». Si l'église de Caudebec était si importante, c'est qu'au XVIIIe siècle la ville fut le siège du Grand Bailliage de Caux, juridiction couvrant les trois quarts du département de Seine-Maritime. Notables, institutions administratives et judiciaires s'y étaient installés.

Étonnante façade flamboyante surmontée d'une belle rosace. Trois portails aux voussures sculptées occupent toute la partie basse et sont couverts de centaines de personnages. Sur les côtés, deux tourelles gothiques qui portaient nombre de statues, aujourd'hui absentes. Noter la finesse des arcs-boutants ciselés. Sur le flanc droit, un haut clocher de plus de 50 m s'élève majestueusement. Plus le regard porte haut, plus il est finement sculpté. Au-dessus des fenêtres, une balustrade carrée, surmontée d'une sorte de triple tiare octogonale ajourée rappelant celle des papes et d'une flèche délicate, tout en pierre.

À l'intérieur, imposante nef gothique, élégante par ses proportions, aux fenêtres flamboyantes, entourée de chapelles qui étaient affectées à des confréries à l'époque de sa construction. Noter l'absence de transept. Outre la vision d'ensemble, l'église propose plusieurs éléments de grand intérêt. Dans la chapelle Saint-Jean-Baptiste, immédiatement sur la gauche, fonts baptismaux d'une exceptionnelle qualité. Un vrai poème de bois sculpté sur deux niveaux. Toutes les scènes importantes de l'Ancien et du Nouveau Testament sont là, en bandes ciselées, depuis le XVIIe siècle. Dans la chapelle axiale, de forme hexagonale (derrière le chœur), voir l'extraordinaire clé de voûte pendante de 4,50 m pesant 7 tonnes, sculptée dans un seul morceau de pierre. Le vitrail de droite (début XVIIe siècle) est composé de 16 panneaux où dominent les couleurs crème, rouge et vert. À droite de cette chapelle, voir celle du Sépulcre qui abrite un baldaquin gothique en pierre, sous lequel repose un gisant du Christ. Entre les vitraux, une pietá du XVe siècle.

Encore à droite de la chapelle du Sépulcre, la sacristie avec son beau portail de bois. Dans le chœur, un lutrin ouvragé surmonté d'un aigle. À voir encore, le bel orgue du XVIe siècle, de style Renaissance, posé sur une tribune de pierre sculptée. Il compte 3 345 tuyaux et possède une sonorité exceptionnelle.

De nombreuses chapelles sont éclairées d'admirables vitraux réalisés par des verriers de l'école flamande, la plupart datant des XVIe et XVIIe siècles. Ils furent sauvés grâce à la prévoyance des Monuments historiques qui songèrent à les démonter au début de la guerre.

À côté de l'église, sur le flanc gauche, un groupe de maisons anciennes à colombage, seule survivance de l'époque médiévale avec la maison des Templiers.

★ *Le musée de la Marine de Seine :* av. Winston-Churchill, en bord de Seine. ☎ 02-35-95-90-13. Ouvert tous les après-midi sauf le mardi, de 14 h à 18 h 30. En juillet et août, ouvert tous les jours (mêmes horaires). Entrée payante.

Ce musée fait partie de l'ensemble Écomusée de la Basse-Seine. Après la vision d'un diaporama, on suit une intéressante évocation de la vie de la Seine avec ses marins, ses marées, ses pilotes, son romantisme et ses cargos. Vaste et superbe hangar de bois qui abrite des bateaux comme *la Gribane,* bateau à voile du siècle dernier, ancêtre de la péniche, qui transportait le bois de la forêt de Brotonne. Ou encore le *Maguy,* un joli « inbord » du début du siècle dans lequel on imagine bien un bellâtre promenant ses conquêtes. Petits canots de la vallée de la Seine ainsi qu'une yole de mer en acajou. Une passerelle permet d'accéder ensuite à une dizaine de salles passant en revue les différents aspects humains et économiques du fleuve : chantiers navals, pilotage, commerce...

Mais le plus intéressant, et en tout cas le plus drôle, est le film vidéo sur le phénomène du *mascaret* (aussi appelé « barre »), énorme vague déferlante provoquée par la rencontre du courant de la Seine et de la marée montante, deux fois par an, en mars et en septembre durant les fortes marées d'équinoxe. Cette vague fantastique par son ampleur remontait le fleuve à la vitesse d'un cheval au galop et atteignait sa pleine puissance entre Villequier et Caudebec. Après, elle poursuivait sa route jusqu'à Rouen. Le mascaret attirait beaucoup de monde. Le film témoigne de ce phénomène révolu depuis que l'aménagement et l'approfondissement du fleuve l'ont quasiment réduit à néant.

★ *La maison des Templiers :* rue Thomas-Bazin, dans le centre. ☎ 02-35-96-95-91. Ouvert en été. En juillet et août, tous les jours de 10 h à 12 h et de 15 h à 18 h ; en juin et septembre seulement l'après-midi. Seul vestige (avec les maisons bordant l'église) du Caudebec médiéval, ce bel édifice de pierre composé de deux maisons à pignon pointu aurait appartenu à des Templiers. Les amis du Vieux-Caudebec, des passionnés, y ont rassemblé tout ce qui peut rappeler le passé. On y verra, entre autres, une riche collection de plaques de cheminées et surtout une belle série de dessins et gravures anciennes témoignant de la richesse architecturale de la ville avant sa destruction en 1940. Vitrine de costumes normands.

★ *La chapelle de Barre-y-Va :* mêmes horaires que le musée de la Marine de Seine. Du centre, prendre la route de Villequier (en bordure de Seine) puis, à droite, la route en fourche qui monte, dès la sortie de la ville. La chapelle est à un petit kilomètre sur la gauche. On l'appelle ainsi à cause de la barre (le mascaret) qui, autrefois, montait jusqu'ici. Ex-voto et maquettes de bateaux suspendus au plafond.

Randonnée à vélo

– Boucle de 40 km. De Caudebec-en-Caux, franchir la Seine par le pont de Brotonne. À Saint-Nicolas-de-Bliquetuit, tourner à droite vers Vatteville-la-Rue puis longer la Seine via Aizier et Trouville-la-Haule. À Quilleboeuf, prendre le bac jusqu'à Notre-Dame-de-Gravenchon. Tourner à droite pour Petiville puis Norville. Retour à Caudebec-en-Caux.

SAINTE-GERTRUDE (76490)

Un beau petit village, commune du parc régional de Brotonne, niché au creux d'un vallon boisé au nord de Caudebec-en-Caux. Église du XVIe siècle accusant un net style gothique normand, possédant un chœur superbe et un tabernacle en pierre du XVe siècle. À gauche du restaurant *Au Rendez-vous*

VALLÉE DE LA SEINE

des Chasseurs, départ de plusieurs balades de longueurs différentes. Derrière l'église passe le G.R. 211.

Où dormir ? Où manger ?

⌂ *Chambres d'hôte :* chez Mme Saint-Léger. ☎ 02-35-96-38-87. Juste à côté du restaurant ci-dessous dont elle fut la propriétaire. 2 chambres confortables et accueil des plus chaleureux, dans une jolie maison avec un jardin agréable. Compter 220 F (petit déjeuner compris, bien sûr).

|●| *Au Rendez-vous des Chasseurs :* ☎ 02-35-96-20-30. Fermé le mercredi. Un restaurant comme on les aime, paisible, blotti entre la forêt et la petite église du village. On nourrit ici les chasseurs comme les routards depuis plus de 150 ans. Vous pourrez goûter des plats régionaux ou exotiques de qualité. Il y en a pour toutes les bourses : menus de 65 F (servi toute la semaine) à 158 F. Il faut venir en hiver pour le gibier : le chef prépare un délicieux tajine des chasseurs avec du faisan, du cerf et du lièvre. Sinon, en été, jolie terrasse dans le jardin et pavé de sandre aux écrevisses et coulis de morilles.

ALLOUVILLE-BELLEFOSSE (76190)

À 15 km au nord de Caudebec, village célèbre pour son énorme chêne millénaire. Devant l'église, se faisant face, deux troquets vieillots et sympathiques.

Où manger ?

|●| *Au Vieux Normand :* face au vieux chêne, sur la place du village. ☎ 02-35-96-00-00. La vraie auberge de campagne, avec la moitié des habitants attablés autour des formules à 54, 69 et 99 F, car ici pas de carte, mais de solides menus. Cadre rustique, avec serviettes papier, gros rouge et cidre pression, très bonne ambiance au coin du feu. Terrine, bulots, boudin, andouillette, steak, marmite dieppoise (selon arrivage), le choix ne manque pas mais les tripes maison restent le must. Un seul bémol : dans un tel endroit on aurait attendu une tarte aux pommes maison !

À voir

★ *Le vieux chêne :* ce serait le plus vieux d'Europe, avec ses 12 siècles d'existence et ses 15 m de circonférence. Il abritait dans son tronc deux chapelles superposées, creusées par un curé au XVIIᵉ siècle. Un escalier de bois tournant autour en permettait l'accès. Naguère, le chêne était complètement moribond et de puissants étais lui servaient de béquilles. Il y a quelque temps, de petites lattes de bois ont été collées sur le pourtour du tronc pour le protéger des intempéries. Et la municipalité a récemment engagé d'importants travaux afin de sauver son arbre millénaire. Aujourd'hui, cet auguste chêne a retrouvé toute sa superbe d'antan.

★ *L'église :* juste à côté du chêne. Elle renferme d'intéressantes statues anciennes et quelques beaux vitraux. L'endroit fut un lieu de pèlerinage, et Louis XV vint y prier.

★ *Le musée de la Nature :* à 1,8 km du centre. Bien fléché. Ouvert de mai à octobre, tous les jours de 10 h à 12 h et de 14 h à 19 h. En hiver, ouvert seulement le week-end, les jours fériés et pendant les vacances scolaires. Tenu par une association qui soigne toutes sortes d'animaux en détresse avant de les replacer dans leur milieu naturel. Le musée présente la faune à plume et à poil de Normandie par le biais de petits diaporamas. La pollution est également évoquée. Dans le jardin, quelques volatiles blessés, véritable cour des miracles à plumes.

VILLEQUIER (76490)

À 4,5 km de Caudebec, en longeant la Seine vers son embouchure, un des panoramas les plus romantiques de Normandie. Un village s'étirant paresseusement sur une colline et en bord de Seine, dans une immuable douceur de vivre, avec la magnifique forêt de Brotonne occupant l'horizon.

Le mascaret, barre brutale, rencontre des eaux douces et de la mer, n'existe plus depuis que la Seine a été régulée, mais Villequier n'oublie pas la tragédie du 4 septembre 1843 qui vit la noyade de Léopoldine, la fille aînée de Victor Hugo, et de son mari, Charles Vacquerie, unis depuis six mois seulement.

La statue de Victor Hugo s'élève près du lieu du drame, sur la route de Caudebec. Le poète, brisé par ce deuil, vint souvent se recueillir sur la tombe au petit cimetière du village. Personne n'oubliera les beaux vers composés à ce moment-là :

> « Je ne regarderai ni l'or du soir qui tombe
> Ni les voiles au loin descendant vers Harfleur
> Et quand j'arriverai, je mettrai sur ta tombe
> Un bouquet de houx vert et de bruyère en fleur
> Ô ma fille, j'aspire à l'ombre où tu reposes
> Puisque mon cœur est mort, j'ai bien assez vécu... »

L'épouse de Victor Hugo et sa seconde fille, les deux Adèle, reposent également aux côtés de Léopoldine.

Où dormir ? Où manger ?

▲ |●| *Hôtel du Grand Sapin :* ☎ 02-35-56-78-73. Fax : 02-35-95-69-27. Magnifique maison normande en bord de Seine, avec un jardin fleuri où s'élève, devinez... un magnifique magnolia (celui-ci a fini par faire la pige au sapin). Grande salle à manger rustique et balcons de bois. 5 chambres doubles, avec vue sur la Seine, à 250 F. Un endroit qui commence à être un peu défraîchi mais qui a gardé son charme, sa douceur et son intimité. Téléphonez impérativement pour réserver. Menus de 115 à 190 F. Petit menu à 65 F servi en semaine et le samedi midi. Excellent rapport qualité-prix.

▲ *Domaine de Villequier :* Villequier-le-Haut. ☎ 02-35-95-94-10. Fax : 02-35-56-56-36. L'arrivée de nuit dans le domaine est assez impressionnante avec la longue montée à travers la forêt. Mais l'arrivée au château l'est peut-être plus encore... Pour accéder aux chambres, il faut passer par le colombier, réaménagé pour l'occasion. Les chambres ont été installées dans les extensions modernes heureusement cachées sous le lierre. Le prix de cette vie de château n'a rien d'exorbitant : les chambres, qui ont toutes vue plongeante sur la Seine, sont à 300 ou 330 F selon la taille. Cela dit la déco est assez minimaliste, voire un peu triste. Les chambres les plus chères ont de plus grandes fenêtres et un petit balcon, pour mieux profiter du calme et de la vue dégagée sur les méandres de la Seine et la campagne. Petit déjeuner au château (un peu cher), en compagnie de la magnifique et tourbillonnante châtelaine.

🛏 ***Chambres d'hôte :*** chez Jeanine et Vincent Andrieu, La Mare à Bache, hameau Bébec. ☎ 02-35-56-82-60. Prendre la route qui monte derrière l'église, puis, au carrefour à gauche, la direction Bébec. Dans une ancienne ferme laitière entourée de grands champs de blé, deux chambres à 240 F *cosy* et mansardées. Petit déjeuner copieux (produits de la ferme) compris. Du jardin entouré d'étables, on contemple les vaches et vice versa tandis qu'au loin ondule la plaine. Champêtre et reposant.

À voir

★ ***L'église :*** date des XVe et XVIe siècles, mais elle a subi diverses modifications. Grosse tour d'angle à l'extérieur. Belle nef en coque de navire, vitraux colorés du XVIe siècle, dont une intéressante bataille navale sur le côté gauche. Sur la droite de l'église, minuscule cimetière où reposent Adèle, femme de Victor Hugo, leur fille cadette Adèle et, derrière, Charles Vacquerie et Léopoldine, fille aînée de Victor.

★ ***Le musée Victor Hugo :*** sur les bords de Seine, dans l'ancienne maison de famille des Vacquerie, au fond d'un beau jardin aménagé avec des bancs pour admirer le fleuve. Ouvert toute l'année, tous les jours sauf le mardi, de 10 h à 12 h 30 et de 14 h à 18 h. Gratuit pour les étudiants, les enseignants et les enfants. Souvenirs, écrits, meubles, objets liés aux périodes normandes du poète et surtout une belle collection de ses dessins.

★ La petite ***rue qui longe la Seine*** est fort agréable pour une balade digestive. On regarde passer les énormes cargos sur le fleuve qui semble bien étroit.

Randonnée pédestre au départ de Villequier

– Boucle de 9 km. Cet itinéraire, très bien conçu par l'office du tourisme de Caudebec-en-Caux, nécessite environ 2 h 30 de marche. Il est balisé en rouge et blanc et détaillé dans la brochure « Sentiers pédestres ».
Prendre la route de Caudebec, très fréquentée, sur 2 km. Passer devant la *statue de Victor Hugo.* Quitter la route au phare pour contourner le *château de la Martinière.* Longer le mur de la propriété, à droite de la grille. 300 m plus loin, tourner à gauche pour remonter vers le *château de la Guerche.* Puis la *ferme Rouleau* (joli bâtiment normand à colombages). Continuer vers le *château de Villequier.* Beau panorama sur la Seine. Redescendre par l'église de Villequier.

SAINTE-ADRESSE (76310)

Port de pêche au Moyen Âge, devenu lieu de villégiature des Havrais dès le XVIIIe siècle. C'est Alphonse Karr, alors directeur du *Figaro*, qui lance la station en 1841. Très vite, les artistes fréquentent l'endroit : Sarah Bernhardt, Eugène Sue, Raoul Dufy, et bien sûr l'incontournable Claude Monet (qui connaissait décidément tous les bons plans de la côte !). On a bien sûr en tête l'admirable tableau de Monet « La terrasse de Sainte-Adresse », qui se trouve au Met à New York. Toute une époque, tout un bonheur de vivre sur une si belle toile...
Aujourd'hui, la station se refait une jeunesse : c'est l'un des meilleurs spots de *funboard* en France.

Accrochée sur le rocher le plus à l'ouest de la Haute-Normandie, la ville domine l'embouchure de la Seine et mérite vraiment une petite promenade au milieu des villas du Nice havrais.
– **Accès :** par la gare SNCF du Havre. Nombreuses liaisons pour Rouen et Paris. Renseignements : ☎ 08-36-35-35-35 (2,23 F la minute). Internet : www.sncf.fr.
Puis au nord de la plage du Havre, à 2 km du centre-ville. En bus : ligne n° 1 au départ de la gare routière du Havre (toutes les 20 mn).

Où dormir ?

≜ **Hôtel des Phares :** 29, rue du Général-de-Gaulle (à 100 m de la plage, accès par la place Clemenceau). ☎ 02-35-46-31-86. Fax : 02-35-54-36-08. Un hôtel improvisé dans une jolie maison centenaire (une prouesse dans le coin !), qui autrefois dominait la falaise. Aujourd'hui la vue est quelque peu bouchée par les constructions modernes environnantes, mais le principal charme de cet hôtel ne réside pas là, mais plutôt dans sa déco ri-golote. Chambres toutes différentes et prix variés : 150 F (avec lavabo), 200 F (avec douche), 240 F (avec douche et w.-c.) et 260 F (avec bains et w.-c.). Il a fallu à chaque fois tenir compte des murs et de l'espace, ainsi certaines chambres ont vu leur douche installée... dans les placards !
Également une annexe plus moderne. Chambres plus chères et plus confortables, mais moins charmantes. Faites-le-vous préciser.

Où manger ?

Entre la plage du Havre et le rocher de Sainte-Adresse, le site est particulièrement agréable pour se sustenter. Grand choix pour toutes les bourses, de plus en plus chic à mesure qu'on prend de l'altitude !

Bon marché

|●| **Baraques à moules-frites :** sur la plage, après le grand parking sur le boulevard Albert-Ier. Ouvertes du 1er avril au 31 octobre. Espacées le long de la promenade, ces baraques en terrasses proposent tous les produits de la mer : frites, merguez, boudin, omelettes, et tout de même... des moules ! Pas cher et populaire.

Prix modérés

|●| **Les 3 Pics :** promenade des Régates. ☎ 02-35-48-20-60. Restaurant-pub ouvert tous les jours en saison, de 9 h à minuit. Fermé les lundi et dimanche soir hors saison, ainsi qu'en décembre et janvier. Posée sur le quai comme un paquebot en cale sèche, cette grande baraque en bois offre un panorama grandiose sur la mer. À l'intérieur, décoration marine originale et raffinée. Depuis le bastingage, on distingue au loin Deauville (à 10 miles !) en savourant une cuisine de brasserie très honorable. Formule en semaine à 69 F (entrée ou dessert), ou à 98 F, servie tous les jours jusqu'à 21 h. Carte des vins assez chère. En été, on peut prendre un verre à la terrasse. Le soir, quand les lumières s'allument au loin, on se croirait en pleine mer !

Plus chic

|●| **Le Coboco :** 3, place Frédéric-Sauvage. ☎ 02-35-44-55-00. L'adorable patronne vous contera volontiers l'histoire mouvementée de cet endroit qui fut autrefois le café huppé du Nice havrais. Il fut créé en 1912 par un importateur de madère et de porto ; sa déco d'époque fut malheureusement détruite par un des nombreux propriétaires. Enfin,

le *Coboco* vient de rouvrir et c'est tant mieux. Yves Page ayant pris récemment sa retraite, c'est désormais la seule adresse un peu chic du Havre face à la mer. Sans chercher à rivaliser, le chef propose une délicieuse cuisine, résolument tournée vers la mer, bien que les amateurs de viande ne soient pas en reste. Menus à 98 F (entrée ou dessert plus verre de vin) et 149 F. Pour commencer, ravioles de crustacés ou carpaccio de daurade, ensuite selle de lotte au cidre ou bourride de la mer au safran et étuvée de chou pommé.

Promenade dans le Nice havrais

★ Suivre la ***promenade des Régates*** dans le prolongement de la plage du Havre. Incroyable amoncellement de cabanes blanches le long du quai. En montant les escaliers, on atteint les belles villas du XIXe siècle accrochées à flanc de rocher.

Place Frédéric-Sauvage, immeuble monumental, le *Nice havrais*. Les courageux prendront à gauche la *rue Félix-Faure* qui conduit à un superbe ***panorama*** sur la côte.

Les autres emprunteront à droite la *rue Devilder* jusqu'au fameux **pain de sucre**. Cet amer blanc (balise servant à guider les marins) de forme étonnante fut érigé par la veuve d'un général perdu en mer en 1822.

PARC ET FORÊT DE BROTONNE
Circuit en forêt de Brotonne. Le pont de Tancarville.
Le marais Vernier. Pont-Audemer.

Forêt domaniale depuis Philippe Auguste, elle se niche dans la boucle de la Seine, face à Caudebec, et abrite surtout des hêtres, chênes, bouleaux, charmes et quelques pins. Pour les cyclistes, elle présente de beaux parcours assez accidentés. Elle fait partie intégrante du parc naturel régional de Brotonne, qui regroupe une cinquantaine de communes de l'Eure et de la Seine-Maritime. Traversée par le G.R. 23 d'est en ouest, prolongée par la boucle du marais Vernier, elle offre de nombreux sites, villages et écomusées à visiter.

Adresse utile

🅑 *La Maison du Parc :* 76940 Notre-Dame-de-Bliquetuit. ☎ 02-35-37-23-16. Fax : 02-35-37-39-70. Ouverte tous les jours de mai à septembre de 9 h à 18 h (le samedi, de 14 h à 18 h 30, le dimanche, de 11 h à 18 h 30). Ouverte tous les jours de 14 h 30 à 18 h 30 de mi-avril à mi-décembre ; en juillet et août ainsi que les dimanche et jours fériés, ouverte de 11 h à 19 h. Entrée payante ; réduction pour les enfants et les étudiants. Centre de renseignements et de documentation sur toutes les activités du parc (musées, sorties à thèmes, randonnées, fêtes traditionnelles de village, location de VTT, etc.).

CIRCUIT EN FORÊT DE BROTONNE

★ AIZIER

Charmant village surplombant la Seine. Petite église romane dont le clocher possède un charmant toit de pierre. Au sommet de la côte d'Aizier, dans un bois, la *chapelle Saint-Thomas-de-Cantorbéry* était jadis un lieu de guérison des enfants « noués » (vieux mot français signifiant rachitique). Aujourd'hui, on y noue encore des branches en faisant un vœu.

★ VIEUX-PORT

À 2 km d'Aizier. Un adorable village de chaumières, sans doute le plus beau de la route des chaumières. Si vous passez dans le coin, allez-y sans hésiter.

★ BOURNEVILLE

Cette localité possède deux intéressants musées.

★ *Le musée des Métiers de la Basse-Seine :* dans la rue principale. ☎ 02-32-57-40-41. Fax : 02-32-42-11-53. Ouvert tous les jours en juillet et août de 14 h à 19 h. De mi-février à fin juin et de septembre à mi-octobre, ouvert de 14 h (14 h 30 le dimanche) à 18 h 30 et fermé le mardi ; en novembre et décembre, ouvert uniquement le week-end. On y présente des activités liées aux métiers traditionnels de Haute-Normandie, dans plusieurs maisonnettes au fond d'un petit parc. L'habitat, l'artisanat, les métiers du bois, l'osier, les industries textiles, le verre, la céramique. Les fêtes de la moisson du premier dimanche de septembre, les bouquets de moisson de Saint-Gilles-de-Cretot, la boutique du quincaillier, reconstitution des ateliers du chapelier et du fabricant de casquettes. Expos temporaires aussi.

★ *L'espace-musée du Patchwork et de la Courtepointe :* au même endroit que le précédent, dans une autre maisonnette. Ouvert tous les jours en juillet et août. Fermé le lundi les autres mois. De mi-octobre à fin décembre, ouvert uniquement le week-end. Pièces anciennes de France et d'Angleterre. Toute l'histoire du quilt (couverture, couvre-pieds) depuis ses origines.

★ *LA HAYE-DE-ROUTOT*

Ce village possède plusieurs curiosités méritant un arrêt.

★ *Le four à pain* communal, montrant les méthodes d'autrefois (entrée payante). Ouvert en juillet et août tous les jours de 10 h à 18 h 30. En mai, juin et septembre, les samedi, dimanche et jours fériés. En mars, avril, octobre et jusqu'à mi-novembre, les dimanche et jours fériés. ☎ 02-32-57-07-99. Ce four est remis en route le dimanche après-midi de mars à novembre, pour fabriquer à nouveau du pain.

★ *Le musée du Sabotier :* possibilité de billet couplé avec la visite précédente. Mêmes heures d'ouverture que le four à pain. ☎ 02-32-57-59-67. Installé dans une demeure traditionnelle du Roumois. Pittoresque collection de sabots de toute la France et de quelques pays voisins. Reconstitution d'un atelier. Film vidéo.

★ Deux *ifs* millénaires, dans le cimetière, de... 16 et 14 m de circonférence. Ils abritent l'un une vraie chapelle et l'autre un oratoire.

– Chaque année, le 16 juillet, *grand feu de Saint-Clair.*

– *Le marché de Routot :* le mercredi matin.

★ *HAUVILLE*

À 1,5 km du village, *moulin à vent* restauré, datant du XIIIᵉ siècle. Ouvert en juillet-août tous les jours de 10 h à 18 h 30. En mai, juin et septembre, les samedi, dimanche et jours fériés. Du 7 mars au 30 avril et du 1ᵉʳ octobre à mi-novembre, les dimanche et jours fériés. ☎ 02-32-56-57-32. Ce bâtiment a appartenu à l'abbaye de Jumièges que l'on peut atteindre par le bac de Port-Jumièges. Sans doute le plus vieux moulin de France qui fonctionne encore. Il moud de la farine pour les visiteurs quand le vent souffle. À côté, quelques plantations de céréales anciennes. Maison du meunier avec présentation des moulins à vent et à eau de Normandie.

★ *HEURTEAUVILLE*

À l'ouest de Jumièges. Les marais qui l'entouraient au XIXᵉ siècle furent à l'origine d'un commerce de... sangsues !

★ *La grange dîmière :* entièrement restaurée, datant du XIIᵉ siècle. Elle appartenait autrefois à l'abbaye. Un fermier y vend des fruits (en saison) et de l'eau-de-vie de cidre de Normandie (à ne pas confondre avec le calva).

★ *ROUTOT*

Au sud d'Hauville et de la forêt de Brotonne.

★ *La maison du Lin :* ☎ 02-32-56-21-76 ou 32-57-40-41. Ouverte en juillet et août tous les jours de 13 h 30 à 19 h ; en avril, mai, juin et septembre de 14 h à 18 h (sauf le mardi) ; en octobre et en mars, uniquement le dimanche, de 14 h à 18 h ; fermée de novembre à février. La Haute-Normandie est toujours la première productrice de lin d'Europe. Expo sur le travail du lin, histoire, culture, toutes ses applications artisanales et industrielles. Petite boutique présentant la production régionale.

Où dormir dans les environs ?

▪ *Chambres d'hôte :* chez Mme R. Dagorn, hameau les Besnards, 27350 Étreville-en-Roumois. ☎ 02-32-57-45-74. Adorable ferme normande située en pleine campagne, à 2 km de Bourneville. Demander les indications précises par téléphone. Maison à colombages entourée d'une grande pelouse. 3 chambres décorées avec beaucoup d'attention, dont une avec mezzanine, une avec salle de bains privée, une autre familiale (pour 3 ou 4 personnes). Coquet et impeccable. 215 F pour deux avec petit déjeuner. Table et barbecue à la disposition de tous. Très calme. Café offert sur présentation du *G.D.R.*

▪ *Chambres d'hôte La Mare Vallée :* chez M. et Mme Vantornhout, la Mare Vallée, 27350 Rougemontiers. ☎ 02-32-42-92-27. À 2 km de Routot. Demeure traditionnelle à colombages. 3 chambres agréables à 190 et 200 F pour deux.

▪ *Chambres d'hôte :* chez M. et Mme Fontaine, la Queue-Bourguignon, 1034, chemin du Bas-Boscherville, 27670 Bosc-Roger-en-Roumois. ☎ 02-35-87-75-16. Près de Bourgtheroulde. Entre Elbeuf et Bourg-Achard. Maison moderne dans un verger. Accueil sympathique, bon confort. 3 chambres avec bains, et salon avec cheminée. 220 F pour deux et 270 F pour trois, petit déjeuner compris. Table d'hôte sur réservation (90 F). Apéritif maison et café offerts sur présentation du guide.

▪ *Gîte rural :* chez M. et Mme Thafournel, 27500 Bourneville. ☎ 02-32-57-44-99. Situé à 3 km de Bourneville, en pleine campagne. Une jolie fermette, indépendante de la maison principale. 3 chambres à deux lits, l'endroit idéal pour un groupe de copains-copines. Cuisine, séjour, cheminée, salle d'eau. De 1 080 à 1 490 F la semaine en fonction de la saison. 610 F le week-end. Réductions aux lecteurs du *G.D.R.*, hors saison et hors vacances scolaires.

Où manger ?

|●| *Restaurant Le Risle-Seine :* ☎ 02-32-42-30-22. Dans la rue principale de Bourneville (27500). Fermé le lundi. Bons petits plats chaleureux à prix doux. Halte très sympa. Repas copieux avec des menus à 67, 89, 118 et 150 F.

Plus chic

|●| *Auberge de l'Écurie :* sur la place principale de Routot (27350).

☎ 02-32-57-30-30. Fermée le dimanche soir, le mercredi soir et le lundi, ainsi que pendant les vacances de février et du 26 juillet au 2 août. Ancien relais de poste du siècle dernier. L'écurie a été transformée en salle de restaurant pour les réceptions et les séminaires tandis que d'autres petites salles offrent leur intimité. Une table sûre alliant finesse et inventivité au gré de l'humeur du moment. Menu à 100 F en semaine. Celui à 165 F nous a paru honorable. Parmi les spécialités : salade de ris de veau et langoustines, canard de Duclair façon *Écurie*.

Promenade à pied

Cette balade de 6 km (circuit rouge) vous conduit à **Vatteville** et à son église, intéressante pour son clocher massif, ses deux tourelles, ses gargouilles, ses vitraux du XVIIe siècle dans le chœur. Petit château en ruine également.

Promenades à cheval

– *Centre équestre du Parc :* le fief du Wuy, 76940 La Mailleraye-sur-Seine. Le centre est à 4 km de La Mailleraye. Randonnées accompagnées. Gîte dans une ancienne maison forestière normande. Pour ceux qui veulent faire un stage (tout niveau), possibilité de séjourner au centre. Une vingtaine de lits dans 3 dortoirs. 65 F la nuit avec petit déjeuner. 70 F le repas. Confort modeste. Possibilité de simples promenades à l'heure.

PARC ET FORÊT DE BROTONNE

LE PONT DE TANCARVILLE

Entre Rouen et Le Havre, il n'y avait pas de pont jusqu'à ce qu'en 1959 ce long ruban de béton suspendu au-dessus des eaux ne vienne enjamber l'estuaire de la Seine au niveau de Tancarville dont le nom fut lié (avant le pont) à celui d'un château aujourd'hui en ruine. Les communications rive droite-rive gauche se faisaient uniquement par les bacs. Long de 1 410 m, le pont relie à 50 m de hauteur (en moyenne) la rive droite du fleuve au marais Vernier. Son tablier central s'étire sur 608 m et est soutenu par deux pylônes de béton hauts de 125 m. Vue splendide de là-haut évidemment.
Le pont de Brotonne, un peu plus petit, qui relie Caudebec-en-Caux à la forêt de Brotonne, fut pour sa part achevé en 1977. Mais ces deux ponts font désormais figure d'enfants de chœur à côté du tout nouveau-tout beau pont de Normandie !

LE MARAIS VERNIER

Comment y aller ?

– *De Honfleur :* prendre la D180. 1 km avant Saint-Maclou, tourner à gauche vers le pont de Tancarville. Le marais Vernier commence à Saint-Samson-de-la-Roque (21 km de Honfleur).
– *De Paris :* autoroute de l'Ouest. Sortie pont de Tancarville et Le Havre. Le marais Vernier commence à Sainte-Opportune-la-Mare.

Où dormir ? Où manger ?

Pas cher

⌂ ▯●▮ *Chambres d'hôte Le Vivier :* la Vallée, 27680 Saint-Ouen-des-Champs. ☎ 02-32-42-17-25. Ouvert toute l'année. À 4 km au nord de Pont-Audemer prendre à gauche la D100 en direction de Bouquelon, puis, de la vallée du marais Vernier, tourner à droite et continuer sur environ 3 km jusqu'à un vivier (d'où son nom) sur le côté droit. Marcel Blondel loue 3 chambres à l'étage, meublées à l'ancienne, pour 200 F à deux, petit déjeuner compris, dans une charmante maison à colombages. Calme absolu. Possibilité de table d'hôte à 100 F (gratuit pour les moins de 10 ans). Apéritif offert sur présentation du guide.

▲ I●I *Chambres d'hôte La Vallée :* chez M. et Mme Étienne Blondel, quai de la Forge, 27680 Sainte-Opportune-la-Mare. ☎ 02-32-42-12-52. Fax : 02-32-42-12-52. En face et en surplomb de la Grand-Mare sur la route de la Vallée, les enfants des propriétaires du *Vivier,* indiqué ci-dessus, ont aménagé eux aussi 2 gentilles chambres d'hôte dans une chaumière reconstruite par eux poutre par poutre. 230 F pour deux, 290 F pour trois. Table d'hôte de 75 à 125 F. Café ou apéritif maison offert. Réduction de 10 % sur le prix de la chambre pour nos lecteurs hors saison.

▲ *Chambres d'hôte Le Clos Potier :* 27210 Conteville. ☎ 02-32-57-60-79. Ouvert toute l'année. À 1,5 km de Conteville, dans le hameau du Clos Potier. À 12 km au sud-est de Honfleur et près de Saint-Pierre-du-Val. M. et Mme Anfrey offrent quelques chambres meublées à l'ancienne dans leur jolie petite maison. Elle donne sur une cour de ferme fleurie avec une petite mare. Compter 260 F pour deux avec petit déjeuner. Vente de cidre bouché.

Prix moyens

I●I *Le Canard du Marais Vernier :* route des Chaumières, le marais Vernier, 27680 Quillebeuf-sur-Seine. ☎ 02-32-57-63-69. Fermé le jeudi et du 10 au 25 juin. Dans le village en face de l'embranchement de la route pour Pont-Audemer (et Honfleur), Mme Labbé vous cuisine le canard de son élevage avec beaucoup de talent. Menus à 65, 98 et 130 F (gastronomique) que l'on peut déguster sur la terrasse (l'été) donnant sur le marais ou bien emporter. Vente de produits fermiers. Café ou digestif maison offert sur présentation du *G.D.R.*

Où dormir ? Où manger dans les environs ?

▲ I●I *Chambres d'hôte :* chez Odette et Jacques Bouteiller, le Mesnil, 27210 Martainville. ☎ 02-32-57-82-23. Dans une jolie demeure traditionnelle normande, 2 chambres agréables et confortables. Excellent accueil. M. Bouteiller connaît fort bien les traditions régionales et, surtout, les charitons. 220 F pour deux. Possibilité de dîner (prévenir) pour 90 F.

▲ *Chambres d'hôte :* chez Mme Bultey, rue des Coutances, 27210 Beuzeville. ☎ 02-32-57-75-54. Ferme récente mais construite en respectant l'architecture normande. 3 chambres très calmes. 210 à 220 F à deux, petit déjeuner compris. De mi-septembre à fin juin, 10 % de remise sur le prix de la chambre pour les lecteurs du *Routard* (sauf le week-end).

▲ *Gîte rural des Jonquets :* à Épaignes, à 3 km de Beuzeville. Gîte n° 349. Réservation aux *Gîtes de France.* ☎ 02-32-39-53-38. Fax : 02-32-33-78-13. En pleine campagne. Belle demeure à colombages récemment rénovée et entièrement équipée de neuf. Grand séjour avec cheminée. Cuisine avec lave-vaisselle. À l'étage, 3 chambres (dont deux avec lit d'une personne). 4 100 F la semaine en juillet-août. 3 500 F en mai, juin, septembre et vacances scolaires. Basse saison : 2 900 F. Location week-end en moyenne saison : 2 000 F; basse saison : 1 700 F.

▲ I●I *Auberge du Cochon d'Or :* place du Général-de-Gaulle, 27210

Beuzeville. ☎ 02-32-57-70-46. Fax : 02-32-42-25-70. Fermée le dimanche soir (d'octobre à fin mars) et le lundi ainsi que du 15 décembre au 15 janvier. Chambres doubles avec douche à 205 F (avec douche), 220 F (avec douche et w.-c) et 250 F (bains et w.-c.).

De l'autre côté de la rue, il y a l'annexe, le *Petit Castel*, avec des chambres de 260 à 335 F. C'est un peu plus cher avec la vue sur le jardin. Parking.

Grande salle à manger rustique où se perpétue depuis deux décennies le savoir-faire du cuisinier, grand spécialiste des plats normands : matelote d'anguilles au cidre, quenelles de volaille à la crème de camembert, aile de raie au chou, tarte Tatin au caramel de cidre... Menu à 82 F (sauf le samedi soir et le dimanche) ; autres menus de 112 F (sauf le dimanche midi) à 245 F.

🛏 *Hôtel de la Poste :* 60, rue Constant-Fouché, 27210 Beuzeville. ☎ 02-32-57-71-04. Fax : 02-32-42-11-01. Fermé du 15 novembre au 15 mars. Grande bâtisse en brique au cœur de cette petite ville qui a subi beaucoup de dégâts pendant la guerre de Cent Ans ! Dans cet ancien relais de poste datant de 1844, chambres avec douche et w.-c. ou bains de 250 à 330 F. Demi-pension à 290 F conseillée le week-end. Menus à 79 F, en semaine à midi, 99 F avec fromages et dessert, 145 F, le menu « saveurs » (très bien), et 195 F. Spécialités régionales comme l'andouille cuisinée de différentes manières. Il faut dire que c'est le péché mignon du patron. Une adresse accueillante, à 15 mn de Honfleur où les hôtels sont réputés chers et souvent complets !

À voir

L'un des sites les plus pittoresques de Normandie, un paysage très particulier situé au débouché sud du pont de Tancarville et au nord de Pont-Audemer. Il y a plusieurs siècles, sous Henri IV, des Hollandais se virent confier l'assèchement de ce marais situé dans la dernière boucle de la Seine. Ils construisirent une digue (dite des Hollandais) correspondant au parcours de la D103, qui délimite un amphithéâtre de verdure parfait avec les collines environnantes. Une route en fait le tour, de Grand-Saint-Aubin au marais Vernier (magnifique promenade à vélo d'une quinzaine de kilomètres).

★ Ne pas rater le panorama du point de vue de *Sainte-Opportune-la-Mare*, à quelques centaines de mètres de l'intersection de la D95 et de la N182. À partir de là, vous découvrirez une autre Normandie peu connue, vivant « presque en marge » (voir la fête de l'Étampage au marais Vernier). Tout le charme de la vie campagnarde pratiquement intact : probablement les plus belles fermes et maisons rurales de toute la région. Certaines possèdent la même physionomie depuis plusieurs siècles. Leur aspect, les matériaux utilisés révèlent une technique de construction sans sophistication à la fois très « terre à terre » et très pratique. Aucune ne se ressemble vraiment. À pied, à vélo, en prenant le temps d'observer, on peut distinguer tout ce qui fait l'originalité des fermes du marais Vernier à mille détails : à la façon d'entreposer le bois le long des corps de logis ou sous les toits, aux cours de ferme où les instruments aratoires, animaux, vieilles automobiles, clapiers défoncés, portes et fenêtres posées le long des murs se mêlent dans un désordre poétique. De vieilles machines agricoles rouillent dans les herbes folles et d'antiques charrettes en bois pourrissent ou sommeillent dans des hangars. Des bouquets d'iris poussent sur le toit des maisons pour les protéger de l'humidité, accrochant le faîte grâce à leurs racines noueuses. Pour finir, de beaux vergers servent de traits d'union entre les fermes fleuries. Le meilleur moment pour visiter le marais Vernier semble être le printemps (avril, mai et juin), quand les iris s'épanouissent. En avril, les pommiers sont en fleur.

★ À La Grande-Mare, on trouve le *Centre d'études sur la migration des oiseaux*, et à Sainte-Opportune-la-Mare, un petit *musée de la Pomme et du Cidre* : ouvert le 1er dimanche du mois de 14 h 30 à 18 h 30 et de mi-juillet à mi-septembre tous les jours aux mêmes horaires ; entrée payante (10 F), dégustation comprise. Possibilité d'acheter des produits locaux. Jeter un coup d'œil à la vieille forge, à quelques centaines de mètres de là (ouverte le 1er dimanche du mois de 14 h 30 à 18 h 30). Marché aux pommes le 1er dimanche du mois, de novembre à avril.

★ Au sud du marais Vernier, au lieu dit *la Côte*, ne pas hésiter à quitter la route pour prendre le sentier qui sépare l'habitat des Courtils, et flâner le long des ruisseaux. Beaucoup de fleurs en saison.

★ Tout à l'ouest, la *pointe de la Roque*, dont la falaise de plus de 50 m domine la vallée de la Seine et ses ponts. Observatoire de choix pour admirer les haubans du pont de Normandie.

★ *Quillebeuf :* on ne peut rêver contraste plus saisissant qu'entre ce petit port de pêche (ancien village viking) et les installations pétrolières et industries chimiques de Port-Jérôme de l'autre côté. Henri IV avait accordé au village le privilège du pilotage de la Seine. On disait à l'époque : « Sur 100 pilotes, 99 naissent dans le village. Le centième, c'est Dieu ! ». La rue principale possède toujours un certain cachet avec ses demeures anciennes (dont la célèbre *maison Henri IV*). Des plaques sur certaines maisons racontent leur histoire. Belle *église Notre-Dame-du-Bon-Port* avec un intéressant portail roman. Splendide clocher également avec tourelle d'angle.
Malgré Tancarville, un bac traditionnel assure toujours le transport des véhicules sur la Seine.

PARC ET FORÊT DE BROTONNE

Activités et fête

– *Balade dans la réserve naturelle des Mannevilles :* de juillet à fin août tous les mercredi et dimanche après-midi, un biologiste animateur peut faire visiter le marais Vernier (environ 35 F par personne). Rendez-vous à 14 h à Sainte-Opportune-la-Mare. Renseignements au *CEDENA,* 27680 Sainte-Opportune-la-Mare. ☎ 02-32-56-94-87. Au programme : la formation du marais et la découverte de la faune et de la flore. Balade de 6 km en pleine nature, dans la réserve naturelle des Mannevilles, avec explications intéressantes. Compter 3 h 30. Téléphoner pour réserver. Bien pour les enfants à partir de 10 ans.
– *Randonnée pédestre « la Vallée du marais Vernier » :* balade de 5 km ; compter 1 h 30 de marche aller et retour sans les arrêts.
Immense tourbière, en voie de comblement, fréquentée par les oiseaux migrateurs. Des fermes à colombages encore intactes, des volatiles à n'en plus finir et des vaches écossaises hirsutes mais légères pour brouter l'herbe haute sans s'enfoncer en zone humide... Voici un espace écologique protégé par le parc régional de Brotonne.
Départ de Sainte-Opportune-la-Mare (*Maison de la Pomme* et documentation du parc régional de Brotonne : ☎ 02-35-37-23-16). Balisage vert. Chaussez des bottes par temps humide. Réf. : « Fiches de randonnées pédestres du parc ». Carte I.G.N. au 1/25 000 n° 1811 E.
Le départ se fait du parking de la Maison de la Pomme (animations, documentations), près de l'église de Sainte-Opportune-la-Mare en continuant par la route vers le pont de Tancarville. La forge restaurée par le parc est toute proche (animations le dimanche après-midi). Le chemin du Chien, sur la droite, mène à la mare Bardin. Le chemin du Carrefour ramène sur la route

que vous empruntez sur quelques mètres pour retrouver le balisage blanc et rouge du G.R. 23. Ce sentier descend entre les bois du Roy et de la Mare jusqu'au lieu-dit de la Vallée. Un panorama intéressant s'étend sur la Grand-Mare, seul étang naturel de Haute-Normandie, la réserve naturelle des Mannevilles et les lointains herbeux du marais Vernier. Vous aurez peut-être la chance d'apercevoir, avec les vaches écossaises, les chevaux clairs de Camargue déjà entraînés chez eux à brouter en légèreté l'herbe des marais. Pas question de mettre ici des gros percherons qui s'y envaseraient.

En descendant, vous atteignez la route du marais Vernier que vous suivez sur 200 m. Sur votre gauche, un chemin herbeux s'engage dans les pâturages, en bordure de la Grand-Mare, terrain reconnu par le Centre d'Étude de la Migration et de la reproduction du gibier d'eau. Prenez vos jumelles en saison! Le chemin de la Vallée remonte à travers bois jusqu'à la route et la maison de la Pomme.

– *Fête de l'Étampage :* au village du marais Vernier. Tous les matins du 1er mai, fête traditionnelle de marquage des animaux au fer rouge sur la corne, avant de les placer dans les prés communaux. Saviez-vous que le marais appartient à tous les habitants de tous les villages? Chacun d'entre eux peut donc y faire pâturer ses bêtes.

La chasse au trésor...

Contenant des trésors d'orfèvrerie provenant des abbayes de Boscherville et de Jumièges, le bateau *le Télémaque* transportait aussi, paraît-il, des joyaux de la couronne que Louis XVI voulait mettre à l'abri. Parti de Rouen le 1er janvier 1790, le navire sombra dans le coude périlleux que fait la Seine au niveau de Quillebeuf.

Les travaux entrepris à l'époque pour récupérer le trésor n'aboutirent pas. En 1842, Louis-Philippe accorda un droit de recherche en échange d'un cinquième, mais sans résultat. Au XXe siècle, d'autres travaux ont conduit à la découverte de quelques pièces d'or et d'argent. L'épave mystérieuse continue d'exciter convoitise et curiosité.

PONT-AUDEMER (27500)

Petite ville de 10 000 habitants assez animée grâce à ses commerces le long de la rue principale. Plusieurs petits cours d'eau lui ont valu le surnom de « Venise normande ». Mais là, c'est un peu exagéré!

Adresses utiles

🏛 *Office du tourisme :* place Maubert. ☎ 02-32-41-08-21. Ouvert du lundi au vendredi, de 9 h à 12 h 30 et de 14 h à 18 h 30, le samedi de 9 h 30 à 12 h 30 et de 14 h 30 à 18 h 30; en été, ouvert du lundi au samedi de 9 h à 12 h 30 et de 14 h à 19 h 30, et le dimanche de 10 h à 12 h. Location de VTT.

– *Marchés :* rues de la République (le vendredi) et Sadi-Carnot (les lundi et vendredi).

Où dormir? Où manger?

🛏 |●| *Hôtel du Grand Moulin :* 36, place Louis-Gillain. ☎ 02-32-41-12-70. Fermé le jeudi, et pendant les vacances scolaires de février. Central, là aussi. Bon accueil. Chambres simples et correctes, de 130 à 140 F avec lavabo, de 170 à 200 F avec douche et TV (w.-c. sur le palier). Une avec bains sur le palier (réservé à cette chambre) à 150 F. Brasserie le midi : plats autour de 40 F.

🍴 *Le Hastings :* 10, rue des Cordeliers. ☎ 02-32-42-89-68. Fermé le mardi et en février. Le petit restaurant campagnard comme on les aime, sauf que celui-ci est en plein centre-ville. Salle à manger aux nappes à carreaux rouges. Cuisine bourgeoise simple mais efficace : huîtres, soupe de poisson, filets de saint-pierre à l'oseille, truite aux amandes, moules farcies... Histoire de nous rappeler que la mer n'est pas loin et les rivières poissonneuses. Menus à 60 F (tous les jours), à 85 F (avec fromages et dessert) et carte. Formule brasserie en semaine. Accueil sympathique.

Plus chic

🛏 🍴 *Auberge du Vieux Puits :* 6, rue Notre-Dame-du-Pré. ☎ 02-32-41-01-48. Fax : 02-32-42-37-28. À l'est de la ville, près de la gendarmerie. Fermée le lundi et le mardi toute la journée (sauf en été), et du 20 décembre à fin janvier. Magnifique bâtiment à colombages du XVIIe siècle. 12 chambres (réservées en priorité aux hôtes dînant à l'auberge). Celles de la partie la plus ancienne sont les moins chères et les plus typiques, mais moins bien insonorisées. Compter 180 F avec lavabo, 300 à 340 F avec douche et w.-c. dans la chambre, 440 F avec bains. Cuisine normande traditionnelle raffinée servie dans une chaleureuse salle à manger, décorée de jolies faïences et de cuivres, ou dans un petit salon plus intime. Ravissante salle au 1er étage pour les réceptions. Premier menu à 160 F, servi à midi en semaine seulement (en hiver, servi aussi le week-end). À la carte, compter de 220 à 310 F. Spécialités : canard aux griottes, truite Bovary au champagne, tarte aux pommes de Rever. Menus et carte sont renouvelés régulièrement. Demi-pension vivement conseillée. D'octobre à mars, 10 % de remise sur le prix de la chambre sur présentation du guide.

PARC ET FORÊT
DE BROTONNE

Où dormir ? Où manger dans les environs ?

🛏 *Chambres d'hôte La Ricardière :* à Tourville, à 2,5 km au sud de Pont-Audemer. ☎ 02-32-41-09-14. Fax : 02-32-42-58-28. Ouvert toute l'année. Indispensable de téléphoner pour réserver se faire expliquer le chemin d'accès. Nichée dans la verdure, une maison de style Directoire vous offre ses chambres aux noms de fleurs (chèvrefeuille, glycine) ou de couleurs (bleue, rose). Spacieuses et équipées de bains. Chambres de 290 à 350 F pour deux avec douche ou bains, petit déjeuner en plus (25 F). 10 % de réduction pour nos lecteurs (sauf week-ends, jours fériés et période de vacances).

🛏 🍴 *Chambres d'hôte :* chez Alain et Régine Vauquelin, le Clos Mahiet, 27500 Campigny. ☎ 02-32-41-13-20. Au sud de Pont-Audemer, sur la D29. Ferme traditionnelle normande pleine de charme. Au milieu de la campagne avec de gentils moutons comme voisins. Intérieur douillet, une chambre au rez-dechaussée et deux à l'étage. 230 F pour deux, petit déjeuner inclus. Table d'hôte le soir sur réservation à 80 F (sauf le dimanche). Spécialités régionales. Les repas peuvent être servis dans le jardin. Circuits pédestres aux alentours. 10 % de remise sur le prix de la chambre pour nos lecteurs (sauf en juillet et en août).

🍴 *Hôtel le Petit Coq aux Champs, restaurant l'Andrien :* la Pommeraie sud, 27500 Campigny. ☎ 02-32-41-04-19. Fax : 02-32-56-06-25. Fermé trois semaines en janvier. Dans un cadre de rêve au cœur de la campagne normande, voici une table (et auberge pour les plus fortunés !) délicieuse, accueillante et décontractée tout en étant raffinée. Menus à partir de 190 F. Celui à 225 F inclut l'apéro, le café et les boissons. Le chef, Jean-Marie Huard, brille d'inventivité pour associer plaisir des yeux et du palais. Sa spécialité : le pot-au-feu de foie gras aux choux croquants. Une merveille ! Chambre double la moins chère : 660 F, prix variable selon la saison. Jardin paysager, piscine. 10 % de remise sur le prix de la chambre pour nos lecteurs.

À voir

★ **L'église Saint-Ouen :** rue de la République. Des XIe et XVe siècles, de style on ne peut plus hybride (on n'a pas dit inintéressant). Jamais achevée, comme en témoigne la façade. À l'intérieur, chœur roman pataud avec des vitraux modernes. En revanche, nef gothique avec de magnifiques verrières aux couleurs éclatantes.
En partant de la droite (face au chœur), voici les principaux fleurons : 1re chapelle, l'ancien maître-autel. Belle clôture en bois et pierre du XVIe siècle. 2e chapelle, celle de la confrérie de la Charité. En bas, procession du Saint-Sacrement menée par les charitons (superbes couleurs). Vitrail de la légende de saint Ouen. 3e chapelle : en haut, l'Annonciation ; en bas, une Déposition nouvelle manière (mais le talent n'est plus là !). 4e chapelle : Pierre marche sur les eaux, puis il est crucifié la tête en bas. 6e chapelle : la mort de la Vierge et les Guénouville, donateurs. 7e chapelle (à droite du chœur) : baptême du Christ et tête de saint Jean Baptiste apportée par Salomé. 8e chapelle (à gauche du chœur) : vitrail de la Rédemption. 10e chapelle, consacrée à saint Vincent qui domine un beau retable en pierre du XVIe siècle. Dans la 13e chapelle, superbes fonts baptismaux en pierre sculptée de la Renaissance.

★ **Balade dans le vieux centre :** malgré les bombardements de la dernière guerre, le centre fut assez préservé. Il faut partir fureter à la recherche des belles maisons à colombages. Sur le côté gauche de l'église, bel alignement. La rue de l'Épée, qui lui est parallèle, a conservé totalement son aspect médiéval, avec de pittoresques demeures à encorbellement du XVe siècle.
En face de l'église, au n° 15 de la place, débute la rue Place-de-la-Ville. Pavée, tordue à souhait, petit pont.
Au n° 20, rue Sadi-Carnot, porche délicatement sculpté en accolade. Jolie cour. Au n° 16, hôtel particulier en pierre de taille. Dans la cour (de 1770), intéressant mélange de brique, calcaire blanc et colombage. Au n° 12, une autre élégante cour. Au coin de la place Louis-Gillain, vue pittoresque sur le canal.
Retour par la rue Thiers avec un beau point de vue sur les maisons à façades d'ardoise tombant dans les eaux de la rivière aux échaudes. Les échaudes étaient des bateaux plats utilisés au XIXe siècle comme moyen de transport par les tanneries ; chaque maison avait un quai (les dalles rondes sont encore visibles aujourd'hui) où l'on accostait et où l'on faisait aussi la lessive.

LA CÔTE FLEURIE
Le pont de Normandie. Honfleur. Deauville-Trouville.

Que de rêves, de fantasmes même, à l'énoncé de ces noms prestigieux qui, sur 15 km de côte normande, brillent de tous leurs feux : Honfleur l'artiste, Trouville la familiale, Deauville la show-biz...

LE PONT DE NORMANDIE

Voici la dernière passerelle au-dessus de l'estuaire de la Seine : le pont de Normandie. D'une longueur totale de 2 141 m, presque l'équivalent des Champs-Élysées, il relie Le Havre aux environs de Honfleur. Son tablier central s'étire sur 856 m, tandis que le viaduc nord et le viaduc sud viennent compléter l'ensemble. Décidé en 1985 et commencé en 1988, il est haubané et non suspendu comme Tancarville. C'est-à-dire que des deux pylônes (nord et sud) partent 92 paires de haubans qui portent le tablier central composé d'acier. Chaque pylône rappelle la forme d'un compas dont les éléments se rejoignent dans la partie haute. L'avantage du pont haubané par rapport au pont suspendu réside dans le fait qu'une faiblesse dans l'un des haubans n'implique pas l'arrêt total de l'utilisation du pont. Par ailleurs, l'ancrage nécessaire des câbles porteurs d'un pont suspendu doit se faire très profondément dans les berges du fleuve à traverser. Pour ces différentes raisons, le pont haubané a semblé une meilleure solution aux spécialistes. Nous, on n'y voit pas d'inconvénient !

Nul besoin de rappeler qu'à ce niveau-là une batterie d'ordinateurs est entrée en action afin de calculer les résistances et la stabilité d'un tel ouvrage. Ainsi, les deux pylônes descendent à 50 m de profondeur pour venir s'appuyer sur une couche de sous-sol suffisamment dure, après avoir traversé des nappes argileuses, sablonneuses, calcaires, etc. De même, la forme du pont a été étudiée en soufflerie pour résister à des vents d'une violence comparable à celle des tornades. À cet effet, le flanc du tablier a été profilé comme une aile d'avion. Bref, un bel ouvrage, de haute technicité, que l'on peut franchir depuis janvier 1995 pour la somme de 33 F.

HONFLEUR (14600)

Le plus mignon, le plus fou, le plus choucard des petits ports normands... pour ne pas dire français. Depuis le siècle dernier, Honfleur fut le lieu d'élection des écrivains (Baudelaire, Flaubert...), des musiciens (Satie naquit ici) et des peintres (Boudin, l'enfant du pays, mais aussi Monet, Dufy, etc.), séduits par la lumière changeante de l'embouchure de la Seine et par la verdure de la campagne augeronne. Honfleur est en fait une cité aux deux visages : la semaine avec ses pêcheurs et le week-end ou pendant les vacances avec ses touristes, ses bus et ses groupes envahissants. Mais il n'y a pas que la mer, le fleuve, l'arrière-pays et les basses collines de son site, encore vierges (par quel miracle ?) de toute colonisation immobilière... Il y a surtout l'atmosphère si dense d'une petite ville pourtant si fréquentée, et ce cachet unique parmi les ports normands, avec ses bassins intérieurs, ses beaux voiliers et ses grosses barques de pêche, ses vieilles maisons aux écailles d'ardoise, son clocher d'opérette, ses ruelles tortueuses et ses couples d'amoureux...

Comment y aller ?

– *Par la route :* autoroute A13, sortie Beuzeville-Honfleur.
– *Par le train :* de la gare Saint-Lazare. Renseignements S.N.C.F. : ☎ 08-36-35-35-35 (2,23 F la minute). Internet : www.sncf.fr. Descendre à Lisieux puis correspondance avec les bus Calvados Transports Services jusqu'à Honfleur. Durée : 2 h 30 à 3 h environ jusqu'à Honfleur.
– *En bateau :* Aqua Viva, port de Grenelle, 75015 Paris. ☎ 01-45-75-52-60. Possibilité de croisière sur la Seine entre Paris et Honfleur. Compter 7 à 8 jours. Chaque croisière prévoit une escale quotidienne avec des excursions à terre (Rouen, Les Andelys, Giverny). À partir de 7 700 F par personne en cabine double (excursions en sus).

Adresses utiles

◼ *Office du tourisme :* place Arthur-Boudin. ☎ 02-31-89-23-30 et 02-31-89-05-45 (pour les réservations de spectacles). Fax : 02-31-89-31-82. Ouvert de 9 h à 12 h et de 14 h à 18 h. Les dimanche et jours fériés (de Pâques à septembre) : de 10 h à 16 h. On y trouve un plan de la ville, indiquant hôtels et restos.

🚌 *Bus Verts :* rue des Vases. ☎ 02-31-89-28-41.
◼ *Tennis :* bd Charles-V. ☎ 02-31-89-06-03.
◼ *Cinéma :* cours des Fossés. ☎ 02-31-89-51-76.
◼ *Centre équestre de la Ferme du Ramier :* ☎ 02-31-89-04-20.
– *Promenades en mer :* s'adresser au vieux port. 30 F les 45 mn.

Où dormir ?

De prix moyens à plus chic

⌂ *Le Belvédère :* 36, rue Émile-Renouf, à 1 km du port, sur les hauteurs de Honfleur. ☎ 02-31-89-08-13. Fax : 02-31-89-51-40. Resto fermé le dimanche soir et le lundi hors saison. Fermeture en janvier. Au calme, loin de l'effervescence estivale du centre-ville et du grand bassin. Nous sommes tombés sous le charme du petit jardin de cette belle maison de maître. Une dizaine de chambres de 250 à 360 F, entièrement rénovées avec douche ou bains au confort idéal. Souvent complet le week-end comme toutes les bonnes maisons. De novembre à février, 10 % de remise sur le prix de la chambre sur présentation du *G.D.R.* (sauf week-ends). Fait aussi resto. Menus à 99, 142 et 189 F. Spécialités : les fruits de mer farcis, la côte de veau au camembert et les floralies de légumes aux langoustines.

⌂ *Ferme de la Grande Cour :* Côte-de-Grâce. Prendre la rue des Capucins de la place Sainte-Catherine et monter vers la Côte-de-Grâce. Suivre le fléchage. ☎ 02-31-89-04-69. Fax : 02-31-89-27-29. Ancienne ferme (on s'en doutait !) au milieu de la campagne surplombant Honfleur. Cadre vraiment agréable : vergers, chevaux, terrasse extérieure... et un calme reposant. Chambres plutôt spacieuses et régulièrement rénovées. Déco aux tons pastel et fleuris. Doubles de 250 à 350 F avec bains et w.-c. Demi-pension obligatoire le week-end, à 280 F par personne. Le patron est un peu étourdi pour les réservations, dommage ! On mange dans une ancienne grange joliment aménagée. Cuisine simple et bien faite, dominée par les fruits de mer et le poisson. Menus à 105, 180 et 280 F. En été, on déjeune sous les pommiers. Attention, des lecteurs se plaignent régulièrement du manque de fiabilité au niveau des réservations. Traitement de faveur pour les lecteurs du *Routard* : sur présentation du guide, apéritif offert et 10 % de réduction sur le prix des chambres de septembre à avril.

🛏 *Hôtel des Loges :* 18, rue Brûlée. ☎ 02-31-89-38-26. Non loin de la croquignolette église, derrière une façade recouverte d'ardoise, une gentille dame, plutôt avenante, a rénové entièrement cet hôtel, excepté la chambre n° 4, tel que, une nuit, son rêve le lui avait prédit. Elle adore la déco et on le sent dès la porte franchie. Déjà à la réception, on se dit qu'il y a plein d'idées à prendre pour chez soi, comme ces belles bougies qui trônent sur la cheminée. Les chambres sont dans le même esprit, pour celles qui ont été rénovées (éviter les autres !). Couleurs chaudes et confort étudié. Malheureusement, les chambres ne sont pas insonorisées. Évidemment, le luxe se paie mais pas trop. Chambres doubles de 325 à 410 F en fonction de la taille. Accueil charmant et discret.

🛏 *Hostellerie Lechat :* place Sainte-Catherine. ☎ 02-31-14-49-49. Fax : 02-31-89-28-61. Bien située en face de l'église Sainte-Catherine. Restaurant fermé le mercredi soir et le jeudi de début janvier à mi-février.

Somptueuse maison en pierre, recouverte de vigne vierge. Pas aussi cher que l'on pourrait le supposer. Bel intérieur et accueil un peu compassé mais c'est l'endroit qui veut cela. Chambres doubles de 390 à 490 F, chambres triples de 510 à 540 F. Suite à 850 F. Menus à 149 et 229 F, servis dans une salle cossue et même luxueuse. Plafond à poutres, tentures pourpres et tableaux. En exergue, cailles aux deux pommes, pot-au-feu de poisson du port...

Très chic

🛏 *L'Écrin :* 19, rue Eugène-Boudin. ☎ 02-31-14-43-45. Fax : 02-31-89-24-41. Ouvert toute l'année. Un vrai petit bijou, genre villa-manoir, blotti dans la végétation. Accueil pas toujours aimable. La patronne a fait de sa maison une sorte de musée du luxe : mobilier ancien, vieux tapis, lustres massifs, tapisseries, vases, lampes et tableaux... Chambres également superbes, de 450 F (avec douche et w.-c.) à 990 F. Éviter cependant l'annexe, loin du style de la maison. Les cinéphiles seront ravis d'apprendre que Truffaut tourna ici même son film *La Chambre verte*. Qu'on se rassure, la maison n'est absolument pas dans le style un poil déprimant de ce, néanmoins, superbe film.

Où dormir à Gonneville (14600) ?

Petit village charmant à 3 km avant d'arriver à Honfleur. En prenant la D144 (route de Paris), au carrefour de Gonneville, tourner à gauche. Le village se trouve après l'usine Cannon.

– *Club équestre* à 3 km, à Equemauville. ☎ 02-31-89-04-20.

🛏 *Chambres d'hôte et gîte rural :* ferme de Prêtreville, chez M. et Mme Groult. De l'autre côté de la D144 en venant du bourg. ☎ 02-31-89-00-05. Fax : 02-31-89-25-46. Une adresse formidable, tant pour la chaleureuse Colette, maîtresse des lieux, que pour la ferme elle-même, avec son adorable maison au toit de chaume recouvert de fleurs. Au choix : chambres d'hôte, aménagées dans l'ancien grenier, à 200 F (avec lavabo) ou 240 F (avec douche), petit déjeuner compris ; ou petite maison avec kitchenette et cheminée, pour seulement 200 F la nuit. Colette a également une chaumière meublée, pouvant accueillir jusqu'à 7 personnes, qu'elle loue 1 400 F le week-end ou 1 700 F la semaine hors saison et 3 000 F en saison. On peut se procurer sur place des œufs et du lait de la ferme. Beaucoup de jeux pour les enfants et tout plein d'animaux genre poules, lapins, veaux, vaches, chèvres... Normal, dans une ferme !

■ *Chambres d'hôte à la ferme :* chaumière de Beauchamp, chez Andrée et Daniel Michel. ☎ 02-31-89-19-93. Pour s'y rendre, prendre la petite voie sans issue sur la droite de la D144 juste à la sortie de Gonneville. Dans l'ancien grenier à foin d'une vraie ferme normande au toit de chaume datant de plusieurs siècles. La ferme est toujours en activité (reprise par des Hollandais), mais le grenier a bien changé et c'est aujourd'hui un petit appartement d'une ou deux chambres avec salle de bains. Une autre chambre un peu à l'écart permet elle aussi de profiter de l'hospitalité des charmants fermiers. Cidre et lait sorti droit du pis de la vache au petit déjeuner, voilà qui met en forme. De 230 à 250 F la chambre, petit déjeuner compris.

■ *Chambres d'hôte :* chez Chantal Guigouresse, à la côte Maillard (100 m après la sortie du village, côté route C6). ☎ 02-31-89-06-31. Ouvert toute l'année. Charmante chaumière à colombages, typique de la région. Chambres avec douche et w.-c. à 250 F pour deux, petit déjeuner inclus. Accueil sympathique. Il y a également 2 gîtes dans une maison indépendante pour 5 personnes. Confortables et agréables.

■ *Gîte rural La Chaumière :* dans le centre de Gonneville, face à l'église. ☎ 02-31-89-10-68. Le long d'une vénérable allée de marronniers, une superbe maison au toit de chaume, au colombage séculaire et à l'intérieur rustique. 4 chambres, une cuisine équipée et deux salles de bains. On peut y dormir à 10. Jardin. Apporter ses draps ou sacs de couchage. Une adresse géniale pour un week-end entre copains. Il vous en coûtera 1 550 F. Pour y passer une semaine, 3 350 F en saison.

■ *Château de Prêtreville :* ☎ 02-31-89-37-06. Fax : 02-31-89-28-39. Ouvert toute l'année. Bâtisse du XVIIIᵉ siècle, avec deux tours carrées ; dans un grand parc de 3 ha. Racheté par un couple charmant, il est spécialement conçu pour les amateurs de week-ends. Chaque studio possède une kitchenette et peut accueillir jusqu'à 6 personnes. Piscine, tennis (80 F l'heure), sauna, squash, musculation et solarium. Location de vélos. Pour deux, compter de 600 à 1 375 F (2 nuits) et 75 F par personne supplémentaire. 575 F pour un studio dans les dépendances du château et hors saison, ce qui reste cher ! Les repas ne sont pas assurés, sauf le plateau petit déjeuner : 20 F. Achat de produits de la ferme, à proximité. Promenade à poney.

Où dormir ? Où manger dans les environs ?

■ I●I *Hôtel Bellevue :* 7, rue Georges-Clemenceau, 14113 Villerville. ☎ 02-31-87-20-22. Entre Honfleur et Deauville, à 6 km au sud de Honfleur. Resto fermé du 11 novembre au 15 décembre ainsi que le mardi midi (sauf pour les demi-pensions). Grande villa normande, pleine de charme, surplombant la mer. On y accède par une voie sans issue. Chambres avec vue sur mer, de 290 à 320 F (avec bains ou douche), ou de 340 à 370 F (avec vue sur la mer, bains et w.-c.). Demi-pension (de 285 à 315 F par personne) obligatoire en juillet et août. Confort simple. Menu classique à 98 F.

Où manger à Honfleur ?

Voir aussi les hôtels qui font restaurant dans « Où dormir ? ».

Prix moyens

|●| *Au Gars Normand :* 8, quai des Passagers. ☎ 02-31-89-05-28. Fermé de mi-novembre à fin décembre. Une vieille maison d'angle, de style normand, près du port. Pas étonnant qu'on y mange beaucoup de poisson et des fruits de mer à des prix raisonnables. Menus à 90 et 118 F. Déco typique avec poutres au plafond et belles boiseries. Ambiance chaude. Beaucoup de gens du coin. Accueil sympa du... gars normand. Attention, la qualité a un peu tendance à baisser en saison.

|●| *La Tortue :* 36, rue de l'Homme-de-Bois. ☎ 02-31-89-04-93. Fermée le lundi soir et le mardi hors saison, ainsi qu'en janvier. À proximité de l'église Sainte-Catherine, une gentille adresse au cadre soigné. Accueil prévenant et menus alléchants à 99, 135 et 178 F. Très bon foie gras poêlé, croustillant de pétoncles, coussinets de pommes sauce caramel, émincé de canard aux airelles... Celui à 99 F est d'un rapport qualité-prix imparable, puisque ni le trou normand ni les mignardises ne sont oubliés! Vraiment une super adresse. Café offert sur présentation du *G.D.R.*

|●| *Thé et Tradition :* 20, place Hamelin. ☎ 02-31-89-17-42. Fermé le mardi en saison (le mardi et le mercredi d'octobre à mai), ainsi qu'en décembre et janvier. Dans un immense Directoire, la galerie « Art et Tradition », très connue à Honfleur, est devenue aujourd'hui « Thé et Tradition », un restaurant-salon de thé à 80 m du Vieux Bassin. Dès 8 h 30, la maison ouvre ses portes pour un petit déjeuner continental ou anglais. Au déjeuner, une formule à 85 F (une entrée et un plat ou un plat et un dessert) et un menu à 105 F vous seront servis dans des salles sobres et élégantes. Un vrai chef, qui connaît bien sa partition, est au piano et la qualité est là : feuillantine de lapereau et andouille de Vire, rôti de moruette et lingue. Tout est frais, savoureux et réalisé à la minute. L'après-midi et jusqu'à 19 h, place au salon de thé et sa carte de pâtisseries maison originales : soufflé de cidre au caramel de Calvados, mousse de thé Bourbon et crème anglaise. Goûtez les macarons praline et chocolat ou le « Tradition », la spécialité. Un dîner est prévu le samedi uniquement. Une cuisine fine de saison à Honfleur qui vaut le détour.

Plus chic

|●| *L'Absinthe :* 10, quai de la Quarantaine. ☎ 02-31-89-39-00. Fermé de mi-novembre à mi-décembre. La seule abordable parmi les meilleures tables de la ville. Maison du XVIIIe siècle au cadre ravissant. Très beaux menus de 169 à 350 F. Vichyssoise glacée aux médaillons de homard, foie gras de canard poêlé au caramel de gingembre, dos de bar poêlé sauce à l'encre d'encornet, cannellonis de queue de bœuf braisés aux céleris-raves. Toutes les influences de *world-cuisine* se trouvent dans votre assiette. On est loin du traditionnel pot-au-feu! Les saveurs explosent, se mélangent, s'additionnent. Parfois, c'est un peu brouillon mais si l'on aime l'aventure culinaire, il faut essayer.

CÔTE FLEURIE

Où prendre le petit déjeuner ?

|▼| *Bar l'Albatros :* 32, quai Sainte-Catherine. ☎ 02-31-89-07-42. Le long du vieux port. Idéal le matin quand il y a du soleil car quelques tables sont installées dehors. En face, les bateaux. Petit déjeuner complet à partir de 37 F. Croissants délicieux et bonne musique. 15 % de réduction sur le petit déjeuner sur présentation du *G.D.R.*

À voir

★ **Le vieux bassin :** l'endroit le plus connu de la ville, premier au hit-parade des couvertures des calendriers des Postes. Créé sous Louis XIV sur ordre de Colbert, il a gardé un cachet tout particulier. Il est bordé par le quai Sainte-Catherine qui aligne ses hautes maisons revêtues d'ardoise, aux étages en saillie, tassées les unes contre les autres. Certaines atteignent sept niveaux avec seulement deux fenêtres en façade.

★ **La Lieutenance :** étonnant bâtiment construit sur le quai avec des tourelles d'angle. Vestige d'un castel du XVIe siècle, c'était la résidence du lieutenant du roi. Enclavée dans la construction, la porte de Caen permettait l'entrée dans la ville. Sur le mur face à la mer, une plaque à la mémoire de Champlain qui partit pour le Canada en 1608 et qui fut à l'origine de la fondation du Québec.

★ **Le musée de la Marine :** dans l'adorable petite église Saint-Étienne, le long du vieux bassin. ☎ 02-31-89-14-12. De début février au 31 mars, ouvert de 14 h à 17 h 30. Les samedi et dimanche de 10 h à 12 h et de 14 h à 17 h 30. Du 1er avril au 30 juin ainsi qu'au mois de septembre, de 10 h à 12 h et de 14 h à 18 h. En juillet et août, du lundi au dimanche de 10 h à 13 h 30 et de 14 h à 18 h 30. Billet d'entrée jumelé avec le musée d'Art populaire. Des documents et des objets soulignent le rôle des marins de Honfleur dans la découverte et la colonisation du Nouveau Monde. Bien entendu, des maquettes de bateaux, des canons, un superbe scaphandre...

★ **Le musée d'Art populaire :** rue de la Prison. Mêmes horaires que le précédent. En sortant du musée de la Marine, prendre immédiatement à gauche. Reconstitution d'intérieurs normands avec meubles anciens, costumes et faïences. Dans la cour, limitée par l'ancien rempart de la ville, un curieux puits à roue sous sa charpente de bois.

★ **L'église Sainte-Catherine :** ouverte de 9 h à 12 h et de 14 h à 18 h. Sans doute le monument le plus original de Honfleur. Après le départ des troupes anglaises, il ne restait que des ruines et il n'y avait plus d'église. Pour fêter la fin de la guerre de Cent Ans, on fit appel aux charpentiers des navires. Voilà pourquoi l'intérieur fait penser immédiatement à un immense navire renversé. On construisit deux nefs parce que la largeur de la nef était subordonnée à la hauteur des arbres. La façade extérieure est recouverte de bardeaux (tuiles de bois). L'ancien clocher, très pittoresque, est séparé de l'église par une petite place. Il est construit en bois consolidé par des poutres de châtaignier. Sa forme rappelle certaines églises norvégiennes. À l'intérieur, objets et costumes liturgiques.

★ **La rue des Lingots :** derrière le clocher, l'une des rues les plus caractéristiques de la vieille ville. Elle a conservé son pavage, et la plupart de ses maisons de bois sont anciennes. La maison du n° 30 accueillit promptement en 1802 le général Bonaparte, alors Premier Consul.

★ **Le musée Eugène-Boudin :** place Erik-Satie (prendre la rue des Lingots puis la rue de l'Homme-de-Bois). ☎ 02-31-89-54-00. Du 15 mars au 30 septembre, ouvert tous les jours sauf le mardi, de 10 h à 12 h et de 14 h à 18 h ; le reste de l'année, ouvert tous les jours sauf le mardi de 14 h 30 à 17 h, le samedi et le dimanche de 10 h à 12 h et de 14 h 30 à 17 h. Fermé de janvier à mi-février. Entrée payante.
Musée consacré bien sûr à l'enfant du pays, Boudin, mais aussi à tous ceux qui formèrent ce que l'on appela « Les rencontres de Saint-Siméon », avant-garde de l'impressionnisme. C'est dans une charmante auberge des environs (aujourd'hui luxueux Relais et Châteaux) que Boudin retrouvait ses amis Jongkind, Monet, Courbet et Sisley. Baudelaire se joindra à eux. C'est d'ailleurs à Honfleur qu'il écrira sa fameuse *Invitation au voyage.* Ébloui par

CÔTE FLEURIE

les pastels de Boudin, le poète ira jusqu'à comparer l'impression qui s'en dégage à celle qu'il ressentait en fumant de l'opium !

Au premier étage du musée, la salle Louveau réunit une collection d'ethnographie normande : vêtements traditionnels, coiffes, bonnets d'enfants (certains du XVIIIe siècle), vaisselle ancienne, dentelle, poupées en peau et porcelaine du XIXe siècle. Au deuxième étage, les peintures. Les Boudin sont dans le fond. 89 œuvres (peintures et dessins) évoquent Honfleur et le pays d'Auge, et un Courbet, *Rivage près de Honfleur*. Également deux tableaux de Monet, représentant Étretat et Honfleur.

★ *Les Maisons Satie :* 67, bd Charles-V. ☎ 02-31-89-11-11. Fax : 02-31-89-09-99. Musée ouvert de 10 h à 19 h en été et de 10 h 30 à 18 h tous les jours sauf le mardi en hiver. Entrée : 30 F. Dans ces maisons à colombages, vous pourrez suivre un parcours scénographique et musical qui reproduit l'univers et l'œuvre d'Erik Satie, musicien mais aussi peintre, dans un décor fantaisiste et dadaïste à son image. D'ailleurs, l'une d'elles est sa maison natale.

DEAUVILLE-TROUVILLE (14800)

La station balnéaire chic par excellence, que fréquentent artistes et vedettes. Elle doit son origine au duc de Morny qui s'y installa sous le second Empire. Les villas les plus cossues en bord de mer datent de cette époque. Le champ de courses et les ventes de yearlings ont donné une impulsion fantastique à la vogue de Deauville. Sa plage de sable fin de 3 km, bordée par les célèbres planches, est magnifique. Jadis on faisait sa promenade sur la plage en chaussures... Le long du boulevard Eugène-Cornuché, le casino et les hôtels *Royal* et *Normandy* sont les deux plus beaux fleurons de la chaîne Lucien Barrière.

Deauville a été immortalisé au cinéma par Lelouch dans *Un homme et une femme*, en 1966. Rappelez-vous : chabada-bada... Au cours de la première semaine de septembre, festival du Film américain. Beaucoup de monde au cours de cette période, même si les films présentés ne sont pas toujours à la hauteur.

Mais il y a aussi ceux que son nom même agace. Car Deauville est devenu un faubourg de Paris où la poudre aux yeux, dans une Normandie d'opérette, a été élevée au rang d'intérêt touristique. Les très mauvaises langues disent même qu'on vient en vacances dans le XXIe arrondissement de la capitale.

Deauville et Coco Chanel

La célébrité de Chanel est en grande partie liée à Deauville. Elle y avait ouvert boutique en 1913 ; en août 1914, avec la guerre, ce fut l'afflux des châtelains de la Meuse, des Ardennes, puis... de la Seine-et-Oise ; ils fuyaient leurs demeures menacées pour se réfugier dans leurs résidences secondaires. Les femmes, parties précipitamment, se firent faire une garde-robe chez Chanel.

Il y avait tellement de monde chez Chanel qu'elle avait installé chaises et tables sur le trottoir pour faire patienter ses clientes. C'est cette même année que Chanel se procura deux tissus britanniques, le tricot des sweaters masculins et la flanelle des blazers, et créa un modèle révolutionnaire dont la ligne, lâche, permettait l'aisance des mouvements et n'exigeait plus le port du corset...

CÔTE FLEURIE

Comment y aller ?

– *Par la route :* autoroute A13. Sortie Deauville.
– *Par le train :* sept trains en moyenne par jour, soit directs soit avec correspondance à Lisieux puis micheline jusqu'à Deauville. Durée : de 2 h 30 à 3 h. Renseignements S.N.C.F. : ☎ 08-36-35-35-35 (2,23 F la minute). Internet : www.sncf.fr.

Adresses utiles

🅱 *Office du tourisme de Deauville :* place de la Mairie. ☎ 02-31-14-40-00. Fax : 02-31-88-78-88. Ouvert de 9 h à 12 h 30 et de 14 h à 18 h 30 (sans interruption jusqu'à 19 h en été) ; les dimanche et jours fériés, de 10 h à 13 h et de 14 h à 17 h (sans interruption jusqu'à 18 h en été). On y trouve une documentation très bien faite avec plan de ville et liste des hébergements. Demander aussi la liste des manifestations, nombreuses en toute saison.

🅱 *Office du tourisme de Trouville :* 32, quai F.-Moureaux, 14360. ☎ 02-31-88-36-19. Fax : 02-31-88-63-06. Minitel : 36-15, code TROUVILLE. Ouvert de 9 h 30 à 12 h et de 14 h à 18 h 30 l'été. Le dimanche, ouvert de 10 h à 16 h. Hors saison de 9 h 30 à 12 h (12 h 30 de novembre à mars) et de 14 h à 18 h 30 (18 h de novembre à mars). Et de 10 h 30 à 12 h 30 le dimanche. Propose en saison et pendant les vacances scolaires des conférences et visites guidées du patrimoine balnéaire du XIXᵉ siècle (payant).

◾ *Location de vélos :* M. Pouchin, *La Deauvillaise,* 11, quai de la Marine. ☎ 02-31-88-56-33. À partir de 25 F l'heure. *Cycles Lucas,* 92, av. de la République, Deauville. ☎ 02-31-88-53-55.

◾ *Location de voitures : Hertz* (garage Hoche), 32, rue Hoche, Deauville. ☎ 02-31-87-36-66. *Eurorent,* 3 *bis,* rue Désiré-Le-Hoc. ☎ 02-31-88-08-40.

◾ *Tennis :* à Deauville, 19 courts dont 8 quicks. ☎ 02-31-88-02-26. À Trouville, 7 courts municipaux, sur la plage. ☎ 02-31-88-91-62. À Blonville (5 km de Deauville), 9 terrains dont un couvert à revêtement moquetté. ☎ 02-31-87-90-61.

◾ *Golf de Deauville :* ☎ 02-31-14-48-48. Ouvert toute l'année.

◾ *Poney-club de Deauville :* bd de la Mer. ☎ 02-31-98-56-24.

◾ *Club nautique de Deauville :* bd de la Mer. ☎ 02-31-88-93-75. Location de planches à voile, chars, voiliers.

🚃 *Gare de Deauville-Trouville :* av. de la République, un peu avant le pont des Belges (qui relie les deux stations). ☎ 08-36-35-35-35. Trains réguliers pour Lisieux et Paris.

Où dormir ?

À DEAUVILLE

Aussi étonnant soit-il, on peut trouver des chambres abordables en plein centre de Deauville. Voici quelques adresses qui vous éviteront de chercher.

🛏 *Café-hôtel des Sports :* 27, rue Gambetta. ☎ 02-31-88-22-67. Fermé le dimanche hors saison. Derrière la jolie halle aux poissons de Deauville. Au-dessus de ce café populaire, 12 chambres dont deux disposent d'un balcon. Simple, mais propre. Doubles de 200 à 340 F. Réduction de 10 % sur le prix des chambres en basse saison (sauf les week-ends). Moins souvent complet que les autres hôtels de cette catégorie, mais pas des plus gais.

■ *Hôtel L'Espérance :* 32, rue Victor-Hugo. ☎ 02-31-88-26-88. Fax : 02-31-88-33-29. Fermé le mercredi et le jeudi (sauf en juillet et août), ainsi que la dernière semaine de juin. Dans le centre, derrière le marché. Maison calme et assez agréable. Chambres simples aux prix attractifs : doubles de 200 à 405 F des plus simples aux plus sophistiquées. Demi-pension obligatoire en été. Au resto, menus de 105 à 168 F pour une cuisine vapeur à base de produits frais. Réservation impérative car c'est souvent complet. Apéritif offert sur présentation du guide.

■ *Le Patio :* 180, av. de la République. ☎ 02-31-88-25-07. Fax : 02-31-88-00-81. Fermé en janvier. Dans une grande bâtisse blanche, les chambres ont retrouvé leur prime jeunesse à la fin de la rénovation de l'hôtel. L'ensemble est plutôt confortable et bien réussi. Vue sur le patio (ah ! c'est ça le nom alors) fleuri et ombragé dispensant une fraîcheur agréable. Doubles de 270 F avec douche à 400 F avec bains et w.-c. (hors vacances, de 200 à 350 F). Prix raisonnables pour Deauville. Pas de resto pour grossir mais salle de fitness pour mincir. 10 % de réduction pour nos lecteurs hors vacances scolaires.

■ *Hôtel Le Chantilly :* 120, av. de la République. ☎ 02-31-88-79-75. Fax : 02-31-88-41-29. Hôtel non dénué d'un certain charme, entièrement rénové, avec tout le confort désiré. 350 F la double avec douche ou bains. Tarifs assez intéressants pour Deauville. Patronne chaleureuse et communicative. Il est prudent de réserver. Réduction de 10 % sur le prix de la chambre à partir de 2 nuits consécutives.

À TROUVILLE (14360)

■ *Le Florian :* 30, rue de la Plage. ☎ 02-31-88-17-40. Fax : 02-31-88-14-92. À deux pas du casino. Une douzaine de chambres de 230 à 300 F la · double, petit déjeuner compris. Accueil très sympathique du patron qui adore parler.

■ *Hôtel de la Paix :* 4, place Fernand-Moureaux ; face au port. ☎ 02-31-88-35-15. Fax : 02-31-88-20-97. Fermé de mi-novembre à fin décembre. Établissement accueillant et très bien tenu. Chambres mignonnes et tout confort. Les plus grandes (avec vue sur le port) sont à 390 F. Mais on trouve aussi des doubles à 230 et 295 F. Hôtel insonorisé. 10 % de réduction pour les lecteurs du *G.D.R.* en semaine (hors juillet-août).

Où manger à Trouville ?

I●I *Brasserie Le Central :* 158, bd F.-Moureaux. ☎ 02-31-88-13-68. Ouverte toute l'année, sauf les 24 et 25 décembre. Grande salle typiquement parisienne et terrasse face au port. Déco plus simple et moins clinquante qu'aux *Vapeurs.* Chacun ses goûts. Serveurs speedés mais efficaces, clientèle hétéroclite et carte longue comme le bras. On peut s'en tirer à des prix tout à fait convenables (on peut d'ailleurs se contenter d'un seul plat). Spécialités : la soupe de poisson, les fruits de mer. Menus à 89 et 129 F. Cuisine de qualité et copieuse. Une petite suggestion pour ceux qui aiment la vie : la friture d'éperlans encore toute croustillante qui se mange avec les doigts, accompagnée d'un verre de sancerre, le bonheur ! Apéritif maison offert sur présentation du guide.

I●I *Les Vapeurs :* 160, bd F.-Moureaux. ☎ 02-31-88-15-24. Juste à côté du *Central.* Sans conteste la brasserie la plus connue de Trouville. Fondée en 1927. Mais la déco « néons-pubs-années 50 » a fait évoluer l'ambiance. Aujourd'hui, il n'est pas un acteur américain venant au festival de la ville d'en face qui ne s'arrête ici. On compte d'ailleurs Jack Nicholson parmi les habitués. Et la salle ne désemplit jamais. Il faut absolument goûter aux spécialités maison : les moules vapeur normandes et les crevettes chaudes. Tout est frais : normal, les chalutiers sont à 10 m. Les tripes valent également le coup, surtout avec un petit verre de saumur. Ne soyez pas inquiet de croiser des stars, vous serez reçu avec les mêmes égards. Difficile de donner une idée de prix, il n'y a pas de menu. Entre 50 et 120 F pour un plat. Réservation indispensable le week-end, à moins de venir vers 10 h du mat' pour s'avaler quelques huîtres au muscadet, histoire de bien commencer la journée.

|●| *Le Chalutier :* 3, rue de Verdun. ☎ 02-31-88-36-39. Fermé les mercredi et jeudi, ainsi qu'en janvier. Dans une petite rue juste en face de la halle au poisson. Trouville n'est pas Deauville et ce petit restaurant à l'atmosphère chaleureuse et au décor marin le prouve d'une belle manière. Décor marin typique des ports de pêche pour les 3 petites salles en enfilade. Quelques bonnes spécialités normandes en plus du poisson et des fruits de mer. Menus de 90 à 160 F. Réservation conseillée, surtout en saison.

|●| *Il Parasole :* 2, place Fernand-Moureaux. ☎ et fax : 02-31-87-33-87. Un resto italien au joli décor marin. Couleurs fraîches et agréables, tant dans la salle que dans les assiettes. *Bruschetta* tricolore, *piccata* piémontaise, *fritto misto,* et quand même quelques pizzas. Menus à 65 F le midi, 79 et 99 F. Apéritif maison offert.

Plus chic

|●| *Bistrot des Quatre Chats :* 8, rue d'Orléans. ☎ 02-31-88-94-94. Fermé les mercredi et jeudi hors saison ainsi qu'en janvier. L'endroit peut paraître un peu anachronique dans ce quartier plutôt typique. Il l'est! Pour s'en convaincre, il suffit d'y croiser Karl Zéro qui n'est pas le dernier des « félés de la télé ». D'ailleurs Serge et Muriel Salmon, qui accueillent le Tout-Paris dans leur bistrot, l'ont mis avec quelques autres copains sur la photo de leur carte de visite. Elle vaut le coup d'œil. Tout comme la salle au décor vieux rose usé remplie de bouquins, de cartes postales et de photos, de journaux... Et le superbe percolateur sur le comptoir. On mange sur des tables de bistrot des plats classiques où le chef a ajouté une ou deux saveurs étonnantes qui bouleversent les repères. Les puristes apprécieront le gigot de 7 heures mais peut-être moins le magret de canard au gingembre. La carbonade flamande, le curry d'agneau ou les pieds de cochon farcis au foie gras valent l'excursion. Subtil luxe : le pain est fait maison. Compter entre 150 et 200 F à la carte.

|●| *La Petite Auberge :* 7, rue Carnot. ☎ 02-31-88-11-07. Fermée les mardi et mercredi hors vacances scolaires. Pas de doute, cette petite auberge est bien normande, dans le décor (beaucoup de cuivre et d'assiettes aux murs dans un cadre plutôt coquet) et dans la cuisine. Point de carte mais des menus à prix relativement raisonnables pour la qualité. Menus de 129 à 215 F qui changent souvent en fonction des saisons. On y a aimé l'andouillette braisée parmentière, la lotte rôtie en jambon de Vire et le pain perdu au sabayon de fruits rouges. Service précis et accueil en accord avec la maison. Apéritif maison offert.

À voir. À faire

★ *Le musée de Trouville :* villa Montebello, 64, rue du Général-Leclerc. ☎ 02-31-88-16-26. Ouvert d'avril à septembre, tous les jours sauf le mardi, de 14 h à 18 h. Gratuit le mercredi. Dans un manoir en brique du Second

★ *Le musée de Trouville :* villa Montebello, 64, rue du Général-Leclerc. ☎ 02-31-88-16-26. Ouvert d'avril à septembre, tous les jours sauf le mardi, de 14 h à 18 h. Gratuit le mercredi. Dans un manoir en brique du Second Empire, l'histoire de la station racontée à travers diverses collections de tableaux, affiches, dessins, etc.

★ *L'aquarium de Trouville :* face à la plage. ☎ 02-31-88-46-04. Ouvert tous les jours. De Pâques à juin, en septembre et octobre : de 10 h à 12 h et de 14 h à 18 h 30. En juillet et août, de 10 h à 19 h. De novembre à Pâques, de 14 h à 18 h, ou sur rendez-vous pour les groupes. 68 aquariums et vivariums. Faune locale et tropicale. Plaira aux gamins.

– En août se déroulent sur le champ de courses des *rencontres hippiques* attirant les foules, tout comme les *championnats de polo* programmés le même mois...

– *Matches de polo :* en août, renseignements à l'office du tourisme. Intéressant à voir.

– Le *golf* de Deauville a grande réputation. ☎ 02-31-14-48-48. De 8 h à 20 h en été et de 9 h à 18 h en hiver.

– Un *manège de poneys* situé près de la plage accueille les enfants chaque jour en saison...

– *Marché de Deauville :* place Morny. Les produits de la région, entre autres d'excellents pont-l'évêque. Le *marché de Trouville*, quai de Trouville, est très sympa : coquillages et poisson frais...

– L'office du tourisme de Trouville propose 2 *circuits pédestres* sur les hauteurs, à l'est de Trouville. Le *circuit rouge* fait 9 km tandis que le *circuit vert* est long de 10,5 km.

CÔTE FLEURIE

CABOURG ET LE PAYS D'AUGE
Cabourg. Dives-sur-Mer. La route des douets.
La route du cidre. La route des marais.

CABOURG (14390)

Au milieu du XIXᵉ siècle, quelques financiers ayant été séduits par la plage de Cabourg eurent l'idée d'y développer une station balnéaire. Il fallut vaincre les réticences de toutes sortes et les problèmes purement topographiques : construire sur du sable n'est pas chose facile. Et pourtant le projet aboutit. Cabourg devint une station balnéaire mondaine au début du siècle, à l'époque où Marcel Proust la décrivit sous le nom de Balbec dans son célèbre roman *À l'ombre des jeunes filles en fleurs*.

Le centre-ville avec ses magnifiques villas est pratiquement resté intact, ce qui lui donne un charme fou. Merci à Bruno Coquatrix qui fut longtemps maire. La ville est bâtie selon un plan très régulier, tiré au cordeau, avec de longues avenues rayonnant en éventail autour du casino. Les parterres de fleurs, la promenade Marcel-Proust (le long de la mer, et piétonne !), une plage magnifique accentuent le charme gentiment décadent de cette petite ville bourgeoise.

Rappelez-vous aussi *La Dentellière,* adapté du roman de Pascal Lainé, dont l'héroïne, jouée par Isabelle Huppert, vient y passer ses vacances...

Comment y aller ?

– *Par la route :* autoroute A13. Sortie Cabourg.
– *Par le train :* la gare Dives-Cabourg (☎ 02-31-91-00-74) est reliée à Paris-Saint-Lazare tous les jours de fin juin à début septembre et hors saison un train pour l'aller (vendredi soir) et un pour le retour (dimanche soir) avec correspondance à Deauville-Trouville. Renseignements S.N.C.F. : ☎ 08-36-35-35-35 (2,23 F la minute). Internet : www.sncf.fr.

Adresses utiles

▣ *Office du tourisme :* jardins du Casino. ☎ 02-31-91-01-09. Ouvert tous les jours, du lundi au vendredi de 9 h 30 à 12 h 30 et de 14 h à 18 h 30 (l'après-midi jusqu'à 19 h le samedi), et le dimanche de 10 h à 12 h 30 et de 14 h 30 à 18 h ; en juillet et août, tous les jours de 9 h 30 à 19 h. Efficace.

■ *Location de vélos :* à la gare de Dives-Cabourg. ☎ 02-31-91-00-74. À partir de 44 F la demi-journée. *Cycles Raleigh :* 3, av. Raymond-Poincaré. ☎ 02-31-91-85-98. Pour les VTT, à l'*auberge des Viviers,* 73, av.

Charles-de-Gaulle. ☎ 02-31-91-05-10.
■ *Location de karts :* av. de la Divette. ☎ 02-31-24-24-49.
■ *Golf :* à 9 trous, golf public, ☎ 02-31-91-70-53. À 18 trous, golf privé, av. du Président-René-Coty, 14390 Le Hôme-sur-Mer. ☎ 02-31-91-25-56.
■ *Tennis :* au *Garden Tennis Club,* ☎ 02-31-91-13-88. 20 courts dont 4 couverts.
■ *Le Casino :* ☎ 02-31-28-19-19. Depuis juin 1995, seuls la discothèque, le cinéma et le bar ont ouvert leurs portes.

PAYS D'AUGE

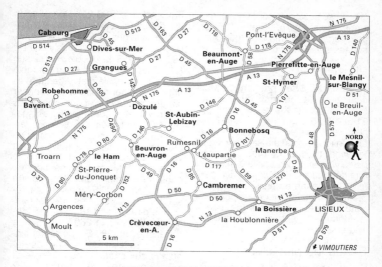

CABOURG ET LE PAYS D'AUGE

Où dormir? Où manger?

▄ |●| *L'Oie Qui Fume :* 18, av. de la Brèche-Buhot (à 2 mn de la plage). ☎ 02-31-91-27-79. Fax : 02-31-91-40-02. Fermé le lundi soir, le mardi et le mercredi en mars et octobre; congés annuels en janvier. Grande maison de style normand, au calme, et dotée d'un jardin agréable. La déco et l'accueil demanderaient une petite cure de jeunesse. Chambre double avec douche et w.-c. de 300 à 380 F. Demi-pension souvent demandée (320 F environ par personne). Premier menu à 138 F. Apéritif maison offert sur présentation du *G.D.R.*

▄ *Hôtel Le Cottage :* 24, av. du Général-Leclerc. ☎ 02-31-91-65-61. Fax : 02-31-28-78-82. On est vraiment tombé sous le charme de cette maison normande typique entourée d'un joli jardin plein de fleurs. Certes, elle est en bord de route mais les chambres sont calmes. Accueil vraiment chaleureux et convivial du patron qui vous reçoit comme si vous étiez un ami de longue date. Décoration résolument *cosy* dans un style qui rappelle Laura Ashley. De

230 F pour une double avec lavabo à 320 F avec douche et w.-c. et à 430 F avec bains et w.-c. Si vous souhaitez un jacuzzi, choisissez la chambre 2. Salle de billard, sauna et machine à bronzer. Comme s'il pleuvait tout le temps en Normandie! 10 % de réduction pour les lecteurs du *Routard* hors vacances et weekends.

▄ *Hôtel Beaurivage :* allée du Château. ☎ 02-31-24-08-08. Fax : 02-31-91-19-46. Route du Hôme. Fermé de mi-novembre à mi-décembre. À 3 km au sud de Cabourg. La mer est juste à côté de cette grande bâtisse ocre. Ce n'est pas un atout négligeable! Décor intérieur et chambres très correctes et propres. Mais c'est à Cabourg et en bord de mer, donc ce n'est pas donné. Doubles avec douche, w.-c. et TV à partir de 300 F; avec bains, w.-c. et TV de 320 à 400 F. Accueil un peu frais.

|●| *Au Petit Cannibale :* 56, av. de la Mer. ☎ 02-31-91-17-01. Fermé le mardi, sauf vacances scolaires. Resto-crêperie tout simple qui per-

met de se sustenter pour un prix modique. Menus à 78, 98 et 150 F. On peut également manger quelques bonnes salades et des crêpes.

Plus chic

▮●▮ *Le Beau Site :* promenade Marcel-Proust (à hauteur du 30, av. Foch). ☎ 02-31-24-42-88. Fax : 02-31-28-95-25. Fermé du 1er au 27 décembre et du 4 au 11 janvier. Une situation idéale, grâce à sa magnifique terrasse face à la mer. Grandes baies vitrées dans la salle à manger, à la déco assez chicos. Service parfait. Une bonne adresse pour se repaître de fruits de mer et de poisson. Raie pochée et médaillon de lotte à la fondue de poireaux... Menus à 150 et 215 F, et carte.

Beaucoup plus chic

▲ ▮●▮ *Grand Hôtel Mercure :* jardins du Casino. ☎ 02-31-91-01-79.

Fax : 02-31-24-03-20. Construction du début du siècle, style Renaissance italienne. Le luxe classique, un peu « chic »... mais on s'y fait. De 490 à 1 300 F la double, en saison (100 F de plus les vendredi, samedi et vacances scolaires). Attention, ils ont un peu tendance à se reposer sur leurs lauriers et les chambres ont beau être confortables et spacieuses, certaines mériteraient largement un petit coup de jeune. Demandez à visiter avant. Proust venait ici chaque été, travaillant le jour et sortant la nuit. On peut dormir dans sa chambre pour la modique somme de 1 200 F, mais il faut réserver, elle est très demandée. Donne directement sur la plage. Menus à 165, 210 et 260 F. Brunch le dimanche à 260 F, boissons incluses. Spécialités : terrine de légumes aux crudités, duo de sole et lotte, poitrine de canard aux pommes et miel.

Où boire un verre ?

▮ *Bar Chez Guillou :* 4, av. de la Mer. ☎ 02-31-91-31-31. Ouvert de 11 h 30 à 14 h et de 18 h 30 à 1 h tous les jours en saison, et du vendredi soir au dimanche soir seulement hors saison. Dans la rue principale, presque en face du syndicat d'initiative. Jean Guillou a malheureusement disparu : le bar a pris son nom en hommage. En tout cas, on prépare toujours ici les meilleurs cocktails au champagne ou à la crème de la côte. Tout le monde le

dit et c'est vrai. Super animation quand les habitués descendent (dont notre grand pote Bouboule) !

▮ *Grand Hôtel Mercure :* jardins du Casino (voir plus haut). Même si vous n'y dormez pas, il faut entrer dans ce majestueux édifice qui semble perdu dans ce siècle. Tout rappelle la Belle Époque, les tentures, la hauteur des plafonds. Bar *cosy* avec le pianiste de service jouant quelques airs surannés.

Randonnées

L'office du tourisme propose toutes sortes de circuits (avec plans détaillés), pédestres ou cyclistes. Ne pas rater celui des marais.

DIVES-SUR-MER (14160)

À 2 km de Cabourg, Dives était jadis un port de mer important. D'ailleurs, Guillaume le Conquérant, duc de Normandie, s'embarqua de Dives pour la conquête de l'Angleterre. Aujourd'hui, ça lui ferait drôle de constater que la mer est à 2 km. Les prairies et les vaches ont remplacé l'anse d'où partirent les vaisseaux.

Adresse utile

🛈 *Office du tourisme :* rue du Général-de-Gaulle, face à la poste. ☎ 02-31-91-24-66 (en juillet et août)

ou 02-31-91-04-28 (à la mairie). Ouvert du 15 juin au 15 septembre de 10 h à 12 h et de 14 h à 18 h.

Où manger ?

|●| *Chez le Bougnat :* 29, rue Gaston-Manneville. ☎ 02-31-91-06-13. La carte bleue n'est pas acceptée. Fred, un ancien boucher énergique et jovial, dirige de main de maître cet excellent resto, parmi nos préférés de la côte. Il y sert une fameuse cuisine du terroir, simple et faite de produits frais et de qualité. Bien évidemment, le patron n'a pas oublié son ancien métier. Chez lui, le bœuf est décliné du tartare au pot-au-feu et l'agneau de l'épigramme au navarin. Sa tête de veau vaut vrai-

ment le détour dans son antre. Car la déco ne passe pas inaperçue : les deux niveaux sont remplis de plaques de métro, d'affiches des années 50 genre « Y'a bon Banania » et d'un amoncellement de meubles, de bibelots et de tout un bric-à-brac ramené des brocantes qu'il fréquente assidûment. Un vrai musée du rustique cocasse ! Menu à 79 F (entrée, plat, fromage ET dessert) et carte. Le meilleur rapport qualité-prix du coin, donc réservation conseillée.

À voir

★ ***Le village Guillaume le Conquérant :*** ancien relais de poste datant du XVIIe siècle. On y changeait de chevaux quand on prenait la route de grève pour aller de Rouen à Caen. Mme de Sévigné, auteur à succès, s'y arrêtait quand elle se rendait sur ses terres en Bretagne. Les bâtiments, admirablement restaurés dans le plus pur style normand, donnent sur d'adorables cours intérieures. On y trouve restos, artisans et antiquaires.

★ ***L'église Notre-Dame :*** son aspect rappelle un bon nombre d'églises anglaises construites à l'époque de Guillaume le Conquérant. L'abside est flanquée de deux tourelles octogonales. Beau portail flamboyant. À l'intérieur, au-dessus de la porte principale, la liste des guerriers qui prirent part à l'expédition d'Angleterre. Fermée de 12 h à 14 h.

★ ***Les halles :*** en sortant de l'église, prendre à gauche la rue Paul-Cauta. Les halles des XVe et XVIe siècles, encore utilisées aujourd'hui, sont impressionnantes par la taille de leur toiture. Ne manquez pas le marché du samedi.

★ ***Les caves de l'Abbaye :*** juste à côté des halles, sur la place, dans l'ancienne Lieutenance. Ouvert de 9 h à 12 h 30 et de 14 h à 19 h 30 de juin à septembre. Fermé en janvier, le dimanche après-midi et le lundi hors saison. Vente et dégustation de produits normands autour d'un vieil alambic avec en prime toutes les explications sur la fabrication du calvados et du pommeau.

PAYS D'AUGE

LA ROUTE DES DOUETS

Au syndicat d'initiative de Cabourg, on vous donnera des indications sur cet itinéraire en pays d'Auge. Les douets sont les innombrables ruisseaux qui parcourent le Bocage normand.

★ *BEAUMONT-EN-AUGE (14950)*

À 6 km à l'ouest de Pont-l'Évêque par la D118, joli bourg bâti sur une colline offrant une belle vue sur la vallée de la Touques. Quelques vieilles maisons à pans de bois.

🏠 **Chambres d'hôte à la ferme :** chez M. et Mme Fortier, à Classy, un peu avant Saint-Étienne-la-Thillaye et après La Friche-Saint-Vincent. ☎ 02-31-65-21-28. Vraie et belle ferme aux accents de terroir. Chambres modestes mais bien tenues, à 220 F pour deux, petit déjeuner compris. Belle vue sur la campagne. Réservation souhaitée. Chic.

★ *SAINT-HYMER (14130)*

Petit village niché au creux d'un vallon. Il eut son heure de célébrité quand il devint un centre actif de la doctrine janséniste. Visiter l'*église* du XIVe siècle et le *prieuré*.

★ *PIERREFITTE-EN-AUGE (14130)*

Notre village préféré du circuit des douets. Bâties à flanc de coteau, une dizaine de maisons surplombent la vallée de la Touques. Au milieu du village, église du XIIIe siècle. Les poutres soutenant la voûte ont été peintes au XVIIIe siècle.

🍴 Il faut absolument s'arrêter pour manger à la petite **Auberge des Deux Tonneaux**, à deux pas de l'église. ☎ et fax : 02-31-64-09-31. Fermée le dimanche soir et le lundi hors saison et de mi-novembre à mi-janvier. Recouvert d'un toit de chaume, ce pittoresque café, installé dans une bâtisse du XVIIe siècle, propose un excellent repas (appelé « collation »). Pour 56,50 F, en dehors des heures de repas, vous dégusterez une petite « collation » à base de rillettes, andouillettes, boudins, crêpinettes, omelette et fromage du pays. Le tout arrosé évidemment de cidre fermier. Cadre chaleureux et jardin en terrasse. Il semble néanmoins que, depuis le changement de proprios, l'accueil ne soit plus ce qu'il était. Vente de produits fermiers. Les patrons ont la clé de l'église, si vous voulez la visiter.

★ *Le musée de l'Automobile de la Belle Époque :* installé dans les communs du très beau château de Betteville, à 1 km de Pierrefitte. Ouvert tous les jours de Pâques à octobre de 10 h à 19 h, et le week-end hors saison. Entrée : 30 F. Une centaine de véhicules prestigieux de 1898 à 1950. Certains ont appartenu à des personnalités comme Gaby Morlay, le maréchal Joffre et même Simone Veil ! Salon de thé dans les salons du château.

★ *LE MESNIL-SUR-BLANGY (14130)*

Quelques jolies maisons aux toits de chaume composent ce petit village. Connu surtout pour l'étonnante charpente peinte de son *église* romane.

LA ROUTE DU CIDRE

Le syndicat d'initiative de Cabourg donne un petit dépliant intitulé *La Route du cidre*. Cet itinéraire fléché, d'une cinquantaine de kilomètres, est l'un des plus séduisants de Normandie. Certaines fermes sont signalées par un panneau « Cru de Cambremer ». On peut y acheter cidre, calvados et autres produits du terroir.

De Cabourg, passer par Dives pour prendre la D400 sur 7 km jusqu'à la N175. Tourner à gauche sur la N175 puis la première à droite (D49).

★ *BEUVRON-EN-AUGE (14430)*

Certainement le plus joli village de ce circuit. La place principale avec ses halles est si typique qu'on l'imagine sortie d'un décor de cinéma. Elle est entourée de maisons fort bien restaurées et fleuries avec soin. Chez le boulanger, achetez une véritable « teurgoule », la spécialité locale. Et puis allez boire une bolée de cidre au *Café du Coiffeur*. Juste derrière, un petit chemin longe le douet (rivière) et s'échappe dans la campagne. D'ailleurs, les amateurs de randonnées jetteront un coup d'œil sur la carte (en face du *Bar-restaurant de la Forge*) indiquant les chemins pédestres situés autour du village. De Beuvron, ils pourront grimper jusqu'à la *chapelle de Clermont-en-Auge,* et profiter du superbe panorama sur les vallées alentour.

Où dormir ?

🛏 *Chambres d'hôte :* chez Mme Hamelin, sur la place, juste après le *Bar-restaurant de la Forge*. ☎ 02-31-39-00-62. Chambres très bien équipées, joliment meublées. Bien entendu, une localisation exceptionnelle. De 250 à 270 F la chambre (avec salle de bains) pour deux, petit déjeuner compris. Réserver le plus tôt possible.

Aux environs

🛏 *Chambres d'hôte :* chez Jacques Marie, le Lieu-Brunet, route de Gerrots, 14430 Dozulé. ☎ 02-31-79-23-01. Pour s'y rendre, après l'église de Beuvron prendre la D146 sur 600 m puis la D146 A sur 900 m, tourner à gauche dans un petit chemin et suivre les panneaux. Fermé de la Toussaint à Pâques. 3 chambres dans une jolie maison de caractère à colombages datant du XVIᵉ siècle. De 245 à 255 F la double avec douche et w.-c., petit déjeuner compris. Réservation conseillée.

🛏 *Chambres d'hôte :* Cour l'Épée, 14340 Saint-Aubin-Lebizay. Sur la D85. ☎ 02-31-65-09-45. Fax : 02-31-65-13-45. 3 chambres d'hôte et un gîte rural haut de gamme pour 6 personnes. Extrêmement soignées, meublées avec goût et naturel, les chambres situées dans un ancien pressoir possèdent toutes douche ou bains. Très différentes de caractère, elles jouissent toutes d'une incomparable vue sur la campagne environnante. De 280 à 350 F pour deux, petit déjeuner compris.

🛏 *Chambres d'hôte et gîte d'étape Les Vignes :* chez Mme Gallot, 14430 Le Ham. 1 km avant Le Ham, sur la D78 (en venant de Beuvron par Hotot). ☎ 02-31-79-22-89. Ouvert toute l'année. Quel plaisir de passer quelques jours dans cette ferme en activité, goûtant aux produits naturels et savourant la gentillesse de Mme Gallot ! Pour les amoureux de la nature, des balades et de « la santé par le cidre », la meilleure adresse. 3 chambres doubles à 195 et 250 F, petit déjeuner compris. Un gîte à 740 F le week-end hors saison, 1 250 F en avril, mai, juin et septembre, 800 F d'octobre à mars (sauf vacances de la Toussaint et Noël où les prix sont ceux de la moyenne saison). 1 850 F la semaine en juillet et août.

Où manger ?

🍴 *Bar-restaurant de la Forge :* Grande-Rue. ☎ 02-31-79-29-74. Fermé le mardi soir et le mercredi (sauf en juillet et août). Ancienne forge du village avec son soufflet et son enclume. Système de « collation normande » à toute heure autour de la cheminée : la spécialité du pays, la « teurgoule », les tripes au cidre faites maison, la bavette au cidre, le magret de canard et ses pommes flambées au calva, le jambon de pays fumé à l'ancienne (au sel et dans la cheminée), l'assiette de fromages du pays d'Auge, la tarte Tatin maison. Tous ces plats de 20 à 50 F, accompagnés du cidre fermier à 25 F, feront votre délice... Menus de 78 à 135 F. La patronne a obtenu la teurgoule d'Or 1989. C'est un vieux dessert normand qui se prépare avec du lait, du sucre, du riz et de la cannelle. Le mélange est cuit doucement au four pendant au moins 8 h dans une terrine en terre et doit être consommé froid.

Produits de la ferme

– **La Ferme de Beuvron :** dans le village, à la sortie. ☎ 02-31-79-29-19. Ouverte de 10 h à 13 h et de 14 h à 19 h. Uniquement le week-end hors vacances scolaires. Cidre, calva, fromage blanc, camembert, fromage de chèvre, œufs, volailles, confitures...

★ CAMBREMER (14340)

En direction de Lisieux, à 15 km à l'est de Beuvron. Toute petite ville paisible, capitale du cidre et du calvados. Église avec une jolie tour romane. Marché le vendredi.

🏠 **Office du tourisme :** rue Pasteur, face à l'église. ☎ 02-31-63-08-87. Ouvert en juillet-août de 9 h 30 à 12 h 45 et de 14 h 30 à 17 h 30, sauf le lundi matin et le dimanche après-midi. En dehors de la saison, il y a toujours quelqu'un pour répondre au téléphone.

Où dormir ?

🛏 **Chambres d'hôte :** chez Mme Delort, 14340 La Boissière. ☎ 02-31-32-20-81. Fax : 02-31-62-25-95. À 6 km à l'ouest de Cambremer. Accessible aux handicapés. Véritable chef-d'œuvre d'architecture normande. Maison à colombages du XVIe siècle dont le toit est coiffé d'un petit clocheton. Chambres à 250 F pour deux, petit déjeuner compris.

🛏 **Chambres d'hôte :** le Prieuré, chez M. Rosset, à la sortie de Crèvecœur-en-Auge (commune de Saint-Loup-de-Fribois). ☎ 02-31-63-02-09. Dans une superbe propriété, plusieurs fois centenaire. Chambres tout confort de 320 à 420 F pour 2, petit déjeuner compris. Vente de produits de la ferme. Également un gîte pour 4 ou 5 personnes. 5 % de réduction sur présentation du G.D.R.

🛏 **Chambres d'hôte :** chez M. Letrésor, manoir du Champ-Versant, 14340 Bonnebosq. ☎ 02-31-65-11-07. Fermé de la Toussaint à Pâques. À 8 km au nord-ouest de Cambremer et à 19 km de Deauville. Dans un joli manoir normand du XVIe siècle, 3 chambres seulement, à partir de 265 F pour deux, avec le petit déjeuner.

🛏 **Chambres d'hôte :** chez Suzanne Lesuffleur, ferme l'Islet, 14340 Rumesnil. ☎ 02-31-63-01-08. De Cambremer, prendre la D85 vers Dozulé puis tourner à droite sur Rumesnil. Jolie maison traditionnelle normande. De 200 à 250 F la chambre, petit déjeuner compris. Propose également un gîte à 1 400 F par semaine en basse saison et à 1 900 F en juillet et août.

Produits de la ferme

– *Fromages de chèvre :* à la ferme de la Mimarnel, sur la D50. ☎ 02-31-63-00-50.
– *Cidre fermier :* chez Roger Giard, 14340 Grandouet. ☎ 02-31-63-02-40.

Le cidre, vous connaissez?

« Normands, tous que nous sommes, nous avons du cidre dans nos veines », disait Flaubert, et c'est vrai que Normandie, pommiers et cidre sont associés. On fait le cidre en combinant les qualités de plusieurs variétés de pommes que l'on mélange le plus harmonieusement possible. Les fruits, recueillis à parfaite maturité, sont triés, lavés, brassés puis pressés. 100 kg de pommes donnent 75 l de jus. La fermentation se déroule en caves fraîches et transforme le sucre en alcool. Si cette fermentation est arrêtée lorsque le jus atteint 3° d'alcool, on obtient du cidre doux. Au contraire, si on prolonge la fermentation, le cidre sera demi-sec ou brut. Il existe deux types de cidre : le cidre industriel, qui représente environ 90 % de la production, et le cidre fermier, à acheter directement au producteur.

● *De la bonne consommation du cidre!*

Il ne gagne rien à vieillir, il faut le boire dans l'année, frais, ni tiède *(of course)* ni glacé. Le cidre brut accompagne très bien tous les plats (à l'exception des viandes rouges) et surtout les fruits de mer, le poisson, les ris de veau, les fromages frais, les desserts, sauf ceux au chocolat. Et puis, en cuisine, pourquoi ne pas remplacer le vin blanc par du cidre ? Idéal pour déglacer la poêle ou la cocotte après la cuisson ou pour faire cuire des petits crustacés, style langoustines. Vite, à vos fourneaux !

Où dormir? Où manger dans les environs?

🛏 *La Galotière :* gîte rural chez M. et Mme Olivier, 61120 Crouttes. Réservations : ☎ 02-33-39-05-98. Fax : 02-33-67-57-68. Deux petites maisons à colombages adorables, au milieu des prés. À louer pour le week-end ou à la semaine, pour un maximum de 7 personnes. Hors saison, 700 F le week-end et 1 080 F la semaine. En juin, septembre et pendant les vacances scolaires, 1 260 F la semaine. En juillet et août, beaucoup plus cher : 1 800 F.

|●| *La Ferardière :* 61550 La Gonfrière. ☎ 02-33-34-81-05. Ouverte uniquement le week-end. De La Ferté-Frenel, prendre la direction de Gracé, à 2 km sur la droite un panneau indique la ferme-auberge qui se trouve à 800 m. Excellente cuisine à base des volailles et produits de la ferme. Dans un joli cadre campagnard. Menus de 110 à 150 F. Il est préférable de réserver. Gîte de 8 à 9 personnes tout confort.

À voir dans les environs

★ *Le prieuré Saint-Michel :* 61120 Crouttes. ☎ 02-33-39-15-15. Ouvert en mai, juin, les week-ends et jours fériés de 14 h à 18 h, en juillet et août tous les jours sauf le mardi de 14 h à 19 h, en septembre les week-ends de 14 h à

18 h. À 7 km de Vimoutiers. Un prieuré du Moyen Âge qui, aujourd'hui, est à la pointe de l'animation culturelle : expositions, concerts et rencontres tous les étés.
On peut également y dormir du 1er avril au 31 octobre, mais c'est assez cher, de 300 à 500 F environ en chambre double. Petit déjeuner à 40 F.

LA ROUTE DES MARAIS

Autrefois, la mer s'enfonçait dans ces zones marécageuses. Les salines du Moyen Âge ont fait place aux prairies d'embouche. De nombreux canaux de drainage croisent encore ces routes étroites. La boucle fait environ 45 km. De Cabourg, prendre la D513. L'itinéraire fléché commence à Varaville. De Varaville, suivre la direction de Paris par l'autoroute (carrefour indiqué à 500 m à droite).
La véritable découverte du marais doit se faire à pied ou à vélo, le long du parcours tortueux de la route dite de l'Anguille, qui croise la chaussée partant de Varaville pour rejoindre Robehomme.

★ *ROBEHOMME (14860)*

▲ *Manoir du Hôm :* chez M. et Mme Marie, dans le village, à 500 m de l'église. ☎ 02-31-78-01-74. Adresse idéalement située. L'une des rares dans les marais. Cadre de rêve (parc sauvage peuplé d'oies, avec étang) et maison ancienne, puisqu'il s'agit d'une ferme-manoir du XVIIIe siècle, bien restaurée. Pour ne rien gâcher, les propriétaires sont gentils comme tout. 2 chambres un peu poussiéreuses, meublées à l'ancienne (l'une très rococo), avec salle de bains commune. 220 F pour deux, petit déjeuner (un peu mesquin) compris. Propose également un gîte très confortable pour 4 personnes. 10 % de réduction pour les lecteurs du *G.D.R.*

★ *BAVENT (14860)*

Lavoir au centre du village.

▲ |●| *Hostellerie du Moulin du Pré :* ☎ 02-31-78-83-68. Fax : 02-31-78-21-05. Fermée le dimanche soir et le lundi (sauf en juillet et août et les jours fériés) ainsi que début mars et en octobre. De Cabourg, prendre la D513 direction Caen jusqu'à Varaville. C'est 2 km plus loin, sur la droite. Ferme rénovée en dehors du village et à 4 km de la mer. Très tranquille. Chambres de 230 à 350 F. Menu gastronomique uniquement, à 255 F net (sans boisson) avec 3 plats et sorbet au calva ! Spécialités : terrines maison et foie gras de canard fermier. Salon à la décoration chaleureuse. Grande cheminée et soufflet de forgeron en guise de table. Accueil vraiment sympa.

★ *GRANGUES (14160)*

Adorable petit village qui possède une église à façade dissymétrique portant un clocher-mur (XVe siècle).

LA CÔTE DE NACRE ET LES PLAGES DU DÉBARQUEMENT
Le Mémorial de Caen. Bénouville. Ouistreham-Riva-Bella. Arromanches. Bayeux. Omaha Beach. La pointe du Hoc. Sainte-Mère-Église. Utah Beach.

Une côte qui porte bien son nom : sur des dizaines de kilomètres, des étendues de sable clair dont tout le monde connaît les images, ponctuées de-ci, de-là par d'impressionnantes falaises de craie. Des plages de rêve dans un décor sauvage, que l'occupant – peu préoccupé d'écologie – tenta de noyer dans le béton : ces sites superbes sont désormais associés aux centaines de blockhaus, casemates et autres batteries censés en interdire l'accès aux forces alliées...

Ici se déroulèrent des combats sans merci, pour la libération de l'Europe. Des moments d'héroïsme dignes des récits médiévaux, comme la fameuse prise de la pointe du Hoc. Des exploits techniques incroyables, comme la construction du port artificiel d'Arromanches. Des catastrophes militaires, comme l'hécatombe des soldats américains à Omaha Beach.

Le circuit traditionnel relie Ouistreham à Sainte-Mère-Église, via Arromanches, Bayeux, Colleville et la pointe du Hoc. Plusieurs communes se partagent le territoire des cinq plages aux noms de code (Sword, Juno, Gold, Omaha et Utah), conservant d'innombrables souvenirs du mur de l'Atlantique et du Débarquement : batteries et bunkers allemands, matériel de transport, musées, monuments et cimetières.

Nous conseillons de commencer la visite des sites liés au Débarquement par l'indispensable Mémorial de Caen et de suivre l'estuaire de l'Orne jusqu'à Ouistreham, pour ensuite longer la côte jusqu'à Longues-sur-Mer, faire une incursion obligatoire à Bayeux, puis retrouver la côte ensuite.

Comment s'y rendre ?

– **En voiture :** autoroute de Normandie jusqu'à Caen.
– **En train :** de Paris-Saint-Lazare, environ 12 départs quotidiens pour Caen (2 h environ). Renseignements S.N.C.F. : ☎ 08-36-35-35-35 (2,23 F la minute). Internet : www.sncf.fr.
– Le « circuit 44 » des Bus verts permet la visite de tous les sites du Débarquement dans le Calvados, de mai à septembre. Liaisons directes au départ de Caen, Bayeux, Grancamp-Maisy et de toutes les stations de la Côte de Nacre. Des correspondances sont assurées à Caen et Bayeux, avec les trains en provenance de Paris. La carte Liberté permet de circuler librement sur tout le réseau Bus verts pendant 3 jours pour 135 F. Renseignements voyageurs : ☎ 02-31-44-77-44 (à Caen) ou 36-15, code BUS VERTS. Informations, horaires et plan du réseau dans les points d'accueil des gares routières de Caen, Lisieux, Bayeux, Deauville et Honfleur.

À voir à Caen

★ **Le Mémorial de Caen** (*Un Musée pour la Paix*) : esplanade Eisenhower, près du boulevard périphérique. Très bien fléché du centre-ville. Bus direct de la gare SNCF (n° 17). ☎ 02-31-06-06-44. Minitel : 36-15, code MEMORIAL. Internet : www.unicaen.fr/memorial.

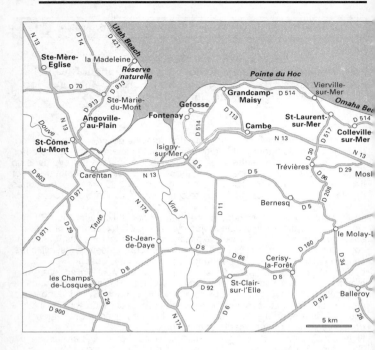

Ouvert tous les jours de 9 h à 19 h (jusqu'à 21 h du 11 juillet au 23 août et 18 h en hiver hors vacances scolaires). Fermé la première quinzaine de janvier et le 25 décembre. Entrée : 69 F (61 F pour les étudiants) ; gratuit pour les moins de 10 ans. Compter au minimum 3 h de visite.

Inauguré le 6 juin (date symbolique) 1988 par François Mitterrand, ce qu'il est convenu d'appeler LE Mémorial est devenu l'un des passages obligatoires en Normandie. Parmi les musées les plus modernes de France, le Mémorial est conçu à la fois comme un centre culturel (musée, cinéma, expos...), un forum d'échanges, une banque de données (documentation, librairie spécialisée, bureau de recherches), un « monument » à la paix (galerie des prix Nobel), un lieu de rassemblement (conférences, rencontres internationales, concours international de plaidoieries, concerts, floralies, etc.), mais aussi, et surtout, un centre de réflexion : « Comment empêcher les guerres ? ».

Voici enfin l'ère de la « structure évolutive » : le Mémorial n'hésite pas, en fonction des réactions des visiteurs, à se remettre en question, transformant telle salle ou telle approche d'un problème au cours de l'année. Sobriété, clarté du propos, intelligence de la mise en scène, sélection rigoureuse des documents font du Mémorial un musée original et passionnant, dont la visite s'avère extrêmement enrichissante. Voici un aperçu du parcours que ce lieu vous réserve :

– Le **bâtiment** proprement dit, construit sur les restes d'un bunker de commandement allemand, est une massive bâtisse en pierre de Caen. Premier symbole : la grande fracture centrale, évoquant la percée opérée par les Alliés dans le mur de l'Atlantique.

– Dans le grand hall central, le **Mur des noms**, mur couvert des noms de

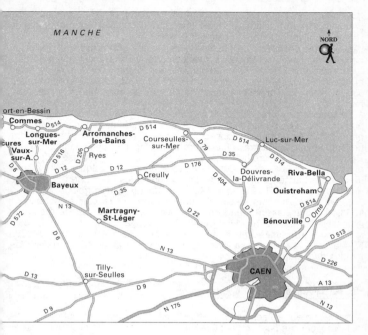

LA CÔTE DE NACRE ET LES PLAGES DU DÉBARQUEMENT

philosophes qui ont compté dans l'histoire. Deuxième fracture : la ligne rouge indique l'apparition de la « pensée » antisémite. La visite peut commencer... On pénètre dans un sombre corridor qui ira en s'inclinant tout au long d'un brillant exposé consacré aux racines de la Seconde Guerre mondiale.

– **Faillite de la paix :** à partir de 1918, diverses brèches empêcheront l'entente européenne : la marche de Mussolini sur Rome, la crise de 1929, puis les démonstrations de force des nazis à Nuremberg (on se retrouve plongé dans l'Histoire grâce aux écrans TV reproduisant les différentes scènes). Grand voile blanc : les démocraties abandonnent. Puis nous voici pris dans une bulle. Résonne alors la voix amplifiée du Führer. C'est le conditionnement des masses. Essayez de parler : votre voix peut également retentir ! L'individu pourrait-il traiter d'égal à égal avec la dictature ?

– **La France des années noires :** l'exposé continue avec la « drôle de guerre », l'arrivée des Allemands en France, la mascarade du traité de Compiègne (on entend une conversation téléphonique surréaliste enregistrée juste après la signature de l'armistice entre Weygand et Huntziger), la collaboration et l'ignoble propagande vichyste (dans un décor symbolique : murs de brique et grillage au plafond). Puis la Résistance, le génocide... Une salle que vous ne pourrez pas oublier : celle où des visages de déportés apparaissent peu à peu, dans le noir. Par terre, des petits flammes d'espoir et de tortures.

– **Guerre mondiale / Guerre totale :** retour à la lumière. C'est l'entrée en guerre des Alliés. Dans un désordre volontaire, de multiples thèmes évoquent les forces en présence, mais aussi l'aspect « technique » de cette incommensurable débauche de moyens. En vrac : affiches de l'effort de guerre, armes sous plastique (encore un symbole), photo de l'impact de la première bombe A testée (au mur : une lettre d'Einstein), les préparatifs de l'opération Overlord (vus du côté britannique), etc.

– **Les films projetés :** on souffle un peu après être ressorti ébouriffé (et pensif) du musée proprement dit. Avant de passer dans la salle de projection. 3 films instructifs : *Le Jour J* vu en parallèle sur un grand écran (côté allemand et côté Alliés), puis, dans un étonnant décor tournant, *La Bataille de Normandie,* et enfin un film-documentaire de l'acteur Jacques Perrin, *Espérance,* retraçant les moments forts de l'actualité depuis la Libération de Paris.

– **La galerie des prix Nobel de la paix :** ressortir du bâtiment principal et prendre l'escalier ou l'ascenseur jusqu'à la plate-forme inférieure. C'est le premier musée au monde consacré à ces bienfaiteurs de l'humanité. Dans un long couloir, les portraits (par ordre chronologique) des champions de la Paix, de 1901 à aujourd'hui (la liste n'est pas close). En parallèle, sur le mur opposé, le contexte historique de chaque époque. Quelques faits glanés de-ci, de-là : aucun prix ne fut décerné pendant les deux guerres (excepté une fois à la Croix-Rouge en 1917), ni pendant la guerre froide.

Le premier Noir honoré s'appelait Lutuli, le dernier Français à l'obtenir, en 1968, fut René Cassin (rédacteur de la *Déclaration des Droits de l'homme*). Amnesty International reçut le prix en 1977, le Dalaï-Lama en 1989. Le couloir des prix les plus récents a été inauguré par deux femmes (Aun San Suu Kyi, la belle et courageuse Birmane, et Rigoberta Menchu, qui défend les Indiens du Guatemala).

BÉNOUVILLE (14970)

À mi-chemin entre Caen et Ouistreham, une charmante petite cité des bords de l'Orne, célèbre pour son pont, le Pegasus Bridge. Ce nom lui fut donné en hommage à la division aéroportée britannique qui le libéra, la 6th Airborne, dont l'écusson était un cheval ailé. Ce pont historique, à la charpente métallique originale, a hélas été démonté. Au grand dam des habitants de Bénouville, mais aussi des bérets rouges survivants qui risquèrent leur vie pour le défendre. C'était bien la peine, disent certains.

La conquête du site qui entra dans l'Histoire sous le nom de Pegasus Bridge fut confiée à la compagnie britannique du major John Howard, immortalisée par *Le Jour le plus long.*

Parmi les nombreuses anecdotes liées à la prise du pont figure en bonne place l'arrivée des bérets verts et de leur cornemusier. Lord Lovat, l'Écossais qui commandait la petite troupe, s'avance poliment vers le major Howard : « Sorry, sir, j'ai deux minutes de retard. »

Où dormir ? Où manger ?

🏠 🍴 *Hôtel-restaurant La Glycine :* 11, place du Commando. ☎ 02-31-44-61-94. Fax : 02-31-43-67-30. Fermé en février. Parking privé. Accessible aux handicapés. Restaurant fermé le dimanche soir hors saison. Une jolie bâtisse en pierre couverte... d'une glycine. Accueil charmant dans cette maison très bien tenue. Chambres rénovées et confortables à 280 F. Cuisine soi-gnée et inventive. Le jeune chef n'a pas son pareil pour mitonner les petits légumes accompagnant le magret de canard aux 5 poivres ou encore le homard sauce corail et les fruits de mer gratinés. Si le cœur vous en dit, essayez le foie gras normand. Autres menus à 120, 139, 179 et 230 F. Sorbet normand offert sur présentation du *G.D.R.*

À voir

★ *Le Café Gondrée :* dans le village. La première maison libérée le jour du Débarquement! Les lieux furent d'ailleurs transformés en hôpital de campagne dès l'arrivée des Anglais. Le patron du café, pour fêter dignement la libération du village, apporta 3 000 bouteilles de champagne qu'il avait enterrées pour qu'elles échappent aux Allemands. Bref, un endroit mythique, que l'on pourrait prendre pour un musée tant les souvenirs de l'époque débordent sur les murs!

À voir dans les environs

★ *La batterie de Merville :* au sud de Merville-Franceville. ☎ 02-31-24-23-57. Ouvert du 4 avril au 6 septembre tous les jours de 10 h à 13 h et de 14 h à 19 h. Possibilité de visiter en dehors de cette période en appelant le ☎ 02-31-24-21-83. Accès payant. Sur un site de 16 ha protégé de barbelés, mines et fosses antitanks, ce dispositif était l'un des plus impressionnants du mur de l'Atlantique. La batterie côtière de quatre gros canons protégeait Ouistreham et les environs. Pas étonnant que les Britanniques en aient fait l'un de leurs principaux objectifs avant le débarquement sur les plages de Sword...
L'une des quatre casemates (protégées par 2 m de béton armé) est transformée en petit *musée*.

OUISTREHAM-RIVA-BELLA (14150)

L'une des stations les plus réputées de la Côte de Nacre, grâce à ses vastes plages, son port, son casino et ses multiples activités balnéaires. C'est aussi l'une des portes ouvertes sur l'Angleterre, avec des liaisons régulières en ferry avec Portsmouth. Avant de venir y passer leurs week-ends, les Anglais débarquèrent d'une manière un peu moins confortable.

Adresses utiles

◘ *Office du tourisme :* place Alfred-Thomas, près de la plage principale, au bout de l'avenue de la Mer. ☎ 02-31-97-18-63. Fax : 02-31-96-87-33. Ouvert tous les jours, du 15 septembre au 15 juin de 10 h 30 à 12 h 30 et de 15 h à 18 h. Du 15 juin au 15 septembre, tous les jours de 10 h à 13 h et de 14 h à 19 h. Le dimanche en été de 10 h à 12 h et de 14 h à 19 h, et en hiver de 10 h à 12 h. Plein d'infos. On y trouve le plan de la ville, très précis. ■ *Location de vélos :* magasin Vérel, 77, av. Foch. ☎ 02-31-97-19-04. *Cyclorama :* bd Maritime. ☎ 02-31-96-47-47.

Où dormir? Où manger?

≜ |●| *Le Channel :* 79, av. Michel-Cabieu. Pas loin du port de pêche. ☎ 02-31-96-51-69. Fax : 02-31-97-00-44. Des chambres calmes et proprettes à prix très doux : 125 F avec lavabo, 200 F avec douche, 245 F avec salle de bains. En hiver, 10 % de réduction sur le prix de la chambre sur présentation du guide. Resto sympa fréquenté par quelques célébrités du petit écran. Ni snob ni cher. 1er menu à 55 F avec salade de fruits de mer et poisson du jour. Autres menus à 65, 88 et 144 F.

🛌 |●| *Le Normandie :* 71, av. Michel-Cabieu. ☎ 02-31-97-19-57. Fax : 02-31-97-20-07. Fermé le lundi et le dimanche soir de novembre à mars, et de mi-décembre à mi-janvier. Hôtel décoré avec goût et géré par un jeune couple dynamique, Arielle et Christian Mauduit. Certaines chambres ont été refaites à neuf. Doubles de 250 à 340 F, toutes avec douche, w.-c., TV et téléphone. 10 % de réduction pour nos lecteurs hors saison. Le resto chic du *Normandie* propose une délicieuse cuisine, mais pas pour toutes les bourses (voir « Où manger ? »). En revanche, la « saladerie » du *Normandie* attire les jeunes du coin grâce à son menu bistrot (55 F) et ses petits plats italiens.

|●| *Le Britannia :* rue des Dunes, face au ferry. ☎ 02-31-96-88-26. Fermé en janvier. Une brasserie sans prétention, qui ne pousse vraiment pas à la consommation. Premier menu à 68 F seulement, tout à fait convenable. Service souriant et vins bon marché. Une autre formule à 115 F. Belle assiette de fruits de mer à 90 F. Que demander de plus ? Avec l'apéro (champagne à 35 F, de rigueur avant le casino), on vous apporte même de délicieux zakouski, aussi copieux qu'une entrée ! Menus gastronomiques à 184 et 250 F. Une bien bonne petite adresse.

À voir

★ *Le musée du Mur de l'Atlantique :* dans le grand bunker, av. du 6-Juin. ☎ 02-31-97-28-69. Ouvert tous les jours d'octobre à avril de 9 h à 19 h 30 et de mai à septembre de 9 h 30 à 12 h 30 et de 13 h 30 à 18 h. En hiver, le week-end et pendant les vacances scolaires. Sur cinq niveaux, dans une impressionnante tour-blockhaus ayant servi de poste de direction de tir aux Allemands.
On visite la salle des filtres antigaz, le poste de direction des batteries puis l'infirmerie (nombreux souvenirs sur la vie quotidienne des soldats). Dans la salle radio, expo sur l'assaut des Alliés et la libération de Ouistreham. Au dernier étage, le poste d'observation avec son télémètre géant. On imagine un peu mieux, d'ici, le choc qu'ont dû ressentir les Allemands en voyant foncer sur eux les milliers de navires alliés.

★ *Le musée n° 4 Commando :* place Alfred-Thomas, face au casino. ☎ 02-31-96-63-10. Ouvert de juin à mi-septembre de 10 h 30 à 18 h et des Rameaux à début juin, le week-end uniquement. Le n° 4 commando était formé de plusieurs troupes internationales, dont les 177 soldats du commandant Kieffer, seuls combattants français à avoir participé à la « première vague » du Débarquement. Riche collection d'armes, d'uniformes et de documents.

★ *L'église Saint-Samson :* place Lemarignier, dans le centre. Belle et vaste, elle fut édifiée par les seigneurs normands aux XIe et XIIe siècles. Façade remarquable pour ses rangées de piliers imposants, surmontés de chapiteaux, aux voûtes en partie boisées. Originale aussi, la galerie intérieure creusée dans le mur.

À faire

– *Le chemin de halage :* chouette promenade le long du canal de l'Orne (départ du port) jusqu'à Caen, à 15 km. Se fait à pied ou à vélo.
– *Le casino :* sur la plage principale, entre le centre de thalasso et l'office

du tourisme. ☎ 02-31-36-30-00. Ouvert tous les jours en saison, de 11 h à 4 h (5 h le week-end). Le reste de l'année, de 11 h à 2 h en semaine. Entrée interdite aux mineurs. Intérieur élégant, sans luxe tapageur. Mises réduites grâce aux machines à sous.
– *Équitation :* chevaux et poneys au club *L'Étrier*, sur la plage. ☎ 02-31-96-69-51. Ouvert tous les jours de l'année.
– *École de voile :* sur le port, derrière le phare. ☎ 02-31-97-00-25. Propose des stages de dériveurs, catamarans et planches.

ARROMANCHES (14117)

Cette petite station de la côte normande n'est pas une plage du Débarquement à proprement parler, comme on l'imagine souvent à tort.
Arromanches est devenu l'un des hauts lieux de l'Espace Historique de la Bataille de Normandie grâce à l'inimaginable port flottant qui y fut installé, considéré comme la plus grande prouesse technique de la guerre...

Adresse utile

🛈 *Maison du tourisme :* place du Groupe-de-Lorraine. ☎ 02-31-22-36-45. À l'écart du centre, sur la route de Bayeux. Ouverte de 9 h à 12 h et de 13 h à 18 h.

L'incroyable histoire du port artificiel

« Qui tient les ports tient l'Europe », disaient les Allemands. Malins comme tout, Churchill et Lord Mountbatten avaient trouvé la parade : on ne peut pas prendre les ports, trop bien gardés, alors autant en apporter un !
Le Mulberry, vaste port flottant préfabriqué, est construit en Angleterre en 1943, dans le plus grand secret. Le projet est à la mesure de l'enjeu : 115 caissons géants en béton armé, pesant chacun 7 000 t, serviront de brise-lames, sur 8 km de long ; 22 plates-formes métalliques supportées par des béquilles accrochées au fond de la mer feront office de quais de déchargement ; d'immenses routes sur flotteurs, reliées aux plages par éléments télescopiques, permettront de faire circuler le matériel et les troupes. Pour compléter le dispositif, 60 navires seront volontairement sabordés au large d'Arromanches, pour former un abri contre la houle. Le 9 juin, les éléments arrivent, tirés par 200 remorqueurs.
En 100 jours, le port d'Arromanches aura été plus productif que n'importe quel autre à l'époque. Il aura vu passer 2,5 millions d'hommes, un demi-million de véhicules et 4 millions de tonnes de matériel !

Où dormir ? Où manger ?

🛏 I●I *La Marine :* quai du Canada. ☎ 02-31-22-34-19. Fax : 02-31-22-98-80. Fermé du 2 novembre au 15 février. Grande bâtisse blanche, construite face à la mer. Près des grandes baies vitrées, on voit la plage ponctuée par les pontons du débarquement. Les fruits de mer sont de rigueur. Menus de 98 à 198 F qui pourraient être de bien meilleure qualité. Chambres beaucoup plus intéressantes. Confortables, bien décorées et propres. Doubles à 200 F avec lavabo, à 270 F avec douche et w.-c., à 380 F avec bains et w.-c. 10 % de réduction sur le prix de la chambre sur présentation du guide à partir de trois nuits consécutives.

🛏 ꙰ *Hôtel d'Arromanches, Le Pappagall :* 2, rue du Colonel-René-Michel. ☎ 02-31-22-36-26. Fax : 02-31-22-23-29. Fermé le mardi après-midi et le mercredi, hors vacances scolaires ainsi qu'en janvier. Un 2 étoiles restauré récemment, d'un bon rapport qualité-prix. Chambres bien tenues et bien équipées, avec douche ou bains, w.-c., TV et téléphone, à partir de 300 F en été. Menus de 83 à 170 F pour une cuisine résolument marine : raie à la crème, bourride, choucroute de la mer, magret de canard au pommeau (tiens !). Kir normand offert à nos lecteurs sur présentation du guide.

À voir

★ *Le port artificiel :* ou ce qu'il en reste, une partie ayant été démontée et les caissons « Phenix » s'étant enfoncés dans le sable. Les vestiges, léchés par les flots depuis 50 ans, témoignent tout de même de la solidité du système. Les jetées les plus éloignées montrent à quel point le port pouvait être étendu...

★ *Le musée du Débarquement :* face aux vestiges du port. ☎ 02-31-22-34-31. Ouvert tous les jours (excepté en janvier), de 9 h 30 (10 h le dimanche) à 12 h 30 et de 13 h 30 à 18 h. De mai à septembre, sans interruption de 9 h à 19 h 30. Entrée payante. Des dizaines de vitrines et de souvenirs d'époque, certains rares. Encore plus intéressant, les maquettes, très bien faites, du port artificiel. Ensuite, un diorama de 7 mn, exposé très clair des premières manœuvres du Débarquement. Puis un petit film de 15 mn, produit à l'époque par l'armée britannique, sur la construction du port. Passionnant.

★ Sur les coteaux d'Arromanches, une *salle de cinéma circulaire* identique à celle du *Futuroscope.* ☎ 02-31-22-30-30. Ouvert 7 jours sur 7. D'avril à septembre, de 10 h 10 à 16 h 40, d'octobre à décembre de 10 h à 17 h. Fermé en janvier. Le film de 15 mn, *Le Prix de la liberté,* réunit des images d'aujourd'hui et d'hier pour que le spectateur ait l'impression de revivre la plus formidable aventure militaire du XXᵉ siècle.

À voir dans les environs

★ *La batterie de Longues-sur-Mer :* à la sortie du village de Longues, vers la mer. Visite libre. Il s'agit de quatre casemates en béton et de leur poste de commandement. La première est en ruine, mais les autres conservent leurs longs canons. Impressionnant. Plus loin, en continuant vers la mer, un chemin mène à une petite crique de galets, au pied d'une falaise surnommée « le Chaos ». Joli cadre de verdure.

CÔTE DE NACRE

BAYEUX (14400)

Voilà une ville gâtée. D'abord, c'est l'une des très rares de Normandie à ne pas avoir souffert des destructions de la guerre. Mais c'est aussi une ville préservée de la modernité : pas de banlieue, pas d'immeubles, pas d'industrie. La vieille ville est restée intacte ! La capitale du Bessin attire beaucoup de touristes, ne serait-ce que pour sa fameuse tapisserie et sa fastueuse cathédrale.

Adresses utiles

◻ *Office du tourisme :* pont Saint-Jean (au début de la rue Saint-Jean), BP 343, 14403 Bayeux Cedex. ☎ 02-31-51-28-28. Fax : 02-31-92-01-79. Ouvert tous les jours, de 9 h (9 h 30 le dimanche) à 12 h et de 14 h (14 h 30 le dimanche) à 18 h. Fermé le dimanche de mi-septembre à fin mai. Personnel compétent. Demander le plan de Bayeux, clair et précis.

🚄 *Gare S.N.C.F. :* bd Sadi-Carnot, au sud de la ville. ☎ 08-36-35-35-35 (2,23 F la minute). Internet : www.sncf.fr. 8 trains par jour en moyenne (directs ou avec changement à Caen) de Paris-Saint-Lazare. 2 h à 2 h 30 de voyage.

▓ *Location de vélos :* Cycles Roué, bd Winston-Churchill. ☎ 02-31-92-27-75. Loue quelques VTT et des VTC.

Où dormir ? Où manger ?

🛏 |●| *Hôtel-restaurant Notre-Dame :* 44, rue des Cuisiniers. ☎ 02-31-92-87-24. Fax : 02-31-92-67-11. Fermé du 15 novembre au 20 décembre. À deux pas de la cathédrale et de la célèbre tapisserie. Un établissement classique, accueillant et bien tenu, à l'ambiance familiale. Cuisine sympathique et généreuse en saison. Menus à 95, 140 et 175 F. Jambon flambé au calva, chausson de canard à la crème d'estragon, moules normandes, raie au camembert (surprenant !)... Chambres doubles à 165 F (avec lavabo), 255 F (avec douche et w.-c.) et 275 F (avec bains et w.-c.). Demi-pension de 190 à 240 F par personne, obligatoire en juillet et août. Apéritif maison offert.

🛏 |●| *Hôtel d'Argouges :* 21, rue Saint-Patrice. ☎ 02-31-92-88-86. Fax : 02-31-92-69-16. Fermé du 5 au 25 décembre et du 5 au 20 janvier. Pour ceux qui en ont les moyens, une formidable adresse de charme, en plein centre-ville. Ancien hôtel particulier, construit au XVIIIᵉ siècle. Au fond d'une grande cour, donc au calme (c'est d'ailleurs un Relais du Silence). Superbe salle à manger où est servi le petit déjeuner. Chambres avec douche de 280 à 370 F et avec bains de 280 à 440 F. Quatre chambres familiales pour 4 entre 550 à 600 F.

|●| *La Table du Terroir :* 42, rue Saint-Jean. ☎ 02-31-92-05-53. Fermé les dimanche et lundi hors saison, ainsi que du 15 octobre au 15 novembre et une semaine en mars. Louis Bisson a inventé le concept de la table d'hôte à la ville. Boucher de son état, il voulait retrouver ses racines et faire partager sa passion de la cuisine. Derrière son échoppe, dans une belle salle en pierre de caractère, les quelques tables où se retrouvent les clients (souvent des habitués) se recouvrent vite de terrines maison, de côtes de bœuf (140 F pour deux), d'onglet (45 F), de bavette (50 F) ou de tripes (40 F), mais les portions sont parfois chiches. 4 menus très corrects en fonction de votre faim à 55, 75, 95 et 135 F. Une excellente maison où le côté convivial permet de côtoyer le touriste américain venu voir la tapisserie, la coiffeuse d'en face ou le fonctionnaire venu déjeuner.

|●| *La Colombe :* 13, route de Caen. À la sortie est de Bayeux, juste avant le rond-point Eisenhower et la commune de Saint-Vigor-le-Grand. ☎ 02-31-92-13-65. Fermé le dimanche soir en été et le dimanche toute la journée hors saison. Les avantages d'un « routier » sans les inconvénients. Plusieurs formules à

moins de 100 F, d'un excellent rapport qualité-prix. Premier menu à 51 F avec buffet de hors-d'œuvre, plat du jour et dessert! Sinon, copieux menus à 69 et 98 F. Parmi les spécialités : tripes authentiques, poulet vallée d'Auge et rôti de veau où les champignons ne sont pas ménagés... Apéritif maison offert sur présentation du guide.

|●| *Le Petit Bistrot :* 2, rue Bienvenue. ☎ 02-31-51-85-40. Fermé le dimanche et le samedi soir, sauf si vous téléphonez avant pour réserver. À côté de la cathédrale. Un vrai petit bistrot, un peu chic quand même mais vraiment très agréable. La patronne vous attend derrière un superbe comptoir de... bistrot.

Femme de caractère, elle peut paraître un peu brusque mais, dès que la glace est brisée, tout va pour le mieux. Elle sera aux petits soins pour vous. Son mari est en cuisine et il fait bien car il prépare une cuisine fraîche, pleine de saveurs, sachant magnifier les produits locaux à travers des recettes intelligentes. Les rognons de veau maison sont un exemple à suivre et à goûter, tout comme le filet de saint-pierre au coulis de homard et l'excellente terrine d'artichauts au foie gras. Menus à 95 et 165 F, qui évoluent en fonction des produits et des saisons. Une très bonne adresse à Bayeux. Apéritif offert sur présentation du guide.

Où dormir? Où manger dans les environs?

🛏 |●| *Camping et chambres d'hôte :* au château de Martragny, au bord de la N13, à 7 km de Bayeux direction Caen. ☎ 02-31-80-21-40. Fax : 02-31-08-14-91. Dans un immense parc, un château du XVIIIe siècle qui propose à la fois un camping (du 15 mai au 15 septembre; accueil possible hors saison sur réservation) et des chambres d'hôte. Magasin, bar, crêperie, piscine chauffée. Bien sûr, les prix sont en rapport. Exemple : 137 F pour 2 personnes, emplacement caravane et électricité compris... mais ça reste raisonnable pour le site, et l'accueil est vraiment agréable. Les 4 chambres d'hôte sont spacieuses et décorées avec goût. Compter 350 F en chambre double, petit dé-

jeuner compris. Réservation obligatoire. Location de vélos VTT. 10 % de réduction sur les plats à emporter sur présentation du guide.
🛏 *Chambres d'hôte :* à la ferme du Grand Fumichon (chez Joseph et Annie Duyck), à la sortie de Vaux-sur-Aure (D104, à 4 km de Bayeux vers la mer). ☎ 02-31-21-78-51. On passe sous un superbe porche pour découvrir un magnifique corps de ferme avec sa mare... Trois chambres de 2 à 4 personnes entièrement refaites dans d'anciens greniers à pommes. L'une d'elles possède même sa propre cheminée. Chambre double à 190 F avec petit déjeuner. Il est prudent de réserver : c'est une excellente adresse.

À voir

L'office du tourisme propose une carte à un prix forfaitaire pour la visite des musées municipaux : tapisserie, musée d'art religieux, musée Baron-Gérard et mémorial de la bataille de Normandie.

★ *La cathédrale :* entrée rue du Bienvenu. Ouverte du 1er juillet au 31 août tous les jours de 9 h à 19 h et du 1er septembre au 30 juin, de 9 h à 18 h. Pas de visite pendant l'office du dimanche à 11 h. Illumination extérieure tous les soirs de 20 h à 22 h 45 (bien sûr pas l'été).
Cette cathédrale, qui compte parmi les plus belles de France, a été élevée au XIe siècle. On en doit l'essentiel à Odon, évêque de Bayeux et acces-

soirement demi-frère de Guillaume le Conquérant. Très belle façade principale avec ses 5 portails décorés de sculptures. On est saisi dès l'entrée par les vastes proportions de la nef (102 m de long, tout de même). Remarquables sculptures aux murs, typiques de l'art roman. Outre les frises, on remarque des motifs décorant les chapiteaux : personnages grimaçants, animaux fantastiques, trèfles à 4 feuilles, etc. C'est sous les grandes arcades que l'évêque Odon avait décidé d'installer la tapisserie. Elle y était accrochée une fois par an (cela pendant 4 siècles). Chœur d'une grande luminosité, sur trois niveaux, d'époque gothique. Au plafond, peintures du XIIIᵉ siècle. Sur la droite, dans une chapelle, fresques restaurées du XVᵉ siècle. Remarquer l'amusante série consacrée à la légende de saint Nicolas (quand il sauve, par exemple, des enfants égorgés par un vilain boucher !).
Riche mobilier un peu partout. Dans la nef, jolie chaire sculptée (XVIIIᵉ siècle) ; dans le chœur, une cinquantaine de stalles Renaissance et un maître-autel très travaillé du XVIIIᵉ siècle. Dans l'une des chapelles (côté gauche) subsistent des vitraux du XIIIᵉ siècle.

★ *La tapisserie de Bayeux :* centre Guillaume-le-Conquérant, rue de Nesmond. ☎ 02-31-51-25-50. Fax : 02-31-51-25-59. Un circuit piéton permet de s'y rendre de la cathédrale, offrant une belle vue sur le chevet de celle-ci. Ouvert de 9 h à 19 h du 1ᵉʳ mai au 31 août, de 9 h à 18 h 30 du 15 mars au 30 avril et du 1ᵉʳ septembre au 15 octobre, de 9 h 30 à 12 h 30 et de 14 h à 18 h du 15 octobre au 15 mars. Fermeture des portes 45 mn avant. Fermé à Noël et au Nouvel An. Entrée payante. Billet valable également pour la visite du musée Baron Gérard et de l'hôtel du Doyen. Le centre Guillaume-le-Conquérant est entièrement voué à la tapisserie, qu'il abrite depuis 1983. La tapisserie de Bayeux est un chef-d'œuvre du XIᵉ siècle relatant la conquête de l'Angleterre par Guillaume, duc de Normandie.
Une grande galerie fut spécialement aménagée, au rez-de-chaussée, pour mettre en valeur LE trésor de Bayeux. Des salles situées aux étages font office de musée, expliquant en plusieurs phases l'histoire de la tapisserie et celle de ses personnages. Ceux qui sont pressés ont donc la possibilité de filer directement à la galerie du rez-de-chaussée. Sinon, un parcours fléché conduit aux différentes salles explicatives et s'achève avec le clou du spectacle... Dans la salle Guillaume (1ᵉʳ étage), audiovisuel sur les Vikings. Une bonne idée : les écrans de projection symbolisent des voiles de drakkars ! Puis on passe à l'explication de la tapisserie qui nous plonge dans l'Angleterre du temps de Guillaume, à l'aide de maquettes et de reconstitutions de scènes. Au 2ᵉ étage, la Normandie et la vie de Guillaume. Projection toutes les 40 mn d'un film de 20 mn racontant l'histoire relatée par la tapisserie. On redescend ensuite pour pénétrer dans le saint des saints où est exposé le chef-d'œuvre. Des écouteurs (11 langues différentes) sont loués pour permettre de suivre un commentaire (environ 20 mn).
La salle, plongée dans la pénombre, met parfaitement en valeur la grande broderie, protégée par une vitre blindée (comme *la Joconde*) et éclairée de l'intérieur. En suivant cette bande lumineuse, écouteurs aux oreilles (11 langues différentes), on se croirait presque en train d'assister à un dessin animé. Les coloris (intacts), le relief donné aux dessins par les « points », le mouvement de certaines scènes (de combats notamment) entretiennent l'illusion. La force et l'originalité de l'ensemble sont évidents, ainsi que la qualité des matériaux (qui ont résisté plus de 900 ans) et l'impressionnant travail fourni (onze ans de travail, tout de même) digne de Pénélope...

★ *Le musée mémorial de la Bataille de Normandie :* bd Fabian-Ware. ☎ 02-31-92-93-41. Fax : 02-31-21-85-11. Ouvert de 10 h à 12 h 30 et de 14 h à 18 h de mi-septembre à fin avril. Du 1ᵉʳ mai à mi-septembre, de 9 h 30 à 18 h 30 (dernière visite une heure avant la fermeture).
Moins ambitieux que celui de Caen, ce musée établi dans un vaste bâtiment moderne présente tout de même un panorama complet et passionnant des

CÔTE DE NACRE

opérations militaires de 1944. Au plafond, l'une des poupées parachutées par les Américains pour tromper l'ennemi ! Intéressant, la propagande des journaux de l'époque (à la botte des nazis) relatant les prétendus massacres causés par les Alliés dans la population, du genre : « 40 000 Français tués à Caen ! ». Les armes allemandes exposées en disent long sur les moyens utilisés pour détruire : mine en verre (qui causait de sacrés dégâts avec ses éclats), « pot de moutarde », bombe bondissante, mine en bois (indétectable), fameuse grenade à manche, piège fumigène, etc.
Après le diaporama, on passe à la salle Eisenhower où sont entassés, en vrac, chars, camions et vestiges d'artillerie.

★ *Le cimetière britannique :* de l'autre côté de la route, face au musée de la Bataille de Normandie. Sous de sobres piquets blancs reposent près de 4 700 soldats anglais morts pour libérer la France. On mesure la part énorme fournie par la Grande-Bretagne dans les combats.

★ *Le mémorial du général de Gaulle :* 10, rue Bourbesneur (près de la place de Gaulle). ☎ 02-31-92-45-55. Ouvert du 15 mars au 15 novembre, tous les jours de 9 h 30 à 12 h 30 et de 14 h à 18 h 30. Dernière visite : 45 minutes avant la fermeture. Entrée payante. Ce musée est un hommage au chef de la France combattante, qui, lui-même, rendit de nombreux hommages à la ville. Au rez-de-chaussée, biographie du général. Au 1er étage, de Gaulle et Bayeux. Au dernier étage, des souvenirs divers dont un amusant meuble créé pour le centenaire de la naissance de de Gaulle. On conclut avec une vidéo d'archives de 15 mn.

À voir dans les environs

★ *Le musée des Épaves sous-marines du Débarquement :* à Commes, route de Bayeux, à 1 km de Port-en-Bessin. ☎ 02-31-21-17-06. Ouvert de juin à septembre tous les jours de 10 h à 12 h et de 14 h à 18 h. Également ouvert les week-ends et jours fériés. Rassemblées dans une cour et un grand hangar, des centaines de vestiges patiemment sortis des flots : débris d'avion, chars coulés, souvenirs de navires de guerre, effets personnels retrouvés dans les véhicules, armes diverses éparpillées au large... C'est fou tout ce qu'on peut trouver sous l'eau !

OMAHA BEACH

Sous le nom de code d'Omaha, entré dans la légende, les plages de trois villages paisibles : Vierville, Colleville et Saint-Laurent. Les Américains qui débarquèrent ici connurent les pires conditions : mer démontée, obstacles meurtriers, site quasi imprenable, ennemis plus nombreux que prévu, etc. Omaha, seule plage où le réembarquement fut envisagé (au risque de compromettre les opérations futures), reste le symbole de l'acharnement des militaires américains. Mais aussi, avec le bilan le plus catastrophique du D Day (on estime le nombre de blessés, tués et disparus à environ 3 000), le symbole du prix payé pour libérer l'Europe. Ce n'est pas pour rien que le site qui domine la plage fut choisi pour être transformé en cimetière.

À voir

★ *Le cimetière américain :* à Colleville-sur-Mer, au bord de la falaise. Ouvert tous les jours, de 9 h à 18 h (automne-hiver : 8 h à 17 h). Entrée gratuite. Le plus grand, le plus connu et le plus émouvant des cimetières du Débarquement, étendu sur environ 70 ha. D'un côté, le cimetière proprement dit, avec sa majestueuse esplanade de gazon verdoyant, donnant accès aux alignements de croix blanches (9 841). De l'autre, un monumental mémorial, un « jardin des Disparus » et un plan d'eau. Côté falaises, une table d'orientation indique l'emplacement des différentes plages attaquées le 6 juin. Des escaliers permettent de descendre jusqu'à celle d'Omaha.

L'aménagement du site et l'agencement du cimetière donnent presque l'impression d'être aux États-Unis... D'ailleurs, on y est ! Figurez-vous qu'en vertu d'un accord passé avec la France, l'endroit a acquis le statut très particulier de territoire américain en sol français.

★ **Le musée Omaha 6 juin 44 :** à Saint-Laurent-sur-Mer, « Les Moulins », rue de la Mer. ☎ 02-31-21-97-44. Entrée payante. Ouvert tous les jours du 15 février au 15 mars, de 10 h à 12 h 30 et de 14 h 30 à 18 h. Du 16 mars au 15 mai de 9 h 30 à 18 h 30. Du 16 mai au 30 septembre de 9 h 30 à 19 h (sauf en juillet et août, de 9 h 30 à 19 h 30). Du 1er octobre au 20 novembre, de 9 h 30 à 18 h. Dans une grande salle, des véhicules militaires, des mannequins en uniforme, mais aussi une foule de souvenirs et de documents rares, certains passionnants, amassés pendant des années.

LA POINTE DU HOC

L'un des plus beaux sites naturels de la côte normande. Imaginez une falaise abrupte, atteignant 35 m de haut à certains endroits, constamment battue par les vents. Ce lieu sublime, qui n'est pas sans évoquer Étretat, fut choisi par les Allemands pour l'implantation d'une puissante batterie de canons, particulièrement bien gardée. L'héroïque prise du site par les rangers américains allait faire de l'assaut de la pointe du Hoc l'une des pages les plus lues de l'histoire du Débarquement.

La délicate mission de prendre ce site réputé imprenable fut confiée au colonel James Rudder, ancien entraîneur de foot d'un lycée ! On déniche en Angleterre une falaise comparable à celle du Hoc. Les 225 rangers américains, durant des semaines, vont y simuler des attaques, tout en mettant au point un équipement spécial : lance-grappin, échelles emboîtables et cordes à nœuds. Le 6 juin, peu de choses se passent comme prévu. Le débarquement est retardé à cause du brouillard, puis une erreur de navigation oblige la troupe à passer sous le nez de l'ennemi ! Les hommes de Rudder mettent enfin pied à terre. 5 mn plus tard, un premier ranger parvient au sommet de la falaise. Les autres sont terrassés sur les galets par le feu de la garnison allemande. Mais le plus dur reste à faire : déloger l'ennemi, replié dans ses casemates de béton armé. Il faudra plus de deux jours pour y parvenir. Une fois le site en main, les rangers ne comptent plus parmi eux que 90 hommes valides.

Un « morceau de gloire » qui n'en valait pas vraiment la chandelle : la batterie censée mettre en péril les débarquements d'Utah et d'Omaha avec ses 6 dangereux canons de 150 mm... ne contenait en fait aucune pièce d'artillerie !

Où dormir dans les environs ?

▲ **Chambres d'hôte Manoir de l'Hermerel :** à Gefosse-Fontenay. Fléché de la route de Grandcamp à Isigny. ☎ 02-31-22-64-12. Fermé fin décembre. Dans leur manoir du XVIIe siècle, deux adorables producteurs de lait, M. et Mme Lemarié, ont aménagé de ravissantes chambres d'hôte, chacune dans un style différent : l'une mansardée, l'autre dans les tons roses (pour amoureux), une autre encore au superbe pavement de pierre blanche... Dans la cour, un vieux pigeonnier installé en « coin pique-nique » et une sublime petite chapelle du XVe siècle ! Vous avez compris : l'endroit ne manque ni de charme, ni de caractère... Chambres (avec douche) à 300 F, petit déjeuner compris. 10 % de réduction pour nos lecteurs pour un séjour d'une semaine.

À voir

★ *Le site de la pointe du Hoc :* à 5 km à l'est de Grandcamp. Accès par la D514. Entrée libre. Entièrement protégé, le site est une concession à perpétuité, propriété des États-Unis. Il est resté intact, c'est-à-dire dans l'état même où il avait été laissé par les rangers le 8 juin 1944 ! Exception faite, bien sûr, du monument (un peu phallique, osons le dire) élevé à la gloire des héroïques rangers. On visite donc un champ de bataille où se mêlent bunkers en ruine et cratères de bombes, barbelés et amas de rocaille, herbes folles et béton criblé de balles. Certains des bunkers, restés indemnes, peuvent être visités, notamment le grand poste de direction de tir. Panorama superbe de la pointe.

★ *Le musée des Rangers :* quai Crampon (face à la plage), à Grandcamp-Maisy. ☎ 02-31-92-33-51. Ouvert en juin, juillet et août de 10 h à 19 h, sauf le lundi matin. En avril, mai, septembre et octobre, de 10 h à 13 h et de 15 h à 18 h, sauf le lundi. Exclusivement consacré à l'assaut de la pointe du Hoc. Des panneaux explicatifs retracent l'événement. Dans des vitrines : souvenirs de rangers et divers objets ayant appartenu aux soldats allemands qui défendaient le site. À l'étage, maquette de la pointe du Hoc reconstituant la prise d'assaut. Toutes les 20 mn, projection d'un film documentaire.

★ *Le cimetière militaire allemand de La Cambe :* à 7 km au sud de Grandcamp. Une fois au village de La Cambe, prendre la N13 direction Isigny sur 1 km. L'entrée du cimetière est à gauche de la route. Ouvert tous les jours, de 8 h à 19 h (jusqu'à la tombée de la nuit en été). L'un des plus grands cimetières allemands de France. Près de 21 300 soldats sont enterrés ici, issus de 1 400 communes d'Outre-Rhin. Site poignant, dans un genre radicalement différent de celui de Colleville.

À faire

– *Promenade sur le sentier du littoral :* fléché de la digue-promenade de Grandcamp. Par ce beau chemin longeant (comme son nom l'indique) la côte, on rejoint la pointe du Hoc en moins d'une heure, d'où le sentier se prolonge jusqu'à Vierville (7 km), avec de superbes panoramas.
– *Char à voile, dériveur, stages et sorties en mer :* avec l'école de voile de Grandcamp. ☎ 02-31-22-14-35. Location à partir de 140 F.

SAINTE-MÈRE-ÉGLISE (50480)

Une des villes symboles du Débarquement du 6 juin, popularisée par le film *Le Jour le plus long* et l'aventure de John Steel, le parachutiste américain, glorieusement passé dans l'histoire pour être resté accroché par le parachute au clocher de l'église. Devant l'hôtel de ville, la borne 00 de la voie de la Liberté.

CÔTE DE NACRE

Adresse utile

◘ *Office du tourisme :* 2, rue Eisenhower. ☎ 02-33-21-00-33. Ouvert en hiver tous les jours de 14 h à 17 h. Fermé le dimanche. En été, ouvert tous les jours sans interruption de 10 h à 19 h.

Un peu d'histoire

0 h 15 heure alliée, au-dessus de la baie des Veys. Largués de trois C-47, les premiers des quelque 17 000 Américains qui s'apprêtent à sauter ou à atterrir soit autour de Sainte-Mère-Église, soit au nord de Carentan, disposent hâtivement, autour de Saint-Germain-de-Varreville, leurs projecteurs tournés vers le ciel et leurs balises-radio, de manière à guider les 819 appareils survolant déjà le Cotentin. Mission des parachutistes : détruire la batterie de Saint-Martin-de-Varreville, assurer les routes traversant la zone inondée bordant la côte, s'emparer des ponts sur la Douve et le Merderet.

Deux heures après avoir roulé-boulé, ceux de la 101e, largués au-dessus d'Angoville-au-Plain, ne sont plus qu'un millier, les 5 000 autres étant éparpillés dans les petits champs du bocage à 20 ou 30 km du lieu de rendez-vous, ou noyés dans les marécages, sinon dans les flots. Quant à la 82e, qui aurait dû atterrir à l'est du Merderet, elle s'est retrouvée, morcelée, à l'ouest. Pourtant, le 3e bataillon, 505e régiment, atterrit sur la place centrale de Sainte-Mère-Église et tout autour, et s'empare du bourg à 4 h 30. Devant l'hôtel de ville, le premier drapeau américain à flotter sur une portion de France est hissé !

À voir

★ *L'église :* édifiée aux XIIe et XVe siècles. Propose pas mal de choses intéressantes. S'attarder sur le portail. Sur les chapiteaux, lapin, feuillages sculptés. Archivoltes tombant sur des modillons bizarres, presque obscènes... l'une des figures (à droite) semble se tenir les testicules. À gauche, on jurerait qu'une autre exhibe ses fesses ! Chaire et retable du XVIIIe siècle. Le lutrin, du XVIIIe siècle, est l'un des plus beaux du département. Deux vitraux inhabituels : celui des parachutistes avec les écussons, symboles des troupes Airbones, et saint Michel, patron des paras. L'autre honore le Débarquement (probablement le seul au monde avec une Vierge à l'Enfant entourée d'avions et de parachutistes...).

★ *Le musée des Troupes aéroportées (Airbone Museum) :* le bourg. ☎ 02-33-41-41-35. Fax : 02-33-41-78-87. Ouvert tous les jours de 9 h à 18 h 45 du 1er mai à mi-septembre. En avril et la deuxième quinzaine de septembre, de 9 h à 12 h et de 14 h à 18 h 45. En février, mars et du 1er octobre au 15 novembre de 10 h à 12 h et de 14 h à 18 h. Du 16 novembre au 15 décembre, ouvert le week-end seulement. Fermé de mi-décembre à fin janvier. Histoire du parachutage sur Sainte-Mère-Église et de la libération du bourg.

★ *Le musée de la Ferme du Cotentin :* installé dans une ancienne ferme du XVIIe siècle. ☎ 02-33-41-30-25. Ouvert en juillet et août tous les jours de 10 h à 12 h et de 14 h à 19 h. De Pâques à octobre, fermé le mardi. Expo de matériel et outils agricoles, mobilier paysan, objets domestiques divers. Reconstitution très réussie d'intérieurs du XIXe siècle et du début du XXe. Propose également quatre *chambres d'hôte.*

CÔTE DE NACRE

À voir dans les environs

★ *Le pont de la Fière :* entre Sainte-Mère-Église et Pont-l'Abbé, sur la D15. Un petit pont tout simple, perdu dans la campagne du Cotentin, à l'écart des circuits traditionnels du Débarquement. Et pourtant, c'est là que pendant plusieurs jours des centaines d'hommes se sont entretués. Car ce petit pont tout simple constituait l'un des objectifs clés du jour J : il était l'un des deux passages (avec le pont de Chef-du-Pont) qui permettaient de relier, à travers les marais inondés, la côte Est du Cotentin à la côte Ouest. Si vous voulez en savoir plus, le fermier qui possède la maison juste à côté du pont connaît toute l'histoire par cœur.
Enfin, c'est une nouvelle occasion de découvrir les marais en répondant à cette invitation de Barbey d'Aurevilly : « Avez-vous jamais voyagé à travers ces marais du Cotentin qu'on a essayé de décrire, et qui sont assez vastes pour que seulement les traverser puisse vous paraître un voyage ? ».

UTAH BEACH

6 h 25 le 6 juin 1944. Ils sont les premiers parmi les premiers à surgir de la mer pour poser le pied sur le sol de France. Une plage dont ils ne connaissent que le nom de code : Utah, voire une section de plage nommée, par exemple, « Uncle Red » ou « Tare Green ». En Normandie, on l'appelait la Madeleine : dunes, marécages et tarets (ruisseaux débouchant sur la mer).
Vingt péniches de débarquement transportent l'avant-garde du 8e régiment d'infanterie américain. Derrière suivent les compagnies A et B du 70e bataillon de chars Sherman. Le soir du 6, ils seront 23 250 à avoir pris pied sur Utah. Pour l'heure, l'adjoint au commandant de la 4e DI, le général Théodore Roosevelt, cousin éloigné du président des États-Unis, se promène de long en large sur la dune « comme s'il cherchait un terrain à acheter » et plante sa canne sur le sol en criant d'une voix rauque : « On commence ici ! ». Le général ne se doute pas qu'il vient de désigner l'emplacement de la borne 00 de la voie de la Liberté.

À voir

★ *Le musée du Débarquement :* ☎ 02-33-71-53-35 et 02-33-71-58-00. Ouvert tous les jours de début avril à début juin de 10 h à 12 h 30 et de 14 h à 17 h 30. De début juin au 30 septembre, de 9 h 30 à 18 h 30. Du 1er octobre au 15 novembre, de 10 h à 12 h 30 et de 14 h à 17 h 30. Du 15 novembre au 31 mars, ouvert uniquement les week-ends et pendant les vacances scolaires, de 10 h à 12 h 30 et de 14 h à 17 h 30. En basse saison, les horaires sont susceptibles de varier, mieux vaut donc téléphoner.
Installé dans l'ancien point d'appui allemand W5, entièrement rénové en 1994, ce musée est consacré au débarquement sur la plage d'Utah. Armes et photos y côtoient cartes et témoignages d'époque. Film d'archives, montage audiovisuel. Face à la mer, deux superbes DUKWS (véhicules amphibies) sont exposés. Enfin, ne pas rater, à gauche en entrant, le petit blockhaus où l'on peut encore voir, tracés sur le mur, les angles de tir du canon qui balayait une partie de la plage.
À l'extérieur, monuments commémoratifs et engins. Les routes et chemins autour du musée portent les noms de soldats morts le 6 juin, donnés par leurs camarades de combat.

★ *La réserve naturelle du domaine de Beauguillot* : ☎ 02-33-71-56-99. Ouverte toute l'année. Quand on se trouve au musée du Débarquement, prendre sur la droite en direction de Pouppeville. La réserve est située à environ 1,5 km.

Fondée grâce à l'action de Claude Hettier de Boislambert, la réserve naturelle de Beauguillot s'étend sur 480 ha, dont 350 sont situés sur le domaine maritime. Bénéficiant de conditions climatiques et géographiques exceptionnellement favorables, Beauguillot constitue un espace de vie et de transit privilégié pour environ 200 espèces d'oiseaux sédentaires et migrateurs. Au hasard des saisons, on y trouvera pluviers argentés, huîtriers-pie ou chevaliers-gambette... Toutefois la meilleure période pour en observer le plus grand nombre se situe entre octobre et février.

Il est très recommandé de téléphoner à l'avance pour bénéficier des explications éclairées d'un guide. Comme l'accueil est sympathique et que, de plus, on vous prête les jumelles, il n'y a pas de raison de s'en priver.

Où dormir dans la région ?

⌂ *Chambres d'hôte du Bel Énault :* Saint-Côme-du-Mont. ☎ 02-33-42-43-27. À 4 km au nord de Carentan. Indiqué à droite de la N13 (suivre la D913). En revanche, si vous venez de Sainte-Mère, tournez à gauche aux pancartes « Haute et basse Addeville, Penême ». Petit château à taille humaine où Martine et Gérard Grandin ont ouvert cinq charmantes chambres d'hôte. Décor et ameublement exquis. Accueil chaleureux (euphémisme !) et calme total. Tennis. Et en prime, peut-être le plus beau jardin tropical de Normandie. Si, si ! En 1900, l'ancien proprio créa derrière son château une sorte de paradis végétal avec des sentiers bordés de plantes exubérantes, buissons exotiques, bassins, grottes, rochers, palmiers divers. 360 F pour deux (grandes chambres avec salle de bains, beau petit déjeuner compris). 10 % de réduction sur le prix des chambres sur présentation du *G.D.R.* (sauf en juillet et août).

⌂ *Chambres d'hôte :* M. et Mme Brécy, Grainville, 50310 Fresville. ☎ 02-33-41-10-49. Fax : 02-33-21-59-23. À 6 km de Sainte-Mère-Église. Prendre la N13, puis la D269. C'est après Fresville. Belle et solide demeure du XVIIIe siècle. Trois chambres confortables et joliment meublées. 290 F pour deux, petit déjeuner compris.

⌂ *Chambres d'hôte :* M. et Mme Flambard, 50790 Angoville-au-Plain. ☎ 02-33-42-11-30. Petit village sur RN13-D913-C201, entre Carentan et Sainte-Mère-Église. Dans une gentille ferme, deux chambres de charme meublées et décorées à l'ancienne. L'une, avec sa table d'écrivain, conviendrait fort bien à ceux (celles) de nos lecteurs (trices) qui rédigent leur autobiographie ou une thèse sur l'affabilité des gens de la Manche. L'autre, avec ses deux lits doubles, est plus familiale. Accueil sympa, calme remarquable et prix d'avant-Débarquement. 185 à 200 F pour deux (petit déjeuner compris). Possibilité de dîner, sur réservation : 85 F tout compris. Si vous y allez hors saison et que vous restez plusieurs jours, vous bénéficierez de 10 % de réduction sur le prix de la chambre.

CÔTE DE NACRE

ÉTRETAT ET LA CÔTE D'ALBÂTRE
Étretat. Criquetot-l'Esneval. Fécamp.
Le château et l'abbaye de Valmont.
Les Petites-Dalles. Veules-les-Roses.

LA CÔTE D'ALBÂTRE

Partie intégrante du pays de Caux (du Havre jusqu'à Dieppe), puis du Petit Caux (de Dieppe au Tréport), la Côte d'Albâtre doit son nom à la blancheur de ses falaises. C'est la carte postale la plus vendue de la région. Ses falaises sont à la Normandie ce que la baguette est à la France. Une image de marque. Paysage unique au monde que ces 120 km de falaises qui courent pratiquement tout le long de la côte, arrêtant à peine leur chevauchée pour reprendre leur souffle au débouché des vallées, avant de repartir plus belles, plus hautes, offrant à chaque fois un panorama dont l'œil n'a jamais fini d'épuiser les contours selon les variations de la lumière, tantôt limpide, tantôt laiteuse, toujours unique.

Seuls, trois fleuves ont eu la force de creuser des brèches suffisantes pour permettre l'établissement de vraies villes : Fécamp s'est installée dans la faille de la Valmont, Dieppe dans celle de l'Arques, tandis que Le Tréport s'est moulé dans les étroites formes de la vallée de la Bresle. La grande magie de cette côte réside dans son accessibilité. Sur une bonne partie de son parcours, de petites routes longent la mer au plus près, offrant sans cesse des points de vue grandioses ou intimistes.

Mieux : les amateurs de randonnées comme les marcheurs du dimanche pourront suivre le fabuleux G.R. 21 qui longe la côte d'Étretat jusqu'à Berne-val-le-Grand à quelques kilomètres au nord de Dieppe. Nul besoin de tout parcourir. Au gré de votre courage, vous pourrez sans problème grappiller ici ou là un bout de G.R. sans vous fatiguer, et profiter ainsi des sites qui envoûtèrent tant d'artistes. Car ils furent nombreux à aimer cette côte. Ainsi, Boudin nous a laissé les lumières les plus touchantes, précédé par Turner et Jongkind qui s'attachèrent aux régions de Dieppe et du Tréport. Corot et Delacroix couchèrent sur la toile leur passion pour les falaises. Courbet fut également un fidèle, puis Marquet. Enfants du pays, Braque et Dufy se régalèrent, chacun avec son style si particulier, à évoquer les célèbres pans de craie. Mais au fait, pourquoi ces falaises, et de quoi sont-elles faites ?

Falaises, galets, vallées et valleuses

Haut mur de calcaire s'élevant de 60 à 120 m au-dessus de la mer en barres parfaitement verticales, les falaises sont souvent lardées de veines de silex noir. La mer les attaque et gagne du terrain depuis toujours. Par endroits, elle conquiert 1 m par an, en en rongeant le pied à coups de vagues incessantes. Alors, la partie haute cède, ne s'appuyant plus sur rien. La craie de la falaise se dissout dans les eaux, leur donnant cette couleur gris bronze laiteux, tandis que les parties dures, les morceaux de silex libérés, vont être roulés et érodés par les flots à l'infini, jusqu'à devenir ces merveilleux galets aux formes ovales parfois proches de la perfection. Au fur et à mesure, ils s'useront, se réduisant toujours un petit peu. « Ramasseur de galets » était un métier autrefois. Aujourd'hui, l'industrie a pris le relais. Les galets, mis en poudre, entrent dans la fabrication de la porcelaine. L'industrie chimique les utilise également.

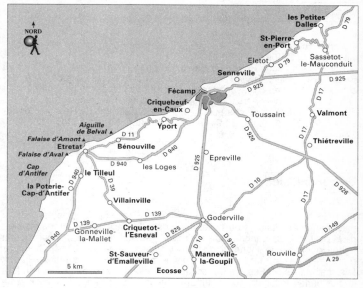

ÉTRETAT ET LA CÔTE D'ALBÂTRE

La mer n'est pas la seule à combattre la falaise. Les fleuves côtiers l'ont entaillée aussi, ouvrant à Fécamp, à Dieppe et au Tréport de larges estuaires où les villes se sont développées. Images singulières de la Normandie, les « valleuses » sont ces petites vallées étroites et sèches où courait autrefois un ruisseau. La falaise, en cédant du terrain sur la mer, les a laissées en quelque sorte suspendues. Au fond, on trouve de petites plages croquignolettes. Bien souvent, pour y accéder, les municipalités ont installé un escalier de béton. Il faut alors descendre (puis remonter) 100, 200, voire 300 marches. Mais quel plaisir, car l'effort fait déserter bien des baigneurs. Reste à trouver les plus belles valleuses...

ÉTRETAT (76790)

Presque une légende tant l'arche de craie plongeant dans la mer fait partie des images les plus ancrées dans nos mémoires, de nos livres scolaires aux chromos des P.T.T. C'est aussi une station balnéaire où l'air vivifiant a contribué au dicton : « À Étretat, les centenaires ne meurent que par imprudence ». Sa plage de galets a été chantée ou couchée sur toile par maints artistes. Mais après les artistes... les touristes ! Ils viennent nombreux et de partout pour voir cette merveille naturelle. Car si l'on connaît la carte postale de la falaise, c'est vraiment tout autre chose que de se balader au sommet de cet extraordinaire site, un des plus poignants qui soient, rencontre brutale de la terre et de la mer. Le lecteur avisé, dans la mesure du possible, évitera Étretat en été et durant les week-ends ensoleillés tout au long de l'année. Ainsi, vous serez plus tranquille, les prix seront plus doux et les falaises sont tellement plus romantiques sous la pluie...

CÔTE D'ALBÂTRE

Comment y aller ?

– *Par la route :* autoroute A13 jusqu'à la sortie Fécamp (pont de Tancarville), puis la D39 jusqu'à Étretat.
– *Par le train :* ligne Rouen-Le Havre de la gare Saint-Lazare. Descendre à Bréauté-Beuzeville. Toute l'année, le week-end, avec les *Cars Gris*. Se renseigner, car pas de correspondance en car à l'arrivée de chaque train. De fin juin à début septembre, liaisons quotidiennes. Se renseigner sur les horaires. En dehors de ces périodes, il faut passer par Le Havre. Informations S.N.C.F. : ☎ 02-35-92-94-04 (gare de Bréauté). *Cars Gris :* ☎ 02-35-27-04-25.

Un peu d'histoire

En 1835, Victor Hugo écrit : « Ce que j'ai vu à Étretat est formidable. C'est la plus grande architecture qu'il y ait ». Au début du XIXe siècle, on parlait déjà de la petite ville normande dans les milieux mondains, surtout depuis que la reine Hortense et la duchesse de Berry y avaient lancé la mode des bains de mer. Un peu plus tard, les paysagistes commencent à s'intéresser aux falaises. Mais c'est Eugène Boudin qui, délaissant l'habitude de l'atelier, fera le plus parler de lui, devenant l'un des précurseurs de l'impressionnisme. Le suivront à Étretat : son jeune ami Claude Monet (qui s'y installe), Camille Corot, Gustave Courbet et, bien plus tard, Matisse.
Parallèlement à cette vogue artistique, la plage devient l'une des plus réputées de France durant la seconde moitié du XIXe siècle. Les villas poussent comme des champignons, la bourgeoisie s'y installe, attirant tout le gratin parisien : Offenbach (qui donne dans sa villa de délirantes fiestas), Maupassant (qui fait dormir son valet de chambre dans une vieille barque recouverte de chaume !) ou encore André Gide (qui, bizarrement, y épouse sa cousine en 1895)... Inspirant tout ce beau monde, Étretat fera le tour du monde sous forme de cartes postales, de toiles de maîtres et même, grâce à Maurice Leblanc (papa d'Arsène Lupin), de romans policiers !

Nungesser et Coli

25 000 dollars ! Voilà la somme offerte par un Américain au premier qui traverserait l'Atlantique sans escale. Charles Nungesser relève le défi. Il s'adjoint un navigateur, François Coli. *L'Oiseau blanc,* un biplan Levasseur pesant 5 tonnes (dont 4 tonnes de carburant), s'élance sur la piste du Bourget le 8 mai 1927 à 5 h 22. Un avion militaire les suit jusqu'à Étretat. À 6 h 48, ils disparaissent dans les brumes matinales.
On n'entendra plus jamais parler d'eux. Se sont-ils écrasés à l'arrivée ? Se sont-ils abîmés dans l'Océan ? Malgré les recherches françaises, américaines et canadiennes, on ne sait toujours pas ce qui s'est passé. De nouvelles investigations sont entreprises depuis peu dans l'État du Maine (au nord-est des États-Unis, près de la frontière canadienne). C'est finalement Charles Lindbergh qui réussira l'exploit de relier New York à Paris sans escale, à peine 12 jours après la tentative des deux Français, le 20 mai 1927, à bord du *Spirit of Saint Louis.*

À lire sur Étretat

– *Étretat autour des années 1900,* par Jean-Pierre Thomas (éd. L. Durand & Fils). Assez cher, mais passionnant et bien conçu : la grande époque racontée par les cartes postales anciennes et des textes d'écrivains.
– De Maurice Leblanc : *L'Aiguille creuse, Les Huit Coups de l'horloge, La Comtesse de Cagliostro* (Livre de Poche). Le premier est le plus connu. Arsène Lupin y découvre que la fameuse aiguille d'Aval sert de repaire à des malfaiteurs !

Adresses utiles

◻ *Office du tourisme :* place de la Mairie. ☎ 02-35-27-05-21. Ouvert tous les jours du 15 juin au 15 septembre, de 10 h à 19 h ; du 16 mars au 14 juin et du 16 septembre au 11 novembre, ouvert tous les jours de 10 h à 12 h et de 14 h à 18 h ; en plein hiver, ouvert seulement le vendredi et le samedi toute la journée. Personnel disponible et efficace proposant de nombreux circuits pédestres dans les environs.

■ *Location de vélos :* M. Thibault à l'office du tourisme. ☎ 06-14-94-81-35. Et à l'*hôtel La Résidence,* bd René-Coty. ☎ 02-35-27-02-87. Cinq vélos disponibles (les clients de l'hôtel sont prioritaires).
■ *Tennis municipal :* rue Guy-de-Maupassant, sur la route de Criquetot. ☎ 02-35-27-16-31. 9 courts. Téléphoner pour réserver.

Où dormir ?

Pas d'hôtels très bon marché à Étretat, on s'en doute, mais pourtant plusieurs établissements à prix abordables vu la notoriété du lieu. En général, 2 types de tarifs selon la saison.

De prix modérés à prix moyens

♠ *Hôtel La Résidence :* bd René-Coty. ☎ 02-35-27-02-87. Fax : 02-35-27-02-87. De l'extérieur, c'est l'un des plus beaux hôtels de Normandie. Il s'agit d'une maison du XIVe siècle bâtie à Lisieux et remontée au début du siècle à Étretat. Elle est même citée dans *Les Demeures philosophales* de Fulcanelli. À l'intérieur, mariage de styles réussi : des chambres rénovées, toutes différentes et décorées avec énormément de goût. Tarifs identiques tout au long de l'année, à partir de 170 F avec cabinet de toilette ou de 245 à 290 F la double avec douche et w.-c., et de 345 à 390 F avec bains et w.-c. À retenir : la suite pour 4 à 6 personnes à 640 F, ainsi qu'une chambre balnéo-jacuzzi à 690 F

pour 4 personnes. Bon accueil, chouettes balades avec les vélos de l'hôtel... bref, de quoi passer un agréable séjour à Étretat !
♠ *Hôtel d'Angleterre :* 35, av. George-V. ☎ 02-35-27-01-65. Fermé en janvier. À 100 m de la mer, dans la rue qui part de l'office du tourisme vers Le Havre. À l'écart du flux touristique, un hôtel propre et accueillant à des prix raisonnables. Bref, une perle rare dans le secteur. Chambres doubles avec douche et w.-c. de 260 à 280 F en saison. Possibilité de demi-pension à *L'Huîtrière* (voir plus loin).
♠ *Hôtel L'Escale :* place Foch. ☎ 02-35-27-03-69. Fax : 02-35-28-05-86. En plein centre, face à la vieille halle. Un hôtel-brasserie sympathique comme tout, entièrement rénové, proposant des chambres

lambrissées, petites mais agréables, avec douche et w.-c., téléphone et TV, à 290 F. Au rez-de-chaussée, resto-brasserie animé proposant des plats simples (moules-frites, omelettes, salades et crêpes) ou plus gastronomiques. De la terrasse, on suit l'animation de la place.

🛏 *Chambre d'hôte :* chez M. et Mme Fischer, Les Genêts-chemin de Saint-Clair. ☎ 02-35-27-13-98. Dans une grande maison à flanc de falaise, une vue imprenable sur Etretat et l'Aiguille Creuse (la même qu'au Donjon !). 2 jolies chambres avec meubles anciens, salles de bains et entrée indépendantes, pour 280 F la nuit, petit déjeuner compris. À côté, un gîte loué à la semaine, entre 2 000 et 2 400 F, selon la saison.

Plus chic

🛏 *Hôtel Le Corsaire :* rue du Général-Leclerc, sur le front de mer. ☎ 02-35-10-38-90. Fax : 02-35-27-04-31. L'accueil est plus gentil que jamais. Tant mieux. Mais c'est sans doute pour faire oublier le mauvais état général de l'hôtel et ses chambres passablement défraîchies. Cela dit, le patron semble vouloir entreprendre des travaux de rénovation plus amples, on sera donc encore indulgent cette année... D'autant plus qu'aucun autre hôtel à Étretat n'offre de chambres avec une vue comparable ; le spectacle est grandiose sur les falaises car on em-

brasse les deux côtés à la fois, dans un panorama parfait. C'est pour ça qu'on vient, mais quand même ! Chambres à partir de 275 ou 345 F avec vue, et jusqu'à 490 F. Fait aussi resto, mais cuisine en demi-teinte. Le menu à 89 F (servi aussi le week-end) permet toutefois de profiter de l'extraordinaire terrasse.

Encore plus chic

🛏 *Le Donjon :* chemin de Saint-Clair. ☎ 02-35-27-08-23. Fax : 02-35-29-92-24. Petit château posé sur un des points culminants d'Etretat et qui ferait presque penser à un pion de jeu d'échecs. Cet hôtel chic et charme jouit d'une vue plongeante sur la mer, l'Aiguille Creuse et le bourg d'Étretat. C'était d'ailleurs un des endroits préférés de Maurice Leblanc, et tout ici tente de nous rappeler la présence d'Arsène Lupin, sinon celle de son créateur. Évidemment le luxe se paie, avec des chambres aux alentours de 800 F. Les chambres sont toutes différentes mais n'ont pas toutes vue sur mer (faites-le vous préciser) ; la déco est très originale et très soignée. La piscine finit de faire de cet endroit un véritable paradis, idéal quand on en a les moyens, pour un week-end en amoureux. Les plus fauchés qui voudraient profiter de cette vue réellement exceptionnelle pourront se contenter du menu à 130 F. Autres menus à 160 et 260 F.

Où dormir dans les environs ?

🛏 *Chambres d'hôte le Cellier :* chez M. et Mme Serge Prevost, 76280 Villainville. ☎ 02-35-29-44-19. Sur la route de Criquetot, après le panneau d'entrée du village, prendre la première à gauche, puis tout droit sur 1 km. La maison est sur la gauche, dans un virage. À côté de leur maison, les proprios proposent 3 chambres sous les combles d'une ancienne grange retapée, avec poutres anciennes... Claires, agréables, pas très grandes mais confortables et gentiment

aménagées. Une chambre avec salle de bains, toilettes et douche communes aux deux autres. 220 F pour deux, petit déjeuner compris. Une chambre pour trois à 280 F et une autre pour quatre à 350 F. Bon accueil, au calme et agréable jardin devant.

🛏 *Chambres d'hôte :* chez M. et Mme Jean Lebrun, la Poterie, cap d'Antifer. ☎ 02-35-29-12-49. À environ 5 km au sud d'Étretat. Bien indiqué du village, en allant vers le phare. 5 chambres banales dans une maison très au calme. Son grand plus ? La piscine ! Eh oui, un bassin de 12 m sur 6, fort agréable l'été. Table et barbecue dehors pour les grillades. D'ailleurs, Mme Lebrun met sa cuisine à la disposition de ses hôtes. Chambres à 178 F avec douche commune, petit déjeuner compris.

⌂ *Centre équestre La Sauvagère :* Le Tilleul. ☎ 02-35-27-04-22. Ils possèdent quelques chambres fonctionnelles à 200 F pour deux, 250 F pour trois. Si tout est complet et que vous êtes coincé, ça peut dépanner (voir « Randonnées autour d'Étretat »).

Où manger ?

Aucun resto n'ayant à se décarcasser pour remplir sa salle en saison touristique, on a longtemps dû se rabattre sur les fruits de mer (et les crevettes congelées !). Mais si certains continuent à abuser allégrement de la situation, on a constaté aussi que d'autres avaient fait d'immenses efforts, tant sur les prix (avec des menus à moins de 100 F le week-end), que sur la qualité et le sourire. Il était temps, on aurait fini par trouver les galets appétissants ! Allez, encore un petit effort !

Bon marché

|●| *Crêperie de Lann-Bihoué :* 45, rue Notre-Dame. ☎ 02-35-27-04-65. À deux pas du centre. Fermée les mardi et mercredi (sauf pendant les vacances scolaires). Une crêperie bretonne en Normandie, dans le cadre sympathique d'une auberge du temps jadis. Pour un prix modique, crêpes en tout genre et pour tous les goûts. Le menu à 50 F, à base de crêpes évidemment, se révèle idéal pour une petite faim. Servi midi et soir. Une bonne adresse à l'écart du flux touristique.

Prix moyens

|●| *L'Huîtrière :* front de mer, près de la falaise d'Aval. ☎ 02-35-27-02-82. Une salle en rotonde extraordinaire, avec une vue on ne peut plus panoramique sur la plage et les falaises, avec l'Aiguille en gros plan. Un très bon rapport qualité-prix pour le menu à 98 F servi même le week-end, avec moules délicieuses (servies à 50 F à la carte), grenadier au safran et dessert. Cuisine très soignée, service adorable et charmante attention du trou normand offert à tous. Magnifiques plateaux de fruits de mer, à partir de 320 F pour deux (avec homard !). À vivre un jour de tempête.

|●| *Les Roches Blanches :* front de mer, vers la falaise d'Amont. ☎ 02-35-27-07-34. Fermé le mardi hors saison. Dans un des immeubles qui déparent le front de mer, une déco bateau très bateau et toute récente. En tout cas, accueil agréable et serveurs très arrangeants, et encore une fois une vue exceptionnelle (on va finir par s'en lasser !). Deux beaux menus à 98 et 159 F. Rapport qualité-prix correct avec des moules à 38 F. Terrasse dressée sur la digue pour les beaux jours. Une adresse plus qu'honorable.

Plus chic

|●| *Le Galion :* bd René-Coty. ☎ 02-35-29-48-74. Fermé le mercredi toute la journée et le jeudi midi ainsi que du 15 décembre au 15 janvier. En plein centre, dans la rue qui mène à la plage. Habillage intérieur du XVIIe siècle, grande cheminée, petits carreaux fumés, vieilles poutres, serveuses en tenue et service impeccable. Atmosphère normande typique et feutrée. Menu à 118 F, bien équilibré. Onctueuse soupe de poisson, escalope de saumon au muscadet bien travaillée. Les gourmands et les plus riches se laisseront tenter par le menu à 160 F, voire par celui à 230 F. Service inégal.

Où boire un verre ?

T *Le Tricorne :* 4, bd René-Coty. **☎** 02-35-27-17-07. Ouvert tous les jours. Magnifique café tout en bois, au rez-de-chaussée du *Manoir de la Salamandre* et donc encastré entre l'*hôtel de la Résidence* et le restaurant du *Galion*. Il bénéficie de la même déco sublime. Ambiance sympa, surtout au coin du feu, idéal pour boire un verre le soir, jusqu'à 2 h en saison (minuit hors saison). Fait aussi brasserie, mais même direction qu'au *Corsaire* et donc même carte...

Où manger des pâtisseries ?

– *Lecœur :* 47, rue Alphonse-Karr. **☎** 02-35-27-02-54. Fermé le mardi. Un des meilleurs pâtissiers de la région. Spécialités : normandines (amandes et noisettes), marguerites (à la fleur d'oranger), brésiliens et chocolat rayon vert. Fait aussi salon de thé. Très cher, mais original. De quoi vous faire prendre quelques kilos rien qu'en regardant !

Où manger dans les environs ?

I●I *Le Belvédère :* situé à la pointe de Saint-Jouin, face au cap d'Antifer, à environ 7 km d'Étretat. **☎** 02-35-20-13-76. À la sortie de la ville, prendre la D940 en direction du Havre, tourner à Beaumesnil et poursuivre jusqu'à Saint-Jouin-Bruneval. Fermé le dimanche soir, le lundi et 1 mois en décembre-janvier. Ce restaurant qui ressemble à un blockhaus semble avoir été posé là comme par erreur. Drôle d'endroit pour un repas ! Cette bâtisse au milieu des champs domine la falaise et le port d'Antifer, port pétrolier du Havre. Une adresse honnête pour manger en admirant la mer et les rares pétroliers qui font escale. Assez cher, on trouve cependant des plats à tous les prix, de la moule à 40 F jusqu'à la marmite dieppoise à 295 F pour deux. Le 1er menu à 80 F, servi en semaine, est très ordinaire. Deux autres menus à 140 et 180 F.

À voir. À faire

Petit avertissement : ne vous approchez pas trop près du précipice ! C'est peut-être bête, mais on aime bien enfoncer les portes ouvertes. Aucun garde-fou (il porte bien son nom, celui-là !) n'est là pour donner la limite de l'inconscience.

★ *Les falaises :* vous êtes venu pour ça, bien sûr. Elles longent toute la côte, magiques, époustouflantes, solennelles... et bien plus encore. Nous, plus on y retourne, plus elles nous envoûtent. Voici quelques curiosités à découvrir le long de la côte. Pour se repérer, savoir qu'à gauche de la plage d'Étretat se trouve la falaise d'Aval (avec sa fameuse arche) et, à droite, la falaise d'Amont...

EN AVAL

– *La falaise d'Aval :* on parvient au sommet (85 m) en empruntant un sentier puis un escalier situés à gauche de la digue. À la fin du XIXe siècle, une curieuse tour dominait la falaise (on la voit sur d'anciennes cartes postales).

C'était un fort. Il fut dynamité en 1911. Une anecdote amusante : au XIVe siècle, un aristocrate avait fait creuser un poste d'observation au sommet de la falaise. On appela alors l'endroit « Chambre des demoiselles », le seigneur y ayant, paraît-il, enfermé trois jolies vierges « dans le but d'arriver à ses fins lubriques. Elles y séjournèrent trois jours et trois nuits. On entendit des chants et des plaintes puis on vit s'envoler des formes d'anges... ». Nous citons là Jean-Pierre Thomas (voir « À lire sur Étretat » en début de chapitre).

À l'extrémité, un ancien blockhaus. Cette superbe falaise est bordée d'un chemin de randonnée, le G.R. 21, qui court du Havre au Tréport. Cette portion est une des plus belles. Le vaste espace tout autour est occupé par un golf, face à la mer. Quel charme !

– **La porte d'Aval :** splendeur d'Étretat, considérée comme l'une des merveilles naturelles du monde. C'est une arche à l'incroyable harmonie, à la délicate découpe. Maupassant comparait cette porte de calcaire façonnée par les vagues à un éléphant plongeant sa trompe dans la mer. On se demande ce qu'il avait fumé !

– **L'aiguille :** un peu en retrait, derrière la porte, on la voit de la plage. Pour mieux l'admirer, ne pas manquer de monter au sommet de la falaise d'Amont. L'aiguille mesure 70 m de haut mais n'est pas creuse, contrairement à ce qu'Arsène Lupin affirmait. Taillée comme un obélisque par la mer et le temps, c'est le complément parfait de la porte d'Aval : le plein, le creux ; le mâle, la femelle... et tant d'autres symboles éternels.

– **Le trou à l'Homme :** grotte nichée au pied de la falaise d'Aval et accessible à marée basse. Immense, elle est pavée de pierre blanche et tapissée de mousse. On la surnomme ainsi depuis qu'un naufragé y fut retrouvé (vivant), à la fin du XVIIIe siècle. Il s'agissait d'un marin embarqué sur un navire suédois qu'une lame avait projeté, à moitié évanoui, sur un rocher, lui sauvant ainsi la vie. Pour s'aventurer dans le trou, bien connaître et respecter les horaires des marées. On les trouve à l'office de tourisme.

– **La Manneporte :** à gauche de la falaise d'Aval, au bout de la valleuse de Jambourg. Arche imposante, moins élancée que celle d'Aval et surtout moins connue puisqu'elle est située derrière. De célèbres photos y ont été prises dans le but d'offrir une perspective sur les deux portes à la fois. On dit qu'un bateau à voile peut passer sans problème sous cette « grande porte » (d'où son nom, dérivé de *Magna Porta*).

– Voir aussi la rubrique « Randonnées à pied ».

EN AMONT

– **La falaise d'Amont :** pour accéder au sommet en voiture, prendre la rue Jules-Gerbeau (chemin de Bénouville). Les courageux grimperont sur la falaise en empruntant un escalier situé à l'extrémité droite de la plage. Après l'effort, la vue est encore plus belle. Là-haut, on trouve un calvaire, une charmante petite église et une flèche blanche pointée vers le ciel, monument dédié aux aviateurs Nungesser et Coli. À côté, petit *musée* consacré à ces deux pilotes qui quittèrent Le Bourget en 1927 pour tenter de traverser l'Atlantique. La dernière fois qu'on les vit, c'est au large d'Étretat. Musée sans grand intérêt, ouvert le week-end en hiver, et tous les jours en été. On y voit surtout des articles sur leur épopée et des photos. En revanche, du bord de la falaise, panorama d'un romantisme absolu sur la ville, bordée par la falaise d'Aval, l'arche et l'aiguille.

– **L'aiguille de Belval :** à droite de la falaise d'Amont, au bout de la plage. Pour s'y rendre, monter sur la falaise d'Amont. Du parking, prendre le G.R. 21. Bien indiqué. Compter 1 h-1 h 30 de balade aller et retour. Moins connue que l'aiguille d'Aval, elle est pourtant surprenante. Imaginez un gigantesque menhir à la base dévorée par les vagues ! On s'attend à la voir s'effondrer d'un instant à l'autre...

– *La valleuse du Curé :* non loin de l'aiguille de Belval, un peu plus au nord en poursuivant le G.R. 21. Il s'agit d'un escalier de 304 marches, taillé dans le rocher de la falaise le long d'un tunnel ! L'ensemble est l'œuvre du curé de Bénouville, désireux d'atteindre la plage au début du siècle... On ne peut malheureusement plus l'emprunter, une partie s'étant effondrée. Dommage, il permettait d'admirer l'aiguille de Belval, invisible de la route.

À voir encore

★ *Le musée Nungesser et Coli :* ouvert tous les jours entre le 15 juin et le 15 septembre, de 10 h à 12 h et de 14 h à 18 h. De Pâques à juin, ouvert seulement les week-ends.

★ Sur le *Perrey,* l'ancien port d'échouage des bateaux, sur la gauche de la plage, on trouvait autrefois des *caloges*, vieux bateaux hors d'usage recouverts d'un toit de chaume et utilisés comme remises par les pêcheurs. Aujourd'hui, les deux qui restent ont été transformés en... snacks. Tout fout le camp mais rien ne se perd ! (Vieil adage populaire).

★ *Les vieilles halles :* au bout du boulevard René-Coty. Superbe bâtiment en bois, avec ses boutiques intérieures et son étage à galerie.

★ *L'église Notre-Dame :* route de Bénouville. C'était une ancienne dépendance de l'abbaye de Fécamp. Le seul monument historique d'Étretat, datant des XIe et XIIIe siècles et donc d'architecture romane et gothique. Remarquer la petite tour, sorte de furoncle accroché au flanc du clocher. Portail roman, assez mal restauré au siècle dernier.

★ *L'aquarium :* dans le parc de loisirs, sur la petite route menant à la falaise d'Amont. À pied : gravir les marches au pied de la falaise d'Amont sur la plage. Ouvert tous les jours en juillet et août de 11 h à 19 h (en principe). Entrée payante. Quelques aquariums présentent un modeste panorama de poissons tropicaux ou non.

★ Nombreuses *villas* fin de siècle et de la Belle Époque dans et autour d'Étretat, toutes plus belles les unes que les autres. Les plus connues : la *villa Orphée,* route de Fécamp, que fit construire Offenbach ; *Le Clos Lupin,* au carrefour de la route de Criquetot et de la rue du Bec-Castel, baptisé ainsi par Maurice Leblanc ; la villa *La Guillette,* route de Criquetot, que Guy de Maupassant fit construire.

– *La bénédiction de la mer :* le jeudi de l'Ascension se déroule cette cérémonie religieuse qui date du Moyen Âge. Dans une barque, des musiciens jouent tandis que, dans une autre, le curé bénit la mer. C'est la commémoration d'une très vieille légende. Il y a bien longtemps, la tempête se leva alors que de nombreux pêcheurs étaient en mer. Un moine s'agenouilla sur la grève et, subitement, les flots s'assagirent. C'est, depuis, l'occasion d'une grande messe à Notre-Dame et d'une foire.

À voir dans les environs

★ *Le cap d'Antifer :* vue impressionnante sur le terminal pétrolier devant le resto *Le Belvédère* (voir « Où manger aux environs ? »). Fruit de la course au gigantisme des Trente glorieuses, le terminal accueille les tankers supérieurs à 320 m de long et 22 m de tirant d'eau (coques de noix, passez votre chemin!). Achevé en 1976, il subit de plein fouet la crise pétrolière et demeure sous-utilisé à ce jour.

★ *Bénouville :* charmant village comme il en existe des centaines en Normandie. Mais celui-ci est à côté d'Étretat et on l'aime bien.

Randonnées

À vélo

Plusieurs circuits sont proposés dans les environs. Demander les brochures précises à l'office du tourisme. Elles sont bien détaillées.

À pied

– *Promenade du golf* (falaise d'Aval) : cette balade emprunte le circuit du G.R. 21. Du Perrey, grimper les escaliers à l'extrémité de la plage et longer la falaise et le golf en direction de la plage du Tilleul. Les bons marcheurs peuvent continuer jusqu'au cap d'Antifer. Compter 1 h 30 pour l'aller et autant pour le retour.
– *Promenade de la plage d'Étretat à celle du Tilleul :* attention, cette superbe balade n'est réalisable que lorsque les coefficients de marée le permettent. Déconseillée aux enfants de moins de 12 ans. S'informer à l'office du tourisme. À marée basse, longer la plage d'Étretat vers la falaise d'Aval, passer sous la porte d'Aval puis longer la valleuse de Jambourg (c'est la plage derrière la porte d'Aval). Passer sous la Manneporte et poursuivre jusqu'à la plage du Tilleul. De là, un chemin-escalier permet de regagner le sommet de la falaise. Le retour sur Étretat se fait par le G.R. 21, bien tracé. Compter 1 h-1 h 15 pour l'aller et 1 h environ pour le retour.
– *Chemin de Bénouville* (falaise d'Amont) : du parking de la falaise, le circuit va à travers les pâturages jusqu'à Bénouville. Compter 1 h 30 de marche aller et retour.

À cheval

– *Centre équestre de Normandie : La Sauvagère,* 76790 Le Tilleul. ☎ 02-35-27-04-22. À 3 km d'Étretat, direction Le Havre. Bien indiqué sur la droite de la route. Au sommet des falaises. Sur une centaine d'hectares de terrains variés qui entourent le château de Fréfosse, se trouve le plus beau centre équestre de la côte. Propose stages, promenades, initiation, etc. Balade à l'heure : 100 F. Poney : 60 F. Ceux qui viennent pour des stages peuvent y dormir. En dortoir (70 F) ou en chambre (200 F pour deux).

CRIQUETOT-L'ESNEVAL (76280)

Petit village sans charme particulier mais idéalement situé dans l'arrière-pays d'Étretat (10 km au sud par la D39). Quelques bonnes adresses au calme, à prix doux, et qui pourront dépanner si tout est complet sur la côte.

CÔTE D'ALBÂTRE

Où dormir ? Où manger dans les environs ?

♠ |●| *Chambres et table d'hôte :* chez Nicole et Hubert Loisel, hameau d'Écosse, 76110 Manneville-la-Goupil. ☎ 02-35-27-77-21. Fermé du 15 décembre au 1er février. À 10 km à l'est de Criquetot. Sur réservation uniquement. Maison de pierre de caractère datant du XVIIIe siècle, au milieu d'un jardin que Mme Loisel soigne avec amour. Pelouse entretenue avec tables et chaises. Propose 4 chambres décorées avec goût et dans un style classique bourgeois, dont les prix oscillent entre 250 et 280 F, petit déjeuner compris. Excellent cidre. Ne manquez pas d'y dîner également (pas de service le dimanche soir), 125 F le repas complet incluant le cidre à volonté (hé oui !). Ils élèvent eux-mêmes poulets, pintades et proposent plein d'autres produits. On mange à la grande table familiale. Une bien bonne adresse.

♠ *Chambres d'hôte et gîte :* chez Évelyne et Marcel Debreuille, 307, route de la ferme Chevallier, 76110 Saint-Sauveur-d'Émalleville. ☎ 02-35-29-50-01. Fax : 02-35-28-39-90. À 6 km au sud de Criquetot par la D39. Une excellente adresse, assez étonnante ! Tout d'abord un gîte à colombages et toit de chaume. Calme parfait en pleine campagne. Bonnes prestations : lave-vaisselle, lave-linge, téléphone, TV, grand salon avec poutres... À la semaine pour 6 personnes : de 1 450 à 2 250 F selon la période. Par ailleurs, 3 chambres à l'étage de bon confort mais assez simples et pas très grandes, 230 F pour deux, petit déjeuner compris. Un autre gîte pour 4 personnes moins cher : de 1 000 à 1 450 F la semaine.

FÉCAMP (76400)

Nichée au creux de la Valmont qui a creusé une vallée jusqu'à la mer et fendu les falaises, Fécamp est une petite ville industrieuse doublée d'un port de pêche, de commerce et de plaisance. Les indigènes se vantaient il y a encore peu de temps de leur première place de pêcheurs de morue. Où va se nicher l'esprit de clocher ! Il faut dire que Fécamp, ville au passé prestigieux, fut l'ancienne résidence des ducs de Normandie avant qu'il ne leur prît l'envie de traverser le Channel. Maupassant choisit souvent Fécamp comme théâtre de ses écrits. Riche de son passé industriel et maritime, la ville séduit le voyageur par sa forte personnalité. Elle possède des sites et des musées exceptionnels, qui méritent assurément le détour : l'abbaye, le palais et le musée Bénédictine, le musée des Terre-Neuvas et de la Pêche sont de ceux-là.

Fécamp et la pêche

« Fécamp, port de pêche qui entend le rester ». Cette phrase du général de Gaulle est toujours d'actualité. Ici on ne plaisante pas avec la mer : Fécamp possède un port depuis le XIe siècle. Du stade artisanal on passe au fil des siècles à une quasi-industrie puisque, au XVIe siècle, le port fume et distribue son poisson pratiquement dans tout le pays. C'est à cette époque que les Fécampois traversent l'Atlantique pour aller chercher la morue là où elle est en quantité : Terre-Neuve. C'est le début de l'aventure des terre-neuvas qui partaient pour de longs mois en laissant Margaux, hissez-haut ! Au XVIIe siècle, les chantiers navals et les voiliers se multiplient, le port s'organise.

L'épopée se poursuit jusqu'en 1987, date à laquelle il n'y eut plus aucun départ. Dans les années 70, la ville était le 1er port français de pêche à la morue et le 4e de manière générale. Puis la situation s'est doucement dégradée. Chute des cours, problèmes de quotas, prix du fuel..., la liste est longue des raisons qui firent cesser cette activité. Mais les pêcheurs fécampois n'ont pas dit leur dernier mot. Ils se sont assez bien reconvertis aujourd'hui dans la pêche hauturière et côtière qu'en tant que terre-neuvas ils dédaignaient jadis. Cela a permis de continuer à faire tourner les industries de séchage, de salerie et de surgélation. Aujourd'hui, malgré le petit nombre de bateaux, le port de commerce essaye de rester très actif. Mais c'est surtout l'importation et l'exportation des bois du nord et la navigation de plaisance qui assurent aujourd'hui la richesse de Fécamp.

La légende du Précieux Sang

L'histoire de la ville débute avec une légende. Au 1er siècle, un tronc de figuier s'échoue à Fécamp. À l'intérieur, un coffret contenant quelques gouttes du sang du Christ : le « Précieux Sang ». Ce sang aurait été recueilli par Joseph d'Arimathie qui serait allé trouver Pilate, Ponce de son prénom, pour qu'il lui remette le corps. Un peu de sang du Christ est prélevé et placé dans le tronc d'un figuier. Plus tard, son neveu Isaac jette le tronc à la mer. Il dérive jusqu'à Fécamp. Quel trajet, mazette! Rappelons qu'à l'époque il n'y avait pas encore de charters. Évidemment une fontaine jaillit à l'endroit où fut trouvé le tronc. Ainsi naquit la légende. Les attachés de presse du Christ (les moines) firent le reste.

Au cours des siècles, l'histoire prit corps (du Christ). Et Fécamp devint, bien avant le Mont-Saint-Michel, le plus grand pèlerinage de Normandie. Aujourd'hui, le « Précieux Sang » est conservé dans un tabernacle dans l'église abbatiale de la Trinité. Le mardi et le jeudi suivant la Trinité, une petite foule de fidèles vient encore se prosterner devant la relique.

Comment y aller ?

– **En train :** de Paris-Saint-Lazare, prendre la direction Le Havre. 6 aller-retour quotidiens en moyenne. Changement à Bréauté-Beuzeville. On prend ensuite la micheline ou le car. De quatre à huit liaisons par jour. Durée du trajet : environ 2 h 15. Renseignements S.N.C.F. : ☎ 08-36-35-35-35 (2,23 F la minute). Internet : www.sncf.fr.
– **En car :** Autocars Gris. ☎ 02-35-28-16-04. Ils desservent notamment Étretat, Yport, Criquetot-l'Esneval et Le Havre. Cars CNA : liaisons vers Dieppe, Saint-Valery-en-Caux.

Adresses utiles

◘ **Maison du tourisme :** 113, rue Alexandre-Legrand. Face au palais Bénédictine. ☎ 02-35-28-51-01. Fax : 02-35-27-07-77. Ouvert tous les jours en juillet et août de 10 h à 18 h. Hors saison, ouvert du lundi au samedi de 9 h à 12 h 15 et de 13 h 45 à 18 h. Ouvert le samedi et le dimanche pendant les vacances scolaires. Dynamique et efficace, elle propose de nombreuses animations toute l'année.
◘ Autre **office du tourisme** sur le front de mer : quai de la Vicomté. ☎ 02-35-29-16-34. Ouvert tous les jours en été de 11 h à 13 h et de

15 h à 20 h (horaires sujets à variations).

■ *Location de vélos :* Folio Cycles, 2, av. Gambetta. ☎ 02-35-28-45-09. VTT et vélos traditionnels.

■ *Centre national VTT :* stade Le Dantec. ☎ 02-35-28-17-97. Circuit d'initiation, atelier de réparation et topoguides sur la région. Téléphonez avant de vous déplacer, le moniteur n'est pas toujours sur place.

■ *Club hôtelier du littoral :* ☎ 02-35-29-29-79. Association qui donne par téléphone, 24 h sur 24, les disponibilités dans les établissements adhérents de Fécamp et des environs. Pour toute autre info, Minitel : 36-15, code FÉCAMP.

■ *Boulangerie Les Carolines :* 44, rue Théogène-Boufart. ☎ 02-35-27-33-45. Un artisan comme dans le temps. On vient de loin pour lui acheter du pain. Particulièrement recommandé aux gourmands (et aux autres aussi).

___

Où dormir ?

Bon marché

🛏 *Camping municipal de Reneville :* superbement situé au-dessus de la jetée, dominant la mer. ☎ 02-35-28-20-97. Ouvert du 1er mars au 31 décembre. Bien indiqué du centre. Vue formidable. Bureau ouvert de 7 h à 12 h et de 14 h à 20 h en saison. Réservation à la maison du tourisme. Bien beau camping donc, où il fait bon passer ses vacances. Aire de jeux pour les enfants, table de ping-pong, terrain de boules. Chouette idée : le boulanger passe tous les matins. Sanitaires bien tenus. Douche chaude comprise dans le prix. Par ailleurs, le camping propose 3 chalets en bois pour 5 personnes (2 chambres avec un grand lit et trois petits). Petite terrasse devant. Meublés simplement, un peu comme dans les pays nordiques. À la semaine, de 1 108 F plus chauffage en hiver à 1 950 F l'été. Le week-end : de 656 à 820 F. Un sentier mène directement à la mer. Pas besoin de prendre la voiture.

De prix modérés à prix moyens

🛏 *Hôtel de la Mer :* 89, bd Albert-Ier. ☎ 02-35-28-24-64. Fax : 02-35-28-27-67. Fermé 15 jours en février. Cet immeuble moderne à l'allure un peu froide se révèle un excellent établissement et c'est l'un des rares à être situés face à la mer, au bord de la plage. Chambres confortables et bien équipées, certaines avec balcon et vue sur la mer. Le week-end, ces dernières peuvent être malheureusement un peu bruyantes. Les moins chères avec lavabo à 180 F. Avec douche et w.-c ou bains, de 260 à 290 F. Bonne atmosphère familiale et patrons affables. Un seul petit regret : le petit déjeuner s'avère un peu léger.

🛏 *Hôtel de la Plage :* 87, rue de la Plage. ☎ 02-35-29-76-51. Fax : 02-35-28-68-30. Hôtel moderne, bien équipé et à deux pas de la plage. Chambres avec douche et w.-c. de 295 à 350 F, avec bains de 300 à 350 F. La plupart viennent d'être entièrement refaites. Très jolie salle de petit déjeuner et accueil plus que charmant.

Plus chic

🛏 *Hôtel d'Angleterre :* 93, rue de la Plage. ☎ 02-35-28-01-60. Fax : 02-35-28-62-95. Fermée à Noël. Un établissement en pleine mutation. Les chambres du 1er étage ont déjà bénéficié de ce lifting et le résultat est plus que réussi. Chambres fraîches et colorées, particulièrement agréables. Il y en a à tous les prix, selon leur taille et selon qu'elles ont été refaites ou pas : entre 250 et 390 F. Chambres familiales de 320 à 440 F. Accueil jeune et sympa, esprit bohème.

🛏 *Ferme de la Chapelle :* côte de la Vierge. ☎ 02-35-10-12-12. Fax : 02-35-10-12-13. Fermée de mi-décembre à mi-janvier. Sur la falaise d'Amont. Du centre, suivre la route de la chapelle Notre-Dame-du-Salut. Accolée à la chapelle, au sommet de la falaise, ancienne ferme du XVIe siècle transformée en résidence hôtelière. Malgré ce site exceptionnel (dont on ne profite pas directement de l'hôtel), il est difficile de trouver un charme quelconque à cet endroit; la transformation est plus que discutable et le confort plus que spartiate. On a cherché désespérément la troisième étoile annoncée à l'entrée, peut-être est-elle tombée au fond de la piscine? Cette adresse reste pratique pour les randonneurs harassés qui n'auraient pas le courage de redescendre sur Fécamp. Chambres de 300 à 360 F. Mais préférez les dernières, à l'étage, ce sont les seules qui aient des fenêtres! Petit déjeuner très décevant.

Où dormir dans les environs?

â **Chambres d'hôte et gîtes :** chez Mme Mireille Lethuillier, Val-de-la-Mer, 76400 Senneville-sur-Fécamp. Minuscule village à 3 km de Fécamp. ☎ 02-35-28-41-93. Fermé en août. Superbe maison normande de caractère, construite par le proprio avec des matériaux anciens et adorablement décorée par sa femme. 3 chambres avec douche et w.-c. sont aménagées à l'étage de la demeure. Beaux meubles anciens, fleurs séchées, petits objets... Compter 300 F pour deux, petit déjeuner très complet inclus. Dans le jardin, 2 gîtes pour 4 personnes devant un bel espace vert. Entièrement équipés. Prix : 600 F le week-end. À la semaine : en mai, juin et septembre, 1 250 F; en juillet et août, 1 600 F. L'hiver : 950 F avec supplément pour le chauffage et l'électricité si besoin (à ce sujet, pensez à bien vous renseigner sur la majoration susceptible d'être comptée). À 800 m de là, charmante et minuscule valleuse à laquelle on accède par des escaliers (164 marches). Agréable balade.

Où manger?

Grande concentration de restos et de brasseries autour du port, dans l'ancien quartier du Bout-Menteux (c'est un bout de la digue où venaient les vieux marins pour raconter leurs aventures en mer, il semblerait qu'ils en rajoutaient un peu!). Dommage que l'ambiance ne soit plus la même.

De bon marché à prix moyens

I●I **Restaurant Martin :** 18, place Saint-Étienne. Juste derrière l'église Saint-Étienne. ☎ 02-35-28-23-82. Resto fermé le dimanche soir et le lundi, sauf les jours fériés, ainsi que la première quinzaine de mars et en septembre. Bonne petite table normande qui n'a jamais rien cédé aux modes culinaires. Cuisine classique et normande, préparée par un vrai chef et servie dans une salle rustique avec poutres apparentes. À noter, le premier menu à 70 F (non servi le samedi soir, le dimanche et les jours fériés), étonnant à ce prix-là. Trois autres menus à 90, 110 et 145 F. Le patron propose également des chambres très simples de 150 à 170 F. Une aubaine pour les petits budgets.

I●I **Le Vicomté :** 4, rue du Président-Coty. ☎ 02-35-28-47-63. Fermé le mercredi soir et le dimanche. Congés à Noël et une semaine en août. Un petit bistrot très accueillant et original dans sa démarche. Nappes à carreaux, affiches du *Petit Journal*, patron à moustaches : on est loin des chalutiers du port! Dans cette ambiance rétro très rafraîchissante, on vous sert un menu unique et différent tous les jours. Cuisine régionale à base de produits frais. Pour 87 F, un excellent rapport qualité-prix et un service impeccable. Chapeau vicomte !

I●I *Restaurant Le Maritime :* 2, place Nicolas-Selles. ☎ 02-35-28-21-71. Fermé le mardi soir d'octobre à mars. Ouvert tous les jours le reste de l'année. Situé juste en face du port de plaisance. Avec un tel nom et un tel cadre, on sent la mer toute proche, et ça se confirme dans l'assiette ; vous pouvez embarquer sans hésiter. Menu à 79 F en semaine. Autres menus de 98 à 200 F. Une adresse qui tient la mer depuis des années. Également vente à emporter.

Plus chic

I●I *Auberge de la Rouge :* route du Havre. ☎ 02-35-28-07-59. Fax : 02-35-28-70-55. À Saint-Léonard, à 2 km au sud de Fécamp par la D925. Fermée le dimanche soir (sauf les jours fériés) et 15 jours en janvier. Cette grande auberge sur la route du Havre, qui vient de fêter son centenaire, ne manque pas de charme. Le patron aime à faire partager ses deux passions : la cuisine et la course à pied. Ce marathonien invite donc volontiers ses hôtes à venir trotter avec lui tôt le matin ou le soir. Rien de tel pour se mettre en appétit. On peut manger ensuite dans le jardin au milieu des oiseaux et près d'une fontaine. Une adresse de haute volée. Quel repas ! Quelle classe ! Selon la saison, superbe sole grillée au fumet d'huîtres, morue fécampoise, terrine mer et rivière, caneton à la rouennaise, dos de turbot à la vapeur d'herbes, aumônière de grenouilles... Menus à 105 F (servi tous les jours sauf le dimanche midi), 165, 198 et 280 F. Propose également quelques chambres confortables mais proches de la route. Compter 300 F pour 2 personnes avec bains.

À voir

★ *L'abbatiale de la Trinité :* autour d'un édifice construit au VIIe siècle et détruit par les Vikings se sont accumulés des siècles d'architecture et de décoration. Pas d'unité donc, mais un merveilleux ensemble de pierre dont l'histoire s'étale dans le temps. Au XIIe siècle, les ducs de Normandie (qui devinrent rois d'Angleterre) décidèrent sa reconstruction après un grand incendie. L'abbatiale devint alors un des centres les plus importants de réforme de l'institution monastique. L'édifice, sur le plan extérieur, impose son humble dépouillement, sa lourdeur primitive, son austérité, caractéristiques du premier style gothique prévalant à l'époque. Sur le flanc sud, le tympan du portail, de style gothique également. La façade, en revanche, fut reconstruite au XVIIIe siècle dans un style classique. Face au portail de l'église, de l'autre côté de la rue, ruines de l'ancien château des ducs de Normandie, dont subsiste une tour.
En entrant dans l'abbatiale, on est frappé par l'ampleur de la nef de plus de 127 m de long et 23 m de hauteur. Curieusement, celle-ci est située en contrebas de la rue et on y pénètre en descendant quelques marches. L'intérieur, et notamment le chœur et les chapelles du déambulatoire, recèle quelques pièces rares que voici : dans le transept de droite, remarquable *Dormition de la Vierge* du XVe siècle, saisissante de réalisme. Juste sur sa droite, une amusante sculpture de pierre en forme de tourelle abrite une scène dite du « Pas de l'ange ». En effet y figure, creusée dans un pavé, l'empreinte du pied d'un ange. Celui-ci, selon une légende dont on vous épargnera les détails et dans laquelle intervient un couteau, aurait donné le nom de la Sainte Trinité à cette abbaye. Chœur rehaussé d'une belle *tour-lanterne*, caractéristique des clochers normands. Dans le sanctuaire, voir le beau *baldaquin de bois doré* finement ciselé, posé sur des colonnes de marbre, provenant du magasin des marbres de Versailles et offert par Louis XV.

Les chapelles du déambulatoire sont ceintes de clôtures de pierres sculptées du XVIe siècle, où abondent les végétaux. *La chapelle* absidiale *de la Vierge* (située dans le déambulatoire, juste dans l'alignement du chœur) reste le clou de la visite. D'un style gothique flamboyant cohérent, car elle fut entièrement élevée au XVe siècle. Face à la chapelle, noter le *tabernacle* Renaissance qui contient le « Précieux Sang » dont on vous a déjà parlé dans l'intro sur la ville. En poursuivant, deux chapelles romanes dont l'une possède une porte à décor flamboyant admirable. Dans le transept de gauche, levez la tête : intéressante *horloge* du XVIIe siècle indiquant les marées (disques noirs et disques verts) et les phases de la Lune. Visites guidées en juillet et août le jeudi à 15 h et le dimanche à 15 h. Dans l'année, visite guidée payante sur rendez-vous.

★ *Le musée des Terre-Neuvas et de la Pêche :* 27, bd Albert-Ier. Sur le front de mer. ☎ 02-35-28-31-99. Ouvert tous les jours en juillet et août, de 10 h à 12 h et de 14 h à 18 h 30. Le reste de l'année, ouvert jusqu'à 17 h 30 et fermé le mardi ainsi que les 1er janvier, 1er mai et 25 décembre. Gratuit jusqu'à 18 ans. Le billet d'entrée donne droit à un accès gratuit au musée-centre des Arts. Par ailleurs, en visitant l'un de ces deux musées, vous vous verrez offrir un bon de réduction pour la visite du palais Bénédictine.

Ce remarquable musée présente avec brio la tradition maritime de Fécamp de ses débuts à nos jours. Il consacre une large part aux techniques de pêche. Pour chacune des sections, des panneaux explicatifs synthétiques donnent l'essentiel des informations. Grâce à une savante organisation, à la richesse de la collection et à l'accent constamment mis sur l'aspect humain du monde de la pêche (et non seulement sur la technique), sur le rapport particulier entre l'homme et la mer (et à Fécamp on en sait quelque chose), ce musée est non seulement pédagogique mais tout simplement passionnant. À l'entrée, superbe maquette du drakkar viking trouvé dans la vase du port d'Oseberg en Norvège. Il rappelle le passé et les invasions de ces guerriers à la fin du Ier millénaire. Non loin, deux superbes mappemondes du XVIIe siècle.

Évoquons ici simplement les principales sections :

– *La pêche à Terre-Neuve au temps des voiliers :* dès le XVIe siècle, les premiers bateaux fécampois partirent là-bas pour la pêche à la morue. Ils prirent le nom de terre-neuvas. Le dernier d'entre eux mit le cap à l'ouest en 1931. Lorsque le voilier arrivait sur les bancs de poissons, la doris était mise à l'eau pour aller mouiller les lignes de fond aux alentours. Saviez-vous que beaucoup d'entre elles se perdaient dans la brume épaisse, même si leur voilier était à peine à 100 m ? Incroyable. Une belle doris à fond plat et des peintures évoquent ce passé.

– *La vie à bord :* textes poignants d'un ancien mousse qui écrivit ses Mémoires.

– *La construction navale :* superbe section. Belle maquette de chantier de *la Belle-Poule* et de *l'Étoile,* deux admirables bateaux-écoles construits ici, bien que Fécamp n'ait jamais été un grand port de construction navale.

– *Yport et les caïques :* un superbe fusain dépeint précisément le hissage d'un bateau sur la plage d'Yport à l'aide d'un cabestan manœuvré par des femmes. Belle intensité dramatique. Non moins dramatique, cette toile de Beyle du début du siècle qui montre le retour à terre de la dépouille d'un marin, les villageois qui l'encadrent et annoncent sa fin tragique à sa femme.

– *La pêche harenguière :* maquettes illustrant l'évolution des techniques.

– *La pêche à Terre-Neuve au temps des chalutiers* (section à l'étage) : avec les premiers chalutiers à vapeur, puis à moteur, ceux à rampe arrière et, enfin, les chaluts ultramodernes avec usine de congélation à bord.

– *Section portuaire :* avec maquette de séchage du hareng. Maquette de Fécamp en 1830 très évocatrice, avec son avant-port et sa zone marécageuse.

– *Le sauvetage en mer* (de nouveau au rez-de-chaussée) : toiles d'Eugène

Grandin montrant des bateaux en difficulté, mais aussi des portraits de sauveteurs. Un hommage à Onésime Frébourg, au visage buriné, qui sauva 49 personnes et qui arbore fièrement ses médailles. Il y a de quoi !

★ *Le palais, le musée et la distillerie Bénédictine :* 110, rue Alexandre-Le-Grand. ☎ 02-35-10-26-10. Attention aux horaires. De début mai à mi-septembre, ouvert tous les jours de 9 h 30 à 18 h sans interruption. De mi-mars à fin mai et de mi-septembre à mi-novembre, ouvert de 10 h à 12 h et de 14 h à 17 h. Le reste de l'année, visites guidées à 10 h 30 et à 15 h 30 (être à l'heure !). Durée : 1 h 30. Entrée payante.
Aux mêmes horaires, dans la salle du rez-de-chaussée, quatre expositions de peinture par an, alternant artistes reconnus et jeunes peintres. Entrée gratuite.
En 1863, Alexandre Le Grand (rien à voir avec l'autre, bien plus grand) retrouve la formule magique d'un élixir mise au point par un moine bénédictin de l'abbatiale de Fécamp au XVIᵉ siècle, et perdue pendant la Révolution. Ce moine, Vincelli, avait eu la riche idée de concocter un élixir de santé à base de trois plantes cauchoises : la mélisse, l'angélique et l'hysope, mélangées à d'autres herbes. Cette liqueur, composée de 27 plantes et épices, devint Bénédictine, bien connue des amateurs de digestifs doux-amers...
Devenu riche, Le Grand fit construire ce palais « romantique » mâtiné de néobaroque et de néo-Renaissance. Chantre du mécénat industriel, il y rassembla des trésors artistiques que l'on peut admirer dans le *musée*. Alexandre l'industriel, homme de marketing avant l'heure, désireux de faire parler de lui par tous les moyens possibles, réalisa avec la construction de cet étonnant édifice un coup de maître.
– *Le musée :* par les centaines d'objets religieux (et païens) qu'il abrite, il cherche à retisser le lien entre le monde monastique et la boisson. La plupart des objets exposés datent des XVᵉ et XVIᵉ siècles. On entre d'abord dans la *salle gothique* à l'étonnante charpente, véritable coque de bateau renversée réalisée par les charpentiers du port. Parmi les merveilles, un étonnant graduel en parchemin du XVIIᵉ siècle servant à chanter la messe. Noter le marque-page en bois. Statues polychromes des XVᵉ et XVIᵉ siècles. Dans la salle du dôme, voir le large vitrail à la gloire d'Alexandre, commandé par ses fils. Ah ! la reconnaissance filiale. Plus loin, la salle Renaissance fraîchement restaurée, collection de ferronneries provenant de divers châteaux. Exceptionnelle. Remarquez le coffre de mariage du XVIᵉ siècle avec son incroyable système de verrous ! À voir encore, un polyptyque du XVᵉ siècle de l'école de Cologne, le testament privé de Richelieu, un christ en ivoire du XVIIᵉ siècle, taillé dans une seule pièce d'ivoire.
– *La partie moderne du musée* développe les quatre grandes idées du fondateur : la publicité, avec la première insertion dans un magazine (*La Lune* de 1866) ; l'exportation (voir le plateau émaillé offert par les Russes, premiers clients à l'export de Bénédictine au début du siècle) ; le dépôt de la marque, illustré par une étonnante pyramide de 534 contrefaçons venant de tous pays ; et enfin, le palais (maquette).
– Pour finir, on voit la *salle des plantes et épices,* la *salle des alambics* où l'on distille encore la boisson dans de superbes cuves à serpentin et les *salles d'exposition et de dégustation.*
– Aujourd'hui, 95 % de la production est exportée, notamment vers les États-Unis. Les Américains en raffolent... avec du cognac. Nous, on la préfère nature, mais ne dites pas qu'on vous pousse à la conso !

★ *Le musée-centre des Arts de Fécamp :* 21, rue Alexandre-Legros, en plein centre-ville. ☎ 02-35-28-31-99. Ouvert tous les jours, sauf le mardi, de 10 h à 12 h et de 14 h à 17 h 30. Fermé les 1ᵉʳ janvier, 1ᵉʳ mai et 25 décembre. Gratuit jusqu'à 18 ans. Rappelons que la visite du musée des Terre-Neuvas donne accès gratuitement au musée des Arts et vice versa. Avant de visiter l'intérieur, jeter un coup d'œil dans le jardin au monument dédié aux marins morts. En l'absence de corps, cette sculpture assez pompière permettait (et permet encore) aux femmes de marins d'aller prier... quelque part.

Musée pluridisciplinaire, fruit des amours de plusieurs petits musées, on y trouve des salles consacrées aux objets d'art, faïence, vaisselle, ivoire, argenterie, puis une section peinture et archéologie, et enfin un département folklore local.

Voir surtout les vitrines de faïence de Rouen et de Delft du XVIIIe siècle. Remarquer cette curieuse soupière aux 100 objets ; intéressante collection de biberons du docteur Dufour qui s'efforça de diminuer la mortalité infantile. Sont réunis des biberons de toute époque, dont un du Ve siècle et d'autres plus récents répondant aux doux noms de « Sauveur » et de « Parfait Nourrissier ». Pour l'anecdote, ce sont les biberons « Robert » qui donnèrent leur nom argotique aux seins des femmes. Superbe salle aux ivoires avec une Vierge à l'Enfant du XVe siècle, différents porte-cigares et un curieux piège à puces. Petite collection maçonnique du Grand Orient qui eut une confrérie à Fécamp de 1778 à 1948. Sous les combles, évocation de l'habitat cauchois : meuble-lit, chaise percée, curieuse « promeneuse » pour aider l'enfant en bas âge à marcher. Fisher Price n'a rien inventé !

★ *La chapelle Notre-Dame-du-Salut :* sur la falaise nord. Même s'il n'y avait pas la chapelle, il faudrait quand même y grimper pour le panorama incroyable sur Fécamp et les falaises s'étirant vers le sud. Bien sûr, on peut y accéder en voiture, mais il est bien plus sympathique d'emprunter à partir du quai Guy-de Maupassant (entre les n°s 64 et 66) la sente aux Matelots. Cette chapelle, qui aurait été créée au XIe siècle par les ducs de Normandie et reconstruite plusieurs fois, vaut plus pour le symbole qu'elle représente que pour son architecture lourde et massive. Elle fut de tout temps fréquentée par les marins qui venaient y prier avant de partir en mer.

Sur les parois, une série de peintures votives commandées par les marins rescapés de naufrages, en remerciement à Notre-Dame du Salut pour sa miséricorde. De nombreuses toiles signées Eugène Grandin (voir le musée des Terre-Neuvas) représentent des bateaux affrontant d'incroyables tempêtes. En fonction de la somme que pouvait payer le marin, le peintre peaufinait son tableau ou torchait sa toile, ce qui explique les différences de qualité. D'autres, peut-être plus touchantes, furent réalisées par des marins eux-mêmes, avec ferveur et naïveté. Regarder les dates et les inscriptions sur les toiles donnant le jour et l'emplacement du navire au moment du naufrage. La plupart sont des tragédies de terre-neuvas à la fin du XIXe et au début du XXe siècle. Une plaque est dédiée aux naufragés du *Snekkar Arctic,* dont plusieurs marins périrent en février 1986, tout le monde s'en souvient.

★ *Le quartier des boucanes :* il s'étend derrière le musée des Terre-Neuvas. Dans ces rues étroites aux façades de brique austères, une forêt de cheminées exhale un parfum d'autrefois. Les quelques boucanes qui continuent de fumer le poisson nous plongent dans un passé qui n'est pas si lointain... Une balade pour l'ambiance, à faire après la visite du musée.

À faire

– *Promenade à pied sur les estacades :* tout au bout de la digue, superbes estacades de bois, d'où vous pouvez apercevoir Étretat. Jolie vue sur le port et la plage. Avec un peu de chance, vous assisterez au départ des vieux gréements, qui mouillent ici régulièrement (possibilité de promenade en mer à bord de l'un d'eux).

– *Balade par le G.R. 21 vers Étretat :* départ du boulevard Albert-Ier (front de mer), à droite de l'*hôtel de la Mer* à côté de l'aire de jeux, panneau indicatif du départ du G.R. 21. On gravit les escaliers et on se retrouve au niveau du terrain de camping. Facile à trouver mais pas toujours fléché. On peut descendre sur Criquebœuf-en-Caux (environ 30 mn), Yport (1 h) et même poursuivre jusqu'à Étretat.

– *Circuit du patrimoine historique, balisé à travers la ville :* se renseigner à la maison du tourisme. Système de fiches-questions.

LE CHÂTEAU ET L'ABBAYE DE VALMONT

À 11 km environ à l'est de Fécamp, Valmont est l'archétype du gros village de Seine-Maritime dont les racines s'ancrent profondément dans l'histoire de la région. De ce passé, il reste les ruines d'une charmante abbaye et un château en parfait état. Valmont connut un certain essor au XIIᵉ siècle grâce à la famille d'Estouteville, des descendants de Vikings.

Où dormir dans les environs ?

â *Chambres d'hôte :* chez Mme Nathalie Tiennot, dans le minuscule village de Thietreville, à 2 km de Valmont, sur la D926 (route d'Yvetot à Fécamp). ☎ 02-35-29-63-31. Ouvert toute l'année. Grande maison de maître, pleine d'enfants et très joliment décorée. Pour le moment, 2 chambres pour 2 personnes (possibilité d'un lit supplémentaire). Salle de bains particulière et w.-c. Bibliothèque, TV et jardin à disposition. 240 F pour deux avec petit déjeuner. Accueil adorable.

À voir

★ *L'abbaye de Valmont :* dans le village. Ouverte du 1ᵉʳ avril au 30 septembre tous les jours, sauf le mardi, de 10 h à 12 h et de 14 h à 18 h. Visite guidée des ruines de l'abbaye, de la chapelle et de la sacristie.
Fondée au XIIᵉ siècle par un membre de la famille d'Estouteville, anéantie au XIIIᵉ siècle et reconstruite à la fin du XVᵉ siècle dans le style gothique. Bref, des débuts somme toute classiques pour une abbaye. Conséquences de la guerre de Cent Ans, des retards dans la construction et un style Renaissance qui se mêle petit à petit au gothique. Une grande partie de l'édifice fut détruite par le feu au XVIIᵉ siècle. Maurice Leblanc, le père d'Arsène Lupin, choisit ce cadre pour le début de son intrigue *L'Aiguille creuse.* Les bâtiments monastiques furent ensuite transformés en habitations. Il restait alors 10 moines à Valmont. Aujourd'hui, une communauté de 30 sœurs habite les lieux (ce qui a malheureusement nécessité des agrandissements qui déparent quelque peu le site...).
À l'intérieur, au fond de la nef de gauche, il subsiste un vitrail qui a traversé le temps. De tout l'édifice, seule la *chapelle de la Vierge* est restée debout. Sur la gauche, vitraux du XVIᵉ siècle d'une grande finesse, en bon état, retraçant la vie de la Vierge. Remarquable retable de pierre ciselé comme un décor de théâtre, illustrant l'Annonciation dans un style Renaissance. Les plis de la robe et la cheminée sont particulièrement bien rendus. Sur l'autel, vestige de croix du XVIᵉ siècle. À voir encore, un bas-relief représentant le baptême du Christ. Les vitraux de la rosace furent dessinés en 1832 par Delacroix qui venait souvent ici rendre visite à ses cousins. Il évoque l'abbaye dans une de ses lettres à George Sand. Voûte en forme de fleurs, élégante comme tout. Enfin, voir la *sacristie* en forme de quart de tarte et couverte de lambris.

★ *Le château :* il domine un éperon rocheux au centre de la ville. Édifié par la famille d'Estouteville au début du XIIe siècle sous des allures de forteresse, il fut enrichi d'une aile Renaissance au XVIe siècle. Plusieurs membres de la famille d'Estouteville marquèrent l'histoire normande. Guillaume d'Estouteville fut cardinal-archevêque de Rouen et révisa le procès de Jeanne d'Arc. Louis d'Estouteville défendit le Mont-Saint-Michel contre les Anglais, tandis que Jacques transforma le château en citadelle défensive. De la *rue du Donjon* (prendre d'abord la rue Maupassant), à droite de l'église, on peut admirer l'un des plus vieux donjons de Normandie. Construit en 1066, il est aussi admirablement conservé. Les murs font plus de 2 m d'épaisseur ! (Il n'y a pas de secret...). Une fois en haut de cette rue, point de vue extraordinaire sur le château.

LES PETITES-DALLES (76540)

On adore ce petit bout de village coincé au creux d'une étroite valleuse, avec son charme paisible et ses belles résidences secondaires du début du siècle. Un petit côté Étretat en miniature. Ici se trouve résumé tout l'enchantement de la Côte d'Albâtre. Hors saison, calme parfait.

Où dormir ? Où manger ?

≜ |●| *Hôtel-restaurant de la Plage :* 92, rue Joseph-Heuzé. ☎ 02-35-27-40-77. Fermé les dimanche soir et mercredi hors saison, ainsi que 15 jours à Noël, en février et à Pâques. Dans la rue principale, à 50 m de la plage, sur la droite. L'un des lieux préférés du grand photographe Jean-Loup Sieff. M. et Mme Pierre reçoivent avec le sourire dans cette belle demeure de brique, aux petits balcons de bois. Chambres accueillantes à prix menus : de 172 F (avec lavabo) à 233 F (avec bains et w.-c.). Il est bien rare de trouver sur la côte des prix aussi doux pour une adresse de si bonne qualité. Un lieu plein de sérénité. Dans la petite salle traditionnelle et moderne à la fois, décorée avec amour et goût, vous dégusterez une cuisine raffinée jusque dans les entrées, avec cette spécialité d'huîtres chaudes de Pourville en robe de laitue (sur commande), civet de bigorneaux au cidre et coulis de betterave aux pommes. Menus à 88 F (servi tous les jours, midi et soir !), 140 et 160 F (copieux).

|●| *Restaurant L'Espérance :* 76, rue Joseph-Heuzé. ☎ 02-35-27-42-77. Ouvert tous les jours, midi et soir. Pour entrer ici, il faut le mode d'emploi, car ce n'est pas un endroit comme les autres. La patronne sous des airs parfois bourrus cache (elle le montre vite) un cœur d'or. Elle vous invite en fait dans sa propre salle à manger, et se décarcasse, seule en cuisine, pour vous concocter de bons petits plats. L'ingrédient principal : l'Amour. C'est sans doute ça qui fait que c'est si bon ! Alors évidemment, on arrive à marée basse et on repart à marée haute, ici il faut savoir prendre son temps. Rien que pour prendre la commande, ça demande une bonne demi-heure (pour patienter, goûtez le pommeau maison), Irène s'assoit à votre table et vous explique : 1er menu à 35 F, car tout le monde a droit au bonheur... (on y trouve d'ailleurs les mêmes plats qu'au menu à 50 F, mais inutile de dire que personne n'ose le prendre), pâté maison, grosse crêpe gratinée aux fromages ou aux saumons, pâtisserie maison... Plusieurs menus, à différents prix. En fait vous annoncez le prix, elle annonce la couleur ; mais attention à ne pas faire monter les enchères, elle vous répondra qu'ici tout est bon et que c'est pas la peine de mettre cher, on n'est pas là pour gaspiller son argent... Il ne faut pas s'étonner de

voir ici débarquer une clientèle assez jeune, venue chercher la tendresse de cette adorable grand-mère, qui n'a jamais vu Paris, ni pris le train, ni même jamais pris de vacances.

Camping

☗ *Camping municipal Les Falaises :*
à Saint-Pierre-en-Port. ☎ 02-35-29-51-58. Ouvert du 1ᵉʳ avril au 30 septembre. Camping parfaitement au calme, à deux pas des falaises mais sans vue sur la mer. Blocs sanitaires propres. Grandes pelouses délimitées par des arbustes. Petite aire de jeux pour les enfants. Prix modiques.

À voir dans les environs

★ *Le majestueux château de Sassetot :* résidence d'été de Sissi l'Impératrice, aujourd'hui transformée en hôtel-restaurant de luxe.

VEULES-LES-ROSES (76980)

Petite station balnéaire absolument adorable, située dans une vallée verdoyante. On a un vrai faible pour ce gros village qui, malgré sa taille modeste, offre plein de petites merveilles à découvrir. Bien sûr il y a une plage, mais il n'y a pas que ça, loin de là. Au milieu du bourg coule la Veules, le plus petit fleuve de France puisqu'il ne mesure qu'un peu plus de 1 km. Étonnant, non ? Encore plus surprenantes sont les cressonnières, une véritable curiosité naturelle.

Bien que Veules ait beaucoup souffert de la guerre, l'atmosphère qui s'en dégage n'a rien perdu de sa séduction, même si un vilain casino défigure le bord de la plage. Qui a donné le permis de construire ? Victor Hugo séjourna ici à plusieurs reprises. Mesdames, messieurs, Veules-les-Roses, halte obligatoire !

Adresse utile

🄸 *Office du tourisme :* 12, rue du Marché (face à l'église). ☎ 02-35-97-63-05. En été, ouvert tous les jours sauf le lundi, de 10 h à 13 h et de 14 h 30 à 18 h 30 ; le reste de l'année, ouvert quelques heures par jour, sauf le lundi. Propose différents circuits pédestres à Veules et dans les environs.

Où dormir ? Où manger ?

☗ ⏐●⏐ *Résidence Douce France :* 13, rue du Docteur-Girard. ☎ 02-35-57-85-30. Fax : 02-35-57-85-31. En plein centre. Une adresse réellement exceptionnelle, un coup de cœur absolu. Toute récente, dans un ancien relais de poste du XVIIᵉ siècle, admirablement bien restauré. Une immense bâtisse fortifiée en brique et bois vert clair, entourant une jolie cour fleurie. Sur le côté, un jardin cloîtré au bord de la Veules. Un endroit calme et unique pour s'aimer et se reposer. Les chambres sont incroyablement spacieuses et douillettes, avec de superbes tissus coordonnés. Ce sont en fait de véritables suites avec petit séjour, coin cuisine et grandes salles de bains, entre 390 et 550 F, selon la taille. L'hôtel propose une location de vélos, et avant de partir en balade, vous pourrez prendre des forces grâce au petit déjeuner campagnard qui offre pour 55 F toutes sortes de charcuteries, de pains, de viennoiseries (petit déjeuner classique à 30 F). Restaurant attenant à l'hôtel. Si le temps le permet, vous pourrez manger dans le cloître, ambiance champêtre garantie. Peut-être n'aurez-vous plus envie de repartir... Sinon, petite salle de resto adorable et très kitsch, avec ses grès émaillés en forme de poissons. Le dimanche, formule à 250 F tout compris (champagne, vin et café), pas de petit menu, mais une carte abordable. Cuisine fraîche et délicate. Quoi qu'il en soit, gardez de la place pour les desserts, et plus particulièrement pour le soufflé glacé à la bénédictine (35 F). À mourir ! Au fait, ils font aussi salon de thé l'après-midi.

🛏 🍴 *Le Napoléon :* 11, rue Victor-Hugo. ☎ 02-35-97-39-21. Fermé de mi-janvier à fin février. Jolie maison en plein centre, avec son carré de jardin devant. 2 chambres avec lavabo et 2 chambres avec lavabo et douche (2 toilettes sur le palier), à 300 F, petit déjeuner compris pour deux. Elles sont toutes meublées à l'anglaise. Fait aussi resto, avec menus standards de 95 à 160 F. Pub anglais ouvert en saison. Groupes jazz et folk le samedi soir.

Camping

🛏 *Camping Le Paradis :* chemin de Manneville, sur les hauteurs de Veules, au sud-ouest du village. ☎ 02-35-97-61-42. Beau terrain herbeux et calme parfait. Pas cher du tout.

Où boire un verre ?

🍷 *La Marine :* 13, rue Victor-Hugo. ☎ 02-35-97-64-75. Fermé le lundi et le dimanche soir hors saison, ainsi qu'en novembre. En plein centre, endroit sympa pour un apéro en terrasse (fait aussi brasserie).

Où dormir ? Où manger dans les environs ?

🛏 🍴 *Chambres d'hôte :* ferme du Grand Reuville, chez M. et Mme Jacques Lainé, 76560 Reuville. ☎ 02-35-95-24-01. Grande maison du XVIIIe siècle perdue en pleine campagne, à 15 km au sud de Veules-les-Roses en suivant la D142. Environnement parfaitement calme. Mme Lainé, gentille et souriante, propose 2 chambres tout à fait coquettes, arrangées avec amour. Une plus grande à 200 F et l'autre à 170 F, petit déjeuner compris. Sanitaires communs. Elle sert également de bons repas normands à base de produits de la ferme. Menu complet à 80 F. Une aubaine.

🛏 *Chambres d'hôte :* chez M. et Mme René Helluin, 76740 Autigny. ☎ 02-35-97-42-55. À 8 km de Veules-les-Roses par la D142. Maisonnette classique du XIXe siècle, appareillée en pierre et brique, juste à côté de la maison principale. 5 chambres agréables, simples, à 210 F pour deux. Certaines peuvent accueillir 3, 4 ou 5 personnes. Lit supplémentaire : 60 F. Sanitaires dans les chambres. Calme total.

À voir

★ *La plage :* c'est dans ce coin-là qu'on trouve le plus de sable à marée basse. Aire de jeux pour les bambins. Sur le côté droit de la plage, tout au bout, l'*estacade,* long ponton de bois qui s'avance dans l'eau.

CÔTE D'ALBÂTRE

★ *Les « Champs-Élysées » :* rien à voir (heureusement) avec l'avenue parisienne ! Il s'agit en fait d'un petit chemin parallèle à la rue principale, qui longe la Veules sur sa rive droite. De la station Esso (sur la D925), prendre la rue du Docteur-P.-Girard, puis la première à droite. Promenade traditionnelle des habitants (les touristes ne connaissent guère l'endroit). On suit le cours du fleuve et, par des trouées de verdure, on admire de charmantes maisons typiquement normandes et des moulins en ruine. Un de ces moulins vient d'ailleurs d'être restauré et fonctionne ! Autrefois, la Veules rencontrait 11 moulins qui l'invitaient à faire un petit tour tout au long de son modeste parcours. Tout au début du chemin, belle roue en ruine.

★ *Les cressonnières :* sur la gauche de la route, en venant de Saint-Valéry-en-Caux. Curiosité de la région, les cressonnières sont un tronçon de la Veules. Cueilli à la fin du printemps, le cresson n'est malheureusement plus vendu sur le marché du village... On en trouve chez certains épiciers.

★ *L'église gothique Saint-Martin :* clocher du XIIIe siècle. À l'intérieur, quelques chapiteaux intéressants. Beau buffet d'orgue.

À faire

– *Petite balade sympa :* de la station-service Esso, prendre la rue principale du Docteur-P.-Girard. La première rue à droite mène aux « Champs-Élysées » (voir plus haut). La deuxième à gauche conduit à un vieil abreuvoir et, derrière, à de belles maisons à toit de chaume absolument superbes et au charme fou. Continuer et prendre la première à gauche, petite route qui permet de traverser les cressonnières et d'atteindre la source de la Veules.
– *Pêche en mer :* une grande spécialité du coin. Deux clubs se partagent la vedette (ou plutôt le poisson). Le *Squale Club Valériquais*, pour les confirmés (concours et tout), et l'*A.VAP.MER* (détente). Informations et réservations à l'office du tourisme.

NORD-OUEST	Paris : 180 km	Itinéraire	8

AMIENS ET LE CIRCUIT DU SOUVENIR
Amiens. Péronne. Albert. Doullens.

Pour leurs week-ends, peu de Parisiens ont l'idée de partir vers le nord. C'est une grave erreur. En effet, la Somme est un endroit à la fois merveilleux et méconnu. Pendant que les amoureux de la nature et les sportifs partiront à la découverte de sa baie et de ses parcs naturels (objets d'un autre week-end), ceux qui sont passionnés par l'histoire profiteront des trésors d'Amiens, capitale multifacettes de la Picardie, et des nombreux témoignages de la Grande Guerre. Car la Somme a aussi donné son nom à l'une des batailles les plus sanglantes de la Première Guerre mondiale.

Comment y aller ? (voir carte Nord-Est)

– **Par la route :** autoroute A1 (porte de la Chapelle) ou A15 (Cergy), puis A16, direction Amiens. Cette autoroute rejoint ensuite Boulogne et Calais via Abbeville.
– **Par le train :** de la gare du Nord, une quinzaine de trains par jour pour Amiens. 1 h 15 de voyage. Renseignements : S.N.C.F. ☎ 08-36-35-35-35 (2,23 F la minute). Internet : www.sncf.fr.
– **En bus :** la compagnie *Bus Jaune* relie directement en 2 h la gare T.G.V. de Roissy (au niveau des taxis) à la gare S.N.C.F. d'Amiens. Une dizaine de bus par jour. Renseignements : ☎ 03-22-82-11-00.

AMIENS (80000)

« Un week-end à Amiens ? Quelle idée ! », se dit le lecteur, narquois... Eh bien ! justement, à notre avis, en voilà une idée qu'elle est bonne. Pour le Parisien, une petite incursion amiénoise est une bonne occasion de s'offrir un dépaysement tout proche, composé d'un peu de fraîcheur du Nord, d'un chouïa d'architecture hollandaise, d'un zeste de folklore régional (la culture picarde), d'une sorte de Marais poitevin (les hortillonnages), d'un chef-d'œuvre gothique (la plus grande cathédrale de France, en toute simplicité), de souvenirs littéraires (Jules Verne) et de senteurs maritimes (la Somme, ses canaux et sa baie).
Reconstruite après la guerre, la capitale picarde a retrouvé un joli visage et certains de ses quartiers (notamment le fameux Saint-Leu) vous étonneront par leur originalité, leur charme et leur animation. Car, de plus, Amiens est une ville pleine de jeunes, ce qui n'est bien sûr pas fait pour nous déplaire !

Un brin d'histoire

Qui l'eût cru ? À l'époque gallo-romaine, Amiens (ou plus exactement *Samarobriva*) compte bien plus d'habitants que Lutèce. La ville est d'ailleurs présente dans le best-seller de l'époque, *La Guerre des Gaules* de César, et tient une place importante dans la défense du pays. Ce qui ne l'empêche pas d'être pillée au IXe siècle, comme tant d'autres, par les envahisseurs venus du Nord. Grâce à la Somme, la ville sert de carrefour au transport des marchandises. Mais ce sont les draperies et les teintureries, ainsi que le fructueux commerce du pastel, qui vont faire sa fortune au XIIIe siècle et permettre l'édification de sa fameuse cathédrale.

Après un léger déclin, Amiens, en donnant l'asile politique à de nombreux artisans, s'enrichit de nouveau au XVe siècle. La plupart des chefs-d'œuvre de la décoration intérieure de la cathédrale témoignent de cette époque prospère. Les deux siècles suivants seront plus sombres, notamment à cause des guerres de Religion. La ville perd de son pouvoir après le siège d'Henri IV, à la fin du XVIe siècle.

Mais la paix revenue, la fabrication des textiles reprend de plus belle. Aux XVIIIe et XIXe siècles, le monopole de la fabrication du velours (dit d'Utrecht) va considérablement développer Amiens, tout en lui conférant une réputation internationale. Puis la ville s'industrialise, s'équipe successivement de deux gares, et la population se prolétarise. En 1906, c'est la fameuse « charte d'Amiens », qui prône l'autonomie des syndicats. La ville souffrira de la Première Guerre mondiale mais plus encore des bombardements de 1940 et de 1944 : le centre-ville est salement touché (à l'exception de la cathédrale), dans des proportions atteignant les 60 %...

Adresses utiles

🛈 *Comité régional du tourisme de Picardie :* 3, rue Vincent-Auriol, 80011 Amiens Cedex 1. ☎ 03-22-22-33-66. Fax : 03-22-22-33-67. Ouvert de 9 h à 12 h 30 et de 13 h 30 à 18 h (17 h le vendredi) tous les jours sauf les samedi, dimanche et jours fériés.

🛈 *Comité départemental du tourisme de la Somme :* 21, rue Ernest-Cauvin. ☎ 03-22-71-22-71. Fax : 03-22-71-22-69.

🛈 *Office du tourisme :* 6 *bis*, rue Dusevel. ☎ 03-22-71-60-50. Fax : 03-22-71-60-51. Ouvert du lundi au samedi de 9 h à 18 h 30; le dimanche, de 14 h à 18 h (jusqu'à 17 h de la Toussaint à Pâques). Plan de ville gratuit et dépliants pratiques sur les curiosités de la ville. Organise des visites guidées de la ville, par thèmes, les week-ends toute l'année, et tous les jours en juillet et août. Également des infos sur les environs et des brochures sur les itinéraires à VTT.

■ *Location de barques :* à l'*Auberge du Vert-Galant*, 57, chemin du Halage. ☎ 03-22-91-31-66. Idéal pour découvrir les hortillonnages.

Où dormir ?

Depuis plusieurs années, la ville d'Amiens propose une opération « Bon week-end en ville ». Toute personne réservant deux nuits consécutives (vendredi et samedi ou samedi et dimanche) dans un hôtel a la seconde nuit gratuite (pas le petit déjeuner). Réservation au moins 8 jours à l'avance. Se faire envoyer par l'office du tourisme la brochure du programme avec la liste des hôtels partenaires. Il faut la présenter le jour de l'arrivée, puis se la faire valider par l'office du tourisme. Un peu fastidieux, mais intéressant au niveau prix.

≜ *Hôtel Victor Hugo :* 2, rue de l'Oratoire. ☎ 03-22-91-57-91. Fax : 03-22-97-74-02. Ouvert toute l'année. À proximité de la cathédrale, une petite maison ancienne, entièrement rénovée, qui conserve un certain charme. Confort inégal selon les chambres, toutes différentes. Celles du 1er étage sont hautes de plafond. Vous aurez peut-être droit au grenier, étroit mais bénéficiant d'une vue sur les toits pleine de romantisme. 200 F la double avec douche et w.-c, 240 F avec bains.

Plus chic

≜ *Hôtel Alsace-Lorraine :* 18, rue de la Morlère. ☎ 03-22-91-35-71. Entre la gare S.N.C.F. et la Somme. Derrière une immense porte verte, s'ouvre un petit hôtel plein de charme. 13 chambres en tout, où dominent le blanc et le vert. La décoration y est simple mais raffinée, tout comme l'accueil. Chambre double de 320 à 380 F. Petit déjeuner offert pour nos lecteurs.
≜ *Le Prieuré :* 17, rue Porion. ☎ 03-22-92-27-67. Fax : 03-22-92-46-16. Resto fermé le dimanche soir et le lundi. Quasiment face à la cathédrale, dans une rue calme et pittoresque. *Le Prieuré* exhale le charme désuet des vieilles demeures. Chambres (de qualité très inégale) à partir de 260 F avec douche et w.-c. Dans la salle à manger tout en blanc, on déguste une cuisine régionale simple et bonne. Trois menus à 110, 150 et 200 F. Dommage que l'accueil manque de sourire.
≜ *Sélect et Rhin :* 69-71, place René-Goblet. ☎ 03-22-91-32-16. Fax : 03-22-92-42-31. Gros avantage, cet hôtel donne sur un petit square qui le préserve du bruit et de l'agitation de la principale artère commerçante du centre. Chambres bien équipées, de 275 à 340 F la double, petit déjeuner compris. Petits plats traditionnels et accueil très sympa au bistrot du rez-de-chaussée (menus entre 89 et 210 F). Parmi les spécialités : l'agneau de pré salé de la baie de Somme. Café ou digestif offert aux lecteurs du *G.D.R.* Souvent fréquenté en soirée par les artistes de la Comédie de Picardie. Pour l'anecdote : le film *Leningrad Cow-boys* a été tourné ici.

Où manger ?

|●| *LeT'chiot Zinc :* 18, rue Noyon. ☎ 03-22-91-43-79. À 5 mn de la vieille ville, sur le chemin de la gare. Fermé le dimanche et le lundi midi. Un de nos chouchous, tant pour l'intimité de son cadre bistrot art déco que pour la qualité de sa cuisine. On vous conseille bien sûr la ficelle picarde mais aussi la terrine de canard, exécutée selon une recette amiénoise traditionnelle. Autre spécialité maison : le lapin en gelée-pomme au four, délicieux. Formule express le midi et le soir à 68 F et menu complet à 95 F (boisson comprise).
|●| *Steak Easy :* 18, rue Metz-l'Évêque. ☎ 03-22-91-48-38. Ouvert tous les jours de 12 h à 1 h. Conversion totale pour cette ancienne salle paroissiale, transformée en repaire de jeunes branchés tex-mex. La déco insolite vaut le détour : avion grandeur nature suspendu en plein vol, authentique réfrigérateur des sixties accroché au mur... Le temple de la cuisine américaine en Picardie, sur fond de musique rock ou *bluesy*. Service jeune et rapide. Pas de menu. *Barbecue ribs* très copieux à 65 F, chili à 42 F, petites salades variées à partir de 25 F, *cheese cake* à 20 F. Apéritif maison offert sur présentation du guide.
|●| *La Soupe à Cailloux :* 16, rue des Bondes (place du Don). ☎ 03-22-91-92-70. Fermé le lundi. Dans le quartier Saint-Leu, entre la cathédrale et la Somme. Idéalement situé et très agréable en été grâce à sa

terrasse, hélas souvent prise d'assaut. Le cuisinier s'approvisionne au marché au bord de l'eau, tout proche, pour préparer de savoureux petits plats à l'accent régional : ficelle picarde, poulet sauce maroilles, salade de gésiers confits, saumon au lard, ou encore mouton aux pruneaux, amandes et sésame... Menus à 69 F (midi seulement) et 105 F. Dans le vieil Amiens, on aime *La Soupe à Cailloux,* c'est pourquoi rue des Bondes, c'est souvent bondé ! Apéritif maison offert sur présentation du guide.

|●| *Hostellerie du Belloy :* 29, route Nationale. ☎ 03-22-51-41-05. Fax : 03-22-51-25-14. À Belloy-sur-Somme, à 10 mn au nord-ouest d'Amiens. À voir les tablées d'habitués et les mines réjouies, on se dit que l'*hostellerie du Belloy* fait partie des auberges heureuses qui n'ont pas connu la crise. Accueil étonnant, plats copieux, service sans prétention, comme le cadre. S'il n'y avait pas les fleurs artificielles, on serait aux anges. Petit menu à 80 F, sinon à 120 F (terrine de confit d'oie à la confiture d'oignons, tarte maison...), 160 et 190 F.

|●| *Le Pré Porus :* 95, rue Voyelle. ☎ 03-22-46-25-03. Fax : 03-22-46-75-23. Fermé le lundi soir, le mardi soir et du 15 février au 15 mars. En venant d'Amiens, à l'entrée de Camon, juste avant le pont. De l'avis de tous, l'un des plus beaux cadres pour un déjeuner sur l'herbe au bord de la Somme et à deux pas (deux ramées si vous préférez) des hortillonnages. Spécialités de poisson. Menu de 95 à 230 F en semaine, de 165 à 230 F le week-end. Un supplément de prix, pas toujours justifié par la qualité de la cuisine. La guinguette à la mode des années 90 !

Où boire un verre ? Où sortir ?

♟ *La Lune des Pirates :* 17, quai Bélu. ☎ 03-22-97-88-47. Ouvert tous les jours en été, de 16 h à 3 h ; du mardi au samedi en hiver, de 18 h à 3 h. La grande attraction de la vie nocturne amiénoise. Pour ne pas dire une institution depuis la campagne d'affichage promo de la Municipalité (la photo représentait les maisons sur l'eau de Saint-Leu, *La Lune* en premier plan). De jour, c'est un café-bar décontracté, avec sa terrasse au bord du fleuve ; le soir, c'est un cabaret-spectacles.

♟ *Riverside Café :* place du Don. ☎ 03-22-92-50-30. Fermé le dimanche, sauf en été. Ouvert de 16 h à 3 h. Bar américain à la déco fifties. Clientèle jeune, service souriant et bon choix de bières mexicaines et de cocktails. Si vous montrez ce guide, on vous accordera 10 % de réduction sur le prix des consommations.

♟ *Nelson Pub :* 1-3, quai Bélu. ☎ 03-22-91-56-00. Ouvert tous les jours de 11 h (16 h en hiver) à 2 h. Belle déco pour un lieu de rendez-vous sympa mais peu intime lorsque le karaoké bat son plein.

♟ *Le Grand Wazoo :* 5, rue Vulfran. De la gare, prendre la rue qui s'engage sous le porche. Ouvert tous les jours de 17 h à 1 h. Fermé en juillet et août. Ambiance très décontractée pour ce bar enfumé sans prétention, connu surtout pour ses concerts live à partir de 21 h. Pour connaître les programmes, se renseigner à l'office du tourisme.

– *Le Triplex :* 14, rue des Archers. Ouvert du mardi au samedi, de 22 h 30 à 4 h. Lorsque les bars du quartier Saint-Leu ferment leurs portes, *Le Triplex* est l'adresse idéale où terminer la soirée. La mezzanine et le bar ont plus des airs de chalet de montagne que de boîte de nuit ; piste de danse en sous-sol. À recommander aux adeptes de la techno. Soirées à thèmes : 30 F en semaine et 60 F le week-end.

– Plein d'autres bars dans le quartier Saint-Leu, vous aurez l'embarras du choix. Quartier vraiment sympa et très animé les soirs de week-end.

À voir

★ *La cathédrale Notre-Dame d'Amiens :* place Saint-Michel. Ouverte toute l'année ; de Pâques au 30 septembre de 8 h 30 à 19 h, du 1er octobre à Pâques de 8 h 30 à 12 h et de 14 h à 17 h (18 h le samedi). Ouverte le dimanche de 14 h 30 à 17 h (hors saison) et de 8 h 30 à 19 h en saison. Restauration laser en cours sur la façade occidentale.

Plus que le plus grand trésor d'Amiens, cette cathédrale est tout simplement l'un des chefs-d'œuvre de l'Humanité, inscrite à ce titre au patrimoine mondial de l'Unesco. Rappelons aussi, au risque de radoter, qu'elle est la plus grande de France : son volume total (200 000 m^3) est le double de celui de Notre-Dame de Paris ! Pour rester dans les chiffres : 145 m de long, 70 m de large, 112 m de haut (à la pointe de la flèche) et des fondations allant jusqu'à 10 m de profondeur. Cela dit, ce ne sont pas ses dimensions qui en font une merveille, mais bien l'accomplissement artistique qu'elle représente, considéré comme l'apogée du gothique. Pas étonnant qu'elle ait servi de modèle à tant d'autres cathédrales, dont celles, célèbres, de Bruges et de Cologne. Élevée en 1220 sur les restes d'un édifice roman foudroyé, la cathédrale d'Amiens doit abriter une relique de saint Jean Baptiste mais aussi rappeler que la ville est alors l'une des plus riches de France, grâce à ses marchands drapiers. Les travaux, fait suffisamment rare pour être souligné, dureront à peine 60 ans. D'où l'étonnante homogénéité de l'ensemble. Il semble que le ciel ait décidé d'accorder sa protection à l'édifice, qui ne souffrit ni pendant la Révolution, ni pendant les deux guerres mondiales : en 1918, le Kaiser ordonna à son artillerie d'épargner l'édifice et, en 1940, les bombes allemandes, à nouveau, enflamment le centre-ville mais laissent intacte la cathédrale, que les habitants avaient protégée avec des sacs de sable !

Bon, c'est pas tout, encore faut-il réussir à visiter cet immense vaisseau, surnommé par le grand critique d'art John Ruskin le « Parthénon du gothique »... Pour vous faciliter le travail, voici, classés par ordre d'apparition, les principaux chefs-d'œuvre des lieux (il y en a bien d'autres) :

● *La façade principale (à l'ouest) :* une véritable bible de pierre, composée d'une statuaire d'une richesse inouïe. Le portail central, dit du Beau-Dieu, est le plus réussi : on peut y admirer apôtres et prophètes merveilleusement sculptés, ainsi qu'un Christ célèbre, le « beau Dieu d'Amiens », considéré comme l'un des plus grands trésors artistiques du XIIIe siècle. À gauche, le portail de Saint-Firmin, où l'on remarque des médaillons riches en scènes évocatrices. Au-dessus des portails, la galerie des Rois, pleine de relief, aux statues monumentales. À noter la restauration achevée du portail de la mère-Dieu.

● *La façade sud :* encore une débauche de sculptures, également superbes mais un peu plus tardives. Dans le portail de la Vierge dorée (au centre), une très réussie Vierge à l'enfant de la fin du XIIIe siècle, qui n'a plus rien de doré (la peinture, ça n'a qu'un temps) mais a gardé toute sa grâce, même si ce n'est pas l'original que l'on peut admirer.

● *La nef :* vous serez tout de suite pris à la gorge en pénétrant à l'intérieur de l'édifice. On n'a pas souvent l'habitude de confronter notre petitesse à de telles proportions (pourtant, des cathédrales, croyez-nous, on en a visité plus d'une)... Ce qui séduit d'emblée c'est la clarté. Si on compare souvent les cathédrales à des forêts, eh bien ! ici, on se croirait dans une clairière. Avec des baies de 12 m de haut et des voûtes s'élevant à plus de 42 m, on comprend que la lumière se sente ici chez elle... Véritable prouesse technique, l'élévation de cette nef n'a pas encore été surpassée. Pourtant, comme le soulignait Claudel, qui s'y connaissait un peu, la cathédrale d'Amiens est « incomparable dans sa sublime simplicité ». Au fond, de grandes orgues du XVIe siècle (3 000 tuyaux), surmontées d'une gigantesque rose de la Mer du XVe. Au centre de la nef, remarquez le fameux labyrinthe du sol, dessiné au XIIIe siècle mais reconstitué en marbre au début du XIXe. Pour l'anecdote, son parcours de 234 m était destiné aux pèlerins n'ayant pas les moyens de se rendre... à Jérusalem !

● *Les clôtures du chœur :* comme leur nom l'indique, ces hautes cloisons séparent le chœur de la nef. Elles se distinguent par une décoration de style flamboyant de la fin du XVe siècle, reconnue comme une véritable splendeur. Les sculptures de la clôture sud (les premières en entrant, sur la droite) sont de loin les plus remarquables : elles représentent l'arrivée de saint Firmin à Amiens, mais les artistes se sont autorisé un anachronisme en représentant les costumes de leur époque.

● *Les stalles :* à l'intérieur du chœur (attention, fermeture 30 mn avant le reste de la cathédrale). La merveille des merveilles, à voir en priorité. Cet ensemble de 110 stalles incroyablement bien conservées est l'une des plus pures réussites de l'histoire de la sculpture sur bois. Réalisées au début du XVIe siècle, elles ont nécessité 14 ans de travail, occupant une dizaine d'artisans. Résultat : près de 4 000 personnages minuscules, criants de vérité, illustrent 400 scènes de la Bible, admirablement gravées dans le chêne. Prenez bien le temps d'observer un maximum de scènes : les détails foisonnent, sculptés au dos des fauteuils, sur les accoudoirs, les marchepieds, partout.

● *Les chapelles :* on en trouve des dizaines, toutes richement décorées. Parmi les plus intéressantes, la chapelle Saint-Pierre-et-Saint-Paul (à droite en entrant), où vous pourrez voir la Vierge dorée, plus loin à droite celle de Saint-François-d'Assise (vitrail du XIIIe siècle) et, à peu près en face, *L'Ange pleureur,* star de la cathédrale. Cette poupine sculpture, envoyée de par le monde lors du conflit de 14-18, du début du XVIIe siècle, adorée par la population, est, paraît-il, la carte postale la plus vendue d'Amiens.

★ *Le musée de Picardie :* 48, rue de la République. ☎ 03-22-97-14-00. Ouvert tous les jours de 10 h à 12 h 30 et de 14 h à 18 h. Fermé le lundi et certains jours fériés. Entrée payante. L'un des musées majeurs du nord de la France, inauguré en 1867 par Napoléon III et l'impératrice Eugénie sous les yeux de Jules Verne. Comme le Louvre, dont il s'inspire en partie, le musée de Picardie vaut autant pour son bâtiment (véritable palais) que pour ses collections. La visite se décompose en 4 départements, répartis sur 3 niveaux :

● *Les collections du Moyen Âge :* au rez-de-chaussée, à gauche de l'entrée. Nombreux objets d'art religieux, du Xe au XVIe siècle, parmi lesquels de beaux ivoires, des pièces d'orfèvrerie, des émaux, des reliquaires et beaucoup de statues provenant des églises picardes. On y trouve aussi des pièces d'origine de la cathédrale d'Amiens, dont la pierre centrale du labyrinthe et des sculptures de l'ancien jubé.

● *Les sculptures* (du XVIe au XIXe siècle) : dans le prolongement des salles médiévales. Grand choix de statues, la plupart d'inspiration mythologique. On fait connaissance avec les sculpteurs picards, certains fameux, comme Nicolas Blasset, qui travailla à la décoration de la cathédrale.

● *L'archéologie :* au sous-sol. Vaste panorama, de la préhistoire à la période gallo-romaine. Vitrines très bien présentées. L'essentiel des pièces provient des fouilles régionales, mais le bassin méditerranéen est également présent avec une belle collection d'antiquités égyptiennes (sarcophages, papyrus) et grecques (amphores étonnamment bien conservées). Parmi les vestiges gaulois retrouvés à Amiens, une amusante figurine de bronze, sorte de stylo avec un capuchon, représentant Priape monté sur un phallus !

● *Les peintures :* à l'étage. Avant de prendre l'escalier, jeter un coup d'œil au grand salon, somptueux, décoré de toiles monumentales du XIXe siècle. L'escalier d'honneur est célèbre pour ses fresques, commandées spécialement à Puvis de Chavannes.

Dans la première galerie, ses peintures murales les plus imposantes, *La Guerre et la Paix,* ainsi qu'un buste sculpté par Rodin. Les galeries suivantes, chacune consacrée à une période picturale précise, s'enchaînent chronologiquement.

Le premier salon, consacré aux primitifs, renferme la collection du Puy d'Amiens, trésor du musée. Ces peintures du XVIe siècle commandées à des anonymes par une académie religieuse (appelée Puy), décoraient autrefois la cathédrale. On les reconnaît à leurs cadres de bois étonnants, sculptés dans le style flamboyant propre à la cathédrale. Juste en face de l'entrée, le plus célèbre de ces tableaux : la *Vierge au palmier*.

Galerie suivante (XVIe et XVIIe siècles), au moins quatre œuvres retiennent l'attention : le *Portrait d'homme* du Greco, le *Pasteur Langelius* de Frans Hals, un *Miracle de saint Donat* par Ribera et une *Tête de vieillard* très réussie de Jordaens.

Salle suivante, une autre *Tête de vieillard*, mais de Fragonard, saisissante, déjà très moderne pour l'époque (1770). Beaucoup d'œuvres françaises dans cette pièce, dont des Boucher et quatre Chardin. Également les célèbres *Scènes de chasse en pays étrangers*, exécutées par divers artistes (dont Van Loo et Boucher) pour les appartements de Louis XIV à Versailles. Côté XIXe siècle, l'école de Barbizon et nombre de paysagistes : Corot, Millet, Isabey, Courbet, Jongkind, etc. Enfin, le XXe siècle n'est pas oublié avec des œuvres de Picasso, Bacon, Hélion, Picabia, Balthus et Dubuffet, entre autres grands noms.

Dans la rotonde du rez-de-chaussée, on peut admirer également le *Wall Drawing no 711* de l'Américain Sol Lewitt.

★ *Le quartier Saint-Leu :* situé entre la cathédrale et la Somme, c'est le cœur toujours vivant de la vieille ville. Traversé par les bras du fleuve, ce quartier bâti sur l'eau au Moyen Âge a de tout temps hébergé meuniers, tanneurs, artisans et artistes. Après la guerre, joliment reconstruit, Saint-Leu a conservé son charme, sa poésie et son pittoresque : maisons de poupée en brique ou recouvertes de bardeaux de bois, quais fleuris, terrasses nonchalantes et palette de couleurs, que reflètent les canaux.

Le quartier, rajeuni par l'implantation des universités, a pourtant réussi à retrouver son âme, se repeuplant essentiellement d'antiquaires, de brocanteurs, bouquinistes, galeristes et autres fripiers. Et de vieilles traditions se perpétuent, comme celle du marché au bord de l'eau, qui se tient quai Parmentier les jeudi et samedi (matin) et, encore plus typique, celle du marché sur l'eau (une fois par an), héritée de l'époque où les hortillons venaient vendre leurs produits en barque (comme à Bangkok !). Les autochtones, à commencer par les étudiants, aiment toujours autant se retrouver dans les restaurants, les cafés et les cabarets des quais.

Il faut prendre le temps de flâner sur l'îlot du Don, centre névralgique de Saint-Leu, d'admirer la cathédrale du quai Bélu (ancienne rue de la Queue-de-Vache !), de pénétrer dans les passages couverts et d'explorer les coins reculés du quartier, encore riches en habitations populaires. Quelques surprises au cours de la promenade : l'étrange château d'eau du port d'Aval, les vieux moulins à colombage et le théâtre de marionnettes, rue Édouard-David, dernier bastion de la langue picarde, qui fait revivre les aventures de papa Tchutchu et du héros Lafleur. C'est d'ailleurs dans la rue Saint-Leu teintée de nostalgie que se rencontrèrent Manon Lescaut et le chevalier Des Grieux...

Si vous pouvez, n'hésitez pas à entrer dans l'église Saint-Leu (toujours rue Saint-Leu) qui date du XVIe siècle et qui possède une belle voûte de bois en forme de coque de bateau retournée.

★ *Les hortillonnages :* à l'est du quartier Saint-Leu. La grande curiosité d'Amiens : des marais dans le centre-ville ! Imaginez de fantastiques jardins flottants, parsemés de rieux (petits cours d'eau), où se perpétuent l'horticulture et les cultures maraîchères, dans le sifflotement de toute une faune aquatique : hérons, cols-verts, poules d'eau, martins-pêcheurs, cygnes, ragondins, anguilles et batraciens. En tout, un puzzle de 300 ha, quadrillé d'un système hydrographique ahurissant (55 km de cours d'eau), unique en son genre en France.

Anciens marais mis en valeur par les Romains, les hortillonnages furent d'abord des jardins (*hortus* en latin), reconvertis dans la production de tourbe au XIIIe siècle, puis en vaste jardin potager alimentant la ville. Ses maraîchers (les *hortillons*) utilisent encore d'étranges barques de 10 m de long, aux apparences de gondoles. Appelées *bateaux à cornets,* elles sont manipulées à l'aide d'une perche et d'une rame (la *pelle*). Il ne reste aujourd'hui que 36 ha de cultures contre 300 au début du siècle. Les hortillons vendent leurs produits sur le marché dans le quartier de Saint-Leu les jeudi et samedi matin.

Pour découvrir cet extraordinaire écosystème et ses traditions d'un autre âge, une seule solution pour les marcheurs : le pittoresque chemin de halage, qui part du boulevard de Beauvillé (sur la droite après le pont) et longe les hortillonnages à travers la verdure. Mais la meilleure solution reste la promenade en barque. L'association pour la sauvegarde du site propose des visites guidées tous les jours d'avril à octobre. Sur réservation pour les groupes ; pour les individuels, de 14 h à 18 h. Les barques partent quand elles sont complètes (12 personnes). À ne pas rater.

Renseignements : 54, bd Beauvillé (entrée du site). ☎ 03-22-92-12-18.

Amiens sur les traces de Jules Verne

À force d'associer le papa du *Nautilus* à sa ville natale (Nantes), on oublie qu'il passa plus de temps dans celle où il mourut... « Sur le désir de ma femme, je me fixe à Amiens, ville sage, policée, d'humeur égale », écrit Jules Verne en 1871. Grâce à lui, le rêve va s'emparer de la cité bourgeoise : l'écrivain lit des extraits de ses romans aux notables de la ville et donne de grands bals costumés, dont un sur le thème « De la Terre à la Lune », avec fusée géante en carton-pâte ! Il écrit même un récit de science-fiction consacré à sa ville d'adoption : *Une ville idéale : Amiens en l'an 2000.*
De fil en aiguille, Jules Verne devient conseiller municipal. Il le restera 16 ans, veillant autant à l'urbanisation qu'à la vie culturelle. Ce qui ne l'empêcha nullement de poursuivre son œuvre, puisqu'il rédigea une soixantaine de romans à Amiens, ainsi que dans sa maison du Crotoy. On comprend pourquoi il s'amusait à déclarer : « Je suis une bête de Somme ! »

★ *La maison de Jules Verne :* 2, rue Charles-Dubois. ☎ 03-22-45-09-12. Ouverte du lundi au vendredi de 9 h à 12 h et de 14 h à 18 h, ainsi que le samedi après-midi. Entrée payante. Le bel hôtel particulier de l'écrivain, reconnaissable à sa mystérieuse tour, accueille le *Centre de documentation Jules Verne,* consacré aux chercheurs mais également ouvert au public. On visite le cabinet de travail reconstitué, l'élégante véranda, de beaux salons d'époque et la bibliothèque. À voir entre autres : des maquettes du *Nautilus,* un hologramme du premier homme sur la Lune et plus de 20 000 documents liés à l'univers vernien.

★ *Le cirque d'Amiens :* mail Albert-Ier, au bout de l'avenue de la République. Étonnant bâtiment circulaire, qui rappelle un peu le cirque d'Hiver de Paris. Construit par l'architecte Émile Ricquier, ami de Jules Verne, il fut inauguré par ce dernier en 1889. Passionné par le cirque, l'auteur des *Voyages extraordinaires* eut, paraît-il, l'idée de ce bâtiment au cours d'une promenade. Révolutionnaire pour l'époque (un mécanisme complexe permet la transformation de la scène en gradins), le projet fut beaucoup décrié et ne vit le jour que grâce à l'acharnement de Jules Verne. Aujourd'hui, le cirque sert principalement de salle de concerts.

★ Pour fans seulement : la *Caisse d'Épargne,* dont Verne fut administrateur (belle façade sculptée), l'*hôtel de ville* où il travailla (architecture typique du XIXe siècle) et la *deuxième demeure amiénoise* de l'écrivain, située 44, bd de Longueville (à deux pas de son autre maison).

★ *Le cimetière de La Madeleine :* rue Gutenberg, au nord-ouest du centre-ville. Ouvert tous les jours de mai à fin août, de 8 h à 19 h. Agréable promenade parmi les arbres et les tombes luxueuses. La plus célèbre : celle de Jules Verne, décorée par le sculpteur Albert Roze dans un style très symbolique.

À voir dans les environs

★ *La cité souterraine de Naours :* ☎ 03-22-93-71-78. Visites guidées du 1ᵉʳ février au 15 novembre, de 9 h à 12 h et de 13 h 30 à 18 h 30 (la cité est désormais fermée du 16 novembre au 1ᵉʳ février). Ces *muches* (ou cachettes en picard) furent creusées à partir du IIIᵉ siècle dans la craie du plateau picard par les habitants de la région qui cherchaient refuge face aux maintes guerres et invasions. Elles pouvaient accueillir jusqu'à 3 000 personnes. On peut y voir des dizaines de chambres, une chapelle à trois nefs, des étables et des puits.

★ *Les muches de Domqueur :* sur la D12, en direction de Saint-Riquier. ☎ 03-22-28-03-09. Visites guidées du 1ᵉʳ mai au 30 septembre le dimanche de 15 h à 18 h (plus le samedi aux mêmes horaires en juillet et août). Creusées à la fin du Moyen Âge. Une cinquantaine de chambres, réparties sur trois galeries.

LE CIRCUIT DU SOUVENIR

Bien que la Somme soit avant tout célèbre pour sa baie, elle est aussi profondément marquée par la « Grande Guerre », et les cicatrices laissées par la Bataille de la Somme sont encore omniprésentes aujourd'hui.
Dans l'est du département, peu de villages ont échappé aux destructions et presque tous abritent un cimetière militaire. Les traces abandonnées par les duels d'artillerie sont encore nettes dans le paysage. Il faut avouer que les combats, qui s'étalèrent sur toute l'année 1916, furent terribles : plus d'un million de morts dans chaque camp ! Par ailleurs, jamais peut-être le terme de conflit mondial ne fut autant approprié ; plus de trente nations prirent part à la bataille, essentiellement des membres du Commonwealth. Aujourd'hui, elles ont pratiquement toutes leur cimetière et leur mémorial.
Plus que la beauté de ces endroits, c'est surtout la spécificité de chaque site qui frappe sur ce circuit, long de 80 km : un seul point commun en effet entre les mémoriaux sud-africain, australien, anglais, néo-zélandais ou encore le cimetière chinois de Noyelles : le souvenir !

Où dormir ? Où manger ?

🏠 ▮◉▮ *Hostellerie des Remparts :* 23, rue Beaubois, 80200 Péronne. À 100 m de la rue principale. ☎ 03-22-84-01-22. Une hostellerie qui sent bien la France de l'après-guerre, aussi tranquille que la rue et le parc qui la bordent. Salle à manger cossue, où l'on vous initiera à la cuisine du terroir à partir de 90 F (menu servi uniquement le midi en se-

maine). Menu « terroir » à 155 F, gastronomique à 190 F, et enfin dégustation à 350 F. Carte assez chère, mais qui évolue en fonction des saisons. Service inégal. Chambres doubles à partir de 220 F (non rénovées), et à 330 F pour des chambres aux décors très rococo.
🏠 ▮◉▮ *Hôtel de la Basilique :* 3-5, rue Gambetta, 80300 Albert. ☎ 03-

22-75-04-71. Fax : 03-22-75-10-47. Fermé le dimanche et le samedi soir hors saison. Congés annuels : 15 jours en août et pendant les vacances de Noël. Situé en face de la basilique d'Albert qui, avec ses briques rouges, sa *Vierge à l'enfant* et ses vitraux, vaut le détour. Accueil familial, petites chambres confortables (doubles à 290 F avec douche et 310 F avec bains) et, bien sûr, bonne cuisine régionale, à découvrir au menu à 150 F. Autres menus à 65, 80, 110 et 190 F. Pâté de canard en croûte maison, lapin aux pruneaux... Demi-pension (de 250 à 340 F par personne) obligatoire en saison. Réduction de 10 % sur le prix de la chambre pour nos lecteurs à partir de deux nuits consécutives hors saison.

Le Sully : 45, rue Jacques-Mossion, 80600 Doullens. ☎ 03-22-77-10-87. Fermé le lundi et 15 jours à partir de la Fête des pères et la première quinzaine de janvier. Dans une maison récente, 7 chambres très propres avec tout le confort, mais sans charme particulier. Doubles à partir de 195 F. Accueil au pied d'un majestueux escalier en fer forgé. Au restaurant, bons menus à 59, 85 et 130 F avec des spécialités régionales bien préparées.

À voir

Chaque année, lors des fêtes nationales ou des anniversaires de batailles, diverses manifestations et pèlerinages sont organisés. Pour toute information sur le calendrier, s'adresser au Comité départemental du tourisme à Amiens.

★ *L'historial de la Grande Guerre à Péronne :* château de Péronne. ☎ 03-22-83-14-18. Fax : 03-22-83-54-18. Ouvert tous les jours (entre le 1er mai et fin septembre) de 10 h à 18 h. Hors saison, ouvert de 10 h à 18 h du mardi au dimanche. Fermeture annuelle de mi-décembre à mi-janvier. Logé dans le fort de la ville, c'est le point de départ obligé du Circuit du Souvenir. Son architecture combine idéalement histoire et modernité. Ce musée retrace de manière très pédagogique la vie quotidienne pendant la Première Guerre mondiale, au front ainsi qu'en Allemagne, en Angleterre et en France. Une visite fort intéressante.

★ *Rancourt :* seul lieu du souvenir français, avec sa nécropole et sa chapelle.

★ *Le mémorial sud-africain de Longueval :* dans le bois de Delville, un mémorial imposant abrite un intéressant musée sur la bataille qui eut lieu ici en 1916. Musée ouvert de 10 h à 17 h 45, sauf les lundi et jours fériés. Également le mémorial néo-zélandais.

★ *Tommy, Café du Souvenir :* à Pozières (sur la route en direction d'Albert). Déco complètement hétéroclite pour ce café de campagne : de multiples objets se rapportant bien entendu à la Grande Guerre. Idéal pour une courte halte.

★ *Le mémorial anglais :* à Thiepval. L'imposant monument repose sur 16 piliers sur lesquels sont gravés les noms de quelque 72 000 soldats anglais morts sans tombe connue.

★ *Le parc terre-neuvien :* à Beaumont-Hamel. C'est de cet endroit que partit l'attaque du régiment royal de Terre-Neuve le 1er juillet. Ici, pas de mise en scène : le parti a été pris de laisser en l'état les tranchées, les trous d'obus et de mines qui ont grêlé le terrain.

★ *Lochnagar Crater :* à La Boisselle, un peu avant Albert. C'est l'unique cratère de mines encore accessible aujourd'hui. Diamètre plutôt impressionnant.

★ *Le musée des Abris :* à Albert, au pied de la basilique. Ouvert de mars à novembre, tous les jours de 10 h à 12 h et de 14 h à 18 h. Installé dans un ancien abri antiaérien, le musée évoque la vie dans les tranchées pendant la guerre. Pas inintéressant mais, si vous y allez, profitez également de la *basilique!*

À voir dans la région

★ *Doullens :* plus loin à l'ouest. On peut y visiter la salle dite du « commandement unique » (dans l'hôtel de ville). C'est là que le général Foch reçut le commandement en chef des armées alliées. Mais on vient surtout à Doullens pour sa citadelle (visite les week-ends et jours fériés à 15 h et 16 h 30).

★ *Le mémorial australien :* après Villers-Bretonneux, sur la route de Corbie ensemble imposant, dominant une colline, avec une vue dégagée sur les environs. Le lieu est souvent battu par les vents.

★ *Le cimetière chinois de Noyelles :* voir le texte dans les « Environs de Saint-Valéry-sur-Somme », itinéraire 9.

LA BAIE DE SOMME
Saint-Valery-sur-Somme. Le Crotoy. Rue.
L'abbaye de Valloires.
Le parc ornithologique du Marquenterre.

La Somme est un fleuve nonchalant qui s'attarde longuement dans le plat pays picard avant de se jeter dans la mer. Il en résulte de gigantesques marais s'étalant sur plusieurs centaines d'hectares. Vaste étendue de sable et d'herbes hautes, la baie de Somme est aujourd'hui le terrain privilégié des moutons de pré-salé et le refuge des oiseaux. C'est tout un enchevêtrement de zones incertaines, balayées par les embruns. Au gré du vent, les dunes avancent ou reculent, comblant les ports (comme Rue), recouvrant parfois des villages (les deux églises de Saint-Quentin-en-Tourmont ont été ensevelies sous les sables).

La baie de Somme, trop méconnue, est un endroit merveilleux et encore sauvage. C'est aussi un lieu de week-end idéal pour les enfants. Ils apercevront des colonies d'oiseaux migrateurs dans le parc du Marquenterre et pourront se balader dans un petit train à vapeur.

Comment y aller ?

– **Par la route :** autoroute A1 (porte de la Chapelle) ou A15 (Cergy), puis A16, direction Amiens. Cette autoroute rejoint ensuite Boulogne et Calais via Abbeville. Pour la baie de Somme, sortir au nord d'Abbeville (jonction avec l'A28) et prendre la D40 jusqu'à Saint-Valery-sur-Somme.
– **Par le train :** de la gare du Nord, une quinzaine de trains par jour pour Amiens. On peut se rendre directement en baie de Somme en continuant jusqu'à Noyelles. Puis autocar privé jusqu'à Saint-Valery-sur-Somme (6 km). Renseignements S.N.C.F. : ☎ 08-36-35-35-35 (2,23 F la minute). Internet : www.sncf.fr.

SAINT-VALERY-SUR-SOMME (80230)

C'est de là que Guillaume de Normandie partit à la conquête de l'Angleterre en 1066. Aujourd'hui, la petite cité oubliée est composée d'une ville haute et d'une ville basse. La partie basse s'étale le long de la Somme. Les bateaux de pêche s'y abritent le soir. La pêche à la sauterelle (crevette grise) y est toujours florissante malgré l'ensablement progressif. Composé surtout de maisons basses, ce quartier est encore habité par les pêcheurs. Très différente d'aspect, la ville haute est plus ancienne. Elle conserve une bonne partie de ses remparts. C'est aussi le quartier historique. On y accède par la jolie *porte de Nevers* construite au XVIe siècle.

Adresses utiles

🛈 ***Office du tourisme :*** 2, place Guillaume-le-Conquérant. ☎ 03-22-60-93-50. Fax : 03-22-60-80-34. Ouvert de 9 h 30 à 12 h et de 14 h 30 à 17 h (19 h en été). Fermé le lundi.

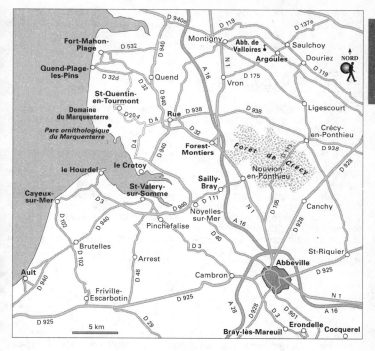

LA BAIE DE SOMME

■ *Location de VTT :* au *Véloci-pède,* 1, rue du Puits-Salé. ☎ 03-22- 26-96-80. À gauche, juste après la porte de Nevers.

Où dormir ? Où manger ?

▲ |●| *Relais Guillaume de Normandie :* 46, quai du Romerel. ☎ 03-22-60-82-36. Fax : 03-22-60-81-82. Au pied de la ville haute, le long de la digue-promenade. Fermé le mardi (hors saison) et en décembre. Près de la porte de Nevers. Manoir décadent tout en hauteur et complètement biscornu. L'édifice fut construit au bord de l'eau par un lord anglais, il y a une centaine d'années, en l'honneur de sa maîtresse. Toutes les chambres ont été refaites et bénéficient d'un confort remarquable. Double à 290 F avec douche et w.-c., à 315 F avec bains. Demander la chambre n° 1 qui dispose d'une charmante petite terrasse. Il est préférable de réserver. Pour les lecteurs du *Routard,* 10 % de réduction sur le prix de la chambre pour un séjour d'au moins deux nuits. Menus de 85 à 210 F avec de délicieuses spécialités régionales, servies dans une belle salle à manger. On regrette que, malgré un service impeccable, l'accueil soit un peu froid.

▲ |●| *Hôtel du Port et des Bains :* 1, quai Blavet. Dans la ville basse, face à l'embouchure de la Somme. ☎ 03-22-60-80-09. Fermé en novembre. Menus de 81 à 184 F. Chambres doubles avec douche de 250 à 280 F, au confort sommaire (w.-c. sur le palier) et mal insonorisées.

l●l *Le Nicol's :* 15, rue de la Ferté. ☎ 03-22-26-82-96. Ouvert 7 jours sur 7 en saison. Fermé le lundi et de janvier à mars. Derrière l'office du tourisme. Bon petit resto proposant des menus de 68 à 160 F. Marmite Côte d'Opale, cassoulet de fruits de mer, etc. Accueil inégal.

Où dormir ? Où manger dans les environs ?

▲ l●l *Hôtel de Paris :* 31, Grande-Rue, à Ault. ☎ 03-22-60-40-25. Fax : 03-22-60-80-57. Pour admirer Ault et ses impressionnantes falaises, quoi de mieux qu'un petit hôtel sans prétention aucune et pas ruineux pour un brin. Les proprios vous accueillent en toute simplicité. Chambres propres et calmes. Doubles à 130 F avec lavabo et à 230 F avec douche ou bains et w.-c. Nourriture sans raffinement extrême, mais non sans saveur. Là encore, c'est à la bonne franquette. Menus de 80 à 155 F.

l●l *Chez Adrienne :* 83, av. Paul-Doumer, à Cayeux-sur-Mer. ☎ 03-22-26-60-22. Situé près de la gare. Elle est drôle, Adrienne, avec son côté Balasko version *Gazon maudit* et son resto créole où routards, routiers et fêtards se côtoient le verre à la main. Une adresse comme on les aime, un peu perdue à côté d'une gare qui ne sert plus que pour le petit train touristique. Ses spécialités ? mi-créoles, mi-régionales : colombo d'agneau ou de poisson, gigot de pré-salé ! Ses prix ? 70, 90, 110 et 140 F. Apéritif maison offert sur présentation du guide.

À voir. À faire

★ *La ville haute :* tout de suite à droite après la *porte de Nevers*, l'*église Saint-Martin*, intéressante pour ses murs composés d'éléments en grès et en silex disposés en damier. Et puis, il faut se promener dans les ruelles mélancoliques de cette partie de la ville. Rideaux de dentelle aux fenêtres et gros pavés. L'atmosphère tranquille et l'aspect des maisons rappellent étrangement certains villages anglais. Après tout, la Picardie n'a cessé, durant des siècles, de passer de la Couronne de France à celle d'Angleterre. On peut pousser la promenade jusqu'à la *chapelle des Marins.* Construction sans aucun charme, mais les commentaires du curé ainsi que le panorama sur la baie de Somme valent le déplacement.
Enfin, la *promenade le long de la mer* en suivant la digue-promenade, bordée d'arbres et de villas cossues, est bien agréable. Et puis elle est interdite aux voitures, ce qui ne gâche rien.

★ *Le musée de l'Outil (écomusée Picarvie) :* 5, quai du Romerel (face au casino). ☎ 03-22-26-94-90. Ouvert de 14 h à 19 h. Fermé le mardi, sauf en été, et du 15 novembre à mi-février. Sur rendez-vous le matin. Derrière une façade qui ne paie pas de mine, on découvre l'une des plus étonnantes collections d'outils et d'objets picards anciens (plus de 6 000 pièces).
On la doit à M. Longuein qui, durant toute sa vie de maçon, récupéra au hasard de ses chantiers la plupart des objets présentés. Au bout de quelques années, la quantité était telle qu'il décida de transformer sa propre maison en musée. En trois ans, il reproduisit et aménagea chez lui et à l'échelle un véritable village picard du début du siècle avec ateliers, échoppes, ferme, école, café... À ne pas manquer.

★ *Le chemin de fer de la baie de Somme :* fonctionne d'avril à fin septembre. Horaires variables, pour tout renseignement, appelez : ☎ 03-22-26-96-96, ou à l'office du tourisme de Saint-Valery. Cette ligne qui assure la liaison entre Le Crotoy, Noyelles, Saint-Valery et Cayeux faisait partie de ce « réseau des Bains de mer » si prospère au début du siècle. Ces petits tortillards desservaient les stations balnéaires en vogue. Avec la démocratisation de la voiture, les lignes fermèrent l'une après l'autre. Grâce aux efforts d'une association de bénévoles, le petit train à vapeur de la baie de Somme roule à nouveau pour la plus grande joie des enfants. 27 km de promenade pittoresque.

À voir dans les environs

★ *Le cimetière chinois de Noyelles-sur-Mer :* entre Saint-Valery et Le Crotoy. Surprenant cimetière où sont enterrés 887 ouvriers chinois (employés par les Britanniques durant la Première Guerre mondiale à la construction d'un important complexe militaire) morts après 1918... d'une épidémie de grippe espagnole.

★ *La maison de l'Oiseau :* de Saint-Valery, prendre la D3 vers Le Hourdel. ☎ 03-22-26-93-93. Ouverte de février au 15 novembre de 10 h à 18 h. En juillet et août, de 10 h à 19 h. Étonnante collection de plus de 300 oiseaux naturalisés. Mais c'est aussi une célébration de la nature et de l'une de ses plus belles composantes, l'oiseau. Reconstitution de plusieurs paysages de la côte picarde, d'une hutte de chasse avec sa mare peuplée d'oiseaux.

★ *La pointe du Hourdel (Café de la Pointe) :* c'est là que finit la Somme et que commence la mer ; Le Hourdel est la pointe sud de la baie de Somme.

★ *Les hables d'Ault :* il s'agit de marais entre la route d'Ault et la mer. Il est intéressant d'y flâner : on y voit les huttes pour la chasse, les pâturages, les étangs avec des cygnes et toutes autres sortes d'oiseaux.

LE CROTOY (80550)

À quelques kilomètres au nord de Saint-Valery-sur-Somme. Pour y aller, prendre la D940 qui longe les champs des prés-salés ou le petit train (voir plus haut).
Aujourd'hui, le port a surtout une activité de station balnéaire bien familiale. La petite ville se vante d'avoir la seule plage de tout ce littoral exposée au midi. En 1430, Jeanne d'Arc fut enfermée au Crotoy avant d'aller à Rouen. De nombreux personnages célèbres séjournèrent aussi au Crotoy : Jules Verne, qui y écrivit des passages de *Vingt Mille Lieues sous les mers,* Toulouse-Lautrec, Boudin, Colette... Le Crotoy fut aussi le théâtre des premiers essais d'aviation des frères Caudron.

Adresse utile

◘ *Maison du tourisme :* 1, rue Carnot. ☎ 03-22-27-05-25. Ouvert tous les jours de 10 h à 12 h et de 15 h à 18 h (de 10 h à 19 h sans interruption en juillet et août). Fermée le mardi et le dimanche après-midi hors saison.

Où dormir ? Où manger ?

🛏 I●I *Les Tourelles :* 24, rue Pierre-Guerlain. ☎ 03-22-27-16-33. Fax : 03-22-27-11-45. Fermé 3 semaines en janvier. S'il reste une chambre libre (il n'y en a que 19!), n'hésitez pas une seconde! Posez vos valises dans cet ancien hôtel particulier et remerciez le Bon Dieu... Car dans cette remarquable bâtisse rouge brique rehaussée de deux tourelles, les chambres se réservent des semaines à l'avance! Surplombant la baie de la Somme avec la mer aux pieds, cet établissement fait l'unanimité. Rien n'est laissé au hasard : ni le délicieux restaurant sur jardin où l'on dîne franco-belge (menus à 117 et 157 F ou carte), ni les chambres de charme avec vue imprenable (nos préférées sont la n° 33 dans le donjon et la n° 14 plein sud), ni le salon-bar gustavien où l'on se prélasse sans se lasser, ni le dortoir et la salle de jeux destinés aux enfants... Il y a même une paire de jumelles mise à la disposition des clients pour observer les phoques! Chambres doubles de 275 à 330 F. Animaux domestiques autorisés. Apéritif offert sur présentation du guide. Un endroit rare!

l●l *Chez Gérard :* 22, rue Victor-Petit. ☎ 03-22-27-04-50. Fermé le mardi. Dans un bric-à-brac de brocanteur, Gérard – un mélange de Falstaff et de Corto Maltese! – vous fait à la fois son cinéma et sa cuisine : moules à sa façon ou maquereau mariné, carré de veau ou sole meunière au beau menu à 110 F. Autres menus à 160 et 210 F.

l●l *La Clé des Champs :* place des Frères-Caudron, 80120 Favières. ☎ 03-22-27-88-00. Fermé le dimanche soir et le lundi, ainsi qu'en janvier et pendant les vacances de février. À 2 km sur la route de Rue. On l'a prise, la clé des champs, dans cette auberge renommée au milieu des prés-salés. Les spécialités : cuisine du marché et poisson de petits bateaux. Menus de 86 à 195 F. Excellent accueil.

À voir. À faire

★ *Le marché au poisson :* vente directe par les pêcheurs, sur le port.

★ *La maison de Jules Verne :* 9, rue Jules-Verne, près du port de pêche. L'écrivain habita de 1865 à 1870 dans cette belle demeure qu'il avait baptisée « la Solitude ». Son bateau était amarré au port. L'intérieur, hélas, ne se visite pas.

– *Char à voile :* La Maison de la voile, à Quend (☎ 03-22-23-37-92), ou Eolia, à Fort-Mahon (☎ 03-22-23-42-60). Une expérience extraordinaire. Beaucoup plus rapide et plus grisant que la planche à voile. Ceux qui savent monter sur une planche n'auront aucun problème.

– *La pêche à pied :* surtout en décembre et janvier. Les pêcheurs à pied ramassant les coques en baie de Somme sont les seuls survivants d'une profession en voie de disparition.

Où dormir ? Où manger dans les environs d'Abbeville ?

Le Crotoy et Saint-Valery-sur-Somme pouvant être rapidement saturés, nous avons sélectionné quelques adresses dans les terres, aux environs d'Abbeville (qui possède une splendide collégiale : Saint-Vulfran), qui sont bien sympa et pas si mal situées pour découvrir la région.

🏠 *Chambres d'hôte chez M. et Mme Crépin :* 2, rue de Francières, à Coquerel. ☎ 03-22-31-82-00. Au-dessus de l'église. 4 chambres avec w.-c. et salle de bains privée plus une kitchenette en commun. 220 F la nuit (200 F à partir de 2 nuits), petit déjeuner compris. De la terrasse, jolie vue sur les marais. Calme et reposant. Accueil très sympa.

▲ *Chambres d'hôte du Bois de Bonance :* chez M. et Mme Maillard, entre Port-le-Grand et Buigny-Saint-Maclou. ☎ 03-22-24-11-97. Fax : 03-22-31-63-77. À égale distance de Saint-Valery et du Crotoy. Fermé du 11 novembre au 15 février. Dans un manoir du XIXe siècle, en brique rose, 5 chambres joliment meublées, équipées de salle de bains. 380 F pour deux, petit déjeuner compris, 100 F par lit supplémentaire. Piscine chauffée et parc fleuri. Calme garanti et accueil agréable. En semaine, réduction de 10 % sur le prix de la chambre pour les lecteurs du *Routard* sauf en juillet et août.

▲ |●| *Manoir de la Renardière :* 80580 Érondelle. ☎ 03-22-27-13-00. Fax : 03-22-27-13-12. À une vingtaine de kilomètres de Saint-Valery ou du Crotoy, de l'autre côté d'Abbeville. *La Renardière* est une grande bâtisse en brique, de style anglais et d'un confort intérieur douillet. Accueil généralement attentionné. Chambres avec salle de bains et vue splendide entre 440 et 540 F pour deux. Demi-pension à 630 F. Possibilité d'y manger à partir de 120 F, vin compris. Autres menus à 160 et 250 F. Sur réservation uniquement. Pour les mélomanes, *La Renardière* organise, tous les 3e samedis du mois, un concert de musique de chambre suivi d'un souper aux chandelles (450 F par personne).

|●| *L'Auberge du Temps Jadis :* à Bray-les-Mareuil, à la sortie d'Érondelle. ☎ 03-22-27-92-27. Fermé le lundi et le mardi midi. Grande salle avec une cheminée centrale où l'on imagine bien les jarrets de porc et autres spécialités maison en train de griller. Cuisine copieuse, sans être raffinée. Bonne ambiance. Menus à 158 et 198 F. Café ou digestif offert à nos lecteurs sur présentation du guide.

▲ |●| *La Hutte aux 400 Coups :* dans le marais de Sailly-Bray, sur la commune de Noyelles. Pour toutes réservations, s'adresser au *Comité départemental du tourisme de la Somme*, à Amiens. ☎ 03-22-92-44-44. Fax : 03-22-92-77-47. Créée en 1904 par le vicomte de Brossin de Mère, passionné de huttes, pour l'observation des bécassines et la chasse. On raconte qu'elle fut saluée par 400 coups de fusil le jour de son inauguration. C'est une version grand luxe de la hutte de chasse traditionnelle picarde, avec une cuisine, une salle à manger, des chambres, un salon et une salle de tir. On peut y observer le marais de toutes les pièces. Elle a été restaurée et offre désormais des chambres très confortables (pour 7 personnes maximum) qui attirent les passionnés de la chasse ou tout simplement les amoureux de la nature. Hors saison de chasse, 225 F par personne avec petit déjeuner. Possibilité d'y dîner (le demander à l'avance).

RUE (80120)

Situé à plusieurs kilomètres de la mer, ce petit village bien tranquille était, au Moyen Âge, un port fort actif. Depuis, la terre a gagné sur la mer.

Où dormir ?

▲ *Chambres d'hôte chez M. et Mme Jean (Château-Gaillard) :* 18, rue du Haut, 80120 Forest Montiers. ☎ 03-22-23-97-33. Belle propriété de 4 ha, un peu en retrait de la nationale. 5 chambres, de style et de taille différents, entre 300 et 380 F avec petit déjeuner. Accueil extrêmement prévenant.

▲ *Le Lion d'Or :* 5, rue de la Barrière. ☎ 03-22-25-74-18. Fax : 03-22-25-66-63. Fermé le dimanche soir du 1er octobre au 21 mai. Chambres confortables et pratiques à

320 F, salle de restaurant déjà d'un autre temps où l'on vous sert mouclade (en saison), huîtres gratinées au Noilly, rouelle de porc braisée au cidre dans des menus allant de 85 à 185 F. Accueil inégal.

À voir

★ *La chapelle du Saint-Esprit :* ouverte d'avril à octobre, de 10 h à 17 h. Sinon, s'adresser au beffroi. Superbe exemple de l'art gothique flamboyant. Riche portail sculpté et statues grandeur nature. À l'intérieur, les voûtes sont ornées de clefs pendantes particulièrement ouvragées.

★ *La forêt de Crécy :* à une dizaine de kilomètres à l'est de Rue, de l'autre côté de la N1. Y accéder en passant par Régnière-Écluse et admirer au passage le château à la sortie du village. Les ruines que l'on peut apercevoir en contrebas, près de l'étang, sont en fait de fausses ruines. À une certaine époque la marquise, propriétaire du château, les trouvant trop délabrées, les fit reconstruire. On n'est jamais trop soucieux de son environnement... La forêt de Crécy, qui abrite essentiellement des hêtres et des chênes, est fort appréciée des promeneurs du dimanche. Avec un peu de chance, on peut apercevoir des chevreuils ou des sangliers. Inutile d'aller visiter le site de la bataille de Crécy dans la commune du même nom, il n'y a strictement rien à voir.

L'ABBAYE DE VALLOIRES

À une vingtaine de kilomètres à l'est de Rue, sur la commune d'Argoules. Pour y aller, prendre la N1 en direction de Boulogne jusqu'à Nampont ; de là, suivre les flèches. Ouverte d'avril à mi-novembre. Visite obligatoirement guidée, tous les jours de 10 h à 12 h et de 14 h à 18 h (17 h en octobre). Entrée : 30 F. Renseignements : ☎ 03-22-29-62-33.
Ancien monastère cistercien du XIIe siècle, reconstruit au XVIIIe, l'abbaye a bien failli au début de ce siècle être livrée aux antiquaires et aux brocanteurs. Ce n'est que grâce à une campagne de presse qu'elle sera sauvée in extremis en étant classée Monument historique.
L'intérêt de la visite repose essentiellement sur la chapelle et son buffet d'orgue richement décoré vers 1750 par le sculpteur autrichien Pfaff von Pfaffenhofen. Celui-ci, baron et officier de son état, dut quitter précipitamment les bords du Danube à la suite d'un duel qui tourna mal, et c'est par hasard qu'il se retrouva en pays de Somme. Ruiné, il devint sculpteur et fut engagé pour décorer l'abbaye alors à peine reconstruite. On lui doit, entre autres, les boiseries du chœur et les deux anges qui dominent la voûte de la chapelle. À ce sujet, ce n'est qu'au début des années soixante que l'on s'aperçut que Pfaffenhofen avait réalisé ces deux anges en... papier mâché. Voir également les *jardins* qui entourent l'abbaye sur près de 9 ha. Ouverts de 10 h à 18 h. Fermés de fin novembre à mi-février. Entrée payante. Leur originalité repose sur une conception thématique. On passe ainsi du jardin clos au jardin d'eau, du jardin blanc au jardin aux îles ou à la roseraie. Superbes au printemps. Les jardiniers du dimanche peuvent même y faire leur marché et acquérir de nombreuses graines et plantes rares.

Où dormir ? Où manger ?

🛏 *Chambres d'hôte de l'abbaye :* ☎ 03-22-29-62-33. Fax : 03-22-29-62-24. Vivement conseillées pour les fortunés. Ouvert toute l'année.

6 chambres grand confort, aménagées à l'intérieur même de l'abbaye et avec vue sur les jardins. Cadre et décor d'époque (on s'y croirait). 460 F la double, petit déjeuner inclus.

🛏 I●I *Auberge du Gros Tilleul :* place du Château, 80120 Argoules (à 2 km de l'abbaye). ☎ 03-22-29-91-00. Fermée le lundi, sauf pendant les fêtes, et en été. L'histoire voudrait que le gros tilleul, vieux de 4 siècles, ait été planté par Sully et que cette auberge ait été un comptoir siennois au service des rois de France. Du fait de ce passé et de son cadre enchanteur, elle figure dans tous les guides. Des menus à tous les prix (de la formule express en semaine à 70 F au menu gastronomique à 190 F) pour une cuisine riche mais peu raffinée. Succès oblige ? Également quelques chambres tout confort (de 290 à

450 F). Piscine chauffée. Kir de bienvenue ou café offert.

I●I *Auberge du Coq en Pâte :* ☎ 03-22-29-92-09. À 500 m des jardins de l'abbaye. Fermée le dimanche soir et le lundi hors saison, en janvier et 2 semaines fin septembre. Excellente cuisine locale à la carte. Premier menu à 90 F, et un autre à 120 F. Compter au moins 150 F par personne à la carte.

I●I *La Canne à Sucre :* à Montigny, à mi-chemin entre Nampont et l'abbaye. ☎ 03-22-29-89-45. Ouvert toute la semaine en été, le week-end seulement hors saison. Décor antillais recréé dans une maison picarde (le patron est originaire de la Martinique). Spécialités des îles et punch à gogo avec de plus, en été le week-end, des soirées tropicales animées par le patron ou des groupes de passage. Menus à 110 et 145 F tout compris.

LE PARC ORNITHOLOGIQUE DU MARQUENTERRE

À une vingtaine de kilomètres environ au nord de Saint-Valery. Prendre la direction du Crotoy, puis Saint-Quentin-en-Tourmont et domaine du Marquenterre. Suivre ensuite les flèches.

Ouvert tous les jours du 1er avril au 11 novembre et du 12 novembre au 30 mars les week-end et vacances entre 9 h 30 et 19 h (l'hiver, fermeture à 17 h 30) ; ☎ 03-22-25-03-06. Entrée à prix réduit de 6 à 18 ans. On conseille d'apporter les jumelles (les étourdis en loueront sur place). En prenant le billet d'entrée, demander la fiche (gratuite) où sont tracés les itinéraires. Il y en a deux :

– *Le parcours pédagogique :* fléché en vert. Durée : 1 h 30. On y rencontre des oiseaux en semi-liberté ou en volière. Schémas explicatifs le long du parcours.

– *Le parcours d'observation :* c'est le plus intéressant, fléché en rouge. Durée : 2 h 30. Là, il s'agit d'oiseaux migrateurs en totale liberté. Pour ne pas les effrayer, l'itinéraire est jalonné de postes de guet permettant d'observer sans être vu. En période de grandes marées, les oiseaux sauvages séjournant dans la baie de Somme sont repoussés par les flots et viennent trouver refuge dans le parc. Ce sont des moments privilégiés pour observer leur spectaculaire rassemblement.

Lieu de prédilection depuis toujours des oiseaux migrateurs, le Marquenterre fut aussi un paradis pour les chasseurs. Les carnages étaient gigantesques, à tel point que dès 1968 l'endroit fut protégé. Aujourd'hui, des oiseaux y ont élu domicile et y vivent en toute quiétude. La région y est propice : dunes, pinèdes et garennes. Moitié terre, moitié eau, Marquenterre signifie d'ailleurs « mer qui est en terre ». Actuellement, on y recense 300 espèces d'oiseaux sur les 450 identifiées en Europe. D'août à octobre, le parc est très fréquenté : ce sont les grandes migrations. Au printemps, ce sont plutôt les oiseaux sur le nid (spectaculaires colonies de hérons, avocettes, aigrettes). L'hiver permet d'observer les grands rassemblements d'oies, de cygnes et de canards venant des pays nordiques.

Derrière le restaurant (sans aucun intérêt culinaire), des cartes d'Europe où figurent les routes empruntées par les divers oiseaux migrateurs. Jolies dunes : autrefois, on venait y tourner des films sur... le Sahara !

Le domaine du Marquenterre

À 1 km de l'entrée du parc, 80120 Saint-Quentin-en-Tourmont. ☎ 03-22-25-03-06. Minitel : 36-15, code MARQUENTERRE.

☗ *Centre d'hébergement :* en gîte de groupe de 3 à 8 lits (à partir de 60 F la nuit) ou en bungalows pour 5 à 9 personnes à la semaine ou au week-end (à partir de 990 F). Il est préférable de réserver.

■ *Centre équestre :* pour découvrir les joies de l'équitation à travers la baie de Somme et le parc du Mar-quenterre, y compris pour les débutants. De la balade de 2 h (130 F) à la chevauchée de deux jours avec bivouac. Sur réservation uniquement.

■ *Location de vélos :* 50 F la demi-journée. Forfaits très intéressants pour plusieurs jours. Là aussi, sur réservation.

À faire dans les environs

– *Aquaclub :* au nord du parc du Marquenterre, en direction de Rue puis Quend (prononcer *Quin*). Ouvert d'avril à septembre. Grand parc aquatique offrant toute une gamme d'attractions : bassins à vagues, bains bouillonnants, geysers, toboggans...

L'OISE NORMANDE
Beauvais. La vallée du Thérain.
Saint-Félix. Clermont. La forêt de Hez.
Hétomesnil. Gerberoy. Saint-Germer-de-Fly.

Comment y aller ?

De Paris

– *Par la route :* A15 sortie n° 7, N184 puis A16 jusqu'à Beauvais. Pour la vallée du Thérain, par la N1, sans passer par Beauvais, tourner un peu avant Warluis, au lieu-dit l'Épine, et prendre direction Montreuil-sur-Thérain.
– *Par le train :* de la gare du Nord jusqu'à Beauvais. Trains directs (1 h 15 de trajet) ou avec changement à Creil ou à Persan-Beaumont (1 h 45 de voyage). Environ un train par heure. Renseignements S.N.C.F. : ☎ 08-36-35-35-35 (2,23 F la minute). Internet : www.sncf.fr.

Par Creil

– *Par la route :* N16. Si l'on veut éviter Creil, une variante permet d'aller admirer la belle église abbatiale de Saint-Leu-d'Esserent (voir Chantilly, itinéraire 21). Quitter la N16 par la D44 au nord de Chantilly, puis, de Saint-Leu-d'Esserent, D12 jusqu'à Cramoisy où l'on retrouve le Thérain.
– *Par le train :* nombreux départs de la gare du Nord. Une petite micheline « de grand-papa » musarde de Beauvais à Creil (une par heure, 50 mn de trajet) le long du Thérain et recueille en route les cyclistes fatigués. Elle traverse les principaux points d'intérêt : Villers-Saint-Sépulcre, Hermes, Heilles, Mouy-Bury, Cires-lès-Mello, etc. La plupart des trains acceptent la bicyclette en bagage à main gratuit.

BEAUVAIS (60000)

Si Beauvais, ville martyre de la dernière guerre, a perdu la plupart de ses vieilles maisons et un peu de son charme, la municipalité multiplie les initiatives pour attirer les touristes et leur donner l'envie d'y séjourner : augmentation des zones réservées aux piétons (autour de la place Jeanne-Hachette), mais aussi création de plusieurs sentiers urbains pour découvrir le patrimoine historique et les différents quartiers de la ville.
Il faut s'y arrêter notamment pour sa fantastique cathédrale, défi architectural jamais achevé, et pour l'église Saint-Étienne, l'un des monuments exprimant le mieux la transition du roman au gothique. Et de plus Beauvais n'est qu'à 35 minutes de Paris.

Adresses utiles

◘ *Office du tourisme du Beauvaisis :* 1, rue Beauregard. ☎ 03-44-45-08-18. Ouvert du mardi au samedi de 9 h 30 à 18 h 30 (jusqu'à 19 h en été), le lundi de 10 h à 13 h et de 14 h à 18 h, les dimanche et jours fériés de 10 h à 13 h (et de 14 h à 18 h en été).

◘ *Comité départemental du tourisme de l'Oise :* 19, rue Pierre-Jacoby, B.P. 80822, 60008. ☎ 03-44-45-82-12.

▦ *Écomusée du Beauvaisis :* 17, rue du Pré-Martinet. ☎ 03-44-45-88-10. Ouvert du 1er avril au 30 octobre tous les après-midi sauf le mardi. En septembre et octobre, le week-end seulement. Possibilité de faire une visite jumelée avec le musée de la Brosserie de Saint-Félix (sud-est de Beauvais). Un organisme culturel différent pour une approche originale de la région à travers son patrimoine industriel et agricole.

Où dormir? Où manger?

⬒ ⦿ *Hôtel-brasserie Le Brazza :* 22, rue de la Madeleine. ☎ 03-44-45-03-86. Fermé le dimanche. Donne sur la place des Halles. 12 chambres refaites à neuf. Compter 100 F pour une chambre avec lavabo et douche à l'étage, et 145 F avec douche et w.-c. Décor assez insipide. Un peu bruyant sur la rue. Une formule bon marché de dépannage, si on n'est pas trop exigeant. En plein centre.

⬒ ⦿ *Normandie Hôtel :* 20, rue de la Taillerie. ☎ 03-44-45-07-61. Fermé le lundi soir. À 20 m de la place de l'Hôtel-de-Ville. Dans le quartier piétonnier en centre-ville. Des chambres proprettes à un prix réduit : pour une double, compter 120 F (avec lavabo et sans télé) à 140 F (lavabo, w.-c. et télé). Douche commune à l'étage. Au resto, petit menu du jour à 56 F et trois autres menus de 80 à 170 F. Accueil très sympa, même pour la clientèle de passage. Un bon point de chute pour ceux qui sont à pied.

⬒ ⦿ *Hôtel de la Poste :* 19-21, rue Gambetta. ☎ 03-44-45-14-97. Fax : 03-44-45-02-31. Fermé le dimanche. Entre la poste et la place Jeanne-Hachette. Bien entretenues, les chambres petites, claires et modernes disposent d'un équipement et d'un confort appréciables. Doubles avec cabinet de toilette de 145 à 205 F. W.-c. sur le palier. Attention, pas de service de petit déjeuner le dimanche. Le resto propose une formule brasserie très appréciée, notamment à midi avec un premier menu à 55 F. Plat du jour attrayant et varié. Menu à 83 F d'un excellent rapport qualité-prix.

⬒ *Hôtel de la Résidence :* 24, rue Louis-Borel. ☎ 03-44-48-30-98. Fax : 03-44-45-09-42. Un sympathique petit 2 étoiles rénové. Près du cimetière, à 15 mn du centre dans un quartier très calme. Les chambres sont petites mais bien équipées avec TV, téléphone direct. À partir de 210 F avec douche pour 1 personne, jusqu'à 245 F avec douche et w.-c. pour 2 personnes.

⬒ *Hôtel du Palais :* 9, rue Saint-Nicolas. ☎ 03-44-45-12-58. Fax : 03-44-45-66-23. C'est dans une ancienne maison particulière qu'est installé ce petit 2 étoiles calme et très bien tenu. Il a l'avantage d'être tout près de la cathédrale. Les chambres ne sont pas immenses mais les proprios se sont débrouillés pour installer au moins une douche (pour les moins chères). Téléphone et télévision. À partir de 160 F et jusqu'à 260 F. C'est Mauricette, la patronne, qui s'occupe de l'accueil et l'on s'y sent rapidement comme chez soi.

⦿ *Restaurant le Marignan :* 1, rue de Malherbe. ☎ 03-44-48-15-15. Dans la rue principale. Fermé le dimanche soir et le lundi (sauf les jours fériés). À l'entrée, un bar-brasserie classique où l'on peut prendre

L'Oise
L'échappée belle

Les guides de vos belles échappées

GUIDE WEEK-ENDS ET COURT SÉJOURS
28 propositions de week-ends et courts séjours en hôtels et chambres d'hôtes

CARTE TOURISTIQUE DE L'OISE
Les sites touristiques de l'Oise sur un seul document

GUIDE DES LOGIS
19 Logis de France vous accueillent dans l'Oise

GITOISE
160 bonnes adresses pour vos séjours à la campagne en gîtes et en chambres d'hôtes

GUIDE DES MUSÉES
Il présente les grandes et les petites collections publiques ou privées de l'Oise

Coupon à retourner à :
**Comité Départemental du Tourisme de l'Oise
19, rue Pierre Jacoby
BP 80822 - 60008 Beauvais cedex**

Nom :
Prénom :
Adresse :

Merci de m'adresser gratuitement

☐ Le guide des week-ends et courts séjours

☐ La carte touristique de l'Oise

☐ Le guide des logis de France de l'Oise

☐ Le guide des gîtes et chambres d'hôtes

☐ Le guide des musées de l'Oise

Guide du Routard 99

L'OISE NORMANDE

un menu honnête à 62 F (en se-maine). Mais pour profiter pleine-ment des richesses du resto, mieux vaut passer au 1er étage, dans une salle à manger au mobilier assez cossu et enrichie d'une représenta-tion de la célèbre bataille, pour dé-guster les flamiches et autres spé-cialités picardes. Poissons, fricassée de volaille aux girolles, gratin de framboises aux amandes, crème brûlée à la cassonade. Les plats sont variés et bien cuisinés. Premier menu à 99 F (déjà fort appétissant) et un autre à 169 F (avec la terrine de foie gras maison, hmm!).

l●l Le BH : 23-25, rue Malherbe. ☎ 03-44-48-25-25. Ouvert tous les jours. Fermé 13 jours en août. Salle à manger au 1er étage, décor style brasserie 1930 dans les tons rouges. Une adresse pour tous les budgets avec un plat du jour à 42 F. Un menu-express à 65 F avec entrée, plat, dessert et vin. Un autre enfin, plus gastronomique, à 169 F avec, entre autres, la tête de veau et le cassoulet périgourdin maison. Spécialités de choucroute, aïoli et moules-frites.

Plus chic

â l●l Chenal'Hôtel : 63, bd du Gé-néral-de-Gaulle. ☎ 03-44-06-04-60. Fax : 03-44-48-55-17. En sortant de la gare. À 5 mn du centre. Hôtel classique 3 étoiles. Compter de 280 F pour 2 personnes (bains, w.-c., télé avec Canal +) à 360 F. Ambiance feutrée. Au rez-de-chaus-sée, vous disposerez d'un service brasserie et d'un bar de standing à l'épaisse moquette. Petit déjeuner-buffet fort complet mais un peu cher. De l'autre côté de la rue, le joli square de la gare. Accueil souriant.

l●l Restaurant Les Trois Maillets : 1, rue Saint-Quentin. ☎ 03-44-48-58-45. Fermé le samedi midi et le di-manche. À 300 m de la cathédrale. Ne vous laissez pas désarçonner par le côté « club privé » de la fa-çade. Dans ce restaurant de style bourgeois, le canard est décliné à la fois en cuisine et dans la décoration. Le tout haut de gamme. Que ce soit dans le joli jardin intérieur ou à table dans la salle à manger confortable et bien éclairée, la maîtresse de maison vous aiguillera gentiment vers le canard. Mais aussi vers deux menus (viande ou poisson) à 165 F, selon arrivage. Foie gras maison, soufflé aux coquilles Saint-Jacques, canard rouennais au sang et nous en passons et des meilleurs. Autres menus à 215 et 265 F. Accueil simple et convivial.

Dans les environs

â l●l Chambres d'hôte : ferme de l'Ancien Comté, chez M. et Mme Vil-lette, 60650 Ons-en-Bray. ☎ 03-44-81-61-24. À 13 km à l'ouest de Beauvais. 4 chambres dans une grande ferme, simples mais bien te-nues à 195 F pour deux personnes, petit déjeuner compris. Table d'hôte en fonction de la disponibilité de la maîtresse des lieux (soupe aux or-ties, produits de la ferme). Il y a aussi à la ferme un **gîte d'étape** de 37 lits en deux dortoirs à 65 F la nuit (70 F avec chauffage). Toute l'an-née, accueil personnalisé pour en-fants : approche des animaux de la ferme et participation aux travaux.

â l●l Chambres d'hôte M. et Mme Leturque : ferme du Colom-bier, 1, rue du Four-Jean-Legros, 60650 Savignies. ☎ 03-44-82-18-49. Fax : 03-44-82-53-70. À 12 km au nord-ouest de Beauvais par la N1 puis la D133. Dans une ferme ty-pique du pays de Bray dotée d'une poutraison superbe et de beaux vo-lumes, 4 chambres à partir de 230 F pour 2 personnes (douche et w.-c.). Table d'hôte le soir sur demande (75 F boisson comprise). Fraises du jardin. Accueil aimable.

À voir

★ **La cathédrale Saint-Pierre :** fermée de 12 h 15 à 14 h. Sa construction commença en 1225. Les architectes de l'époque la voulurent grandiose et prirent un maximum de risques du point de vue technique. Résultat : le chœur achevé (en 1272), sa voûte s'écroula 12 ans plus tard, les piliers n'ayant pas supporté sa formidable poussée. On reconstruisit les piliers et on renforça les arcs-boutants. Le chœur fut enfin achevé vers 1350 et resta en l'état, structure béante ouverte à tous les vents, pendant toute la durée de la guerre de Cent Ans. Les travaux du transept ne reprirent qu'en 1500 grâce à l'afflux de dons royaux et épiscopaux, et à la vente des indulgences (les pécheurs devant payer pour se faire pardonner leurs fautes). On se rappelle qu'à la même époque le pape Léon X, qui construisait Saint-Pierre de Rome, eut recours à la même source de financement et que cela provoqua le schisme avec Luther. La cathédrale semble encore très fragile aujourd'hui si l'on en juge par les étais en bois énormes qui ont été posés récemment à l'intérieur du bâtiment et qui sont censés soutenir l'ensemble.

Vers 1550, le transept achevé, au lieu de commencer les travaux de la nef, l'architecte, complètement mégalo, se lança dans l'édification d'une tour en pierre qui devait dépasser toutes celles de l'époque. Sa flèche, mesurant 150 m, s'effondra en 1573, endommageant gravement le transept. Après les travaux de restauration, les plans de construction de la nef furent complètement abandonnés et, en 1605, un mur ferma définitivement l'église. Comme l'écrit Z. Oldenbourg : « Elle semble comme arrêtée en plein élan, immense navire brisé en deux dont il ne resterait que la proue ».

Extérieurement, le chœur est flanqué d'une formidable armature, composée d'immenses contreforts grimpant jusqu'au niveau des combles et qui reçoivent la retombée des arcs-boutants à double volée. Le transept se termine par deux grandes façades de style flamboyant. Celle du croisillon nord fut construite entre 1510 et 1537. Le tympan est orné d'un arbre de Jessé. Les vantaux de porte de la même époque représentent les quatre évangélistes et les quatre grands docteurs de l'Église latine (saint Ambroise, saint Grégoire, saint Jérôme et saint Augustin). Le portail du croisillon sud fut édifié de 1503 à 1548. Il est surmonté d'une double galerie à jour, d'une rose et d'un pignon. On y accède par un perron. Les vantaux de la porte (1535) évoquent des épisodes de la vie de saint Pierre et de saint Paul.

À l'intérieur, quand on lève les yeux vers les voûtes du chœur, on a la sensation d'être aspiré vers le ciel. Avec ses 48 m (le chœur le plus haut du monde), on mesure toute la hardiesse et la difficulté de l'entreprise à l'époque. Les fenêtres hautes mesurent 17 m et donnent beaucoup de lumière. L'abside avec sa voûte à huit nervures et tout le chevet appartiennent à la construction initiale. La partie droite du chœur a été remaniée au XIVe siècle. Les vitraux sont des XIVe et XVIe siècles. Aux verrières de l'abside, les douze apôtres, et un Christ en croix au centre.

En bas, à gauche du croisillon, belle verrière de 1522 dans la chapelle du Sacré-Cœur. Les vitraux de la rose dans le croisillon sud illustrent la création du monde et plusieurs épisodes de l'Ancien Testament.

On peut voir dans la partie nord du chœur un *carillon* du XIVe siècle, le plus ancien du monde encore en action, ainsi que l'*horloge astronomique,* datant de 1865. De la taille d'une petite maison, elle illustre sur plusieurs niveaux la mesure du temps avec une symbolique du jeu qu'un montage audiovisuel vous permettra d'apprécier, la cité terrestre, et enfin la cité céleste toute dorée, dominée par le Christ. Pas moins de 90 000 pièces et 52 cadrans indiquent les mouvements des astres, des marées (on peut même connaître l'heure de la marée haute au Mont-Saint-Michel), l'heure dans de nombreuses villes du monde, etc. Mise en marche de l'horloge et de ses automates représentant le Jugement dernier à 10 h 40 (sauf en cas de cérémonies religieuses), 14 h 40, 15 h 40 et 16 h 40. Entrée payante.

Dans la chapelle Notre-Dame, trois magnifiques vitraux du XIIIe siècle. À gauche du chœur, trésor de la cathédrale exposé dans deux salles : vêtements liturgiques du XVIIe siècle, émaux, etc. On accède au cloître et à la Basse-Œuvre (nef de l'ancienne église carolingienne) par un passage dans le mur ouest. Le cloître possède toujours une galerie du XIVe siècle. La Basse-Œuvre, sauvée par l'arrêt des travaux, date de 987, ce qui en fait l'une des rares églises en France antérieure au XIe siècle. On y accède également par l'extérieur. En dehors de son âge respectable, elle présente l'intérêt d'être rare (5 ou 6 exemplaires en France).

★ *L'église Saint-Étienne :* fermée de 12 h à 14 h. Un autre monument fascinant de Beauvais à l'entrée de Beauvais en venant de Paris. Composée de deux parties très différentes : une nef et un transept du XIIe siècle de style roman, le chœur de 1506, flanqué d'arcs-boutants à double volée, de style gothique flamboyant.

À l'intérieur de la partie romane, l'évolution vers le gothique se fait bien sentir. Les trois nefs sont voûtées sur croisée d'ogive.

Les vitraux sont incontestablement le must de l'église. Les plus anciens se nichent dans les baies qui surmontent le portail. Les plus beaux sont les vitraux Renaissance des chapelles rayonnantes, dont le superbe arbre de Jessé, chef-d'œuvre d'Engrand Le Prince où l'artiste s'est lui-même représenté sous l'aspect du prophète Roboam.

★ *La galerie nationale de la Tapisserie :* ☎ 03-44-05-14-28. Ouverte tous les jours sauf le lundi, de 9 h 30 à 11 h 30 et de 14 h à 18 h d'avril à septembre ; de 10 h à 11 h 30 et de 14 h 30 à 16 h 30 d'octobre à mars. Entrée payante. Dans un très laid, mais heureusement très plat, bâtiment moderne au pied de la cathédrale surnommé ici le bunker. Expositions temporaires de tapisseries, renouvelées tous les semestres, dont de nombreuses proviennent des Gobelins. Ensemble un peu froid et austère mais la grandeur des espaces permet d'apprécier les œuvres présentées (400 m de cimaises). On peut également y voir des vestiges des murailles gallo-romaines mises au jour lors des travaux.

★ *La manufacture nationale de la Tapisserie :* rue Henri-Brispot. ☎ 03-44-05-14-28. Ouverte les mardi, mercredi et jeudi de 14 h à 16 h. Entrée payante. C'est Colbert, sous l'égide de Louis XIV, qui fonda la manufacture de Beauvais. Rattachée aujourd'hui au Mobilier National, elle a été réinstallée dans d'anciens abattoirs et inaugurée par François Mitterrand en 1989. C'est vraiment une visite à ne pas manquer, où vous pourrez admirer le travail des lissiers (ils ne sont plus que 150 aujourd'hui en France et une dizaine seulement à Beauvais). Si, à une certaine période, on pouvait considérer les tapisseries comme des reproductions d'œuvres de grands maîtres, aujourd'hui l'art contemporain leur permet de donner libre cours à leur interprétation en fonction de leur sensibilité. Pour la petite histoire, la manufacture de Beauvais et celle des Gobelins réalisent actuellement 11 tapisseries qui seront livrées en l'an 2000 pour la reine du Danemark pour son jubilé et ses 60 printemps (220 m^2 et plus de 6 ans de travail !).

★ *Le Musée départemental de l'Oise :* dans l'ancien palais épiscopal en face de la cathédrale. L'un des musées les plus intéressants de Picardie. ☎ 03-44-11-43-83 Ouvert de 10 h à 12 h et de 14 h à 18 h tous les jours, sauf le mardi. Gratuit le mercredi. Entrée payante. Ce musée de 1981 est installé dans le palais épiscopal datant du XVIe siècle.

Les collections, agréablement présentées, sont d'un éclectisme de bon aloi. Au sous-sol, salle d'archéologie régionale dont la pièce maîtresse est un dieu guerrier gaulois du Ier siècle après J.-C. Dans les tours d'entrée, de beaux bois sculptés du Moyen Âge et de la Renaissance, peintures italiennes et françaises du XVIe au XXe siècle et intéressants ensembles mobiliers Art nouveau et Art déco (salle à manger de Serrurier-Bovy et de Bellery-Desfontaines) ; on peut aussi y voir *L'Âge d'or* de Maurice Denis. Très belle charpente apparente dans la salle d'exposition du 3e étage. Accueil d'expositions temporaires. En l'an 2000, réouverture totale du bâtiment principal entièrement rénové.

★ *Marissel :* dans ce quartier de Beauvais qui domine la vallée du Thérain et d'où l'on peut voir la cathédrale de Beauvais, à la sortie de la ville vers

Clermont, une belle église dont la chapelle de l'abside et la tour carrée sont du XIe siècle, et le chœur gothique du XIIe siècle. Portail et nef, incendiés durant la guerre de Cent Ans, furent rebâtis au XVIe siècle. Sur le portail, Vierge sous un dais ouvragé de style gothique flamboyant. Deux vitraux du bas-côté droit datent de 1538. Buffet d'orgue Louis XVI et retable en bois sculpté de la même époque. La toile peinte par Corot représentant cette église est au Louvre.

Fêtes et manifestations

– **Les Fêtes Jeanne Hachette :** dernier week-end de juin. Reconstitution historique dédiée à Jeanne Hachette (de son vrai nom Laisné), qui parvint avec l'aide de nombreuses autres femmes et de sa hachette (si, si!) à repousser en 1472 les troupes de Charles le Téméraire qui tentaient d'assiéger Beauvais (ah! les femmes...).
– **Cinémalia :** festival international du Cinéma de Beauvais très réputé (3e semaine de mars), avec des thèmes renouvelés. De grandes stars viennent y faire des apparitions remarquées comme Tony Curtis, Esther Williams ou Tippi Hedren. Un festival pour les grands mais aussi pour les petits.
– **Rencontres internationales d'ensembles de violoncelles :** début mai. Nombreux concerts organisés dans la ville, notamment dans la cathédrale Saint-Pierre. Un rendez-vous que les mélomanes ne manqueront pas.

AU SUD-EST DE BEAUVAIS

LA VALLÉE DU THÉRAIN

C'est une charmante et verte vallée qui, de Beauvais à Creil, a semé sur son parcours de fort belles églises et quelques coins de campagne sympathiques. La partie la plus intéressante (rive sud) s'étend de Beauvais à Bury. Ensuite commencent les industries, les lotissements et les cités-dortoirs de Creil.
Plutôt que d'emprunter la D12, route directe Beauvais-Bury (trafic important et petites industries), il vaut mieux vagabonder sur les petites routes de la rive sud du Thérain. À la sortie de Beauvais, prendre la N31 en direction de Clermont, puis à droite, à Therdonne, la D12. À l'entrée de Rochy-Condé, tourner à droite sur la D513 en direction de Warluis pour Grand-Bruneval, Merlemont et Montreuil-sur-Thérain. La route, doucement vallonnée et très étroite, se faufile dans les prés où courent de nombreux chevaux et se glisse sous d'étroites voûtes d'arbres.
Malgré l'extension envahissante des résidences secondaires sans goût, **Montreuil-sur-Thérain** a conservé un certain caractère avec ses vieilles fermes de brique rouge couvertes de lierre.

Où dormir? Où manger?

🏠 🍽 *Hôtel Les Alpes Franco-Suisses, restaurant Le Chamois :* Warluis-Noailles, 60430 Beauvais. ☎ 03-44-89-26-51. À 5 km au sud de Beauvais, N1. Un grand chalet hôtel-restaurant dans un décor alpin. 27 chambres spacieuses avec salle de bains, télé (canal +) et téléphone de 190 à 230 F. Au restaurant, menu premier prix à 115 F tout compris dans une salle à manger de style chalet suisse. Autres menus de 135 à 360 F. Spécialités montagnardes, fondues savoyardes, etc. Une très belle vue sur la campagne à quelques minutes de Beauvais. Très calme.

|●| *Auberge du Gros Poirier* : 60430 Abbecourt. ☎ 03-44-89-20-34. Au sud de Beauvais par la N1, à environ 10 km. Fermé le mercredi et 15 jours en août. La déco rustique n'est pas extraordinaire mais voilà une bonne adresse quant au rapport qualité-prix. Un premier menu à 62 F complet et copieux. Autres menus de 84 à 188 F. On vous recommande les fruits de mer et les poissons qui arrivent directement de Boulogne toute l'année. Un grand parking privé accessible par le rond-point.

À voir

★ *Le musée de l'Aviation* : Warluis-Noailles, 60430 Beauvais. ☎ 03-84-89-28-23 ou 03-44-89-26-17. Ouvert du 15 mars au 31 octobre, tous les jours de 14 h à 18 h (sauf le vendredi). À 5 km au sud de Beauvais par la N1. Un musée attachant créé par des passionnés d'avions de la Seconde Guerre mondiale. Dans un hangar métallique peint en vert, vous ferez une visite d'environ 1 h 30 commentée par des pilotes enthousiastes.
L'espace est agencé en cinq secteurs : Français, Anglais, Américain, Allemand et Normandie-Niémen. Vous pourrez vous installer aux commandes d'un vieux coucou en état de marche. Des mannequins en uniforme et en situation permettent de reconstituer de manière très concrète certaines scènes de cette funeste période. Nombreuses vitrines avec des photos de soldats et de villes détruites par les bombardements. Un parcours passionnant, du moteur d'avion au bouton de vareuse qui recèle un secret.

SAINT-FÉLIX (60370)

Petit village au bord du Thérain sur la D12. Il offre une halte idéale pour un pique-nique ou une partie de pêche au bord de ses nombreux étangs. C'est, de plus, non loin de l'un d'eux que s'est installé le très intéressant musée de la Brosserie.

★ *Le musée de la Brosserie* : 650, rue du Moulin. ☎ 03-44-07-99-50 ou 03-44-45-88-10. Ouvert du 15 avril au 15 octobre tous les jours de 14 h 30 à 18 h 30 sauf le mardi. La brosserie ou la fabrication de brosses est une tradition dans l'Oise. Elle a employé dans ce domaine jusqu'à 11 000 personnes ! C'est dans l'une de ces fabriques, aujourd'hui fermée, que s'est installé ce sympathique musée. Superbe cadre qui a de quoi vous charmer : un moulin à eau qui produit sa propre électricité (constante s'il vous plaît), grâce à un intéressant régulateur à boules dit « de Watt » (visible dans la première salle consacrée à l'énergie hydraulique). Les salles suivantes sont telles que les employés les ont laissées en 1979, avec toutes les machines et tous les stocks !...
Créée en 1860, cette brosserie, spécialisée dans la fabrication des brosses en os et bois (plus tard en plastique), n'a pas pu résister au modernisme. Eh ! oui, les soies des brosses étaient montées à la main ! Les hommes travaillaient aux machines pour donner la forme du manche, le poncer, le polir, le percer. Les femmes, elles, posaient les pions (bouquets de soies) ; c'était souvent un travail à domicile. Elles étaient payées au trou ! Les plus rapides faisaient 4 brosses en 15 mn (800 trous). Si le cœur vous en dit, vous pourrez même essayer d'en poser...
On termine par une exposition de brosses en tout genre agréablement mises en scène.
Une nouvelle salle vient d'être créée sur le thème de l'eau. Réalisation d'une maquette reprenant le principe du moteur hydraulique et création de deux aquariums où s'ébattent des poissons de rivière et étang.

CLERMONT (60600)

Petite cité agréable à 60 km de Paris, Clermont s'étend aujourd'hui autour de sa colline, dominée par sa très belle église. C'est dans cette ville qu'en 1358 Charles II le Mauvais, roi de Navarre, eut recours au parjure et à la trahison pour réduire la révolte des jacques (paysans). N'ayant pu les battre, malgré l'importance et l'armement supérieur de son armée, Charles II le Mauvais invita leur chef, Guillaume Carle, à un armistice, mais le fit arrêter dès son arrivée. Il en profita alors pour attaquer. Ce fut la dernière bataille des jacques.

Comme beaucoup de villes accrochées au flanc d'une colline, Clermont est partagée en ville haute et ville basse ; la première étant bien sûr la plus intéressante (historiquement parlant).

Adresse utile

🖪 *Office du tourisme :* dans l'hôtel de ville. ☎ 03-44-50-40-25. Ouvert du mercredi au samedi de 9 h à 12 h et de 13 h 30 à 17 h 30.

Où dormir ? Où manger dans les environs ?

Très peu d'hôtels et de restaurants sympa. À vrai dire, le mieux est de sortir légèrement du bourg.

|●| *Restaurant le Capricorne :* 35, rue André-Oudin, Giencourt, 60600 Breuil-le-Vert. ☎ 03-44-50-03-63. À la sortie de Clermont, direction Paris. Ouvert seulement le midi. Petit restaurant rural avec nappes en papier et roue de charrette au mur. Nous aimons la simplicité de l'endroit et du couple charmant qui tient cette maison. Cuisine traditionnelle (feuilleté au chèvre, bavette à l'échalote), mais faite avec goût. C'est très vite complet, même en semaine, et pour ne pas faire de jaloux, il n'y a qu'un seul menu à 69,50 F pour tout le monde. Sur commande, autres menus envisageables. Ambiance bonne franquette.

🛏 |●| *Le Clermotel :* 60600 Agnetz. ☎ 03-44-50-09-90. Fax : 03-44-50-13-00. À la sortie de Clermont, sur la N31 vers Beauvais. Zone hôtelière. Ouvert toute l'année. Construction moderne de plain-pied (genre motel), mais à deux pas de la belle forêt de Hez. 37 chambres à 315 F très spacieuses avec TV et téléphone. Préférer les chambres qui ouvrent sur l'arrière, elles ont un accès qui donne directement dans le jardin où les chaises sont installées pour votre détente (court de tennis). Grande salle à manger moderne où l'on vous propose 3 menus à 93 F, 125 F (avec buffet de hors-d'œuvre) et 149 F, plus gastro. Clientèle très VRP.

|●| *Auberge de Gicourt :* 466, av. de la Forêt-de-Hez. Entre Beauvais et Clermont. Ancienne N31, sortie Gicourt, 60600 Agnetz. ☎ 03-44-50-00-31. Fax : 03-44-50-42-29. Sur la route de Beauvais, à 2 km, sur la droite. Fermée les dimanche soir et lundi, 15 jours en   et trois semaines en août.   eserver le week-end, car tou   ns du coin y viennent. Ils ont   on. Le cadre est très bien, confortable, et le menu plaisir à 108 F est épatant : salade tiède au maroilles ou terrine de canard aux pruneaux, duo de tête de veau et cervelle sauce gribiche ou cuisse de poule confite, fromage ou dessert du jour. Le menu gourmand à 155 F n'est pas mal non plus mais évidemment il faut ouvrir son bas de laine... Jean-Marie, le proprio mais

aussi le chef cuisinier, ne manque pas de venir vous saluer à la fin du repas. Bref, un bon rapport qualité-prix-convivialité.

À voir dans la ville haute

★ *L'hôtel de ville :* monument le plus important de la ville, il est installé dans un bel édifice du XIVᵉ siècle, restauré au XIXᵉ. La façade sur la place est ornée des statues de Saint Louis et de son fils, et surmontée d'un lanternon. Sur le côté droit, une série d'arcades ogivales. L'arrière du bâtiment s'appuie sur les anciennes fortifications. À l'intérieur, salle aux belles boiseries gothiques, bibliothèque-musée et collection de tableaux et gravures relatant l'histoire de Clermont. Malheureusement, pas de visite possible.

★ *L'église Saint-Samson :* on y parvient par une pittoresque place et une rue pavée bordée de vieilles maisons. Elle date du XIIIᵉ siècle. Incendiée, elle fut remaniée en 1457. Il en résulta une curieuse disposition intérieure avec, côté nord, les six travées et bas-côtés primitifs sans croisillon et, côté sud, trois larges travées beaucoup plus hautes avec croisillons à belle voûte et portail gothique. La tour carrée à droite de la façade est du XVIIIᵉ siècle ; elle renferme un splendide Saint Sépulcre (mise au tombeau) du XVIᵉ siècle, classé monument historique et restauré par Greber (sculpteur beauvaisien très réputé dans la région). Les vantaux de la porte principale datent de Louis XIII. S'attarder sur les superbes vitraux du XVIᵉ siècle, à gauche du chœur, notamment l'arbre de Jessé.

★ Près de l'église, impasse Duvivier, *maison* en brique du XVIᵉ siècle.

★ À gauche, la ruelle mène à la *porte de Nointel*, vestige des fortifications du XIVᵉ siècle. Plus loin, la jolie *promenade du Châtelier* qui fait le tour des ruines du château des comtes de Clermont dont il ne reste plus que le donjon, transformé au cours des siècles, et qui devint au XIXᵉ siècle une prison pour femmes ! Beau panorama sur la région.

LA FORÊT DE HEZ

Aux portes de Clermont, après avoir quitté à gauche la N31 à La Neuville-en-Hez, s'étend la forêt de Hez au relief accidenté. Très belles futaies de hêtres ou de chênes. Empruntez donc la pittoresque route forestière de La Neuville-en-Hez (lieu de naissance présumé de Saint Louis) à Saint-Félix au bord du Thérain, en passant par Fillerval, charmant village tombé dans l'oubli.

Où manger ?

|●| *Auberge Le Relais :* 113, Grande-Rue, 60510 La Neuville-en-Hez. ☎ 03-44-78-99-71. Ouverte de 11 h 30 à 14 h et uniquement le samedi soir de 19 h à 21 h 30. À 7 km de Clermont, sur l'ancienne N31. Sympathique petite auberge reconnaissable à sa façade à pans de bois prodiguant une excellente cuisine. Cadre rustique et chaleureux peuplé de plantes vertes. Menus à 72 F, 110 F (avec cervelle d'agneau à la grenobloise ou filet de lotte aux champignons), 160 et 175 F (avec deux entrées, plat principal, fromage et dessert). Spécialité de rognons de veau flambés.

Promenades à cheval en forêt

– *Manège Saint-Louis :* 60510 La Neuville-en-Hez.☎ 03-44-78-97-03. Centre équestre fermé le vendredi. Balade dans la superbe forêt de Hez. Réservez 48 h à l'avance le week-end. 105 F de l'heure.

AU NORD-OUEST DE BEAUVAIS

Nous voici en Oise normande et, plus à l'ouest, en pays de Bray (*cf.* itinéraire suivant) : prairies doucement vallonnées, haies et bosquets... l'idéal du cyclotouriste amoureux. Un week-end à vélo par ici vous offre à distance raisonnable d'intéressantes visites permettant de découvrir avec un autre œil le patrimoine artisanal et agricole de la région grâce au dynamisme de ses habitants, soucieux de préserver et de faire connaître leur culture.

HÉTOMESNIL (60360)

À 25 km au nord de Beauvais par la D149.

Où dormir ? Où manger dans les environs ?

â |●| *Chambres d'hôte :* chez Monique Meier, 12, rue de Briot, 60210 Brombos. ☎ 03-44-46-04-91. De Beauvais, prendre la D901 vers Abbeville ; à Marseille-en-Beauvaisis, emprunter la dernière route à gauche puis, à Saint-Maur, à droite après le château d'eau. Superbe ferme picarde aux volets bleus, restaurée avec cœur et talent, et mise à disposition de toutes les associations culturelles de la région par notre chère Monique qui, d'ailleurs, est à l'origine de la plupart d'entre elles. Une adresse qui vaut le détour, pour un prix modeste : 230 F pour deux, petit déjeuner compris. La chère de la table d'hôte (sur commande) est délicieuse et abondante, et on mange réellement avec l'hôtesse, ce qui est un plaisir supplémentaire. Compter 100 F. Peintres et musiciens, jeunes archéologues et poètes sont les bienvenus.

À voir à Hétomesnil

★ *Le musée-conservatoire de la Vie agricole et rurale de l'Oise :* ☎ 03-44-46-32-20 ou 03-44-46-92-98. Ouvert d'avril à fin octobre le week-end et les jours fériés, de 14 h à 18 h. Tous les après-midi jusqu'à 17 h 30, sauf le mardi, de mai à août. Le musée, agréablement aménagé dans une ancienne bergerie, présente de façon thématique et vivante divers aspects du monde rural : le transport, la moisson, les métiers du bois.
Au 1er étage, une salle de classe des années 1900 a été reconstituée. Chaque année des enfants viennent revêtir les blouses, et retrouvent, le temps d'une classe verte, l'ambiance des écoles d'autrefois. Admirez la belle ferme picarde, à cour carrée fermée typique de la région, qui héberge le musée. Reconstruite au XIXe siècle selon les anciens plans, celle-ci fut, en raison de son modernisme, ferme-école pour la région du Nord dans les années 1870.

L'OISE NORMANDE

GERBEROY (60380)

À 21 km au nord-ouest de Beauvais par la route d'Abbeville. À 4 km de la sortie de Beauvais, tournez à gauche sur la D133.

Gerberoy est perché au sommet d'une colline dominant une campagne verdoyante arrosée par le Thérain. Tenez-vous-le pour dit : Gerberoy est vraiment l'un des plus beaux villages de France grâce au goût et à l'amour d'Henri Le Sidaner, postimpressionniste désireux, comme Monet, de peindre un jardin qu'il aurait lui-même créé. Ses amis parisiens tombèrent sous le charme de l'endroit et c'est ainsi que le village fut peu à peu restauré. Ancienne ville fortifiée, fondée au Xe siècle, dont le décor n'a pas bougé malgré de nombreux sacs : les rues du château et de Saint-Amant sont pavées et bordées de maisons à colombages fleuries de roses en saison.

Site très préservé : aucune construction moderne ne vient gâcher ce ravissant village. Toute la partie haute est interdite aux voitures. Pas de poteau électrique... On s'y promène donc tranquillement, à l'écoute du temps qui passe.

Adresse utile

🖂 **Syndicat d'initiative :** 20, rue Logis-du-Roi, 60380 Gerberoy. ☎ 03-44-82-38-06. Ouvert du 1er avril au 31 octobre de 14 h à 18 h, du mercredi au dimanche. Réservations pour les spectacles : ☎ 03-44-46-32-20.

Fête, marché

– **Fête des Roses :** le 3e dimanche de juin.
– **Marché au foie gras :** le dernier dimanche de novembre.

Où dormir ? Où manger ?

🛏 Pas d'hôtel mais un gîte d'étape, **La Maison du Guet**, à l'entrée du village. Ouvert toute l'année mais seulement le week-end en période scolaire. Réservations : ☎ 03-44-82-32-13 (demander M. Vallois). Coin cuisine. Dortoir de 12 lits à une place. Formule adaptée aux randonneurs.

|●| **Hostellerie Le Vieux Logis :** 25, rue du Logis-du-Roy (c'est la rue principale, en bas du village). ☎ 03-44-82-71-66. Fermée les mercredi et dimanche soir. Pas de chambres mais un jardin intérieur où l'on propose un menu à 118 F correct. Quelques spécialités, peut-être un peu chères, mais originales : foie gras poêlé aux queues de langoustines, magret aux mangues, barbecue médiéval (le combustible, c'est du calva, on vous l'assure !). Salon de thé en été.

|●| **Restaurant Ambassade de la République de Montmartre :** allée du Jeu-de-Tamis. Au pied des anciens remparts, tout au bout du village. Fermé en décembre et janvier. ☎ 03-44-82-16-50. Dans une jolie maison à colombages, Jean-Pierre, fils de l'ancien président de la République de Montmartre, vous recevra dans une grande salle rustique, avec une mezzanine vouée aux expositions de peinture. Il vous parlera de ses souvenirs de la butte, les larmes plein les cils. Un sympathique menu de terroir à 98 F ou à 135 F avec marbré de foie de canard aux pommes. Quand il y a du soleil, la petite terrasse devant la maison vous tend les bras.

Où dormir, où manger dans les environs ?

â ⏐●⏐ *Chambres d'hôte La Ferme du Colombier :* M. et Mme Leturque, 14, rue du Four-Jean-Legros, 60650 Savignies. ☎ 03-44-82-18-49. Fax : 03-44-82-53-70. À 10 km au nord-ouest de Beauvais. 4 chambres dans une ferme typique du pays de Bray avec une poutraison superbe et des jolis volumes. Pour 2 personnes, compter 230 F pour une chambre avec salle de bains et w.-c., petit déjeuner compris. Table d'hôte le soir (75 F boisson comprise) sur demande. Producteurs de fraises. Accueil aimable.

â ⏐●⏐ *Chambre et table d'hôte Dominique et Françoise Simon :* 1, rue des Cressonnières, 60380 Saint-Quentin-des-Prés. ☎ 03-44-82-41-18. Après Gerberoy, Sully, à gauche par la D580. Ancien corps de ferme en pierres apparentes et briques façon hôtel avec parking privé. La cour est fermée, ce qui tranquillisera les parents (jeux pour enfants). Une chambre pour 2 personnes à 270 F petit déjeuner compris (pâtisseries, confitures maison). Repas pour les hôtes : 80 F. Françoise, patronne et fine cuisinière, vous concoctera des recettes originales : une brioche au saumon dont vous nous direz des nouvelles. Accueil familial et souriant.

⏐●⏐ *Bar-restaurant La Petite France :* 60112 Crillon. ☎ 03-44-81-01-13. Fermé le dimanche soir, le lundi soir et le mardi toute la journée. De Beauvais, prendre direction Abbeville. À Troissereux après le feu, à la fourche, à gauche D133. À Crillon, prendre sur la gauche. Poutres au plafond, trophées de cervidés aux murs... Une biche ne nous a pas quittés de l'œil pendant tout le repas ! Des produits frais dès le petit menu, à 68 F, servi aussi le soir. Le menu à 80 F est complet et fort copieux : terrine du chef, estouffade de bœuf (excellente). Plats du jour en fonction des arrivages. Bref, voilà un chef qui connaît bien son métier ! En sortant, vous pouvez faire la balade en Oise normande, qui démarre devant le resto (30 mn en voiture, un peu plus à vélo). L'une de nos meilleures adresses.

L'OISE NORMANDE

À voir

Le musée et la collégiale sont très souvent fermés. Le bon plan c'est d'aller voir M. Vallois, le maire du village, au 1, rue Henri-Le-Sidaner. ☎ 03-44-82-32-13.

★ *Le Musée :* au-dessus des halles. Un musée comme on les aime... Vieilles affiches évoquant les foires d'antan, invitation et menu d'un banquet des maires de France, céramiques, carreaux de faïence ancienne, peintures et banc de justice.

★ La *collégiale Saint-Pierre* au curieux plafond en bois.

★ Les *ruines de l'ancienne forteresse*, transformées en jardins par Henri Le Sidaner.

SAINT-GERMER-DE-FLY (60850)

Cyclotouriste, pour rejoindre Saint-Germer depuis Gerberoy, prenez la route de Hannaches, vous y verrez une petite église émouvante et quelques fermes fortifiées qui valent le détour.

À Saint-Germer, tout tourne autour de l'*abbaye* fondée en 661 et restaurée au XIe siècle, et sa petite chapelle du XIIIe, réplique de la Sainte-Chapelle de Paris. Il faut dire qu'elle a de la tenue.

L'OISE NORMANDE

Adresse, info utile

– **Son et lumière :** de juin à septembre. Renseignements à l'*office du tourisme*, place de Verdun (entrée de l'abbaye). ☎ 03-44-82-62-74. Ouvert tous les jours d'avril à octobre de 10 h à 12 h et de 14 h à 18 h.

Où manger ?

|●| **L'auberge de l'Abbaye :** face à l'abbaye. ☎ 03-44-82-50-73. Fax : 03-44-82-64-54. Fermée le mercredi, ainsi que deux semaines en janvier. Deux ou trois énormes salles de banquet permettent de faire face aux invasions anglo-japonaises de fin de semaine. La cuisine n'est pas mauvaise. Un premier menu en semaine le midi à 68 F, un menu terroir à 98 F avec de bonnes spécialités traditionnelles (tête de veau sauce gribiche, coq au vin, lapin à la picarde, Saint-Jacques à la suée de poireaux...), un menu tradition à 145 F et un menu gastronomique à 170 F (avec trou normand).

Où dormir dans les environs ?

▲ **Chambres d'hôte de la Ferme de la Patte-d'oie :** 59, rue de la Patte-d'Oie, Lormeteau, 60240 Fresneaux-Montchevreuil. ☎ 03-44-84-45-99. Fax : 03-44-47-73-48. De Beauvais, prendre la D927 puis, juste avant Ressons, la D115. 5 chambres, dont deux avec salle d'eau, et 3 studios. Ouvert toute l'année. Pour deux, compter entre 210 à 260 F pour une chambre avec salle de bains et w.-c., petit déjeuner compris.

À voir

★ **L'abbatiale et la Sainte-Chapelle :** la première, construite au VIIe siècle par Germer, riche seigneur qui prit l'habit religieux à 44 ans (preuve que les vocations tardives, ça existe !), fut détruite par les Normands. Sa reconstruction ne s'effectuera qu'en 1036, pour y accueillir les bénédictins de la congrégation de Saint-Maur. Comble de malchance, elle fut à nouveau détruite, mais par la foudre cette fois-ci. Les troupes de Philippe de Saveuse (vous le connaissiez ? nous, non !) terminèrent le travail de la nature au XVe siècle. Elle perdit notamment la première travée de la nef. On peut d'ailleurs remarquer que les piliers extérieurs de l'abbatiale se trouvaient jadis à l'intérieur. Quand on entre, on est frappé par sa majesté ; les sculptures des chapiteaux sont pratiquement toutes différentes.
La Sainte-Chapelle, elle, a été construite 11 ans après celle de Paris et sur le même modèle (pour les passionnés de dates, en 1259). On la rejoint de l'abbatiale par un petit atrium du plus joli style gothique.

★ **Le Musée artisanal et traditionnel populaire :** derrière l'office de tourisme, face à l'abbaye. Un petit musée intéressant dans lequel a été reconstituée une salle de classe du XIXe siècle. On y trouve également des vestiges d'églises et des tuiles en bois qui proviennent du campanile de l'abbaye. Terre des potiers, instruments de musique.

LE PAYS DE BRAY
Clères. Ry. Forges-les-Eaux. Neufchâtel-en-Bray.
Le château de Mesnières-en-Bray.

Situé dans le nord-est du département de la Seine-Maritime, le pays de Bray couvre les vallées de la Béthune, de l'Andelle et de l'Epte, et les principales bourgades sont Neufchâtel-en-Bray, Forges-les-Eaux et Gournay-en-Bray. Le pays de Bray se caractérise géologiquement par sa « boutonnière », phénomène assez rare pour qu'on le décrive un peu. C'est à l'ère tertiaire, lors de la formation des Alpes, que fut modifiée la géographie de la région, lorsque se produisirent des sortes de plissements de terrains. L'un d'eux se souleva de telle manière qu'il forma un dôme atteignant probablement les 1 000 m d'altitude. Rapidement, l'érosion usa cette excroissance jusqu'à creuser une vallée profonde et verdoyante sur 70 km de longueur et 15 km de largeur, laissant se dégager des couches jurassiques anciennes. C'est ce qu'on appelle aujourd'hui la boutonnière du pays de Bray.

Sur ces terrains particulièrement riches, dansent moult rivières aux cours un peu fous. À cheval sur deux départements (Seine-Maritime et Oise), le pays de Bray offre une singulière diversité de paysages, presque déroutante pour qui est habitué à l'harmonie naturelle de la Normandie : vallons souriants, dépressions abruptes, bocages paisibles, bouquets d'arbres touffus, sortis de nulle part, tout cela favorisé par cet étrange mélange du sous-sol. La vache normande s'y plaît particulièrement et donne un lait crémeux qui a rendu célèbre le beurre local. Ainsi naquirent dans cette région le neufchâtel et le petit-suisse.

CLÈRES (76690)

Bien qu'il appartienne au pays de Caux, nous rattachons ce gros village (situé à une vingtaine de km au nord de Rouen) au pays de Bray dont il est limitrophe. Il peut en effet aisément s'insérer dans un circuit dans cette belle région. Avec une rivière qui serpente, la Clérette, une vieille halle restaurée datant du XVIII⁰ siècle et ses vieilles maisons, la place du village est réellement ravissante. Pour en profiter au mieux, de nombreux restos et cafés avec terrasse au bord de l'eau. Bien que d'importance modeste, Clères possède une attraction originale et majeure dans la région : un parc zoologique de toute beauté. Clères vaut le détour !

Où manger ?

l●l **Le Flamant Rose :** place de la Halle. ☎ 02-35-33-22-47. Fermé le mardi. Au *Flamant Rose,* la simplicité est au rendez-vous avec des plats régionaux et quelques classiques de brasserie (filet de perche, magret de canard au cidre, tripes au calvados...). Menus à 50 F le midi (y compris le dimanche !), 68, 89 F et plus. Le soir, réservation obligatoire.

À voir

★ *Le parc zoologique :* facile à trouver, à deux pas de la vieille halle. ☎ 02-35-33-23-08. De Pâques à fin septembre, ouvert tous les jours de 9 h à 18 h (18 h 30 le samedi, 19 h les dimanche et jours fériés) ; le reste de l'année, tous les jours de 9 h à 12 h et de 13 h 30 à 17 h (18 h les dimanche et jours fériés). Fermé en décembre, janvier et février. En fait, l'heure de fermeture est assez aléatoire. Une chose est sûre : la caisse ferme 1 h avant le parc ! Dans cet espace admirable qui s'étend sur 13 ha, on trouve les ruines d'un ancien château féodal, une sorte de manoir à colombages, et un château néo-Renaissance du XIXᵉ siècle. Tout autour s'ébattent en quasi-liberté antilopes, biches, canards, paons, grues, émeus, flamants roses... et kangourous. En cage, quelques superbes gibbons et oiseaux de toute provenance, tandis que la demeure abrite des volières où virevoltent quelques spécimens rares. Balade extra dans une nature domestiquée avec intelligence...

À voir dans les environs

★ *Le musée des Sapeurs-pompiers :* à Montville, à 6 km au sud de Clères par la D155. Musée tout beau, tout neuf et tout moderne, à la gloire des sympathiques hommes du feu.

★ *Le domaine cidricole de Bretteville :* 76890 Tôtes. Dans le village de Bretteville, à 3 km au sud-ouest de Tôtes. ☎ 02-35-32-94-01. Visite du domaine, de la cour-masure et de la cidrerie artisanale, tous les jours en été (appeler pour les horaires) ; hors saison, seulement le week-end. Vente de produits maison.

RY (76116)

Situé à environ 15 km à l'est de Rouen par la N31 puis la D13. De Vascœuil à Ry, le Crevon, petit ruisseau à fleur de prairie, s'étire langoureusement. Cet adorable village serait le lieu où se déroula l'aventure immortalisée par Gustave Flaubert dans *Madame Bovary,* sous le nom de Yonville-l'Abbaye. L'écrivain s'inspira de l'histoire vraie de Delphine Couturier, née en 1822, qui avait épousé à 17 ans un médecin triste comme la mort, et qui ne rêvait que de Paris et d'amour. Elle eut un amant et se mit à dépenser énormément. Quand elle comprit qu'elle avait ruiné son mari, elle préféra se suicider, à 27 ans, et ce dans la maison occupée de nos jours par le pharmacien du village. La *pharmacie Jouanne*, qui est dans le roman la *pharmacie Homais*, est désormais un magasin de jouets-mercerie, et la rue principale de Ry évoque tout à fait celle de Yonville, bordée de jolies maisons normandes. Belle perspective sur la vallée du Crevon et sur le bourg de la route d'Elbeuf-sur-Andelle.

Adresse utile

🛈 *Syndicat d'initiative :* ☎ 02-35-23-19-90. Face au musée des Automates. De Pâques à l'Ascension, ouvert les samedi et dimanche ; de l'Ascension à fin septembre, ouvert tous les après-midi de 14 h 30 à 18 h 30. Fermé le reste de l'année. Information détaillée sur les belles promenades à faire dans le village et les vallées romantiques des alentours.

PAYS DE BRAY

Où dormir dans les environs?

⌂ Chambre d'hôte La Gentilhom-mière : à Auzouville-sur-Ry. ☎ 02-35-23-40-74. Accès : dans Auzou-ville, continuez tout droit ; arrivé sur la place de l'église, tournez à gauche, puis tout droit, tout au bout de la rue. Mme Cousin, adorable grand-mère, vous reçoit dans cette maison du XVIIe, remplie de souve-nirs et d'amour, aux meubles et aux escaliers de bois patinés. Deux très belles chambres, avec meubles de famille, dont une pour trois per-sonnes (la troisième personne ayant une petite alcôve séparée). Jolie vue bucolique, idéal pour balades et week-ends au vert. 150 F pour un, 200 F pour deux et 250 F pour trois. Petit déjeuner compris.

Où manger?

|●| Restaurant Bovary : Grande-Rue. ☎ 02-35-23-61-46. Fermé le lundi soir et le mardi, et de mi-février à mi-mars. L'église, les halles et même ce restaurant à la superbe fa-çade à pans de bois et à l'intérieur rustique ont fait craquer Flaubert. Gustave n'avait pas, à l'époque, un choix de menus aussi conséquent : 60 F (en semaine), 90, 110, 130 et 165 F. De quoi contenter toutes les bourses et les gourmands. Superbe menu à 60 F au rapport qualité-quantité rarement égalé. Service prévenant et impeccable. Assez in-croyable à ce prix-là. Le soir, on peut miser sur celui à 110 F qui enchan-tera tout le monde : huîtres, saumon fumé, ou feuilleté d'escargots. Côté plats, filets de canard, coq au vin, coquilles Saint-Jacques selon la sai-son.

Où manger dans les environs?

|●| Restaurant de la Vallée de l'Andelle : à Morville-sur-Andelle. ☎ 02-35-90-84-14. Fermé le di-manche soir et le lundi. Il y a 30 ans que Sylvain Boullenger tient l'épice-rie-bar-tabac-restaurant du village, en toute sérénité. Pas de publicité, mais beaucoup d'habitués dans la salle qui domine les champs alen-tour. Au mur, les diplômes de char-cuterie du patron entourent le poster géant d'un moulin (des Alpes!). Le midi en semaine, un menu imbat-tablement bon et copieux à 60 F : apéritif, deux entrées, plat (au choix), salade, fromage, dessert, café et vin compris bien sûr! Le sa-medi soir et le dimanche, le menu grimpe à 110 F et il faut réserver. Le patron propose aussi des dîners sur commande. Cet homme est un bien-faiteur...

À voir

★ **L'église Saint-Sulpice :** édifiée du XIIe au XVIe siècle. Elle possède une pièce unique : un porche en bois sculpté de la Renaissance, le plus beau de Normandie. Poutres et panneaux sont décorés de motifs sculptés en ara-besque. Sous le porche, noter la magnifique charpente en forme de carène de navire renversé, ornée d'anges et d'emblèmes des évangélistes. À l'inté-rieur, nombreuses statues anciennes. Chaire et autel du XVIIIe siècle aux panneaux sculptés. Grosses poutres au plafond qui semblent avalées par des sortes de dragons.

★ **La galerie Bovary (musée des Automates) :** ouverte de Pâques à fin octobre les samedi, dimanche, lundi et jours fériés de 11 h à 12 h et de 14 h à 19 h; en juillet et août, ouverte également en semaine de 15 h à 18 h. Réductions pour enfants et étudiants. Installé dans un ancien pressoir du XVIIIe siècle, à côté du pont enjambant le Crevon, ce musée a été réalisé par un passionné des personnages animés.

Près de 500 automates, dont 300 retraçant la vie de Mme Bovary. Tout est reconstitué dans les moindres détails : costumes, décors, etc. On revoit le bal du château de Vaubyessard, les célèbres comices agricoles, les rencontres sous les tonnelles, la promenade sur la Seine... À voir aussi l'étonnante transposition de la *pharmacie Homais,* rapportée pièce par pièce du centre-bourg et installée ici. À l'étage, automates de tous les pays. Sympa pour les enfants.

Randonnée pédestre

Les paysages de Flaubert

Autour de Ry, facile et romantique. On ne voit pas le temps passer en rêvant à Madame Bovary. 9 km, 3 h aller-retour, sans les arrêts. Balisage : sentier du mont Écaché. Réf. : *Petites Randonnées en Seine-Maritime, fiche des Trois Vallées*, du Comité départemental de tourisme de Seine-Maritime. Carte IGN au 1/25 000 (n° 2011 E).

Tous les matins, Emma Bovary rejoignait son amant : « ...Elle prenait à travers les champs de labour, où elle enfonçait, trébuchait, empêtrait ses bottines minces. Son foulard, noué sur sa tête, s'agitait au vent dans les herbages ; elle avait peur des bœufs, elle se mettait à courir ; elle arrivait essoufflée, les joues roses, et exhalant de toute sa personne un frais parfum de sève, de verdure et de grand air. » (Gustave Flaubert, 1856).

Depuis **Ry**, emprunter la D12 en direction de Saint-Denis-le-Thiboult au sud-est du village. Après la gendarmerie, au calvaire, un chemin monte sur la droite au **mont Écaché**. Dans ce hameau, vous prenez une petite route, puis un sentier sur la gauche qui descend par de beaux paysages sur la **vallée du Crevon**. Le charme champêtre de ces vallonnements a sans doute inspiré à Flaubert des passages de son roman. Après avoir traversé la D12 devant l'église du XIIIe siècle de **Saint-Denis-le-Thiboult**, vous continuez sur la droite par le sentier menant aux Houis.

Un chemin à gauche se poursuit par les **bois de Saint-Denis** et **des Petites Ventes**. Tournez à droite sur une petite route et traversez la D13. Au hameau des Grandes Ventes, prenez à gauche le chemin de la plaine jusqu'à **La Bouleautière**.

Vous redescendez alors vers la rue principale de Ry.

FORGES-LES-EAUX (76440)

Forges-les-Eaux possède une notoriété allant bien au-delà de celle qu'elle mérite. Elle la doit à son casino qui, après celui d'Enghien, reste le plus proche de la capitale. Connue, la ville l'est également pour ses eaux puisque sourdent ici plusieurs rivières, dont l'Epte et l'Andelle. Un parc splendide autour du casino et un musée de la Résistance étaient les autres richesses de Forges. Mais voilà, le musée est fermé et le parc clôturé. Pire, un nouveau complexe touristique vient d'être construit devant le joli casino, au mépris de toute perspective...

Sur le plan historique, évoquons l'extraction et le travail du métal aux XVe et XVIe siècles (d'où le nom de Forges), ainsi que la tradition de poterie célèbre jusqu'au XIXe siècle. Plus tard, lorsque les gisements de fer furent épuisés,

PAYS DE BRAY

on s'intéressa aux sources ferrugineuses, et la mode des cures attira Mme de Sévigné, Anne d'Autriche, Mme de Staël et Louis-Philippe entre autres.

Comment y aller?

– *Par le train* : au départ de Paris-Saint-Lazare, 3 aller-retour quotidiens en moyenne, avec un chargement à Grisors. 2 h 15 de trajet. Renseignements S.N.C.F. : 08-36-35-35-35 (2,23 F la minute). Internet : www.sncf.fr.
– *Par la route :* A13, puis A28, sortie 12 Forges-les-Eaux.

Adresses utiles

◘ *Office du tourisme :* rue du Maréchal-Leclerc, à côté de l'ancien musée de la Résistance. ☎ 02-35-90-52-10. Ouvert en juillet et août tous les jours de 10 h à 12 h et de 14 h à 18 h (les dimanche et jours fériés de 10 h 30 à 12 h 30). Le reste de l'année, mêmes horaires, mais jusqu'à 17 h seulement et fermé les dimanche et jours fériés.
▩ *Location de vélos :* à l'office du tourisme. Vélos et VTT.
▩ *Piscine découverte :* face au casino, de l'autre côté de la route. Ouverte en été.

PAYS DE BRAY

Où dormir? Où manger?

Pas un choix délirant d'hôtels à Forges même, mais plusieurs chambres d'hôte aux environs compensent largement cette lacune.

De prix moyens à plus chic

▲ I●I *La Paix :* 15, rue de Neufchâtel. ☎ 02-35-90-51-22. Fax : 02-35-09-83-62. Resto fermé le dimanche soir et le lundi en hiver, et seulement le lundi midi en été. Fermeture annuelle du 15 décembre au 6 janvier. Si l'on ne conseille pas aux jeunes amoureux de séjourner dans cet hôtel sans grand charme, en revanche la cuisine du restaurant est tout à fait fréquentable. Une vraie auberge chaleureuse avec ses petits abat-jour, ses murs de brique... et son menu à 104 F proposant une salade de l'Orson et une escalope de saumon florentine. Menu plus simple à 87 F, autres menus à 139 et 187 F. Un établissement qui travaille dans la qualité et la régularité les poissons et les produits du terroir. Bons vins au pichet.

▲ *Hôtel Continental :* 110, av. des Sources (face au casino). ☎ 02-32-89-50-50. Fax : 02-32-90-26-14. Imposante demeure à colombages entièrement rénovée. Ambiance désuète des anciens hôtels de casino. Hall spacieux, balcons pour prendre l'air ou le petit déjeuner. Chambres doubles tout confort à 380 F. Accès possible à la balnéo du *Club Méd* (renseignements : ☎ 02-32-82-50-40).

Où dormir dans les environs?

▲ *Chambres d'hôte de la Ferme de Bray :* chez Liliane et Patrice Perrier, à Sommery. ☎ 02-35-90-57-27. De Forges-les-Eaux, prendre la D915 vers Dieppe, la ferme est à 2 km à gauche avant Sommery. Fermé de décembre à Pâques. Depuis trente ans, Patrice retape avec amour la ferme de ses aïeux. La famille habite l'endroit depuis le XVe siècle ! Magnifique ensemble de bâtiments plusieurs fois centenaires. À l'intérieur, 5 chambres plus craquantes les unes que les autres, ambiance Marie-Antoinette à la ferme : vieilles tommettes, moulures, cheminées avec de beaux trumeaux. Compter 240 F pour deux, petit déjeuner compris. La ferme est ouverte au public en journée mais l'endroit redevient très calme à partir de 18 h. Au réveil, on peut même aller tranquillement taquiner la truite au bord de l'étang. Après, on ne veut plus repartir.

â *Chambres d'hôte Le Château :* chez Mme Preterre-Rieux, à Bosc-Roger-sur-Buchy. ☎ 02-35-34-29-70. De Forges-les-Eaux, prendre la D915 vers Dieppe puis, à gauche, la D919 vers Buchy. Bosc-Roger est à environ 13 km de Forges. Dans cette intéressante et charmante demeure du XIXe siècle, 5 chambres superbes (dont une pour 4 personnes), décorées avec goût et amour et possédant chacune une vaste salle de bains, de grandes fenêtres et une belle vue sur le grand parc derrière. Un bien bel endroit malgré le prix assez élevé pour une chambre d'hôte. Pour deux, 370 F ; pour trois, 420 F ; pour quatre, 470 F. Accueil un peu sec. Bon, disons demi-sec !

Où manger dans les environs ?

|●| *Auberge de la Mare aux Fées :* à Villers-Haudricourt. ☎ 02-35-93-41-79. À 19 km de Forges par la D9 en direction d'Aumale. Fermée les samedi et dimanche (sauf réservation) et en août. Attention de ne pas dépasser cette jolie maison à colombages, installée au bord de la route. Car aucune enseigne n'est là pour indiquer cette petite auberge authentique, décorée avec goût et simplicité. Pour 70 F (fromage, dessert et vin compris), on mange à une table de ferme au coude à coude avec les cantonniers et les gens du coin. Cuisine familiale et ambiance conviviale. Autre salle plus classique pour le menu à 90 F.

|●| *Auberge de la Varenne :* à Saint-Martin-Osmonville, route de la Libération. ☎ 02-35-34-13-80. Hors saison, fermé le dimanche soir et le lundi. Au bord de la route de ce petit village, quelque part entre Rouen et Neufchâtel et tout près de Buchy et de ses jolies halles. Une adresse fort sympathique, proposant avec succès des plats inspirés des traditions locales, comme cette cassolette de pétoncles fraîches à la crème, ou ce boudin servi en crêpe et en sauce, ou ce délicieux soufflé au calvados. Menus à 80 F en semaine, puis 120, 140, 170 et 200 F. Accueil et service très attentionnés.

À voir

★ *Le musée des Maquettes hippomobiles et Outils anciens :* dans l'adorable parc de l'hôtel de ville (passer sous la voûte). Ouvert tous les jours en été, sauf le lundi, de 14 h à 17 h. Fermé de novembre à mars. Modeste musée composé de 70 maquettes d'engins hippomobiles, machines agricoles ou moyens de transport de la fin du siècle dernier. Le tout a été réalisé par un couple de retraités. Ils n'ont pas dû voir le temps passer. En tout cas, chapeau !

★ Dans le parc de l'hôtel de ville, après être passé sous la voûte, voir ce qui reste de l'*oratoire d'Anne d'Autriche* et, juste en face, la maison de ses gardes. Elle était venue ici avec son Louis XIII de mari pour prendre les eaux.

★ À l'angle de la rue de la République et de la rue Rebours-Mutel, *façade à pans de bois et de brique* à la disposition originale.
– *Marchés :* le jeudi, marché aux bestiaux (à partir de 7 h). Le lundi, à Buchy, vente de produits fermiers dans les superbes halles du Moyen Âge.

Balades sympas à Forges

L'office du tourisme délivre une brochure intitulée *Forges-les-Eaux et sa région* qui propose 12 balades de 5 à 15 km dans les environs de Forges avec carte. En voici une qui serpente dans les bois et les tourbières de Forges.
– *Promenade du bois de l'Épinay :* 5 km. Circuit bien balisé en jaune. On gare son véhicule sur le parking de la piscine (route de Rouen). Le chemin longe d'abord le lac de l'Andelle avant de pénétrer dans le bois de l'Épinay. On passe ensuite dans une forêt de mélèzes, puis on traverse l'avenue Mathilde. En poursuivant le chemin fléché, on laisse à droite une source d'eau ferrugineuse. On poursuit par l'étang de l'Épinay pour recouper l'avenue Mathilde et regagner son point de départ.
– Le grand *parc autour du casino* de Forges est désormais privé et inaccessible au grand public.

À voir dans les environs

★ *La ferme de Bray :* à Sommery (6 km de Forges sur la route de Dieppe). ☎ 02-35-90-57-27. Ouverte entre Pâques et novembre les week-ends et jours fériés de 14 h à 18 h (tous les jours aux mêmes horaires en juillet et août). Visite gratuite pour les moins de 12 ans. L'association qui anime la ferme propose des activités originales tout au long de l'année. Documentation à l'accueil. Ancien domaine agricole superbement restauré.
Autour du manoir du XVIe siècle s'ordonne un magnifique ensemble de bâtiments. D'abord le vieux pressoir à cidre qui revit pendant la fête du cidre (certaines années, le 1er week-end de novembre) avec le cheval qui tire la roue. Puis le moulin à eau d'où part une petite rue d'époque pavée où le proprio a réaménagé la laiterie, la buanderie et la cuisine du meunier. À l'intérieur, des objets domestiques surprenants comme cette machine à laver de 1930 alimentée au charbon de bois ! Voir aussi les anciens poulaillers et le colombier (...à colombage).
Après ça on pourra louer une canne à pêche pour aller roupiller en paix au bord de l'étang (pêche toute la journée de Pâques à novembre ; pas besoin de permis). On peut aussi dormir à la ferme pour 240 F la double.

Fêtes

– *Foire aux melons :* en août, à Bébec.
– *Fête Brévière :* en octobre, la grande foire annuelle de Forges.

NEUFCHÂTEL-EN-BRAY (76270)

Une gentille bourgade, avec son lot de maisons à pans de bois et de petits immeubles d'après-guerre, bâtis à la va-vite après les bombardements de 1940. Rien de véritablement palpitant mis à part l'église et le sympathique musée régional... Ah si ! on allait oublier : le neufchâtel, dont la ville est l'heureux papa. Un amour de fromage en forme de cœur.

PAYS DE BRAY

Le fromage de Neufchâtel

Le plus ancien des fromages normands remonte au début du XIe siècle. Au XVIe siècle, on en exportait déjà en Angleterre et en Belgique. Comme les bons vins et tout comme ses collègues livarot, camembert et pont-l'évêque, il a obtenu l'appellation d'origine contrôlée et ne peut être fabriqué que dans un rayon d'environ 30 km autour de Neufchâtel.

C'est un fromage de lait de vache emprésuré, qu'on laisse coaguler. On obtient un « caillé » qu'on égoutte dans des berceaux, puis qu'on presse durant 12 h. Intervient alors la « vaccination » qui permettra la « floraison » du fromage, grâce au mélange avec un fromage déjà fleuri. On le place dans les différents moules choisis (briquette, carré, bonde ou « bondon » et cœur), puis l'on sale. Au bout de 12 jours, le fromage est jeune, après 3 semaines il est semi-affiné et entre 1 et 3 mois il est complètement affiné. Allez, bon appétit !

Les offices du tourisme du pays de Bray vous indiqueront dans quelles fermes il est possible de visiter la fromagerie. Nombreuses sont celles qui vendent leur fromage, mais peu organisent des visites ouvertes aux individuels.

Comment y aller ?

— *Par le train :* de Paris, gare du Nord. Changement à Gisors puis à Cerqueux et car jusqu'à Neufchâtel. Autre possibilité : de Paris Saint-Lazare, changement à Rouen puis Dieppe et car jusqu'à Neufchâtel. 2 h 30 à 3 h de voyage. Dans tous les cas, pas très pratique. Renseignements S.N.C.F. : ☎ 08-36-35-35-35 (2,23 F la minute). Internet : www.sncf.fr.

— *Cars CNA :* ☎ 02-35-71-23-29 (à Rouen). Desservent la région de Rouen et les villes principales du pays de Bray.

Adresse utile

◘ *Office du tourisme :* 6, place Notre-Dame, face à l'entrée de l'église. ☎ 02-35-93-22-96. Ouvert toute l'année du mardi au samedi de 9 h à 12 h 30 et de 14 h (14 h 30 les mardi et mercredi) à 18 h 30. Du 15 juin au 15 septembre, ouvert aussi le dimanche de 10 h 30 à 12 h 30. Brochure bien faite sur le célèbre fromage, adresses et circuit à thème de 50 km dans la région.

Où dormir ? Où manger ?

▲ I●I *Hostellerie du Grand Cerf :* 9, Grande-Rue-Fausse-Porte. ☎ 02-35-93-00-02. Fax : 02-35-94-14-92. Dans la rue centrale. On vous maternera ici et il faudra terminer votre assiette ou bien rendre des comptes à la serveuse. Cadre classique, cuisine normande très traditionnelle. Le midi, formule sympa à 57 F, servie tous les jours sauf le dimanche. Chambres doubles très bien tenues de 230 F (avec douche et w.-c.) à 270 F (avec bains et w.-c.). Demi-pension parfois obligatoire à partir de 230 F par personne.

▲ *Chambre d'hôte :* Le Cellier du Val-Boury. ☎ 02-35-93-26-95. À deux pas du centre, une immense propriété et sa vieille ferme de caractère datant du XVIIe siècle. Calme et ambiance campagnarde garantis, car la ferme est encore en activité et produit du lait. Cela n'empêche pas la cour d'être propre et coquette, verdoyante et fleurie. 4 chambres de grand confort ont été aménagées dans le cellier. Décor de bois clair et de bon goût. 250 F, petit déjeuner compris.

À voir

★ *L'église Notre-Dame :* en grande partie détruite pendant la guerre, elle fut ensuite complètement restaurée. On y pénètre par un clocher-porche de style gothique flamboyant. Nef du XVIe siècle, surtout intéressante pour les chapiteaux Renaissance des piliers du bas-côté gauche. Chœur plus ancien (XIIIe siècle). Dans le bras droit du transept, Mise au tombeau en pierre sculptée polychrome du XVe siècle, surmontée d'un dais Renaissance.

★ *Le musée municipal Mathon-Durand :* dans la rue Saint-Pierre, à l'angle de la rue du Général-de-Gaulle et de la Grande Rue Saint-Pierre. À deux pas de l'église en descendant la Grande-Rue-Fausse-Porte. ☎ 02-35-93-06-55. Ouvert de début juillet au 31 août de 15 h à 18 h, tous les jours sauf le lundi. Le reste de l'année, le samedi et le dimanche uniquement, de 15 h à 18 h. Visite guidée. Entrée payante.
Dans une ancienne maison bourgeoise à colombages du XVIe siècle, on vous présente en cinq salles tous les objets liés au monde rural normand depuis la fin du Moyen Âge jusqu'au début du siècle. Organisées par thèmes, les salles passent en revue le mobilier normand (armoires, buffets, vaisselle...), le fer forgé (ferronnerie, canons de la Garde nationale...), l'atelier du tonnelier, celui du sabotier et, enfin, tous les outils liés au travail de la terre ainsi que des poteries de Martincamp. En effet, grâce à sa belle argile blanche, la région devint réputée pour ses terres cuites au XVIIe siècle. À l'extérieur, pressoir à pommes.

– *Visite d'une fromagerie :* se renseigner à l'office du tourisme.

Fêtes, marché

– *Fête du fromage :* en septembre, pendant les Journées du Patrimoine.
– *Foire Saint-Martin :* à la mi-novembre.
– *Foire aux fromages et aux plaisirs de la table :* fin novembre, à Londinières.
– *Marchés :* le samedi matin, place Notre-Dame (halle au beurre pour les produits fermiers). Le mercredi matin, marché aux bestiaux. Hall d'exposition. Venir tôt, à partir de 7 h.

LE CHÂTEAU DE MESNIÈRES-EN-BRAY

À Mesnières-en-Bray, à 6 km au nord-ouest de Neufchâtel, par la D1 sur la route de Dieppe. Ce château est aujourd'hui dans l'enceinte d'une institution regroupant une école primaire, un collège d'enseignement général et un lycée agricole, horticole et forestier. Il est néanmoins ouvert à la visite de Pâques à la Toussaint, les week-ends et jours fériés de 14 h 30 à 18 h 30 ; du 14 juillet à la fin août, tous les jours (mêmes horaires). Visite guidée d'environ 30 mn, puis compter 1 h pour profiter du beau parc.
Ce vaste château Renaissance de la fin du XVe siècle est l'un des fleurons du genre dans la région. Il se caractérise par deux énormes tours qui

encadrent les corps de bâtiment en U et auxquels on accède par un bel escalier en « queue de paon ». Bien que son aspect rappelle un peu une forteresse, il ne fut pas conçu dans un but défensif. En fait, il évoque plutôt le style de certains châteaux en vallée de Loire. L'asymétrie des deux parties latérales est due à la surélévation opérée sur le côté droit au XIXe siècle. Au fond, façade ornée de colonnes et de pilastres de style très classique, presque ennuyeux, ainsi que d'une galerie à arcades.

On visite quelques pièces du château, essentiellement dans le style du XVIIe siècle comme cette *salle des Quatre Tambours* dont les caissons s'ornent de copies de tableaux, notamment d'un Rubens. Moins intéressante sur le plan strictement artistique, mais bien plus passionnante au niveau anecdotique, est cette étonnante *salle des Cartes* (en deux mots), dont les murs ont été décorés de cartes de France au XIXe siècle, alors que le château était une école religieuse : les aspects physique, économique et administratif sont évoqués avec réalisme. On voit également un planisphère céleste ainsi qu'une carte du pays de Bray. Un véritable cours de géographie murale, vraiment plein de charme. Amusante galerie où des cerfs en céramique sont répétés à l'infini sur le sol, dans des positions toujours différentes.

On termine par les deux *chapelles* : celle du siècle dernier possède de belles stalles et une chaire admirable, tandis que la chapelle seigneuriale est ornée de statues d'évangélistes et de vitraux Renaissance.

Dans le parc autour du château, un petit bout de jardin à la française, une ferme, une serre...

PONTOISE ET LA VALLÉE DE L'OISE
Auvers-sur-Oise. Valmondois. L'Isle-Adam.
Villers-sous-Saint-Leu. Saint-Leu-d'Esserent.

PONTOISE (95300)

S'il est aisé de s'y rendre, il est plus délicat d'avouer ingénument que nous revenons de Pontoise ! C'est pourtant ce que nous avons fait...

Ancienne capitale du Vexin, aujourd'hui chef-lieu du Val d'Oise, Pontoise est une ville aux multiples facettes, dans laquelle patrimoine historique et urbanisme des plus modernes ont su faire bon ménage. Ancienne cité médiévale, c'est aussi la ville qui vit, en peinture, la naissance du mouvement impressionniste.

Il est bon d'aborder la ville et ses fortifications en laissant l'Oise derrière soi. On a ainsi un bon aperçu du bastion qu'était le Pontoise médiéval bien abrité derrière ses remparts imposants. Il faudra contourner ces derniers pour découvrir, depuis le parc de l'ancien château, un panorama unique qui embrasse une grande partie de la rivière.

Demandez le programme des activités-découvertes organisées par l'office du tourisme. Vous pourrez ainsi marcher sur les pas de Camille Pissarro qui posa longtemps son chevalet ici, ou suivre un guide-conférencier dans les entrailles de la cité ancienne en empruntant ces surprenants « escaliers à mains » qui aboutissent dans les nombreux souterrains du mont Bellien.

VALLÉE DE L'OISE

Comment y aller ?

– **Par la route :** par La Défense, autoroute A15, sortie n° 9 Pontoise centre, puis centre-ville.
– **Par le train :** de la gare du Nord, trains directs. Nombreux départs quotidiens. Renseignements S.N.C.F. : ☎ 08-36-35-35-35 (2,23 F la minute). Internet : www.sncf.fr.

Adresse utile

🛈 **Office du tourisme :** 6, place du Petit-Martroy. ☎ 01-30-38-24-45. Ouvert du mercredi au samedi de 9 h à 13 h et de 14 h 30 à 18 h 30 (18 h le samedi). Le mardi, ouvert de 14 h 30 à 18 h 30 et le dimanche de 14 h à 17 h. Propose trois sortes de circuits-dé-couvertes payants le dimanche à 14 h 30 : sites du vieux Pontoise peints par Camille Pissarro, principaux monuments de la ville avec circuits thématiques (vitraux de la cathédrale, peinture sacrée...) et visite des souterrains de la ville. Pour toutes ces activités, s'inscrire au préalable.

Où manger ?

|●| **Le Pavé de la Roche :** 30, rue de la Roche. ☎ 01-34-43-14-05. Fermé le soir du dimanche au mer-credi . inclus. Ouvert le reste du temps. Se garer place de l'Hôtel-de-Ville (gratuit entre 12 h et 14 h), puis

descendre la rue à pied. Dans un décor de pierres et poutres apparentes avec de jolis éclairages, un premier menu à 72 F (boisson comprise) servi à midi en semaine. Somptueux buffet de crudités, beau choix de plats cuisinés et desserts maison. Que demander de plus? Autres menus à 106 et 148 F avec, notamment, pavé de bœuf Rossini, médaillons de sole, fondant au chocolat maison, crêpes Suzette. Accueil souriant et service attentionné. L'une de nos meilleures adresses.

|●| *Restaurant-brocante Le Grillon :* 12-14, rue de Gisors. ☎ 01-30-30-94-34. Fermé le soir du mardi au samedi et le midi du jeudi au samedi. Derrière la place du Martroy, à 100 m de la cathédrale Saint-Maclou. La brocante de province pur jus avec ses dentelles fanées, ses suspensions rétro au plafond et ses chapeaux claques surannés. Au milieu, quelques tables et, en cuisine, la patronne qui adore son double métier. Elle avouera préférer la cuisine. Deux formules qui ne vous ruineront pas : l'une à 68 F (crudités, tartes salées, fromage ou dessert) et l'autre à 78 F (plat du jour ou escalope normande, salade, fromage ou dessert). À la carte, une cuisine traditionnelle qui vaut le détour. Pour le décor, surprenant, et l'ambiance qui ne l'est pas moins.

|●| *La Bretonnerie :* 14, rue Marcel-Rousier, ou 1, rue de la Bretonnerie. ☎ 01-30-73-95-92. Ouvert le midi du lundi au samedi et le vendredi soir. Derrière la cathédrale Saint-Maclou. Dans la galerie marchande en contrebas. Prendre l'escalier à droite. Grande salle à manger avec les tableaux du fiston aux murs; il a du talent, le bougre! Le papa, au restaurant, se débrouille fort bien lui aussi. Il vous proposera une cuisine traditionnelle copieuse. Menu à 59 F avec une entrée et un plat ou un plat et un dessert. Un menu à 69 F avec entrée, plat et dessert. Un menu à 120 F, plus riche : foie gras, magret, fromage et dessert. C'est aussi le spécialiste des salades composées, de 42 à 65 F. Aux beaux jours, on peut déjeuner dans le petit jardin. Plateaux de fruits de mer sur commande. Plats du jour et vins servis au verre. Accueil du patron très souriant. Nécessité de réserver le samedi midi.

|●| *L'auberge du cheval blanc :* 47, rue de Gisors. ☎ 01-30-32-25-05. Du bord de l'Oise (quai du Pothuis), remonter à gauche le boulevard Jean-Jaurès vers Marines. Dans le prolongement, rue de Gisors. Fermé le samedi midi, le dimanche soir et le lundi. Hôtel ouvert en permanence. Cet ancien relais de poste offre une salle de restaurant chaleureuse et intime avec des rideaux aux touches impressionnistes, qui soulignent le style des tableaux accrochés aux murs, tous à vendre. On y découvre une cuisine raffinée à base de produits du terroir. Un premier menu complet à 85 F (sauf le samedi soir et le dimanche). Autres menus à 138 et 180 F (ce dernier avec vin compris). Poêlon de moules farcies, poissons du jour, joue de porc à la bourguignonne. Salade de foies de volaille déglacés au vinaigre de framboise, croustillant de maquereaux. Une petite terrasse dans la cour. Présence étonnante d'une carte d'eaux minérales et une autre de whiskies. Une partie hôtel assez sommaire avec peu de chambres. Compter 150 F pour deux personnes, avec une douche. Toilettes à l'étage. Accueil souriant, et beaucoup de gentillesse.

Plus chic

|●| *Hostellerie du Maupertu :* 25, route d'Auvers. ☎ 01-30-38-08-22. Fermée le samedi midi et le dimanche ainsi que la 1re quinzaine d'août. Suivre l'Oise par la D4. Dans une grande bâtisse en bordure de la route qui mène à Auvers, voici un des hauts lieux de la gastronomie val d'oisienne, s'il en est. À la carte, les prix s'envolent, mais le menu à 245 F (servi midi et soir), au rapport qualité-prix imbattable, a retenu toute notre attention : ravioles de lapereau à la crème de champignons, soupière de la mer au coulis de homard, sélection de fromages, crêpes fourrées orangette; petites «bouchées» entre les plats pour vous

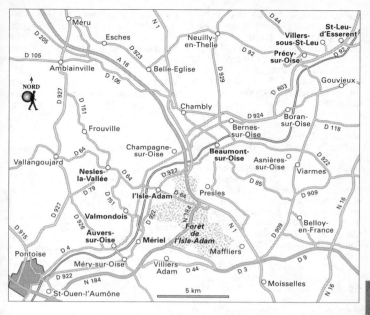

PONTOISE ET LA VALLÉE DE L'OISE

VALLÉE DE L'OISE

faire patienter, une bouteille de vin pour deux personnes, café et petits fours. Ce qui s'appelle un grand menu. Beau choix de poissons qui semblent avoir la préférence du chef, au détriment de la viande. Il va chercher ses rougets et sa lotte directement à l'arrivée des chaluts de Dieppe. Les légumes du terroir proviennent du marché voisin. Service attentif, ambiance feutrée. Un beau jardin-terrasse quand il fait soleil au pied de la colline de l'Hermitage peinte par Cézanne, Gauguin, Guillaumin, Pissarro... et un dénommé Vincent.

Où dormir ? Où manger dans les environs ?

■ *Hôtel Marines Casino :* 5, rue de Chars, 95640 Marines. ☎ 01-30-39-76-05. D915, à 14 km de Pontoise. Dans Marines, après avoir passé le deuxième feu tricolore, tournez à gauche. Première à droite avant la boulangerie. Un petit hôtel bien tenu que nous aimons beaucoup pour son caractère ancien et la simplicité de la patronne. À l'origine, un ancien relais de poste où au fond de la cour existait autrefois un cinéma, le *Casino*, qui a donné son nom à l'hôtel. 6 chambres douillettes surtout celles qui sont mansardées avec poutres apparentes. Il faudra réserver longtemps à l'avance. Comptez 230 F pour deux personnes avec douche, w.-c., TV et kitchenette pour l'infusion du soir ou le petit déjeuner le matin. Parking fermé.

■ *Hôtel Astrée :* 3, rue des Chênes-Émeraude, à l'angle boulevard de l'Oise, 95000 Cergy-Pontoise. ☎ 01-34-24-94-94. Fax : 01-34-24-95-15. Ouvert toute l'année. À 5 km. Au départ de l'office du tourisme, prendre la rue de Gisors. Dans le prolongement, avenue Rédouane-Bougara. Avant le centre Leclerc, à gauche direction Cergy-Pontoise Centre. Boulevard de la Viosne ; au feu à gauche, « Centreville ». Après le Mac Donald, à droite. Un hôtel bien tenu dans la partie très urbanisée de Cergy. Une ambiance raffinée dans ce 3 étoiles où vous devrez compter 535 F pour une chambre double avec salle de bains, TV, téléphone et w.-c. séparés. Tarifs spéciaux le week-end avec un splendide petit déjeuner buffet compris (520 F). À signaler la *suite-junior*, charmante, à 630 F (petit déjeuner buffet compris). Les jeunes mariés en raffolent. Parking souterrain gratuit. Restaurant *Les Coupoles* (ci-dessous) au pied de l'hôtel. Beaucoup de gentillesse dans l'accueil.

|●| *Les Coupoles :* 1, rue des Chênes-Émeraude. 95000 Cergy-Pontoise. ☎ 01-30-73-13-30. A15, sortie n° 10, tournez deux fois à gauche, face au bâtiment « 3M ». À 5 km du centre de Pontoise. Fermé les samedi et dimanche. Au pied de l'hôtel *Astrée*. Le quartier n'a rien de bucolique, mais voilà l'un des meilleurs restaurants de la place. Sous une grande coupole art déco, dans une ambiance feutrée avec de jolies boiseries aux murs, vous goûterez la cuisine du chef à base de produits frais. Ses poissons viennent directement du sud de la Bretagne et ses viandes de l'Aubrac. Premier menu à 125 F avec une entrée et un plat (ou un plat et un dessert), et un verre de vin. Le menu à 168 F (avec une bouteille de vin pour deux personnes) offre cinq choix différents. Fricassée de turbot aux girolles, veau de lait à la normande, pomme poêlée flambée au calvados. Service rapide et stylé, accueil souriant.

|●| *Restaurant de la Gare :* 4, place de la Gare, 95650 Boisserie-l'Aillerie. ☎ 01-34-42-12-48. Prendre la D915 en direction de Marines. À 7 km de Pontoise, tourner à gauche sur la D22. À droite avant le passage à niveau. Fermé le dimanche. Une grande maison rétro style auberge de province. Les nappes fleuries et les tableaux aux murs égaient la salle à manger. Un premier menu à 95 F. Carpaccio de saumon mariné, terrine de queues et pieds de veau, navarin d'agneau printanier, cabillaud au basilic. Un menu-gourmet à 159 F. Une petite terrasse face à la gare, comme son nom l'indique. Curieusement aucun bruit. À croire qu'aucun train ne passe. Une bonne table.

🛏 |●| *La Ferme de France :* 4, av. du Général-de-Gaulle, 95310 Saint-Ouen-l'Aumône. ☎ 01-30-37-57-77. Tout droit après avoir franchi le pont de Saint-Ouen-l'Aumône (celui qui enjambe l'Oise), à environ 500 m. Fermé les samedi et dimanche, et les trois premières semaines d'août. Cadre rustique et chaleureux. Un menu à 88 F avec vin et café compris. Un menu-terroir avec choix de deux entrées, deux plats et deux desserts à 128 F et carte. Accueil aimable.

À voir. À faire

★ *La cathédrale Saint-Maclou :* place du Petit-Martroy. À droite de l'office du tourisme. Visites commentées payantes tous les 3e dimanches du mois (sauf en juillet et août). Se renseigner à l'office du tourisme. En sortant de la gare S.N.C.F. c'est elle que vous apercevez tout en haut de la rue Thiers, majestueuse et protectrice. Elle est construite sur l'emplacement d'une église primitive qui a son origine au XIVe siècle. La cathédrale actuelle a subi plusieurs remaniements successifs aux XVe et XVIe siècles, engendrés par les guerres, les catastrophes naturelles (comme l'ouragan de 1309, si vous vous souvenez bien) et les idées nouvelles. Ces péripéties lui donnent une architecture composite intéressante.

Sur la façade du XVe siècle, de style gothique flamboyant, sont aménagés un grand et un petit portail. Il n'y a malheureusement plus une seule statue dans les niches de cette façade.

L'intérieur de la cathédrale a un beau volume dû à l'adjonction, au XVIe siècle (qui fut une période de prospérité dans le Vexin), d'un double collatéral à gauche de la nef soutenu par cinq colonnes aux chapiteaux Renaissance d'inspiration païenne (satyres, faunes, chimères, etc.). Le chœur est bordé d'un déambulatoire et de cinq chapelles rayonnantes qui donnent un caractère roman à cette partie de la cathédrale.

Le clou de votre visite se situera sans doute dans la chapelle dite de la Passion, à gauche de l'entrée principale. Ses vitraux du XVIe siècle sont remarquablement conservés, ayant été entreposés dans des caves pendant les guerres successives. Dans cette chapelle, un chef-d'œuvre de la sculpture de style Renaissance maniériste : *La Mise au tombeau du Christ.*

À droite du chœur, deux tableaux : de Laynaud (*Saint Louis malade*) et de Jouvenet (*Déploration de croix*). L'autel-majeur a été fait à partir de panneaux de bois provenant de la chapelle de la Passion.

★ *L'église Notre-Dame :* place Notre-Dame. De l'office du tourisme, descendre la rue de la Coutellerie (300 m). Ouverte en permanence et, de plus, il y a une gardienne sur place. A cet emplacement s'élevait une église beaucoup plus imposante détruite par le futur Henri IV au moment des guerres de la Ligue. Plus simple, l'église Notre-Dame, que nous voyons aujourd'hui et qui est le haut lieu de la spiritualité à Pontoise, a été construite sur les décombres de l'ancienne.

Passé la porte d'entrée rehaussée d'une *Annonciation* superbe sculpté dans le bois, on débouche immédiatement dans la chapelle de la Vierge constellée d'ex-voto. Les plus célèbres sont ceux de Saint Louis (qui donna des fonds pour l'érection de la première église), de Charles V et de Louis XIV qui vinrent se prosterner et demander protection à la Vierge. Celle-ci a une présence et un charisme indéniables dus en partie à sa haute taille et au mystère qu'elle dégage. Elle est l'œuvre d'un artiste inconnu et date du XIIe siècle ; par son aura, elle a toujours été révérée et l'est encore de nos jours. À noter, près de l'allée centrale, le tombeau de saint Gauthier.

★ *Le musée Tavet-Delacour :* 4, rue Lemercier. ☎ 01-30-38-02-40. Ouvert du mercredi au dimanche de 10 h à 12 h 30 et de 13 h 30 à 18 h. Derrière la poste. Entrée payante. Accueil sympathique et souriant. Le musée se situe dans un hôtel particulier de la fin du XVe siècle comme il en existe peu en France. Magnifique architecture gothique finissant et début Renaissance avec tourelles d'angle, ses fenêtres à meneaux et son escalier à vis. À son sujet, Paul Fort a écrit : « Ô lecteurs enchantés ; figurez-vous Cluny, mais un Cluny de poche ».

Au rez-de-chaussée, l'œuvre peinte et sculptée d'Otto Freundlich, mort déporté en Pologne (1943), est présentée en permanence. Collection de gouaches, pastels et compositions modernes multicolores, léguée au musée en 1967. Au premier et au deuxième étages, on trouve des expositions temporaires d'art moderne, parfois peu ou mal connu, que le conservateur souhaite valoriser.

Dans le jardin, en partie clos par les murs de fortification de la ville, se trouve une *allée couverte*, d'époque néolithique, trouvée au hameau de Dampont, commune d'Us, et reconstituée derrière le bâtiment. Les pierres qui couvraient cette allée ont disparu. Ce qui en fait aujourd'hui une allée... découverte.

★ *Le musée Camille Pissarro :* 17, rue du Château. ☎ 01-34-43-34-77. Ouvert du mercredi au dimanche de 14 h à 18 h. Entrée gratuite. Sur les fortifications, face au pont sur l'Oise. Suivre les panneaux « château » par la rue Pierre-Butin, à gauche des remparts. Dans le parc du château qui surplombe l'Oise. Le 1er étage de l'hôtel particulier du XIXe siècle de style Mansart est devenu le musée Pissarro en hommage au peintre impressionniste qui résida à Pontoise une douzaine d'années.

On n'y trouvera qu'une seule toile du maître, *Péniches*, et encore quand celle-ci n'est pas prêtée à l'étranger! Ce fut notre déconvenue, peut-être aurez-vous plus de chance? La visite est pourtant intéressante car nous avons découvert un Pissarro graveur. Ne vendant pas ou peu de toiles, Pissarro s'était mis à la gravure. Celle-ci, par le nombre d'épreuves imprimées, était un art plus lucratif.

Deux autres salles sont réservées au peintre Ludovic Piette, d'une grande sensibilité, ami et bienfaiteur de Pissarro. On y voit aussi des œuvres d'artistes ayant habité la région au XIXe siècle : Lucien Pissarro (l'un des fils de Camille), Paul Signac, Louis Hayet – dont les toiles furent retrouvées dans une décharge publique –, Alcide Le Beau, Norbert Goeneutte, Armand Guillaumin, et un dénommé Luis Jimenez dont il faut voir le *Jardin de la Ville*.

★ *Le jardin des Cinq Sens :* parc du château, 17, rue du Château. Ouvert du 1er mai au 31 août de 10 h à 21 h et du 1er septembre au 30 avril de 10 h à 18 h. En sortant du musée Pissarro, faire un tour dans ce jardin des Cinq Sens, réalisé à l'origine pour les non-voyants mais qui intéressera les amoureux des plantes, des fleurs et des arbustes odorants. Chaque variété a son étiquette écrite en braille. Belle réalisation d'allées complantées de romarins, sauges ananas, géraniums, lavandes papillon, menthes « eau de Cologne », et mélisses dorées aux parfums distincts.

★ *« En suivant Pissarro » :* circuit-promenade payant, organisé et commenté par l'office du tourisme, à 14 h 30 le 2e dimanche de chaque mois. Départ de l'office du tourisme avec un accompagnateur.

Après avoir remonté la place du Petit-Martroy, on tourne à gauche pour prendre la rue de Gisors et, devant le n° 54, on se retourne tous ensemble. Là, on découvre ce que vit et peignit Pissarro en 1872. Le tableau est à Boston et s'intitule *Rue de Gisors à Pontoise*. Virage à droite, rue de la Citadelle, et nouvel arrêt devant le n° 17. Voici *Pontoise, rue en hiver*, tableau qui se trouve à Cannes, dans une collection privée. Comme dans une campagne très éloignée de Paris, on chemine par des sentes étroites et bucoliques du quartier de l'Hermitage. Avec des photos d'une quinzaine de tableaux en mains, il est aisé de vérifier que les paysages et les maisons ont peu changé depuis un siècle.

Une promenade originale de 3 h, et qui varie selon la saison. Chaussures adaptées à la marche conseillées.

★ *Visite des souterrains de la ville :* tous les dimanches à 14 h 30. Cette visite est organisée à la demande et commentée par l'office du tourisme. Voyage de 2 h 30 au centre du calcaire.

Le Pontoise médiéval a été érigé sur un site géologique devenu stratégique : il s'agit en l'occurrence d'un éperon calcaire défensif, un site d'acropole appelé le *mont Bellien* que l'on aperçoit des quais de l'Oise. Le matériau de construction – le calcaire grossier – étant sous les pieds du Pontoisien, il lui fut facile (si l'on peut dire) de creuser et d'extraire la roche. Il en demeure aujourd'hui un dédale de caves particulières d'une grande beauté (voir notamment celle du Presbytère), d'ouvrages défensifs (partie de la Porte d'Ennery et de l'ancienne Forteresse Royale), ou encore de carrières étroites auxquelles on accède par des « escaliers à mains ». Ces escaliers uniques ont la particularité de posséder, dans leur voûte, des « arches » qui permettaient de se tenir avec les mains, geste salvateur dans une pénombre d'époque et de circonstance.

★ *Le Carmel :* 55, rue Pierre-Butin. ☎ 01-30-32-35-21. Cour et chapelle ouvertes au public. Discrétion de mise. Plusieurs offices quotidiens. Plus ancien carmel de France, il a été fondé au XVIIe siècle et est encore habité par 17 sœurs-prieures solitaires et silencieuses. L'une de leurs activités est la fabrication d'hosties.

La chapelle, d'une grande quiétude, possède une belle charpente en coque de bateau du XIXe siècle. À droite, le priant de Madame Acari, sœur-converse fondatrice du Carmel de Pontoise. Dans le chœur, un magnifique tableau de Trémolière, du XVIIIe siècle, représentant Dieu le Père et saint Joseph tenant l'enfant Jésus par la main.

À voir. À faire dans les environs

★ *L'abbaye de Maubuisson :* allée Richard-de-Tour, 95310 Saint-Ouen-l'Aumône. ☎ 01-34-64-36-10. De l'A15, prendre la sortie n° 7 Saint-Ouen-l'Aumône. Puis N184, direction centre. À droite, panneau abbaye, au niveau de la gare. Fermé le mardi. Ouvert les autres jours de 10 h à 18 h et les dimanche et jours fériés de 14 h à 18 h. Entrée payante ; tarif réduit pour les enfants et les étudiants.

On découvre d'abord la *grange à Dîmes*, colossale, qui pouvait contenir, dit-on, « 100 000 gerbes ». C'est Blanche de Castille, au XIIIe siècle, qui décide la création d'un monastère de femmes. Dans un parc superbe de huit hectares, l'abbaye cistercienne a conservé le bâtiment imposant des moniales. L'église qui dominait l'ensemble a disparu, ainsi que trois ailes encadrant le jardin du cloître.

Trois salles rénovées, de style purement gothique, pavées en vert et jaune et voûtées d'ogives, font l'objet de la visite. La salle des religieuses recèle le bâtiment des latrines, un des rares conservés en France, érigé à 14 m au-dessus de la rivière. Tout un réseau hydrographique souterrain, réalisé en tuyaux de terre, distribuait l'eau courante dans les différentes constructions de l'abbaye. Deux autres salles nous renseignent sur la vie quotidienne des moniales au Moyen Âge. Un parcours ludique et didactique sous forme de vidéos et de jeux.

AUVERS (95430)

> « *Auvers est bien beau, beaucoup de vieux chaumes, entre autres, ce qui devient rare, réellement c'est gravement beau, c'est de la pleine campagne caractéristique et pittoresque.* »
>
> Vincent Van Gogh

Auvers, petit village qui s'étire le long de l'Oise, peut s'enorgueillir d'avoir accueilli de nombreux peintres venus chercher hors de la ville des sensations et des couleurs nouvelles. Mais le village doit surtout sa notoriété à Van Gogh venu y passer les deux derniers mois de sa vie. Malgré cela, Auvers a eu l'intelligence et le bon goût de ne pas sacrifier son charme au culte du tourisme (pas de boutiques de souvenirs), et il fait bon y flâner, des tableaux plein la tête, à la recherche du temps perdu.

Deux hommes vont contribuer à faire d'Auvers et de ses alentours un lieu de prédilection pour les peintres. L'un s'appelle Charles Daubigny : élevé dans la région, c'est le premier à peindre d'après nature et il est à ce titre l'un des précurseurs de l'impressionnisme. Il navigue sur l'Oise à bord de son atelier flottant baptisé *Le Bottin* et se fixe à Auvers en 1860 dans sa maison des Vallées.

Le second est un médecin, le fameux docteur Gachet, amateur d'art qui s'installe en 1872 à Auvers. Tous deux se connaissent et ont beaucoup d'idées communes. Ils vont recevoir à Auvers des artistes tels que Corot avec lequel Daubigny décorera sa maison, Daumier, le fameux caricaturiste, Pissarro qui s'installe non loin à Pontoise, mais également Cézanne qui loue une maison toute proche de celle du médecin et que le village inspirera beaucoup, sans oublier Van Gogh qui arrive à Auvers en 1889. Ce dernier prend pension à l'auberge Ravoux pour 3,50 F par jour, repas compris, dans une minuscule chambre mansardée. Inspiré par la région, il ne cessera de peindre chef-d'œuvre sur chef-d'œuvre jusqu'au 29 juillet 1890, date à laquelle il met fin à ses jours.

Comment y aller ?

– *Par la route :* autoroute A15 par la Défense jusqu'à Pontoise, sortie Saint-Ouen-l'Aumône puis direction Auvers par la D4.
– *Par le train :* de la gare du Nord. Changement à Persan-Beaumont ou à Saint-Ouen l'Aumône. 1 h de trajet. Renseignements S.N.C.F. : ☎ 08-36-35-35-35 (2,23 F la minute). Internet : www.sncf.fr.

Adresse utile

🏛 *Office du tourisme :* manoir des Colombières, rue de la Sansonne. ☎ 01-30-36-10-06. Internet : www.auvers.com. Ouvert du lundi au vendredi de 9 h 30 à 12 h 30 et de 14 h à 17 h, fermeture à 18 h le week-end. Horaires étendus l'été. Attention, beaucoup de points d'intérêt ne sont pas accessibles le mardi (c'est normal) mais aussi le lundi ! Accueil souriant, dynamique et compétent. Un film de 15 mn retrace le passage de Van Gogh à Auvers.
– L'office du tourisme organise tous les dimanches à 15 h, de Pâques à la Toussaint, des promenades commentées sur Auvers et la peinture (durée : environ 1 h 30), intitulées *Sur les pas de Van Gogh*.
– En hiver, conférence en salle certains dimanches ; se renseigner auprès de l'office du tourisme pour les dates.
– Plan (payant) d'Auvers sur lequel sont localisés les sites et les monuments importants ainsi que les lieux ayant inspiré les artistes. Vous ne pourrez de toute façon pas les manquer car des panneaux reproduisant les toiles jalonnent la ville.

Où dormir ?

Pas d'hôtels à Auvers pour le moment, mais quelques chambres d'hôte :

🛏 *M. et Mme Caffin :* 4, rue Marceau. ☎ 01-30-36-70-26. À l'entrée d'Auvers. 2 chambres agréables et chaleureuses, chacune avec salle de douche et w.-c., situées dans un des bâtiments de la ferme, en retrait de la route principale. Très calme. Au rez-de-chaussée, petite salle à manger pour le petit déjeuner. 210 F pour une personne, 260 F pour deux, avec douche et w.-c., et 60 F pour une troisième personne (petit déjeuner compris). Un jardinet avec une table et des chaises devant les chambres.
🛏 *M. et Mme Amaniera :* 38, rue du Montcel. ☎ 01-30-36-79-52. 1re rue à droite en montant à l'église. Une belle maison de ville avec un parc. 3 chambres joliment meublées, toutes différentes, au parfum suranné, de 250 à 400 F avec tout le confort. Un rayon de soleil ? Prenez donc une chaise longue dans le jardin... Accueil sympa.

Où manger ?

|●| *Le Cordeville :* 18, rue Rajon. ☎ 01-30-36-81-66. Ouvert uniquement à midi tous les jours. Mme Irène, une institution dans le village, prépare une cuisine familiale sans prétention, qu'elle sert dans une petite salle aux murs couverts de fresques. Habitués, ouvriers et touristes s'y côtoient, sous l'œil d'une tourterelle nichée dans un tonneau. Un premier menu à 60 F (en semaine), un autre à 85 F avec entrée, plat et dessert. On a même eu de la salade et du fromage. Une adresse pittoresque, à condition de n'être ni trop difficile, ni trop pressé. Il est prudent de réserver. Attention, carte bleue non acceptée.

|●| *Les Roses Écossaises :* 3 *bis*, rue de Paris. ☎ 01-30-36-14-15. Fermé le lundi et le soir. Dans une rue qui monte à l'église d'Auvers. Salon de thé-restaurant proposant des tartes salées et sucrées entre 35 et 50 F, des salades composées (50 F), un plat du jour à 60 F, mais aussi un menu avec deux plats à 90 F. Et, bien sûr, toutes sortes de thés parfumés. Accueil souriant.

|●| *Espace restauration du château d'Auvers :* Trois formules autour de la visite du musée des Impressionnistes :

– *L'ancienne Orangerie :* ☎ 01-34-48-05-05. Une cuisine traditionnelle dans un cadre du XVIIᵉ siècle. Ouvert tous les jours sauf le lundi. Compter autour de 135 F (hors boissons).

– *La Guinguette :* intégrée au parcours-spectacle. Ouverte tous les jours de l'année sauf le lundi. Petites tables aux nappes fleuries, pour prendre un verre ou un petit en-cas dans l'univers des peintres impressionnistes.

– *Le Bistrot :* dans la cour des communs du château. Tartes salées, salades composées ou un délicieux buffet à 99 F, avec plat du jour et boisson comprise (le dimanche en saison).

|●| *Au Verre Placide :* 20, rue du Général-de-Gaulle. ☎ 01-34-48-02-11. Dans la rue principale, face à la gare. Ouvert tous les jours. Bien placé. Réservation fortement recommandée le week-end. Un des plus vieux restaurants d'Auvers. Dans une grande salle claire, un premier menu à 105 F en semaine, et un autre à 135 F. Caille confite en salade, blanc de turbot à la compotée de fenouil, chausson d'agneau façon boulangère. Vins un peu chers, service courtois. Une salle non-fumeur.

Plus chic

|●| *L'Auberge Ravoux :* en face de la mairie. Entrée : 8, rue de la Sansonne. ☎ 01-30-36-60-60. Fermée le dimanche soir et le lundi. Réservation conseillée. Il s'agit de la fameuse auberge dans laquelle Vincent Van Gogh séjourna et mourut en 1890 (voir plus loin, rubrique « À voir »). Entièrement restaurée, son décor a été reconstitué tel que son illustre hôte l'a connu. Le résultat, trop *clean* à notre goût, est un peu froid, mais le temps devrait patiner l'ensemble. Cuisine plus que correcte, servie copieusement, et s'inspirant de recettes anciennes : pressé de lapereau sur lit de lentilles et oignons confits, gigot de « sept heures ». Pour finir, on vous conseille la délicieuse mousse Tagliana, du nom des anciens propriétaires. Formule à 150 F avec un plat et une entrée ou un dessert, et formule à 190 F avec trois plats. Pas donné certes, mais d'un excellent rapport qualité-prix. L'une de nos meilleures adresses à Auvers. Vins à prix raisonnables, on peut même en acheter puisque l'auberge faisait également commerce de vins. Service souriant. À la fin du repas, vous pouvez demander à voir la chambre de Vincent Van Gogh, et un diaporama très bien fait sur sa vie et son œuvre vous attend.

Enfin, sachez que le service de table provient de la fameuse maison *Villeroy & Boch*, et que ce n'est pas un hasard. C'est à l'*Auberge Ravoux* que Van Gogh apprendra qu'on a enfin acheté une de ses toiles. L'acquéreur se nomme Anna Boch. C'est d'ailleurs la seule toile que le peintre, aujourd'hui le plus cher du monde, vendra de son vivant.

À voir

On vous conseille de commencer votre visite par le parcours-spectacle du château afin de vous mettre dans le contexte de l'époque pour mieux comprendre la démarche des impressionnistes. Le système « Promo-carte » : le premier site visité est au tarif normal, mais vous aurez des réductions ensuite sur les autres sites d'Auvers. Cette carte, de plus, est valable toute l'année.

★ *Le parcours-spectacle du château d'Auvers :* rue de Léry. ☎ 01-34-48-48-48. Ouvert tous les jours sauf le lundi, de 10 h 30 à 19 h 30 (fermeture des caisses à 18 h) d'avril à septembre, et de 10 h 30 à 18 h d'octobre à mars (fermeture des caisses à 16 h 30). Ouvert le lundi, de juin à fin août. Entrée : 60 F; tarif réduit pour les enfants et les plus de 60 ans. Compter environ 1 h 30 de visite.
Attention, beaucoup de groupes le matin, donc attente. Un conseil, en mai et juin, allez-y l'après-midi après 15 h, il y a moins de monde. Paradoxalement, ce sont les mois de juillet et août les plus calmes.
Une façon originale d'aborder l'impressionnisme ; on parcourt les salles du château, qui vient d'être restauré, équipé d'un casque à infra-rouge, au milieu de reconstitutions de décors et d'ambiance évoquant les thèmes favoris des impressionnistes. Ainsi sont évoqués tour à tour Paris au XIXe siècle, la mode et ses métiers, les cafés, le chemin de fer, etc. Ici, aucune œuvre originale, mais commentaire sonore, projection des œuvres, film-vidéo, décor, effets spéciaux, tout concourt à vous plonger dans l'univers des Degas, Renoir, Monet et les autres, et à vous faire comprendre leur modernité et la rupture que représentait ce mouvement pour l'époque. On est témoin d'une vente aux enchères quelque peu agitée (dommage qu'on ne puisse rester plus longtemps dans cette salle pour regarder les caricatures, certaines sont savoureuses...), on assiste à une représentation de cabaret, et on part même à la campagne en train. À la fin du voyage, possibilité de se restaurer dans une guinguette.
L'ensemble est intelligent, soigné, vivant, et on ne voit pas le temps passer. Bref, un voyage au temps des impressionnistes pédagogique et passionnant, qui plus est une excellente introduction à la visite d'Auvers.

★ *La maison de Van Gogh :* ☎ 01-30-36-60-60. Il s'agit en fait de l'*Auberge Ravoux* (voir « Où manger ? ») qui louait également des chambres meublées. Visite de 10 h à 18 h tous les jours, sauf le lundi. Vous suivrez également un diaporama de 12 mn : projection des toiles de Vincent illustrées d'extraits de sa correspondance. Entrée : 30 F (pour ce prix, on vous remet un petit guide sur la maison et sur Auvers, pas mal fait).
Vincent s'y installa après son séjour à l'asile de Saint-Rémy-de-Provence. Il va y loger durant 70 jours pendant lesquels il peint plus de 70 toiles. Il y meurt dans les bras de son frère en juillet 1890. Il s'agit en fait de la visite de la chambre de Van Gogh, minuscule mansarde éclairée par une lucarne, et de celle de son voisin, Anton Hirschig, peintre hollandais qui résidait à l'auberge à la même époque.
On y accède par un petit escalier après avoir franchi une porte qui vous fait passer du XXe au XIXe siècle. La chambre est là, vide, sans aucune mise en scène pour altérer les sentiments. À chacun d'imaginer, de sentir. Ce parti pris de sobriété contraste avec l'initiative du nouveau propriétaire, un Belge tombé amoureux du lieu, de vendre des clefs de l'auberge personnalisées et numérotées (2 500 F pièce) permettant de pénétrer dans l'auberge par une entrée spéciale et d'avoir des réservations prioritaires au restaurant (tout

VALLÉE DE L'OISE

cela en nombre limité toutefois). On hésite : pour les passionnés ou pour les snobs ?

★ *Le musée de l'Absinthe :* 44, rue Callé. ☎ 01-30-36-83-26. Près du château. Ouvert toute l'année le week-end de 11 h à 18 h ; de juin à septembre, du mercredi au dimanche, de 11 h à 18 h. Groupes toute l'année, sur réservation. Entrée : 25 F.

Musée retraçant l'histoire de la « fée verte », ancêtre du pastis, compagne de bien des artistes au siècle passé, à travers des affiches, des peintures, des cuillères, etc., jusqu'à son interdiction en 1915. Au premier étage, un café a été reconstitué, dommage qu'on ne puisse pas y consommer ! Une nouvelle salle avec des toiles de Bouvet, Cosson et d'un Belge nommé Evenepoël. Eaux-fortes de Georges Stein et Félicien Rops. Une autre salle accueille des expos temporaires dont le thème est la vie de café. Un regard sur la société et la vie des artistes au temps des impressionnistes.

★ *L'atelier de Daubigny :* 61, rue Daubigny. ☎ 01-34-48-03-03. Ouvert de Pâques à la Toussaint, tous les jours sauf les lundi et mardi (ouverts si fériés), de 14 h à 18 h 30. Entrée : 25 F. Précurseur des impressionnistes, Daubigny fait construire cette maison en 1861, qui devient très vite le premier foyer artistique d'Auvers. Pendant les jours de pluie, il la décore en compagnie de son fils Karl et de ses copains, parmi lesquels Daumier et Corot. Saine occupation !

On visite d'abord l'entrée, puis la salle à manger décorée de charmantes scènes champêtres (ah ! les adorables petits lapins), la chambre des parents qui contient des souvenirs de famille, dont un joli portrait d'Anne-Sophie, la femme de Daubigny, en train de coudre. Enfin, notre pièce préférée, la chambre de leur fille Cécile, décorée de délicates peintures murales représentant les jeux en vogue à l'époque ainsi que deux contes de Perrault (nous vous laissons deviner lesquels) et une fable de La Fontaine (facile, c'est la plus connue !). Enfin, on termine par l'atelier : 100 m² de peintures murales faites avec Corot sur des thèmes italiens, un must !

À l'extérieur, agréable jardin qui a été peint par Karl Daubigny, son fils.

★ *L'église :* avec son clocher carré du XIIᵉ siècle, typique de la région, c'est sans doute l'une des plus connues dans le monde grâce au célèbre tableau de Van Gogh, actuellement au musée d'Orsay.

★ *Le cimetière :* au-dessus de l'église, un peu à l'écart du village, au milieu des champs immortalisés par l'artiste. C'est là que reposent Vincent et son frère Théo, mort peu de temps après le peintre. Deux tombes toutes simples recouvertes de lierre, symbolisant l'attachement des deux frères. Tâchez de vous y rendre quand il y a peu de monde.

★ *Le musée Daubigny :* au 1ᵉʳ étage de l'office du tourisme. ☎ 01-30-36-80-20. Ouvert toute l'année : en été, de 14 h à 18 h 30 ; en hiver, de 14 h à 17 h 30. Fermé le lundi et le mardi. Entrée : 20 F pour les adultes. Il présente des œuvres du XIXᵉ siècle (dont quelques Daubigny dans l'entrée) et du XXᵉ siècle (une salle est consacrée à l'art naïf). Lever la tête en sortant de la salle Goeneutte pour voir le tableau satirique illustrant la loi de 1900 sur le divorce.

★ *La maison du docteur Gachet :* 78, rue du Docteur-Gachet. On ne peut la visiter pour le moment, mais il est question que le Conseil Général (☎ 01-34-24-30-30) en fasse un lieu de mémoire présentant les nombreuses facettes de la personnalité du docteur.

Cet amateur d'art éclairé (c'est le moins que l'on puisse dire), lui-même peintre et graveur, médecin homéopathe (spécialité originale à l'époque), s'installa à Auvers en 1872. C'est en raison de son rôle auprès des peintres que Théo propose à Vincent de s'installer à Auvers, afin que le médecin puisse s'occuper de l'artiste. Le bon docteur avait installé depuis longtemps chez lui un atelier de gravure sur cuivre dans lequel Pissarro, Cézanne, Guillaumin et Van Gogh travailleront. Sa fort belle collection se trouve actuellement au musée d'Orsay.

À faire

— **Promenades en bateau sur l'Oise :** renseignements au C.D.T. du Val-d'Oise. ☎ 01-30-29-51-00. Fax : 01-34-71-06-65. Différents parcours, de juin à septembre, le dimanche, entre Auvers et L'Isle-Adam. Rendez-vous sous le pont d'Auvers. Possibilité d'une formule buffet campagnard (175 F) sur le bateau, départ 12 h, retour à Auvers vers 14 h 30. Réservation 5 jours à l'avance.
— Pour les plus courageux, on signale que le **G.R. 1** passe par Auvers, Valmondois, Nesles-la-Vallée puis retraverse l'Oise au niveau de Parmain pour ensuite cheminer dans la forêt de L'Isle-Adam.
— D'Auvers, on peut également se rendre à L'Isle-Adam à pied ou à vélo par le **chemin de halage** qui suit les bords de l'Oise.
— **Vel'Auvers :** 27, rue François-Villon. ☎ 01-30-36-79-92. Un coureur cycliste qui vous louera VTT ou vélo de ville à la demi-journée, journée ou pour une longue durée.

À voir dans les environs

★ **Le musée Jean Gabin :** place Jean-Gabin, à Mériel, commune située juste en face d'Auvers, sur l'autre rive de l'Oise. ☎ 01-34-64-87-92. Ouvert les samedi, dimanche et lundi de 14 h à 18 h. En fait, il vaut mieux téléphoner (fermetures intempestives). Dernière entrée : 17 h 15. Prix : 20 F.
C'est dans ce petit village que le célèbre acteur, qui rêvait de devenir mécanicien de locomotive, passa toute son enfance. La vie de l'homme et l'itinéraire de l'acteur sont retracés sur deux étages à la manière d'un film. On admire avec émotion le souvenir de Jean Gabin à travers des affiches de cinéma d'époque comme *Gueule d'amour* (1937), *Pépé le Moko* (1936), des correspondances avec Jean Duvivier et Max Ophüls, ainsi que des objets personnels et professionnels : son accordéon, la pipe et le chapeau de Maigret...
Sur la place Jean-Gabin, un magnifique buste de l'acteur, sculpté par Jean Marais, accueille les visiteurs.

VALMONDOIS (95760)

Joli village s'abritant dans les sous-bois qui accueillit, à une époque et dans un style différent, La Fontaine, Daumier (voir la maison où il vécut au n° 89, Grande-Rue – rue principale), l'écrivain Georges Duhamel, mais également Cézanne, Corot et de Vlaminck... Daubigny ne disait-il pas de Valmondois : « C'est le village le plus varié de lignes que je connaisse dans la région parisienne » ? À vous de juger.

Où dormir dans les environs ?

🛏 **Chambres d'hôte Les Sources, de Mme Dauge :** au hameau de Verville, 51, route de Valmondois, 95690 Nesles-la-Vallée. Par la D151 entre Valmondois et Nesles. ☎ et fax : 01-30-34-73-09. 2 chambres sous les toits dans une maison entourée d'un jardin fleuri. Salle de bains et w.-c. communs. Palier avec de la lecture. On vous proposera même d'enfermer les chiens si vous en avez peur. De 170 à 300 F selon le nombre de personnes. Petit déjeuner compris. Calme garanti.

≜ *Chambres d'hôte chez Mme Boulanger :* au hameau de Verville, 19, rue Carnot (c'est la rue principale), 95690 Nesles-la-Vallée, par la D151 entre Valmondois et Nesles. ☎ 01-34-70-66-59. Dans un ancien corps de ferme au calme et son joli jardin, 2 chambres d'hôte refaites à neuf avec salle de bains, w.-c. et télé. 300 F pour deux, petit déjeuner compris. Accueil charmant et souriant.

À voir

★ *Le musée des Transports de la vallée du Sausseron :* dans la gare de Butry-Valmondois, au bout du parking. ☎ 01-34-73-04-40. Ouvert seulement le week-end, de 14 h 30 à 18 h. Collection de machines à vapeur et de chemins de fer départementaux rassemblés et restaurés par des amoureux du rail. Autrefois, chaque région française possédait son propre style de wagon. De Pâques à la Toussaint, il est possible de circuler en train à vapeur dans la vallée sur un tronçon d'environ 1 km entre le musée et le pont du Bois-Thibaut. Le train circule les 1er et 3e dimanches du mois, et tous les jours fériés. Les départs sont à 15 h, 16 h et 17 h. Possibilité de réserver pour les groupes.

Deux petits circuits pédestres dans Valmondois vous sont proposés et vous rentrez par le train suivant. Balade très sympa.

Dans le village, jetez un coup d'œil sur l'église du XIIe siècle. À l'intérieur, croisées d'ogives décorées de figures humaines.

À voir aux environs

★ *Nesles-la-Vallée :* mérite un détour pour ses beaux bâtiments de ferme anciens. L'un se trouve en face de l'église et l'autre sur la route de Frouville. Ce dernier a conservé son pigeonnier du XVIIIe siècle. Au passage, profitez-en également pour admirer l'église du XIIe siècle et sa belle tour romane.

L'ISLE-ADAM (95290)

« Paradis terrestre », selon Balzac qui y séjourna, L'Isle-Adam est aujourd'hui une agréable banlieue résidentielle qui coule des jours paisibles entre l'Oise et sa forêt.

Comment y aller ?

– *En voiture :* à partir de l'autoroute A1, sortie n° 3, direction Beauvais (RN1).
– *En train :* au départ de Paris-Gare du Nord, trains directs (45 mn de voyage) ou avec changement à Saint-Ouen l'Aumône ou Valmondois (1 h de trajet). Renseignements S.N.C.F. : ☎ 08-36-35-35-35 (2,23 F la minute). Internet : www.sncf.fr.

VALLÉE DE L'OISE

Adresse utile

🚩 *Office du tourisme :* dans la Maison des Joséphites, 46, Grande-Rue. ☎ 01-34-69-41-99. Fax : 01-34-08-09-79. Ouvert du mardi au samedi de 10 h à 12 h 30 et de 14 h à 19 h (18 h le samedi), le dimanche de 10 h à 12 h, le lundi de 14 h à 19 h.

Où dormir ? Où manger ?

🏠 *Chambres d'hôte chez M. Laurent Delaleu :* 131, rue du Maréchal-Foch, 95620 Parmain. ☎ 01-34-73-02-92. Fax : 01-34-08-80-76. Après le pont de L'Isle-Adam et la voie ferrée, tournez à gauche. Bâtiments d'exploitation agricole. Des chambres spacieuses avec salle de bains et w.-c. Compter 270 F pour 2 personnes, petit déjeuner compris. À voir, la belle cave voûtée avec la salle télé. Salon dans le jardin et parking privé dans la cour de la ferme.

🍽 *Café-restaurant Chez Paulette :* 71, rue de Pontoise. ☎ 01-34-69-08-24. En quittant L'Isle-Adam vers la forêt ; au feu prendre à droite. Ouvert tous les jours. Fermé en août. Le genre routier sympa où on se bouscule pour avoir sa table. Passez un petit coup de fil avant d'y aller, c'est plus prudent. C'est Paulette qui est au « piano » depuis... fort longtemps, et elle a ses inconditionnels. Il est vrai que, comme indiqué sur la carte, « la cuisine est parfaite et les prix sont honnêtes ». On ne peut pas mieux résumer. Un menu copieux et délicieux à 62 F en semaine et à 78 F le dimanche (couscous). Une cuisine de tradition maison. Service animé et à la bonne franquette.

Chic

🏠 🍽 *Le Cabouillet :* 5, quai de l'Oise. ☎ 01-34-69-00-90. Fax : 01-34-69-33-88. Restaurant fermé les dimanche soir et lundi. Jolie maison recouverte de lierre, très bien située sur les bords de l'Oise et, vous l'aurez deviné, en face du pont du Cabouillet. 4 chambres coquettes à 320 F (avec douche) et 440 F (avec bains). Petit déjeuner : 45 F. Le matin, le personnel est malheureusement peu présent ! L'établissement est surtout connu pour son restaurant avec vue panoramique sur l'Oise, où l'on peut déguster une cuisine raffinée qui suit le marché et les saisons. Trilogie de foie gras. Menus à 125 F (sauf le week-end), à 155 et 195 F. Également la carte, à condition que vos finances puissent suivre. Jolie terrasse genre pont de bateau.

🍽 *Le Gai Rivage :* 11, rue Conti. ☎ 01-34-69-01-09. En face du précédent, de l'autre côté du pont, sur l'île de la Cohue. Fermé les dimanche soir et lundi et aux vacances de la Toussaint et de février. Si le cadre de ce restaurant est très agréable (salles aux larges baies vitrées avec vue sur les bords de l'Oise ; également une terrasse), le contenu des assiettes ne l'est pas moins. Cuisine assez classique, mais bien préparée, qui sait mettre en valeur les ressources de chaque saison. Menu-affaires à 155 F (servi tous les jours sauf le samedi soir et le dimanche). Pour les plus gourmands, autres menus de 220 à 285 F (plats choisis dans la carte) avec par exemple foie gras maison, pièce de bœuf au vin de bourgogne, fromage et dessert. Sans conteste une bonne adresse. Service stylé par des garçons en nœud pap'.

À voir

★ *Le musée Senlecq :* 46, Grande-Rue ; derrière l'église, près de l'office du tourisme. ☎ 01-34-69-45-44. Ouvert tous les jours sauf le mardi, de 14 h 30 à 18 h. Gratuit pour les moins de 16 ans. Il regroupe des œuvres d'artistes ayant séjourné ou travaillé dans la région.

On peut y voir un beau de Vlaminck (*Maisons sous la neige*), ainsi que des œuvres de Charles Daubigny ou de Jules Dupré, peintre paysagiste très en vogue au siècle dernier, qui résida longtemps à L'Isle-Adam. Également une partie historique sur la ville qui fut autrefois le fief des ducs de Montmorency puis celui des Bourbon-Conti. Remarquer, en haut de l'escalier, la vitrine de terres cuites des *Bords de mer*. Au XIXe siècle, ces petits personnages de céramique étaient fabriqués dans les manufactures à L'Isle-Adam pour être vendus par milliers aux estivants sur les plages.

★ *Le Centre d'art Jacques-Henri Lartigue :* 31, Grande-Rue. À côté du précédent. ☎ 01-34-08-02-72. Tous les jours sauf le mardi, de 14 h à 18 h ; le dimanche de 10 h à 12 h et de 14 h à 18 h. Possibilité d'entrée couplée avec le musée Senlecq. Un espace qui accueille de jeunes artistes talentueux. Expositions temporaires.

★ *Le pavillon chinois de Cassan :* route de Beaumont-sur-Oise, au bord d'un étang, en lisière de la forêt. Il aurait été construit par Fragonard au XVIIIe siècle. Style assez insolite pour la région !

À faire

– *La plage de L'Isle-Adam :* sur les bords de l'Oise, 1, av. du Général-de-Gaulle. ☎ 01-34-69-01-68. Ouvert de juin à mi-septembre, tous les jours de 10 h à 19 h. Entrée payante ; réduction pour les enfants. D'après le dépliant, « la plus grande plage fluviale de France ». Aménagée au début du siècle, elle ne manque pas de charme avec son allée de cabines style normand. Deux piscines, l'une pour les enfants et l'autre olympique pour plonger, ainsi que deux toboggans géants. Également des terrains de tennis, de volley, des aires de pique-nique.

|●| À l'intérieur, un *restaurant* (☎ 01-34-69-33-29), ouvert tous les jours le midi de mi-avril à mi-octobre. Fermé le lundi. Salades composées à partir de 39 F, menu à 80 F. Le patron propose une cuisine traditionnelle et inventive.

– *La forêt de L'Isle-Adam :* traversée par le G.R. 1, elle est essentiellement plantée de chênes dont l'un, près du carrefour de Paris, âgé de 500 ans environ, fait 10 m de circonférence. Ses allées ont été tracées par Le Nôtre.
– Se promener sur les bords de l'Oise, bien entendu.
– L'office du tourisme vend une brochure comprenant 8 itinéraires au bord de l'Oise et dans L'Isle-Adam et sa forêt.

À faire dans les environs

– Savez-vous que c'est à quelques kilomètres de L'Isle-Adam, au cinéma *Le Palace* de **Beaumont-sur-Oise** (☎ 08-36-68-69-26), que furent tournées les « dernières séances » d'Eddy Mitchell ? Il est toujours en activité, alors pourquoi ne pas vous faire une toile ?

VILLERS-SOUS-SAINT-LEU (60340)

À quelques kilomètres de Saint-Leu-d'Esserent. Une longue rue bordée de vieilles maisons restaurées et de quelques H.L.M. Église de forme ramassée en partie gothique et Renaissance, avec de grands toits de tuile rouge et un petit clocher pointu percé de meurtrières. À l'intérieur, vitrail avec un arbre de Jessé et une Vierge en pierre.

★ Pour les fous d'églises, voir également celle de *Précy-sur-Oise*, à 2,5 km, datant des XIIIe et XIVe siècles. Elle offre un retable de pierre sculpté et un beau portail latéral ciselé représentant démons et monstres grimaçants dans un bain de feuilles d'acanthe.

Où dormir ? Où manger ?

🛏 |●| *Le Relais Saint-Denis :* 7, rue de l'Église. ☎ 03-44-56-31-87. Fermé les dimanche soir et lundi, ainsi qu'en août. Petit hôtel de 10 chambres spacieuses assez gentiment meublées avec téléphone et télé. Comptez de 150 F (avec lavabo) à 250 F (avec bains et w.-c.) pour deux. Petit déjeuner à 35 F. Un resto sur place avec deux menus à 90 et 160 F. Spécialités : foie gras frais maison, magret aux baies de cassis, charlotte aux fruits de saison. Bar-tabac sur place. Parking fermé.

SAINT-LEU-D'ESSERENT (60340)

Vous y trouverez, se dressant fièrement sur son promontoire à 4 km de Chantilly sur la D44, dans une courbe de l'Oise, une magnifique église. Le contraste qu'elle offre avec la modestie du bourg frappe lorsque apparaît de loin la masse imposante de l'édifice. La belle pierre de Saint-Leu qui servit à sa construction fut également utilisée pour Notre-Dame de Paris, Versailles, les cathédrales de Chartres, Sens, etc.

Saint-Leu-d'Esserent vit les débuts de la plus importante révolte paysanne de l'histoire de France : la jacquerie. C'est en effet sur le territoire de cette commune, le 18 mai 1358, qu'un incident opposant des serfs surexploités à un seigneur allait provoquer l'immense soulèvement de la paysannerie française. Après quelques victoires spectaculaires face aux armées des nobles, les jacques furent écrasés près de Clermont et la répression qui s'ensuivit resta, avec la Commune de Paris, un modèle de sanglantes représailles.

Comment y aller ?

— *Par la route :* N16 de la D44 ou autoroute du Nord, sortie Survilliers, puis la N17 jusqu'à La Chapelle-en-Serval, puis la D924 A et la D44.
— *Par le train :* de la gare du Nord, changement à Creil ou Persan-Beaumont. 45 mn à 1 h 30 de voyage. Renseignements S.N.C.F. : ☎ 08-36-35-35-35 (2,23 F la minute). Internet : www.sncf.fr.

Adresse utile

🛈 *Office du tourisme :* cave Banvin, rue de l'Église. ☎ 03-44-56-38-10. Ouvert tous les après-midi, du lundi au samedi, de 14 h à 18 h 15 (et le dimanche du 15 juillet au 15 septembre de 15 h à 18 h). Personnel très aimable, compétent et bien documenté. Cave splendide (cf. « À voir »).

Où dormir ? Où manger ?

🛏 ▌● *Hôtel-restaurant de l'Oise :* quai d'Amont. ☎ 03-44-56-60-24. Fax : 03-44-56-05-11. Face au fleuve. Le resto est fermé le vendredi soir, le samedi et le dimanche soir. Également fermé les trois premières semaines d'août. L'hôtel est ouvert toute l'année. Une petite adresse tranquille et hospitalière, aux chambres refaites récemment. Compter 260 F pour 2 personnes avec douche et 520 F en demi-pension. Les chambres n°s 5, 8, 11 et 14 donnent sur l'Oise. Salle voûtée et lambrissée dans le resto avec un superbe tableau des jardins de Claude Monet à Giverny. Cuisine d'un très bon rapport qualité-prix. Un menu du jour très honnête à 70 F, un autre à 120 F, et le gastronomique à 170 F avec, entre autres, le foie gras ou le saumon fumé maison. Un hôtel dans lequel on se sent tout de suite bien.

▌● *Auberge du Pont :* 8, pont Saint-Leu. ☎ 03-44-56-60-28. Presque sous le pont. Simple, mais une cuisine tout à fait correcte et d'un bon rapport qualité-prix. Menu complet à 65 F (le midi seulement). Autres menus à 90 et 135 F. Beau choix de salades composées également. La patronne met beaucoup de cœur dans son accueil et ça compte !

À voir. À faire

★ *L'église abbatiale :* construit pour les clunysiens, cet immense vaisseau sans transept, avec ses 71 m de long, 20 m de large et 21 m de haut (plus haute que la cathédrale de Senlis), est l'un des plus beaux exemples de style gothique primitif. Merveilleusement située sur un escarpement surplombant l'Oise. Le porche, d'aspect roman, est la partie la plus ancienne (1150), formé de trois travées, surmonté d'une salle haute faisant tribune. Tour romane à flèche de pierre d'une hauteur vertigineuse. Le pignon de la nef a été repercé au XVIe siècle d'une rosace flamboyante.

À l'intérieur, la nef comprend six travées datant de 1225, surmontées d'un élégant triforium à doubles colonnettes. Dans le chœur entouré de cinq chapelles, de beaux chapiteaux décorent les piles. À l'extérieur, prendre du recul pour admirer le chevet, ses absides, les arcs-boutants, les deux tours carrées encadrant le tout et qui confèrent à l'église une grande simplicité et homogénéité.

★ Au nord de l'église s'élevait le prieuré bénédictin dont il reste l'ancien mur d'enceinte percé d'une belle porte du XIIe siècle. Plus loin, une porte fortifiée du XIVe siècle, avec tourelles et mâchicoulis, mène au *cloître*. Visite sur demande à l'office du tourisme. Le cloître possède encore deux galeries avec de beaux chapiteaux. Le prieuré est clos par de hautes murailles crénelées avec chemin de ronde.

★ Petite *balade médiévale* par la *rue du Dernier-Bourguignon*, le *chemin de la Tour-du-Diable*, la *rue de l'Église* et la *rue des Forges*. Ne pas oublier la *ruelle François-Villon* (qui donne sur la rue de l'Église) : 50 cm de large en tout et pour tout ! Malgré les bombardements terriblement destructeurs de la dernière guerre, le quartier conserve un certain charme. La municipalité a d'ailleurs fait un gros effort pour le respect et l'harmonie du site, en supprimant poteaux et fils électriques et en les remplaçant par d'esthétiques réverbères.

★ *L'hôtel de ville* est installé dans un ancien château du XIIIe siècle, complété aux XVIe et XVIIe siècles. Beaux jardins à la française.

★ *La cave Banvin :* actuel siège de l'office du tourisme. Ancienne cave à vin du prieuré, des XIIe et XIIIe siècles. Vraiment splendide. On peut y admirer une maquette de l'abbatiale, en pierre de Saint-Leu, construite pour l'Exposition Universelle de Paris en 1900. Une réussite : 500 kg !

★ *La tour du Guetteur :* près du cimetière en remontant le village. Belle tourelle de pierre blanche, rénovée il y a une dizaine d'années.

– Au sud de la ville, dans une boucle de l'Oise, *base de loisirs* où l'on pratique, entre autres, voile et natation. ☎ 03-44-56-77-88. Ouverte de mai à fin septembre ; de mi-juin à début septembre, tous les jours de 10 h à 19 h.

CHANTILLY (CHÂTEAUX ET FORÊT)
CHANTILLY. LES ÉTANGS DE COMMELLES. LUZARCHES.
L'ABBAYE DE ROYAUMONT.

CHANTILLY (60500)

Quatre mots suffisent pour évoquer Chantilly : château, forêt, cheval et... crème ! La ville en elle-même présente peu d'intérêt : une longue rue bordée d'immeubles cossus et de commerces la traverse. Chantilly est célèbre dans le monde hippique non seulement par son champ de courses, mais comme centre de dressage et d'entraînement de chevaux (3 000 pur-sang s'y entraînent pour les prix de Diane, du Jockey-Club et de l'Arc de Triomphe, entre autres). Son château est considéré comme l'un des plus beaux musées de France et la forêt qui l'entoure comme l'un des fleurons de la ceinture verte de Paris.

Comment y aller ?

– *Par la route :* N16 de Paris ou autoroute A1, sortie Survilliers, puis N17, direction La Chapelle-en-Serval, et D924 A.
– *Par le train :* nombreux trains de la gare du Nord jusqu'à Chantilly-Gouvieux (trains Grandes lignes ou R.E.R. D). Durée : 30 mn. Renseignements S.N.C.F. : ☎ 08-36-35-35-35 (2,23 F la minute). Internet : www.sncf.fr.

Il était une fois...

Un Gallo-Romain, homme de goût, *Cantilius* (origine du nom de Chantilly), trouvant la région splendide, y bâtit le premier une villa. À la fin du Xe siècle, les seigneurs de Senlis y élevèrent un château qui fut détruit lors de la Grande Jacquerie. Le célèbre connétable Anne de Montmorency, de retour de ses guerres d'Italie, fit édifier, en 1528, sur l'emplacement de l'ancien château, un palais Renaissance, puis plus tard il chargea Jean Bullant de construire à côté un autre château, seul témoin de nos jours de cette époque : le petit château ou Capitainerie. Le connétable, mécène averti, entretint une pléiade de grands artistes : François Clouet, Bernard Palissy, Jean Goujon, etc.
Plus tard, le Grand Condé (qui ne mesurait que 1,57 m), tout auréolé de sa victoire à Rocroi (1643), fit magnifiquement aménager le parc par Le Nôtre et y donna de brillantes fêtes. C'est au cours de l'une d'entre elles, alors que Louis XIV en était l'invité, que le fameux cuisinier Vatel se suicida en s'enfonçant une épée dans le cœur. Grâce à Mme de Sévigné et à nos réminiscences scolaires, nous savons qu'il avait manqué ce jour-là deux rôtis et que le lendemain la « marée » n'arriva pas. C'est d'ailleurs à ce pauvre Vatel que l'on doit la crème... Chantilly. En effet, il servit la première crème fouettée lors d'un banquet offert par Fouquet à Louis XIV, dans son château de Vaux-le-Vicomte. Quand Vatel passa au service du Grand Condé, la crème fut baptisée Chantilly.
À la Révolution française, le grand château fut pillé et démoli, mais la Capitainerie (ou petit château) échappa à la destruction. Le dernier des Condé,

en l'absence d'héritier (son fils unique, le duc d'Enghien, passa devant le peloton d'exécution en 1804 sur ordre de Bonaparte), légua vers 1840 la propriété au duc d'Aumale, cinquième fils de Louis-Philippe (celui qui s'illustra lors de la conquête de l'Algérie par la prise de la smalah d'Abd el-Kader). De 1876 à 1883, le duc fit reconstruire dans un style Renaissance le château, tel qu'on peut le voir aujourd'hui. À la fin de sa vie, en 1886, il le légua, ainsi que ses magnifiques collections, à l'Institut de France.

Adresses utiles

◧ *Office du tourisme :* 60, av. du Maréchal-Joffre. ☎ 03-44-57-08-58. Fax : 03-44-57-74-64. Ouvert de 9 h 15 à 12 h 45 et de 14 h 15 à 18 h 15, tous les jours, sauf le mardi. Les dimanche et jours fériés de 9 h 15 à 12 h 45 et de 14 h 15 à 17 h 15.

■ *Golf de Chantilly :* 60500 Vineuil-Saint-Firmin. ☎ 03-44-57-04-43. Club très privé le week-end ;

on peut cependant y jouer en semaine, sans en être membre. En juillet et août, ouvert en semaine et le week-end pour les extérieurs. Tarif unique *green-fee* pour la journée : 350 F. Deux parcours, 18 ou 36 trous.

■ *Tennis-Club :* près du stade, sur la route de Creil. ☎ 03-44-57-46-02. Compter 30 F l'heure par personne. Pas besoin d'adhésion.

Où manger ?

Vous mangerez fort bien dans la région, mais ce sera cher.

En plus des restos, goûtez à la délicieuse spécialité locale, le *crottin :* une bouchée pralinée noisettes-amandes ou les bouchées « Chantilly », à tête de cheval. Une bonne adresse : *La Passion du Chocolat*, *L. Bureau,* pâtissier-confiseur, 45, rue du Connétable (fermé les lundi et mardi matin, ainsi qu'en août).

La crème Chantilly, onctueuse à souhait, n'est nulle part ailleurs aussi succulente qu'en son lieu d'origine. Tous les petits marchands ambulants vous la proposent sur glace ou gaufre, aux alentours du château ou des étangs de Commelles.

CHANTILLY ET ENVIRONS

I●I *Restaurant du Château :* 22, rue du Connétable. ☎ 03-44-57-02-25. Dans la rue commerçante. Fermé le mardi. 2 honnêtes menus à 80 et 95 F avec par exemple la langue de bœuf sauce piquante, le jambon à l'os sauce madère et le pintadeau rôti. Portions copieuses. La viande est excellente. Agréable terrasse où l'on mange en été (pour le prix unique de 110 F) et un grand jardin intérieur très prisé. Le sourire est parfois présent.

I●I *Auberge Le Vertugadin :* 44, rue du Connétable. ☎ 03-44-57-03-19. Fax : 03-44-57-92-31. Anciennement *Le Lion d'Or.* Comme il n'y a que 6 chambres, il est impératif

de réserver. Une des seules adresses de la ville avec des prix encore raisonnables. Des chambres simples avec toilettes sur le palier à partir de 200 F. Au restaurant, une cuisine classique mais surtout des grillades savoureuses. Menus à 100 et 150 F : gratin de fruits de mer, Saint-Jacques provençale, carpaccio, bœuf grillé. Attention, les portes de l'hôtel ferment à minuit. Accueil souriant.

I●I *L'Adresse :* 49, rue du Connétable. ☎ 03-44-57-27-74. Fermé le dimanche soir et le lundi (sauf jours fériés). Agréable restaurant au décor très frais, genre salon de jardin. Un menu à 95 F. Excellent rapport qualité-prix pour le menu à 145 F. Ficelle picarde, produits de saison et cochon de lait rôti.

|●| *Restaurant Le Goutillon :* 61, rue du Connétable. ☎ 03-44-58-01-00. Ouvert tous les jours. Ici on commence par vous apporter l'ardoise. Eh oui ! il n'y a pas de carte, mais une immense ardoise qu'on pose sur une chaise devant vous. Menu à 90 F. Bon choix d'entrées autour de 40 F (flamiche aux poireaux, escargots préparés maison...). Plats autour de 80 F comme le magret de canard ou la fricassée de volaille au curry. Décor mi-taverne mi-bar à vin. Poutre et pierres apparentes, vieilles affiches de pubs et anciennes plaques publicitaires. Mais le charme de l'établissement vient aussi de la personnalité du patron. Service et contact un peu succincts parfois, mais une agréable adresse pour déjeuner, où le monde du cheval se retrouve.

|●| *Rôtisserie du Connétable :* 75, rue du Connétable. ☎ 03-44-57-02-91. Fermée le mardi soir et le mercredi. Dans une vaste salle à manger rustique avec une cheminée et des casseroles en cuivre, un restaurant sympa qui propose une nourriture équilibrée à base de produits frais : omelette de homard et ris de veau aux morilles ; gibier en saison. Premier menu à 100 F (en semaine sauf les jours fériés), puis à 145, 195 F, et la carte. Changement de menus chaque semaine.

|●| *Restaurant-pizzeria Giorgio :* 6, av. du Maréchal-Joffre. ☎ 03-44-57-00-48. Fax : 03-44-58-15-38. Fermé le lundi et le mardi midi. Cadre intime où des lampes éclairent les jolies gravures accrochées au mur. Une petite véranda et une terrasse pour les beaux jours malheureusement un peu bruyante. Les caricatures, œuvres du chef de gare de l'époque, représentent des propriétaires de chevaux. Il est prudent de réserver. Pour l'anecdote : l'Agha Khan et le comte de Paris sont des clients fidèles ! Une bonne adresse donc. Un plat du jour à 55 F. Belle gamme de risotto et raviolis frais. Un gentil menu complet à 75 F.

|●| *Restaurant La Ferme de Condé :* 42, av. du Maréchal-Joffre. ☎ 03-44-57-32-31. Dans un cadre original et une atmosphère décontractée. Le rendez-vous des jockeys. C'était à l'origine une église anglicane. Aujourd'hui, la messe est dite à heure fixe avec une formule rapide le midi en semaine à 60 F, verre de vin et café compris, ou avec un menu-carte à 120 F à base de produits du terroir. Poulet fermier et cochon rôti en permanence confectionnés dans une grande rôtissoire. Le pot de Brouilly est à 59 F.

|●| *Capitainerie du Château :* à l'intérieur du château de Chantilly (accès par le bas). ☎ 03-44-57-15-89. Ouverte de 12 h à 18 h, jusqu'à 19 h en été ; fermée le mardi et du 23 décembre au 7 février (ouverte pour le réveillon du Jour de l'An). L'Institut de France, propriétaire du château de Chantilly, a eu la bonne idée d'installer un restaurant dans les anciennes cuisines de Vatel (le cuistot de Louis XIV). Vous y déjeunerez (pas de dîner) dans une salle superbe : voûtes de pierre claire, longue cuisinière en fonte et brique, cheminée immense où l'on peut voir la rôtissoire installée par le duc d'Aumale... Carte en hiver, formule buffet en été avec buffets d'entrées et de desserts à discrétion pour 95 F. Ne pas arriver trop tard pour le buffet car il n'est pas toujours regarni. Si vous ajoutez un plat chaud, comme escalope de saumon au pain et aux herbes, fricassée de volailles aux pommes... il vous en coûtera 130 F. La clientèle est soit touristique (beaucoup de groupes), soit B.C.-B.G. Possibilité aussi d'y goûter. Les week-ends, il est obligatoire de réserver, et on vous donnera un laissez-passer à la grille d'entrée du parc pour ne pas payer le prix d'entrée (dans le principe, car, d'après certains de nos lecteurs, pas toujours appliqué).

|●| *Les Goûters Champêtres :* ☎ 03-44-57-46-21. À l'intérieur du parc du château (entrée payante et on ne vous la remboursera pas), dans le hameau (passée la statue équestre, à droite). Ouvert de mi-mars à mi-novembre de 11 h à 20 h.

Rien que le nom de ce restaurant vous donne envie de l'essayer et c'est vraiment une bonne idée quand il fait beau. Mais le week-end, il vous faudra impérativement réserver. On mange dehors, dans des petits jardinets bien aménagés, sous des parasols. C'est charmant. Menu à 90 F avec un plat et un dessert mais c'est copieux; et un menu à 148 F, le plus demandé, avec couronne de magrets, confit de canard ou porc, fromages et dessert (crème Chantilly comme vous n'en avez jamais mangé). Demandez à voir le salon de thé du prince de Condé (fresques murales). Accueil et service aimables.

|●| *Bar Le Sylvia :* 14, av. du Maréchal-Joffre. ☎ 03-44-57-01-46. C'est au début des années 20 qu'a été créé *Le Sylvia*. Peu de changements en fait : c'est un bar-brasserie avec une grande terrasse fleurie (légèrement bruyante) où il fait bon déguster le plat du jour (42 F) ou boire une bonne bière de la nationalité que vous voudrez. Service sympa.

Où dormir ? Où manger dans les environs ?

Prix moyens

⌂ |●| *Chambres et table d'hôte chez Mme Defert Monique :* 60260 Lamorlaye. ☎ 03-44-21-28-28. Dans une grande maison bourgeoise avec son jardin praticable. Au 1er étage (avec escalier privé extérieur), vous trouverez une mezzanine où vous pourrez regarder la télé ou vous décontracter. Chambres pour 2 personnes avec salle de bains et w.-c. à 300 F, petit déjeuner compris. Le soir, la table d'hôte est à 80 F, boisson comprise. Parking privé et fermé. Accueil sympathique.

⌂ |●| *Hostellerie du pavillon Saint-Hubert :* Toutevoie, 60270 Gouvieux. ☎ 03-44-57-07-04. Fax : 03-44-57-75-42. Dans Gouvieux, à l'église, prendre direction Creil, Toutevoie, Chaumont. Puis suivre panneau Toutevoie. L'un de nos coups de cœur. Un endroit parfait au bord de l'Oise pour inviter parents ou amis, ou mieux pour y aller en amoureux. Vous verrez, quand vous serez installé sur la terrasse ombragée à regarder les péniches passer avec, pour toute musique, le chant des oiseaux... C'est une ancienne maison de pêcheurs sur le chemin de halage. Une cuisine traditionnelle et un menu unique à 145 F (160 F le week-end) avec 9 choix d'entrées. Profiteroles d'escargots au roquefort, rognons de veau à la moutarde, charlotte aux fruits de saison. L'hôtel a des chambres fort coquettes de style rustique avec salle de bains et

w.-c. à 260 F pour 2 personnes. Demandez celles qui donnent sur l'Oise, elles sont au même prix (mais il faudra les réserver, surtout le week-end).

|●| *Restaurant La Clé des Champs :* 5, rue de la Mairie, 60270 Gouvieux. ☎ 03-44-57-97-03. Tout au bout de la rue principale. Dans une jolie salle rustique chaleureuse avec poutres et moellons, est servie une cuisine traditionnelle appétissante au bon rapport qualité-prix. Un premier menu avec deux plats à 85 F le midi en semaine. Autres menus à 119 et 145 F. Une grande terrasse-jardin et ses parasols aux beaux jours. Soirées à thèmes. Accueil jeune et souriant.

|●| *Restaurant-Grill la Renardière :* 2, rue des Frères-Segard, 60270 Gouvieux. ☎ 03-44-57-08-23. Fermé le dimanche soir, le lundi et en août. Auberge de style rustique où il fait bon s'arrêter pour déjeuner ou dîner car l'ambiance y est fort paisible. Un menu à 89 F en semaine midi et soir avec trois choix. Autres menus de 120 F (boisson et café compris) à 195 F. De nombreuses suggestions : huîtres à la picarde, foie gras maison, tournedos Renardière.

|●| *Les Grands Prés :* 60500 Vineuil-Saint-Firmin. ☎ 03-44-57-71-97. Fermé le lundi sauf en juillet et août. De Chantilly, prendre la N324 en direction de Senlis. Puis à droite la D138 vers Avilly. Très agréable par beau temps car on peut manger dehors en pleine campagne. Deux menus à 98 et 152 F, traditionnels et honnêtes (le menu à 98 F n'est pas servi le samedi soir ni le dimanche). Terrine de homard aux deux choux, poêlée de rognons et ris de veau aux pleurotes.

Plus chic

Iol *Auberge des Étangs :* 1, rue du Clos-des-Vignes, 60580 Coye. ☎ 03-44-58-60-15. D118 entre N16 et N17. Fermée le lundi soir, le mardi et du 15 janvier au 10 février. Auberge rustique, confortable. Sièges de style Louis XIII, rideaux en dentelle assortis aux abat-jour. Un premier menu à 100 F servi aussi le soir et le samedi. Menu à 155 F avec salade landaise ou terrine maison au porto, pavé au roquefort ou confit de canard, salade ou fromage, pâtisserie du jour ou coupe de sorbets. Service stylé, jolies assiettes anglaises.

Très chic

Iol *Château de Montvillargenne :* av. F.-Mathet, 60270 Gouvieux. ☎ 03-44-62-37-37. Fax : 03-44-57-28-97. Petit village à 4 km à l'ouest de Chantilly. Avez-vous déjà été invité en week-end chez les Rothschild ? Eh bien, c'est l'occa-sion. Ce château leur appartenait. Une bâtisse colossale dans un grand parc. Malheureusement, l'inté-rieur est retapé dans le style *Novotel* avec moquette et néon, et l'am-biance générale fait plutôt « usine à touristes ». Reste heureusement une splendide salle à manger aux coffrets muraux en bois sculpté... Chambre double de 595 à 1 950 F ! Piscine couverte et chauffée avec une verrière qui permet le coup d'œil sur un jardin intérieur. Sauna, équi-tation et golf (à l'extérieur du châ-teau pour ces deux dernières activi-tés). Menus entre 148 et 348 F.

Iol *Château de la Tour :* 60270 Gouvieux. ☎ 03-44-62-38-38. Fax : 03-44-57-31-97. Prendre la D909 di-rection Chantilly. À 500 m du village, tourner à gauche (à droite si vous venez de Chantilly). De toute façon, c'est bien fléché. Le « château » est en fait une grande demeure du dé-but du siècle, sans grande originali-té. Ce qui nous a séduits, c'est le magnifique parc de 5 ha qui des-cend en pente douce depuis la ter-rasse. Calme absolu, tennis et pro-menades équestres. Chambres de très bon confort à 680 F pour deux, avec salle de bains, w.-c. Menus à 210, 250 et 290 F, servis dans une salle haute de plafond avec feu dans la cheminée. Une belle terrasse do-mine le parc.

À voir

★ *LE CHÂTEAU*

☎ 03-44-62-62-62. Ouvert tous les jours sauf le mardi de 10 h à 12 h 45 et de 14 h à 17 h, du 1er novembre au dernier jour de février. À partir de mars, jusqu'à 18 h. Parking payant aux abords du château assez inévitable, sinon vous vous retrouverez à des kilomètres. Entrée : 39 F. Parc ouvert même le mardi jusqu'à 19 h. En profiter, il n'y a personne (peut-être parce que l'entrée est payante ?).

Accès au château par le pont Michel-Ange qui sépare l'étang des Carpes de l'étang de Sylvie. Sur la droite, on remarque un long bâtiment tout blanc de style classique, le château d'Enghien, lieu de résidence des conservateurs de Chantilly (les veinards !).

Le musée Condé

Un des musées les plus riches de France après le Louvre. Une fantastique collection d'œuvres d'art.

La visite de ce merveilleux musée commence par le rez-de-chaussée du château :

– *Galerie des Cerfs :* plafond à caissons de bois ornés des armoiries des familles qui se succédèrent à Chantilly. Belles tapisseries des Gobelins du XVIIᵉ siècle et bien sûr la collection de trophées de chasse (d'où son nom). Deux peaux de lions viennent compléter le tout.

– *Galerie de peinture :* noter la curieuse disposition très serrée des toiles, « à l'ancienne », qui, selon les dernières volontés du duc d'Aumale, ne saurait être modifiée. Un grand nombre de chefs-d'œuvre : le *Sommeil de Vénus* d'Annibale Carrache, *L'Enfance de Bacchus* et *Paysage aux deux nymphes* de Poussin, *Mazarin* et *Richelieu* par Philippe de Champaigne, *Les Pestiférés de Jaffa* de Gros, *Les Deux Foscari* de Delacroix, *Le Concert champêtre* de Corot, *La Madone de Lorette* de Raphaël...

– *La Rotonde :* d'autres chefs-d'œuvre, dont *Simonetta Vespucci* de Piero di Cosimo.

– *Galerie du Logis :* des portraits intéressants du XVIᵉ siècle dont deux du Connétable. Dans la Petite Galerie, des copies des cartons de Raphaël pour les tapisseries de la chapelle Sixtine.

– *Salle de la Smalah :* différents portraits de la famille du duc d'Aumale.

– *Salle de la Minerve :* on y trouve de jolies statuettes de Tanagra.

– *Cabinet des Antiques :* trois grandes urnes grecques en bronze du IVᵉ siècle avant J.-C. S'attarder devant un petit tableau sur bois, de Jacob Van der Ulft, daté de 1659, la *Place du Dam à Amsterdam*, d'une précision du trait et du détail extraordinaire.

– *Cabinet de Giotto :* nombreuses toiles de l'école italienne et *La Vierge de Miséricorde* (1452) par Enguerrand Charreton, chef-d'œuvre de l'école d'Avignon. Là encore, une disposition ultraserrée.

– *Salle Isabelle :* des exemples de l'école française du XIXᵉ siècle (Delacroix, Théodore Rousseau) et des marines hollandaises.

– *Cabinet Clouet :* l'une des salles les plus fascinantes du musée. Portraits datant du XVIᵉ siècle attribués aux Clouet père et fils. Un talent diabolique. À cet instant, on retraverse la galerie de peinture pour pénétrer dans la *Galerie de Psyché.* Elle comprend une série de vitraux décrivant les amours de Psyché exécutés en 1542 pour le château d'Écouen.

– *Le Santuario :* présente probablement les œuvres les plus importantes du musée, notamment *La Vierge de la maison d'Orléans* et *Les Trois Grâces* de Raphaël (qui, contrairement à ce qu'on pourrait penser en la voyant dans les livres d'art ou d'histoire, est une toile toute petite), *Esther* et *Assuérus* par Filippino Lippi et, surtout, quarante miniatures réalisées vers 1455 par Jean Fouquet, pour un livre d'heures.

– *Cabinet des Gemmes :* là encore, nombreuses et délicates miniatures représentant des membres des grandes familles royales et princières, et des émaux. Collection d'éventails.

Dans une vitrine, exposition d'une copie du célèbre diamant Rose. Il s'agit en fait d'une copie depuis son vol en 1926 et sa redécouverte spectaculaire. Son voleur oublia sa valise dans un hôtel parisien. Une femme de chambre intriguée l'ouvrit par curiosité et ne résista pas à l'envie de manger une belle pomme qui s'y trouvait... En croquant dans le diamant Rose, elle perdit une dent.

– *Tribune :* dans cette grande salle octogonale éclairée par une lanterne centrale, nombreux chefs-d'œuvre. Entre autres, *Le Plaisir pastoral* de Watteau, *Mère Angélique Arnauld* par Philippe de Champaigne, une esquisse pour *L'Entrée des croisés à Jérusalem* de Delacroix, le portrait le plus connu de *Molière* par Mignard (qu'on trouve dans tous les livres d'école), *Mme Devauçay* d'Ingres, etc.

Visite guidée des appartements

– *Cabinet des livres :* plus de 13 000 volumes plus rares les uns que les autres font de cet ensemble la plus belle collection réunie par un amateur. Notamment le psautier de la reine Ingeburge, femme de Philippe Auguste. Dans une vitrine, reproduction fidèle des *Très Riches Heures du duc de Berry* (1410). Les originaux sont à l'abri dans une chambre noire. Sachez aussi qu'il existe la *grande bibliothèque* (35 000 volumes), mais, hélas, elle ne se visite pas.

– *Antichambre :* peintures des grands peintres animaliers Desportes et Oudry. Dans un coin, un étonnant meuble minéralogique suédois en marqueterie du XVIIIᵉ siècle, 27 tiroirs et 709 échantillons de minéraux précieux !

– *Salle des gardes :* à ce moment, nous pénétrons dans le petit château. Vous noterez au-dessus des portes les grandes fissures qui révèlent que dans cette construction du XVIᵉ siècle les murs « travaillent » énormément. On y trouve des portraits par Van Dyck, des drapeaux et souvenirs des campagnes du duc d'Aumale, une belle armure afghane, une mosaïque d'Herculanum, etc.

– *Chambre :* dans l'ancienne chambre du Grand Condé, des panneaux peints de Huet, mobilier recouvert de tapisseries de Beauvais, la commode de la chambre de Louis XVI à Versailles par Riesener.

– *Grand Cabinet :* encore du mobilier avec tapisseries de Beauvais entièrement réalisées à la main. Un travail considérable : 1 cm² par jour et par ouvrière. Quatre à cinq mois de travail pour une chaise. Multipliez par le SMIC et comptez les charges sociales, vous comprendrez alors le prix de telles choses.

– *Salon des Singes :* peintures décoratives de tonalité orientale représentant des singes dans différentes attitudes. Adorable canapé pour enfants qui serait celui de Louis XVII. Remarquez aussi la chaise voyeuse pour le jeu, sans dossier.

– *Galerie des Batailles :* grands panneaux peints vers 1686 commémorant les victoires du Grand Condé (ne manquez pas la représentation du *Blocus de Paris* de 1649 : la capitale est encore... bien petite). Souvenirs de ses faits d'armes et prouesses guerrières : son épée, ses pistolets, le drapeau pris à la bataille de Rocroi, etc. Un très beau mobilier, une table de Boulle, des bureaux.

– *Salon de Musique :* remarquez les superbes boiseries. On quitte désormais les appartements pour la visite de la chapelle. Retour dans le hall. La rampe du grand escalier qui date de la fin du XIXᵉ siècle, entièrement façonnée à la main, nécessita plus d'un an de travail et une trentaine d'artisans. Magnifiques tapisseries des Gobelins (celle de gauche d'après des cartons de Boucher).

– *La chapelle :* reconstruite en 1882 et divisée en deux parties, elle possède néanmoins des éléments intéressants : de très belles boiseries en marqueterie de 1548 et des vitraux de la même époque, tous provenant du château d'Écouen. Autel de Jean Goujon et Jean Bullant. La deuxième partie derrière l'autel comprend le mausolée d'Henri II, prince de Condé, et l'urne contenant les cœurs des princes de Condé, le tout assez morbide.

Le parc

Compter de 1 h à 1 h 30 pour la visite du parc. Entrée payante. Commencer par la Caboutière (maison construite sous Louis XIII) et la chapelle Saint-Paul, en prenant à droite derrière le château d'Enghien. Continuer l'allée jusqu'à la maison de Sylvie, précédée d'un beau jardin tracé par Le Nôtre et qui abrite un petit musée qui ne se visite pas.

Le sentier rejoint alors les parterres et bassins de Le Nôtre qui aménagea le Grand Canal et son appendice perpendiculaire, la Manche, en détournant la rivière Nonette. Dans l'axe de la Manche s'étend la pelouse en amphithéâtre du Vertugadin. De part et d'autre des parterres, deux futaies dites « des Philosophes », car les intellos qui rendaient visite au Grand Condé aimaient y phosphorer à l'ombre des platanes. Tout à gauche, on trouve le jardin anglais, aménagé au début du XIXe siècle, avec une jolie décoration : l'île d'Amour, le temple de Vénus, les cascades de Beauvais. La visite s'achève au jeu de paume, construit en 1756 et transformé aujourd'hui en musée à hauteur de la porte Saint-Denis.

– On peut rendre visite au « Hameau », séduisant moulin faisant restauration en été (voir plus haut, restaurant *Les Goûters Champêtres*).

Les Grandes Écuries

Imposant monument de l'architecture civile du XVIIe siècle. Condé avait fait construire ces superbes écuries car il était persuadé qu'après sa mort il se réincarnerait en cheval. Le tympan de la grande porte sculptée est décoré de chevaux grandeur nature (Condé ne savait pas faire simple). On pouvait y loger plus de deux cents bêtes et des centaines de chiens de meute avec tout le personnel afférent : palefreniers, cochers, etc.

★ Aujourd'hui, les Grandes Écuries abritent un grand *musée vivant du Cheval*, créé par Yves Bienaimé en 1982 sans aucune subvention (c'est tellement rare qu'il faut le signaler !). ☎ 03-44-57-13-13. Ouvert du 1er avril au 31 octobre de 10 h 30 à 17 h 30 (18 h le week-end) ; du 1er novembre au 31 mars : de 14 h à 17 h (à partir de 10 h 30 le week-end). Fermé le mardi (sauf de mai à juin de 10 h 30 à 17 h 30 et en juillet et août à partir de 14 h). Présentations équestres à 11 h 30, 15 h 30 et 17 h 15 ; du 1er novembre au 31 mars, les week-ends et jours fériés (mêmes horaires) et la semaine uniquement à 15 h 30. Entrée : 50 F.
Spectacle équestre « Le Cheval en Fête » chaque premier dimanche du mois (nécessaire de réserver). Réductions pour les moins de 16 ans.
Pas moins de 31 salles pour tout apprendre sur le cheval, vu au travers des courses mais aussi des jouets, des gravures, des proverbes orientaux... Vous pourrez aussi voir travailler les chevaux sur le manège couvert ou à l'extérieur.

|●| Possibilité de se restaurer en regardant les démonstrations au restaurant *Le Carrousel Gourmand* (☎ 03-44-57-19-77), avec des spécialités du terroir (lapin au cidre, magret de canard au miel, ficelle picarde), soit à la carte, soit dans deux menus au choix à 120 F.

Survol du château en aérophile

Ce ballon à hélium est révolutionnaire à la fois par sa capacité (il peut accueillir jusqu'à 30 personnes à son bord) et par sa technologie modernissime garantissant une sécurité optimale ; il vous permettra de monter à 150 m d'altitude sans bruit ni secousse et, pour rassurer encore les moins téméraires d'entre vous, il est relié au sol par un câble et un treuil. Durant quinze minutes, vous survolerez le domaine de Chantilly à bord de cet aérophile décoré par une artiste en hommage aux quatre éléments, l'eau, l'air, la terre et le feu.
Ouvert de début mars au 11 novembre, tous les jours de 10 h à 19 h ; à partir du 11 novembre, uniquement le week-end. Tarif : 84 F (visite du château et vol en ballon), 62 F (entrée du parc et vol en ballon). Renseignements : ☎ 03-44-57-35-35.

Pour les lève-tôt...

Allez voir les galops matinaux des chevaux qu'on entraîne ou encore allez surprendre chevreuils et cerfs dans les allées de la forêt...

CHANTILLY ET ENVIRONS

Fête

– **Les Nuits de Feu** (en juin tous les deux ans) : concours pyrotechnique où différentes nations s'affrontent sur un thème qui change chaque fois. Pour ceux qui aiment les feux d'artifice (sur l'hippodrome de Chantilly). Renseignements : C.D.T., ☎ 03-44-45-82-12.

Achats

Chantilly était connue aussi pour sa *dentelle* (qui n'était pas une production locale au départ mais qui doit sa réputation aux belles qui s'en paraient lors des manifestations hippiques) et sa *porcelaine*. Les fabriques de porcelaine de Chantilly du XVIIIe siècle ont certes disparu, mais on continue de peindre à la main sur la porcelaine de Sèvres, tradition oblige ! Deux adresses.

■ Pour les dentelles, **Antiquités Chantebois :** 4, rue des Otages (face à la gare). Fermé le dimanche. ☎ 03-44-58-17-25.
■ **Porcelaines de Chantilly :** 2, place Omer-Vallon (dans le centre). ☎ 03-44-57-05-83. Ouvert de 9 h 30 à 12 h 30 et de 14 h à 19 h. Fermé les dimanche et lundi.

LES ÉTANGS DE COMMELLES

Quatre étangs en pleine forêt, bordés de beaux chênes et de hêtres. Selon la saison, de jolies mousses flottent sur l'eau calme, seulement troublée par quelques cygnes. Une des promenades les plus intéressantes de la région. La route des Tombes offre, du haut des collines surplombant les étangs, un pittoresque point de vue.

Le *château de la Reine Blanche*, rendez-vous de chasse construit au début du XIXe siècle dans un style pseudo-gothique, donne au site un caractère gentiment romantique.

I●I Une **crêperie-restaurant** dans l'agréable jardin (salades et viandes à prix corrects).

– **Promenade à pied :** un petit chemin fait le tour des quatre étangs. Compter 8 km pour cette balade très pittoresque et sans voitures.

Comment y aller ?

– **Par la route :** à environ 6 km au sud de Chantilly. De Paris, la N16 puis la D118 jusqu'à Coye-la-Forêt.
– **Par le train :** de la gare du Nord, descendre à Orry-la-Ville. Départ toutes les 20 mn. Durée : 35 mn. Renseignements S.N.C.F. : ☎ 08-36-35-35-35 (2,23 F la minute). Internet : www.sncf.fr. Ensuite 30 mn de marche jusqu'au château de la Reine Blanche à travers la forêt par des sentiers très agréables. Attention, la gare se trouve à 2 km de Coye qui, en dehors de sa gastronomie et de son calme tout provincial, présente bien peu d'intérêt.

LUZARCHES (95270)

S'y attarder quelques instants en montant sur Chantilly (km 31 sur N16) ou, s'il vous reste du temps, au retour. Vieux bourg agricole sur une colline, ayant conservé des ruelles pavées et un petit charme provincial. Jolie halle en bois. À gauche de la rue principale, monter la vieille rue Saint-Côme et la rue Saint-Éterne. On passe sous une porte fortifiée pour grimper sur la colline.

L'*église Saints-Côme-et-Damien* s'élève à l'extrémité du village et présente quelque intérêt. Façade Renaissance et beau porche en plein cintre incrusté de cartouches et médaillons. À l'intérieur, le chœur restauré est du pur roman. Du cimetière, vue intéressante sur le chevet et ses absidioles.

Comment y aller ?

– *Par la route :* A1 puis N16
– *Par le train :* au départ de Paris-Gare du Nord, trains fréquents (départ toutes les 30 mn en période de pointe, sinon départ toutes les heures). 45 mn de trajet. Renseignements S.N.C.F. : ☎ 08-36-35-35-35 (2,23 F la minute). Internet : www.sncf.fr.

Adresse utile

▯ *Comité départemental du tourisme :* château de la Motte, rue François-de-Ganay. ☎ 01-34-71-90-00. Fax : 01-30-29-30-86. Ouvert du lundi au jeudi de 9 h à 12 h 30 et de 14 h à 17 h 30 (le vendredi jusqu'à 16 h 30). C'est le Conseil général qui est propriétaire de ce superbe parc dans lequel vous pourrez découvrir les vestiges du château de la Motte. On peut regretter en revanche la restauration moderne de cette maison bourgeoise du XIXe siècle qui abrite ses bureaux ainsi qu'un petit musée présentant des œuvres de peintres du Val-d'Oise, ouvert du mercredi au dimanche et les jours fériés de 14 h à 18 h. Entrée : 20 F (un peu cher vu le nombre restreint d'œuvres, dont la plus importante est attribuée à Claude Monet, *La Gare d'Argenteuil;* mais elle n'est pas signée).

Où dormir dans les environs ?

▲ Pour ceux qui en ont les moyens, bel hôtel dans le *château de Chaumontel* (village au bord de la N16, en remontant sur Chantilly). ☎ 01-34-71-00-30. Relais de chasse du XIIIe siècle, entouré de douves, dans un parc de 4 ha. Cadre qui pousse aux amours sensuelles. Demi-pension obligatoire de mars à septembre (de 940 à 1 240 F par jour pour deux personnes). L'accueil est aimable.

À voir dans les environs

★ *Le musée national de la Renaissance :* château d'Écouen, 95440 Écouen. ☎ 01-34-38-38-50. Fax : 01-34-38-38-78. Ouvert tous les jours sauf le mardi de 9 h 45 à 12 h 30 et de 14 h à 17 h 15. Groupes, sur rendez-vous. À quelques kilomètres de Luzarches sur la N16 en revenant sur Paris. Entrée : 25 F. L'accès du parc (dessiné par Jules Hardouin-Mansart au XVIIe siècle) est gratuit et les habitants du coin s'y retrouvent pour leur jogging matinal.

Si l'on visite le château de Chantilly, il faut absolument voir celui d'Écouen car leurs histoires sont très liées. Ils ont d'abord le même constructeur et ont appartenu tous les deux aux Condé. De plus, beaucoup d'œuvres exposées à Chantilly proviennent du château d'Écouen, comme les superbes vitraux de la galerie de Psyché et de la chapelle.

Pratiquement tout le château a été conservé tel qu'à sa construction entre 1538 et 1555 excepté l'aile orientale (aile de l'entrée). Notez dans la cour intérieure la dissymétrie de la construction d'inspiration antique très prononcée. Un merveilleux exemple de la Renaissance. Curieusement deux visites différentes sont proposées : rez-de-chaussée et 1er étage le matin ; 1er et 2e étages l'après-midi. L'un des clous du château est sûrement les douze cheminées peintes, dont les plus belles se situent au premier étage. Elles datent du XVIe siècle et les scènes sont toutes empruntées à l'Ancien Testament.

Parmi les différentes salles du 1er étage, l'*antichambre de Mme de Savoie* avec ce curieux instrument entre le clavecin et le piano : une épinette. La *chambre de Mme de Savoie* avec un superbe cabinet sculpté comprenant 20 tiroirs et, sur chacun, un petit médaillon peint représentant une scène de vie ou un portrait (les femmes vont adorer). L'incontournable, la *galerie de Psyché* avec notamment la tenture de David et Bethsabée, tissée à Bruxelles au début du XVIe siècle (la manufacture des Gobelins n'existait pas) et qui mesure au total pas moins de 325 m^2 (en10 pièces) et, enfin, la *salle des cuirs de Scipion,* avec 7 panneaux de cuirs peints, d'impressionnantes dimensions (2,15 m !).

Au 2e étage, parmi les services de vaisselle en terre cuite du XVIe siècle (rassurez-vous, on ne mangeait pas dedans, c'était juste pour montrer ses moyens), remarquez cette superbe aiguière de l'atelier dit de Saint-Porchaire, avec un satyre agrippé d'un côté et un lézard gueule béante de l'autre. Puis vient la *salle des Cassoni* avec ses peintures sur bois, qui étaient en fait les parois ou les couvercles des coffres de mariage. Dans la même salle, jetez un regard dans les vitrines : superbe haut-relief en cire *Léda et le Cygne* incrusté de perles, de pierres et d'or. Notez l'expression amoureuse du cygne (quand on voit Léda, comme on le comprend !). Pour terminer, la *salle du trésor* dont la plupart des pièces ont été léguées par la famille de Rothschild (vous m'en direz tant !) ; parmi elles, une magnifique statue de Daphné. Belle collection de pents à col (sorte de broches) utilisés par hommes et femmes, très fins et incrustés de pierres précieuses.

Ceux qui viendront le matin pourront voir au rez-de-chaussée un intéressant banc d'orfèvre, tout en marqueterie, représentant des scènes de chasse, de guerre et de tournois, une salle des bronzes avec un sympathique faune et une faunesse dans une des positions recommandées par le *Kama-sutra*.

L'ABBAYE DE ROYAUMONT

À une douzaine de kilomètres au nord-est de L'Isle-Adam, sur la D909. Ouverte de 10 h à 18 h (17 h 30 de novembre à février). Visites guidées les samedi après-midi, dimanche après-midi et jours fériés. ☎ 01-30-35-88-90. Peut-être la plus belle abbaye cistercienne d'Île-de-France. Situés dans un beau cadre boisé, les bâtiments sont d'autant plus beaux qu'ils sont entourés de nombreux petits canaux et plans d'eau.

Fondée au XIIIe siècle par Saint Louis sous la conduite de sa mère Blanche de Castille, l'abbaye fut richement dotée. Le roi y avait sa cellule et y enterra trois de ses enfants. Richelieu y fit rédiger des « Articles » sur les réformes des abbayes, et Mazarin y fut abbé. À la Révolution, l'abbaye fut transformée en manufacture de coton ; elle servit également d'hôpital militaire durant la Grande Guerre.

Aujourd'hui, Royaumont est un centre culturel qui accueille des séminaires de recherche dans des domaines variés. Noter, à gauche, le bâtiment traversé par un petit canal : c'est celui des latrines (60 sièges dos à dos !). Pratiquement unique en son genre. On peut être étonné de la hauteur au-dessus de l'écoulement (peut-être pour éviter tout risque en période de crues !).

Visite

De l'église, il ne subsiste que les bases des piliers (sciés à la Révolution) et une surprenante et romantique tourelle d'escalier qui défie les lois de l'équilibre. Le cloître, bien conservé, entoure un agréable jardin. La sacristie abrite la clé de voûte du chœur de l'église. Admirable réfectoire du XIIIe siècle avec ses 2 nefs séparées par des colonnes d'un seul bloc. La chaire de lecteur est découpée dans le mur. On y a installé un orgue roman, fidèle reproduction d'un instrument médiéval, que l'on peut entendre lors des concerts donnés à l'abbaye.

Dans une salle d'exposition, présentation de quatre instruments de musique médiévaux reconstitués (que l'on peut entendre) ainsi que des plus beaux ouvrages de la bibliothèque.

Du réfectoire, on accède aux cuisines. Près de la porte, remarquez le passe-plat. Saint Louis, lorsqu'il séjournait à l'abbaye, aimait à porter lui-même les rations aux moines. Présence d'une émouvante Vierge de Royaumont du XIVe siècle, une des rares représentations sculptées de la Vierge donnant le sein.

Concerts

– **Saison musicale de Royaumont :** concerts de musique vocale tous les week-ends en été. ☎ 03-34-68-05-50.

SENLIS ET SES ENVIRONS
Senlis. L'abbaye de Chaalis. La mer de Sable.
Ermenonville. Le parc Astérix.

SENLIS (60300)

Une merveilleuse cité ancienne qui a curieusement échappé à la révolution industrielle et continue de vivre au rythme de la campagne. Les notables qui gouvernaient la ville au XIXe siècle ne purent s'entendre pour la venue du chemin de fer et celui-ci s'en alla musarder à Creil. Tant mieux.
Autant dire que Senlis est le paradis des promeneurs et qu'il vous faudra bien une journée pour découvrir les hôtels particuliers bordant les sinueuses ruelles, les vieilles maisons Renaissance précédées de gros porches et de lourdes portes, les jardins secrets et les murs mangés de lierre. Sans compter tous les vestiges des périodes gallo-romaine et médiévale.

Comment y aller ?

– *Par la route :* autoroute A1. Sortie Senlis.
– *Par le train :* gare du Nord jusqu'à Chantilly. Correspondance en car S.N.C.F. pour Senlis. Une dizaine de trains par jour. Durée : de 1 h à 1 h 30. Renseignements S.N.C.F. : ☎ 08-36-35-35-35 (2,23 F la minute). Internet : www.sncf.fr.

Il était une fois...

Ville fondée par les Romains. De cette période, il subsiste l'enceinte gallo-romaine (IIIe siècle). Hugues Capet y fut couronné roi en 987. Après quelques siècles de faste royal, Senlis fut abandonnée par les souverains au profit de Compiègne et de Fontainebleau. Au XIIe siècle, construction d'une nouvelle ceinture de remparts. La ville se spécialisa ensuite dans le commerce, la production des tissages et l'artisanat, pour enfin s'assoupir définitivement. Aujourd'hui, elle gère tranquillement son patrimoine touristique dans une nonchalance atemporelle.

Adresses utiles

❏ *Syndicat d'initiative :* place du Parvis (en face de la façade ouest de la cathédrale). ☎ 03-44-53-06-40. Fax : 03-44-53-29-80. Ouvert tous les jours sauf le mardi, de 10 h à 12 h et de 14 h 15 à 18 h 15. Personnel aimable et compétent.
– *Visites guidées de la ville* les samedi, dimanche et jours fériés à 15 h : 25 F. Sur rendez-vous pour les groupes, toute l'année (renseignements au syndicat d'initiative).

■ *Société hippique rurale :* 51, av. de Reims. ☎ 03-44-53-55-13. Traverser Senlis, en direction de Paris. Assurance facultative mais recommandée. 2 h de promenade en forêt le dimanche matin pour cavaliers confirmés.

Où dormir ? Où manger ?

Assez bon marché

lol *Les Jardins de Séraphine :* 18, rue de Beauvais. ☎ 03-44-60-04-00. Près de la place Henri-IV. Fermé le dimanche à 18 h, et le lundi. Une bonne petite adresse si l'on ne veut pas passer deux heures à table. Spécialités de crêpes et galettes. Menu rapide tous les midis du mardi au vendredi à 68 F avec la boisson. Plat du jour à 40 F. Salle pimpante, comme l'hôtesse, dans un coin calme du vieux Senlis.

≜ *Hostellerie de la Porte Bellon :* 51, rue Bellon. ☎ 03-44-53-03-05. Fax : 03-44-53-29-94. Fermée pour les fêtes de fin d'année. Donne dans la rue Bellon qui donne, elle, dans la rue de la République. Superbe vieille maison en pierre au calme car en retrait de la route. 18 chambres spacieuses et confortables de 290 à 380 F. Grand jardin ombragé pour déjeuner ou dîner par beau temps avec un premier menu à 115 F jusqu'au menu à 720 F pour deux avec champagne, foie gras, demi-langouste... Jolie décoration intérieure.

lol *Le Chalet de Sylvie :* place du Chalet. Juste avant de sortir de la ville par le nord. ☎ 03-44-53-00-87. Fermé le mardi. Une ancienne maison particulière (un grand chalet) transformée en restaurant. Esthétique surprenante dans la région mais du plus bel effet. Salle à manger, véranda, jardin rétro. Un menu-brasserie à 70 F, servi midi et soir tous les jours y compris le dimanche (ce qui est rare). Un menu à 135 F, un autre à 195 F, et une belle carte. Le chef vous concoctera une cuisine traditionnelle avec des apports modernes (sucré-salé). Cannelloni de ris de veau aux morilles, foie gras poêlé aux agrumes, tarte fine maison. Accueil cordial.

lol *Le Grill des Barbares :* 19, rue du Châtel. ☎ et fax : 03-44-53-12-00. C'est l'endroit le plus couru de Senlis ; il faut dire que le cadre a de quoi vous envoûter. La salle, installée dans les caves du XIIe siècle, offre un cadre exceptionnel dont les jeunes proprios ont su tirer parti. Plus que pour la cuisine un peu simpliste (spécialités de grillades, bien entendu), pas toujours à la hauteur, on vient pour l'ambiance et pour les soirées jazz proposées du jeudi soir au samedi soir à partir de 21 h. À midi, menu court à 69 F ; le soir, menu à 129 F avec côtes d'agneau, coquelet, brochettes, bavettes... Le phénomène « mode » semble perdurer. Service jeune et démonstratif.

≜ lol *Hôtel du Nord :* 110, rue de la République. ☎ 03-44-53-01-16. Fax : 03-44-53-60-60. Fermé les dimanche soir et lundi hors saison. Petit hôtel de 16 chambres situé à un carrefour bruyant. Les parties communes et les chambres auraient plus que jamais besoin d'un petit coup de neuf. Chambres de 230 à 260 F pour 2 personnes. En été, demi-pension obligatoire (250 F par personne). Cuisine avec un premier menu à 100 F, un autre à 145 F avec le magret farci au foie gras ou la côte de bœuf sauce madère. Accueil inégal.

≜ *Chambres d'hôte :* chez Mme Deren, la Buissière, 17, rue du Moulin-Saint-Rieul. ☎ 03-44-53-16-59. Deux chambres d'hôte dans une maison récente au milieu d'un parc, hors les murs de Senlis, mais avec vue sur la cathédrale, quand il n'y a pas de feuilles aux arbres... Compter 240 F pour deux, avec le petit déjeuner.

Plus chic

lol *Restaurant Le Formanoir :* 17, rue du Châtel. ☎ 03-44-53-04-39. Fermé les lundi soir et mardi. Une vieille maison au cœur de la ville. Formule chic dans un bel intérieur rustique. Une excellente cuisine (foie gras, etc.). Menus de 97 à 175 F : terrine de lapin, confit de canard, charlotte aux fraises. À la carte, plats entre 70 et 100 F.

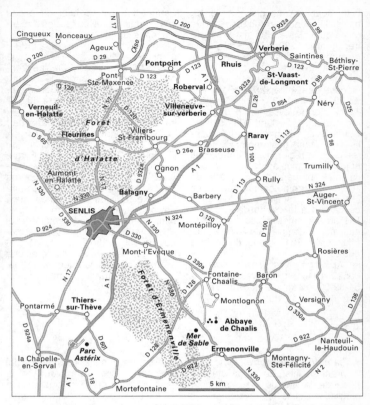

SENLIS ET SES ENVIRONS

Où dormir ? Où manger dans les environs ?

🛏 |●| *Auberge de jeunesse Le Centre des Cadres sportifs :* 1, rue du Général-Leclerc, 60100 Creil. ☎ 03-44-64-62-26. Fax : 03-44-64-62-29. De Senlis à Creil par la N330, compter une demi-heure. De la gare, prendre le bus n° 1 (2 mn du centre). Un peu à l'écart, mais navettes. Carte d'Ajiste obligatoire (délivrée sur place). Un espace de 5 000 m² avec de nombreuses activités sportives proposées et une solide structure hôtelière. Environ 60 F par nuit et par personne en individuel ou en dortoir. État des chambres impec-

cable. Repas sur commande (compter 55 F). Plats à 20 F. Ambiance cool et accueil efficace.

🛏 *Chambres d'hôte :* chez Mme Hüe, 2, rue Sainte-Beuve, Grande-Rue, Balagny, 60300 Senlis. ☎ 03-44-54-41-88. À 5 km au nord-est de Senlis. Prendre la RN324 direction Crépy-en-Valois puis tourner à gauche 200 m après le carrefour circulaire. Fermé en mai. Belle maison du XIVᵉ siècle, dans un ravissant village médiéval. Dans le jardin fleuri, protégé par un mur épais, une maisonnette de deux étages, parfaite pour les couples : salle de bains, kitchenette, mobilier rustique et parquet. Mme Hüe est vraiment très gentille. 230 F la double, petit déjeuner compris. Réserver longtemps à l'avance.

|●| *Le Vieux Logis :* 105, rue du Général-de-Gaulle, 60700 Fleurines. ☎ 03-44-54-10-13. Fax : 03-44-54-12-47. Fermé le samedi midi, le dimanche soir et le lundi. Pas d'hôtel. Sur la N17, à 7 km au nord de Senlis. Une étape gastronomique réputée dans la région. Excellent accueil et jardin des plus agréables. De succulentes préparations à partir de 100 F : magret de canard aux figues (en saison), escalope de foie gras de canard à la croûte de sel, tarte fine aux pommes maison, etc. Premier menu complet à 140 F. Menu-affaires à 180 F, menu du mois à 280 F.

|●| *Auberge des Trois Forêts :* 60520 Thiers-sur-Thève. ☎ 03-44-54-62-00. 13 km au sud de Senlis.

Fermée les samedi midi, dimanche soir et lundi soir. Deux salles à manger dans un cadre sans prétention. Le dimanche midi, menu à 130 F comprenant deux entrées. À la carte, compter 250 F. Cuisine française de bon aloi (andouillette, saumon à l'oseille, aloyau...). En semaine, également un menu à 60 F (à midi) et à 98 F.

|●| *Auberge des Trois Canards :* 60810 Oignon. ☎ 03-44-54-41-21. À 5 km de Senlis en direction de Compiègne (sortie Chamont). Fermé le dimanche soir, le lundi et le mercredi midi. Dans une vieille auberge du début du siècle, une cuisine traditionnelle qui décline parfaitement devinez quoi ?... le canard ! Un premier menu à 98 F en semaine midi et soir, avec trois choix. Autres menus de 150 à 250 F à base de produits du marché. Sur l'arrière, une belle terrasse ombragée et calme. En hiver, la grande cheminée fonctionne. Accueil souriant.

À voir

★ *La cathédrale Notre-Dame :* toujours entourée des vieilles maisons qui la virent s'édifier, ce qui ajoute au charme de la visite. Au Moyen Âge, le faste de la vie de Cour se manifestant souvent dans la construction d'églises, Senlis fut royalement dotée. La construction de la cathédrale commença en 1153 et s'étendit, après remaniements et incendies, jusqu'en 1560. Elle résume ainsi magnifiquement toutes les tendances du gothique en Île-de-France.

Sobre façade du XIIᵉ siècle avec un grand portail consacré à la Vierge. C'est la première fois dans la sculpture gothique que ce thème est utilisé comme motif principal. On reconnaît sur le linteau les scènes de la Mort et de la Résurrection. Remarquables portails latéraux de style flamboyant, surtout le portail sud, encadré de deux tours. Semblables à l'origine, elles le restèrent jusqu'au milieu du XIIIᵉ siècle, époque où l'on coiffa la tour sud de cette admirable flèche de 78 m de haut. Sur le portail nord, on remarque la salamandre et le « F » de François Iᵉʳ.

À l'intérieur, nef de trois travées du XIIᵉ siècle, transept du XIIIᵉ et vaste chœur de 1180 avec déambulatoire flanqué de cinq chapelles rayonnantes. Tribunes surmontant les grandes arcades parmi les plus belles d'Île-de-France.

Dans la chapelle qui s'ouvre sur le croisillon nord, bas-relief de la *Mise au tombeau*, surmonté d'un christ en bois du XVIᵉ siècle. Emprunter l'escalier qui part du bas-côté du chœur et mène à la salle capitulaire (XVᵉ siècle). *Fête des Fous* sculptée au chapiteau de la colonne centrale.

Sortir par le portail du croisillon nord pour bénéficier d'une bonne vue d'ensemble du chevet de la cathédrale qui a conservé totalement son aspect d'origine.

★ Tout à côté de la cathédrale, l'*ancien évêché* des XIIIe et XVIIIe siècles présente un décor Renaissance et s'adosse à une tour gallo-romaine.

★ Dans l'ancien palais épiscopal, *musée d'Art et d'Archéologie*, ouvert de 10 h à 12 h et de 14 h à 18 h (jusqu'à 17 h du 1er novembre au 31 janvier), sauf le mardi et le mercredi matin. Ne pas manquer les sous-sols du musée : ce sont les fondations ; en effet, lors de l'aménagement du musée, des fouilles ont permis de mettre au jour le rempart gallo-romain du Bas Empire. Également une surprenante et étrange collection d'ex-voto (statuettes offertes en offrandes pour échapper aux maladies ou pour remercier d'en avoir guéri). 300 petites sculptures retrouvées sous le temple d'Halatte (bébés emmaillotés, poitrines de femmes, sexes masculins...) très bien mises en scène grâce à une vidéo-lumière.
Au 1er étage, exposition de peintures du XXe siècle avec, entre autres, des toiles de Camille Bombois, de Louis Virin et de Séraphine Louis appelée Séraphine de Senlis.

★ Place du Parvis s'élève l'*hôtel de Vermandois*, bel édifice remontant au XIIe siècle. Il abrite un *petit musée d'Art local et d'Histoire.* Fermé le mardi et le mercredi matin. Deux audiovisuels consacrés à la cathédrale et à la Ville de Senlis. Abrite également un morceau de la flèche de la cathédrale (du XIIIe siècle) remplacée en 1932.

★ Au sud de la place Notre-Dame, l'*église Saint-Frambourg* a été transformée en *Centre international de musique et d'art lyrique*. Georges Cziffra et sa femme ont acquis cet édifice en 1973 dans un état de délabrement total. Une superbe restauration a donné naissance à l'auditorium Franz-Liszt, siège de la Fondation Cziffra qui assure le soutien et la promotion de jeunes artistes. Depuis 1978, deux cycles de concerts annuels leur sont consacrés. Dans la chapelle, admirez les vitraux de Miró.
Programme et location : *Fondation Cziffra,* 1, place Saint-Frambourg, 60300 Senlis. ☎ 03-44-53-39-99.

★ *L'église Saint-Pierre :* à côté de l'ancien évêché. Ancien lieu de culte qui présente une jolie façade de style flamboyant et une grosse tour Renaissance. Intérieur également intéressant : fenêtres à dessin flamboyant, piliers de la nef avec chapiteaux gothiques à figures grotesques, etc. Utilisée aujourd'hui pour des activités culturelles.

★ *Les vestiges du château royal :* ouvert de 10 h à 12 h et de 14 h à 18 h (17 h l'hiver). Fermé le mardi et le mercredi matin. Entrée : 6 F. Construit sur l'assise même de l'enceinte gallo-romaine (bien visible de la rue du Chat-Haret) par les rois francs. Clovis y résida. C'est là que l'assemblée des barons de France désigna Hugues Capet comme roi. Du château royal, il ne reste plus grand-chose... mais avec un peu d'imagination, on peut retrouver certaines pièces (l'une d'elles, dit-on, servit de cabinet de travail à Saint Louis). Dans le jardin, prieuré Saint-Maurice fondé par Saint Louis, avec fenêtres à meneaux (ne se visite pas).
Le logis du prieur, du XVIIIe siècle, abrite aujourd'hui un *musée de la Vénerie*, le seul musée d'Europe consacré à la chasse à courre. Mêmes horaires que le château. Visites guidées toutes les heures.

★ L'*enceinte gallo-romaine* est l'une des mieux conservées de France. Elle se trouve en grande partie englobée dans les maisons et les propriétés privées. Elle mesurait 7 m de haut, 4 m d'épaisseur et 840 m de long. Sur les 28 tours, 16 subsistent encore.

★ En vous baladant à pied, découvrez les belles *maisons* anciennes, notamment rue de Beauvais. L'*église Saint-Aignan*, privée, possède toujours son clocher roman et un portail du XVIe siècle. Place Gérard-de-Nerval, voir l'*hôtel de Kermont* (XVIIIe siècle) et l'*hôtel de Parseval* (XVIe siècle). Au sud de la place de Creil, on découvre les *arènes gallo-romaines* du

SENLIS ET ENVIRONS

IIIe siècle (ne se visitent pas). 10 000 personnes pouvaient y prendre place. Place Henri-IV s'élève l'*hôtel de ville* reconstruit en 1498. Au n° 31, l'ancienne poste aux chevaux et, aux n°s 42 et 44, de vieilles maisons. Rue des Cordeliers, découvrez l'*hôtel du Flamand.* Enfin, flânez à pas lents dans la mignonne rue de la Treille pour repérer les vestiges d'une poterne de l'enceinte gallo-romaine et les deux tours de l'*hôtel de la Chancellerie.*

À faire

– **Senlis en calèche :** ☎ 03-44-53-10-26. Tarif : 50 F par personne. 40 mn d'un parcours très pittoresque dans la vieille ville avec un commentaire bourré d'anecdotes historiques enregistré sur une cassette par Jean-Claude Brialy.
– **Les Rendez-vous de Septembre :** chaque année impaire, lors du dernier week-end du mois, la ville devient entièrement piétonne. Les particuliers possédant des maisons historiques ouvrent leurs portes aux visiteurs. Une grande idée.

À voir dans les environs

Malgré une urbanisation rampante, la région nord de Senlis conserve un charme bucolique indéniable grâce à sa forêt étendue et ses villages charmants. Ses étonnantes églises rurales et le *château de Raray*, méconnu, invitent à une agréable balade.

★ LA FORÊT D'HALATTE

Beau massif forestier de style jurassien, entre l'Oise et l'Aunette. Il abrite des réserves de chasse à courre. La famille Rothschild y a ses habitudes.

★ FLEURINES (60700)

Bourgade sans grand intérêt, au centre de la forêt. En revanche, une halte gastronomique s'impose au *Vieux Logis* (voir « Où manger aux environs de Senlis ? »).

★ VERNEUIL-EN-HALATTE (60550)

À la lisière de la forêt, côté ouest, non loin de l'Oise. Un village agréable, hospitalier, qui constitue une base idéale pour les balades en forêt.

Adresses utiles

🄱 *Office du tourisme :* 4, rue Victor-Hugo. ☎ 03-44-25-21-00. Ouvert le lundi de 14 h 30 à 18 h 30, le mercredi et le vendredi de 9 h à 12 h et de 14 h 30 à 18 h 30, les samedi et dimanche de 10 h à 12 h.
■ *Balades à cheval :* A.E.V.H., rue de l'Égalité. ☎ 03-44-24-78-21. Promenades accompagnées en forêt d'Halatte, soit à cheval, soit en voiture attelée. 80 F l'heure. Des responsables sympa et passionnés de cheval. Réserver avant par téléphone.

Où manger ?

I●I *La Guinguette du Marronnier :*
dans le centre. ☎ 03-44-24-27-88.
Fermé les samedi et dimanche. Service uniquement à midi. Une formule
à 64 F avec buffet de hors-d'œuvre,
plusieurs plats du jour et un bon
choix de desserts. C'est la cantine
de tous les ouvriers du coin. Les samedi et dimanche, le resto est réservé aux banquets, communions et
mariages. Une adresse accueillante
et simple où la cuisine est bonne.

À voir

★ *L'église :* des XII⁰ et XVI⁰ siècles. Belle tour à flèche de pierre et porche
du XV⁰ siècle.

★ *Le musée de la Mémoire des Murs :* impasse Jules-Ferry (fléché du
centre). ☎ 03-44-24-54-81. Ouvert les mercredi, vendredi, samedi et
dimanche de 14 h 30 à 18 h 30. Sur 4 étages, de belles collections de l'âge
du Bronze au Mur de Berlin. En tout, près de 3 000 moulages d'œuvres
sculptées ou gravées. Unique en France.

★ ROBERVAL (60410)

Gentil village encaissé dans un vallon, sur la D100 et sous... l'autoroute du
Nord. Ça a dû faire tout drôle aux habitants de se réveiller un beau matin...
Bon, voir l'église au charme particulier : porche en bois, portail sculpté, large
toit, des proportions et une conception intéressantes.

Où dormir dans les environs ?

🛏 *Chambres d'hôte La Grange :*
32, rue du Gaudin, à Pontpoint (sortie 9, à Chevrières, sur l'autoroute
A1). ☎ 03-44-70-03-98. Fax : 03-44-
70-03-98. Dans une jolie grange entièrement rénovée (et indépendante
de la maison des proprios), 2 chambres pour deux (290 F petit déjeuner
compris) ou trois personnes avec
salle de bains privative Grande salle
de séjour commune aux deux chambres, cuisine équipée et jardin privé.
Une très bonne adresse.

★ RHUIS (60410)

À 2 km de Roberval, toujours sur la D100 en se dirigeant vers l'Oise ; niché
dans la forêt, un ravissant village qui possède une belle église romane. Son
portail est l'un des plus anciens de ce type. Clocher carré à trois étages de
fenêtres et pyramide de pierre.

Où dormir ? Où manger ?

🛏 I●I *Auberge de Normandie :*
26, rue de la Pêcherie, 60410 Verberie. ☎ 03-44-40-92-33. Fermée
les dimanche soir et lundi. Cuisine
simple, mais très correcte. Menu à
95 F (en semaine), servi dans une
salle à manger agréable meublée
rustique. Un autre à 170 F. Possibi-

lité de dormir pour 280 F la double. Demi-pension (255 F par personne) obligatoire de juin à septembre. Agréable terrasse fleurie.

★ *SAINT-VAAST-DE-LONGMONT (60410)*

À 2 km de Verberie, encore une superbe église du début du XIIᵉ siècle, dominant la région de sa colline. Comme à Roberval, porche en bois et portail entouré de pointes de diamant sculptées. Clocher carré à deux baies surmonté d'une flèche de pierre octogonale. Clés à la mairie pour ceux qui seraient intéressés.

★ *RARAY (60810)*

À une douzaine de kilomètres au nord-est de Senlis, dans une plaine, à l'intersection de la D26 et de la D100.

Un village préservé, quasiment désertique, qui s'enorgueillit de posséder un ***château*** du début du XVIIᵉ siècle ayant servi de décor au film de Jean Cocteau, *La Belle et la Bête*. Le poète fut séduit par le fantastique alignement de sculptures de la cour d'honneur : des deux côtés, des scènes de chasse au cerf et au sanglier ornent les portiques à arcades. Placé face au château, le soir, on est ébloui par la transparence de la façade, le soleil couchant transperçant comme par magie l'enfilade de hautes fenêtres.

À faire et où manger ?

☎ Racheté par un ***club de golf*** et transformé en ***hôtel*** luxueux, le château a été rénové. Ne pas hésiter à entrer pour admirer les merveilleux plafonds peints du salon. L'hôtel est principalement réservé aux groupes, les individuels sont très rarement acceptés (les chambres sont hors de prix) car le personnel n'est formé que d'extras.

En revanche, c'est une adresse idéale pour ceux qui veulent s'initier au golf ; les prix sont tout à fait raisonnables.
– On peut aussi y manger au *clubhouse* le week-end avec un bon choix de salades autour de 50 F, et un plat du jour de 65 à 85 F. ☎ 03-44-54-70-61.

– Dans le bourg, ne pas manquer d'admirer le joli *manoir* Renaissance et ses tourelles d'angle, ainsi que l'église des XVᵉ et XVIᵉ siècles.

Où manger dans les environs ?

📍 ***Auberge du Clocher :*** 30, rue de Flandres, 60410 Villeneuve-sur-Verberie. ☎ 03-44-54-70-13. A1, sortie Senlis, direction Compiègne. Fermée le mardi soir et le mercredi. Sympathique petite auberge rustique à souhait avec ses poutres, son pressoir et un vieux buffet. Une formule à 74 F (uniquement à midi et en semaine) avec plat, fromage, dessert et café (ici on privilégie le fromage plutôt que l'entrée), très honorable. Autrement, deux autres menus à 99 et 138 F. Le week-end, menu spécial à 120 F, « L'Idée du week-end ». C'est Agnès, la patronne, qui sert en salle. Sourire et gentillesse au rendez-vous, une halte agréable et conviviale.

L'ABBAYE DE CHAALIS

À 10 km au sud-est de Senlis par la N330. Parc ouvert de 10 h à 19 h. Musée ouvert du 1er mars au 11 novembre de 10 h 30 à 12 h 30 et de 14 h à 18 h ; les samedi, dimanche et jours fériés, de 10 h 30 à 12 h 30 et de 14 h à 18 h 30 ; du 12 novembre au 1er mars, uniquement les dimanche et jours fériés de 10 h 30 à 12 h 30 et de 13 h 30 à 17 h 30. Entrée du parc payante. Musée : 35 F. Possibilité d'obtenir un billet jumelé avec le parc J.-J. Rousseau d'Ermenonville. Renseignements : ☎ 03-44-54-04-02.

Située en pleine forêt et arrosée par l'Aunette qui y remplit de beaux étangs, l'abbaye cistercienne gérait un vaste domaine agricole. Les abbés entreprirent vers 1200 la construction d'une église qui est l'un des premiers monuments gothiques d'Île-de-France.

À voir

– Entourées d'arbres et de verdure, les ruines sont aujourd'hui dominées par une tourelle d'escalier. On voit encore plusieurs arcatures du cloître et quelques restes de la salle du chapitre.

★ *Le musée Jacquemart-André :* installé dans le grand bâtiment abbatial (XVIIIe siècle). Il contient des œuvres de l'Antiquité égyptienne, d'intéressants marbres romains, des peintures de primitifs, des sculptures et objets d'art du Moyen Âge et surtout de la Renaissance italienne. Au 1er étage, plusieurs salles consacrées à Jean-Jacques Rousseau qui aimait herboriser dans les parages.

Enfin, depuis peu, on peut visiter les appartements privés de Nélie Jacquemart André, grande voyageuse qui rapporta notamment de superbes bouddhas, armes et instruments de musique, des Indes et de Birmanie.

★ Au fond du parc, une magnifique *roseraie*.

Où dormir ? Où manger ?

⌂ *Chambres d'hôte la Ferme de la Bultée :* Fontaine-Chaalis, 60300 Senlis. ☎ 03-44-54-20-63. Fax : 03-44-54-08-28. De Senlis, sur la D330 A. Dans une grande ferme au calme en bordure de la forêt d'Ermenonville et à 5 mn de l'abbaye de Chaalis. Chambres confortables avec télé, salle d'eau et w.-c. à 300 F pour 2 personnes, petit déjeuner compris.

⌂ ۱O۱ *Auberge de Fontaine :* 22, Grande-Rue, 60300 Fontaine-Chaalis. ☎ 03-44-54-20-22. Fax : 03-44-60-25-38. Fermée le mardi du 1er octobre à fin février. Dans un petit village assoupi. En arrivant, on aperçoit un adorable étang. 8 chambres (avec TV) tapissées de papier à fleurs à 265 ou 295 F pour deux. Demi-pension à 300 F par personne, obligatoire en saison. Au resto, une cuisine aux accents provençaux : pissaladière, fougasse et petits farcis, duo de foie gras à l'ail, confit, langoustines et coquilles Saint-Jacques à la compote d'oignons. Menu à 98 F avec boisson (en semaine le midi). Menu « retour de promenade » à 135 F, et « provençal » à 165 F, avec bien sûr le foie gras maison au menu-carte. Grand jardin et des jeunes filles habillées à la mode provençale.

LA MER DE SABLE

À proximité de l'abbaye. Prendre l'autoroute A1 jusqu'à Survilliers, puis direction Ermenonville. ☎ 03-44-54-00-96. Fax : 03-44-54-01-75. Ouvert du samedi de Pâques à fin septembre, en général de 10 h 30 à 18 h 30 (19 h en été). Mieux vaut téléphoner. Entrée : 84 F. Réduction pour les enfants en groupes.

Cette mer de sable est d'abord une curiosité géologique. À l'ère tertiaire, le nord de Paris était sous la mer. Quand les moines de Chaalis décidèrent de déboiser la forêt, le sable réapparut.

Transformé en *parc d'attractions* autour de ces 20 ha de sable en 1963, il fait figure d'ancêtre mais n'en continue pas moins d'attirer les foules. (Ils vont bientôt fêter leurs 20 millions de visiteurs !). D'ailleurs l'endroit a tout pour séduire les enfants, d'autant plus que le prix reste modique, donnant droit aux attractions habituelles (grande roue, toboggans géants, miroirs déformants...) et à d'autres, plus originales : descente en rafting de la rivière sauvage, attaque du train par des Indiens à cheval, bateau pirate, clairière des Chikapas (qui séduit autant les adultes), moto à 4 roues, villages chinois, marocain ou western... Tout y est, même si les dromadaires s'ennuient.

De plus, les cinq restos (saloon, *Koutoubia,* ferme normande, etc.) sont tout à fait abordables.

ERMENONVILLE

Célèbre pour sa forêt autant que pour son parc, le village d'Ermenonville reste l'un des lieux de prédilection des romantiques. Rien de tel pour fuir le stress parisien que marcher dans les pas de Jean-Jacques Rousseau ou Gérard de Nerval...

Adresse utile

◨ *Syndicat d'initiative :* 1, rue René-de-Girardin. ☎ 03-44-54-01-58. À l'entrée du parc. Ouvert tous les jours sauf le mardi, de 14 h à 18 h 15 (jusqu'à 19 h les dimanches d'été). Fermé deux semaines à Noël.

Où dormir ? Où manger dans les environs ?

▲ ◉ *Restaurant-bar Le Relais de Lys :* 14, rue Gérard-de-Nerval, 60128 Mortefontaine. De Senlis, autoroute A1 sortie n° 7 Survilliers, direction Plailly. Fermé le mardi. Un petit resto sans prétention mais dans lequel on se sent tout de suite bien. Ça doit venir de la gentillesse du patron. Un premier menu à 60 F complet, servi midi et soir, avec quatre choix et copieux. Qui dit mieux ? Un autre à 110 F beaucoup plus riche (six choix). Terrine de foie gras, desserts maison. Éventuellement, quelques chambres à louer à 120 F pour 2 personnes. Imbattable, non ?

Plus chic

▲ ◉ *Auberge de la Croix d'Or :* 2, rue Prince-Radziwill, 60950 Ermenonville. ☎ 03-44-54-00-04. Autoroute A1, sortie n° 7 Survilliers. Belle auberge de province avec jardinières de fleurs aux fenêtres et son beau jardin avec terrasse. Vous passerez un agréable moment aussi dans la grande salle à manger rustique et claire, avec un premier menu à 95 F complet servi en semaine midi et soir. Autres menus à 130 et 175 F. Noix de joue de porc, crépinette de volaille farcie aux champignons sauvages, blanc de turbot marinière de légumes. 8 chambres à 230 F pour 2 personnes, avec télé, douche et w.-c. Service cordial et attentif.

À voir

★ *Le parc Jean-Jacques-Rousseau :* ouvert tous les jours sauf le mardi de mai à septembre, de 14 h à 19 h 15 ; en avril, octobre et novembre, ouvert les mercredi, samedi, dimanche et jours fériés, de 14 h à 18 h 15 ; en février et mars, les dimanche et fêtes de 14 h à 18 h. Entrée payante. Billet jumelé avec l'abbaye de Chaalis (sauf le musée).
Considéré comme l'un des parcs paysagers les plus beaux de France, il tire sa gloire autant de la tranquillité et des paysages qu'il offre que du personnage illustre qui y repose. Invité ici par son admirateur, le marquis de Girardin (qui s'inspira d'ailleurs de *La Nouvelle Héloïse* autant que de ses peintres favoris pour dessiner le parc), Rousseau résida quelque temps à Ermenonville avant de s'y éteindre en juillet 1778. Le propriétaire des lieux choisit alors l'île des Peupliers, au cœur du parc, pour y faire enterrer le philosophe. Devenu lieu de pèlerinage, le tombeau reçoit les visites de Saint-Just, Robespierre, Franklin, Bonaparte, puis de Nerval, Chateaubriand, et bien d'autres...
En une heure de promenade environ, on admire également dans le parc l'étonnant temple de la Philosophie, une grotte préhistorique, un kiosque, l'autel de la Rêverie, l'étang, divers ruisseaux et cascades...

★ *La forêt d'Ermenonville :* 3 200 ha de verdure balisés par une dizaine d'itinéraires pédestres. Il est conseillé de se munir de la carte IGN n° 404.

★ *Le désert :* situé entre la mer de Sable et le parc Jean-Jacques-Rousseau, c'est une autre curiosité géologique. Propriété des Aéroports de Paris (quelle drôle d'idée !), il n'est malheureusement pas ouvert au public.

LE PARC ASTÉRIX

30 ans après les premiers exploits de notre petit Gaulois à moustaches dessiné par le duo Uderzo-Goscinny est né le parc Astérix. À l'aube du XXIᵉ siècle, recréer un village gaulois à 35 km de Lutèce, vous nous direz, ils sont fous ces Gaulois ! Pourtant, après des débuts hésitants, le pari est aujourd'hui gagné et le parc a su conquérir son public : près de 2 millions de visiteurs en 1998. De taille humaine, il est sympathique comme tout, bon enfant, un brin franchouillard comme on aime et surtout pas prétentieux pour un sou.
Côté attractions, il y en a pour tous les âges : du manège de chevaux de bois au vertigineux *Tonnerre de Zeus*, pas de jaloux, tout le monde s'y retrouvera. Enfin, un grand bravo pour les spectacles : rondement menés et de qualité, ils sont d'ailleurs devenus le menhir de bataille du parc.
Pour la visite, suivez le guide. En avant, c'est partix !

Comment y aller ?

– **En voiture :** par l'autoroute A1, sortie directe « Parc Astérix » (35 km au nord de Paris).
– **En R.E.R. :** ligne B3, à partir des stations Châtelet ou Gare-du-Nord, descendre à Roissy-Charles-de-Gaulle 1. Puis navettes payantes et identifiées « Parc Astérix » toutes les demi-heures de 9 h 30 à 13 h 30. Retour du parc Astérix à partir de 16 h 30, toutes les demi-heures jusqu'à 18 h 30 ou 19 h 30.

Infos pratiques

– **Renseignements :** ☎ 08-36-68-30-10. Minitel : 36-15, code PAR-CASTÉRIX.
– **Dates d'ouverture :** du 1er samedi d'avril à mi-octobre.
– **Horaires :** variables selon les jours et les saisons (mieux vaut téléphoner avant votre visite). En général, de 9 h 30 ou 10 h à 18 h ou 19 h. En juillet et août, ouvert tous les jours. En septembre et octobre, ouvert les mercredi, samedi et dimanche seulement.
– **Tarifs :** gratuit pour les enfants jusqu'à 3 ans, 120 F pour les enfants jusqu'à 12 ans, et 170 F pour les adultes. Réductions groupes et scolaires (réservations : ☎ 03-44-62-34-34). Forfaits séjours : ☎ 01-60-77-04-04. *Carte Saison* (valable pour un nombre illimité de visites) : 250 F (enfants) et 350 F (adultes). Intéressante car rentable à partir de 2 entrées.
– **Parking payant :** 30 F.
– **Distributeur de billets, poste et téléphone :** dans la partie couverte de la rue de Paris.
– **Chenil :** à l'extérieur du parc (35 F).
– **Bureau de change :** au *Crédit Latin*, à gauche de l'entrée du parc.
– **Consigne, location de poussettes et fauteuils pour handicapés, point de rencontre, objets trouvés :** à l'accueil visiteurs, tout de suite à droite après l'entrée du parc.
– **Centre médical**.

Tuyau

En préambule, un conseil de sécurité : surveiller les enfants et toujours leur donner un point de rendez-vous s'il advenait que vous soyez séparé d'eux. Pour éviter les files d'attente, une seule solution : aller à contre-courant. Le matin en arrivant, faites les attractions secondaires, celles dont on ne parle pas particulièrement dans ces lignes, puis enchaînez avec un ou deux spectacles, ce qui devrait vous occuper jusque vers 14 h. Après une pause-déjeuner tardive (la tranche horaire 12 h-13 h 30 étant saturée, on la boude sans remords), pourquoi ne pas faire enfin les attractions à sensations, celles qui vous secouent les tripes (à condition d'y avoir été mollo sur le cassoulet au sanglier...) et terminer cette journée riche en aventures, assis tranquillou devant un spectacle ?

Où manger ?

Petit creux ou faim de Gaulois, il y en a pour tous les goûts et presque tous les budgets. Dénominateur commun : le sanglier, partout à l'honneur et en plusieurs versions s'il vous plaît : charcuterie, cassoulet et... burger ! Sinon, pizzas, pâtes, salades, crêpes, sandwiches à gogo.

– Possibilité de pique-niquer à l'intérieur du parc, sur les aires spécialement aménagées : dans la forêt, près des parkings 3 et 4; derrière Goudurix ; ou encore au resto *La Halte des Chevaliers :* pratique en cas de pluie.

|●| *Restaurant-pizzeria Caïus :* dans l'*Empire romain*, en haut de la via Antica, pizzas, pâtes... terrasse agréable.

|●| *Selfservix :* le relais gaulois. En face de *Menhir Express*. Plats variés pour tous les goûts.

|●| *Aux Fastes de Rome :* dans la *Cité romaine,* en face du carrousel de César. Fast-food pas trop cher

bénéficiant d'une agréable terrasse ensoleillée et fleurie donnant sur la descente du Styx.

|●| *Arcimboldo :* en face du Grand Lac, à côté du *théâtre de magie de Panoramix.* Superbe déco de fruits et légumes géants. Plats à partir de 50 F. Cassoulet au sanglier copieux et parfumé (82 F).

|●| *Le Restaurant du Cirque :* dans le secteur du XXᵉ siècle, à côté de l'entrée du spectacle *Main basse sur la Joconde*. On peut manger au milieu des artistes de la balle et pénétrer dans la *Cage aux Lions* qui devient une aire de jeux pour les enfants (idéale en famille).

À voir. À faire

Le parc Astérix est divisé en 6 époques, plus la *Via Antiqua* (qui évoque les différentes villes où se déroulent les aventures d'Astérix) : la Gaule, la Cité Romaine, la Grèce Antique (géniale reconstitution d'un petit village sur les côtes de la mer Égée, avec ses tavernes et ses maisons blanches et bleues), et dans la *rue de Paris*, le Moyen Âge, le XVIIᵉ Siècle et les Temps Modernes, dont l'ensemble constitue un thème général : le ***Voyage à rigoler dans le Temps.***
Si vous voulez tout faire sans trop vous presser, il vous faudra sans doute plus d'une journée. La solution des forfaits-séjours est peut-être à envisager (voir plus haut la rubrique « Tarifs »).

Les meilleures attractions à sensations

– *Menhir Express :* parcours aquatique avec une chute de 13 m à la clé (le seul truc vraiment impressionnant). La promenade se fait à bord d'un menhir, dans un chouette décor de bois et on peut même repartir avec sa photo.
– *Le Grand Splatch :* descente de chutes d'eau sur des bateaux. Plus gentil que Menhir Express, mais éclaboussures garanties quand même.
– *Goudurix :* le plus grand huit d'Europe; 7 fois la tête en bas à une vitesse qui atteint parfois 75 km/h ! À réserver aux plus endurcis, car ça décoiffe, par Toutatis !
– *Descente du Styx :* descente de rapides sur de grosses bouées. On n'échappe pas à la douche (un K-Way peut éventuellement limiter les dégâts). Rafraîchissant l'été quand il fait chaud.
– *Tonnerre de Zeus :* montagne russe culminant à 32 m de haut, avec des pointes à 80 km/h et un parcours aussi tortueux qu'original. Moins brutal que Goudurix, à faire en famille.
– *Le Vol d'Icare :* une montagne russe également, mais accessible aux plus jeunes.

Les spectacles

Programme et horaires disponibles à l'entrée.
– *Les Stars de l'Empire :* revue de music-hall humoristique dans les arènes. Acrobates, magiciens, nageuses synchronisées, trapézistes, gladiateurs et voltigeurs se succèdent et présentent un spectacle de qualité, souvent interrompu par le barde Assurancetourix.
– *Main basse sur la Joconde :* le port du Havre, 1929. La Joconde va être

transférée aux États-Unis pour une exposition unique au Metropolitan de New York. Des voleurs profitent de son transit au Havre pour tenter de la dérober... En fait, la réalité est un peu différente. Au moment même où Mona Lisa fut dérobée, un groupe d'artistes du début du siècle avait fait le pari de la voler. C'est ainsi qu'Apollinaire fut injustement mis en cause et ce n'est que quelques années plus tard que l'on découvrit que l'auteur du larcin était un Italien. Explosions en série, incendies, cascades et effets spéciaux sont au rendez-vous dans cette drôle d'histoire de gendarmes et de voleurs déguisée en superproduction.

– *Magie au théâtre de Panoramix :* effets spéciaux et tours de magie.
– *Les Mousquetaires :* spectacle de cape et d'épée d'environ une quinzaine de minutes.
– *Spectacle de dauphins :* dans le théâtre de Poséidon. Démonstration pédagogique : on vous apprend comment vivent les dauphins, comment communiquer avec eux, etc.

Spécial p'tits moutards

Astérix est un chic type, il a pensé à tout le monde, même à nos tout-petits, et il leur a réservé pas mal d'attractions :
– Dans le *Village d'Astérix*, le *Serpentin* (un petit huit pour bambins), la *balade d'Astérix* (promenade en drakkar animée de bout en bout par des automates), le *Camp de Petibonum* et, en Gaule, la *Forêt des Druides* (espace de jeux).
– Dans le **Domaine Lacustre**, les *Chaudrons* tourbillonnants et le *Trans'Arverne* (un autre petit huit).
– Aux **Temps Modernes**, *Nationale 7* (une balade en vieux tacot à travers la campagne, très rigolo).
– Et encore le *Carrousel de César*, les *Petites Chaises Volantes* (balançoires à l'ancienne), la *Cage aux Lions* (aire de jeux pour enfants, idéale en famille), etc.
– Enfin, pour serrer la pogne d'Astérix et Obélix en personne, c'est au village gaulois que ça se passe, tous les après-midi.

Sans oublier...

– *L'histoire de France dans la Rue de Paris :* un vrai plongeon dans l'histoire du Moyen Âge aux Temps Modernes. Après avoir traversé une place médiévale flanquée de superbes maisons à colombages, on redécouvre avec bonheur les métiers d'autrefois : forgeron, potier, sculpteur, maître verrier, tailleur de pierre... Un détail qui a son importance : les artisans travaillent devant les visiteurs. Possibilité d'acheter leurs réalisations. Business is business...
Puis, petit à petit, on remonte le fil du temps. Nous voilà bientôt au cœur du XIXe siècle, à l'intérieur d'un immeuble parisien où vivent à la fois Offenbach, Verlaine, Victor Hugo, Toulouse-Lautrec et Degas ! Décors, automates, et reconstitutions extraordinaires. À ne manquer sous aucun prétexte.

L'AISNE, DE VILLERS-COTTERÊTS À SAINT-QUENTIN
Villers-Cotterêts. L'abbaye de Longpont.
Le château de Montgobert. La Ferté-Milon.
Soissons. Laon. Saint-Quentin.

Comment y aller ?

– **Par la route :** autoroute A1 par la porte de la Chapelle.
● *Pour Villers-Cotterêts :* sortie Senlis, puis N324 sur 36 km jusqu'à Villers-Cotterêts.
● *Pour Soissons :* autoroute A1 avant de prendre l'A104 au niveau de Garonor, puis la N2 jusqu'à Soissons.
● *Pour Saint-Quentin :* autoroute A1, sortir à Péronne, suivre ensuite la N29.
– **Par le train :** 8 aller-retour quotidiens de la gare du Nord pour Villers-Cotterêts. Renseignements S.N.C.F. : ☎ 08-36-35-35-35 (2,23 F la minute). Internet : www.sncf.fr. Durée : 1 h.

VILLERS-COTTERÊTS (02600)

À seulement 75 km de Paris, une petite ville que peu de gens ont l'idée de visiter. Pourtant connue pour avoir vu naître Alexandre Dumas, Villers-Cotterêts abrite, outre le musée et la tombe de l'écrivain, un étonnant château Renaissance, ancienne demeure de François Ier. Rappelons que c'est ici qu'il a signé l'édit qui fit du français la langue officielle du pays.
Enfin, on y trouve un fabuleux hôtel de luxe, *Le Régent,* aux prix des plus engageants.
C'est également un point de départ idéal pour parcourir la **forêt de Retz** et découvrir la fantastique **abbaye de Longpont**.

Adresses utiles

🛈 *Comité départemental du tourisme de l'Aisne :* 24-28, av. Charles-de-Gaulle, B.P. 116, 02005 Laon Cedex. ☎ 03-23-27-76-76. Fax : 03-23-27-76-89.
🛈 *Office du tourisme :* 8, place Aristide-Briand. ☎ 03-23-96-55-10. Face à l'hôtel de ville. Ouvert en semaine sauf le mardi de 9 h à 12 h 30 et de 13 h 30 à 18 h, les dimanche et jours fériés de 9 h 30 à 12 h 30 et de 14 h 30 à 17 h 30. Location de VTT.
■ *École d'équitation :* Dampleux (02600). ☎ 03-23-96-20-83. À 4 km à l'est de Villers-Cotterêts. Balades à cheval dans la forêt de Retz. 100 F l'heure. Stages pendant toutes les vacances scolaires. Carte de cavalier ou assurance conseillées.

Où dormir ? Où manger ?

Bon marché
🛏 |●| *Hôtel La Chaumine :* 39, rue Pelet-Otto. ☎ 03-23-96-19-24. Fax : 03-23-96-29-52. Un petit hôtel sans

prétention avec 7 chambres proprettes de 130 F (cabinet de toilette,
w.-c.) à 160 F (salle de bains, w.-c.).
Sur place, un petit resto qui propose
un menu à 75 F, vin compris, avec
un buffet d'entrées et une bonne cuisine familiale. Vous pouvez ne
prendre que le plat du jour pour la
modique somme de 40 F. Autres
menus de 100 à 150 F. Accueil
convivial.

▲ I●I **Hôtel Le Commerce :** 17,
rue du Général-Mangin. ☎ 03-23-96-
19-97. Ouvert toute l'année. Dans le
centre, juste derrière le syndicat
d'initiative. Une grande maison reposante dans une rue tranquille. Vous
goûterez une cuisine de terroir à un
rapport qualité-prix intéressant dans
une salle de grande classe aux lumières tamisées. Ambiance feutrée.
Formule rapide à 60 F du mardi au
vendredi midi. Autres menus à 80 F
(vraiment bien), 100 et 140 F. Foie
de veau au vinaigre de framboise,
coquilles Saint-Jacques au noilly.
Grande terrasse ombragée dans la
cour en été. L'hôtel est lui aussi très
tranquille et refait à neuf. Chambres
doubles à 150 F avec cabinet de toilette (douche et w.-c. sur le palier).

Chic

I●I **L'Orthographe :** 63, rue du Général-Leclerc. ☎ 03-23-96-30-84.
Fermé le mercredi et le dimanche
soir. Ce restaurant a acquis ses
lettres de noblesse et est maintenant

une référence. Décor et cuisine raffi-
nés. Le 1er menu à 120 F a de quoi
vous mettre l'eau à la bouche : gâteau de pétoncles à la crème de langoustines, fouillis de foie de canard
et magrets fumés, raie de Bretagne
au vinaigre de Champagne, gigo-
lette de lapereau à l'estragon et,
pour finir, une succulente mousse au
chocolat blanc. Formule express à
89 F (le midi), autres menus à 150 et
180 F. Accueil et service souriants.
Mais il ne faudrait pas que les prix
« bougent »! Parking privé.

Plus chic

▲ **Hôtel Le Régent :** 26, rue du
Général-Mangin. ☎ 03-23-96-01-46.
Fax : 03-23-96-37-57. Fermé le dimanche soir de novembre à mars,
sauf jours fériés. Hôtel 3 étoiles d'un
excellent rapport qualité-prix. Situé
dans un authentique relais de poste
du XVIe siècle (la façade date du
XVIIIe; récemment classée monument historique!). 17 chambres de
310 à 345 F pour deux, personnalisées (chaque chambre porte le nom
d'une personnalité locale) et magnifiquement décorées (demander celle
à bain bouillonnant à 399 F pour
deux). Sanitaires et décoration refaits. TV et téléphone direct. Pas de
restaurant. Accueil très courtois et
Vieille France de Mme Thiébaut.
Bref, une adresse de charme où l'on
se sent bien.

À voir

★ **Le château François Ier :** 8, place Aristide-Briand. ☎ 03-23-96-55-10.
Visites guidées obligatoires à 10 h 30, 14 h 30 et 16 h. Entrée payante.
Magnifique témoin de l'art architectural de la Renaissance, François Ier,
séduit par la vaste forêt giboyeuse qui entoure Villers-Cotterêts, en décida la
construction après son retour de captivité de Madrid en 1528. L'élévation
d'un logis royal fut donc décidée, sur l'emplacement d'un château médiéval
ruiné par la guerre de Cent Ans. C'est là que François Ier signera en août
1539 « l'Ordonnance de Villers-Cotterêts », dont l'un des nombreux articles
prescrit de rédiger les actes officiels *en langaige maternel françoys et non
aultrement*, tandis que d'autres jettent les bases de l'État-Civil. Résidence de
chasse de François Ier, ce château est fréquenté par les rois et les princes de
France jusqu'à la Révolution.
Malgré quelques remaniements, il a conservé son plan d'origine. Cet
ensemble imposant séduit surtout par la richesse d'éléments de décoration
intérieure tels que le grand escalier droit et sa voûte à caissons sculptés, qui
permet d'accéder à la chapelle royale ornée d'une frise où les « F » couron-

Randonnées

un extraordinaire terrain de découvertes.

dans l'Aisne,

Une collection de topo-guides pour découvrir les richesses de l'Aisne... chemin faisant. Chaque circuit est accompagné de cartes IGN, d'un descriptif précis, d'une liste d'adresses utiles et d'encadrés sur le patrimoine.

Balades à pied dans l'Aisne
136 pages couleur. Plus de 200 photos. Plus de 50 fonds de carte IGN. 37 circuits en boucle. 5 itinéraires en 2 ou 3 étapes.

Forêt de Retz et Vallée de l'Ourcq
13 circuits en boucle. 2 circuits week-end. 44 pages.

Egalement dans la collection : "De Soissons à Pierrefonds" et "Saint-Quentin et ses environs".
"Spécial VTT" Descriptifs "road book" et cartes IGN. Tome 1 : L'Aisne du Nord (19 circuits) Tome 2 : L'Aisne du Sud (19 circuits)

La Thiérache
23 circuits en boucle. 1 circuit week-end. 52 pages

Laon et ses alentours
24 circuits en boucle. 1 circuit week-end. 52 pages.

offre Routard :
frais de port offerts et réduction de 5% sur le prix de vente.

❑ "Aisne, balades à pied" **89 Fr** ❑ "Laon et ses alentours" **45 Fr** ❑ "La Thiérache" **45 Fr** ❑ "Forêt de Retz" **38 Fr** ❑ "St-Quentin et ses alentours" **45 Fr** ❑ "De Soissons à Pierrefonds" **45 Fr** ❑ "VTT Tome 1" **46 Fr** ❑ "VTT Tome 2" **46 Fr**

Ci-joint mon règlement par chèque bancaire à l'ordre du CDTA

Nom .... Prénom ....

Adresse ....

Code Postal .... Ville ....

A retourner au
COMITÉ DÉPARTEMENTAL DU TOURISME
B.P. 116 - 02005 LAON Cedex
Tél. : 03 23 27 76 76 - Fax : 03 23 27 76 89
E-Mail : cdt @aisne.com - Retrouvez-nous sur www.aisne.com

L'AISNE

GD 99-2000

Conception Michel Cazin - graphiste - 03 23 20 36 17

nés alternent avec des salamandres. Ne manquez pas non plus l'escalier du Roy avec ses panneaux sculptés : vous pourrez découvrir l'un des douze travaux d'Hercule, Vénus désarmant l'Amour, le Satyre dévêtant une nymphe endormie...

Derrière le château, on peut se promener dans le grand parc dessiné par Le Nôtre, qui offre une jolie perspective jusqu'à la forêt de Retz. Dès les beaux jours, promenades en attelage dans le parc. Se renseigner à l'office du tourisme.

★ *Le musée Alexandre Dumas :* 24, rue Demoustier. ☎ 03-23-96-55-10. Ouvert de 14 h 30 à 17 h, sauf le mardi, le dernier dimanche du mois et les jours fériés. Entrée payante. Le musée se trouve dans une jolie demeure bourgeoise qui n'est pas, en fait, la maison natale d'Alexandre Dumas (celle-ci, privée, se situe au n° 46 de la rue qui porte son nom).

Alexandre Dumas naquit à Villers-Cotterêts en 1802, d'un père général, noble et métis. Serait-ce parce que l'écrivain avait du sang d'esclaves noirs dans les veines que les nazis détruisirent sa statue pendant la guerre ou parce qu'ils avaient besoin de bronze ? La question reste posée. Ses origines n'empêchèrent pas Alexandre de s'installer à Paris à l'âge de 22 ans et d'y faire fortune en écrivant près de 300 ouvrages (romans, pièces et journaux).

Le musée présente des souvenirs du général Dumas, de son fils, l'illustre auteur des *Trois Mousquetaires,* et de son petit-fils Alexandre, auteur de *La Dame aux camélias*.

– Alexandre Dumas, « Le Grand », repose aux côtés de son père, le général, et de sa mère au *cimetière de Villers-Cotterêts*, rue Maurice-Bourdon.

À faire dans les environs

– Au départ de Villers-Cotterêts, prendre la D231 par l'ouest, appelée la *vallée de l'Automne*. À quelques kilomètres commence le département de l'Oise. Une route sinueuse suit la petite rivière romantique nommée Automne. Ce chemin est jalonné par de nombreuses églises émouvantes (plus de 30), dont l'église de Morienval est le fleuron.

L'ABBAYE DE LONGPONT (02600)

À 12 km à l'est de Villers-Cotterêts. Prendre la D80 qui, via Fleury et Corcy, longe de jolis étangs en pleine forêt de Retz, l'une des plus grandes forêts domaniales de France (13 000 hectares). Balades très agréables à bicyclette.

Où dormir ? Où manger ?

🛏 ◗❙◖ *Hôtel-restaurant de l'Abbaye :* tout près de l'abbaye, 8, rue des Tourelles. ☎ 03-23-96-02-44. Fax : 03-23-96-10-60. L'auberge forestière telle qu'on l'imagine dans les contes pour enfants : de la vigne vierge court sur la façade tandis que quelques tables sont mises dehors au cas où le soleil viendrait à pointer. Chambres de 180 F (lavabo) à 330 F (avec douche et w.-c.) pour deux. Au 2e étage se trouve la chambre la plus sympa et la moins chère (180 F pour deux) avec un lavabo (douche et w.-c. sur le palier). Au restaurant, prix élevés certes, mais les produits utilisés sont de qualité et du terroir : en période de chasse, gibier de la forêt de Retz et, en période de fêtes dumasiennes, l'andouillette à la mode de Dumas. 1er menu à 100 F servi également le soir et le week-end. Plats du jour intéressants de 75 à 120 F. Bar sympa pour boire un verre ou manger une crêpe (elles sont servies par trois).

M. Verdun possède de nombreux documents et brochures sur la région, tels que cartes de randonnées pédestres qui font de cet hôtel un véritable office de tourisme. On peut loger à pied, en voiture, ou à cheval (5 boxes). Location de VTT. Accueil aimable.

À voir

★ D'abord le *village* lui-même, minuscule, superbe. On a l'impression de pénétrer dans un village médiéval reconstitué pour un décor de film. En fait, il s'agit de quelques maisons alignées le long d'une rue pavée reliant l'abbaye à une magnifique porte fortifiée du XIIIe siècle.

★ *L'ancienne abbaye cistercienne :* ☎ 03-23-96-01-53 ou 03-23-72-68-58. Visites guidées obligatoires du 15 mars au 31 octobre (environ 1 h). Le samedi à 14 h 30 et 18 h 30 ; les dimanche et jours fériés, à 11 h 30, 14 h 30 et 18 h 30. L'entrée, payante, se fait par la porte qui se trouve à l'angle de l'abbatiale.
On admire surtout la façade de l'église abbatiale gothique. Ses vitraux et la rosace ne sont plus que des trous béants (il faut dire que comme beaucoup d'autres, l'abbaye avait été vendue après la Révolution pour une bouchée de pain et transformée en carrière de pierres!). Elle se dresse majestueuse avec le ciel en toile de fond. À l'intérieur, il ne reste plus que les piliers du chœur et du déambulatoire.
Accolé à l'église, le monastère avec une façade du XVIIe siècle, sans grand charme mais imposante. Pour vous donner une idée de l'abbaye, une remarquable maquette se trouve dans le cellier (il faut dire qu'à l'origine, elle était aussi grande que la cathédrale de Soissons!). L'autre partie du cellier abrite une petite église recelant deux magnifiques reliquaires (dont on vous taira le contenu...), dont un coffret en argent du XIIIe siècle rapporté de Byzance et un coffret incrusté d'émaux de Limoges.
Dans le cloître de l'abbaye s'ouvre le chauffoir, une pièce carrée munie en son centre d'une grande cheminée qui chauffait la salle située au-dessus, où les moines travaillaient. Ce local est unique en France.
L'accès aux jardins est inclus dans le prix de la visite.

LE CHÂTEAU DE MONTGOBERT (02600)

À 6 km au nord de Longpont et à 8 km au nord-est de Villers-Cotterêts. Joli château du XVIIIe siècle, ayant appartenu à Pauline Bonaparte, sœur de Napoléon Ier.

★ Les proprios y ont installé un petit *musée du Bois*. ☎ 03-23-96-36-69. Ouvert d'avril à fin octobre, les samedi et dimanche de 14 h à 18 h, et en juillet et août, tous les jours y compris les jours fériés (sauf le mardi) aux mêmes horaires. Entrée payante. Réduction pour les enfants de moins de 14 ans. Nombreuses salles sur 3 étages présentant de façon souvent très anarchique une impressionnante collection d'outils des artisans du bois (charron, forgeron, vigneron, sabotier...). Une visite pour ceux qui ont du temps.

★ Le *village de Montgobert*, joliment accroché sur le flanc d'une colline, surplombe un petit étang entouré d'arbres.

L'AISNE

LA FERTÉ-MILON (02460)

À 9 km au sud de Villers-Cotterêts. Très jolie route de campagne (D17) depuis Longpont, via Faverolles. Patrie de Racine, petite ville située le long des rives de l'Ourcq, au pied des magnifiques restes de son château ruiné.

Adresse utile

🗓 *Office du tourisme :* 31, rue de la Chaussée. ☎ 03-23-96-77-42. Ouvert du mardi au vendredi de 14 h 30 à 18 h, le samedi de 10 h à 12 h et de 14 h 30 à 17 h, et les dimanche et jours fériés de 10 h à 12 h.

Où dormir ?

🛏 *Hôtel Racine :* place du Port-au-Blé. ☎ 03-23-96-72-02. Fax : 03-23-96-72-37. Charmant petit hôtel installé dans une belle maison du XVIIe siècle et entouré d'un très grand parc. 8 chambres décorées avec goût pour un prix raisonnable : de 280 à 300 F (salle de bains, TV et téléphone direct). À noter que c'est ici même que fut célébré le mariage de Jean de La Fontaine. Pas étonnant que le lieu prête à rêver. D'ailleurs la proprio organise des stages de peinture et de sculpture appelés « l'Île aux Peintres », animés par des profs des Beaux-Arts de Paris. Il faut dire que le charme de cette vieille demeure, son jardin au bord de l'Ourcq, sa cour pavée et la petite tour d'angle offrent un cadre idéal pour sortir ses pinceaux.

Où manger ?

🍴 *Restaurant les Ruines :* 2, place du Vieux-Château. ☎ 03-23-96-71-56. Ouvert tous les midis et le samedi soir (fermé le lundi). Spécialités de viandes et poissons grillés, gibier en saison. Un petit resto sympa et joli comme tout juste à côté des ruines avec un jardin et une terrasse aménagés par Alain (ancien paysagiste) pour les beaux jours. Un menu à 65 F en semaine (vraiment pas ruineux), avec terrine de lapin maison, raie aux câpres, blanquette de veau, lapin à la moutarde... Le week-end, un seul menu à 95 F. Accueil jovial et convivial.

Où dormir dans les environs ?

🛏 *Chambres d'hôte :* chez Philippe et Marthe Hamelin, à Macquelines, 60620 Betz. ☎ 03-44-87-20-21. À 18 km à l'ouest de La Ferté-Milon par la D936, puis à Mareuil-sur-Ourcq à droite (D922). À Betz enfin, prendre la D332. Dans un joli manoir de pierre jouxtant le bois du Roi, 3 confortables chambres avec douche et w.-c. ou bains et w.-c. Compter 300 F pour deux, 440 F pour quatre (2 adultes et 2 enfants), petit déjeuner compris. Prix dégressifs à partir de deux nuits. Ping-pong et tennis dans la propriété. Promenades en forêt, à pied, à bicyclette. Une bien belle adresse.
🛏 *Gîte Mme Pascard :* 50, rue du Château, Torcy-en-Valois 02810. ☎ 03-23-70-60-09. Fax : 03-23-70-63-01. À 22 km de La Ferté-Milon par la D4 jusqu'à Neuilly-Saint-

Front, puis la D82. Ouvert toute l'année. Dans un village calme, typique du sud de l'Aisne. 4 chambres d'hôte avec douche, w.-c. communs.

Possibilité de randonnées (G.R. 11A). Compter 210 F pour deux, petit déjeuner compris.

À voir. À faire

★ *Le musée Racine :* 2, rue des Bouchers. ☎ 03-23-96-77-77 ou 42. Ouvert du 1er avril au 15 novembre les samedi, dimanche et jours fériés de 10 h à 12 h 30 et de 15 h à 17 h 30. Les amoureux de Racine seront très déçus car ils n'auront que très peu de choses à se mettre sous la dent. En fait il s'agit plus d'un musée municipal (sans grand intérêt) que d'un musée consacré à Racine. Sachez cependant qu'il se situe dans la maison de Marie Desmoulins, sa grand-mère qui l'éleva jusqu'à l'âge de 12 ans. Vous pourrez voir une statue de Racine, un portrait et quelques-unes de ses œuvres traduites en différentes langues, et somme toute une assez jolie collection de tableaux. Pour le reste, à vous de juger...

★ *Le Musée régional du Machinisme agricole :* 70, rue de la Chaussée. Près de la voie ferrée, dans la rue principale. Ouvert les samedi, dimanche et jours fériés de 10 h 30 à 12 h 30 et de 15 h à 17 h 30. Pour ceux que la vie aux champs passionne. 800 m^2 de matériel agricole, tracteurs anciens, mais aussi fossiles et outils préhistoriques.

★ Derrière l'église Notre-Dame, de vieilles rues pavées conduisent au château. Là, à flanc de colline, se dressent d'anciennes maisons qui donnent au quartier une atmosphère médiévale (rue des Rats, du Vieux-Marché, etc.).

– Le *château*, de la fin du XIVe siècle, n'a jamais été terminé. La façade est à la fois superbe et imposante. L'entrée est encadrée par deux tours monumentales et surmontée par un haut-relief représentant le Couronnement de la Vierge.

★ Dans la ville basse, garez-vous devant le monument aux morts. Là, il faut suivre à pied ou à vélo le chemin de halage au moins jusqu'à *Marolles* (à 2 km en aval). Le canal de l'Ourcq s'écoule superbement entre deux rangées d'arbres. En remontant en amont, remarquez ce superbe petit pont construit par Eiffel alors qu'il était encore jeune et inconnu ; mais on reconnaît déjà son style très marqué. En guise de paiement, Eiffel obtint une cargaison de pierres pour la construction des fondations de la fameuse tour parisienne.

– Départ également de *sentiers pédestres* G.R. et P.R. du pays d'Ourcq. Renseignements à l'office du tourisme (voir plus haut) ou au *Comité départemental du tourisme* : 24-28, av. Charles-de-Gaulle, BP 116, 02005 Laon. ☎ 03-23-27-76-76.

Balades en house-boat

À partir de Paris, en pilotant vous-même votre bateau, découvrez les charmes de l'Île-de-France et naviguez sur le canal de l'Ourcq, rouvert à la navigation de plaisance depuis peu. De Paris à La Ferté-Milon, le canal, paré de rideaux de peupliers, coule lentement, traversant au fil de ses méandres de jolies bourgades, d'anciennes fermes, de vertes collines doucement vallonnées, formant des paysages aux teintes transparentes d'aquarelle. Compter une semaine pour naviguer jusqu'à La Ferté-Milon et revenir à Paris. Pour la journée ou le week-end, 1 200 à 4 136 F, selon le bateau et la saison, plus la caution et le carburant.

– **Ourcq Loisirs :** 9, quai de la Loire, 75019 Paris. ☎ 01-42-40-82-10. M. : Jaurès.
– Pour ceux qui préfèrent les petites croisières : au départ de Port-aux-Perches, en partant de la Ferté-Milon par la D17, la société **Un canal, deux canaux** (☎ 01-60-01-13-65 ou 03-23-96-41-25) propose une croisière de 3 h 30 avec déjeuner à bord ou une promenade de 2 h, agréable quand il fait beau. À Port-aux-Perches, vous trouverez un restaurant sympathique qui propose une carte-terrasse à 80 F environ et un menu à 120 F. Foie gras aux fruits, rabotte picarde et la « caghuse ». Accordéon tous les dimanches. Réservation fortement conseillée car souvent des groupes du 3ᵉ âge...

SOISSONS (02200)

Bien sûr, quand on parle de Soissons, deux choses viennent à l'esprit : le vase (on ne connaît d'ailleurs toujours pas l'identité de celui qui l'a cassé, Coluche avait bien une proposition, mais... que fait la police ?) et le haricot, gros, blanc et que peu de maraîchers cultivent encore aujourd'hui.
Cela dit, complètement ignorée des axes routiers et ferroviaires, Soissons garde du coup le charme des petites villes de province. Elle possède un patrimoine très riche et s'enorgueillit d'abriter dans sa cathédrale un magnifique Rubens.

Comment y aller ?

– *Par la route :* A1 puis N2.
– *Par le train :* au départ de Paris-Gare du Nord, 8 aller-retour quotidiens en moyenne. Durée du trajet : 1 h 15. Renseignements S.N.C.F. : ☎ 08-36-35-35-35 (2,23 F la minute). Internet : www.sncf.fr.

Adresse utile

🏛 *Office du tourisme :* 16, place Fernand-Marquigny. ☎ 03-23-53-17-37. Fax : 03-23-59-67-72. Ouvert tous les jours de 9 h 30 à 12 h 30 et de 14 h à 18 h (les dimanche et jours fériés de 10 h à 12 h 30 et de 14 h à 18 h). Journée en continu du 15 juin au 15 septembre.

Où dormir ? Où manger ?

🛏 *Hôtel Le Clovis :* 7, rue Ernest-Ringuier. ☎ 03-23-59-26-57. Un petit hôtel de 8 chambres dont certaines avec vue sur l'Aisne. Des prix routards : 122 F (avec cabinet de toilette), 144 F avec douche et 175 F avec bains. Accueil serviable, attentionné et souriant du patron qui est toujours prêt à vous renseigner. Un excellent point de chute.
🛏 ▮●▮ *Hôtel Au Bon Coin :* 2, rue du Pot-d'Étain. ☎ 03-23-53-10-00. Un petit hôtel genre pension de famille. 8 chambres proprettes et bon marché, de 115 à 210 F la double avec bains et TV mais w.-c. sur le palier. Cette adresse vaut surtout pour la personnalité de Mme Henriette, qui tient l'hôtel depuis plus de quarante ans. On peut aussi y manger avec un menu à 67 F et deux autres à 115 et 160 F. Le service peut être parfois un peu lent car la patronne assure souvent seule la cuisine et le service. Plats copieux, simples et bien cuisinés d'un ex-

cellent rapport qualité-prix. Une adresse vraiment authentique et accueillante.

|●| *Restaurant La Table de Bacchus :* 12, rue de la Bannière. ☎ 03-23-59-35-59. Dans une belle maison, à 200 m derrière la cathédrale. Ouvert tous les midis, le vendredi et le samedi soir. Fermé une semaine en août. Les patrons ont changé mais pas le décor très kitsch (rose bonbon et gris pailleté argent) ; il ne manquait que les sièges panthère mais on y est presque. Quoi qu'il en soit, une formule intéressante à 68 F en semaine, boisson comprise. Pour ceux qui trouveraient encore ça trop cher, bon choix de salades composées de 35 à 50 F. Autres menus de

92 à 128 F. Accueil souriant de la patronne. Belle terrasse sur véritable gazon synthétique.

▲ |●| *Hôtel-restaurant Le Pot d'étain :* 7, rue de Saint-Quentin. ☎ 03-23-53-27-39. Dans le centre. Fermé le lundi. Un hôtel-restaurant des plus simples pour budgets modestes. Il ne faut pas être trop exigeant à ce prix mais c'est propre. Au resto, une cuisine familiale qui vous remettra de vos balades en Picardie. Terrines et desserts maison. Menus de 65 à 140 F. Chambres doubles avec cabinet de toilette à 130 F, avec bains à 140 F. Demi-pension à 190 F. Difficile de trouver mieux en ville à ce prix.

À voir

★ *La cathédrale Saint-Gervais-et-Saint-Protais :* ouverte de 9 h 30 à 12 h et de 14 h 30 à 17 h (17 h 30 d'avril à novembre). En juillet et août, visites guidées à 10 h 30 sauf les mardi et dimanche. Construite au XIIIᵉ siècle, elle présente un intérieur superbe et majestueux, même si l'extérieur peut décevoir : en effet, elle ne possède qu'une tour qui date du début du XVᵉ siècle, la construction de la deuxième ayant été abandonnée.
Bien sûr, il faut aller admirer le superbe et imposant tableau de Rubens, *L'Adoration des bergers,* où l'on voit Marie donner le sein à Jésus. Les anges si chers à l'artiste sont absents, donnant à ce tableau beaucoup de vérité. Pour la petite histoire, ce tableau était destiné au Louvre mais sa taille le rendait intransportable. Retournez-vous maintenant et admirez le croisillon sud (la partie la plus ancienne de la cathédrale). Une pure merveille d'élégance et de légèreté. De fines colonnes et des chapiteaux délicatement sculptés. Nombreux vitraux, dont les plus anciens se trouvent dans le chœur, notamment celui d'Adam et Ève, légèrement sur la droite (XIIIᵉ siècle).
Sachez aussi que tous les dimanches de juin à fin août, il y a des concerts d'orgues de 16 h 30 à 18 h (moment de grande intensité garanti).

★ *La place du marché couvert :* juste derrière la cathédrale. Marchés le mercredi matin et le samedi matin. Notez la superbe maison tout en fer, aujourd'hui transformée en magasin de primeurs. Elle date des années vingt et a été construite par un serrurier (ceci explique cela). Après la guerre, c'était devenu un bar qui s'appelait curieusement *La Coupole.* Aujourd'hui, elle aurait bien besoin d'une petite restauration, mais Gérard, qui tient le magasin, n'en a pas la possibilité...

★ *L'abbaye Saint-Jean-des-Vignes :* entrée libre dans l'enceinte de l'abbaye. Horaires compliqués, attention ! Ouverte du lundi au vendredi de 9 h à 12 h 30 et de 13 h 30 à 18 h (19 h le samedi), le dimanche de 10 h à 12 h 30 et de 13 h 30 à 19 h.
Construite sur une colline, elle vous saute aux yeux quand vous arrivez à Soissons et bon nombre de visiteurs mal informés la confondent avec la cathédrale. Malgré son état de ruines, elle a su garder une majesté incroyable. Plus ancienne que la cathédrale (XIᵉ siècle), elle accueillit dans son monastère plus de 90 religieux ; mais hélas, comme beaucoup d'autres,

elle fut vendue comme carrière de pierres après la Révolution par l'évêque de Soissons lui-même car il avait besoin de fonds pour restaurer sa cathédrale. Heureusement, l'armée décida de l'investir, ce qui empêcha sa totale démolition.

Elle n'en conserve pas moins de beaux restes, dont cette superbe porte avec ses deux flèches hautes, l'une de 75 m, l'autre de 80. Passez derrière et vous tomberez sur les vestiges d'un adorable cloître Renaissance avec deux superbes arches et deux sculptures de vieillards coquins contemplant les opulentes poitrines de deux jeunes filles. Le réfectoire, quant à lui, est pratiquement intact. À l'étage inférieur, le cellier, de dimension identique, possède des colonnes qui sont situées exactement sous celles du réfectoire (pour des raisons d'équilibre). Des lignes très pures sans aucune sculpture. Malheureusement, pour des raisons de sécurité, l'accès à l'intérieur de l'abbaye même n'est plus autorisé.

★ *L'église Saint-Léger :* toute proche de l'hôtel de ville. Eh oui!, encore une (on vous avait dit que Soissons possédait un beau patrimoine, non?). L'église abrite aujourd'hui un intéressant *musée d'Archéologie* ouvert tous les jours de 10 h à 12 h et de 14 h à 17 h (18 h du 15 juin au 15 septembre) sauf le mardi. Entrée libre.

Tout de suite on est mis dans l'ambiance car on foule un sol de sable fin. On remonte l'histoire de 5000 avant J.-C. jusqu'au Ier siècle de notre ère. Poteries, armes, bijoux exposés de façon originale. La salle supérieure, moins intéressante, est surtout composée de panneaux explicatifs. Au 1er étage, on change de registre : exposition de nombreuses toiles des écoles flamande et italienne des XVIe et XVIIe siècles, et française du XIXe. À noter, un Courbet, *Paysage,* un Boudin et un Daumier. Vient ensuite une salle sur l'histoire de la ville.

Pour ceux qui préfèrent les pierres, on peut bien entendu visiter l'abbaye en passant par le cloître. On y trouve une crypte aux lignes très pures et aux peintures encore très présentes, notamment dans le chœur. Remarquez cette luminosité extraordinaire alors que l'on est en dessous du niveau du sol (on imagine l'impression avec des vitraux).

★ *L'hôtel de ville :* ancien hôtel de l'intendance, il fut construit sous Louis XV à la place du château médiéval. Architecture sobre de style néoclassique. On peut regretter que la cour ait été goudronnée. De l'autre côté, il ouvre sur un beau jardin qui donne sur l'Aisne.

★ *Le pavillon de l'Arquebuse :* rue des Feuillants. Joli petit pavillon du XVIIe siècle, siège de la compagnie des arquebusiers, en brique et pierre, construit par le maréchal d'Estrées. Ne se visite pas.

Où dormir? Où manger dans les environs

🛏 🍽 *Gîte et table d'hôte L'Orchidée :* 2 *bis*, av. de la Gare, 02290 Vic-sur-Aisne. ☎ 03-23-55-32-76. Fax : 03-23-55-93-98. À environ 15 km en direction de Compiègne par la N31. Accueil familial dans cette maison où vous savourerez des recettes du terroir à base de produits frais. Coq à la bière, tarte aux pommes de Villers-Cotterêts. Repas le soir pour les hôtes à 75 F (apéritif et vin inclus). Les 5 chambres d'hôte 3 épis sont à 210 F pour deux, petit déjeuner compris (confitures maison). Le maître des lieux met à votre disposition sa bibliographie touristique de la région.

🍽 *Hôstellerie du Lion d'Or :* 02290 Vic-sur-Aisne. ☎ 03-23-55-50-20. Fermé le dimanche soir, le lundi, le mardi soir et la 2e quinzaine d'août. Dans une vieille auberge au cadre rustique et reposant. Une grande cheminée trône dans la salle. Un plat du jour en semaine défiant toute concurrence : 42 F. Menus à 90, 145, 175 F. Produits frais et de saison : langoustines fraîches, sauté de lotte aux morilles, gibier en automne et champignons des bois. Aux beaux jours, on mange dans la belle cour pavée ombragée.

≜ ◖◗ *Auberge du bord de l'eau :* 1, rue Bout-du-Port, 02290 Fontenoy. ☎ 03-23-74-25-76. Fermé le mercredi. Entre Soissons et Compiègne (N31). À 10 km de Soissons. Charmant hôtel-restaurant au bord de l'Aisne. Depuis que le propriétaire a installé un ponton, on peut s'y rendre en bateau, ce que font bon nombre de ses clients. Menu à 95 F le midi en semaine. Autres menus : 125, 155 et 195 F. Pain maison, produits frais (le chef est intraitable sur la qualité). Saumon fumé maison, foie gras maison. Tout maison. Côté hébergement, 7 chambres confortables (Canal +), à 250 F pour 2 personnes. Demandez celles avec vue sur la rivière. Au calme.

≜ ◖◗ *Gîte en ferme picarde :* 02200 Berzy-le-Sec. ☎ 03-23-74-83-29. Par la N2, à 7 km au carrefour à gauche direction Chaudin, puis à gauche D177, hameau de Léchelle, la ferme est à l'entrée du village. Jolie ferme du XVIIIe siècle avec un beau point de vue sur la vallée. 5 chambres coquettes avec des meubles anciens. Deux avec sanitaires privés et les trois autres avec sanitaires communs. Compter 200 à 250 F la double. Petit déjeuner copieux inclus. Les repas à la table d'hôte sont à 100 F vin compris. Ambiance conviviale, décontractée et familiale. Sur réservation de novembre à avril.

≜ *Gîte rural M. Derekeneire :* 02200 Chacrise. ☎ 03-23-27-76-80. Par la D1, au sud de Soissons, puis à gauche la D831, à 8 km. Ancienne auberge restaurée avec goût par le maître des lieux et très spacieuse. Coin pour enfants. C'est la Crise, la mignonne petite rivière qui coule au bout du jardin ! Alors, avis aux pêcheurs. Initiation plongée sous-marine gratuite (pas dans la Crise, en piscine). Jusqu'à 6 personnes ; week-ends à 800 F, et pour une semaine 1 500 F.

◖◗ *Gîte rural communal :* 02210 Droisy. ☎ 03-23-27-76-80. À 12 km de Soissons par la D1 au sud puis la D157. Village typique de la vallée de la Crise, l'une des plus belles vallées du coin. Belle maison en pierres apparentes, tout en bas de Droisy. Dans le dernier virage sur la droite, monter la rampe, et c'est là ! 1 000 à 1 300 F la semaine. Pour ceux qui aiment la campagne, le calme et les petits oiseaux. Réservation auprès des *Gîtes de l'Aisne* : 26, av. Charles-de-Gaulle, BP 116, 02005 Laon.

À voir dans les environs

★ *SEPTMONTS*

Petit village à 7 km au sud de Soissons, dont la plupart des maisons possèdent des pignons dits « à pas de moineaux », typiques de la région. La dynamique municipalité est propriétaire depuis peu d'un magnifique donjon du XIVe siècle, directement sorti d'un conte de fées (ouvert de 10 h à 19 h en été, 16 h 30 en hiver).

Pour la petite histoire, sachez que Victor Hugo, lors d'une de ses escapades avec sa maîtresse, en est tombé fou amoureux et qu'il s'en était porté acquéreur. Malheureusement l'affaire ne s'est pas faite, mais il a eu le temps de graver son nom et celui de sa compagne : *Victor Hugo et Juliette 1835* (c'est beau ça ?). Vous les trouverez au 5e étage derrière la porte, juste avant la table d'orientation (mais chut ! on a inversé la porte car la signature a été pas mal abîmée depuis qu'on l'a découverte).

Sur la droite du parc en entrant, restauration en cours de l'ancien *Logis des Évêques*. Les travaux devraient durer encore un an environ.

Le village possède également une petite église avec un joli clocher orné de crochets gothiques. À l'intérieur, vous découvrirez une superbe poutre de gloire représentant Jésus et les douze apôtres. Un petit village qu'il faut absolument voir si vous êtes à Soissons.

LAON (02000)

Arrivant du sud par la N2, vous apercevrez, à l'horizon, la « montagne couronnée » : Laon-la-Magnifique. Si votre principale intention est de visiter la cathédrale Notre-Dame perchée au sommet, posée effectivement comme une couronne sur une tête royale, sachez d'emblée qu'il vaut mieux vous débarrasser de votre véhicule au préalable (il y a un parking souterrain à la gare). Se garer est difficile – voire impossible – en ville haute. Nous en avons fait les frais !
Prenez alors le funiculaire, le *Poma 2000* (un toutes les 2 mn 30), et promenez-vous de ruelles en placettes, au gré du vent et de votre humeur, jusqu'à la cuve Saint-Vincent, véritable jardin intra-muros qui fait, en grande partie, la particularité du lieu.

Adresses utiles

◨ *Comité départemental du tourisme de l'Aisne :* 24-28, av. Charles-de-Gaulle, BP 116, 02005 Laon Cedex. ☎ 03-23-27-76-76. Fax : 03-23-27-76-89.
◨ *Office du tourisme :* parvis de la Cathédrale. ☎ 03-23-20-28-62. Fax : 03-23-20-68-11. Ouvert du lundi au samedi de 9 h à 12 h 30 et de 14 h à 18 h 30; les dimanche et jours fériés de 11 h à 13 h et de 14 h à 18 h. L'office du tourisme, attenant à la cathédrale, vaut une visite à lui tout seul. Ancien hôtel-Dieu, il reste de nombreux vestiges polychromiques sur ses murs, et son architecture et sa charpente ont été bien préservées. À voir, à l'intérieur même de l'office, une maquette impressionnante de Laon et de sa région. Elle est composée de 13 tables assemblées entre elles et recouvertes de poudre de soies colorées dont le résultat est d'une grande véracité. 10 000 heures de travail, 2 500 maisons réalisées, 1,5 tonne, elle aura coûté pas moins de 1,5 million de francs. Elle vous donnera un bon aperçu de la beauté du site et de la topographie des lieux avant de commencer vos pérégrinations.
– Des *visites guidées* de la ville sont organisées au départ de l'office de tourisme.

Où dormir ?

🛏 *Hôtel les Chevaliers :* 3-5, rue Sérurier. ☎ 03-23-27-17-50. Fax : 03-23-23-40-71. Au centre de la ville haute, entre la cathédrale et la place de la mairie. Fermé du 15 décembre au 5 janvier. Une belle maison ancienne. Chambres très correctes et fonctionnelles à des prix routards pour la plupart : de 165 à 300 F, petit déjeuner compris. Demandez la chambre avec vue sur la campagne laonnoise.

Plus chic

🛏 🍴 *Hôtel de la Bannière de France :* 11, rue Franklin-Roosevelt. ☎ 03-23-23-21-44. Fax : 03-23-23-31-56. Hôtel 3 étoiles de style ancien mais literie et sanitaires refaits à neuf. Poutres apparentes dans certaines salles de bains. Chambres personnalisées. En saison, doubles à 310 F (avec douche et w.-c.) ou 375 F (avec bains et w.-c.). Au restaurant, une formule rapide à 89 F. Autres menus à 120, 168 F, et un menu gastronomique à 315 F.

Où manger ?

I●I *Bar-brasserie Le Parvis :* 3, place du Parvis. ☎ 03-23-20-27-27. Fermé 15 jours en janvier. C'est le sourire de la patronne qui se remarque en premier. Notons ensuite qu'il s'agit de l'endroit idéal à Laon pour prendre un pot ou manger un morceau : sur la place de la cathédrale Notre-Dame ! Ambiance unique, lieu magique ; une seule réserve, la musique diffusée en salle nous a paru en trop. Plat du jour (bien cuisiné) à 40 F. Menu express à 60 F. Autres menus à 98 et 138 F. Spécialités : noix de Saint-Jacques, magret de la région, tarte de Thiérache au maroilles, andouillette de Cambrai, ficelle picarde.

I●I *Restaurant L'Aziza :* 11, rue de la Herse. ☎ 03-23-20-14-44. De la cathédrale, la rue de la Herse est une petite ruelle sur votre gauche. Spécialités orientales. Dans une salle tout en longueur décorée d'une multitude de lampes colorées accrochées au plafond. Couscous copieux et délicieux à partir de 65 F. Méchoui à 85 F. Accueil simple et bon enfant.

I●I *Bar-restaurant Le Rétro :* 18, bd de Lyon. ☎ 03-23-23-04-49. Dans la ville basse, près de la gare. Fermé le dimanche midi. Sympathique et très prisé. Il faut venir de bonne heure. Marie-Thérèse vous accueillera « comme chez elle » et saura tout de suite vous mettre à l'aise en vous proposant une cuisine simple, traditionnelle et délicieuse. Le menu à 75 F (servi midi et soir) fera très bien l'affaire : tarte au maroilles, terrine maison, tête de veau vinaigrette. Belle carte de salades composées à la minute. Déco un peu kitsch bourrée de plantes vertes en plastique véritable...

I●I *Restaurant La Petite Auberge* et son annexe *Le Saint-Amour :* 45, bd Brossolette. ☎ 03-23-23-02-38 ou 03-23-23-31-01. Le restaurant gastronomique de Laon. Dans une auberge rustique de bon goût, près de la gare, une cuisine vivante, inventive, mise au point par le fils de la maison, Willy Marc Zorn. Résultat excellent : crème de tourteaux aux herbes, filet de bar au coulis de potiron. Pour des prix assez élevés tout de même, des menus d'exception à 100, 149, 169 et 200 F. Une coupe de champagne est offerte sur présentation du *G.D.R.*

Tout à côté et meilleur marché, le *Saint-Amour* (c'est la même maison). Un petit bouchon lyonnais, et son plafond à la Michel Ange. Excellents vins du Beaujolais et une cuisine qui a du corps. Menu rapide à 59 F. Autres menus à 75 et 89 F. Vous pouvez être servi en terrasse quand il fait beau.

Où dormir ? Où manger dans les environs ?

â I●I *Table et chambres d'hôte :* 6, rue de Neuville, 02160 Paissy. ☎ etfax : 03-23-24-43-96. Au sud de Laon, N2 puis à gauche (D18) direction Chemin des Dames. D840. Ouvert toute l'année. Nature à 100 %. Les propriétaires vous feront partager leur goût pour les antiquités : draps brodés anciens, vaisselle et meubles d'époque. Les maladroits sont priés de faire attention ! Il paraît que Ravel a joué du piano dans le salon. 2 chambres seulement. Pour 2 personnes, compter entre 230 et 260 F avec salle de bains privée, petit déjeuner compris. Légumes bio, fruits du jardin, œufs du poulailler.

â I●I *Table et chambres d'hôte :*

L'AISNE

chez M. et Mme Simonnot, « Le Clos », 02860 Chéret. ☎ 03-23-24-80-64. Ouvert du 15 mars au 15 octobre. Belle demeure accueillante, dans un grand parc. Dans une des salles, petit musée renfermant des documents de la Première Guerre mondiale (le Chemin des Dames n'est pas loin). 5 chambres de 200 à 250 F avec salle de bains. Petit déjeuner compris. Table d'hôte à 95 F le soir (sauf le dimanche). Les plats sont élaborés à partir des produits du jardin et le vin du patron est délicieux (et compris dans le prix !).

l●l *Restaurant Chez Jeannot :* 30, rue de Paris, 02000 Étouvelles. ☎ 03-23-20-63-26. En sortant de Laon vers le sud (9 km) par la N2. Sortie « Étouvelles » sur la droite. Fermé le dimanche soir et en août. Ambiance très campagne. La patronne vous accueillera aux petits oignons dans son auberge rustique ou en terrasse. Grand choix de menus à 110, 130 ou 160 F. Cuisine gastronomique excellente : coquilles de fruits de mer sauce normande, coq de ferme au vin de Bourgueuil. Parking privé.

Plus chic

🛏 l●l *Hôtel-restaurant Belle Vue :* Ville haute, 02380 Coucy-le-Château. ☎ 03-23-52-69-70. Fax : 03-23-52-69-79. Au sud-ouest de Laon par la N2, puis la D5 en direction d'Anizy-le-Château. À Chavignon, prendre à droite (D19). Au pied des remparts qui entourent la ville. Restaurant fermé le mardi en hiver. Grande salle de restaurant rustique baignant dans une lumière douce. Menu à 60 F midi et soir en semaine. Menu terroir à 100 F. Autre menu à 140 F : flamiche noyonnaise, truite pochée sauce Thiérache, noix de Saint-Jacques au champagne. L'hôtel compte 5 chambres parquetées et spacieuses, toutes avec salle de bains. Compter environ 200 F. Demander la 7 ou la 8 pour la vue exceptionnelle. N'hésitez pas à jeter un coup d'œil à la salle « Belvédère ». Garage intérieur. Accueil charmant.

🛏 l●l *Auberge du Lac :* 02000 Monampteuil. ☎ 03-23-21-63-87. Fax : 03-23-21-60-60. À 13 km de Laon par la N2, puis après Urcel, à gauche. Une jolie et confortable auberge en pleine campagne, près du lac de Monampteuil. 5 chambres mansardées *cosy* avec salle de bains (280 F). Restaurant bucolique s'ouvrant sur un parc immense où des tables sont dressées aux beaux jours. Gibier en saison. Menus à 85, 120, 155 F, et gastronomique à 210 F : loup de mer à l'oseille, délice aux pommes chaudes glacées. La patronne sait recevoir dans la gentillesse.

À voir

★ *La cathédrale Notre-Dame :* visites guidées payantes de la cathédrale (avec ascension dans les tours) organisées par l'office du tourisme. Le commentaire est assuré par des guides-conférenciers sympa et compétents. De mi-avril au 30 juin et de septembre à novembre, les samedi, dimanche et jours fériés à 15 h. Du 1er juillet au 31 août, tous les jours à 15 h.

La cathédrale, qui date de la seconde moitié du XIIe siècle, chapeaute, telle une couronne, la ville de Laon et sa région. De style gothique, elle surprend par l'impression de légèreté qu'elle donne malgré l'édifice imposant et la petitesse relative de son parvis. On peut tout de même l'embrasser tout entière du regard. Sur la façade, on notera la matérialisation de 4 étages : le grand portail, la grande rosace et les fenêtres hautes, la petite galerie du triforium extérieur et les tours. De grandes restaurations ont été faites au XIXe siècle, la façade se décollant de l'ensemble ; ce qui explique la présence des contreforts, cachés en grande partie par des petits clochetons « troubadours », qui épaulent le bâtiment.

Ce portail, consacré à la Vierge Marie, a été refait au XIXe siècle. Sur les 2e, 3e et 4e voussures, un arbre de Jessé, arbre généalogique du Christ. À l'angle droit du portail central, la tête de Viollet-le-Duc. Le portail de gauche est voué à la Vierge avec l'enfant Jésus sur les genoux. Le portail de droite représente le Jugement Dernier.

À l'intérieur du monument, l'étroitesse du vaisseau central donne une impression de hauteur vertigineuse. La croisée du transept de la cathédrale se trouve à peu près en son milieu (chœur aussi long que la nef), ce qui est rare. On y retrouve les quatre étages de la façade : les bas-côtés, les tribunes, le triforium et les fenêtres hautes, d'où une grande pénétration lumineuse. La tour-lanterne, qui culmine à 41 m, apporte elle aussi de la clarté au centre. À noter les rosaces de la cathédrale à chacune de ses extrémités, dont une au dessin totalement irrégulier. Dans la travée centrale se trouve incrustée la pierre angulaire bleue utilisée pour les calculs de la construction. À signaler que les grandes orgues, de très belle facture et restaurées au XIXe siècle, ont une grande notoriété pour leur qualité musicale et acoustique.

La montée dans les tours est un *must*. Pas moins de 300 marches que vous gravirez par paliers et à votre rythme (non recommandé aux cardiaques, claustrophobes et à ceux qui sont sujets au vertige). Les autres ne regretteront pas leurs efforts. Par beau temps, c'est le meilleur point de vue panoramique de la région. Ceux qui ont de bons yeux découvriront Saint-Quentin à l'horizon, à près de 50 km. Là-haut, les *bœufs de Laon* vous surprendront, hommage rendu aux bœufs qui jadis charrièrent depuis le *chemin des Dames* les blocs de pierre destinés à l'édifice. Leur souvenir, lié à une légende émouvante, inspire le respect aux autochtones.

★ *La cuve Saint-Vincent :* pour la voir ou y descendre, à partir du parvis de la cathédrale, il faudra emprunter la rue de la Herse, à gauche la rue Georges-Ermant, et la rue de la Porte-d'Ardon. De la porte d'Ardon, vue imprenable sur la cuve Saint-Vincent, véritable jardin intra-muros de Laon.

★ *L'église Saint-Martin :* à l'ouest de la ville haute, par la rue Saint-Martin. Elle ressemble un peu à la cathédrale Notre-Dame et lui est contemporaine (XIIIe siècle). La façade a été refaite au XIVe siècle. Dans sa partie haute, saint Martin coupant son manteau. Malheureusement, bon nombre de ses statues ont été décapitées à la Révolution, mais les tympans sont traités d'une manière réaliste et bien conservés. À droite, saint Jean-Baptiste et Salomé qui danse ; à gauche, saint Laurent qui rôtit sur son grill.

À l'intérieur, une vaste nef romane à voûtes gothiques organisée selon un plan cistercien. Des chapelles latérales flanquent le chœur. À gauche de ce dernier, on a trouvé dans les années 50, derrière un panneau de bois, une crèche originale en pierre sculptée. Demandez à la voir si la porte n'est pas ouverte. À noter spécialement – c'est ce qui fait sa beauté – les splendides boiseries du chœur et des premières travées de la nef. De nombreuses statues et des monuments funéraires. Une très belle décoration subsiste malgré la Révolution, les guerres et deux incendies.

Vous pouvez également demander à jeter un coup d'œil sur les autres bâtiments de l'abbaye, notamment le cloître, en briques et pierres, le logis de l'Abbé et l'original « vide-bouteille » où l'on peut imaginer l'abbé de Saint-Martin, riche commanditaire des lieux, se livrant à d'agréables libations avec le vin produit par son abbaye.

Manifestation

– *Festivals de musique classique :* environ de la mi-septembre à la mi-octobre. Dans la cathédrale et dans l'église Saint-Martin. 3 concerts par semaine (en général 2 le week-end) de bonne qualité, avec l'Orchestre philarmonique de Radio France. Superbe, dans un cadre magnifique.

À voir. À faire dans les environs

★ *Coucy-le-Château-Auffrique :* petit village à 35 km au sud-ouest de Laon, qui domine toute la plaine et possède de superbes vestiges d'un château fortifié du XIIe siècle. Ouvert toute l'année, sauf les 1er janvier, 1er mai, 1er et 11 novembre et 25 décembre. Horaires compliqués et variables, se renseigner directement au château. ☎ 03-23-52-71-28. Entrée payante.
C'est une véritable forteresse construite par les puissants seigneurs de Coucy qui défiaient le pouvoir royal. Au XVIIe siècle, Mazarin demanda le démantèlement de toutes les parties habitables et les toitures des tours furent supprimées. Elle resta alors inhabitée et à peu près dans son état actuel. Elle possédait cependant un magnifique donjon de 54 m de haut et de 31 m de diamètre que les Allemands ont détruit en 1917 avec 28 tonnes de dynamite (rien que ça !). C'est l'énorme tas de pierres que l'on voit au milieu de l'enceinte (peut-être n'appréciaient-ils pas le style de Viollet-le-Duc qui l'avait restauré ?).
– Tous les ans, en juin et en juillet le samedi soir, le château revit au cours de *fêtes médiévales*. Un spectacle à ne pas manquer (500 figurants).

★ *Le chemin de ronde :* 2 km de promenade à l'ombre des remparts (accès libre). Rencontres possibles avec des chèvres embauchées par la municipalité pour entretenir les abords. Possibilité de promenades en calèche. Se renseigner à l'office de tourisme. ☎ 03-23-52-44-55.

★ *La forêt de Saint-Gobain :* forêt domaniale au sud-ouest de Laon, point de départ de nombreuses randonnées pédestres et d'excursions. Au XVIIe siècle, dans cette forêt, se trouvait une manufacture d'industrie du verre, dont on peut voir encore certains vestiges. Autre point d'intérêt : l'*abbaye de Prémontré*.

★ *Le Chemin des Dames :* en sortant de Laon par le sud (N2), tournez à gauche (D18). Le *Chemin des Dames* est le haut lieu de mémoire des batailles sanglantes de nombreuses guerres successives mais surtout, plus proche de nous, celle de nos poilus de 14-18. C'est aussi une ligne de crête séparant deux panoramas à couper le souffle, à droite et à gauche de la route.

★ *Le parc naturel de l'Ailette :* un beau plan d'eau de 160 hectares au sud de Laon dans un parc immense qui attire les autochtones et les touristes, surtout en fin de semaine. Activités nautiques, aquatiques et compétitions (aviron). Promenades pédestres et possibilité de louer des VTT.

La balade de Thiérache

Si vous disposez d'une demi-journée supplémentaire, ou mieux d'une journée complète, et que vous aimez les églises qui ont du caractère, cette balade est faite pour vous.
La Thiérache, une région frontalière de la Belgique, offre un paysage varié de grandes surfaces cultivées mais aussi de bocages verdoyants plus anciens, de vallons et de nombreuses rivières sinueuses. Au sortir de Laon par la N2 vers le nord, après Marle (à 22 km au nord-ouest de Laon), vous suivrez les jolis cours d'eaux : la Serre, la Brune, le Vilpion, le Hurtaut et le Huteau (ne pas confondre).
C'est là que se tiennent fièrement encore aujourd'hui les *églises fortifiées de Thiérache* ; on en compte une trentaine environ, à vous de faire votre sélection. Parmi les plus belles : *Chaourse, Montcornet, Rosoy-sur-Serre, Parfondeval, Dohis, Prisces, Burelles, Jeantes* et *Plomion*.

★ *L'église de Plomion :* si vous ne devez en voir qu'une, c'est bien celle-ci que nous vous conseillons. Cette église du XVIe siècle, flanquée de ses deux tours impressionnantes, pouvait abriter derrière ses murs épais tout le village et même les troupeaux lors des nombreuses invasions que subissait la région. Cette église forteresse, encore très bien conservée, a une façade ornée de 23 signes mystérieux dont la signification reste encore à élucider.

🏛 Pour plus d'informations, se renseigner à l'*office du tourisme de Vervins* : place du Général-de-Gaulle, 02140 Vervins. ☎ 03-23-98-11-98.

SAINT-QUENTIN (02100)

Ancien emplacement fortifié romain, Saint-Quentin a été rebâti en grande partie après la Première Guerre mondiale. Des vestiges exceptionnels subsistent pourtant. Ainsi l'hôtel de ville, véritable dentelle de pierre agrémentée de sculptures burlesques, est le pôle central où se croisent habitants et touristes de tous poils.
C'est là qu'il faut prendre un pot le soir, assis à une terrasse de café, après la visite de la basilique du XIIIe siècle ou celle du musée Lécuyer qui abrite les pastels de Maurice-Quentin de La Tour. Il faut alors se laisser bercer par le timbre guilleret du carillon des 37 cloches qui sonnent tous les quarts d'heure.

Adresse utile

🏛 *Office de tourisme :* 27, rue Victor-Basch, BP 80, 02102 Saint-Quentin Cedex. ☎ 03-23-67-05-00. Fax : 03-23-67-78-71. Ouvert du lundi au samedi de 9 h 30 à 18 h. Le dimanche, de 11 h à 12 h 30 et de 15 h à 17 h 30. Renseignements pour les visites guidées de la basilique, de l'hôtel de ville et de la ville.

Où dormir ? Où manger ?

🛏 |●| *Hôtel-restaurant de Guise :* 93, rue de Guise. ☎ 03-23-68-27-69. Un peu loin du centre-ville, en direction de La Capelle. Des chambres modestes à un prix réduit. Compter 170 F pour une chambre avec douche et lavabo. Menu express le midi à 55 F (juste pour se nourrir), mais surtout spécialités de couscous (de 62 à 82 F) et de paella (86 F).

🛏 |●| *Hôtel-restaurant Le Florence :* 42, rue Émile-Zola. ☎ 03-23-64-22-22. Fax : 03-23-62-52-85. Resto fermé le dimanche et le lundi midi. Hôtel propre et bien tenu. Les chambres sont simples mais très correctes. Compter 235 F pour 2 personnes avec salle de bains. Resto italien avec des plats maison :

osso buco, pizzas délicieuses, pâtes fraîches et lasagnes succulentes. Menu à 95 F. Accueil convivial.

🛏 |●| *Hôtel de la Paix :* 3, place du 8-Octobre. ☎ 03-23-62-77-62. Fax : 03-23-62-66-03. Dans le centre. Grand hôtel de 1914 mais modernisé. Chambres doubles avec douche et w.-c. à 290 F (240 F du vendredi au dimanche soir) et avec bains à 320 F (300 F le week-end). Au rez-de-chaussée, deux restaurants : le *Brésilien* qui, comme son nom ne l'indique pas, propose des spécialités traditionnelles, et le *Carnotzet*, le soir uniquement, avec des spécialités savoyardes. On peut y dîner assez tard. Les moins fortunés se rabattront sur les pizzas. Un menu à 98 F en semaine.

Plus chic

⌂ *Hôtel des Canonniers :* 15, rue des Canonniers. ☎ 03-23-62-87-87. Fax : 03-23-62-87-86. Le haut de gamme à Saint-Quentin mais encore abordable quant au rapport qualité-prix. Dans un hôtel particulier des XVIIIe et XIXe siècles, quelques chambres personnalisées et du meilleur goût. 2 chambres doubles à 280 F avec salle de bains (w.-c. à l'étage) ont retenu notre attention. Sinon, 3 suites et 2 appartements à 380 et 650 F. Dans une rue calme (les canonniers de l'époque aimaient se reposer dans des endroits très silencieux...). Parking. Beau jardin intérieur. Accueil souriant et gentil. L'une de nos meilleures adresses à Saint-Quentin.

Où manger uniquement ?

|●| *Restaurant Le Glacier :* 28, place de l'Hôtel-de-Ville. ☎ 03-23-62-27-09. Service jusqu'à 23 h. Fermé le dimanche soir et le lundi. Un petit resto-brasserie qui s'ouvre sur la jolie place de l'Hôtel-de-Ville. À l'étage, grande salle décorée de fresques murales avec ses nappes à carreaux et ses lampes opalines. On peut bien évidemment y déguster des glaces (l'auriez-vous deviné ?), mais surtout des moules en cocotte servies avec des frites (5 recettes différentes), une choucroute avec jarret de porc ou au poisson (de 68 à 88 F), servie sur un réchaud. Plat du jour à 42 F. Menus à 78, 99, 115 et 135 F, d'un bon rapport qualité-prix.
|●| *Restaurant Le Riche :* 10, rue des Toiles. ☎ 03-23-62-33-53. Une rue piétonne qui donne sur la place de l'Hôtel-de-Ville. Fermé le lundi. Clientèle bourgeoise pour un cadre bourgeois. Évidemment, l'ambiance n'est pas vraiment jeune mais le cadre « brasserie chic », allié à un service efficace et attentionné, en fait une adresse incontournable. Une cuisine classique, professionnelle, et qui plaît à tous les publics. Formule à 78 F en semaine avec un plat, un dessert, un café et une boisson comprise. Une autre formule, « alsacienne », à 75 F avec choucroute, munster, crème caramel, pression et café. Autres menus intéressants à 98, 120 et 150 F. Plats du jour et suggestions du chef.

Où dormir ? Où manger dans les environs ?

⌂ |●| *Hôtel-restaurant La Petite Auberge :* 17, rue Gaston-Trioux, 02300 Viry-Noureuil. ☎ et fax : 03-23-52-06-62. En venant de Saint-Quentin par la D1. Face à l'église (parking). Fermé le dimanche soir et le lundi. Dans une maison charmante à la façade attrayante qui fut autrefois un café-épicerie. Une grande salle à manger claire et reposante, avec des poutres au plafond. Une formule à 74 F (5 choix proposés). Autres menus à 95, 138 et 198 F (goujonnette de filet de sole à la crème de maroilles, convoitises de Maître Renard). Hôtel de bonne qualité. 6 chambres, toutes pour 2 personnes minimum, avec salle de bains et TV à 230 F.
⌂ |●| *Auberge du Rond d'Orléans :* 02300 Sinceny. ☎ 03-23-40-20-10. Fax : 03-23-52-36-80. Direction Soissons par la D1. Grande auberge au cœur de la forêt de Coucy-Basse. Menus de 95 à 300 F en semaine. Le dimanche de 175 à 300 F. Une cuisine gastronomique à base de produits du terroir. Foie gras maison, poêlée de ris de veau aux champignons de la forêt. Hôtel attenant (bungalows) avec des chambres à 310 F (avec salle de bains et TV). Calme et sylvestre à souhait. Réservation indispensable. Accueil aimable.

À voir

★ *La basilique Saint-Quentin :* elle surprend par ses dimensions colossales. Sa construction, commencée à la fin du XIIe siècle, durera 300 ans. Pour cette raison, c'est un véritable catalogue de styles architecturaux, du premier gothique jusqu'au flamboyant. Cette juxtaposition de courants esthétiques n'altère pourtant pas l'ensemble du vaisseau qui reste homogène. De plus, sa réalisation n'a jamais été achevée. Il faut savoir qu'au début des travaux la basilique devait être une cathédrale. Seule l'absence d'un évêque l'empêcha d'être élevée à cette distinction suprême. Elle mesure plus de 110 m de long !

À l'intérieur, dès l'entrée, sa hauteur vertigineuse en impose. Les voûtes de 34 m de haut ont dû être renforcées peu après leur édification par des piliers et colonnes de soutènement, mais ils n'alourdissent pas l'ensemble. À remarquer, le labyrinthe en marbre noir et blanc dans la travée centrale. Dans une chapelle à gauche se trouvent deux reliques de saint Quentin. Les deux transepts (le grand et le petit) constituent l'une des caractéristiques de cette basilique : fréquent en Angleterre, ce type d'architecture demeure exceptionnel en France. L'abside est originale par sa forme de demi-rose parfaite.

À voir, les vitraux des sept fenêtres-hautes du chœur. Ils ont été emportés pendant la Première Guerre en Allemagne et récupérés en mauvais état après avoir été longtemps stockés sur de la paille humide dans des caisses en bois. De nombreux vitraux au nord et à l'est sont souvent cités dans les manuels pour leur grande beauté.

En sortant, ne pas manquer les grandes orgues du roi Louis XIV financées sur sa cassette personnelle. Elles comportent 6 430 tuyaux et sont soutenues par une tribune de 15 m de long. Également un intéressant arbre de Jessé polychrome, à gauche au-dessus de la chapelle Saint-Michel.

Demander à l'office du tourisme de vous accompagner dans la visite des parties hautes de la basilique et d'avoir accès au pourtour extérieur pour admirer le nouveau campanile et le panorama de la région. Le soir, enfin, il est bon de se promener aux alentours de la basilique, superbement éclairée.

★ *L'hôtel de ville :* entrée libre pendant les heures administratives et visites guidées en juin tous les dimanches. En juillet et août, tous les jours à 15 h. Détail des horaires pour les visites guidées à l'office de tourisme. Édification datant de 1509 du plus beau style gothique flamboyant avec une façade en dentelle de pierres. L'ensemble a miraculeusement peu souffert des invasions et des guerres. Admirer les nombreuses sculptures : les unes ironiques, les autres moqueuses, certaines sont même polissonnes... mais nous n'en dirons pas plus pour ne pas éveiller la censure.

À l'intérieur, un hall et un double escalier d'honneur à la manière de Viollet-le-Duc, absolument superbe. À l'étage, deux salles prestigieuses : la salle des mariages, avec son plafond en doubles coques polychromes renversées, sa cheminée monumentale et sa poutraison sculptée de caricatures des échevins, bourreau et fou de l'époque ; et la salle du conseil municipal, classée Art déco, avec ses petites lampes individuelles qu'il faut vous faire allumer.

★ *Le palais Fervaques :* en face de l'office de tourisme. À voir pour son escalier monumental. Au 1er étage, vaste hall d'entrée et escalier d'honneur en marbre rose. Au 2e étage, grand salon de réception, salle de bal à l'occasion.

★ *Le musée Antoine Lécuyer :* 28, rue Antoine-Lécuyer. En regardant l'hôtel de ville, prendre sur la gauche la rue Victor-Basch (office de tourisme) jusqu'à la place Édouard-Branly ; ensuite à droite, rue Antoine-Lécuyer. ☎ 03-23-64-06-66. Ouvert tous les jours (sauf le mardi et le dimanche matin) de 10 h à 12 h et de 14 h à 17 h (18 h les samedi et dimanche). Entrée payante. Gratuité le mercredi. Compter 2 heures de visite.Musée très riche avec de belles vitrines d'ivoires européens, de bronzes et de porcelaines (Sèvres et Paris).

Mais on y vient surtout pour voir plus de 80 pastels du portraitiste officiel de Louis XV : Maurice-Quentin de La Tour, né et mort à Saint-Quentin (1704-1788). L'artiste, n'ayant pas d'héritier direct, légua son fonds d'atelier à la ville. Ces pastels, malgré le faible éclairage qu'impose la fragilité du matériau, témoignent non seulement du talent immense de l'artiste mais aussi de sa finesse psychologique si l'on en juge par l'acuité des expressions des personnalités de l'époque (Restout, d'Alembert, Rousseau, le maréchal de Saxe, Madame de Pompadour, etc.). En particulier un *Autoportrait*, peut-être son chef-d'œuvre, un *Voltaire* (sa première commande), et le n° 87, *Tête de jeune fille.*

À l'étage, d'autres pastels d'artistes du XVIIIᵉ au XXᵉ siècle (un Renoir) et des peintures de premier ordre de Daubigny, Guillaumin, Lebourg, Laugée, Fantin-Latour et Corot.

COMPIÈGNE ET SA FORÊT
Compiègne. La forêt de Compiègne. Pierrefonds.

Comment y aller ?

– **Par la route :** autoroute A1 à la porte de la Chapelle. Sortie Compiègne. La ville est à 9 km de l'autoroute.
– **Par le train :** au départ de Paris-Gare du Nord, trains fréquents (départ toutes les heures environ). 45 mn à 1 h 30 de voyage. Renseignements S.N.C.F. : ☎ 08-36-35-35-35 (2,23 F la minute). Internet : www.sncf.fr.

COMPIÈGNE (60200)

C'est grâce à sa forêt que Compiègne devint ville royale. On venait y chasser. Louis XIV aimait y vivre « en paysan » et donner des fêtes fastueuses. Napoléon Ier y vécut mais ce fut surtout Napoléon III et Eugénie qui remirent Compiègne à la mode. Chaque année, à l'ouverture de la chasse, le couple impérial accueillait à Compiègne des « séries » composées de célébrités groupées par affinités.

Adresses utiles

◘ **Office du tourisme :** place de l'Hôtel-de-Ville. ☎ 03-44-40-01-00. Ouvert tous les jours en semaine de 9 h à 12 h 15 et de 14 h à 18 h 30 ; le dimanche (à partir de Pâques jusqu'au 1er novembre) de 9 h 30 à 12 h 30 et de 14 h 30 à 17 h. Compétent et bien documenté. Cartes de la région et itinéraires de randonnées. Il organise, au départ de l'office du tourisme, des visites guidées (payantes) de la ville faites par des guides conférencières agréées, le samedi et le dimanche, en été. Prévoir environ 1 h 30.

■ **Tennis :** château de Bellinglise, 60157 Élincourt-Sainte-Marguerite. ☎ 03-44-96-00-33. À 15 km au nord de Compiègne sur la D142. Réserver car un seul court. 60 F l'heure.

Où dormir ? Où manger ?

|●| **Restaurant-salon de thé, location de vélos Au Relais du Château :** place du Château. ☎ et fax : 03-44-40-03-45. Sur la place du château, un restaurant offrant une formule originale : en plus des nombreuses idées gastronomiques que vous testerez sur place (grande table d'hôte conviviale, pierrade, trois menus différents ou salades composées), vous pourrez choisir de louer un vélo pour vous promener en ville ou en forêt. Le patron vous préparera alors un panier repas ou vous livrera les victuailles à un endroit précis en forêt car il est super organisé. La formule sportive vous coûtera 139 F, tout compris. Également une formule buffet à volonté + vélo au même prix. Nombreux circuits pédestres ou cyclistes en forêt, bien balisés, donc sans danger. Au retour, vous pourrez faire vos petites courses de produits du terroir car le restaurant fait également épicerie.

🔺 |●| **Hôtel de France, Rôtisserie du Chat qui Tourne :** 17, rue Eugène-Floquet. ☎ 03-44-40-02-74. Fax : 03-44-40-48-37. Ouvert toute l'année. Réserver pour les week-ends. Tout à côté de la place de l'Hôtel-de-Ville. Superbe façade à colombages, surtout le soir quand elle est éclairée. Il faut dire que l'hôtellerie existe depuis 1665, d'ailleurs le mobilier est Louis XVI. Certaines chambres sont tapissées de toile de Jouy. Dans les couloirs, des bouquets partout et des tableaux. De 265 à 380 F pour deux. À la *rôtisserie*, menu à 155 F avec huîtres chaudes au beurre d'escargots, salmis de pintade et galettes de polenta, salade, fromages et chariot de pâtisseries. Autre menu à 250 F. Bonne cuisine.

🔺 **Hôtel du Lion d'Or :** 4, rue du Général-Leclerc. ☎ 03-44-23-32-17 ou 03-44-86-06-23. Un petit hôtel en plein centre-ville. Une dizaine de chambres simples mais bien tenues à partir de 160 F. Chambres n°s 2, 3, 4, 11, 12 et 16 plus au calme. Pas de formule de restauration. Patrons accueillants.

🔺 **Hôtel de Flandre :** 16, quai de la République. ☎ 03-44-83-24-40. Fax : 03-44-90-02-75. En bord d'Oise, près du centre. Un hôtel bon marché et central, avec des chambres assez spacieuses donnant sur la rivière, pour certaines. Compter 185 F pour 2 personnes (avec lavabo, douche et w.-c. sur le palier), 270 F (avec douche, w.-c. et télé) et 290 F (avec bains). Ne fait pas restaurant mais plusieurs solutions à deux pas. Accueil sympa.

🔺 |●| **Hôtel-restaurant du Nord :** 1, place de la Gare. ☎ 03-44-83-22-30. Fax : 03-44-90-11-87. Au bord de l'Oise, à 100 m de la gare. Des chambres spacieuses et claires dans une grande maison avec ascenseur et double vitrage. Compter 260 F pour une chambre double avec salle de bains et w.-c. Choisissez les chambres avec vue sur l'Oise ou sur l'arrière, plus calmes. La partie restaurant a beaucoup de succès surtout en fin de semaine. C'est sympa de voir les cuisiniers à leur piano, au travers d'une grande

vitre. Un vrai spectacle. La salle à manger est très soignée ; la cuisine également. Menu à 210 F de grande qualité. Poêlée de rougets friture au pistou, noisettes d'agneau à l'estragon, magrets de canard aux fruits secs. Soirée étape à 400 F.

🔺 **Hôtel de Harlay :** 3, rue de Harlay. ☎ 03-44-23-01-50. Fax : 03-44-20-19-46. Rue de Solférino, à gauche avant de franchir le pont sur l'Oise. Qualité 3 étoiles et dans le centre. Un hôtel avec des chambres décorées joliment par la patronne. Chambres pour 2 personnes, 380 F avec bains, w.-c., téléphone et TV. Ascenseur. Parking. Accueil aimable.

|●| **Bistrot de Flandre :** 2, rue d'Amiens. ☎ 03-44-83-26-35. Au pied de l'*hôtel de Flandre,* mais ça n'est pas la même maison. Restaurant-brasserie très animé car central et près de la rivière. Service rapide assuré par des garçons en grand tablier blanc. Un menu du jour complet à 88 F toute la semaine. Passe à 128 F le dimanche. Autre menu à 135 F. Cuisine traditionnelle avec des grands classiques : ris de veau aux morilles, tournedos spécial bistrot et bien sûr le foie gras de canard.

|●| **Restaurant Le Bouchon :** 5, rue Saint-Martin. ☎ 03-44-40-05-32. Quartier piétonnier près de la place de l'Hôtel-de-Ville. « Ici on lève le coude comme on marque un essai ; en partant de loin et jamais seul ». Voilà un des dictons du patron-rugbyman. Ce bouchon lyonnais est bourré de photos et d'objets dédiés aux sports. On se sent dans une ambiance d'après-match. Un petit menu à 69 F le midi (verre de vin compris). Grand choix de salades composées et de plats régionaux (de 45 à 80 F). Le patron et les garçons vous accueillent avec bonhomie.

Plus chic

|●| **Restaurant Rive Gauche :** 13, cours Guynemer. ☎ 03-44-40-29-99. Fermé le samedi midi et le lundi. Une décoration raffinée avec de superbes peintures aux murs pour de la cuisine d'artiste. Excellent menu à

130 F avec, par exemple, filet de barbu aux pleurotes, filet mignon de porc à la crème d'ail persillée et une surprenante et délicieuse crème brûlée à la banane et au curry. Un autre menu à 160 F. Pour ceux qui manquent de moyens, suggestion du jour à 85 F ou un plat à la carte, environ 100 F. Accueil convivial et distingué. Service efficace.

Où manger dans les environs ?

|●| *Restaurant La Maison du Gourmet :* 1, rue de la République, 60880 Le Meux. ☎ 03-44-91-10-10. À 10 km au sud de Compiègne. Fermé le samedi midi et dimanche soir. Nous étions là le jour de l'ouverture de ce restaurant et c'était excellent. Quelques années plus tard, c'est toujours excellent et les prix n'ont pas bougé ! Il faut dire que le proprio et chef est un grand professionnel : 7 ans *Chez Maxim's*, puis il a sévi au château de Raray. Son premier menu à 98 F vaut déjà le détour : fondant de foie gras sauce Périgueux, filet mignon sauce au cidre, soufflé chaud aux fruits rouges sont quelques-unes des spécialités qui vous attendent... mais le chef en a de nombreuses en réserve... Un autre menu à 145 F, avec plus de choix et plus riche, et une carte viennent compléter le tout. Parking intérieur. Service et accueil souriants.

Plus chic

|●| *Alain Blot restaurateur :* 21, rue du Maréchal-Foch, 60153 Rethondes. 10 km à l'est de Compiègne sur la N31. ☎ 03-44-85-60-24. Fermé les samedi midi, dimanche soir et lundi. Sûrement l'une des adresses les plus réputées de la région. Bon, les prix ne sont pas routards mais ça vaut le coup de casser sa tirelire. Le premier menu est à 140 F, mais on vous conseille d'y aller en semaine pour le menu à 200 F (eh oui ! ça compte) très appétissant. Feuilleté aux asperges et haddock, filet de perche au bourgueil, parmentier de canard aux champignons sauvages (selon la saison), nougat glacé attendent vos papilles frémissantes. Un autre menu à 270 F avec deux entrées, mais c'est la surprise du chef. Si vous avez hérité de l'oncle d'Amérique, il y en a encore un autre à 370 F. Accueil souriant et courtois.

– Avant de quitter **Rethondes**, faites un petit tour à l'église pour voir sa nef primitive du XIe siècle ; approchez-vous de l'autel et observez les vitraux : eh oui ! il y a un médaillon du maréchal Foch qui était venu ici même, le dimanche 10 novembre 1918, assister à la messe avant d'aller signer l'armistice dans le célèbre wagon.

À voir

★ *Le château :* ☎ 03-44-38-47-00. Ouvert de 9 h 15 à 15 h 45 (17 h 15 en été). Fermé le mardi. Visite obligatoirement guidée, de 45 mn à 1 h. Entrée : 12 F, ou 24 F si vous incluez le musée de la Voiture.
Commencé sous Louis XV et achevé sous Louis XVI, le château de Compiègne obtint son titre de résidence royale sous le règne de Napoléon Ier. Par la suite, il devint la demeure préférée de l'impératrice Eugénie, femme de Napoléon III, qui y vécut 17 ans (bon, on s'arrête là, on sent qu'on vous lasse...). La forme bizarrement triangulaire du bâtiment avait été dictée par le tracé des remparts de la ville. L'extérieur est très bien conservé tandis que les décors intérieurs aménagés pour ses différents hôtes, de Marie-Antoinette à Napoléon III, sont soigneusement reconstitués.
Un grand nombre de salles ont recouvré leur aspect de l'Ancien Régime ou

des époques impériales. Mobilier groupé par thème et époque dans une vingtaine de salles. Les trois salles les plus intéressantes sont : la chambre à coucher de l'impératrice, le Grand Salon et la galerie de Bal (il a servi d'hôpital militaire pendant la Première Guerre mondiale ; à titre d'info, le lustre central en cristal de Bohême pèse 250 kg !).

10 nouvelles salles ouvertes depuis 1988, dont les appartements du Roi de Rome, splendides, la bibliothèque de Napoléon Ier et sa porte dérobée (plus de 40 000 ouvrages), la chambre de l'impératrice Marie-Louise, et le « salon des fleurs ».

★ *Le musée de la Voiture :* dans une aile du château. Mêmes horaires. Il s'agit plutôt d'un musée du carrosse et de la berline. Certains modèles utilisés par les cours royales d'Europe sont de véritables chefs-d'œuvre, notamment le carrosse d'apparat de Napoléon Ier et le wagon-salon de Napoléon III. Cette diligence utilisée par un charlatan est intéressante pour ses couleurs et son tape-à-l'œil (en haut s'installait un musicien pour couvrir les cris des patients...). L'une des pièces les plus remarquables est l'autochenille Citroën ayant servi en 1924 lors de la Croisière noire. On a aussi aimé la diligence à vapeur (7 t et 16 km/h maxi, vous parlez d'un engin !) et la « Jamais Contente », de 1899, première voiture à dépasser les 100 km/h, nommée ainsi, paraît-il, en souvenir de la femme de son inventeur.

★ *L'hôtel de ville :* dans le centre. Restauré par l'inévitable Viollet-le-Duc. De style gothique et surmontée d'un beffroi, la façade n'est pas laide, même s'il lui manque une patine de quelques siècles.

À l'annexe, le *musée de la Figurine historique :* ouvert tous les jours sauf le lundi et le dimanche matin de 9 h à 12 h et de 14 h à 18 h (17 h de novembre à fin février). Un sympathique petit musée créé par l'abbé Ducoin. 131 vitrines présentant des dioramas (comprenez des figurines mises en scène dans un décor). Plus de 100 000 figurines civiles et militaires de toutes les époques. Le clou de cette exposition est la bataille de Waterloo (12 000 figurines et 18 ans de travail).

★ *L'ancien cloître :* dans la rue face à l'hôtel de ville. Seul vestige de l'ancienne abbaye Saint-Corneille où deux rois de France furent sacrés.

★ *Les vieilles rues :* face à l'église Saint-Jacques, la rue des Cordeliers donne accès à la rue des Lombards. Quartier piéton où l'on voit au n° 10 une des rares maisons à pans de bois sculptés du XVe siècle, la « Vieille Cassine ». Dans cette même rue, l'ancien grenier à sel s'ouvre par une porte cintrée, surmontée d'un fronton classique, œuvre de Claude-Nicolas Ledoux, l'architecte maudit du XVIIIe siècle.

À l'église Saint-Antoine, prendre à droite la rue Pasteur, vous débouchez place Saint-Clément où vous verrez au n° 1 une maison polychrome à colombages.

★ *Le musée Antoine Vivenel :* 2, rue d'Austerlitz. ☎ 03-44-20-26-04. Rue de Solférino, vers l'Oise. Avant le pont, à gauche, rue du Harlay, et descendre la rue en biais. Entrée payante. Du nom d'un entrepreneur-architecte de la ville qui fit fortune à Paris et rassembla, durant toute sa vie, des œuvres d'art qu'il légua à la ville de Compiègne. Cela donne une importante collection de vases grecs et de vestiges issus de fouilles. Au 1er étage, le plus intéressant : une galerie de peintures, estampes et caricatures de premier ordre, surtout de l'enfant du pays au talent fou : Alfred Robida.

En sortant par l'arrière de la maison, jolie promenade à faire dans le *parc de Songeons* et son « jardin de senteurs » (roses, seringats, romarins, lavandes, sarriette, etc.).

À faire

★ *Promenades impériales en calèche :* départ des calèches à l'entrée du parc du château. ☎ 03-44-40-01-00 (office du tourisme) ou 03-44-38-47-00 (château). Du 11 avril jusqu'en octobre, tous les week-ends et jours fériés. En juillet et août, tous les jours. Au choix : promenade romantique et impériale de 30 mn dans l'ancien domaine royal et impérial de Compiègne, ou visite commentée des principaux monuments de la ville. Adultes : 30 F ; enfants de moins de 12 ans : 20 F.

LA FORÊT DE COMPIÈGNE

La forêt domaniale de Compiègne est l'une des plus belles et des plus grandes de France. D'un relief varié, elle est bordée d'une série de collines appelées « monts » offrant des points de vue superbes, notamment dans sa partie nord. Elle est également traversée de gorges arrosées par de nombreux ruisseaux : le plus joli, le ru de Berne, traverse le chapelet des étangs entre Vieux-Moulin et Pierrefonds. Enfin, l'intérêt de cette forêt réside aussi dans les espèces d'arbres. Elle est plantée de hêtres gigantesques, de chênes et de charmes.

Pour se balader, la partie la plus intéressante est celle qui s'étend à l'est d'une ligne formée par les routes de Champlieu et du Moulin. Notre circuit préféré est celui du mont Saint-Marc (10 km) reliant Vivier-Frère-Robert à l'étang de Saint-Pierre.

Comment se déplacer en forêt ?

– *Location de vélos :* Picardie Forêts Vertes, 4, rue de la Gare (le week-end près du camping au carrefour royal). ☎ 06-07-54-99-26.
– *Promenades à cheval :* École d'équitation à Vieux-Moulin. ☎ 03-44-85-62-87. Fermée le lundi. À la sortie du bourg en allant vers Pierrefonds sur la D547. Vieux-Moulin est un petit village dans les bois. 88 F l'heure pour les adultes, à condition d'avoir un minimum de pratique. Réserver.

Où dormir ? Où manger ?

I●I *Restaurant La Ferme du Carandeau :* route de l'Armistice. À 300 m du wagon de l'Armistice. ☎ 03-44-85-89-89. Fermé le dimanche soir et le lundi. De Compiègne, avant le pont, suivre l'Oise à droite, par la N31 direction Soissons. Dans une auberge rustique à colombages, le patron vous servira un menu tout compris (avec apéritif, buffet de crudités, vin et café) à prix unique : 150 F. Le vendredi soir, agneau à la broche ; les samedi soir et dimanche midi, porcelet à la broche. Inutile de vous dire que la formule a du succès et qu'il

vous faudra réserver car c'est bon, copieux et convivial.

Chic

🛏 I●I *Auberge À la bonne Idée :* 3, rue des Meuniers, 60350 Saint-Jean-aux-Bois. ☎ 03-44-42-84-09. Fax : 03-44-42-80-45. Fermé de mi-janvier à mi-février. Dans la forêt de Compiègne, par la D85. L'auberge de province dans toute sa splendeur avec ses volets en bois et ses stores à rayures, dans un village au joli nom. Premier menu à 130 F (180 F vin compris) tous les jours sauf le dimanche. Filet de mostelle sauce aux champignons et asperges sauvages. Autres menus de 270 à 380 F. Les chambres sont joliment décorées et personnalisées. Pour 2 personnes, compter de 380 à 480 F (salle de bains, w.-c., téléphone, TV). Une belle terrasse et son grand jardin avec daims et volatiles. Parking privé. Accueil souriant.

|●| Auberge du Daguet : 60350 Vieux-Moulin. Face à la jolie petite église. ☎ 03-44-85-60-72. Fermée le mercredi. Un bar et une petite salle très animés le week-end (autant réserver !). Le chef, André Lusseau, collectionne les prix de concours gastronomiques : c'est dire qu'on y mange bien dans un décor moyenâgeux. Menus à 120 F (sauf jours fériés) et 175 F avec assortiment de terrines, charlotte de cervelle et de ris de veau aux lasagnes vertes, granité de pommes au calvados, puis fromage et dessert. Autre menu encore plus délire à 250 F.

À voir

★ Le **village forestier de Saint-Jean-aux-Bois** (en forêt de Compiègne), construit autour d'une vieille église, est une petite merveille. D'ailleurs les maisons suivent le tracé circulaire des remparts dont on voit encore quelques vestiges. Un petit pont de pierre permet de franchir le fossé qui entourait le monastère. En face de l'église, qu'il faut visiter ainsi que la salle capitulaire des XIIe et XIIIe siècles, subsiste la porte de l'ancienne ferme abbatiale. Dans le village, voir le pont fortifié et le lavoir. Une carte des chemins pédestres placée au bout de la rue de l'auberge suggère d'agréables promenades en forêt.

Randonnées pédestres

– **Circuit fléché du mont Saint-Marc :** à la sortie de Vieux-Moulin. Les paresseux prendront leur voiture pour commencer le circuit fléché et atteindre le haut de la colline. Compter 1 h ou 1 h 30 de marche. Le chemin offre une jolie vue sur la forêt et la vallée de l'Aisne. Très beau massif forestier composé de hêtres et de frênes. Possibilité de faire le circuit à vélo.

– **Randonnée pédestre Les Beaux-Monts de Compiègne :** circuit de 6,5 km et 2 h 30 aller et retour sans les arrêts. Un itinéraire forestier à l'est de Compiègne où les arbres remarquables rivalisent par la prestance de leur âge et de leur taille.

En boucle au départ de la maison forestière de Saint-Corneille-aux-Bois, sur la D14, en direction de Vieux-Moulin, sortie est de Compiègne. Balisage blanc et rouge du G.R. 12 par endroits, sinon panneaux des arbres remarquables et circuit des Beaux-Monts. Pensez à prendre une pellicule à nuance dorée pour les photos en sous-bois épais. Réf. : « Circuits pédestres des forêts de Compiègne et de Laigue et du pays d'accueil du Noyonnais », éd. Office du tourisme de Compiègne. ☎ 03-44-40-01-00. Carte I.G.N. au 1/25 000, n° 2511 OT. Carte F.F.P. « Randonnées dans le Compiégnois ».

Devant la maison forestière de Saint-Corneille-aux-Bois, un premier arbre remarquable ou « fayard de Verzy », face à la charpente aérienne de la chapelle Saint-Corneille, permet d'admirer le port tortueux de ce hêtre millénaire qui rappelle ses cousins de la montagne de Reims. N'oubliez pas d'observer les graffiti sur le mur d'angle de la maison. Certains remontent au début du siècle. L'itinéraire se poursuit en remontant vers le nord, à travers un sous-bois de houx.

Il croise la route Eugénie pour atteindre le *chêne de l'Entente*. Son tronc immense est reconnaissable en bordure du sentier (panneau). Le chêne de l'Entente, l'un des plus vieux de la forêt de Compiègne, a plus de 400 ans. Cet arbre au fût très droit est dédié à la tsarine de Russie qui vint en ces lieux vers 1902. La Grande Guerre passée, la nouvelle distribution des prix le consacra aux Alliés.

Le sentier s'élève légèrement en forêt, croise le G.R. 12 A et se dirige vers l'est avec un point de vue sur le « Précipice » et la vallée de l'Aisne. N'ayez crainte, l'altitude ne dépasse pas 126 m. Poursuivez l'itinéraire vers le nord et le carrefour des Beaux-Monts, parmi un peuplement de hêtres et d'érables. Le retour se fera vers le sud en passant près du cèdre Marie-Louise. Longeant la courbe de niveau, vous parvenez au carrefour du Liban, marqué comme dans toute la forêt de Compiègne d'un poteau élevé aux multiples flèches blanches. Au carrefour du Tréan, parmi des hêtres magnifiques, la vue se perd sur la perspective des Beaux-Monts aménagée par Napoléon Ier, en direction de Compiègne.

Le sentier redescend non loin du chêne Couttolène pour revenir à la maison forestière de Saint-Corneille-aux-Bois.

Randonnée à vélo (30 km)

Commencer au carrefour de la Faisanderie, à la sortie sud de Compiègne. Jolis hêtres. Poursuivre sur la D14 jusqu'à Vieux-Moulin, et continuer jusqu'à l'étang de l'État (à 2 km de Vieux-Moulin). Pêche à la journée. Revenir sur Compiègne par la D547. Jolie route coincée entre Vieux-Moulin et le mont Saint-Marc. En continuant tout droit, on tombe sur la N31. Tourner à gauche pour retrouver Compiègne.

La clairière de l'Armistice

À 6 km à l'est de Compiègne, en pleine forêt. Le maréchal Foch y signa l'armistice, le 11 novembre 1918. Un petit *musée* abrite un wagon, identique à celui qui fut détruit par les Allemands pendant la Seconde Guerre mondiale (curieusement, on a cherché l'original pendant très longtemps et on a appris seulement depuis la chute du mur de Berlin qu'il avait été brûlé en forêt de Thuringe en avril 45). Ouvert tous les jours, sauf le mardi, de novembre à mars de 9 h à 12 h et de 14 h à 17 h 30, et du 1er avril à mi-octobre de 9 h à 12 h 30 et de 14 h à 18 h. ☎ 03-44-85-14-18. Entrée : 10 F.

En dehors du wagon dans lequel on ne peut pénétrer et où l'on a inscrit la place des différentes personnalités au moment de la signature (l'ensemble est assez statique), on s'est intéressé aux 32 stéréoscopes (photographies en relief) qui présentent des photos noir et blanc sur différents thèmes : mobilisation, la vie du poilu, Verdun, fête de la Victoire. Certaines sont saisissantes et passionneront les amateurs d'Histoire. Deux salles supplémentaires sont consacrées l'une à l'Armistice du 11 novembre 1918 et l'autre à l'Armistice du 22 juin 1945. Des vestiges du wagon original sont exposés dans deux vitrines.

PIERREFONDS (60350)

Petite ville en lisière de la forêt de Compiègne, à 9,5 km sur la D973, connue pour son château féodal. Ouvert de 10 h à 12 h 30 et de 14 h à 18 h (sans interruption le dimanche) de mars à fin octobre. De novembre à février, jusqu'à 17 h seulement. Fermé les jours fériés. Entrée : 32 F (21 F pour les moins de 25 ans). La restauration entreprise par Viollet-le-Duc fut critiquée par des générations d'historiens. En effet, son côté « flambant neuf » lui ôte bien du charme. Cela dit, idéal pour montrer aux enfants ce qu'était un château féodal. Tout y est très bien reconstitué : pont-levis, donjon, poterne, créneaux...

À l'intérieur, dans les anciennes cuisines, exposition sur Viollet-le-Duc et les différents chantiers qui lui ont été confiés (impressionnant !). Plusieurs autres salles ont été consacrées à la société Monduit, spécialisée dans les arêtiers, fêtages et poinçons et qui en a réalisé pour de nombreux monuments. Très nombreuses pièces dont le lion du beffroi d'Arras (2,90 m de haut, en cuivre martelé). Cette société aujourd'hui disparue a même réalisé en partie la statue de la Liberté, œuvre de Bartholdi (cocorico !). La plupart des autres salles sont vides mais certaines valent le détour comme la salle du bal avec une superbe cheminée à double foyer. Sur le fronton, les femmes affublées par ironie de noms grecs par Viollet-le-Duc sont en fait l'impératrice Eugénie (femme de Napoléon III) accompagnée de ses dames d'honneur.

Adresse et infos utiles

∎ *Office du tourisme :* place de l'Hôtel-de-Ville. ☎ 03-44-42-81-44. Ouvert tous les jours de 10 h à 12 h et de 14 h 15 à 18 h 15.

– Des *bus* relient Compiègne à Pierrefonds.
– Au milieu de la ville, un *étang* où l'on peut louer barques et pédalos.

Où dormir ? Où manger ?

▲, |●| *Relais Brunehaut :* 3, rue de l'Église, 60350 Chelles. ☎ 03-44-42-85-05. Fax : 03-44-42-83-30. Fermé les lundi et mardi. Dans un ravissant et minuscule village, une auberge d'un charme fou, aux pierres recouvertes de lierre. Chambres avec salle de bains et TV, de 280 à 350 F.

Restaurant très prisé par la bourgeoisie locale et par les amateurs de bonne chère. Menus à 140 et 220 F (250 F vin compris) : foie gras ou fricassée de gambas, éventail de filets de caille et canard, pièce de bœuf sauce foie gras... Bref, tout un programme et un accueil charmant.

REIMS ET LE NORD DE LA CHAMPAGNE
Reims. La Montagne de Reims.
Épernay et la côte des Blancs.

REIMS (51100)

Beaucoup de choses à voir à Reims : la cathédrale, bien sûr, unique, qui a rythmé l'histoire de France, mais bien d'autres monuments encore, comme l'étonnante basilique Saint-Remi ou la chapelle Foujita classée au patrimoine mondial par l'Unesco. Enfin, on ne peut oublier ses caves aux noms célèbres.

Et puis Reims n'est pas seulement une ville touristique. C'est une ville universitaire qui bouge : pour vous en convaincre, allez donc faire un tour le soir sur la longue place Drouet-d'Erlon.

Comment y aller ?

– *Par la route :* 143 km de Paris. 1 h 20 par l'autoroute A4, la plus chère mais la moins fréquentée ; par la N3, via Meaux, Château-Thierry et Épernay ; par la N2 jusqu'à Soissons puis la N31.
– *Par le train :* 8 aller-retour quotidiens en moyenne. Gare de l'Est. Durée du trajet : 1 h 30. Renseignements S.N.C.F. : ☎ 08-36-35-35-35 (2,23 F la minute). Internet : www.sncf.fr.

Adresses utiles

▫ *Comité départemental du tourisme en Champagne :* 13 *bis*, rue Carnot, 51000 Châlons-en-Champagne. ☎ 03-26-68-37-52. Fax : 03-26-68-46-45.
▫ *Office du tourisme :* 2, rue Guillaume-de-Machault. ☎ 03-26-77-45-25. Fax : 03-26-77-45.27. À côté de la cathédrale. Ouvert du lundi au samedi, de 9 h à 18 h 30 d'octobre à Pâques, jusqu'à 19 h 30 de Pâques à fin juin et en septembre, et jusqu'à 20 h en juillet et août. Les dimanche et jours fériés, de 9 h 30 à 17 h 30.
■ *Centre information jeunesse :* ☎ 03-26-47-46-70.
■ *Météo régionale :* ☎ 08-36-68-02-51 ou 02-08 (Ardennes).

Où dormir ?

▪ *Hôtel Continental :* 93, place Drouet-d'Erlon. ☎ 03-26-40-39-35. Fax : 03-26-47-51-12. Ouvert toute l'année. Dans un ancien hôtel particulier du XIXᵉ siècle, une cinquantaine de chambres entièrement rénovées de 320 à 590 F. Petit déjeuner-buffet : 47 F (offert aux enfants de moins de 12 ans). Confortable. Possibilité de parking.

☗ *Hôtel Crystal :* 86, place Drouet-d'Erlon. ☎ 03-26-88-44-44. Fax : 03-26-47-49-28. À 150 m de la gare, au tout début de la place. Deux bons points : la situation et le calme. En effet l'hôtel se cache au fond d'une gentille petite cour. Pas un bruit malgré la proximité de l'avenue la plus animée de Reims. Intérieur d'hôtel à la gloire passée dont il reste quelques beaux vestiges (l'ascenseur...) patinés par le temps. On imagine toutes sortes d'histoires... mais hélas, les murs ne parlent pas. Les chambres, toutes rénovées, sont confortables et les salles de bains « up to date », comme disent les Anglo-Saxons. De 260 F la double avec douche (300 F avec deux lits) à 360 F avec bains. Agréable courette fleurie où, quand le soleil daigne darder ses rayons, il fait bon prendre son petit déjeuner. Réduction de 10 % sur le prix de la chambre pour nos lecteurs de décembre à mars.

☗ *Hôtel Azur :* 7-9, rue des Écrevées. ☎ 03-26-47-43-39. Fax : 03-26-88-57-19. Fermé le dimanche soir selon la période. Se renseigner.

Vaut l'étape. L'accueil est bon, les chambres proprettes. Doubles à 185 F (avec lavabo et w.-c.), à 250 F (avec douche et w.-c.) et à 285 F (avec bains). Les nᵒˢ 17, 27, 37, 12 et 22 sont plus claires que les autres. À deux pas du bar *Henri IV* et du bistrot chic *Au Comptoir.* Compter 10 mn à pied pour rejoindre la place d'Erlon et son animation diurne et nocturne, et 5 mn à pied pour aller à la gare. Réduction de 10 % sur le prix de la chambre pour nos lecteurs pour un minimum de deux nuits, en semaine seulement.

Plus chic

☗ *Hôtel de la Paix :* 9, rue Buirette. ☎ 03-26-40-04-08. Fax : 03-26-47-75-04. Au début de la place Drouet-d'Erlon. Quiétude et confort, et cela à une enjambée d'une rue extrêmement animée : on ne peut pas rêver mieux. D'autant plus qu'aux chambres agréables mais assez standard s'ajoute une piscine dans un cadre presque idyllique (un vaste jardin privé entouré de quelques bâtiments historiques). Chambres à 440 F. Elles sont toutes équipées de salle de bains. Choisissez la nᵒ 7. Petit déjeuner-buffet à 53 F. Parking privé.

Où manger ?

|●| *Au Petit Comptoir :* 17, rue de Mars. ☎ et fax : 03-26-40-58-58. Fermé le samedi midi, le dimanche, et du 23 décembre au 13 janvier. Fabrice Maillot, ancien de chez Robuchon et Boyer *(Les Crayères),* fait un malheur dans son bistrot rémois dont l'allure doit plus aux bouchons lyonnais qu'aux bistrots parisiens. Créatif et malin, il concocte une cuisine de comptoir cousue main qui, derrière son apparente simplicité, est le fruit d'un travail de précision. Grands bourgeois, gros commerçants, gourmets nomades de passage... ont tous la mine gourmande quand arrivent sur leur table le carpaccio de foie gras, le filet de ras-

casse poêlé aux artichauts barigoule et son jus (88 F) ou le caneton sauvageon rôti en cocotte aux navets nouveaux (220 F pour deux personnes) en plat. Desserts tout aussi intéressants : milk-shake de pêche, crème glacée à la verveine (38 F), *crumble* à la rhubarbe et glace vanille (39 F), coulis de kiwi anisé (36 F). Carte des vins bien conçue (la sélection de la vallée du Rhône est épatante). Environ 230 F. Terrasse.

|●| *Le Café du Palais :* 14, place Myron-Herrick. ☎ 03-26-47-52-54. Fermé le dimanche. Ce remarquable bistrot, dont la fondation remonte à la fin des années 20, est fréquenté

CARTE DE VISITE

La MARNE
Au cœur de la Champagne

FRANCE

CONSEIL GÉNÉRAL DE LA MARNE

Pour recevoir la carte touristique de la Marne, veuillez retourner ce coupon à :
COMITE DEPARTEMENTAL DU TOURISME DE LA MARNE
13 bis, rue Carnot - B.P. 74 - 51006 CHALONS-EN-CHAMPAGNE Cedex
Tél. 03 26 69 51 04 - Fax 03 26 68 46 45

Nom : .... Prénom : ....
Adresse : ....
Code Postal : .... Commune : ....

par le meilleur monde de la ville (dont les magistrats et avocats venus en voisin). Le confort du décor rococo, la verrière art déco de 1928 signée par un grand maître verrier de Reims, Jacques Simon, les photos de Daniel Rondeau qui se partagent les murs avec une foule de choses (tableaux, etc.), la musique classique en fond sonore le matin et le jazz le soir, concourent à créer une atmosphère élégante et détendue. S'ajoutent à cela un accueil fort courtois de M. Vogt et de son fils et une cuisine de brasserie enjouée, concoctée avec amour par Mme Vogt. Plats du jour de 72 à 85 F : curry d'agneau, assiettes (jambon d'Ardennes fumé, pommes de terre au four, terrine de foies de volailles confiture d'oignons, salade, etc.), salades (au jambon fumé, à la viande des Grisons et au chèvre frais...), la carte est courte mais bien pensée. Les desserts sont faits par une des filles de M. et Mme Vogt et, de l'avis général, délicieux. Le soir, Le Café du Palais fait uniquement bar. Bières, champagnes, vins des Coteaux champenois, jusqu'à plus soif.

|●| *Le Vigneron :* place Paul-Jamot. ☎ 03-26-47-00-71. Fermé le samedi midi, le dimanche ainsi que les jours fériés et trois semaines en août. La personnalité d'Hervé Liegent suffit à elle seule à expliquer la popularité du lieu. Personnage haut en couleur, passionné par son pays champenois, il a installé un petit écomusée au cœur de son restaurant (un ancien garage des années 30) qui reconstitue un intérieur de vigneron champenois. Intéressante aussi, sa belle collection d'affiches de champagnes, dont certaines datent du siècle dernier. Un hymne d'amour aux vignerons complété par une exceptionnelle carte de champagnes (un grand moment de lecture) avec des millésimes anciens dont le plus vieux remonte à 1892. Des prix qui ne figurent pas sur le livre de cave tant ces millésimes sont exceptionnels. Plat du jour vigneron à 88 F et menu à 175 F (avec une coupe de champagne et le café). Le prix final à la carte dépendra du flacon choisi. Menu-dégustation à 250 F. Dès le printemps revenu, *Le Vigneron* ouvre sa cour-terrasse.

|●| Sinon deux adresses sur la *place d'Erlon*, appréciées pour des raisons différentes.

– D'abord *Le Drouet*, au n° 96 (menu à 98 et 140 F). Très prisé pour sa terrasse-jardin en prise avec la place mais protégée de la foule.

– Et *Le Grand Café*, au n° 92 (environs 100-120 F), tout à côté, pour son ambiance animée, son accueil chaleureux, ainsi que sa cuisine sans prétention où les moules et les pâtes mènent le bal. Apéritif maison offert sur présentation du guide.

Où dormir dans les environs ?

≜ *Chambres d'hôte Les Marronniers :* chez M. et Mme Lapie, 2, rue du Calvaire, 51360 Val-de-Vesle. ☎ 03-26-03-92-88. Ouvert toute l'année. À 18 km à l'est de Reims par la N44 et l'autoroute A4 et 26 (sortie Reims-Cormonteuil, ou Châlons-la-Veuve) en direction de Châlons. Dans un bourg calme et verdoyant au pied du parc régional de la Montagne de Reims, la maison d'hôte des Lapie est à 50 m de leur exploitation agricole. Ils proposent trois chambres confortables avec salle d'eau et w.-c. privés, salon TV-bibliothèque, complétées d'une terrasse dans un jardin fleuri. Comptez 250 F pour une double, petit déjeuner très copieux compris. Possibilité de lit supplémentaire (70 F par personne tout compris). Lit bébé gratuit jusqu'à 2 ans. Pour une personne seule, comptez 200 F. Réduction de 10 % sur le prix de la chambre pour nos lecteurs pour 2 nuits minimum hors juillet et août.

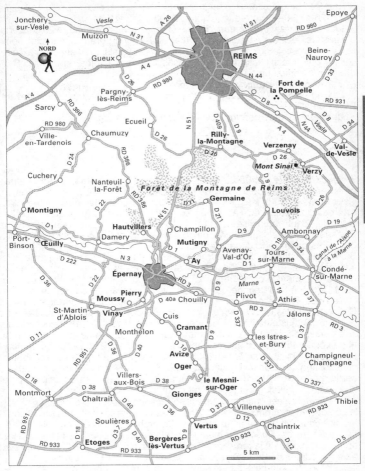

REIMS ET LE NORD DE LA CHAMPAGNE

Fêtes

– *Fêtes Johanniques et Sacres du Folklore :* chaque année, pendant la première semaine de juin. Pour fêter les exploits de la Pucelle Jehanne, un beau défilé médiéval. La ville invite à cette occasion des groupes de danse étrangers : animation de rue et dans les salles (ciné, etc.).

– *Clovis et la naissance de la France :* du 4 juillet au 13 septembre. Les vendredi et samedi soir. Ce spectacle, qui conte l'aventure du roi franc, fait l'objet d'un son et lumière sur la façade de la cathédrale et de projections dans la nef. Un spectable historique en deux parties. Première partie payante, dans la nef, intitulée « Le baptême de Clovis » qui dure 40 mn ; la deuxième, « l'Épopée de Clovis », se donne devant la cathédrale ; elle dure

35 mn et est gratuite. Renseignements et réservations avant le 10 juin : ☎ 03-26-47-30-40. Après le 10 juin : ☎ 03-26-40-16-74.
– *Les Flâneries musicales d'été :* chaque année en été, 120 concerts classiques, jazz et de traditions populaires, la plupart gratuits, dans les lieux les plus prestigieux comme la cathédrale, le palais de Tau, la basilique Saint-Rémi, mais aussi dans les églises, cours et jardins de la ville. Programme à l'office du tourisme.
– *Marathon international :* en octobre.
– *Le rallye de Monte-Carlo :* en janvier. Départ chaque année devant l'hôtel de ville.
– *Rencontres européennes de Télévision :* en mars.

À voir

★ *La cathédrale :* ☎ 03-26-47-55-34. Fax : 03-26-77-94-64. E-mail : cathe-drale.reims@wanadoo.fr. Ouverte tous les jours, de 7 h 30 à 19 h 30. Pas de visite pendant les offices. Pour la visite des parties hautes de la cathédrale, s'adresser au palais du Tau (☎ 03-26-47-81-79). Visites (payantes) tous les jours du 15 juin au 15 septembre de 10 h à 11 h 30 et de 14 h à 17 h 30. Départs toutes les demi-heures de 10 h à 11 h 30 et de 14 h à 17 h 30. Tarif : 25 F. Pas de visite le dimanche matin.
Sur le plan historique, la cathédrale de Reims joue le rôle d'église sainte, à la fois nationale et royale. La crypte et le baptistère, découverts après la guerre, évoquent la cathédrale primitive qui vit la nation franque baptisée par saint Remi en la personne de son roi, Clovis, en l'an 496. Ainsi est scellée l'union des Francs et du christianisme. Deuxième date importante : 1429. Charles VII est sacré roi sous l'étendard de Jeanne d'Arc : « Il a été à la peine, il était juste qu'il fût à l'honneur ». Reims aura désormais vocation de ville du sacre : tous les rois de France, à l'exception de Louis VI, d'Henri IV et de Louis XVIII, seront sacrés dans cette cathédrale. Les travaux commencèrent en 1211 pour se terminer un siècle plus tard, à part les tours dont la construction se poursuivit jusqu'en 1480. Après les terribles dégâts causés par la guerre de 1914-1918, sa restauration fut entreprise en partie grâce à la donation Rockefeller. L'édifice fut restitué au culte en 1938.
– *La façade :* c'est une des plus belles façades gothiques de France. Tous les guides vous diront qu'il faut l'admirer en fin d'après-midi et ils ont raison : le soleil couchant fait jouer les reliefs et les ombres, ajoutant une note mystérieuse à l'édifice. Pour avoir plus de recul et l'observer tranquillement, allez donc vous asseoir à la terrasse du café d'en face et, pour que l'harmonie soit parfaite, commandez un kir au champagne (pas si cher que ça).
Les statues des portails ont été souvent comparées à celles de la cathédrale de Chartres ; autant à Chartres elles restent stylisées, liées aux colonnes, autant à Reims, elles s'animent : les visages sont expressifs, émouvants, les gestes frappent par leur aisance.
L'étage inférieur de la façade est divisé en cinq parties : le grand portail, consacré à la Vierge, les deux portails latéraux moins importants : celui de droite est dédié au Christ triomphant et au Jugement dernier. Sur le portail de gauche, le célèbre *Ange au Sourire,* presque malicieux.
De chaque côté des portails latéraux, aux extrémités, deux étroites arcades masquent les contreforts. Au-dessus de la grande, la fameuse galerie des rois avec, au milieu, un groupe représentant le baptême de Clovis. Les statues des rois ne semblent pas extraordinaires, vues du parvis, mais elles mesurent en réalité environ 4,50 m et pèsent quelque 6 t. ... Les tours, elles, frappent par leur légèreté.
Les contreforts abritent les statues qui ont valu à l'édifice le surnom de « cathédrale des Anges ».

– *À l'intérieur,* vous serez surpris par l'impression de hauteur, due en partie aux dimensions de la nef très étroite.

Le revers de la façade ouest est entièrement recouvert d'un ensemble décoratif du milieu du XIII⁰ siècle unique en son genre, dû à Gaucher de Reims. Les vitraux ont été restaurés. La grande rosace de la façade est dédiée à la Vierge. Les six vitraux de Chagall à la dominante bleue, à l'opposé, sont également superbes. Ils ont été réalisés par les ateliers de maîtres verriers Simon, très célèbres à Reims.

Pour mieux connaître cette cathédrale, ne manquez pas *Clovis et la naissance de la France* (voir plus haut « Manifestations et fêtes »).

★ *Le palais du Tau :* juste à côté de la cathédrale. ☎ 03-26-47-81-79. Ouvert tous les jours de mi-novembre à mi-mars de 10 h à 12 h et de 14 h à 17 h (18 h le week-end) ; de mi-mars à fin juin et de début septembre à mi-novembre, de 9 h 30 à 12 h 30 et de 14 h à 18 h ; en juillet et août, de 9 h 30 à 18 h 30. Fermé les jours fériés. Entrée : 32 F.

Classé au patrimoine mondial de l'Unesco, c'était la résidence du roi pendant le sacre. Construit au XVII⁰ siècle (mais abritant une chapelle du XIII⁰) puis restauré après avoir été gravement endommagé en 1914, il abrite de superbes statues provenant de la cathédrale ainsi que le trésor de la cathédrale. Notamment les tapisseries et objets rappelant le sacre des rois de France.

À voir, la *salle de Tau* où se déroulait le banquet royal à l'issue du sacre. Dans la salle, admirez les tapisseries du « Fort roy Clovis » tissées à Arras à la fin du XV⁰ siècle pour la cour de Bourgogne ; elles sont remarquables.

★ *Le musée des Beaux-Arts :* 8, rue Chanzy. ☎ 03-26-47-28-44. Ouvert de 10 h à 12 h et de 14 h à 18 h. Fermé les mardi et jours fériés. Entrée : 10 F. Il occupe l'ancienne abbaye Saint-Denis reconstruite sous Louis XV. Vous y découvrirez, entre autres, un étonnant ensemble de toiles de Corot, le deuxième par son importance après celui du Louvre, des études de portraits par les Cranach, quelques toiles réalistes, impressionnistes et modernes (Millet, Courbet, Renoir, Gauguin, etc.).

★ *La place Royale :* on y parvient en partant du musée par la rue de Vesle. Elle fut commencée en 1758 sur les plans de Legendre et compose un élégant ensemble architectural du XVIII⁰ siècle, bordé au sud par la sous-préfecture, l'ancien hôtel des Fermes.

Sur le fronton, joli groupe de Mercure entouré d'enfants qui portent des raisins à la cuve. Au milieu de la place, statue de Louis XV. Pour la petite histoire, sous la Révolution, le conventionnel Ruhl brisa sur son socle la fameuse sainte ampoule qui, depuis Clovis, servait au sacre des rois. D'après la légende, une colombe représentant le Saint-Esprit aurait apporté une fiole dans laquelle se trouvait le saint chrême destiné au baptême du roi franc. La sainte ampoule était donc l'attestation de la monarchie de droit divin.

★ *La basilique Saint-Remi :* elle fut édifiée au XI⁰ siècle sur le tombeau de saint Remi, et remaniée au XII⁰ siècle. Les premiers rois de France y furent inhumés. L'ancienne abbatiale, presque aussi vaste que la cathédrale, est remarquable autant pour sa nef romane que pour l'architecture du chœur, chef-d'œuvre du style ogival champenois.

La basilique subit de nombreux dommages pendant la Première Guerre mondiale, la charpente et les voûtes de la nef étant détruites par un incendie. Aujourd'hui, cet édifice, parfaitement restauré, situé en plein quartier moderne, étonne presque. Sur la façade, les deux tours sont hautes de 56 m. Seule la tour sud est ancienne (XI⁰ siècle), la tour nord ayant été refaite au XIX⁰ siècle.

Les deux colonnes en marbre qui encadrent la porte centrale surmontées de statues de saint Pierre et saint Remi sont gallo-romaines. Admirez ensuite le chevet, très bien dégagé, aux contreforts d'un style archaïque.

À l'intérieur, vous serez saisi par les dimensions impressionnantes de l'édifice, dignes d'une basilique de pèlerinage : 122 m de longueur sur seulement 26 m de large dans la grande nef. En haut de la nef, la grande couronne de lumière, copie d'une couronne primitive du XIIᵉ siècle : ses 96 lumières symbolisent les 96 années de la vie de saint Remi.

Dans le chœur, les tribunes sont surmontées d'un petit triforium, au-dessus duquel on peut admirer des vitraux anciens restaurés après la guerre de 1914 : remarquez surtout la Crucifixion, très représentative de la technique du vitrail au XIIᵉ siècle. Derrière le maître-autel, tombeau de saint Remi, qui ne date que du XIXᵉ siècle mais dont les statues sont du XVIᵉ. On peut reconnaître Clovis et saint Remi. Enfin le plus beau reste pour la fin : c'est le pourtour du chœur et ses colonnades qui séparent le déambulatoire des chapelles rayonnantes.

Le samedi, en été, à 21 h 30, évocation « musique et lumière ».

★ *Le musée Saint-Remi :* 53, rue Simon. ☎ 03-26-85-23-36. Ouvert de 14 h à 18 h 30 (19 h les samedi et dimanche). Fermé certains jours fériés. Entrée : 10 F. Il se trouve dans l'ancienne abbaye, très bien restaurée, et abrite une collection d'armes du XVIᵉ siècle et des collections archéologiques. À voir aussi, les tapisseries de Saint-Remi du XVIᵉ siècle qui évoquent, bien sûr, des épisodes de la vie du saint, et la salle capitulaire. Dans la salle gothique sont conservés les vestiges de monuments de Reims aujourd'hui disparus, telle la maison des musiciens du XIIIᵉ siècle.

★ *La chapelle Foujita :* 33, rue du Champ-de-Mars. ☎ 03-26-40-06-96. Ouverte du 2 mai au 1ᵉʳ novembre de 14 h à 18 h. Fermée les mercredi et jours fériés. Entrée : 10 F. Visite gratuite le samedi. Pour Claudel, ce fut un pilier de Notre-Dame de Paris ; pour Léonard Foujita, c'est la basilique Saint-Remi qui lui révéla Dieu. Il décida de symboliser sa conversion au catholicisme en décorant de fresques cette chapelle due à l'architecte rémois Maurice Clauzier.

★ *La porte de Mars :* place de la République, à 400 m à gauche en sortant de la gare. C'est en fait un arc de triomphe, le plus important du genre après l'arc d'Orange. Il fut construit vers 200 après J.-C., marquant la puissance de la ville de l'époque, métropole de la province romaine de la Gaule Belgique.

★ *L'hôtel Le Vergeur :* 36, place du Forum. ☎ 03-26-47-20-75. Ouvert de 14 h à 18 h. Fermé les lundi et jours fériés. Très bel hôtel particulier des XIIIᵉ et XVᵉ siècles, restauré après la Première Guerre mondiale. Appartient à la Société des amis du Vieux Reims. Des gravures dont un bon nombre de Dürer (notamment 15 planches illustrant magistralement *L'Apocalypse* de saint Jean), peintures et plans évoquent l'histoire de Reims. Dans les appartements, superbes meubles anciens.

À voir dans les environs

★ *Le fort de la Pompelle :* ☎ 03-26-49-11-85. À 5 km au sud-est de Reims, direction Châlons-en-Champagne par la RN44. Ouvert tous les jours de l'année : du 1ᵉʳ avril au 31 octobre, de 10 h à 19 h ; le reste de l'année de 10 h à 17 h. Fermé le mardi et du 24 décembre au 6 janvier. Entrée : 20 F. Tarif réduit pour les étudiants. Gratuit pour les militaires (bien sûr).

Un étonnant témoignage de la guerre. Cette place forte souterraine, ensevelie sous les décombres et les barbelés, rappelle à quel point la « Grande Guerre » de 1914-1918 fut aussi une « sale guerre ». Pendant quatre ans, les 180 régiments qui s'y succédèrent résistèrent aux chars, aux gaz, aux bombardements et aux lance-flammes allemands. Malgré 12 000 victimes (tout de même), le fort est le seul de la région à rester aux mains des Français jusqu'au 11 novembre 1918.

Transformées en musée de la Guerre, ses galeries abritent des véhicules d'époque, une salle des uniformes, d'intéressants jeux pour enfants (la propagande nationaliste française), des souvenirs des « crapouillots » (utilisateurs des « crapauds », les mortiers de tranchées), et surtout une salle allemande où trônent une variété impressionnante de casques de l'armée impériale allemande : de Saxe, de Bavière, de Prusse, à pointe, surmontés d'aigles ou de têtes de mort (ceux des hussards), etc.

Les caves de champagne

De l'histoire du champagne

Ce sont sans doute d'abord les Romains qui, lors de leur installation dans la région, découvrirent les premiers les vertus de ce bon vin.
Les célèbres foires de Champagne du Moyen Âge firent ensuite connaître et aimer ce vin aux marchands venus de toute l'Europe. À chaque sacre royal, la noblesse appréciait ce vin. Les papes eux-mêmes n'y étaient pas insensibles : Léon X, sous la Renaissance, possédait un vignoble en Champagne. Le vin de l'époque ne ressemblait guère à notre champagne actuel. Il avait tendance à pétiller certes, mais on s'efforçait par tous les moyens de dominer cette fâcheuse inclination. Il fallut attendre dom Pérignon à la fin du XVIIᵉ siècle qui réussit à maîtriser la fermentation et n'hésita pas à marier des crus entre eux pour former des cuvées. Il obtint ainsi un « vin clair à la mousse persistante » tel que nous le connaissons maintenant.
Aussitôt le champagne connut un succès incroyable. Poètes et philosophes du Siècle des lumières en firent même la pub, tel Voltaire qui écrivit :

> « De ce vin frais l'écume pétillante
> De nos Français est l'image brillante. »

Talleyrand, lui, trouva des vertus « civilisatrices » à ce vin qu'il utilisa pour essayer d'amadouer les participants au congrès de Vienne. Et, dès le milieu du XIXᵉ siècle, les exportations vers de nombreux pays s'accrurent considérablement.

L'élaboration du champagne

Après la fermentation naturelle des vins dans les cuves (transformation du sucre en alcool) aux environs de Noël, on procède au mélange des différents crus. De l'opération dépendra la valeur de la cuvée. Il faut réaliser un ensemble harmonieux en mariant des vins issus d'années, de cépages et de crus différents. Si le vin n'est obtenu qu'avec des raisins blancs de cépage chardonnay, le champagne est appelé blanc de blanc. Lorsque le vin d'une récolte est exceptionnel, on peut réaliser la cuvée avec le seul vin de l'année, le champagne est alors millésimé. Dans les mélanges, les vins de la Montagne de Reims apportent la vinosité et la luminosité, ceux de la vallée de la Marne le moelleux et, enfin, ceux de la côte des Blancs la finesse et la légèreté. Chaque maison de champagne garde jalousement le secret de ces savants assemblages.
Le vin est ensuite mis en bouteille. C'est l'opération du tirage au cours duquel on ajoute les levures naturelles champenoises et une légère quantité de sucre. Les bouteilles sont descendues en cave où la température, été comme hiver, doit être maintenue à 10 °C. Pendant cette seconde fermentation, plus lente que la première, le vin prend mousse. On le laisse ensuite séjourner en cave au moins un an, mais le plus souvent 3 ou 4 ans et davantage si l'on veut obtenir un grand cru. Ce lent vieillissement est considéré comme l'un des facteurs essentiels de « l'incomparable délicatesse du champagne ».

Pendant la seconde fermentation, un dépôt se forme dans les bouteilles. Celles-ci sont remuées chaque jour pendant plusieurs semaines pour faire glisser le dépôt sur le bouchon. Vient alors l'opération du dégorgement qui consiste à expulser ce dépôt. Comme un peu de vin s'échappe à ce moment, on le remplace par du champagne qui peut contenir un peu de sucre de canne suivant le type de champagne que l'on veut obtenir : brut, sec ou demi-sec.

Après tout ça, la bouteille reçoit un bouchon définitif, maintenu par un « muselet ». Il n'y a plus qu'à l'expédier (ouf !).

Parmi les caves les plus intéressantes de Reims :

★ *Taittinger :* 9, place Saint-Nicaise. ☎ 03-26-85-45-35. Visite tous les jours, du 1er mars au 30 novembre de 9 h 30 à 12 h et de 14 h à 16 h 30, le week-end et les jours fériés de 9 h à 11 h et de 14 h à 17 h. Fermé les week-ends de décembre à février. Quelque 15 millions de bouteilles dans des galeries gallo-romaines et dans les cryptes de l'ancienne abbaye du XIIIe siècle.

★ *Pommery :* 5, place du Général-Gouraud. ☎ 03-26-61-62-55. Entrée : 40 F. Visite des celliers sur réservation, tous les jours de Pâques à octobre, de 11 h à 17 h ; hors saison, visites sur réservation uniquement. Fermé les week-ends et jours fériés. Sans doute les plus belles caves de la ville : elles s'étendent sur 18 km dans la craie compacte (les crayères). Parfois les galeries s'élargissent en salles voûtées décorées de sculptures. Pommery possède un domaine d'environ 300 ha.

★ *Veuve Cliquot :* 1, place des Droits-de-l'Homme. ☎ 03-26-89-54-41. Visite sur rendez-vous uniquement (visite et dégustation gratuite). Fermé le samedi (sauf du 1er avril au 31 octobre) et le dimanche. Durée de la visite : environ 1 h (film de 10 mn dans une des caves compris).

Elle commence par une présentation sur carte de la champagne viticole : territoire, sol, climat, etc., et se poursuit dans une partie des 24 km de caves (celles de Veuve Cliquot sont les plus longues de toutes les maisons de Champagne). Les crayères datent de l'époque gallo-romaine (IIIe et IVe siècles). Pendant la visite, le travail continue, et vous aurez tout le loisir d'observer les cavistes accomplir leurs tâches quotidiennes, transport des caisses, dégorgement... et éventuellement leur poser des questions. Vous saliverez en passant devant la vinothèque privée remplie de vieux millésimes (les plus anciens datent de 1928-1930).

Pour les amateurs de souvenirs, *espace boutique* en fin de parcours, avec boutons de manchettes, porte-clés, cravates...

★ *Ruinart :* 4, rue des Crayères. ☎ 03-26-77-51-51. Uniquement sur rendez-vous de 9 h à 17 h en prévenant au minimum 15 jours à l'avance. Fermé les samedi et dimanche.

C'est la plus ancienne maison de champagne. Elle a été fondée en 1729. La visite se fait entre 25 et 40 m sous terre, et il vaut mieux se couvrir car il fait très frais. Ruinart, ce sont 8 km de caves avec un stock de 7,5 millions de bouteilles. Une partie des caves date du XIXe siècle, l'autre du IIe siècle après Jésus-Christ. Il y a 24 crayères en tout, dont quatre sont classées aux Monuments historiques. Atmosphère magique indéniable.

LA MONTAGNE DE REIMS

Voici un agréable circuit à partir de Reims, qui vous fera découvrir cette belle région dont le sommet n'atteint pas 300 m, mais qui offre de jolis paysages et vous fait traverser la forêt de la Montagne de Reims. De Reims, prendre la N51, direction Épernay, et, à Montchenot, tourner à gauche (D26).

★ *RILLY-LA-MONTAGNE (51500)*

À la lisière de la forêt, un bourg sympa dont l'église abrite d'amusantes stalles sculptées du XVIe siècle, ornées de motifs relatifs à la vigne. N'hésitez pas à grimper sur les pentes du *mont Joli*, le bien nommé. Comptez une petite heure, avec une vue splendide sur Reims en récompense.

À voir

★ *La ferme des Bermonts* : ☎ 03-26-97-66-50. Uniquement sur rendez-vous. Payant. Rouflaquettes et moustaches en guidon de vélo, l'œil pétillant de malice, J.-P. Liegent, père du célèbre restaurateur de Reims, Hervé Liegent *(Le Vigneron, Le Petit Bacchus),* s'enflamme dès qu'il parle de sa grande passion : la Champagne et ses vignerons. Une passion dévorante qui le pousse à collectionner depuis 35 ans des milliers d'objets dont le plus vieux remonte au XVIIIe siècle. De la première sulfateuse hippomobile aux hottes de tout âge en passant par les pressoirs et les tonneaux, tout y est. L'installation de son musée a pris 5 ans, mais il en est fier. « J'ai voulu montrer la vie d'un vigneron il y a 150 ans ». Le résultat est instructif, et la reconstitution de l'intérieur d'un vigneron champenois est criant de vérité. Le vin n'allant pas sans le pain, il a consacré une exposition permanente à ce dernier. Une association de la miche et de la boutanche qui semble aller de soi quand on écoute ce passionné des choses de la vie.

★ *VERZENAY*

Remarquer son vieux *moulin*, peut-être le dernier de la région. Construit en 1820, ce brave moulin reçut les hommages de Poincaré et Clemenceau après avoir servi d'observatoire militaire en 1914-1918.

★ *VERZY*

Connu à la fois pour la qualité de ses crus et les « faux » de Verzy. À Verzy, prendre à droite la D34, direction Louvois. Au sommet de la côte, *route des Faux*. « Faux » vient du latin *fagus*, hêtre. Les faux de Verzy, dont les plus vieux ont plus de 500 ans, sont des hêtres aux formes tortueuses se développant en forme de parasol jusqu'au ras du sol. Ces formes seraient dues à des pratiques anciennes de marcottage ainsi qu'à la présence de fer dans le sous-sol. Parcours d'environ 1 km à pied pour les découvrir.

★ *L'OBSERVATOIRE DU SINAÏ*

Parking près de la D34. Une route forestière monte au sommet ; le nom de Sinaï fut donné à un observatoire blindé installé au point culminant de la Montagne de Reims. Par beau temps, la vue s'étend jusqu'à la forêt de l'Argonne.

Où dormir ? Où manger ?

⌂ |●| *Hôtel du Cheval Blanc :* rue du Moulin, 51400 Sept-Saulx. ☎ 03-26-03-90-27. Fax : 03-26-03-97-09. Fermé la dernière semaine de janvier et les trois premières semaines de février. Ancien relais de diligence avec une cour fleurie et un grand parc traversé par la Vesle, ce *Cheval Blanc* a tout du havre de repos. Le calme est d'ailleurs au rendez-vous, et les chambres confortables qui donnent sur la cour fleurie incitent à la relaxation. De 390 F la double avec douche à 460 F avec bains (dans la résidence au bord de la rivière : chambre double avec bains et w.-c. à 710 F). Ceux pour lesquels une pratique quotidienne du sport est un élément d'équilibre, apprécieront le court de tennis et de volley-ball. Les amoureux de la pêche à la ligne pourront taquiner le goujon dans la Vesle. Reste pour les autres le farniente dans le parc et, pour tous, le restaurant. C'est assez cher : premier menu à 150 F, puis 180, 250, 280 et 360 F. Intéressantes (si on en a les moyens), les deux formules détente et gastronomie de deux ou trois jours. Week-end 2 jours : 2 nuitées, 2 petits déjeuners, 1 dîner boisson comprise, 1 dîner gastronomique au champagne et 2 activités au choix (découverte de cave, promenade à VTT, etc.) pour 1 450 F par personne. Apéritif maison offert sur présentation du guide.

★ LOUVOIS

Reprendre la D34 vers Louvois, où se trouve le *château* du ministre de Louis XIV édifié par Mansart. Du château, détruit de 1805 à 1812, il ne reste que la grille d'entrée en fer forgé à la main (connue pour être l'un des plus beaux spécimens de l'ancienne serrurerie de France), les communs et un beau parc. Le bâtiment actuel n'est qu'un pavillon privé reconstruit au XIXe siècle.

– Pour pénétrer un peu plus dans la *forêt de la Montagne de Reims*, remonter la D9 au nord puis tourner à gauche, direction Ville-en-Selve et Germaine (D71). Au lieu-dit *Vauremont*, très belle ferme autour d'une tour carrée.

★ GERMAINE

Charmant petit village au milieu de la forêt. À voir : la *maison du Bûcheron* (ouverte les samedi, dimanche et jours fériés, de 14 h 30 à 18 h 30, du 6 avril au 27 octobre ou sur rendez-vous : ☎ 03-26-59-44-44) dans laquelle le parc naturel régional a aménagé un *musée* qui évoque l'exploitation de la forêt.

Où manger ?

|●| *La Ferme des Bœufs :* chez Isabelle et Bernard Verdonk, à la sortie du village. ☎ 03-26-52-88-25. Ferme-auberge ouverte du 15 avril au 25 octobre du samedi midi au dimanche midi seulement. Menu unique à 120 F : entrée, plat du jour, salade, plateau de fromages, dessert et café. Menu-enfants à 60 F. Sur réservation. Apéritif maison offert sur présentation du guide.

– La route après Germaine traverse la forêt et retrouve la N51 qui permet d'entrer à Reims.

ÉPERNAY (51200) ET LA CÔTE DES BLANCS

Épernay n'est pas une ville particulièrement « pittoresque ». Peu de monuments anciens mais un des attraits principaux de la ville réside dans la visite des caves de champagne dont les immenses galeries creusées à même la craie ou voûtées de briques s'étendent en un inextricable labyrinthe sous les coteaux environnants.

Adresses utiles

🚇 *Office du tourisme :* 7, av. de Champagne. ☎ 03-26-53-33-00. Fax : 03-26-51-95-22. Ouvert du lundi au samedi de 9 h 30 à 12 h 30 et de 13 h 30 à 19 h (17 h 30 hors saison) ; le dimanche de 11 h à 16 h uniquement de Pâques à mi-octobre.
■ *Promenades en bateau sur la*

Marne : embarcadère Cumières, à 3 km au nord d'Épernay. Départs quotidiens, de mai à septembre, avec *Le Champagne Vallée*. ☎ 03-26-54-49-51.
■ *Champagne Découverte :* 11, rue Eugène-Mercier. ☎ 03-26-54-19-49. Découverte des vignobles en minibus.

Où dormir ? Où manger ?

🛏 *Foyer des Jeunes Travailleurs :* 2, rue Pupin. ☎ 03-26-51-62-51. Fait en quelque sorte fonction d'auberge de jeunesse en été (juillet et août) en accueillant étudiants et jeunes travailleurs. 85 F la chambre avec le petit déjeuner. Attention, il faut impérativement arriver avant 19 h car, après, la réception est fermée et il vous sera impossible d'y dormir.
🛏 *Hôtel de Champagne :* 30, rue Eugène-Mercier. ☎ 03-26-53-10-60. Fax : 03-26-51-94-63. Fermé du 24 décembre au 25 janvier. Moderne et confortable. Sans aucun doute le meilleur hôtel du centre-ville. Une dizaine de chambres sont pourvues de la climatisation. Leur prix va de 450 F avec douche à 550 F avec bains. Le petit déjeuner se présente sous la forme d'un buffet à volonté (55 F).
🛏 I●I *Les Berceaux :* 13, rue des Berceaux. ☎ 03-26-55-28-84. Fax : 03-26-55-10-36. Fermé la deuxième quinzaine de février et la première de mars, ainsi que quinze jours au

mois d'août (uniquement pour le restaurant). Resto fermé aussi le dimanche soir et le lundi. Près de la place de la République. Un vieil hôtel, édifié en 1889 sur l'emplacement des anciens remparts. Chambres confortables toutes de style différent de 390 F avec douche ou bains à 450 F ; chambre familiale à 450 F (grand lit, 2 lits et lit bébé). Restaurant ou *wine bar* ? Selon son humeur, chacun choisira l'un ou l'autre. Dans le premier, plusieurs menus : 140 F (uniquement la semaine), 220 et 300 F, ainsi qu'une carte chargée (7 entrées, 7 poissons, 7 viandes, 7 desserts) ; dans le second, une carte courte, un menu-carte à 135 F, ainsi qu'une formule à 90 F (un plat au choix, un dessert, un verre de vin). Carte des vins de lecture agréable.
I●I *La Grillade :* 16, rue de Reims. ☎ 03-26-55-44-22. Fermé le samedi midi et le dimanche (sauf les jours fériés). Appelé familièrement « Chez Blanche », du nom de sa propriétaire, ce resto est le royaume de la

cuisson au feu de bois. Sardines, bar au fenouil, T-bone à la moelle, andouillette, etc., sont chatouillés par des flammes jusqu'à ce qu'ils soient fin prêts à être servis aux convives toujours nombreux. Le jardin fleuri avec sa terrasse ombragée est apprécié à sa juste valeur dès que l'été revient. Menus à 82, 100 et 170 F. Quelques vins au verre de 12 à 15 F. En dessert, la banane flambée, grillée elle aussi au feu de bois, obtient un succès mérité... Apéritif maison offert sur présentation du guide.

|●| *Chez Pierrot :* 16, rue de la Fauvette. ☎ 03-26-55-16-93. Fermé le samedi midi, le dimanche et du 1er au 21 août. L'hôtesse, dont les décolletés sont célèbres dans toute la Champagne, virevolte de table en table, explique les mets, conseille et donne le *la,* aidée par une assistante efficace qui gère sa salle avec grâce. En cuisine, Pierrot mitonne ses petits plats dont certains font preuve d'une belle inventivité. Rien d'extatique cependant, mais largement de quoi sortir heureux. Le menu du marché est à 140 F, avec salade de fruits de mer, rascasse aux épices riz basmati et sorbets sans défaut. Belle carte de champagnes, auxquels s'ajoutent des vins d'ici et de là, à des prix qu'on aimerait plus amènes. Le cadre agréable, mélange de modernité et de mobilier de style, est au diapason de l'assiette. À la carte, compter environ 250-300 F. Salle climatisée.

Où dormir ? Où manger dans les environs ?

▲ *Gîte chez Arlette et Jean Lacroix :* à Montigny (3 épis aux Gîtes de France). ☎ 03-26-58-35-17. D'Épernay, suivre la direction Paris par autoroute, sortir à Dormans, puis prendre la direction Châtillon-sur-Marne, Montigny est à 1 km. Une fois dans le hameau, difficile de se tromper : il n'y a que deux rues. Sur la route du champagne, un petit village à flanc de coteau, au cœur de la vallée de la Marne. Jean et Arlette Lacroix, récoltants et producteurs de champagne, ont construit un gîte pour 7 personnes de facture assez moderne, mais très bien aménagé et décoré avec beaucoup de goût. 3 chambres, 2 salles de bains, un jardin avec terrasse et barbecue, dans un calme olympien. Un confort qui donne l'agréable sensation d'être chez soi. Sans oublier le pot d'accueil au champagne, bien sûr ! N'hésitez pas de leur demander une visite de leurs caves. Jean vous expliquera le processus d'élaboration de la petite bulle de façon bien moins conventionnelle et laconique que chez les grands négociants voisins. Compter 2 100 F la semaine (plus le chauffage en hiver), 1 145 F le week-end, et 1 000 F la nuit pendant les vacances scolaires ou pour deux nuits hors période.

▲ |●| *Le château d'Étoges :* 4, rue Richebourg, 51270 Étoges. ☎ 03-26-59-30-08. À 24 km au sud d'Épernay par la D51 jusqu'à Montmort-Lucy et ensuite la D18. Relais des rois de France sur la route de l'Est, le château d'Étoges construit au XVIIe siècle reçoit des éloges mérités de tous ceux qui y séjournent. Totalement rénové en 1991 par sa dernière propriétaire, Anne Filliette-Neuville, Étoges offre 20 chambres raffinées, toutes avec salle de bains privée. Chacune est de style différent, mais indéniablement aristocratique. Les prix varient de 600 à 800 F pour une double et jusqu'à 1 050 F pour une suite. Réduction de 10 % sur le prix de la chambre pour nos lecteurs du 1er novembre au 30 mars.

Le parc de 18 ha permet des balades romantiques, et le salon de billard permet de se mesurer entre gentlemen avant de passer à table. Dans l'élégante salle à manger, trois menus au choix : 180, 250 et 350 F. Le deuxième, avec foie gras maison, émincé de canard aux morilles ou morceaux choisis d'agneau rôti jus d'estragon, ou encore cotriade de la mer au safran, plateau de fromages et dessert, donne une certaine idée de la vie de château. Nos amis anglo-saxons raffolent de l'endroit.

🛏 *Chambres d'hôte Manoir de Montflambert :* 51160 Mutigny. ☎ 03-26-52-33-21. Ouvert du 15 mars au 15 novembre. À 9 km d'Épernay par Ay et ensuite Mareuil. Solidement ancré en bordure du parc régional de la Montagne, ce manoir du XVIIIe siècle, ancien relais de chasse des ducs de Gontaut-Biron, a fière allure. L'endroit rêvé pour prendre le temps de vivre. 6 chambres de style, avec salle de bains et w.-c. privés (de 450 à 650 F), salle à manger du XVIIIe siècle, et salon Louis XV sont à la disposition des hôtes. Qui dit manoir dit parc, avec bien sûr dans ce dernier une pièce d'eau, romantique à souhait.

🛏 📧 *Hostellerie La Briquetterie :* 4, route de Sézanne, 51530 Vinay. ☎ 03-26-59-99-99. Fermée du 21 au 27 décembre. À 6 km au sud-ouest d'Épernay par la D51. L'hostellerie de luxe de référence dans la région d'Épernay. Prix évidemment pas à la portée de tout le monde (double de 730 à 890 F). Les chambres sont bien aménagées, décorées avec soin, spacieuses et assez silencieuses. Le confort, la régularité et la qualité du service, voilà ce qui caractérise *La Briquetterie.* Au restau-

rant, en semaine, formule déjeuner pas idiote qui permet de s'offrir un moment de luxe à prix raisonnable. Le prix de votre plat principal, qui s'échelonne de 135 à 215 F, comprend une entrée et un dessert au choix. Le soir et le week-end, les tarifs passent à la vitesse supérieure (menu gourmet à 345 F, etc.). Parc de 4 ha et piscine chauffée couverte avec vue sur les coteaux, sauna et salle de musculation. Quelques centaines de mètres plus loin se trouve Vinay. De sympathiques petits chemins (circuit fléché) vous amèneront en surplomb du village au milieu des vignes. Le panorama... est magnifique.

📧 *Auberge de Saint-Fergeux :* 51130 Gionges. ☎ 03-26-57-90-60. Ouvert tous les midis et les vendredi et samedi soir. Fermé le lundi. À 10 km au sud d'Épernay par la D10 jusqu'à Mesnil-sur-Oger et ensuite la D238. En face de l'église. Du canard, rien que du canard chez Nelly Vatel. Faut aimer ça ! Foie gras de canard au torchon, magret de canard sauce périgourdine, cassoulet au confit de canard... de quoi faire coin-coin toute la journée ! Au dessert, soufflé au marc de champagne, pavé au chocolat et pêche au champagne. Terrasse-jardin aux beaux jours. Environ 120 F. Apéritif maison offert sur présentation du guide.

À voir : les caves

Ne pas manquer la visite des caves, aussi réputées que celles de Reims. D'autant plus qu'une coupe est traditionnellement offerte à la fin de la visite ! Prévoir une petite laine, la température ne devant pas dépasser 12 °C...

★ *Moët & Chandon :* 18, av. de Champagne. ☎ 03-26-51-20-20. Fax : 03-26-51-20-21. Visite toute l'année du lundi au vendredi, de 9 h 30 à 11 h 30 et de 14 h à 16 h 30 ; ouvert également le week-end du 15 mars au 19 novembre, aux mêmes horaires. Entrée : 35 F (20 F pour les moins de 16 ans, gratuit pour les moins de 12 ans). Durée de la visite : 1 h ; elle commence par un film et est suivie d'une dégustation.

Le guide (amusant et compétent) nous apprend qu'il fallut un siècle pour creuser les 28 km de galeries ! Fondée en 1743, la maison connut son essor sous Jean-Rémy Moët, grand copain de Napoléon. D'autres hôtes illustres honorèrent les lieux ; du tsar Alexandre Ier à Nikita Khrouchtchev, de Charles X à la reine Élizabeth, en passant par les princes de Monaco, du Népal et du Japon. Pour en savoir plus, demander le fascicule gratuit.

★ *De Castellane :* 57, rue de Verdun. ☎ 03-26-55-15-33. Visite tous les jours du 1er mai au 2 novembre de 10 h 30 à 12 h et de 14 h à 17 h 15.

Entrée : 25 F pour les caves et le musée (20 F pour le musée uniquement).
Outre ses caves qui s'enfoncent à 40 m de profondeur (avec 10 km de galeries), la maison de Castellane propose la visite de son intéressant petit
musée qui s'étale sur 5 000 m².
À l'intérieur : salle de bouteilles anciennes, outils de jadis, dont un « pressoir
à écureuil » du XVIIIe siècle, importante collection d'étiquettes et de colle-
rettes (environ 3 000), ainsi que d'affiches publicitaires de la marque dont la
plus ancienne date de 1922 et reconstitution de scènes liées à la fabrication
du champagne : travail des vignes, pressurage, mise en bouteilles... Il y a
aussi un musée de l'imprimerie conçu avec l'école Estienne de Paris.
Vue splendide sur la vallée de la Marne du haut de la tour aux 237 marches,
haute de 60 m, qui est le point culminant d'Épernay.

★ *Mercier :* 68-70, av. de Champagne. ☎ 03-26-51-22-22. Ouvert du lundi
au samedi de 9 h 30 à 11 h 30 et de 14 h à 16 h 30 (les dimanche et jours
fériés de 9 h 30 à 11 h 30 et de 14 h à 17 h 30). En décembre, janvier et
février, fermeture hebdomadaire les mardi et mercredi. Entrée : 25 F en
semaine et 30 F le week-end. Visite des caves en petit train avec dégustation gratuite.
On peut admirer les sculptures taillées dans la craie ainsi que le fameux
« foudre géant » (tonneau à champagne), d'une capacité de 200 000 bouteilles! Commandé pour l'Exposition universelle de 1889, il fut tiré jusqu'à
Paris par 42 chevaux... À voir également, le *musée des Pressoirs* (en
semaine et sur rendez-vous).

★ *Pol Roger :* 1, rue Henri-Large. ☎ 03-26-59-58-00. Visite des caves sur
rendez-vous, la semaine uniquement (contacter Mme Lemaire). 7 km de
caves sur deux niveaux, le dernier étant à 33 m sous terre. Pol Roger est
l'une des dernières maisons à perpétuer la tradition du remuage à la main. À
son propos, Winston Churchill disait « Mes goûts sont simples, je me satis-
fais du meilleur » !

À voir encore

★ *Le musée du Vin de Champagne et le musée de Préhistoire et
d'Archéologie régionale :* 13, av. de Champagne. ☎ 03-26-51-90-31. Ce
musée est en restauration et ne devrait rouvrir que dans deux ans.
À défaut de la visite, promenez-vous dans l'agréable jardin de l'hôtel de ville.

Autour d'Épernay

★ *AY (51160)*

À 3 km au nord-est par la D201. Au centre d'un des vignobles les plus réputés de Champagne. Célèbre pour son pressoir d'Henri IV, sire d'Ay. Jolie
maison à pans de bois.

★ *HAUTVILLERS (51160)*

À 6 km au nord par la D386. Un des plus beaux villages de Champagne avec
ses demeures anciennes aux enseignes en fer forgé, accrochées sur les
pentes de la Montagne de Reims. Vue étendue sur la vallée de la Marne et
Épernay.
Au cœur du village, une belle propriété cache la célèbre **abbaye** bénédictine
où le cellérier dom Pérignon mit au point à la fin du XVIIe siècle le procédé

permettant de rendre mousseux le champagne. Ce lieu béni des dieux appartient à la maison Moët & Chandon. Visite exceptionnelle et uniquement sur rendez-vous. Ne pas oublier de téléphoner avant de passer (service planning : Mme Corgié, ☎ 03-26-51-20-00). Fermé le week-end de novembre à mars. Avantage : pas besoin d'être en groupe. Admirer le portail du XVIIIe siècle et le chœur des moines décoré de boiseries, de stalles et de grands tableaux.

À voir : cave à champagne

★ *Jean Billard :* 41, rue des Buttes. ☎ 03-26-59-40-38. Uniquement sur rendez-vous. Ils ne sont que cinq ou six à faire du champagne biologique dans la région, et Jean Billard est l'un d'entre eux. Ce petit bonhomme passionné travaille en famille (sa femme et ses deux fils) et produit annuellement 15 000 à 20 000 bouteilles sur ses 5 hectares de vignes qui réunissent les trois cépages de champagne (pinot noir, pinot meunier, chardonnay). Si vous êtes féru d'environnement et amateur de produits naturels, une visite chez ce vigneron (qui ne mange et ne boit que des produits bio) s'impose.

★ ŒUILLY

Un charmant et paisible village de la vallée de la Marne, situé à environ 15 km à l'ouest d'Épernay.
Outre l'*église Saint-Memmie*, on peut visiter la *Maison champenoise* : ☎ 03-26-58-39-19 (mairie). Ouverte de mai au 15 novembre tous les jours, sauf le mardi, de 14 h à 18 h. Il s'agit d'une ancienne maison de vigneron datant du XVIIe siècle. Trois petites pièces, aménagées simplement, nous font découvrir le mode de vie de l'époque. À l'étage inférieur, exposition d'anciens outils de vigneron. Le tout est plein de charme. Visites guidées toute la semaine, mais assurées le week-end par des bénévoles du village à l'enthousiasme convaincant.
Le prix d'entrée comprend aussi la visite du *musée « l'École 1900 »*, un peu plus loin. Une ancienne salle de classe qui aurait sans aucun doute plu à Doisneau.

LA CÔTE DES BLANCS

Ainsi nommée parce que la « côte » est exclusivement plantée en raisin blanc. On y produit les fameux crus de champagne : les blancs de blanc. Sortir d'Épernay au sud par la route de Sézanne (N51).

★ PIERRY (51200)

La mairie est l'ancienne résidence de Jacques Cazotte, auteur du *Diable amoureux*. Prendre à gauche la D10 qui offre de jolies vues sur la vallée de la Marne.

★ CRAMANT (51200)

Gros village réputé pour son cru, à tel point que le chardonnay est souvent appelé blanc de Cramant.

★ *AVIZE (51190)*

Au-dessus du village, jolie promenade avec vue sur la côte. À voir : l'église du XIIᵉ siècle, couverte en bois.

Où dormir ? Où manger ?

🏠 |●| *Chambres d'hôte Le Vieux Cèdre :* chez Imogen et Didier Whitaker, 14, route d'Oger. ☎ 03-26-57-77-04. Fax : 03-26-57-97-97. En face du lycée viticole. Superbe demeure bourgeoise du XIXᵉ siècle typiquement champenoise et entourée d'un parc privé planté avec des arbres centenaires. Les chambres, aménagées pour le bien-être, ont le charme qui sied à de vieux murs.

L'atmosphère est définitivement *cosy*, sensation renforcée par la prise du repas du soir en famille. Champagne oblige, il débute avec une coupe en apéritif. Pour une telle qualité de confort et de réception, les prix sont la douceur même, 250 F la chambre double, petit déjeuner inclus, et 140 F par personne pour le repas du soir (boisson comprise). Une halte séduisante.

À voir : cave à champagne

★ *Union-Champagne, Champagne de Saint-Gall :* 7, rue Pasteur. ☎ 03-26-57-94-22. Ouvert de 9 h à 12 h et de 14 h à 17 h 30. Uniquement sur rendez-vous. Fermé les samedi et dimanche. Union-Champagne est un groupement qui rassemble aujourd'hui 1 860 producteurs. Les vignes cultivées se situent pour leur majorité sur les terroirs prestigieux de la côte des Blancs : Cramant, Avize, Oger, Le Mesnil-sur-Oger, Vertus et Bergères-les-Vertus, etc. Tout cela sur une superficie avoisinant 1 209 ha.

Chez Union-Champagne, rien de spectaculaire, pas de petit train, pas de mur d'images, mais des explications sérieuses sur la méthodologie du champagne par un accompagnateur compétent qui sait de quoi il parle. La visite dure environ 1 h et se termine par une dégustation (gratuite tout comme la visite, chose qui se fait rare). Une balade commentée qui vous entraînera à travers les nouvelles caves (4 ha) et les anciennes qui datent du XIXᵉ siècle (4 km) et vous permettra de voir cuves, chaîne d'embouteillage... Il y a 20 millions de bouteilles en stock (ça en fait des bulles !).

Pour l'anecdote, sachez que le champagne Saint-Gall est très prisé de la Fédération nationale de judo, au point qu'il existe, rien que pour cette dernière, une « cuvée du judo ».

Vente à emporter avec un tarif préférentiel.

★ *OGER (51190)*

Remarquable pour ses fontaines, ses lavoirs et ses girouettes, et surtout pour son *église* au clocher carré du XIIᵉ siècle, son chœur à chevet plat du XIIIᵉ siècle et ses statues du XVIIIᵉ siècle. Oger a pour origine « Agger » qui veut dire « Haut ». De là, superbe point de vue sur une grande partie de la côte des Blancs. On produit ici un cru fameux. Vin 100 % blanc de blanc.

À voir

★ *Le musée du Mariage et de ses Traditions :* 1, rue d'Avize. ☎ 03-26-57-50-89. Ouvert tous les jours de 9 h à 11 h et de 14 h à 18 h. En janvier et février, sur rendez-vous uniquement. Ce musée assez kitsch retrace l'histoire du mariage du XIXe siècle au début du XXe.

On reste interloqué devant certains objets, comme la tirelire en terre cuite en forme de sein offerte par les jeunes filles à leurs soupirants (une coutume de Souffleheim dans le Bas-Rhin), ou encore la porcelaine de Saxe représentant la voiture de mariage de Napoléon Ier, porcelaine offerte en cadeau lors du mariage du prince Gustave-Adolphe de Suède avec la princesse Sibylle de Saxe-Cobourg. On fantasme devant les jarretières et on sourit devant la collection de reliquaires d'amour sous « verrine », une coutume typiquement française qui consistait à mettre sous globe couronnes, bouquets et autres souvenirs de mariage.

Ce musée est doublé d'un autre, plus petit, qui présente une superbe collection d'étiquettes champenoises.

★ LE MESNIL-SUR-OGER (51190)

Encore renommé pour ses vignobles, le village possède lui aussi une église romane avec clocher central et un joli portail sud du XVIe siècle. Un exploitant local, **Robert Moncuit :** 2, place de la Gare, vend un bon champagne à prix très correct.

À voir

★ **Le musée de la Vigne et du Vin :** 7, route d'Oger. ☎ 03-26-57-50-15. Ouvert tous les jours sauf à Noël, le Jour de l'An et à Pâques. Sur réservation uniquement. Payant (35 F), mais avec en prime une dégustation de trois champagne différents.

Un musée qui existe depuis 20 ans grâce à la passion d'un homme, M. Launois. Vigneron et infatigable chineur, il court les brocantes chaque week-end à la recherche de la perle rare, et finit toujours par dénicher une pièce qu'il ajoutera à sa collection. Environ 5 000 outils et objets liés au travail du vin et de la vigne (pas exclusivement champenois). La pièce la plus intéressante est un ancien pressoir qui date de 1630. Il est véritablement impressionnant (son poids : 16 tonnes !). Remarquable aussi, les 400 ceps de vigne sculptés par Marc Fetizon. Cet ouvrier vigneron artiste autodidacte a réalisé un travail fabuleux et ses personnages, diables et chimères tordus, etc., laissent pantois.

Pour finir, une originale cave de dégustation où, en buvant une coupe, il faut prendre le temps d'admirer la belle *collection de cendriers*. Pétillant !

– Par une petite route à flanc de coteau, plus pittoresque que la D9, on parvient à Vertus.

★ VERTUS (51130)

C'est une petite ville bien calme dont les rues irrégulières, agrémentées de vieux lavoirs et de maisons traditionnelles de vignerons, conduisent à l'*église Saint-Martin,* bel édifice du XIIe siècle, incendié en 1940 et presque entièrement reconstruit. Le transept et le chœur ont gardé leurs voûtes d'ogives primitives. À gauche, un escalier conduit à la crypte composée de trois chapelles. Derrière l'église, agréable plan d'eau où se reflète le chevet de l'église. Allez-y à midi, à l'heure où l'on vient donner à manger aux cygnes particulièrement affamés. Si vous désirez acheter du bon champagne directement au propriétaire, une bonne adresse :

– **Champagne Guy Larmandier :** 50, rue du Général-Kœnig. Près du plan d'eau. ☎ 03-26-52-12-41. Belle maison de vigneron joliment fleurie, où vous serez chaleureusement accueilli. Prix tout à fait corrects et champagnes de qualité, on les a goûtés. Essayez le rosé.

Où dormir ? Où manger dans les environs ?

▲ I●I *Hostellerie du Mont-Aimé :* 4-6, rue des Vertus, 51130 Bergères-les-Vertus. ☎ 03-26-52-21-31. Fax : 03-26-52-21-39. À 3,5 km de Vertus par la D9. Restaurant fermé le dimanche soir. Chambres agréables donnant sur un jardin et piscine pour se rafraîchir en famille. Chambres de 340 à 420 F pour deux personnes. Le restaurant sert une cuisine bourgeoise classique. Menu à 110 F en semaine et 160 F le week-end. Autres menus à 240, 295 et 350 F. Accueil selon l'humeur, qui va de l'orageux au beau fixe. Non loin de l'hôtel se trouve le fameux mont Aimé, butte témoin de 240 m qui domine la plaine champenoise et la côte des Blancs. Il y a une table d'orientation, ce qui est bien pratique. Apéritif maison offert sur présentation du guide.

Après Disneyland, Disney World, Tokyo Disneyland, voici Disneyland Paris, le plus grand parc d'attractions d'Europe. La magie de Mickey a encore frappé. La réputation de cette souris qui a vu le jour à Hollywood en 1928 n'est plus à faire. Mickey Mouse fut même le mot de passe des Alliés le 6 juin 1944 et Mussolini interdit tous les « comics » américains, sauf Mickey. Bref, qui n'a pas un jour rêvé de rencontrer cette fabuleuse souris, symbole de malice et de gentillesse, que tout le monde adore?... C'est la question que ce brave Walt s'est posée un jour. De là est née l'idée d'un lieu de détente spécialement conçu pour toute la famille. Le premier fut inauguré en 1955 en Californie.

Disneyland Paris, situé à Marne-la-Vallée, s'étend sur 600 ha (soit environ le 1/5e de la capitale), à 32 km à l'est de Paris. Tout a été pensé pour qu'on y soit heureux. Dès le tronçon d'autoroute menant tout spécialement au parc, on est transporté : massifs, arbustes et pelouses impeccablement taillés et entretenus bordent une chaussée étonnamment souple, une vraie moquette. On se sent glisser vers le pays du rêve, et notre 205 devient une Old-smobile! Puis des équipes de jeunes gens costumés jaune et bleu vous dirigent jusqu'à *votre* place de parking. Par un tapis roulant long de centaines de mètres, vous accédez ensuite à l'univers Disney, un monde parallèle fait de méga-manèges et de décors géants, de fleurs et plantes extraordinaires et de musiques de film – la démesure américaine appliquée aux loisirs et au rêve.

L'inauguration du 12 avril 1992 eut lieu en grande pompe et fut retransmise à la télévision. Les débuts furent pourtant plutôt difficiles. Les méthodes de *management* américaines se concilièrent mal avec la réalité française. Foin de ces avatars de début de carrière, aujourd'hui le parc a pris sa vitesse de croisière, reçoit plus de 12 millions de visiteurs par an et dégage même des bénéfices.

Reconnaissons que la visite n'est pas désagréable, pour peu qu'on évite les périodes de cohue, et que, comme on dit, « c'est à voir »! Puis les queues, aux attractions, sont rendues supportables par l'ambiance générale vivante et colorée. Ah! un regret cependant : lors de notre passage, nous n'avons rencontré ni Mickey ni Dingo ni personne de la bande à Walt. C'est que nos héros n'existent qu'en exemplaires uniques, alors il faut tomber dessus.

Comment y aller?

– **En voiture :** par l'autoroute A4 (porte de Bercy), sortie 14 (Parc Disneyland Paris-Chessy). Immense parking payant (40 F) divisé en plusieurs sections dont chacune porte le nom d'un personnage Disney. Notez bien l'emplacement de votre véhicule.

– **En R.E.R. :** ligne A, à partir des stations Charles-de-Gaulle-Étoile, Auber, Châtelet-Les-Halles, Gare-de-Lyon et Nation. Descendre à la station Marne-la-Vallée-Chessy. Pas de parking à la gare R.E.R. Les riverains (Marne-la-Vallée et Chessy) doivent donc se garer sur le parking (payant!) de Disneyland Paris.

– **En avion :** des cars relient les aéroports d'Orly et de Roissy-Charles-de-Gaulle à Disneyland Paris (toutes les 30 à 45 mn).

– **En T.G.V. :** eh oui! on n'a pas lésiné sur les moyens chez Disney! Les lignes T.G.V. Sud-Est, Sud-Ouest, Ouest et Nord desservent le parc. Même

Thalys et Eurostar passent par ici. Pour les horaires, se renseigner : ☎ 08-36-35-35-35 (2,23 F la minute). Internet : www.sncf.fr.

Infos pratiques

– **Horaires :** ouvert tous les jours. Horaires variant selon les saisons et les jours, entre 9 h ou 10 h et 18 h (en hiver), 20 h (en moyenne saison) ou 23 h (en juillet et août). ☎ 01-60-30-60-30. Minitel : 36-15, code DISNEYLAND PARIS. Internet : www.disneylandparis.com.
– **Tarifs :** n'oubliez pas qu'Onc'Picsou tient la caisse et que l'entrée est chère, même si la direction a considérablement revu à la baisse les tarifs depuis la création du parc. Toutefois, son prix permet l'accès gratuit et illimité à toutes les attractions du parc, sauf le stand de tir. Gratuit pour les enfants jusqu'à 3 ans. Les enfants au-dessous de 7 ans doivent être accompagnés d'un adulte.
Il existe 3 types d'entrées, passeports pour 1, 2 ou 3 jours. Les prix qui suivent concernent la haute saison. Moins cher en basse saison.
Pour une journée : 210 F en haute saison (avril à octobre) et 165 F en basse saison (sauf vacances de Noël) pour les adultes ; 155 F en haute saison (avril à octobre) et 130 F en basse saison (sauf vacances de Noël) pour les enfants de 3 à 11 ans inclus.
Passeport soirées d'été « Les nuits étoilées » : environ 150 F pour adultes et enfants. Valable du 12 juillet au 31 août de 18 h à 23 h.
– **Consigne :** à droite de l'entrée principale. Sinon, consigne automatique au sous-sol de Main Street Station (juste après l'entrée principale).
– **Transports :** la gare des bus, les cars et les taxis se trouvent entre la gare R.E.R. et le parking visiteur. De là, bus urbains et cars pour les aéroports.
– Les **animaux** ne sont pas admis à l'intérieur du parc d'attractions ou des hôtels. Un chenil les accueille au bout du parking à droite avant le dernier tapis roulant.
– Interdiction d'apporter de la **nourriture** dans le parc, une aire de pique-nique est prévue entre le parking et l'esplanade.
– **Location de poussettes et chaises roulantes :** à *Town Square Terrace* (à l'entrée, place de Main Street).
– **Premiers soins, Relais bébés et Rendez-vous Enfants Perdus :** au bout de Main Street à droite à côté du Plaza Gardens Restaurant.
– **Argent :** 3 distributeurs de billets respectivement à Liberty Arcade et Discovery Arcade, les deux passages couverts qui longent Main Street sur côtés arrière, et au Village Disney.

Tuyaux

Quand l'ouverture est à 9 h, les caisses ouvrent dès 8 h 30. On conseille donc de s'y présenter entre 8 h 15 et 8 h 30. En effet, les files aux diverses attractions sont réduites à l'ouverture. Faites au pas de course les attractions les plus visitées.
Voici celles que nous préférons (en commençant par la gauche) : *Phantom Manor, Big Thunder Mountain, Indiana Jones, Pirates of the Caribbean* (tout au fond d'Adventureland) et le fabuleux *Space Mountain* ; ensuite, continuer sur *Star Tours* puis le *Visionarium*.
Vous gagnerez ainsi 2 à 3 h de file d'attente. Ensuite, quand des milliers de visiteurs débarquent de tous côtés, allez vers les attractions les moins prisées.

Autre super tuyau : ceux qui décident de dormir dans un des hôtels de Disneyland Paris se voient ouvrir les portes du parc dès 8 h en haute saison. Avantage terrible par rapport aux autres, qui permet de profiter de toutes les attractions les plus recherchées sans file d'attente.

Pour terminer, dans les files d'attente, restez sur la file la plus à droite possible. En général, c'est la plus rapide... Ne nous demandez pas pourquoi !

Où dormir ? Où manger ?

– **Pour tous les hôtels de Disneyland Paris :** réservations, ☎ 01-60-30-60-30. Fax : 01-60-30-60-65.

🛏 Disneyland Paris propose six hôtels assez chers, de 435 à 2 250 F la nuit par adulte (toutes les chambres peuvent héberger une famille de 4 personnes) selon les dates et la catégorie de l'hôtel. Le prix de la nuit comprend le petit déjeuner. Les deux hôtels les moins chers sont le **Santa Fe** qui rappelle un pueblo indien (de 435 à 780 F) et le **Cheyenne** qui évoque le Far West (de 535 à 925 F).

🛏 **Davy Crockett Ranch :** autoroute A4, sortie 13 (Serris), ensuite l'entrée est à environ 500 m, bien indiquée. Bungalows tout en bois pouvant accueillir jusqu'à 6 personnes de 400 à 800 F la nuit par adulte selon la saison (gratuit pour les enfants de moins de 3 ans, bonne réduction pour les 3-11 ans), accès au parc illimité pendant la durée du séjour, bien entendu. En basse saison, forfait 3 nuits obligatoire. Au milieu d'une forêt de 57 ha. Très bien équipé, chaque bungalow possède kitchenette avec four micro-ondes, lave-vaisselle, réfrigérateur, cafetière, bains, téléphone, barbecue, etc.

🛏 Pour les fauchés, le ranch dispose d'un **camping** pour tentes et caravanes (300 F l'emplacement). Réservation conseillée.

– Pour se déplacer à l'intérieur du ranch, possibilité de louer soit des vélos, soit des petites voitures électriques (à partir de 18 ans). À l'intérieur du ranch, promenades à dos de poney pour les petits, à cheval pour les plus grands, ou encore en diligence, tennis, sentiers pour les amateurs de marche et de vélo. Superbe piscine couverte dont le cadre rappelle les cascades de l'Ouest américain, un toboggan, trois jacuzzi et un solarium. Une petite ferme pour les petits.

🍴 Pour vos repas, la **Crockett's Tavern**, construite en rondins de bois, dont la déco évoque les contes et légendes qui ont fait de Davy Crockett le roi de la conquête de l'Ouest. Bonne nourriture pas trop chère. L'endroit idéal pour les gamins !

Où dormir ? Où manger dans les environs ?

Peu d'hôtels dans les environs proches mais nous en avons déniché quatre à moins de 10 km. Utile si l'on est deux et que l'on ne peut pas payer le prix fort de Disneyland Paris.

🛏 **Hôtel Le Saint-Germain :** 2, av. de la Gare, 77860 Saint-Germain-sur-Morin. ☎ 01-60-04-00-82. Pour y aller, prendre l'autoroute A4, sortie Crécy-la-Chapelle, puis la nationale 34 en direction d'Esbly. À environ 7 km de Disneyland Paris. Fermé le lundi. Petit hôtel au bord de la voie ferrée. 10 chambres simples mais très propres, avec douche et w.-c. Doubles à 230 F et 305 F pour trois.

🛏 🍴 **L'Auberge Fleurie :** 3, rue Saint-Denis, 77174 Villeneuve-Saint-Denis. ☎ 01-60-43-01-00.

Fax : 01-60-43-07-66. Fermée le dimanche soir. Sur l'autoroute A4, sortir à Serris (sortie 13) et prendre au rond-point la D88A tout de suite à droite vers Villeneuve-Saint-Denis. À environ 5 km de Disneyland Paris. Charmante petite auberge au milieu d'un village. 12 chambres mignonnettes avec douches et w.-c. 250 F la double, 220 F pour une personne. Au rez-de-chaussée, jolie salle de restaurant où pierres et poutres sont apparentes. Bonne cuisine : menu à 71 F avec de la viande rouge et couscous les vendredi et samedi (80 F).

🛏 ◖●◗ *Le Relais de Quincy :* voir itinéraire 27, Bords de Marne, « Où dormir ? Où manger ? ».

🛏 ◖●◗ *Hôtel Saint-Rémy :* voir itinéraire 27, Château de Ferrières, « Où dormir ? Où manger ? ».

🛏 ◖●◗ *Léon's Club :* voir itinéraire 27, Crécy-la-Chapelle, « Où dormir ? Où manger ? ».

Où manger dans le parc Disneyland Paris ?

Certains restaurants peuvent être assez chers, mais on trouve partout des petits snacks ou des chariots gourmands pour petite faim. On vous conseille toutefois deux restaurants self-service, situés à *Frontierland,* pas trop chers et sympa.

◖●◗ *Fuente del Oro :* à Frontierland, face au stand de tir. Grande hacienda mexicaine où l'on déguste des spécialités tex-mex bien préparées. Salade taco à 34 F ou encore *chili con carne* à 28 F. Enchiladas à 38 F. Menu-enfants à 28 F. Tous les plats sont assez copieux et changent selon la saison. Probablement le restaurant le moins cher du parc.

◖●◗ *Cowboy Cookout Barbecue :* au fond de Frontierland à droite avant le *Cotton Wood Creek Ranch.* Dans une immense grange pleine de charme. De vrais-faux cow-boys sont là pour vous servir. *Spare-ribs* très corrects (35 F), poulet-frites (32 F), salades (de 15 à 22 F). *Chili con carne* à 28 F. Menu-enfants à 28 F.

À voir. À faire

Le parc Disneyland Paris propose 40 attractions dont certaines font référence à des légendes et contes européens. Le site se divise en 5 grandes parties, les « lands ». Les horaires des divers spectacles proposés varient d'une semaine à l'autre. Demander le programme à l'entrée.

Ne pas manquer le *Main Street Electrical Parade* qui a lieu tous les soirs en été et généralement le samedi le reste de l'année ; de somptueux chars éclairés par des milliers d'ampoules trimbalent tous les amis de Disney : Mickey et sa copine, Pluto, Dingo, Donald...

Voir également la *Parade du Monde Merveilleux de Disney* qui a lieu tous les après-midi, à 14 h 30 en hiver et 15 h le reste de l'année.

★ *Main Street, USA :* la grande rue face à l'entrée.

Surtout des boutiques. À faire en dernier, à la fin de votre périple. Main Street évoque une grande rue de ville américaine du début du siècle, sortie tout droit des souvenirs d'enfance de Walt Disney. Pour bâtir les maisons qui la bordent, on a utilisé la « perspective forcée », technique très employée pour les décors de cinéma. Ainsi les 2e et 3e étages sont de plus en plus petits pour accroître l'impression de hauteur et d'intimité. Déjà les Grecs avaient mis en œuvre ce procédé pour la construction du Parthénon ! C'est d'ici que partent les Main Street Vehicles, automobiles anciennes qui vous amènent à Central Plaza, ou les tramways tirés par de magnifiques percherons.

– *Main Street Station :* à bord d'un train à vapeur, on peut faire tout le tour du parc et revenir au point de départ ou bien stopper aux trois autres gares de Frontierland, Fantasyland et Discoveryland.
– *Town Square Photography :* sur Main Street à droite, location d'appareils photo et de camescopes. Assez cher.
– *Dapper Dan's Haircuts :* superbe échoppe où ces messieurs peuvent se faire coiffer et raser à l'ancienne.
– *Liberty Arcade :* une exposition retrace l'amitié franco-américaine et montre comment deux cultures ont fait de « Dame Liberté » un véritable symbole.
Pour ceux qui veulent rapporter des souvenirs, on en trouve à tous les prix, les moins chers étant un sucre d'orge à 4 F et une carte postale de Disneyland Paris à 3 F. Le plus coûteux est une statue en bois peint de Mickey à 65 000 F. Entre les deux, tous les prix...

★ **Frontierland :** en haut de Main Street, à gauche.
Pour la petite histoire, des objets de 15 États américains différents ont été rassemblés pour contribuer à l'authenticité de Frontierland. Une antiquité, une locomotive du début du siècle fut récupérée dans un tas de ferraille provenant d'une collecte de métal de la Première Guerre mondiale. Elle fut acquise 75 ans plus tard par Disneyland Paris, lorsque la femme du propriétaire donna son accord pour la vente, à condition que son mari lui achète une alliance... après 40 ans de mariage.
– *Phantom Manor :* super. Ne manquez pas de répondre à l'invitation de ces fantômes et morts-vivants qui hantent cette maison délabrée, reproduction de celle du fameux *Psychose* de Hitchcock. Installé dans une petite voiture, vous déambulez dans des couloirs obscurs et des pièces diaboliquement poussiéreuses. Les cris succèdent aux grondements, les spectres aux vampires, jusqu'au frisson suprême provoqué par des hologrammes extraordinaires, réunis pour un bal morbide !
– *Big Thunder Mountain :* il s'agit d'une course folle à bord d'un petit train type Far West. À toute allure, on parcourt les tunnels d'une mine avant de resurgir dans un village du temps de la Ruée vers l'or (le train passe sous le lac). Le tout dans un joli décor de montagnes aux roches rouges. Émotion assurée. À noter que cette attraction est interdite aux femmes enceintes et aux cœurs fragiles. Les communistes sont tolérés !... Une de nos attractions préférées.
– *Thunder Mesa Riverboat Landing :* sur la copie conforme des bateaux à aubes du Mississippi, le *Mark Twain* ou le *Molly Brown,* qui se déplacent en fait sur des rails. Ne le dites à personne, c'est un secret ! Bien pour les enfants, sans plus.

★ **Adventureland :** au fond du parc de Disneyland Paris, à gauche après l'entrée de Frontierland.
On entre par une superbe casbah où un chameau en bois sculpté sert de banc.
– *Pirates of the Caribbean :* notre attraction préférée. Vraiment fabuleux. Vous voilà parti sur une barque dans le monde des corsaires. Il fait nuit. Les villages de pêcheurs se succèdent, peuplés de pirates bizarres et inquiétants. Soudain, des coups de feu et de canon. Un navire pirate est en train d'accoster... Gentils frissons, mais les effets spéciaux sont étonnants.
– *Adventure Isle :* d'énormes rochers, des chutes d'eau, une végétation tropicale, un rocher en forme de tête de mort et un bateau pirate. Où est caché le trésor ? Au milieu de l'île se trouve l'arbre le plus haut du parc (27 m). Toutefois, cet arbre ne risque pas de grandir davantage, ou de perdre ses feuilles, son tronc est en métal ! Des artisans lui ont donné l'aspect d'un arbre véritable en fixant minutieusement sur ses branches plus de 300 000 feuilles et 50 000 fleurs !
– *Indiana Jones et le Temple du Péril :* des wagonnets d'archéologues

dévalent à toute allure (voire la tête en bas !) de mystérieuses ruines archéologiques dans la jungle. Le premier looping dans l'histoire (vieille de 40 ans) des parcs Disney.

★ *Fantasyland :* juste derrière le château.
Cette partie du parc est surtout destinée aux petits enfants, c'est ici qu'ils retrouveront tous leurs amis d'enfance... Ce pays féerique réunit des attractions inspirées de légendes et contes populaires, tels que *Blanche-Neige et les sept nains, Les Voyages de Pinocchio* et *Peter Pan's Flight.* Ne pas manquer le spectacle du *Fantasy Festival Stage* (au fond de Fantasyland) où ils apercevront enfin leur star préférée, Mickey, ainsi que les spectacles au théâtre du château (à droite avant l'entrée à Fantasyland). Demander les horaires du programme.
– *Le Château de la Belle au bois dormant :* il rappelle les gravures des *Riches Heures du duc de Berry,* revues et corrigées par les Américains. À l'intérieur, une cascade ruisselle sous un escalier en spirale. Les motifs des vitraux se métamorphosent comme par enchantement. Les souterrains abritent un dragon animé de 27 m de long qui ronfle, gémit, hoquette et cligne des yeux. Au niveau supérieur du château : vitraux, tapisseries d'Aubusson et armures, pour une promenade dans l'atmosphère du célèbre conte de fées.
Amusant : lorsque l'on ressort du château pour aller dans Fantasyland, il y a des petites fontaines à droite et à gauche pour étancher sa soif. Quand un visiteur se penche sur la fontaine pour boire, obturez celle d'en face avec votre doigt ! Effet garanti. Nous l'avons testé pour vous ! Un des meilleurs gags (non prévus) à Disneyland Paris.
– *Dumbo the Flying Elephant :* un carrousel aérien. Chacun des 16 véhicules « Dumbo » est équipé d'un levier de commande qui permet au passager de choisir son altitude de vol.
– *Mad Hatter's Tea Cups :* à bord de tasses géantes, on se laisse emporter autour de la table. À faire également avec les tout-petits, *It's a Small World :* au cœur d'une mini-croisière, on entre dans un monde merveilleux où des centaines de poupées (superbes) chantent pour tous les enfants de la terre. Atmosphère un peu à l'eau de rose, il faut l'avouer, mais que les petites filles adorent.

★ *Discoveryland :* en haut de Main Street, à droite.
– *Le Visionarium :* on est accueilli par un robot. Puis un écran de 360° (9 caméras simultanées !) vous emporte dans un périple à travers le passé, le présent et le futur de l'Europe où Jules Verne est l'acteur principal. Ce film a été réalisé principalement pour Disneyland Paris. On aperçoit Michel Piccoli en Jules Verne, Jean Rochefort en Louis XV et Gérard Depardieu... en bagagiste.
– *Chérie, j'ai rétréci le public :* bien évidemment cette nouvelle attraction s'inspire des deux merveilles du cinéma : *Chéri, j'ai rétréci les gosses* et *Chéri, j'ai agrandi le bébé.* Cette fois, l'inénarrable Rick Moranis va commettre une belle boulette. Il va réduire tout le public à la taille d'une boîte à chaussures. Une fois vos lunettes chaussées, vous allez assister à une aventure complètement démente. L'essai de la machine à rapetisser tourne à la catastrophe et vous allez goûter au plaisir d'être un Lilliputien. Un film tout à fait étonnant qui fait appel aux techniques les plus avancées en matière de 3D. Ouverture prévue le 27 mars 1999.
– *Videopolis :* consacrée à l'image vidéo et à la télévision haute-définition. Un dirigeable, vaisseau des airs de 35 m de long, en signale l'entrée. Shows musicaux au programme, en direct avec de nombreux effets spéciaux. Voir le programme pour les horaires des shows.
– *Star Tours :* point de départ d'un voyage intergalactique, grâce à la rencontre entre la technique des simulateurs de vol et la saga des films *Star Wars.* Ainsi, on prend place à bord d'un vaisseau spatial qui vous soumet à

la vitesse vertigineuse d'un voyage interplanétaire. On est piloté par un robot nommé R X 24 (Rex pour les intimes), qui vous annonce d'emblée, pour vous mettre à l'aise, que c'est également son baptême de l'espace. On en frémit déjà! Accélérations foudroyantes et capacité déconcertante à virer à 90°. Effets garantis. Un des « clous » de Disneyland Paris. Nous, on a adoré!

– *Astroport Services Interstellaires* : à l'arrivée du voyage intergalactique de *Star Tours,* le passager découvre des jeux vidéo interactifs hyper perfectionnés et notamment le *Star Course* qui est une sorte de jeu d'auto-tamponneuses sur écran géant entre 11 concurrents.

– *Space Mountain, de la Terre à la Lune :* le dernier cri des attractions. Vous prenez place dans le train-fusée et vous n'oubliez pas de refermer la barre de sécurité. De toutes manières, on le fera pour vous! Lentement le train se positionne quasiment à la verticale sur la rampe de tir. Pause. Boum! déflagration et mise en orbite immédiate, puis voyage intersidéral à vitesse grand V dans les entrailles de Space Mountain : loopings ahurissants, virages ultra-serrés, vrilles, train d'enfer, tout cela dans l'obscurité. Vous ne comprenez plus rien. Essayez toutefois de garder les yeux ouverts (pas évident), ça vaut la peine : effets laser, astéroïdes, étoiles, tout y est. Puis ralentissement et clin d'œil de la lune attendrie, aimable hologramme. Et zou! c'est reparti, virages, descentes et terminus.

2 mn 30 de sensations totalement inédites dans un parc Disney. Rien n'a été laissé au hasard pour votre plaisir (ou pas), même la bande son a été travaillée pour créer une vraie impression de film dans lequel vous seriez l'acteur principal. À déconseiller aux femmes enceintes, aux cardiaques... et à éviter si vous sortez de table.

À L'EXTÉRIEUR DU PARC

★ *La légende de Buffalo Bill :* à l'entrée du Disney Village, en face du parc. Il n'est donc pas nécessaire de payer l'entrée au parc pour y assister. Fabuleux spectacle qui fait revivre chaque soir l'épopée de la conquête de l'Ouest, avec cow-boys, bisons, « vrais » Indiens et faux William Cody, un homme assez peu respectable puisque responsable direct de la mort de dizaines de milliers d'Indiens de l'Ouest américain. Mais le rouleau compresseur de l'histoire est passé par là, alors! Le dîner western (assez quelconque) est compris dans le prix (295 F pour les adultes, 195 F pour les enfants de 3 à 11 ans). Réservations : ☎ 01-60-45-71-00.

★ *Disney Village :* des restos, des bars, un *Planet Hollywood*, un multiplex Gaumont et des animations à gogo. Disney Village se souviendra longtemps de l'ambiance survoltée lors du Mondial 98 (et « 1, 2, 3... 0 »!). Le festival celtique autour de la Saint-Patrick, les festivals de la chanson française, de musique latine... Tout est ouvert jusqu'à 2 h du mat' en semaine et 4 h le week-end.

Et, cerise sur le gâteau : au *Los Angeles Bar and Grill*, il y a un petit déjeuner tous les matins (jusque-là, rien d'extraordinaire) avec tous les personnages Disney. Imaginez Mickey vous beurrant une tartine. Ça fait rêver, non?

Une chose est sûre, c'est que le village Disney a beaucoup de succès, notamment avec les jeunes des alentours qui peuvent venir s'amuser à côté de chez eux et ce, dans une banlieue un peu tristoune niveau animations. Un bon point, Monsieur Disney!

DISNEYLAND

MARNE ET GRAND MORIN
Champs-sur-Marne. Le château de Ferrières.
Le château de Guermantes. Bords de Marne. Meaux.
Crécy-la-Chapelle. Coulommiers et la Brie.

Un itinéraire fort sympathique dans une région peu courue et réputée (à tort) sans relief. Charme intemporel du château de Guermantes, des canaux de Crécy ou des siècles figés dans la crypte de Jouarre, charme des rivières au creux des vallées vertes. Là-dessus, quelques tables recommandables... De quoi faire pâlir le Mickey d'à côté !

CHAMPS-SUR-MARNE (77420)

Comment y aller ?

– *Par la route :* par l'autoroute A4 (porte de Bercy), sortie Champs-sur-Marne. Très bien indiqué de la sortie.
– *En R.E.R. :* ligne A du R.E.R. direction Marne-la-Vallée, arrêt Noisiel-Le Luzard. Durée du trajet : 20 mn. Ensuite, à pied sur 1,5 km (très bien fléché) ou bus n°s 21 ou 220.

Adresse utile

◻ *Comité départemental du tourisme de la Seine-et-Marne :* 11, rue Royale, 77300 Fontainebleau.

☎ 01-60-39-60-39. Fax : 01-60-39-60-40.

Où manger ?

◖◗ *Chez L'Savoyard :* 24, rue de la Malnoue. ☎ 01-60-05-00-76. Ouvert à midi uniquement. Fermé les samedi et dimanche. Comme son nom l'indique, l'endroit rappelle les ambiances d'après-ski, sérieusement agrémentées d'activités footballistiques. Ce petit bar de village ne paie pas de mine, mais la formule à 75 F (entrée, plat du jour, dessert et pichet de vin) propose une bonne et copieuse cuisine familiale. Le jour de notre visite, l'escalope normande avec ses pommes de terre rissolées et ses haricots verts à l'ail était bien savoureuse... Vous déjeunerez dans une ambiance sympathique aux côtés des copains de bistrot. Service d'une grande gentillesse.

À voir

★ *Le château :* ☎ 01-60-05-24-43. Fax : 01-64-68-26-11. Ouvert de 10 h à 12 h et de 13 h 30 à 18 h les samedi, dimanche et jours fériés ; les autres jours, jusqu'à 17 h 30 (16 h 30 du 1er octobre au 30 mars). Fermé le mardi.

Evadez-vous en famille

Seine-et-Marne aux portes de Paris.

**Infos tourisme Seine-et-Marne
01 60 39 60 39**

Château fermé (mais pas le parc) les 1ᵉʳ et 11 novembre, 25 décembre, 1ᵉʳ janvier et 1ᵉʳ mai. Le dimanche, à la fermeture du château, petits concerts de musique classique de 40 mn donnés dans le Salon de Musique (prix : 25, 30 et 40 F). Entrée du parc libre. Pendant la saison musicale, entrée payante.

Ici, ce n'est pas Versailles : le château frappe plutôt par sa sobriété extérieure et ses proportions humaines. Son architecture d'ensemble, œuvre des architectes de la Maison du Roi, rappelle davantage celle des grands hôtels particuliers parisiens de la même époque. La façade avant est classique, symbole de la retenue racinienne, et donc très sobre. Observez bien car tout est dans les détails. Elle présente de nombreux petits éléments décoratifs comme la corniche à moulures plates et les quatre petites têtes de lion formant les rigoles. La façade postérieure, avec sa tour en demi-hors d'œuvre (demi-arc de cercle saillant) est typique de l'architecture française maîtrisée.

Il était une fois...

Le château de Champs-sur-Marne possède une histoire riche en rebondissements. Reconstruit sur les fondations d'un ancien château par deux des nombreux financiers de Louis XIV entre 1699 et 1708, il devient ensuite la propriété des ducs de La Vallière. En 1763, le duc de La Vallière vend le domaine. Avec les propriétaires suivants, le château entame sa traversée du désert...

Il renaît en 1890, grâce à son acquisition par le comte Cahen d'Anvers qui le restaure entièrement, reconstitue un mobilier Régence et Louis XV, et le rend à nouveau habitable.

C'est ce « lifting » réussi qui permettra à Champs, après son legs à l'État en 1934, de devenir une des résidences de la présidence de la République jusqu'en 1972. De Gaulle avait ainsi fait de ce lieu une sorte de « terra Africa » en donnant l'occasion aux chefs d'État africains d'y organiser des réceptions...

De la présence du général dans le château restent un ascenseur surélevé de 20 cm (!) et une superbe salle de bains années 50 intacte (le *nec plus ultra* de l'époque) qu'on ne peut malheureusement pas visiter.

La visite

Deux solutions : se laisser guider pendant 45 mn ou se munir d'un fascicule explicatif (très bien fait) et circuler librement. Nous avons choisi la seconde solution.

Au rez-de-chaussée

– *La salle à manger :* à gauche du salon Ovale (qui offre, d'ailleurs, une vue superbe sur la très belle perspective du parc), c'est l'un des premiers exemples en France d'une pièce exclusivement réservée aux repas, car nos aïeux « dressaient la table » dans n'importe quelle pièce.
– *Le fumoir :* nous avons apprécié la chaleur de cette pièce ornée de boiseries du XIXᵉ siècle, d'une tapisserie de Beauvais et surtout du portrait en pied de Louis XV peint par Carl Van Loo.
– *Le salon Chinois :* ici, vous vous trouvez dans la pièce la plus fameuse du château avec ses panneaux au décor de chinoiseries peint par Christophe Huet au milieu du XVIIIᵉ siècle. Pour info, on retrouve ce même décor du même auteur sur le thème des singeries à l'hôtel de Rohan à Paris et au château de Chantilly.
– *Le boudoir :* c'est notre coup de cœur ! Peint dans un camaïeu de bleu de Prusse (inventé depuis peu), c'est une pièce intime et raffinée... Admirer la « duchesse brisée ».

Au 1er étage

– *Le salon de musique* : situé juste au-dessus du salon Ovale du rez-de-chaussée, il prend la même forme et offre la plus belle perspective sur le parc et ses jardins à la française. C'est dans ce salon, où l'acoustique serait d'une excellente qualité, que sont donnés chaque week-end les « moments musicaux » de Champs.

– *La chambre d'honneur* : c'est la chambre de la marquise de Pompadour qui loua (pendant trois semestres) ce château au duc de La Vallière aussitôt après l'attentat manqué de Damien sur Louis XV à Versailles. Les boiseries et lambris de cette pièce ont été commandés par elle : ils sont ornés de colombes et d'angelots aux yeux pudiquement fermés, d'un paon faisant la roue (symbole de la royauté) et de deux pigeons « qui s'aiment d'un amour tendre... » (emblème de la Pompadour). Ce décor reflète l'attente amoureuse de la Pompadour pour son roi... La belle n'attendit pas en vain puisqu'elle fut rappelée à la Cour par Louis XV avec tous les honneurs. Et pour remercier le duc de La Vallière de sa générosité (il ne lui louait le château que 12 000 livres par an – le prix d'un très beau chapeau à la Cour de France !), elle fit faire 260 000 livres de travaux !

– Pour sa beauté, le château est devenu un décor idéal pour de nombreux films cinématographiques ; il peut s'enorgueillir d'avoir obtenu l'oscar du meilleur décor pour le film de Stephen Frears, *Les Liaisons dangereuses*. Et plus récemment, *Ridicule*, de Patrick Lecomte, et *L'Allée du roi*, de Nina Campanez ; des scènes de *Highlander III* y furent également tournées...

★ *Le parc* : dessiné vers 1710 par le neveu du célèbre Le Nôtre, Claude Desgots, il constitue un subtil mélange de jardin « à la française » et de parc « à l'anglaise » (rajout du début du XIXe siècle) sur une superficie de 85 ha. La perspective principale (900 m de long) s'ouvre sur les parterres d'une parfaite symétrie et deux bassins d'eau, jusqu'aux « Chevaux du Soleil » des frères Marsy. Cette sculpture est une reproduction quatre fois agrandie de l'original qui se trouve dans le parc du château de Versailles.

LE CHÂTEAU DE FERRIÈRES (77164)

Comment y aller ?

– *Par la route* : par l'autoroute A4 (porte de Bercy), sortie n° 12 Ferrières-Bussy-Saint-Georges. Le village de Ferrières est immédiatement sur la droite à la sortie de l'autoroute. Le château est ensuite indiqué.

À voir

★ *Le château* : ☎ 01-64-66-31-25. Fax : 01-64-66-31-25. Visite tous les jours sauf les lundi et mardi de 14 h à 19 h du 1er mai au 30 septembre ; le dimanche uniquement, de 14 h à 17 h, du 1er octobre au 30 avril. Entrée payante (château et parc). Grand plan du parc donné à l'entrée.
Évoquer Ferrières, c'est avant tout parler du fabuleux destin de la famille Rothschild : le château marque en effet l'accomplissement et la suprématie de la branche française de cette famille. Il y a de cela plus de deux siècles, un ingénieux vendeur de tissus juif d'origine allemande décidait d'envoyer quatre de ses cinq fils en Europe pour y faire fortune : un à Naples, un à Londres, un à Vienne et un à Paris, tandis que le dernier restait à Francfort pour seconder son père. James de Rothschild, en créant la branche française et en faisant fortune dans la banque, comme ses autres frères, tenait

donc la promesse faite à son cher papa. Il alla même plus loin en obtenant de l'empereur d'Autriche, en même temps que ses frères, la fameuse particule anoblissante grâce au financement des dettes de guerre de Waterloo, en 1816. Le désormais baron James de Rothschild acquit en 1828 le domaine de Ferrières (3 000 ha à l'époque, à peine 150 ha aujourd'hui) avec le projet d'y édifier un château à la mesure de ses ambitions et susceptible d'accueillir de fabuleuses collections de tableaux.

Le château, qui forme un vaste quadrilatère de 65 m de côté, est construit de 1855 à 1859 sous la direction de Joseph Paxton, architecte anglais, dans un style Renaissance italienne. Doté de tout le confort moderne de son époque (toilettes, salle de bains dans chaque chambre, chauffage central, eau courante chaude et froide, cuisine placée dans les annexes du château et reliées à lui par un système de wagonnets souterrains car la baronne Bettina, épouse de James, ne supportait pas les odeurs de cuisine !), il est inauguré en 1862 par Napoléon III.

La déco intérieure a été confiée à Eugène Lami qui l'agença dans le plus pur style Second Empire qui consiste à privilégier les salles d'apparat. On y retrouve un subtil mélange anachronique de styles Louis XIII (le salon devenu salle à manger), Louis XIV (salon bleu aux deux imposantes cheminées Renaissance surmontées des bustes de Bettina et James de Rothschild), Louis XV (salon Régence), Louis XVI (salon blanc), art déco (la salle de bains de la baronne vaut le coup d'œil, ne serait-ce que pour ses robinetteries en argent !) et même victorien avec l'escalier d'honneur qui est l'exacte réplique du Crystal Palace de Londres, dessiné par le même architecte... Très éclectique, tout ça !

La palme d'or du clinquant revient inévitablement au *hall d'honneur* de style gréco-Renaissance. Haut de deux étages, il bénéficie d'une lumière naturelle verticale, tandis qu'au 1er étage se trouve l'orchestre soutenu par deux imposants groupes d'atlantes. Autrefois recouvert de tapisseries des Gobelins, ce salon est aujourd'hui tapissé de damassé de soie vert émeraude.

Sous James de Rothschild, cette salle de bal était un haut lieu de rencontre du Tout-Paris. Un peu plus tard, Bismarck et Jules Favre ont parlementé dans les salons de Ferrières, ce qui n'a pas empêché le siège de Paris en 1870. Quartier général de Goering sous l'occupation allemande, puis délaissé jusqu'en 1959, le château retrouve sa splendeur grâce à Marie-Hélène et Guy de Rothschild. Avec eux revient le temps des fêtes et des bals : la première est donnée en 1959 sur le thème du « Réveil de la Belle au bois dormant » et l'ultime, en 1973, est un « Bal Surréaliste ». En 1971, la soirée « Marcel Proust » a laissé un souvenir impérissable aux participants... Mais le temps des fêtes n'a pas fait long feu et le domaine est légué à la chancellerie des Universités de Paris en 1977. C'est là qu'ont été tournés *La Banquière* avec Romy Schneider et, beaucoup plus récemment, *Prêt-à-porter* de Robert Altman.

Ferrières, outre sa décoration d'un luxe tapageur et ses fêtes sublimes, est avant tout le symbole de la réussite sociale d'une famille juive. Le château en porte d'ailleurs très nettement l'empreinte : noter, par exemple, au-dessus de la porte menant au salon Louis XVI, la moulure du globe terrestre soutenu par la ceinture juive. De même, dans toutes les pièces figure l'emblème des Rothschild : une main serrant cinq flèches représentant les cinq frères. Enfin, la touche personnelle de James, qu'on est tenté de soupçonner de mégalomanie (!), réside dans le monogramme J.R. (c'est presque Dallas !) qu'on retrouve sur chaque mur ou presque...

Le parc est lui aussi marqué par cette culture : des terrasses on pouvait observer sept perspectives symbolisant les sept branches du chandelier juif. Délaissées pendant quelques années, ces terrasses se sont laissé envahir par la végétation, mais elles sont actuellement en cours de réfection.

★ **Le musée de l'Imaginaire :** mêmes horaires d'ouverture que le château. ☎ 01-64-66-31-25. Entrée comprise dans le billet d'entrée du château. Situé au 2ᵉ étage du château de Ferrières, ce musée a été créé par sept artistes contemporains dont Marc Halingre et Judson Huss afin de faire connaître cette forme d'art qu'est le « réalisme fantastique », un genre intermédiaire entre Dali et Druillet – d'ailleurs plus proche du second que du premier. Les œuvres (peintures et sculptures) sont exposées dans 7 salles différentes, puis, pour les amateurs, mises en vente dans des galeries d'art.

★ *Le parc :* son aménagement a également été confié à Paxton, grand paysagiste, qui en a fait l'un des plus beaux exemples de parc à l'anglaise en Île-de-France. Conçu initialement pour être occupé en automne uniquement, durant la période de chasse, il a été enrichi d'arbres aux essences rares qui prennent toute leur ampleur (odeurs et couleurs) à cette saison : hêtres pourpres, cèdres, séquoias, marronniers rouges... Apparemment sans ordre aucun, la plantation des arbres répond pourtant à une étude très rigoureuse du mélange des espèces : les arbres d'origine asiatique sont plantés à l'est, tandis que les arbres américains se trouvent orientés vers l'ouest (à gauche du château). Les arbres alpins (des régions montagneuses), quant à eux, prennent place sur les hauteurs du parc. Pour les petits groupes d'arbres qui accentuent cette impression de désordre, la légende veut que des pièces aient été lancées et les arbres plantés là où elles retombaient...

Enfin, face au château, le grand étang naturel a une petite histoire : Betty de Rothschild, qui ne supportait pas (décidément !) de voir cette étendue d'eau statique, avait créé le poste de Grand Amiral : un canotier ramait toute la journée pour animer le plan d'eau de ses aller-retour !...

LE CHÂTEAU DE GUERMANTES (77600)

MARNE ET GRAND MORIN

Comment y aller ?

– *Par la route :* par l'autoroute A4 (porte de Bercy), sortie n° 12 Ferrières-Bussy-Saint-Georges. Puis, prendre la D35 vers Lagny. C'est à 3 km de la sortie d'autoroute.

Où manger ?

|●| *Auberge du Relais de Guermantes :* à Guermantes, place de l'Église. ☎ 01-64-30-13-03. Fermée le mardi soir et le mercredi, ainsi qu'en août. Jolie petite auberge à l'atmosphère chaleureuse avec en hiver son feu de cheminée, aux beaux jours sa cour fleurie. En revanche, la cuisine est correcte sans plus. Pour éviter les mauvaises surprises, optez plutôt pour les grillades. Menus à 68 F (à midi en semaine uniquement) puis 100, 135 et 160 F, et à la carte.

À voir

Le château est ouvert les samedi, dimanche et jours fériés du 1ᵉʳ avril au 31 octobre, de 14 h à 18 h. Visite guidée uniquement. ☎ 01-64-30-00-94.

À la différence de Ferrières, Guermantes est encore aujourd'hui propriété privée. Toujours habité, il a l'avantage d'être resté vivant et d'avoir conservé intact un mobilier remarquable, ainsi que certaines pièces d'art dignes des grands musées. Mais ici point de cordons infranchissables, on peut à sa guise approcher les choses.

Le corps principal du château a été bâti au début du XVIIᵉ siècle pour Claude

Viole, conseiller du roi. Les ajouts postérieurs ont donné à l'ensemble une forme caractéristique de « Z » qui a servi de repère dans les premiers temps de l'aviation.

Avant de franchir le seuil, goûtons à la beauté du *parc*, de son hêtre pourpre et de ses grands platanes. Magnifique *pigeonnier* pour 6 000 volatiles, de 1631, certainement l'un des plus beaux de Seine-et-Marne.

Dès l'entrée, chef-d'œuvre de ferronnerie pour la rampe d'escalier. Dans la *chambre Viole*, splendide plafond à caissons (1633) et remarquable parquet chevillé. Du reste, plafonds à caissons, à la française ou à l'italienne, et parquets chevillés agrémentent chaque pièce du château.

Dans la *salle de billard*, un billard (ça tombe bien !) de dimensions jamais vues. Énorme. Remarquez ce rarissime tapis de billard qui en fait le tour : les joueurs peuvent ainsi se déplacer confortablement et prendre appui sans abîmer le parquet ou glisser dessus.

Ensuite, la *chambre du Roi*, qui reçut la visite de Louis XIV enfant et de sa mère Anne d'Autriche, venus trouver refuge ici pendant la Fronde en 1652. En témoignage de reconnaissance, Louis XV, arrière-petit-fils de Louis XIV, fit don aux châtelains de son portrait et de celui de sa femme, Marie Leszczynska, peints par Van Loo. Ces Van Loo, parfaitement mis en valeur, sont certainement parmi les plus beaux que nous ayons vus.

Puis attardons-nous dans la *galerie de la Belle-Inutile*. Quel bel endroit ! Long, vaste, lumineux, c'est en quelque sorte la salle de bal rêvée. Plafond peint par Andrieu, élève de Delacroix, et, ensemble unique, ces quatre commodes se faisant face deux à deux, spécialement fabriquées pour Guermantes.

Enfin la *chapelle*, au rez-de-chaussée, n'est pas vilaine non plus. Boiseries et autel réalisés d'après les dessins de Robert de Cotte (1705). Très beaux tableaux du XVIIIe siècle.

C'est encore sous le charme qu'on regagne la sortie, tout étonné que de tels endroits existent encore, comme ça, l'air de rien, en banlieue parisienne. Et l'on se rappelle Proust qui écrivait : « Le nom de Guermantes (dont je voudrais tant savoir l'étymologie) m'a toujours porté bonheur (...) ». Proust avait choisi ce nom pour sa musicalité bien avant de venir passer quelques heures dans le château. Sûrement y retrouva-t-il le même enchantement.

À faire

– *Balades dans la forêt de Ferrières :* à partir de Ferrières, prendre la D9 direction Melun/Pontcarré. 1 km avant Pontcarré, de vastes allées traversent de long en large la forêt domaniale de Ferrières. Le G.R. 14 passe par là et offre l'occasion d'une belle promenade régénératrice.

LES BORDS DE MARNE

De Guermantes, filer sur Chanteloup, puis remonter par la D5 sur Chessy. Gagner ainsi les bords de Marne par la voie buissonnière, sans s'enferrer dans l'infernale banlieue. Et là, pourquoi ne pas guincher un bon coup ?

Où dormir ? Où manger ?

â |●| *Le Relais de Quincy :* 216, av. Foch, 77860 Quincy-Voisins. ☎ 01-64-63-17-17. Fax : 01-64-63-14-04. Un hôtel récent fort bien tenu et bon marché : 220 F la double avec douche. Menu à 59 F. Accueil aimable.

|●| *Auberge Les Marronniers* : 2, av. du 27-Août-1944, 77450 Montry. ☎ 01-60-04-31-41 ou 01-60-04-77-76. Fermé le dimanche et le mardi soir, ainsi que le mercredi. Une bien bonne table avec, le midi en semaine, un premier menu à 58 F. Menu à 98 F, midi et soir, tous

les jours sauf le week-end, et deux autres à 138 et 188 F. Bavaroise d'asperges, choucroute de la mer et tartare de saumon aux cinq baies se dégustent et on n'a pas craché sur les vins (abordables). Salle spacieuse et classique. Petite note historique : c'est une auberge de relais de poste du siècle de Louis XIV. La borne royale n° 20 se trouve devant l'auberge.

Où dîner et guincher ?

|●| *L'Ermitage* : écluse de Chalifert, 77144 Chalifert. ☎ 01-60-43-41-43. Fax : 01-60-43-49-63. Ouvert les vendredi soir, samedi soir et dimanche midi. Mireille et Christian font revivre ce qu'on croyait disparu,

le plaisir du musette sur les bords de Marne. Du musette, mais aussi du rock ou de la danse de salon. Dîners-spectacle dans les 160-245 F tout compris. Gros succès régional, réservation indispensable.

À voir

★ *L'usine élévatrice de Trilbardou* : à Trilbardou, village méconnu situé à l'ouest de Meaux, entre la Marne et le canal de l'Ourcq. ☎ 01-60-09-53-90. Ouvert tous les jours de 9 h à 12 h et de 14 h à 17 h 30.
Chose étonnante que cette usine élévatrice de Trilbardou. Élévatrice de quoi, d'abord ? Eh bien ! d'eau. Oui, depuis 1868 l'usine élévatrice de Trilbardou maintient le niveau du canal de l'Ourcq en pompant la Marne. Formidable roue Sagebien (du nom de l'ingénieur) de 11 m de diamètre et 6 m de large. Et, fait insoupçonné, toute cette hydraulique alimente Paris en eau non potable. Les égouts, caniveaux et arrosages de la capitale (350 000 m³/24 h) dépendent directement de Trilbardou : insensé, n'est-ce pas ? Visite par ailleurs charmante avec la presqu'île sur la Marne et les beaux saules pleureurs.

MARNE ET GRAND MORIN

MEAUX (77100)

Aux avant-postes de la Brie, la ville de Meaux fut longtemps le plus important marché en denrées alimentant Paris. Le chemin de fer puis la mondialisation des échanges l'ont depuis lors reléguée à un rang plus modeste. On y vit tranquille et l'on se promène dans la vieille ville, autour de la cathédrale...

Comment y aller ?

– *Par la route :* A4, puis A140.
– *Par le train :* au départ de Paris-Gare de l'Est, trains fréquents (toutes les 30 mn). 40 mn de trajet. Renseignements S.N.C.F. : ☎ 08-36-35-35-35 (2,23 F la minute). Internet : www.sncf.fr.

Adresse utile

🛈 *Office du tourisme :* 2, rue Saint-Rémy (à côté de la cathédrale). ☎ 01-64-33-02-26. Fax : 01-64-33- 24-86. Ouvert de 9 h à 12 h et de 14 h à 18 h en basse saison, et de 9 h à 19 h en haute saison.

Où dormir ?

🛏 *Acostel :* 336, av. de la Victoire, RN3, en direction de Châlons-en-Champagne et à 3 km du centre-ville, sur la droite juste avant de franchir le pont et d'arriver à Trilport. ☎ 01-64-33-28-58. Fax : 01-64-33-28-25. Ne vous fiez pas à l'aspect rebutant de ce bâtiment de béton brut : c'est l'envers de l'hôtel. En réalité, de l'autre côté, façade humaine et surtout plain-pied sur le gazon et le bord de Marne, superbe à cet endroit. Parc de 3 ha. Chambres propres et bien équipées en rez-de-chaussée, de 278 à 289 F. Piscine et garage fermé.

🛏 *Le Richemont :* quai de la Grande-Île. ☎ 01-60-25-12-10. Non loin de la vieille ville et à 200 m de la gare, un immeuble des années 70 un peu vilain. Une quarantaine de chambres standard (300 F). Bon, rien de bouleversant mais il faut bien dormir quelque part, et à Meaux on n'a pas vraiment le choix. Détail amusant : le patron n'est autre que Joop Zoetemelk, souvenez-vous, le fameux grimpeur et par ailleurs champion du monde de cyclisme dans les années 80. Comme quoi la petite reine peut mener à tout.

Où manger ?

🍴 *La Taverne Meldoise :* 8, rue Jean-Jaurès. ☎ 01-64-34-08-46. Fax : 01-60-44-07-45. Vaste salle rustique ou jardin fleuri dans cette auberge spécialisée dans les fruits de mer et la cuisine alsacienne. Menus à 145, 175 F (fromage et gourmandises compris), et carte. Soirée bavaroise de temps en temps. Une bonne adresse.

À voir

La cité épiscopale,

★ *La cathédrale Saint-Étienne :* élevée à partir du XIIᵉ siècle puis remaniée jusqu'au XVIIᵉ, elle est imposante autant qu'élégante. Inspirée de Notre-Dame de Paris, on peut y voir aux portails de fines statues, malheureusement décapitées au cours des guerres de Religion. Ça leur donne un genre. À l'intérieur, le chœur édifié sous Saint Louis présente un bel exemple de gothique rayonnant, par sa luminosité, par son architecture fine et par la hauteur de ses voûtes (31 m). Le visiteur pourra admirer le vitrail de la Crucifixion (XIVᵉ siècle), un superbe orgue du XVIIIᵉ siècle et la magnifique dalle funéraire de Jean Rose et de son épouse (XIVᵉ).

★ *Le palais épiscopal et son musée Bossuet :* ☎ 01-64-34-84-45. Fax : 01-60-23-97-52. Sur le flanc nord de la cathédrale. Ouverts du 1ᵉʳ octobre au 31 mars, de 10 h à 12 h et de 14 h à 17 h (fermés le lundi, le mardi et le dimanche matin) ; du 1ᵉʳ avril au 30 septembre, de 10 h à 12 h 15 et de 14 h à 18 h (fermés le mardi). Gratuits le mercredi et pour les enfants. Entrée payante. Demi-tarif pour les groupes. Sur demande, visites commentées pour les groupes.

Belles salles du XIIe au XVIe siècle et peinture française du XVIe au XIXe siècle, dont *L'Adoration des mages,* de Le Nain. À voir aussi en haut de l'escalier la tête fracassée d'Ogier le Danois, compagnon de Charlemagne. Visite agréable surtout pour le cadre clair et reposant.

Ensuite, on pourra se promener dans les *jardins Bossuet* à l'atmosphère toute provinciale.

CRÉCY-LA-CHAPELLE (77580)

La Venise de la Brie n'a pas volé son surnom. Lovée au creux d'une boucle du Grand Morin, cette ancienne cité de tanneurs dégage un grand charme. Trois canaux courbes la traversent, au bord desquels les lavoirs des tanneurs font de petites avancées discrètes et ombragées. Ailleurs, ce sont de belles tours médiévales, rondes et trapues, qui captent le regard. Adorable.

Comment y aller ?

– *En voiture :* autoroute A4, sortie Crécy-la-Chapelle (40 km environ de Paris). De Meaux, route bucolique : par la D228 passer Nanteuil, puis prendre à droite la D33, Magny, Bouleurs, Crécy.

Adresse utile

◘ *Syndicat d'initiative :* ☎ 01-64-63-70-19. Ouvert du mardi au samedi de 9 h 30 à 12 h 30 et de 14 h 30 à 19 h ; les dimanche et jours fériés de 9 h 30 à 12 h.

Où dormir ? Où manger ?

♠ *Léon's Lodge :* juste à la sortie de Crécy, direction Coulommiers, prendre immédiatement à droite après la collégiale. ☎ 01-60-43-57-00. Fax : 01-60-43-57-01. Le *Léon's Lodge* se présente comme un camp romain dans *Astérix le Gaulois :* des tentes alignées dans une large clairière. Mobil-homes pour six personnes. À l'intérieur, sanitaires, salle de bains, kitchenette équipée, douche, un réfrigérateur et une plaque chauffante. Formule sympa qui conviendra à ceux qui aiment la nouveauté et aux clients de Disneyland Paris (navette gratuite). Assez cher tout de même : 300 F en basse saison (hors vacances scolaires) et 600 F en haute saison. Fait aussi camping (de 90 à 150 F l'emplacement selon la saison). Self avec menu à 55 F et vente à emporter.

|●| *La Futaie :* 2, rue Michel-Herry. ☎ et fax : 01-64-63-72-25. Fermé le lundi soir et le mardi toute la journée. On ne sait pas si ce restaurant est « gastronomique » (comme c'est écrit sur la carte de visite), mais on y a bien mangé. Cuisine fine et classique à prix corrects : trois menus à 97, 120 et 148 F. Bons vins et desserts.

À voir. À faire.

★ *La collégiale :* à la sortie de Crécy, direction Coulommiers, on tombe sur ce qui est à notre sens le plus bel édifice du département. Élevée au XIIe siècle sur la rive droite du Grand Morin, c'est-à-dire en terrain meuble, elle s'appuie sur une structure particulièrement stable avec de larges soutiens latéraux. Cette architecture spéciale a permis l'allégement des murs eux-mêmes, ajourés par de hauts vitraux, et une élévation tout aérienne. Quelle performance! Malgré les siècles, la collégiale n'a pas pris une ride, et demeure magnifique dans son écrin de verdure (notamment côté rivière).

– *Promenade le long des canaux :* on vous l'a dit, Crécy-la-Chapelle invite à de très agréables promenades le long de ses canaux. On ne manquera pas d'envier les veinards qui habitent là (parmi eux, quelques cadres de chez Disney) et peuvent s'offrir de taquiner le goujon de leur jardin.
– *Galerie et brocante de Crécy :* 6, route de Melun, à Voulangis (à 500 m de Crécy centre). ☎ 01-64-63-85-08. Des expos temporaires d'arts plastiques et des antiquités en veux-tu en voilà. Peut-être l'occasion de quelques trouvailles, à vous de chiner...

COULOMMIERS (77120) ET LA BRIE

De Coulommiers au Champenois s'étend le vaste pays briard. Globalement, un plateau fertile avec çà et là des derricks solitaires (rien à voir avec la police). Mais aussi des petits coins charmants, le long du Petit et du Grand Morin, ainsi que de bonnes tables servant les produits du terroir.

Comment y aller?

– *Par la route :* A4, puis, à la sortie Crécy la Chapelle, N34..
– *Par le train :* au départ de Paris-Gare de l'Est, 8 aller-retour quotidiens en moyenne. 1 h 15 de trajet. Renseignements S.N.C.F. : ☎ 08-36-35-35-35 (2,23 F la minute). Internet : www.sncf.fr.

Où dormir? Où manger dans ce vaste pays?

Entre autres, deux adresses excellentes à La Ferté-Gaucher, à 18 km de Coulommiers par la RN34.

🛏 ⦿ *Hôtel de la Place :* 3, rue du Centre, 77169 Boissy-le-Châtel. ☎ 01-64-03-84-00. Brasserie fermée les mardi et mercredi après-midi. À 5 km de Coulommiers en direction de Rebais, sur la placette du village. En fait, n'ayant pas trouvé d'hôtel satisfaisant à Coulommiers même, on a fouiné alentour et dégoté cette charmante adresse. Chambres doubles à 220 F (avec douche-w.-c.) et 250 F (avec bains-w.-c.). Ambiance familiale et petite brasserie avec plats commençant à 35 F.
🛏 ⦿ *Le Bois Frais :* 32, av. des Alliés, 77320 La Ferté-Gaucher. ☎ 01-64-20-27-24. Fax : 01-64-20-38-39. Fermé les dimanche soir et lundi, ainsi que les vacances de Noël. Dans une belle bâtisse du

XVIIIe siècle, des chambres spacieuses et claires, reposantes (de 200 à 300 F). Déco réussie, mi-british mi-provençale. Derrière, jardin à l'anglaise où rêvasser ou prendre le petit déjeuner. Puis Hilary prépare une cuisine légère et équilibrée et de savoureux desserts (menus à 78 F sans vin, à 100 F, quart de vin et café compris, 120 et 155 F). Alain, son mari, homme honnête et cultivé à gabarit de rugbyman, a sélectionné de bons vins et parle volontiers de la région. Demandez-lui les balades à faire, les sites à découvrir – possibilité de venir à cheval (droit d'écurie 50 F) et prêt de vélos. En somme, une adresse de qualité et des hôtes charmants.
🛏 ⦿ *Hôtel du Sauvage :* 27, rue de Paris, 77320 La Ferté-Gaucher.

☎ 01-64-04-00-19. Fax : 01-64-20-32-95. Fermé les mercredi et la deuxième semaine de janvier. Une très ancienne auberge où, en 1595, travaillaient les « dames du Sauvage » : halte connue des gentils-hommes. Aujourd'hui, d'autres réjouissances sont proposées par les Teinturier qui, depuis six généra-tions, tiennent l'auberge. Menus de 100 à 210 F, copieux et du terroir. À découvrir, les œufs mollets à la crème de brie (succulent), ou ce curieux dessert, la poire au coulis de roquefort. Bon poisson également. Côté hôtellerie, couloirs lambrissés et chambres bien tenues à 190 F, simples, et à 280 F, doubles.

À voir à Coulommiers

★ *La commanderie des Templiers :* sur les hauteurs de Coulommiers, à l'angle de l'avenue Foch et de la rue des Templiers. ☎ 01-64-65-08-61. Fax : 01-64-03-51-63. Ouvert du mercredi au dimanche de 14 h à 18 h. En juillet et août, de 14 h à 19 h tous les jours.
La seule commanderie restée intacte au nord de la Loire. Ce bel ensemble du XIIe siècle l'a échappé belle et faillit être rasé dans les années 60 pour laisser place aux hideuses HLM qui l'entourent. Par bonheur, lorsqu'on le visite on ne les voit plus. Petit jardin médiéval exquis et superbes voûtes croisées. À voir aussi, l'escalier en colimaçon de la tour. C'est aussi un centre culturel où l'on peut voir des tailleurs de pierre à l'œuvre, et qui organise des stages axés sur le patrimoine.

★ *Le parc des Capucins :* entre la Fausse Rivière et le Grand Morin, un jardin secret où l'on déambule entre les arbres, les parterres et les ruines romantiques d'une ancienne abbaye. Dans les douves barbotent des canards.

★ *La place du Marché :* ceinte d'anciennes maisons à colombage, elle est le cœur de la ville. Beau marché les mercredi et dimanche, avec produits maraîchers régionaux et grand choix de bries introuvables : triple-crème, brie noir...

À voir dans le pays

★ *La crypte de Jouarre :* à Jouarre, 17 km au nord de Coulommiers par la D402. Vers 635, sous le roi Dagobert, un nommé Adon fonda à Jouarre un monastère. La vocation de Jouarre était née, et dure jusqu'à aujourd'hui, puisque 70 moniales vivent encore dans l'abbaye et continuent de « chercher Dieu en solitude ».
Outre la tour du XIe siècle et l'église paroissiale du XVIe siècle (belle *Mise au tombeau* en bois peint, XVe siècle), le site est remarquable pour sa crypte. Datant du VIIe siècle, elle est un des rares témoignages de l'époque mérovingienne. Colonnes gallo-romaines des IIIe et IVe siècles à chapiteaux du VIIe siècle remarquablement conservés.
Sur les sépultures des fondateurs et abbesses de l'abbaye (Adon, Mode, Balde, sainte Telchide et les autres), cénotaphes sculptés et gisants n'ont pas bougé depuis des lustres. Le plus remarquable de ces ouvrages est certainement le bas-relief de la tête du sarcophage d'Adon. En effet, appliqué contre le mur, il n'a été mis au jour (le bas-relief) qu'au XIXe siècle. D'où un état de conservation exceptionnel, surtout pour un calcaire de Brie. Il s'agit d'une représentation du *Tétramorphe*, soit le Christ en Majesté entouré des quatre évangélistes, symbolisés par l'homme, l'aigle, le taureau et le lion. Notez le visage glabre et joufflu du Christ, qu'on n'a pas l'habitude de voir comme ça.

★ *Le musée des Pays de Seine-et-Marne :* 17, av. de La Ferté-sous-Jouarre, 77750 Saint-Cyr-sur-Morin. ☎ 01-60-24-46-00. Fax : 01-60-24-46-14. Ouvert de 10 h à 12 h et de 14 h à 17 h du lundi au vendredi, et de 14 h à 18 h le dimanche. Fermé le samedi, à Noël (les 24 et 25 décembre), les 31 décembre et 1er janvier, et le 1er mai.

Créé en 1995, cet espace présente la société traditionnelle du nord de la Seine-et-Marne. Ni parisienne ni tout à fait provinciale, cette région a pourtant une identité qu'on retrouve ici. Topos sur l'exploitation du gypse, exposition d'outils anciens illustrant les corps de métiers typiques de la région : charrons, menuisiers, vanniers... Superbe métier à passementerie et masse à rhabiller les meules pour le moins contondantes (un coup derrière les oreilles et vous êtes tranquille).

À l'étage, salle Pierre Mac Orlan, figure locale et comme on sait écrivain. Connu pour *Quai des Brumes,* il donna surtout dans le fantastique, et précisément le fantastique social, genre assez déroutant. Lire les *Chroniques des jours désespérés* ou *Filles et ports d'Europe* pour s'en rendre compte.

PROVINS ET LE PROVINOIS
Provins. Le Provinois et ses villages.

PROVINS (77160)

Elle est si proche de Paris que tout le monde la connaît, mais combien ont eu la curiosité d'aller visiter cette ville que l'industrialisation a oubliée et qui a échappé aux destructions de toutes les guerres ? La découverte à pied de cette cité médiévale est un enchantement. Au détour des ruelles, chaque maison rappelle un souvenir, chaque pierre raconte une histoire. Quelle cité de la région parisienne pourrait tout à la fois évoquer ce passé émouvant et correspondre au vieux rêve d'Alphonse Allais : une ville à la campagne ? Alors à la suite de Balzac, de Hugo, de Lamartine ou de Sainte-Beuve, Provins mérite un long week-end de visite.

Comment y aller ?

– **Par la route :** autoroute A4, sortie n° 13 Serris, puis D231 ou autoroute A5, sortie n° 16 Châtillon-la-Borde, puis D408 et N19. Ou bien encore prendre la N19 (sortie porte de Bercy), directe jusqu'à Provins.
– **Par le train :** départ gare de l'Est, 8 aller-retour quotidiens en moyenne (3 le dimanche). Renseignements S.N.C.F. : ☎ 08-36-35-35-35 (2,23 F la minute). Internet : www.sncf.fr. Durée : 1 h 20.
– **Par le R.E.R. :** ligne A, station Chessy (Disneyland Paris), puis Bus Express.

Un peu d'histoire

La légende veut que la création de Provins remonte à l'époque romaine. Or, aucun texte ne peut le prouver et en fait, l'acte de naissance de la ville est une ordonnance de Charlemagne qui envoya ici en 802 deux de ses *missi dominici*. Il y avait bien quelques habitants à l'époque mérovingienne mais rien de bien important. Dès le Xe siècle, Provins est devenu un gros bourg fortifié déjà important qui battait sa propre monnaie. La ville basse se développa à partir du XIe siècle après la découverte des restes de saint Ayoul, la construction d'un monastère et l'affluence des pèlerins.

Provins atteignit son apogée aux XIIe et XIIIe siècles sous le règne des comtes de Champagne. C'était la troisième ville de France après Paris et Rouen. De grandes foires s'y tenaient, attirant nombre de marchands de tous les pays d'Europe. Abélard, l'infortuné amant d'Héloïse, y enseigna. Une intense vie culturelle s'y manifestait. Thibaud IV de Champagne composa lui-même des textes et des chansons tenus parmi les plus beaux du XIIIe siècle. Puis, avec le rattachement de la Champagne et de la Brie au royaume de France, Provins perdit sa position dominante et s'effaça pour de longs siècles, sans bruit et sans trouble.

PROVINS ET ENVIRONS

Adresses utiles

◻ **Office du tourisme :** sur la gauche en venant de Paris, juste avant l'enceinte de la ville haute, à la porte Saint-Jean. ☎ 01-64-60-26-26.

Fax : 01-64-60-11-97. Ouvert tous les jours de novembre à mars de 9 h à 17 h 30 (18 h 30 le reste de l'année).
– *Le petit train de Provins* (d'avril à octobre) : mal aux petons ? Pas de problème, le petit train est là qui vous trimbale dans la ville haute sans que vous ayez à vous fatiguer. Départ toutes les 20 mn de l'office

du tourisme, de 10 h 30 à 18 h. Le petit train, c'est bien.
– *Vente aux enchères :* 1, av. du Général-de-Gaulle. ☎ 01-64-00-17-14. Le dimanche à 14 h. Mobilier rustique, armes, timbres-poste... Un dimanche par mois (parfois le samedi, se renseigner en téléphonant) : vente de véhicules.

Où dormir ? Où manger ?

D'excellentes tables à prix corrects que n'auraient pas reniées nos bons vivants d'ancêtres. En revanche, hôtellerie pauvre.

▲ *Chambres d'hôte La Ferme du Châtel :* chez Annie et Claude Lebel, 5, rue de la Chapelle. ☎ 01-64-00-10-73. Fax : 01-64-00-10-99. Non, vous ne rêvez pas ! Vous êtes bien au cœur de la ville médiévale chez l'un des cinq derniers agriculteurs. Les 5 chambres manquent un peu de caractère, excepté une belle charpente apparente, mais elles sont au calme et tenues parfaitement par Annie, la maîtresse des lieux. 270 F pour deux, petit déjeuner compris. Coin-cuisine à disposition pour ceux qui restent plus longtemps. Une adresse idéale au milieu des chevaux, des volailles et des arbres fruitiers pour ceux qui veulent découvrir la ville et les environs. Accueil agréable. Sachez que c'est ici que se préparent les fêtes de la Moisson qui ont lieu le dernier week-end d'août. Pensez à réserver, c'est souvent plein le week-end.

|●| *La Boudinière des Marais :* 17, rue Hugues-le-Grand (ville basse). ☎ 01-60-67-64-89. Fermée le dimanche soir, le lundi, le mercredi soir et en août. Même si le décor médiéval est un peu forcé, on doit reconnaître qu'on a un petit faible pour cette *Boudinière.* Hervé Prigent a le chic pour dénicher les beaux produits et sait les préparer avec talent. Le menu à 98 F au déjeuner permet de se repaître copieusement. Deux autres choix à 128 et 198 F. On a un faible pour le foie gras poêlé aux girolles, pour la terrine de ris de veau aux épices, le gratin d'écrevisses aux épinards ou la côte d'agneau grillée en croûte

d'ail. L'adresse est connue des gens du coin, donc il vaut mieux passer un petit coup de téléphone pour prévenir de son arrivée..

|●| *Les Quat'Saisons :* 44, rue du Val. ☎ 01-64-08-99-44. Fermé le dimanche soir, le lundi, et du 20 janvier au 10 février. Dans la rue piétonne de la ville basse. Voilà un petit resto croquignolet aux tons pastel qui a le vent en poupe. Le menu-carte à 98 F y est pour beaucoup. Les plats sont originaux, le chef travaille les saveurs et cherche parfois à leur donner une pointe très personnelle. La hure de saumon au coulis de pistou permet de bien se mettre en bouche avant d'attaquer une brochette de bœuf sauce diable ou un boussac de volaille farcie au miel et au gingembre. Et s'il vous reste une petite place, le parfait glacé à la liqueur de pétales de roses est... parfait. À la carte, compter entre 130 et 160 F. En été, jolie terrasse dans la rue.

|●| *Le Provinois :* 17, rue de Changis. ☎ 01-60-67-64-32. Fermé le dimanche soir et le lundi. Dans la ville basse, juste en face de la gendarmerie. Un petit bar-resto qui ne paie pas de mine mais qui propose une cuisine bien agréable. On joue dans un registre simple et sans esbroufe à l'image du décor. Andouillette champenoise, pavé bordelaise, carré d'agneau, sandre poêlé au beurre blanc ou confit de canard. Beaucoup de valeurs sûres à des prix vraiment raisonnables : menus de 59 à 125 F. Pas étonnant que la

maréchaussée y vienne de temps en temps.

|●| *Auberge de la Grange :* 3, rue Saint-Jean. ☎ 01-64-08-96-77. Fermée le mardi soir, le mercredi et en février. Dans la ville haute, juste en face de la grange aux dîmes. Dans une vieille maison à colombages restaurée, deux petites salles rustiques bien décorées avec cheminée. On s'y sent à l'aise. Menus à 98 F avec fromage (du brie bien entendu) et dessert, et à 170 F. Cuisine plutôt basique : truite normande, raie au beurre blanc, magret au poivre... Rien de transcendant mais c'est bon, alors !

Plus chic

🏠 |●| *Hostellerie Aux Vieux Remparts :* 3, rue Couverte. ☎ 01-64-08-94-00. Fax : 01-60-67-77-22. Dans la ville haute. Dans une belle maison médiévale avec un jardin fleuri. Excellente réputation, mais cher. Spécialités gastronomiques : foie gras de canard landais à l'ail, grenadins de daguets d'Argentan en aigredoux de rose et, en dessert, une surprenante mousseline d'avocat ou un soufflé glacé à la rose. Menus à 145 F (en semaine), 170, 230, 350 et 430 F. Menu-enfants à 90 F. 25 chambres de 400 à 650 F pour deux personnes, très « classieuses » : TV, minibar, téléphone direct, salle de bains luxueuse et *tutti quanti*. C'est vraiment l'adresse chic de province par excellence avec tout ce qui va autour. Seul point noir : les petits déjeuners ne sont vraiment pas à la hauteur. Pour 50 F, on s'attend vraiment à mieux. Cherchez un petit bistrot, c'est plus sympa !

À voir

Soulignons le bel effort de mise en valeur du patrimoine réalisé à Provins. Spectacles, visites guidées, à l'office du tourisme on ne chôme pas. On peut y acheter un billet passeport-journée donnant accès aux musées, aux spectacles et au petit train (de 70 à 120 F selon les spectacles choisis). Si l'on préfère se débrouiller au coup par coup, les places de spectacles sont en vente à l'office du tourisme, et les musées et le spectacle des aigles ont chacun leur caisse.

Pour stationner, le plus simple est de se rendre au grand parking gratuit situé devant la porte Saint-Jean.

★ Il faut aborder la ville par la partie haute afin d'éprouver le choc de pénétrer sans transition dans le Moyen Âge. Venant de Paris, quittez la N19 et empruntez la route à gauche vers la porte Saint-Jean. Une voie étroite longe de magnifiques remparts dont on ne pouvait soupçonner la présence depuis la route, jusqu'à la porte de Jouy, puis la porte Faneron.

La **porte de Jouy** fut l'une des plus belles de la ville jusqu'en 1733, date à laquelle elle fut en partie démolie. Récemment restaurée, elle a retrouvé l'aspect qu'elle avait au XIIIᵉ siècle. Aucune construction moderne ou autre pour dénaturer le site. Devant, la campagne à perte de vue. Un sentiment de dépaysement, d'émotion véritable s'empare du visiteur.

Par la rue de Jouy et la rue Couverte, on parvient à la **place de Châtel** qui connut les grandes foires de Champagne. Un vieux puits trône au milieu d'une couronne de tilleuls. Impossible de citer toutes les superbes demeures qui l'entourent, mais la Société d'histoire du Vieux Provins a bien fait les choses. La moindre maison digne d'intérêt comporte une plaque. Vous noterez au coin de la rue Couverte la *maison aux Quatre Pignons*. À quelques mètres de là, celle qui jouxte le restaurant *Les Vieux Remparts* comporte une inscription sculptée dans la poutre de soutènement frontale.

Sur la place même, **foire à la brocante** le 3ᵉ dimanche de chaque mois.

Rue de Jouy, le **caveau du Saint-Esprit**, salle basse de l'ancien hôpital du Saint-Esprit (ne se visite pas ; possibilité cependant d'y organiser des banquets médiévaux pour des groupes, sur réservation). Tout le quartier alentour est sillonné de tranquilles ruelles pleines de charme ; on y découvre même, en pleine ville, de grandes fermes !

★ **La tour César :** ouverte de 10 h à 18 h. Splendide donjon du début du XIIe siècle qui comporte trois niveaux : une enceinte ronde à la base, construite par les Anglais pendant la guerre de Cent Ans ; le corps du donjon, de forme carrée avec des tourelles à chaque coin ; enfin l'étage supérieur de forme octogonale, dont le toit a été ajouté au XVIIe siècle. Visitez l'immense salle de garde, puis, par un escalier extrêmement raide et étroit, grimpez sous les combles admirer la charpente de bois, une véritable œuvre d'art. On y trouve aussi les cloches que l'église Saint-Quiriace lui a léguées après avoir perdu son clocher. De là-haut, beau panorama.

★ **La collégiale Saint-Quiriace :** ouverte tous les jours de 9 h 30 à 17 h 30. Édifiée au XIIe siècle. Le chœur date de cette période, le transept et la nef du XIIIe siècle. Beaux portails latéraux. Sous le règne de Philippe le Bel, les problèmes financiers du royaume la laissèrent inachevée.
L'intérieur s'impose par la majesté de son élégance. Notez les arcs en plein cintre du triforium (galerie en hauteur autour du chœur) qui révèle la période de transition vers le gothique. Jeanne d'Arc y assista à une messe le 3 août 1429 avec le roi Charles VII, de retour de son sacre à Reims. Au fait, pour ceux que cela intéresse : Quiriace a vraiment existé. C'est un saint juif qui serait le découvreur apocryphe de la Vraie Croix aux côtés de sainte Hélène. Ce n'est pas une raison pour donner son nom à votre fils !

★ À deux pas de la collégiale, voir la *maison romane,* l'une des plus anciennes de la ville et qui abrite les collections du *musée de Provins et du Provinois.* Ouvert de juin à octobre de 14 h à 18 h ; le reste de l'année, les samedi, dimanche, congés scolaires et jours fériés, de 14 h à 17 h. On peut voir dans la première salle de jolies sculptures en bois érodées par le temps. Au 1er étage, les amateurs de frissons s'arrêteront devant l'instrument à rompre utilisé par le dernier bourreau de Provins pour casser les membres des condamnés avant le supplice de la roue. Également des tabliers de francs-maçons, des carreaux de pavage du XIIIe siècle, etc.

– La **rue Saint-Thibault,** bordée également de demeures intéressantes et d'où partent d'adorables venelles herbues, mène à la ville basse.

★ Tout en bas, l'**hôtel-Dieu**, qui s'ouvre par un beau portail sculpté du XIIIe siècle, présente un retable en pierre de la Renaissance et des fonts baptismaux du XIIIe siècle.

★ **La Grange aux Dîmes :** ouverte de juin à août de 10 h à 18 h tous les jours. En avril, mai, septembre et octobre, ouverte les week-ends de 10 h à 18 h et en semaine de 14 h à 18 h. De novembre à mars, uniquement les jours fériés, week-ends et pendant les vacances scolaires, de 11 h à 17 h. Rue Saint-Jean, la Grange aux Dîmes, une massive construction du XIIIe siècle avec une magnifique halle voûtée et une belle cave. Elle servit de marché couvert puis, à partir du XIVe siècle, d'entrepôt des dîmes. On peut y découvrir aujourd'hui *Images et pierres,* une projection audiovisuelle retraçant l'histoire de la ville (durée 20 mn, toutes les demi-heures).

★ **Les souterrains :** pour les horaires des visites guidées, se renseigner à l'office du tourisme. Accès par la magnifique salle basse du palais des Comtesses (l'hôtel-Dieu) où se côtoient roman et gothique. Un réseau inextricable de galeries (environ 2 km) creusées par l'homme, qui n'ont pas encore livré tous leurs secrets.
Au Xe siècle, Thibaut Ier, comte de Champagne, créa les fameuses foires. Il joua sur la sécurité pour convaincre les marchands de venir ici. Les chemins étaient peu sûrs pour arriver d'Italie, d'Espagne, des Flandres... Et en plus des protections qui étaient accordées à ces commerçants pendant leurs

trajets, il fallait leur offrir de quoi stocker et ranger leurs marchandises. On a creusé ces galeries et ces caves dans ce but. Il en reste 150 dans la ville haute. Ces souterrains sont creusés dans la craie, matériau que l'on exploita longtemps pour fouler la laine. Les inscriptions gravées sur les murs rappellent qu'ils furent également des lieux d'initiation pour les francs-maçons. La visite se termine dans une belle salle souterraine nommée « Caveau » à Provins, dont la température constante (11 °C) et le taux important d'humidité étaient idéaux pour le travail des potiers et des tisserands qui firent jadis la richesse de la ville.

★ *L'église Sainte-Croix* est dotée d'un remarquable portail Renaissance sculpté.

★ *L'église Saint-Ayoul :* place Saint-Ayoul, bien sûr. Église curieuse qui fut à l'origine du développement de la ville basse au Xe siècle, lorsqu'on découvrit un sarcophage contenant les restes d'un certain Ayoul que l'on vénérait bien des années avant. Et ce sont les bénédictins à partir du XIe siècle qui firent d'Ayoul un saint réputé, objet de pèlerinages et dont le culte fut très vite lié aux foires de Champagne. Sacré sens du marketing, les moines ! Elle reste curieuse par l'addition des styles qui la composent. Sans cesse remaniée, elle donne une impression de bric-à-brac architectural qui lui confère une réelle et séduisante originalité. Noter les portails en avancée et, à gauche, la tourelle et la galerie extérieure de style Renaissance. À l'intérieur, *pietà* de 1510 entre *sainte Madeleine et saint Jean,* et de belles boiseries.

★ À côté de l'église s'élève la *tour Notre-Dame-du-Val* (XVIe siècle), vestige d'une ancienne collégiale. Son portail royal vient d'être restauré.

Fêtes

On vient également à Provins pour les nombreux spectacles et les différentes fêtes qui jalonnent la vie de la cité, qui met tout en œuvre pour attirer les touristes.

– *Fête médiévale :* tous les ans au mois de juin. Tournoi, fête et spectacle son et lumière. Également des animations sur le thème du Moyen Âge tout au long de l'année : spectacle de rapaces en vol libre, tournoi de chevalerie, présentation d'un camp militaire médiéval. Renseignements auprès de l'office de tourisme.

– *Spectacle « À l'assaut des remparts » :* au pied de la tour de Pourceaux. D'avril à septembre, en semaine à 14 h 30, les samedi, dimanche et jours fériés à 16 h. Démonstration de machines de siège (durée 45 mn). Ne parlez pas de catapultes, c'est une hérésie : dites mangonneau, trébuchet, dites couillard (silence dans les rangs !). Le propre de ces engins est le balancier (la catapulte, elle, tire son énergie du boyau tendu). On assiste à des tirs de boulets-baudruches et l'on nous explique la préparation d'un siège, ateliers à l'appui : taille de boulets, ferronnerie... Intéressant et ludique.

– *Spectacle « Le Jugement de Dieu » :* tour des Pourceaux. Du 21 juin au 31 août, tous les dimanches à 16 h. Billet : 70 F. Mais quel est ce chevalier vil qui ose chercher noise à notre bon et splendide Thibaud de Champagne ? Tirs de couillard débutent les hostilités, puis lors d'un tournoi épique notre seigneur croise le fer avec l'ignoble assaillant. Chevaux harnachés, costumes d'époque et huées de la cour de Champagne (et des spectateurs, comme à Guignol) animent ce spectacle vivant et drôle. Et d'après vous, qui c'est qui gagne ? En clôture, danses médiévales bien cadencées.

– *Les Aigles de Provins :* à la porte de Jouy. Ouvert tous les jours, d'avril à octobre ; de 14 h à 18 h (19 h le week-end) en avril, septembre et octobre ; de 11 h à 18 h (14 h-19 h le week-end) en mai et juin ; de 14 h à 19 h en juillet et août. Spectacles, en général, à 14 h 30 et 16 h (et 17 h 30 les week-ends, jours fériés et vacances). Le plus simple, c'est de téléphoner à l'office du tourisme pour être sûr de ne pas venir pour rien ou trop tard.

Belles dames, gentils messieurs, bons enfants, venez voir ! Vautour, grand-duc, milan, caracara, buse féroce, aigle royal... et impérial – ils sont tous là ! Et, sur fond de musique classique ou d'opéra, exécutent pour vous leurs vols majestueux ou acrobatiques. Très beau, et impressionnant lorsque ces bestiaux vous frôlent les oreilles. Mention spéciale pour l'aigle pêcheur d'Amérique, superbe et géant (dans les 2 m d'envergure), et le serpentaire si comique dans sa course sur ses longues guibolles (car celui-là ne vole quasiment pas, il cavale).

À faire

– **Randonnée pédestre « Le Dragon du Provinois » :** circuit de 8,5 km et compter 3 h aller et retour sans les arrêts. Un itinéraire insolite à la recherche de la source-culte de la rivière Dragon. Regardez une dernière fois le sourire de la reine de Saba et du roi Salomon sculptés sur le porche de l'église de Saint-Loup-de-Naud avant de descendre dans les bois.
En boucle au départ de Courton-le-Haut, sur la D106. Balisage jaune du sentier P.R. et jaune et rouge du G.R. de pays Thibault-de-Champagne. À suivre en toute saison. Réf. : « Circuits pédestres en Provinois, Montois et Bassée », auprès de l'office du tourisme de Provins. ☎ 01-64-60-26-26. Carte I.G.N. au 1/25 000, nos 2516 E et 2616 O.
De Courton-le-Haut, suivez le balisage jaune du P.R. par la rue de Vulaines. La rue Marceau-Bailleul mène à un chemin qui pénètre en sous-bois. Sur la droite, l'itinéraire descend avec une belle vue sur le village étalé sur son promontoire. Après un bosquet de pins, vous atteignez le vallon et rattrapez la D49 pour atteindre l'église de Saint-Loup-de-Naud (visite conseillée) qui domine le vallon du Dragon, affluent de la Voulzie. Quelques mètres plus loin, redescendez sur votre droite pour rejoindre le balisage jaune et rouge qui mène au captage des *sources du Dragon*.
Ce site, propriété de la Ville de Paris, mérite bien les quelques mètres de détour. L'accès à la source asséchée se fait à pied en respectant son environnement. Dans ce vallon oublié, proche des foules de Provins, la source du Dragon garde tout son mystère. Une curieuse plaque de marbre et un tronc pour des aumônes d'un autre âge laissent rêveur. Remarquez la plaque supérieure coupée au niveau de la tête du Christ et l'ambiance de cette source où les cultes païens et religieux se sont succédé durant des siècles.
Le G.R. de pays continue pour obliquer par la rue des Vieux-Moulins. Sur la droite, il traverse le ru du Dragon et tourne à gauche pour croiser la D106. En face, le chemin de la Clavoise est orné d'un beau lavoir. Longeant le ruisseau, vous montez sur la route puis vous empruntez un chemin sur la droite. À la hauteur de la chaussée du Noyau, suivez le balisage du G.R. de pays Thibault-de-Champagne pour atteindre la gare de Longueville. Sinon, le P.R. jaune remonte vers la D49 pour retourner vers le nord-ouest jusqu'à l'entrée de Courton-le-Haut.

La guerre des Deux-Roses

Introduite en 1238 par Thibaud IV, comte de Champagne, de retour de croisade, la fameuse rose rouge de Provins orna également le blason du comte de Lancastre, gouverneur anglais de la ville. De retour au pays, ce dernier fut confronté à la rose blanche de la maison d'York : ce fut la guerre des Deux-Roses. Aujourd'hui les roseraies de Provins sont célèbres ainsi que la fameuse confiture de roses, appréciée pour sa finesse et son parfum. Elle est en vente dans quelques pâtisseries de la ville.

LE PROVINOIS ET SES VILLAGES

Si vous restez quelques jours de plus à Provins, il est intéressant, sans faire beaucoup de kilomètres, de visiter sa région. Vous constaterez que la Brie n'est pas si plate et monotone que ça et qu'il existe, si près de Paris, d'adorables villages jouissant d'un autre rythme, dans une douceur de vivre étonnante.

★ *SAINT-LOUP-DE-NAUD (77650)*

C'est un village pittoresque qu'il faut découvrir en arrivant par la D106, à 7 km au sud-ouest de Provins. Nombre d'écrivains, de peintres, de musiciens ont été inspirés par ce petit joyau (Proust, Colette, Virginia Woolf, Francis Poulenc...). Les maisons d'allure massive se blottissent sur une colline contre l'une des plus anciennes églises de la région parisienne. Des pans de muraille des fortifications apparaissent encore. L'église, construite aux XIe et XIIe siècles, possède un remarquable portail sculpté représentant le Christ en majesté avec les apôtres sous le linteau.

Où dormir ? Où manger dans les environs ?

Chambres d'hôte

🛏 |●| *Chez Annick et Jean-Mary Dormion :* 24, rue du Perré, 77650 Lizines. ☎ et fax : 01-60-67-32-47. Petit village à 2 km de Saint-Loup. 3 chambres avec douche et w.-c., et un accueil inoubliable pour les élus qui trouvent à s'y loger. Entrée indépendante et décoration sympa. Calme et repos garantis. Pour ceux qui ont besoin de recharger les accus. 235 F pour deux, petit déjeuner compris. Le soir, table d'hôte possible à 65 F avec les produits de la ferme. Demandez à vos hôtes de visiter l'église jouxtant la ferme : ils ont la clef. Belle sculpure naïve en bois peint de saint Georges terrassant le dragon, art populaire du XVIe siècle.

🛏 |●| *Chez Christine et Jean-Claude Dormion :* 2, rue des Glycines, 77650 Lizines. ☎ et fax 01-

60-67-32-56. Au centre du village. 5 chambres das une maison annexe à celle des propriétaires donnant sur un joli jardin. 230 F pour deux, petit déjeuner compris. Table d'hôte sur réservation à 80 F. On mange les produits de la ferme : lapin aux pruneaux, escargots maison, tarte à la rhubarbe. Deux gîtes ruraux de 5 et 6 personnes de 850 à 1 360 F la semaine selon la saison.

🛏 |●| *Chez Philippe et Sylvie Dinneur :* Le Petit Cessoy, 77520 Cessoy-en-Montois. ☎ 01-60-67-32-10. Fax : 01-60-01-36-50. À 5 km au nord de Donnemarie-Dontilly. 3 chambres très agréables dans une belle ferme rénovée. Grand jardin qui débouche sur la campagne. 385 F pour deux, petit déjeuner compris. Table d'hôte autour de 100 F. Une adresse pour se reposer dans un calme presque religieux.

★ *DONNEMARIE-DONTILLY (77520)*

À une douzaine de kilomètres au sud de Saint-Loup-de-Naud, c'est un village caché dans un repli du plateau de la Brie. Anciennement fortifié également. Deux vestiges de tours encadrent l'entrée de la rue principale quand on arrive de Mons ou de Jutigny (route de Provins). Là aussi, l'église, édifiée

PROVINS ET ENVIRONS

au XIIIe siècle, mérite une visite. Les sculptures du portail sont très abîmées. En revanche, côté sud, élégant petit portail avec une Vierge sculptée. À côté, un vieux puits couvert. Côté nord, dans l'ancien cimetière, petit cloître avec deux galeries du XVIe siècle.

Où manger dans les environs ?

|●| *Restaurant Loiseau :* 21, rue Ampère. ☎ 01-60-67-34-00. Fermé le dimanche soir et le lundi. Après Donnemarie-Dontilly, prendre la D95 à droite vers Gurey sur 1,5 km. Voilà le rêve de tout routard en train d'enquêter dans un département : trouver, dans un village un peu perdu, une petite adresse pratiquement de rêve. L'aspect du lieu est plutôt banal et, dans ce cas précis, il faut bien le reconnaître c'est surtout le nom qui nous a intrigués. Le géant de Saulieu aurait-il fait des petits dans les provinces reculées de la Seine-et-Marne ? Que nenni ! Il y a plus d'un âne... Mais ce Loiseau-là, dans sa catégorie, n'a rien à envier à l'autre. Le pavé de sandre rôti à la brunoise de canard est tout bonnement succulent. L'alliance de goût dans la fricassée d'encornets sauvages au foie gras est à ravir. Et la tourte au foie de lapin et cèpes à la compote d'échalotes est parfaite. Les trois menus à 80, 99 et 135 F nous feraient y retourner tous les week-ends. Et que dire du menu ouvrier (tradition qui, croyait-on, n'avait plus cours qu'à au moins 700 km de la capitale) à 56 F qui donne envie de prendre son rond de serviette tous les midis ! On ne s'attarde pas sur le décor, encore qu'il soit touchant de simplicité. En revanche, la gentillesse de la patronne a fini de nous convaincre. Bref, une adresse exceptionnelle.

★ *L'ABBAYE DE PREUILLY*

À 3,5 km au sud de Donnemarie. Si vous avez du temps, allez flâner, à travers une belle campagne, à la recherche de ses ruines. Elles s'élèvent dans une propriété privée dont l'accès est commandé par une imposante porte médiévale. Si vous croisez quelqu'un, demandez-lui juste le chemin des ruines avec le sourire. Ce qui reste de l'abbaye dégage une impression solennelle. Quelques rosaces découpent de jolis pans de ciel bleu. Les arbres plantés en ligne à l'intérieur font office de colonnes et leurs feuillages se rejoignent, remplaçant la voûte de la nef. L'impeccable pelouse séparée en deux par une petite allée de sable accentue l'image de fusion de la pierre et de la végétation. Au retour, notez l'ordonnancement d'une belle ferme briarde typique avec ses longs bâtiments de pierre couleur ocre.

Où dormir ? Où manger dans les environs ?

≜ |●| *Au Bon Laboureur :* 2, Grande-Rue, 77480 Bray-sur-Seine. ☎ 01-60-67-10-81. Fermé le mercredi et en août. À une vingtaine de kilomètres au sud-ouest de Chalautre, dans un bourg commerçant, un hôtel-restaurant classique de bonne tenue. Chambres à 120 F avec douche au-dessus du restaurant (150 F avec lit supplémentaire), à 180 F avec douche et w.-c., et à 280 F avec bains, plus calmes et plus grandes, dans l'annexe. Restaurant vite complet le week-end. Ils sont nombreux à venir pour manger cette bonne cuisine ultra traditionnelle. Menus de 90 à 180 F avec des œufs cocotte en meurette, des rognons de veau au madère, de la langue de veau ravigote ou du canard à l'orange. C'est simple et sympa.

🛏 *Gîtes d'étape :* place de l'Église, 77480 Jaulnes. À 3 km de Bray-sur-Seine. Au cœur du village et à deux pas de la mairie. Téléphoner longtemps à l'avance au service de réservation des gîtes de Seine-et-Marne : ☎ 01-60-39-60-39. Deux gîtes pour 6 et 7 personnes dans une maison indépendante entourée d'une belle cour fermée. Location à la semaine : de 1 040 à 2 050 F selon le gîte et la saison. Bon à savoir : pas de commerçants dans le village. Une chose est certaine : vous serez au calme.

À voir

★ *Le château de la Motte-Tilly :* par la D951, à 5 km de Nogent-sur-Seine. ☎ 03-25-39-99-67. Visites guidées uniquement (durée 1 h), deux le matin et quatre l'après-midi, tous les jours sauf le mardi d'avril à septembre ; en octobre et novembre, le week-end seulement, de 14 h à 17 h. L'archétype du château classique, construit en 1755 par l'abbé Terray, dernier ministre des Finances de Louis XV. Mais c'est à la marquise de Maillé que nous devons sa résurrection : sans descendance, cette historienne s'est chargée de remeubler sa demeure dans le style de l'époque avant de la léguer à l'État dans les années 70, afin que « ce lieu restât vivant ».
On visite donc une quinzaine de pièces joliment décorées. Superbe billard Louis-Philippe et beaucoup de chouette mobilier un peu partout, dont l'un des premiers canapés-lits convertibles (Louis XVI). Les amateurs jetteront un œil sur la bibliothèque et soupireront « Ah si j'étais riche ! ». Quelques jolies toiles également... Nom d'une taupe ! Lorgnez donc les trompe-l'œil en grisé ornant certaines pièces : on jurerait des bas-reliefs. Enfin, promenade possible dans le parc, à la française, ça va de soi, mais au charme singulier – peut-être parce que vaguement entretenu...

★ *CHALAUTRE-LA-PETITE (77160)*

Encore un adorable village briard niché dans le creux d'un vallon ombragé. Situé à 3 km au sud de Provins par la D49. Sur la place, une belle demeure médiévale en pierre, la *maison de l'Escargot* (1543), et, à côté, une vieille *église* rurale avec son auvent de bois.

★ *RAMPILLON (77370)*

Si, de retour vers Paris, vous n'êtes pas saturé de monuments, jetez un dernier coup d'œil sur l'*église* du village, à 4 km à l'est de Nangis, sur la D62. On l'aperçoit depuis la N19. Probablement l'un des plus beaux portails sculptés d'Île-de-France et remarquablement préservé. On peut y remarquer, sur le tympan, le Christ, et, sur le linteau, la Résurrection des morts. Dans les ébrasements, les statues des douze apôtres (pour visiter l'intérieur, demandez la clé au tabac d'en face). Grande élégance des lignes. Chœur polygonal et beau triforium. Notez les colonnettes qui viennent s'ajouter aux grosses colonnes. Au fond à droite, une Vierge du XIVe siècle et, dans la nef, pierres tombales des Templiers. Une grosse tour accolée à l'église est le seul vestige de l'ancienne commanderie des Templiers.

Où dormir ? Où manger dans les environs ?

🛏 ⦿ *Restaurant-motel Les Billettes :* ☎ 01-64-08-22-50. Fax : 01-64-60-97-56. À 3 km de Nangis, sur la D201 en direction de Montereau. Une adresse super sympa et bon marché. Au milieu d'un parc de

4 hectares, grande demeure bourgeoise du XVIIIe siècle avec 11 chambres de 160 à 210 F avec téléphone et TV, réparties entre l'annexe et l'ancienne maison du gardien. Restaurant (fermé le lundi) dans la belle maison principale. Menus à 82 F (servi uniquement en semaine) et 138 F. Quelques spécialités bien alléchantes comme ce foie gras de canard maison, la salade de coquilles Saint-Jacques, le filet de bar à l'aneth, le feuilleté de ris de veau aux morilles. Nombreuses promenades dans les environs : demander la carte des itinéraires pédestres à la réception.

SUD-EST	Paris : 70 km	Itinéraire	32

DES BORDS DE SEINE À VAUX-LE-VICOMTE
Thomery. Vulaines-sur-Seine. Samois-sur-Seine.
Bois-le-Roi. Vaux-le-Vicomte. Champeaux.

Un itinéraire relativement peu connu. D'un côté le cours de la Seine, de l'autre la forêt de Fontainebleau, et une balade qui révèle de délicieux petits bourgs que ne réveille même plus le lent passage des péniches. Quand la Seine se rapproche de la civilisation, il est temps de pénétrer quelques kilomètres dans les terres pour admirer le château de Vaux-le-Vicomte, précurseur de Versailles.

Comment y aller ?

– **Par la route :** N6 jusqu'à Melun, puis D39. À Fontaine-le-Port, bifurcation par la D116 pour Samois. Possibilité également de rejoindre cet itinéraire par Fontainebleau (voir itinéraire 33).
– **Par le train :** descendre à la gare de Fontainebleau-Avon. Location de vélos à droite en sortant de la gare (à 20 m). ☎ 01-60-72-14-45. Train également pour Melun (toutes les 30 mn) et changement pour l'autorail Melun-Montereau. Toutes les villes décrites sont desservies par cet autorail, sauf Samois. Renseignements S.N.C.F. : ☎ 08-36-35-35-35 (2,23 F la minute). Internet : www.sncf.fr.

THOMERY (77810)

Petite agglomération résidentielle, étagée sur un coteau dans une boucle de la Seine, à 6 km au nord de Moret par la D301 (voir également itinéraire 34), et fameuse pour être la dernière terre à vignes avant Paris. On y cultivait le chasselas de Fontainebleau en espalier. Cette culture est devenue aujourd'hui très marginale. Sur la place du village, une jolie petite église basse et trapue des XIIe et XIIIe siècles. La partie la plus intéressante de Thomery est la rue Sadi-Carnot qui longe la Seine ; bordée de belles maisons du siècle passé, elle se termine par une petite cale. Attention, les baignades dans la Seine sont désormais interdites dans le secteur.

Où dormir ? Où manger ?

🛏 |●| **Hostellerie Le Vieux Logis** : ☎ 01-60-96-44-77. Fax : 01-60-70-01-42. Sûr que pour passer un week-end en amoureux loin de tout, à 60 km de Paris, voilà la maison qu'il vous faut. Cette ancienne demeure a été entièrement restaurée avec beaucoup de passion et de goût pour en faire un nid douillet dans lequel il fait bon flemmarder. Bien sûr, ce n'est pas donné. Chambres doubles à 450 F. Pour ce qui est de la cuisine, on peut prendre des kilos sans honte : escalopines de rognons de veau au pain d'épices, vinaigrette de cidre aux noix de Saint-Jacques rôties servies avec une marmelade de fruits au curry, filet de bœuf poêlé aux huîtres creuses jusqu'à la terrine d'oranges et de pamplemousse sauce chocolat... On a envie de tout essayer dans une carte qui recèle des trésors d'imaginations gustatives. Deux menus à 155 et 240 F. Une adresse dans la catégorie plus chic mais qui mérite une brassée de félicitations.

À voir

★ *Le musée Rosa Bonheur :* 12, rue Rosa-Bonheur. ☎ 01-60-70-04-49. Ouvert les mercredi et samedi, de 14 h à 17 h. Dernière visite à 16 h 15. Entrée : 15 F (10 F pour les enfants). Étonnante maison baroque du XIXᵉ siècle, restée en l'état depuis la mort de Rosa Bonheur, peintre méconnue aujourd'hui, qui fut pourtant la première femme à avoir été décorée de la Légion d'honneur (en 1867, par l'impératrice Eugénie) et fit beaucoup parler d'elle pendant le Second Empire.

Sorte de George Sand *bis*, Rosa Bonheur s'habillait souvent en homme, fréquenta Buffalo Bill (qui lui offrit un superbe habit de chef sioux exposé ici : observez le cynisme de ces petits drapeaux américains brodés sur la poitrine) et consacra la majorité de son œuvre à la représentation d'animaux. Sa maison-musée est pleine de curiosités, comme ce grand salon-atelier voué aux sciences naturelles (oiseaux empaillés, têtes de chevaux, etc.) ou bien encore un permis de travestissement (à noter que la loi n'a jamais été abolie : ce permis est donc toujours obligatoire pour les femmes désireuses de se déguiser en homme !). Bref, un sacré personnage, qu'il serait temps de redécouvrir. Une salle lui est consacrée à Fontainebleau et ses plus grands tableaux sont exposés au musée d'Orsay et... aux États-Unis.

VULAINES-SUR-SEINE (77870)

Calme village au croisement de la D 210 et de la D 39. Villas cossues et Seine tranquille. Mallarmé, qui avait bon goût, s'y plut et on le comprend.

Où manger ?

I●I *Le Petit Cèdre :* 17, voie de la Liberté. ☎ 01-64-23-93-85. Fermé le mardi soir et le mercredi, ainsi que la 1ʳᵉ quinzaine d'août et en janvier. Sur le haut de Vulaines, prendre Vulaines-centre sur la D 210, *le Petit Cèdre* est au premier rond-point. Une adresse qui ne tourne qu'avec des habitués, car située en retrait du bord de Seine. D'ailleurs, c'est en nous fourvoyant que nous l'avons trouvée un peu par hasard. Déco de bistrot populaire (superbe bar années 30), accueil chaleureux et cuisine de femme qui aime cuisiner. À la carte uniquement, choix d'entrées dans les 35 F, plats dans les 50 F et desserts dans les 30 F. Quelques spécialités grecques (la patronne est originaire de ce pays) et des recettes bien maîtrisées, telle cette fameuse terrine aux trois viandes parfumée à l'estragon ou cette crème brûlée connue dans toute la région. Bien bon pinard à prix correct. Autre chose : on ne vous fait pas la tronche si vous ne prenez qu'une entrée, et ça devient rare.

I●I *L'Île aux Truites :* 6, chemin de la Basse-Varenne. ☎ 01-64-23-71-87. Ouvert midi et soir du 25 juin au 19 décembre. Fermé le mercredi toute la journée et le jeudi midi. En saison, réservation impérative. Finies les gaudrioles parfois surfaites des bords de Marne. Ici, on surplombe la Seine et les flonflons des bals musettes ne bruissent guère sur cette belle rive. Chalet au toit de chaume campé sous les saules ; les enfants peuvent pêcher les poissons du repas dans les bassins qui entourent la maison. Les tables sont astucieusement disposées au ras de l'eau. Cuisine honnête et service impeccable qui en font une très bonne adresse de la région. En plus, pour dîner en tête à tête, vous ne vous ruinerez pas. Spécialités de poissons grillés. Bonne assiette de l'île aux truites à 92 F (truite saumonée fumée, filet de truites mariné et terrine de poisson). Desserts de 35 à 45 F. Avec un petit menetou salon, on ressort heureux. Menus à 120 et 170 F.

À voir

★ *Le musée Mallarmé :* 4, quai Stéphane-Mallarmé. ☎ 01-64-23-73-27. Ouvert tous les jours sauf le lundi de 10 h à 12 h et de 14 h à 18 h. Installé dans la maison du grand poète. Tout aussi fauché que Balzac qui ne put jamais acquérir le château de Saché en Touraine où il se plaisait tant, Mallarmé ne fut jamais propriétaire de cette belle maison nichée entre forêt et bord de Seine. Il y vécut néanmoins de 1874 jusqu'à sa mort en 1898.
On y retrouve tous les objets chers au poète : l'éventail de Geneviève, son rocking-chair et surtout le célèbre châle pied-de-poule du poète frileux. Des photos, portraits... Ne pas manquer le cabinet japonais avec des éventails et des petites boîtes laquées, et le meuble nippon où Mallarmé enfermait ses notes pour des livres à venir. Il faut aussi jeter un coup d'œil sur le mur des toilettes du jardin ainsi que sur les roses derrière la maison. Mallarmé les chérissait. « Tous les matins je me promène avec le sécateur et fais leur toilette aux fleurs avant la mienne », écrivait-il à sa fille.

À voir dans les environs

★ *L'église d'Héricy :* en longeant la Seine par la D39, on arrive à Héricy. Édifiée du XIIIe au XVe siècle, l'église présente une remarquable architecture qui en fait l'une des plus pittoresques des bords de Seine. Allure massive avec ses lourds contreforts, son toit très large, son clocher briard à quatre pignons. À l'intérieur, nombreuses pièces intéressantes : un autel de la Vierge en pierre du XVIIIe siècle. Près de l'entrée, statues de saint Pierre et saint Paul en bois (XVIIe siècle). Sur le bas-côté gauche, un beau vitrail du XVIe siècle, et, près des fonts baptismaux, un autel sculpté, du XVe siècle, surmonté d'une statue de saint Jean Baptiste.

SAMOIS-SUR-SEINE (77920)

Petit bourg plein de charme dégringolant d'une colline. Situé en face d'Héricy. Le temps semble s'être arrêté au siècle dernier lorsque George Sand et Alfred de Musset venaient séjourner au château de la Madeleine. Des pêcheurs placides et une superbe promenade bordée de vieilles résidences d'avant-guerre, façon chalets ou ornées de balcons en fer forgé. Une île ombragée reliée par deux passerelles permet une digestion reposante. Nombreuses péniches amarrées.

Où manger ?

|●| *Le Relais de l'Écluse :* 11, chemin de halage. ☎ et fax : 01-64-24- 64-30. Fermé le mercredi soir et le jeudi sauf d'avril à septembre. En

bord de Seine, on se sent de suite bien dans cette maison cossue à la déco chaleureuse. C'est un peu comme si on arrivait chez des amis pour le déjeuner dominical. Très belle assiette provençale pour les petits appétits : sardines en esca-bèche, poivron grillé, pissaladière. Le chef prépare sa bouillabaisse selon la recette de sa maman. Belle dorade grillée au fenouil, civet de co-chon varoise, rognons de veau en cocotte. Menus à 145 et 215 F.

À voir. À faire

★ Balade dans le village très agréable. Dans l'*église*, belle Vierge et une croix du XIVe siècle. Les amateurs de jazz sentimentaux trouveront au cime-tière la *tombe de Django Reinhardt* qui vécut longtemps ici.

– *Promenade à pied ou à vélo :* environ 15 km. De Samois, remontez la Seine jusqu'au nouveau pont des Plâtreries. Traversez le fleuve et longez-le jusqu'à Fontaine-le-Port. Puis retour à Samois.

BOIS-LE-ROI (77590)

Agréable bourgade à quelque 4 km de Samois, en forêt de Fontainebleau. On y vit relax et comme en vacances...

Où dormir ? Où manger ?

â *Le Pavillon Royal :* 40, av. du Général-Gallieni. ☎ 01-64-10-41-00. Fax : 01-64-10-41-10. Un bâtiment tout neuf de style néo-néo-classique (mais surtout néo), sobre et pas inesthétique. Chambres impec-cables et spacieuses à 350 F. Pis-cine et pavillon de détente néo-néo-romantique. Calme et bon accueil.

I●I *Auberge de l'Écurie Bacotte :* 92, av. Foch. ☎ 01-60-69-59-81. Fermée les lundi midi et mardi, une semaine en décembre et en mars, et trois semaines en septembre. Salle aux tons rouges et boisés et ter-rasse fleurie, service prompt et, dans l'assiette, pizzas, pâtes et sa-lades. Formule connue mais appré-ciable lorsque comme ici les produits sont frais et maison. Pizzas maousses et tagliatelles carbonara à se casser le ventre. Un seul plat suf-fit. Pâtes autour de 50 F et pizzas à 60 F.

I●I *Restaurant le Chalet :* 37, rue Foch, 77770 Chartrettes. ☎ 01-60-69-65-34. Dans le dernier village tranquille du bord de Seine, sur la D39 avant d'arriver à Melun, ou, de Bois-le-Roi, en traversant la Seine. Fermé le mercredi ainsi qu'aux va-cances de février, la seconde quin-zaine d'août et la 1re semaine de septembre. Dans une petite rue ré-sidentielle, à l'écart du centre. At-mosphère populaire joyeuse et ani-mée, et franche cuisine genre plats de copains : tête de veau vinaigrette, œufs cocotte, andouillette, coq au vin ou confit de canard. Menus co-pieux à 68 F (sauf le samedi soir et le dimanche) et 114 F.

Où boire un verre ?

Y *Le Milton Club :* espace Marcel-Rosier, haras des Grands-Champs. ☎ 01-60-69-17-27. Fermé le lundi. Ouvert de 19 h à 1 h ou 2 h. Vaste bar installé dans le centre équestre Marcel-Rosier. Guitares électriques accrochées aux murs et vue sur le manège où parfois ont lieu des concours hippiques, en nocturne. Les vendredi et samedi, grosse ambiance avec les concerts de blues ou de rock. Chauffe Marcel !

À faire

– *Base de Loisirs :* à l'extérieur de Bois-le-Roi, direction Samois, puis à gauche au premier carrefour, c'est ensuite indiqué. Entrée gratuite et plage agréable (mais bondée en été). Promenade en forêt, planche à voile, pêche, équitation, golf, etc.

VAUX-LE-VICOMTE

L'un des plus beaux châteaux de l'Ile-de-France, celui qui donna à Louis XIV l'idée de construire Versailles. Fier, élégant, planté en pleine campagne, il reste l'un des symboles de la magnificence du Grand Siècle, produit du talent des plus grands artistes de ce temps.

Comment y aller ?

– *En voiture :* autoroute A6, A4 ou A5 (sortie Melun-Sénart ou Melun).
– *En train :* pas simple. De la gare de Lyon, aller juqu'à Melun. Puis de Melun jusqu'au château en taxi : 7 km. Trains toutes les demi-heures. Renseignements S.N.C.F. : ☎ 08-36-35-35-35 (2,23 F la minute). Internet : www.sncf.fr.

Le château

☎ 01-64-14-41-90. Internet : www.vaux-le-vicomte.com.
Ouvert tous les jours du 1er mars au 11 novembre. En mars et du 1er au 11 novembre, de 11 h à 17 h ; d'avril à octobre, de 10 h à 18 h. Réduction pour les étudiants et les enfants de 6 à 16 ans. Gratuit pour les moins de 6 ans.

I●I Un self-service, *L'Écureuil,* installé dans l'un des communs, propose des plats à prix raisonnables, dans un cadre agréable. Grande terrasse. Compter autour de 50 F pour une grillade et 45 F environ pour un plat du jour.

– *Visite aux chandelles :* tous les samedis de mai à mi-octobre de 20 h 30 à 23 h. Les jardins, les salons d'apparat et les salles du sous-sol sont éclairés de plus de 1 000 bougies, comme probablement durant la nuit d'août 1661 lorsque Fouquet accueillit Louis XIV. Une visite exceptionnelle. Le *restaurant* et le *musée des Équipages* restent alors ouverts jusqu'à 23 h 30.
– *Jeux d'eau et cascades :* les 2e et dernier samedis de chaque mois du 1er avril au 31 octobre, de 15 h à 18 h.

Il était une fois...

Le château fut construit par Nicolas Fouquet, surintendant des Finances sous le règne de Mazarin. Il amassa bien sûr une énorme fortune et décida de posséder une demeure au niveau de sa puissance, de ses ambitions et de sa devise *Quo non ascendet?* (« Jusqu'où ne montera-t-il pas ? »). De sinistres marécages, il décida de tirer un domaine superbe. Il s'adjoignit pour cela le talent des artistes les plus doués de l'époque : Louis Le Vau pour l'architecture, le peintre Le Brun pour la décoration et Le Nôtre pour l'aménagement des jardins. Les travaux furent extrêmement rapides (de 1656 à 1661) et nécessitèrent plus de 18 000 travailleurs sur ce chantier à l'égyptienne. Il alla même jusqu'à créer un atelier de tapisserie dans le village voisin du Maincy, au seul bénéfice de l'aménagement de sa propriété.

Le 17 août 1661, Fouquet convie le jeune Louis XIV à la « pendaison de crémaillère ». Il organisa en son honneur une fête d'une magnificence incroyable. Preuve supplémentaire de son bon goût, le grand argentier employa Vatel aux fourneaux et La Fontaine pour l'animation culturelle. Souper servi dans une vaisselle en or massif, des dizaines de buffets croulant sous les victuailles, d'innombrables divertissements dans les jardins avec plus de 1 000 jets d'eau et fontaines. Mme de Sévigné joua les Carmen Tessier et Molière interpréta *Les Fâcheux*. Rien ne fut trop beau pour impressionner Louis XIV. Celui-ci prit-il ombrage d'un tel luxe ou Fouquet fut-il victime de la jalousie de Colbert ? Les polémiques sont vives à ce sujet. Toujours est-il que le surintendant fut arrêté à Nantes quinze jours plus tard par d'Artagnan et se retrouva en prison. Ses biens furent confisqués.

Comme quoi, il ne faut pas inviter n'importe qui à ses soirées. La manufacture de tapisseries déménagée à Paris devint les Gobelins et les artistes qui contribuèrent au succès de Vaux-le-Vicomte allèrent travailler à l'édification du château de Versailles qui n'aurait certainement pas le profil qu'on lui connaît sans Vaux-le-Vicomte.

À son procès, Fouquet fut pratiquement acquitté. Mais le roi récusa cette sentence et le maintint en prison le reste de sa vie. L'orgueilleux terminera ses jours dans la forteresse de Pignerol malgré les efforts de ses amis Mme de Sévigné et La Fontaine qui tentèrent de le réhabiliter. Rien n'y fit. Il ne faut pas fâcher un roi !

Si l'on peut visiter le château de Vaux-le-Vicomte actuellement, c'est sans doute grâce à un industriel français, Alfred Sommier, qui l'acheta en 1875, et passa le reste de sa vie à le restaurer, et à le remeubler (il ne restait que sept tableaux, six statues et deux tables) dans le style du XVIIᵉ siècle. Ce n'est qu'en 1965 que Vaux est classé Monument historique – menacé qu'il était par la construction d'une autoroute.

La visite

À l'intérieur, on visite toutes les pièces du sous-sol et du rez-de-chaussée, et sept pièces au 1ᵉʳ étage.

– *Le vestibule :* belles tapisseries signées Le Brun dont deux exécutées à Maincy. Pour la petite histoire, pendant le procès de Fouquet, Colbert fit découper l'emblème de Fouquet (l'écureuil) sur les tapisseries pour y mettre le sien (la couleuvre). Ces tapisseries avec les emblèmes usurpés sont toujours exposées dans ce vestibule.

– *La petite galerie :* série de portraits des artistes qui travaillèrent au château pour Fouquet, ainsi que ceux des différents propriétaires qui lui succédèrent.

– *La grande chambre carrée :* seule pièce de style vraiment Louis XIII. Plafond et poutres peints. Au-dessus de la cheminée, portrait du maréchal de Villars. Cinq toiles célèbrent les victoires du maréchal, second propriétaire de Vaux.

– *Le cabinet des gravures* (cabinet Sommier) : on y remarque cinq œuvres représentant des rues de Rome et qui témoignent de la fascination des artistes de l'époque pour cette ville.

– *Le salon des Muses :* magnifique plafond peint par Le Brun. Ici Molière joua pour la première fois *L'École des maris* devant la reine Henriette d'Angleterre et Fouquet.

– *Le cabinet des jeux :* au plafond, l'une des plus belles œuvres de Le Brun : *Le Sommeil*. Pour réaliser la décoration de Vaux, Le Brun s'y était installé deux ans avec sa femme.

– *Le salon d'Hercule :* décoré dans un style italianisant. Portraits du maréchal de Villeroy par Rigaud, de Louis XV par l'atelier de Van Loo. Une toile immense illustre le siège de Fribourg. Grand billard du XIXᵉ siècle. Les deux tables ovales en marbre sont les seuls meubles du château qui n'ont jamais quitté ce lieu.

– *Le grand Salon :* « le 17 août à 18 h, Fouquet était le roi de France ; à 2 h du matin, il n'était plus rien ». En quelques heures, il connut la gloire et la déchéance dans cette pièce qui est le premier salon en rotonde construit en France sur une idée italienne. La pièce reste inachevée. L'arrestation de Fouquet interrompit les travaux.

– *La bibliothèque :* mobilier Régence et festival de moulures dorées au plafond.

– *La chambre du Roi :* premier décor Louis XIV jamais réalisé et qui servit de modèle pour Versailles. Lit Régence en tapisserie et deux commodes Boulle. La tradition voulait que chaque riche demeure possède une chambre destinée à recevoir le roi... Ici, elle ne servit jamais.

– *L'ancien cabinet du Roi :* pièce également inachevée. Nombreux portraits dont celui de la princesse Palatine attribué à Rigaud et de beaux meubles.

– *La salle des Buffets :* décoration réalisée par Le Brun. Au plafond, peinture symbolisant *La Paix ramenant l'Abondance*, encadrée par les quatre éléments et les saisons. C'est une des premières fois que l'on contruisait une pièce pour servir de salle à manger.

– *La chambre de La Fontaine :* pièce consacrée au souvenir du poète qui resta fidèle à Fouquet malgré sa chute. Buste par Houdon, beau paravent décoré des Fables et bureau à cylindre en marqueterie.

– *Les cuisines :* pas vraiment au sous-sol, du fait de l'important rehaussement du rez-de-chaussée. Elles sont précédées de nombreux garde-manger et celliers. Dans une salle, d'intéressantes lettres manuscrites de Fouquet, Louis XIV, du maréchal de Villars, etc.

– Sept pièces au 1ᵉʳ étage sont ouvertes au public, dont l'*antichambre* où l'on voit quelques reproductions de tableaux de Véronèse saisis par le roi, le *cabinet du Surintendant* avec un buste de La Fontaine en terre cuite devant six tapisseries illustrant six fables telles *Le Coq et le Renard*, *Le Loup et la Cigogne*..., la *chambre de Fouquet* (admirer le fantastique plafond de Le Brun, sans aucune retouche depuis le XVIIᵉ siècle), et le *cabinet de Mme Fouquet* avec un superbe cabinet en ébène du XVIIᵉ siècle. Dans certaines pièces, des tapis de jonc recouvrent le sol comme au temps de Fouquet. Les tapis d'Orient étaient à l'époque encore ignorés.

– Pour finir, la visite des *jardins* permet de mesurer le talent de Le Nôtre, « jardinier » débutant à Vaux. Il sut transformer la nature pour en faire une œuvre d'art. Le parc représente une succession de terrasses en trois plans, ornées de parterres de broderies, de gazon, statues et jeux d'eau qui mènent à une petite rivière : l'Anqueil. Il a su utiliser de façon spectaculaire la topographie des lieux, créant un véritable prototype de jardins à la française.

– À voir encore, le *musée des Équipages*, installé dans les écuries. Collection d'une trentaine de voitures exposées avec leurs chevaux harnachés, cochers et passagers. On peut voir la petite voiture russe, réquisitionnée par le duc de Rohan, pour ne pas faire la retraite de Russie à pied, ou celle utilisée par Charles X pour s'enfuir de Paris.

Où manger dans les environs ?

i●i *La Mare au Diable :* 77550 Réau. ☎ 01-64-10-20-90. Fermée le dimanche soir et le lundi. À une vingtaine de kilomètres, au nord-ouest de Vaux-le-Vicomte. De Paris, A6, sortie Melun-Sénart ; Francilienne jusqu'à la N6. Accès direct entre Lieusaint et Melun. Pas de chambre. Une oasis de plaisir dans la ville neuve de Melun-Sénart, 17 ha de parc avec tennis, haras, piscine, autour d'un merveilleux manoir du XVe siècle enfoui sous la vigne vierge. *La Mare au Diable* doit son nom au fait que George Sand y a séjourné et rencontré son mari, Casimir Dudevant. Les charmants propriétaires, Franz et Michèle, offrent des régals bien contemporains, d'une grande finesse, grâce au jardin aromatique qui jouxte les cuisines. Carte. Menu découverte à 245 F. Autres menus entre 155 et 350 F, dont un menu Affaires à 215 F (vin et café compris). Fondant de foie gras au chou, omble chevalier aux petits légumes... Service agréable.

CHAMPEAUX (77720)

Où manger ?

i●i *Le Potimarron :* rue de la Libération. ☎ 01-60-66-90-47. Ouvert du vendredi au dimanche de 10 h à 22 h. Vous entrez dans la maison d'Edwige. Une sacrée femme qui vous fera la tête parce que vous avez osé commander une crêpe au sucre, mais elle vous l'apportera avec un sourire sincère. Toute la famille cultive les cucurbitacées dans la région et, pour occuper ses week-ends, Edwige a ouvert ce lieu qui ne sert que de la cuisine végétarienne. Tarte aux courgettes, salade de concombre à l'orange... On s'en sort pour environ 70 F par personne. Et si vous jouez du piano, n'hésitez pas : allez jouer, Edwige pourra vous proposer de revenir un soir pour donner un récital.

Où dormir ? Où manger dans les environs ?

🛏 i●i *Ferme-relais du Couvent :* à Bréau. ☎ 01-64-38-75-15. Fax : 01-64-38-75-75. Ouverte toute l'année. Domaine de 6 ha avec belle vue sur les prés. Dans une ancienne ferme, 8 chambres d'hôte à 245 F pour deux, et trois gîtes de 950 à 1 300 F par semaine. Repas à partir de 100 F, apéro, vin et café compris. Survol de la région en montgolfière et nombreuses autres activités sportives.

i●i *L'Auberge Briarde :* rue Grande, 77820 Les Écrennes. ☎ 01-60-69-47-32. Fermée le dimanche soir, le lundi, le mercredi soir, la 1re quinzaine de janvier et la 1re quinzaine d'août. On est loin d'imaginer que derrière cette façade un peu simplette décorée de géraniums et de rosiers se cache une des belles adresses du département. À l'intérieur, décor plutôt chic, un peu chargé, mais c'est dans les assiettes que vient le bonheur. Petits gris aux morilles fraîches, pavé de brochet au beurre blanc, pigeon en deux cuissons, dos de saint-pierre grillé à la moelle, fricassée de langouste bretonne... La cuisine de Jean Guichard est raffinée, les produits sont beaux et travaillés avec beaucoup de maîtrise. Menus à 90 et 135 F (à midi en semaine) et sinon de 195 à 380 F. Pas donné mais le rapport qualité-prix-plaisir n'est pas décevant. Une adresse de fête, quoi !

À voir

★ *La collégiale Saint-Martin :* ouverte les samedi, dimanche et jours fériés, de 14 h à 19 h. En semaine, s'adresser à M. Guérin, 16, place du Marché.

Église intéressante située à 3 km de Blandy sur la D215. De vastes proportions (68 m de long), elle s'inspire des cathédrales de Paris et de Sens. Ancienne collégiale du XIIe siècle où officia Guillaume de Champeaux, l'adversaire intellectuel d'Abélard (Héloïse et...). Transept du XIIe siècle, nef et chœur du XIIIe. La nef à voûtes sexpartites et l'alternance des colonnes fortes et légères donnent une certaine élégance au vaisseau. Grandes dalles funéraires dans le chœur d'une haute qualité. Notez les figures et petits personnages drôles sculptés sur les stalles en bois de 1522.

À voir dans les environs

★ *Le fief des Époisses :* de Champeaux, prendre la D215 direction Mormant puis tourner à droite à Rouvray. Ouvert du 1er juin au 30 septembre, tous les jours sauf le mardi, de 14 h à 18 h, et le dimanche de 10 h à 12 h et de 14 h à 18 h. Visite guidée obligatoire. Très belle ferme fortifiée typiquement briarde, classée monument historique.

On entre par les douves (peuplées de carpes) et le pont-levis. Tour du XIIe siècle, grange du XVIIe, à l'étonnante acoustique (Rostropovitch y donna un concert en 1975). Dans la maison, restaurée, mobilier Louis XIII et salle à manger semblable à la coque d'un bateau renversée. Vieux de plus de 700 ans, ce fief appartint à quelques importants seigneurs, dont un conseiller du roi. En 1878, la première moissonneuse batteuse de France y fut exposée, attirant plus de 20 000 personnes ! Il fut ensuite propriété, au début du siècle, de la deuxième fortune de France et appartient désormais à un homme d'affaires important, qui préfère garder l'anonymat...

★ *Le château de Bombon :* au sud du village de Bombon, à quelques kilomètres à l'est de Champeaux, par la D57. Immense propriété acquise par l'ancien président ivoirien Houphouët Boigny. Le château connut une histoire digne d'intérêt : Foch en fit son quartier général en 1914-1918, puis Lénine lui-même y vécut ! On raconte aussi que le curé de Bombon y exerçait des séances d'exorcisme sur des femmes « possédées » jusqu'à ce qu'un commando de féministes mette fin à ses pratiques en le fouettant !

Le très controversé président ivoirien, dont c'est l'une des nombreuses propriétés, n'y venait paraît-il qu'une fois par an. Il lui arrivait même d'organiser de somptueuses soirées qu'il annulait au dernier moment sans explication. De véritables folies... pendant que son peuple réclamait à manger. Édifiant. En tout cas, inutile de chercher à visiter le château : c'est bien gardé.

★ *Blandy-les-Tours :* à 4 km de Champeaux en direction de Vaux-le-Vicomte, Blandy-les-Tours se terre depuis des siècles autour de son château fort. Édifié au XIVe siècle, il porte encore beau avec son enceinte flanquée de cinq tours découronnées et son donjon de 35 m. Visite possible mais inutile. En effet, il n'y a rien à voir dans ce château, sinon l'envers des murailles que vous aurez remarquées en arrivant.

LA FORÊT DE FONTAINEBLEAU
Fontainebleau. Barbizon. Les gorges d'Apremont.
Les gorges de Franchard. Milly-la-Forêt.
Le château de Courances. Larchant.
Le château de Malesherbes.

Aux portes de Paris, une immense forêt qui surprend par la diversité de ses paysages, de ses contrastes physiques, de ses villages. Une source inépuisable de balades extra, paradis des randonneurs à pied et à vélo. Plus de 5 000 espèces végétales différentes (bon ! on va être précis : 5 685 dont 2 700 champignons), 6 600 espèces animales, etc. Si le chêne domine, on trouve aussi beaucoup de hêtres, bouleaux, châtaigniers, alisiers et charmes. Le pin, qui occupe près du quart de la superficie, a été introduit au XIXe siècle. Sur le plan géologique, on découvre de curieux amoncellements de grès. Ils se sont révélés être une excellente école d'escalade. Certains rochers atteignent 20 m de hauteur. Des circuits ont été codifiés, du plus facile à la « presque haute montagne », avec pitons et tout. Depuis décembre 1998, 70 000 ha de la forêt de Fontainebleau ont été classés « réserve mondiale de la biosphère » par l'UNESCO, au même titre que 400 sites dans une centaine de pays. Ce classement a pour but de concilier la protection de la nature et de développement humain au sein d'un programme mondial. Il est certain qu'avec 13 millions de visiteurs, promeneurs, randonneurs, vététistes tous les ans, cela va donner un peu d'oxygène à la forêt.

Les randonneurs, quant à eux, ont des centaines de kilomètres de sentiers en perspective et de quoi remplir quelques week-ends. Les G.R. 1, 2, 11 et 13 parcourent la forêt en tous sens. La carte au 1/25 000 de l'I.G.N. est indispensable pour suivre les itinéraires classiques, mais surtout pour éviter de se fourvoyer dans les centaines de petits chemins qui en font perdre le fil. Les principales excursions sont les gorges de Franchard, les gorges d'Apremont, les rochers de la Dame Jehanne, la tour Denecourt, le rocher des Demoiselles et le circuit des Trois Pignons. Nous les retrouverons au fur et à mesure de la description de notre itinéraire.

Comment y aller ?

– **Par la route :** autoroute A6. Sortie Fontainebleau. La ville est à 16 km de l'autoroute.
– **Par le train :** départ toutes les heures environ de la gare de Lyon, de 6 h à 1 h. Durée : 50 mn. Arrivée à la gare de Fontainebleau-Avon, à environ 2 km de Fontainebleau. Renseignements S.N.C.F. : ☎ 08-36-35-35-35 (2,23 F la minute). Internet : www.sncf.fr. Gare de Fontainebleau-Avon : ☎ 01-64-22-39-82.

FONTAINEBLEAU (77300)

Connue pour son château, Fontainebleau vaut aussi pour sa forêt et ses multiples possibilités de balades, à pied ou à cheval, et ses rochers prisés des amateurs de varappe. Résidence de chasse puis résidence des rois, et pour finir d'empereur, il semble qu'y résider soit sa seule raison d'être. En effet, si l'on observe une carte, on remarque que rien – agriculture, cours

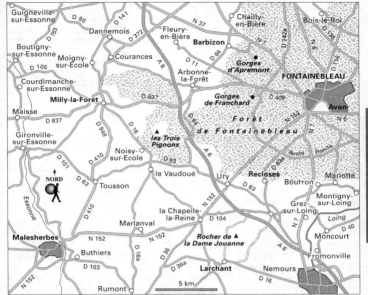

LA FORÊT DE FONTAINEBLEAU

d'eau ou site naturel favorable à l'implantation humaine – n'a présidé à son existence, sinon le désir de quelques têtes couronnées de se retirer au calme. Même la nationale 7 semble se détourner pour la traverser. Aujourd'hui bien sûr des administrations, casernes, boutiques et demeures bourgeoises se sont greffées autour du château, mais Fontainebleau vit toujours à son rythme pépère et quelque peu superficiel de résidence secondaire. Les soirs de permission, les bidasses désœuvrés investissent les pubs, seules distractions tardives de la ville...

Et pourtant elle accueille chaque année 11 millions de visiteurs. Pensez-y au moment de partir là-bas en week-end.

Adresses utiles

🛈 *Office du tourisme :* 4, rue Royale, B.P. 24, 77302 Fontainebleau. ☎ 01-60-74-99-99. Fax : 01-60-74-80-22. Ouvert tous les jours sauf le 25 décembre et le 1er janvier. De mai à septembre, de 10 h à 18 h 30. D'octobre à avril, de 9 h 30 à 17 h 30. L'office du tourisme organise la visite des faces cachées du château de Fontainebleau pour découvrir des salles qui ne sont pas ouvertes au public habituellement. Il y en a environ deux par mois en saison. Téléphoner pour connaître les dates et réserver. Des sorties à la carte sont organisées tous les dimanches sous la houlette de guides sélectionnés par l'office. Vend également des cartes IGN, les trois guides édités par l'Office National des Forêts et le *Guide des Amis de la Forêt*.

– *Les Amis de la Forêt :* 26, rue de la Cloche. ☎ 01-64-23-46-45. Balades organisées en forêt de Fontainebleau.

■ *Location de vélos :* à la gare. ☎ 01-64-22-36-14. Ou à *La Petite Reine,* 32, rue des Sablons. ☎ 01-60-74-57-57.

■ *Top Loisirs :* 10, passage Ronsin. ☎ 01-60-74-08-50. VTT : 80 F la demi-journée ou 100 F la journée. Réservation conseillée. Loue aussi

des canoës (200 à 300 F) et des kayaks (100 à 150 F). Organise également des initiations à l'escalade, au tir à l'arc, à la course d'orientation, au parapente...

🚍 *Les Cars Verts :* ☎ 01-64-23-71-11. Lignes de cars accessibles avec carte orange 7 à 8 zones.

Où dormir ?

🛏 *Hôtel Richelieu :* 4, rue Richelieu. ☎ 01-64-22-26-46. Fax : 01-64-23-40-17. En face du château. L'hôtel le moins cher de la ville, propre et tranquille. Chambres de 220 F (douche) à 310 F (bains). Menus à 75 F (en semaine) et 120 F. Pas de chichi superflu mais accueil agréable.

🛏 *Hôtel Victoria :* 112, rue de France. ☎ 01-60-74-90-00. Fax : 01-60-74-90-10. Si on vous dit que George Sand et Alfred de Musset y avaient leurs habitudes dans les années 1830, cela va peut-être suffire

à vous convaincre que la maison est de qualité. Il faut dire qu'ils avaient bon goût les bougres. Et de-ci, de-là, on trouve quelques vestiges du passé dans cette maison de maître. Les 19 chambres ont toutes été rénovées. Elles sont propres, agréables, surtout celles donnant sur le grand jardin. Un bonheur de se faire réveiller par les « cui-cui » des oiseaux. Paul et Isabelle vous accueilleront comme des amis, avec beaucoup de gentillesse. Doubles à 335 F avec salle de bains, w.-c. et TV.

Où manger ?

|●| *L'Estaminet :* 10, rue du Coq-Gris. ☎ 01-64-22-88-22. Ouvert tous les jours de 9 h à 1 h. C'est un petit bar à vin connu de tous les branchés du coin. Aux manettes, Julien qui n'a pas son pareil pour vous choisir des petits crus de derrière les fagots : pomerol, sancerre, muscat... ils sont tous servis au verre pour accompagner une quiche lorraine, une salade de gésiers ou les fameuses grandes assiettes, idéales pour le déjeuner. Ambiance jeune, cordiale, musique jazzy. Un endroit mode dans une ville un peu bourgeoise.

|●| *Le Franklin Roosevelt :* 20, rue Grande. ☎ 01-64-22-28-73. Le décor est résolument celui d'un pub anglais, mais la cuisine est tout ce qu'il y a de plus terroir. Les tripoux côtoient allègrement le poulet basquaise, le chou farci et l'aligot disputent la vedette au râble de lapin à la méditerranéenne. Sûr qu'on ne ressort pas avec la faim au ventre et la visite du château à l'heure de la

sieste risque d'être difficile. Qu'importe, c'est tellement bon ! En été, petite terrasse agréable au soleil. Un plat suffit et compter 70 F.

|●| *La Petite Alsace :* 26, rue de Ferrare. ☎ 01-64-23-45-45. À côté du château. Ouvert 7 jours sur 7. Gentil décor, serveuses en costume alsacien (le soir seulement), tableaux et cigognes de rigueur. Bonnes spécialités alsaciennes (poulet au riesling avec ses *spätzele*, jarret entier pommes à l'huile...) et succulentes tartes à l'oignon. Quatre choucroutes traditionnelles de 89 à 110 F. Petite terrasse aux beaux jours. Menus à 65 F à midi (en semaine), 89, 145 et 195 F.

|●| *Restaurant Chez Arrighi :* 53, rue d'Alsace. ☎ 01-64-22-29-43. Fermé le lundi. Voilà un peu l'archétype du restaurant dominical qui a vu défiler des générations de premiers communiants et de banquets de famille. Du moins le suppose-t-on,

puisqu'il est caché derrière sa façade en pierre et ses rideaux un peu rétro qui lui donnent un aspect désuet. Menus à 95 et 175 F déclinés en cinq formules différentes. Les cuisses de grenouilles en persillade y côtoient la caille désossée farcie au foie gras en croûte feuilletée. La goujonnette de saumon à la crème d'épinards taquine les pointes de langue d'agneau confites sauce à l'oseille pour le plus grand plaisir des amateurs de plats traditionnels et biens exécutés. Charme, décor et ambiance nous feraient presque oublier qu'on est en grande banlieue. Pour un peu, on serait tenté de chercher la plage en sortant.

lOl *L'Argoat* : 41, rue Aristide-Briand. ☎ 01-64-22-08-26. Fermé le dimanche soir et le lundi. Toute la Bretagne en Seine-et-Marne avec son cortège d'huîtres, de crêpes, de fruits de mer... Que vous soyez dans la salle du rez-de-chaussée ou dans la jolie cave voûtée, vous pourrez goûter à une cuisine classique, bien faite même si elle n'est pas très originale. Fricassée de rascasse à l'oseille, brochette de lotte à l'armoricaine, aiguillettes de canard au cidre, caille aux pommes... Menus à 98 et 130 F. Accueil sympa de la patronne.

lOl *Restaurant La Guérinière* : 10-12, rue Montebello. ☎ 01-60-72-04-05. Fermé le mardi et le mercredi midi. Posé dans le quartier le plus touristique de Fontainebleau à deux pas du château, voilà une vraie bonne et belle adresse. Le petit salon d'accueil, un poil tape-à-l'œil, ne permet pas le doute sur le standing de la maison. Attention, il y a souvent du monde et il vaut mieux réserver. Bon signe! Question cuisine, rien à redire. Le rapport qualité-prix est remarquable. Formule à 75 F à déjeuner et menus à 108 et 160 F le soir. Le sauté de rognons de veau aux deux moutardes, le filet de perche au beurre de poivrons ou le carré d'agneau à la crème d'ail ne sont pas forcément originaux mais tout est bien exécuté et servi avec gentillesse et tact. Que dire de plus? Bon appétit!

lOl *Le Caveau des Ducs* : 24, rue de Ferrare. ☎ et fax : 01-64-22-05-05. Si ce n'est pas Versailles, c'est au moins Fontainebleau. Caves voûtées du XVIIe siècle, chandeliers et déco « temps jadis », on s'y croirait! Fine cuisine classique et service dans le ton. Menus à 125 F (servi midi et soir, sauf le samedi), 185 et 250 F. La cuisine allie les beaux produits aux influences du Sud, en ajoutant parfois une pointe d'exotisme. Filets de rougets rôtis à la vanille, mijoté de baudroie à la provençale, harmonie de ris et rognons de veau sauce madère... Une bien bonne table, d'ailleurs fréquentée par de respectables Bellifontains.

Où prendre le thé ?

Y *Face à Face* : 14, rue de la Corne. ☎ 01-60-71-92-54. Ouvert du mardi au samedi de 9 h 30 à 18 h 30. Un *tea and coffee shop* agréable, vraiment sympa pour faire une petite pause sur les coups de 17 h. Grande variété de thés et surtout des *muffins* et des *lemon cheesecakes* comme à Londres, et des *pancakes* comme à New York. Décor frais, agréable. Pour un peu on viendrait à Fontainebleau tous les jours.

À voir : le château

Il se compose d'une série d'édifices construits sans plan d'ensemble, la plupart datant du XVIe siècle. Cependant, depuis le XIIe siècle déjà Fontainebleau était résidence de chasse royale, et Louis VII, Philippe Auguste, Saint Louis ou encore Philippe le Bel (rien que des grosses pointures) y séjournèrent. Mais c'est à François Ier que l'on doit le palais actuel qu'il nommait

FORÊT DE FONTAINEBLEAU

ses « délicieux desserts », dont le célèbre escalier dit du « fer à cheval » (1634) ; des constructions antérieures ne subsiste que le donjon. Plus tard, Napoléon à son tour s'installera ici, faisant entre autres aménager une délirante salle du Trône.

On pénètre d'ailleurs dans le château par la cour des Adieux, où le 20 avril 1814 l'empereur défait tira sa révérence à la garde impériale en pleurs... Grand et pathétique moment de notre histoire !

Napoléon disait que Fontainebleau était « la vraie demeure des rois, la maison des siècles ; peut-être n'était-ce pas rigoureusement un palais d'architecte mais assurément un lieu d'habitation bien calculé ». Et manifestement, les rois s'y sentaient bien puisque l'on compte sept siècles de présence royale ou impériale à Fontainebleau. 34 souverains depuis le XIIᵉ siècle sont venus séjourner ici en période de chasse. Une telle durée, une telle continuité sont uniques, et font de Fontainebleau l'un des sites majeurs de notre patrimoine.

Horaires et organisation de la visite

Cour et jardins sont ouverts tous les jours à partir de 9 h, et en principe jusqu'au coucher du soleil. Cependant le jardin anglais ferme un peu plus tôt : si l'on est en fin d'après-midi, on pensera donc à le visiter avant le jardin français.

Le château lui-même comprend les Grands Appartements, le musée Napoléon Iᵉʳ, le Musée chinois et les Petits Appartements. Il est ouvert de 9 h 30 à 12 h 30 et de 14 h à 17 h de novembre à mai, de 9 h 30 à 17 h (18 h en juillet et août) de juin à octobre. Fermé les mardi, le 1ᵉʳ janvier, le 1ᵉʳ mai et le 25 décembre. Mais attention, ces horaires ne concernent pas l'ensemble du château, mais seulement les Grands Appartements. En effet, par manque de personnel, le musée Napoléon Iᵉʳ et le Musée chinois ferment inopinément, et d'ailleurs fréquemment, cela même en pleine saison touristique. Nous vous invitons donc à téléphoner le matin même de votre visite pour vous informer : ☎ 01-60-71-50-70. Fax : 01-60-71-50-71. Oui, le matin même car la veille rien n'est certain : c'est comme ça. Quant aux Petits Appartements, ils ne sont ouverts au public que les lundi et jours fériés (visite guidée uniquement) et parfois d'autres jours quand les effectifs sont suffisants !

En somme, il est difficile de visiter Fontainebleau en totalité : il faut venir un lundi ou un jour férié et avoir la chance que les deux musées soient ouverts. Mais ça devient un vrai tour de force si vous voulez la visite guidée pour les Grands Appartements. En effet, d'octobre à juin, il n'y en a que deux par semaine (le samedi à 15 h et le dimanche à 11 h), et en juillet, août et septembre, deux par jour (11 h et 15 h, une seule le dimanche à 11 h). Il faut donc s'y prendre à l'avance : ☎ 01-60-71-50-77. Car en général le jour même il n'y a plus de place. Or, la visite guidée est presque indispensable si l'on veut y comprendre quelque chose.

Bref, nous sommes un peu étonnés, et déçus, par ce manque de moyens qui restreint largement l'éventail et la qualité des visites que devrait offrir l'un des plus grands châteaux de France. Bonne chance quand même et bon courage !

Visite des Grands Appartements

Une succession de salons, galeries et cabinets qui en impose.
– La **galerie François Iᵉʳ** fut construite en 1526 pour relier les appartements royaux à la chapelle. On y trouve bien sûr la salamandre et les trois fleurs de lys, ainsi qu'un beau mobilier Renaissance en noyer. Elle est considérée comme la première grande galerie politique européenne.
– La **Salle de bal** provoque aussi un gros effet de richesse décorative : impact et entrée en France de la Renaissance italienne avec quantité de fresques du Florentin Rosso (vers 1535) et dessins du Primatice, ors, fiori-

tures et bois sculptés... et impression générale de surcharge, d'autant que les fresques n'ont pas la grâce, la légèreté d'un Michel-Ange ou d'un Botticelli. C'est là qu'Henri IV et Marie de Médicis convolèrent en justes noces. En 1984, un sommet européen eut lieu dans cette salle.

Surcharge qu'on ressent d'ailleurs dès le début de la visite, dans la *galerie des Fastes* où sont accrochés tant de tableaux (dont des Oudry et un *Paysage en Italie* de Van Loo), qu'on n'en peut apprécier aucun.

– On pénètre ensuite dans la *galerie des Assiettes*, avec un plafond peint du XVIIᵉ siècle et une succession de 128 assiettes en porcelaine de Sèvres représentant les différentes maisons royales, les pays visités par les souverains...

– Nous avons préféré ensuite le *salon Saint Louis*, plus sobre, avec son magnifique plafond ouvragé bleu et or. C'est la partie la plus ancienne du château.

– Plus loin, dans le vestibule précédant la *salle des Gardes*, ne pas manquer *La Nature,* sculpture du Tribolo : belle image de la fécondité que cette jeune femme aux 13 seins qui tiennent dans la main (on a essayé).

– Puis perspective impressionnante sur la *bibliothèque* (prière de rester sur le seuil), de part et d'autre de la *galerie de Diane* longue de 80 m, elle contient plus de 16 000 ouvrages qui sont gérés par la Bibliothèque Nationale !

– On visite également la *salle Louis XIII*, dans laquelle il est né en 1601. À l'époque, la naissance des futurs rois était publique afin de s'assurer de l'identité de la génitrice !

– Enfin, nous arrivons en zone impériale. Dans la *chambre de l'Impératrice*, où dormirent les souveraines à partir de 1600; invraisemblable lit à baldaquin fabriqué pour Marie-Antoinette, avec son ciel de lit collé au plafond (altitude : 12 m). En 1805, ce fut la chambre de Joséphine. Imaginons là les ébats impériaux, l'empereur sacrifiant au devoir conjugal sous l'œil qui n'a rien vu des gardes suisses, avant de regagner ses appartements. Franchement Bill, tu nous fais rire aujourd'hui ! Les balustrades servaient à interdire l'accès du domaine privé aux visiteurs.

– Fin de la visite avec la *salle du Trône*, délire mégalomane digne d'un grand péplum. Construite dans un style versaillais, c'est la seule et unique salle du trône que possède encore la France : tapis de la Savonnerie, lustre en cristal de roche.

– À voir absolument tout comme les *appartements intérieurs de Napoléon Iᵉʳ* qui ont été rouverts en 1996. On pénètre dans l'intimité de l'Empire. Napoléon installa sa chambre dans l'ancien cabinet à poudre de Louis XVI. Le décor est celui de Louis XVI enrichi, sous l'Empire des nids d'abeilles, de « N », de victoires... Le mobilier est celui du Premier Empire. C'est là que Napoléon a tenté de se suicider avec du poison dans la nuit du 12 au 13 avril 1814. Dans la petite chambre, on peut voir le lit de campagne et le bureau mécanique de Napoléon sur lequel il travaillait de 2 h à 5 h du matin. On entre ensuite dans le salon de l'abdication, dans lequel a été signé l'acte mettant fin à l'Empire le 6 avril 1814. Enfin on termine par la salle de bains avec une baignoire en cuivre qui vécut les ablutions de l'Empereur.

Visite des Petits Appartements

Moins spectaculaires que les grands, quasiment pas restaurés, les Petits Appartements restent quand même intéressants et valent aussi pour les commentaires et les anecdotes qui agrémentent la visite.

Visite guidée uniquement, environ 45 mn. Comme les groupes comprennent au maximum 10 personnes, il est conseillé d'acheter son billet bien à l'avance. Départ au pied de l'escalier menant aux Grands Appartements.

– *Salon des Officiers :* belles boiseries du XVIIIᵉ siècle. Table de petit déjeuner de Napoléon. Deux tableaux de Boucher.

– *Chambre du secrétaire de l'empereur.*

– *Cabinet des Dépêches :* là aussi, ravissantes boiseries. En face, la bibliothèque qui n'a pas bougé depuis.
– *Chambre à coucher :* le mobilier, style « retour d'Égypte », fut réalisé pour la visite de Pie VII puis récupéré par Napoléon.
– *Bureaux de Napoléon :* mobilier de maman Laetitia en acajou et bronze doré. Tissu d'origine.
– *Ancienne salle à manger de Louis XVI :* décor Second Empire. Cabinet des oiseaux. Cabinet topographique pour étudier les champs de bataille. Sur la cheminée, une pendule géographique de 1791 qui fut refusée par Marie-Antoinette et rachetée par Napoléon. Une curiosité : tous les tapis Empire ont été modifiés, la fleur de lys remplaçant le chiffre napoléonien, découpé au préalable.
– Puis viennent les *appartements des impératrices.* D'abord, le salon des études avec tout le mobilier de Marie-Louise (chevalet, table à tapisserie, etc.). Tapis réalisé par Joséphine. Dans la chambre à coucher, lit décoré à la feuille d'or. Dans certaines pièces, le célèbre bleu lapis-lazuli est devenu tout gris avec le temps. Quelques soieries refaites à Lyon en 1977. Dans le grand salon jaune de réception, 33 pièces de Jacob Desmalter. Curieux mobilier : grands « canapés de billard » et « chaises voyeuses ».
Sortie par la *cour Ovale* (la plus ancienne) et la *porte du baptistère.*

Le musée Napoléon Ier

De création récente (1986), il présente des collections mettant en valeur Napoléon Ier empereur et ses frères, rois d'Europe entre 1804 et 1815.
Riche complément de la Malmaison (le Consulat et Joséphine), Compiègne (musée du Second Empire) et Bois-Préau (musée de Sainte-Hélène).
Les salles se répartissent par thèmes : Napoléon empereur (beau portrait en costume de sacre par Gérard), la table impériale, les cadeaux, l'Empereur en campagne, la vie quotidienne (les uniformes portés par l'Empereur), salle Marie-Louise, salles du Roi de Rome. D'autres sont consacrées à maman Laetitia et aux frères et sœur (Joseph, Louis, Jérôme et Caroline).

Le Musée chinois

Trois petites salles agréables composent ce musée. Créé par Eugénie pour Napoléon III, il rassemble une collection d'objets, vases, bibelots et meubles rapportés de Chine par l'armée française. En effet, alliée aux Anglais, la France guerroya en ces lointaines contrées durant le Second Empire. Superbes objets provenant du pillage du Palais d'Été de Pékin ou encore offerts par l'empereur du Siam, qui voulait ménager les envahisseurs.

Les jardins

Enfin, prenez le temps de visiter les jardins et le parc : les magnifiques *parterres* du parc furent dessinés par Le Nôtre. 19 sources alimentent le château par un ingénieux système de puits et d'aqueducs créé au XVIe siècle par l'Italien Franchini. Ce réseau permet d'irriguer les jardins et les fontaines. Tout comme le château, les jardins se sont modelés au fil du temps et des modes architecturales. Il faut une bonne journée pour en apprécier tous les aspects. C'est à Henri IV que l'on doit le grand canal de plus de 1 km de long. Bordé d'allées rectilignes ponctuées de carrefours en étoile, il mobilise 84 ha. L'*étang des Carpes* est l'œuvre de François Ier qui fit transformer en « miroir » un vulgaire marécage, idée bientôt reprise par toutes les cours d'Europe. Les poissons étaient bien entendu réservés à la table royale.
On peut aujourd'hui pêcher les carpes du canal à condition d'avoir un permis délivré par la société des carpes ou les magasins de pêche de la ville. Renseignements : ☎ 01-60-72-60-82.
Le *grand parterre*, ou « parterre du Tibre », fut conçu par Le Nôtre au XVIIe siècle sur une superficie de 14 ha. Il était digne du Roi-Soleil avec ses

jeux de perspectives et ses cascades. Au fond du jardin anglais, un bassin marque l'emplacement de la fontaine « bel-eau » à laquelle, selon la légende, le domaine et la ville devraient leur nom.

À voir encore

★ *Le musée napoléonien d'Art et d'Histoire militaire :* 88, rue Saint-Honoré. Ouvert de 14 h à 17 h. Fermé les dimanche, lundi et jours fériés. Ce petit musée complète fort bien le château de Fontainebleau. Abrité dans une grande villa, il présente de nombreux témoignages et souvenirs, uniformes, armes, objets, cartes, décrets, affiches, estampes, etc.
Entre autres, un des chapeaux et l'épée de Napoléon Ier, « le Géant des Siècles », la fameuse et délirante affiche de René de Vivie de Régie, belles tenues de cantinières, riche collection d'épées. Ne pas manquer cette affiche originale imprimée durant le siège de Paris et dénonçant la spéculation sur la viande d'ours, d'éléphant (du zoo), de corbeau et de rat. Belle maquette de la cérémonie des Adieux.

★ Si vous êtes en voiture, faites un crochet pour voir la petite *église d'Avon* avec son portail et son porche en bois du XVIe siècle.

À voir. À faire dans les environs

★ *Le château de Bourron-Marlotte :* à 7 km de Fontainebleau, sur la N7. (Voir, plus loin, l'itinéraire 34).

– *Location de house-boats :* Seine et Loing Rivières, av. de Valvins, 77210 Avon. ☎ 01-64-52-45-01. Bateaux sans permis pour 7 à 10 personnes. À partir de 2 500 F en basse saison du vendredi 18 h au dimanche 18 h. Balades agréables le long du canal du Loing et de la Petite Seine.
– *Bateaux du confluent :* à Saint-Mammès. ☎ 01-64-23-25-59. Intéressantes locations de bateaux. Possibilité de ne louer qu'à l'heure.
– *Attelages de la forêt :* promenades en attelage sportif ou en omnibus à l'ancienne. Renseignements et réservations : ☎ 01-64-22-92-61.

Brocante et antiquités

– *Salle de vente aux enchères :* face au château. ☎ 01-64-22-27-62. Le dernier dimanche du mois à 14 h. Surtout du mobilier et des bibelots.
– *Thierry May :* 213, rue Saint-Merry. ☎ 01-64-22-05-46. Vaste entrepôt où l'on trouve aussi bien des bibelots, des meubles que des cheminées ou des armoires.

BARBIZON (77630)

À 9 km de Fontainebleau, le village le plus célèbre de la région. Une longue rue bordée d'auberges luxueuses et de maisons vénérables croulant sous le lierre. Un lieu très touristique. Les cars bouchent un peu trop la vue, mais une visite est hautement recommandée. Au XIXe siècle déjà, le site avait tapé dans l'œil des peintres. Trotski lui-même vint s'y reposer de la révolution permanente.
De 1825 à 1870, Barbizon devint La Mecque des peintres paysagistes, à

FORÊT DE FONTAINEBLEAU

l'origine d'un style appelé école de Barbizon, et dont les représentants les plus marquants furent Théodore Rousseau, Millet et Daubigny. Cette notoriété en fait un lieu de pèlerinage où défilent les touristes américains et japonais. Un tas de boutiques-ateliers proposent leurs œuvres, que nous appellerons des barbizonneries. Agréable visite cependant.

Puis la forêt borde le village et les fameuses gorges d'Apremont sont toutes proches.

L'école de Barbizon

C'est du désir de quitter l'atelier, d'aller voir en direct, « sur le motif », les paysages de la vie rurale, qu'est né ce mouvement vers la campagne qui allait donner naissance à l'école de Barbizon. Influencés par les peintres anglais et hollandais, Corot, Bruandet et Michallon firent le voyage dès le début des années 1820. Puis vinrent Rousseau, Diaz, les frères Dupré dans les années 1830 et enfin Millet en 1849, qui fuyait le choléra à Paris. Ces artistes, surtout Millet, devinrent les peintres de la vie paysanne.

Particulièrement proche du monde rural, Millet lui rendit hommage avec des tableaux comme *Les Grandes Glaneuses, L'Angélus* ou *L'Homme à la houe,* tandis que Rousseau peignit ici plusieurs de ses œuvres maîtresses. Plus tard, tous deux furent qualifiés par les critiques de pré-impressionnistes du fait de l'importance de l'atmosphère distillée par la lumière et de la place prise par les paysages.

Des raisons autres qu'esthétiques expliquent aussi l'étonnant succès de Barbizon. D'abord rappelons que la peinture en extérieur ne fut pas qu'une affaire de goût : c'est l'apparition, début XIXe, de peintures en tubes suffisamment nuancées qui permit de peindre sur le motif, ici comme ailleurs. Mais une circonstance favorisa singulièrement Barbizon : la proximité de Fontainebleau, et donc du possible mécénat de la Cour impériale et de sa bourgeoisie. Et cela est déterminant. En effet, tirer le portrait d'un grand de ce monde ou d'une grosse légume, être son protégé, était le rêve ou pour le moins le gagne-pain de tout artiste-peintre.

Barbizon les attira donc naturellement, puis une dynamique culturelle d'affinités et sympathies amplifia le mouvement et les fit se réunir de plus en plus nombreux dans le petit village. Tant et si bien qu'on y compta jusqu'à 150 artistes-peintres sur 300 habitants ! Le phénomène Barbizon était né, d'Europe et même d'Amérique on s'y précipitait – un peu comme à Saint-Germain-des-Prés dans les années 50. C'est ainsi que Cézanne, Renoir, Seurat ou Pissarro y passèrent, tout comme Verlaine ou de Heredia...

Quant à savoir si l'école de Barbizon fut prépondérante dans l'histoire de l'art, c'est une autre affaire. On ne peut pas dire que la créativité, la novation formelle s'y soient illustrées. Bon, va pour pré-impressionniste, mais alors pré-pré.

Comment y aller ?

– **En train :** de la gare de Lyon pour Fontainebleau-Avon. Ensuite vive l'autocar ou le taxi !
– **En car :** c'est possible mais c'est bien compliqué. Prendre les cars de la C.G.E.A. à Fontainebleau. Renseignements : 8, rue du Bois-Gasseau, 77210 Samoreau. ☎ 01-64-22-23-88. Liaisons 2 fois par semaine, le mercredi et le samedi. Départ à 14 h 15 et retour à 17 h 12.

Adresses utiles

🏢 *Office du tourisme :* 55, rue Grande. ☎ 01-60-66-41-87. Fax : 01-60-66-22-38. Ouvert les mercredi, jeudi et vendredi, de 11 h à 12 h 30 et de 15 h à 17 h en hiver, jusqu'à 18 h en été, et les samedi et dimanche de 14 h à 17 h.

■ *Location de vélos :* La Boutique, 33, rue Grande. ☎ 01-60-66-42-62. C'est un petit bazar qui loue quelques vélos. Vélos de tourisme : 50 F la journée ; VTT : 30 F de l'heure et 90 F la journée.

Où dormir ? Où manger ?

Se loger et se nourrir à Barbizon revient cher, autant le savoir. Dans tout ce secteur, pas l'ombre d'une chambre d'hôte ou d'un hôtel à petit prix. En revanche, la plupart des hôtels proposés préparent une bonne cuisine. Encore faut-il en avoir les moyens.

🏠 I●I *Hostellerie Les Pléiades :* 21, rue Grande. ☎ 01-60-66-40-25. Fax : 01-60-66-41-68. Dans le centre. Belle demeure dans un style simple et provincial. Petites et grandes chambres, toutes avec salle de bains. Les deux moins chères (270 F) sont mignonnes comme tout. Autres tarifs de 320 à 550 F. Au restaurant, un menu-carte à 185 F et un menu-dégustation à 280 F en 7 services. Il faut prévoir quelques heures quand même ! Spécialités : bar cuit sur galet, semoule au jus de homard, carpaccio de magret de canard au parmesan, aiguillette de saint-pierre au confit d'oignon, ris de veau et rognons poêlés aux girolles, pot-au-feu de pigeon aux petits légumes et foie gras poché.

🏠 I●I *Auberge Les Alouettes :* 4, rue A.-Barye. ☎ 01-60-66-41-98. Fax : 01-60-66-20-69. Fermée le dimanche soir hors saison. Bien indiquée dès l'entrée du village. Suivre les flèches. Une maison du XIXᵉ siècle transformée en hôtel assez chic sur parc et jardin. Chambres doubles avec douche à 270 F et 330 F avec bains. Deux appartements à 500 et 550 F pour 4 personnes (la moins chère des chambres est à 180 F, c'est la 17). Menu à 160 F et quelques spécialités : poêlée de foie gras frais de canard landais aux fruits dorés, baron de lapin rôti aux saveurs provençales, etc. Terrain de tennis et forêt à deux

pas. Le seul hôtel de Barbizon en dehors de la « Grande rue ».

I●I *L'ermitage Saint-Antoine :* 51, Grande-Rue. ☎ 01-64-81-96-96. Fermé le lundi soir et le mardi. Dans une cité aussi conformiste que Barbizon, toute vouée au tourisme, c'est une aubaine de tomber sur ce bar à vin tenu par quelques jeunes voulant sans doute secouer un peu la quiétude ambiante. Accueil toujours souriant, que vous veniez prendre un verre ou un repas. En regardant l'ardoise, vous vous laisserez tenter par un gaspacho, une salade de lapereau ou de lentilles vertes, un boudin noir aux pommes extra ou des travers de porc au curry. Quant à l'andouillette 5A, on en a encore les papilles émues ! Des plats de copains dans une ambiance et un décor agréable. Comptez 110 F pour un repas complet. La plupart des vins sont servis au verre. Et n'hésitez pas à suivre les conseils du patron, il a plutôt bon goût en ce qui concerne les vins.

I●I *La Bohème :* 35, Grande-Rue. ☎ 01-60-66-48-65. Fermé le dimanche soir et le lundi. On a craqué sur le décor ultra mignon de ce restaurant, qui fait penser à une brocante art déco bien achalandée. La terrasse installée sous une tonnelle nous a également beaucoup séduits. Ici, on est loin des hordes crapahutantes que l'on croise dans la presque unique rue de Barbizon. La cuisine joue dans un répertoire classique mais bien fait : navarin de lotte, magret de canard à l'orange, bœuf bourguignon, blanquette de veau... Menu à 150 F mais on a préféré manger à la carte.

I●I *Le Relais de Barbizon :* 2, av. Charles-de-Gaulle. ☎ 01-60-66-40-28. Fermé le mardi soir et le mercredi. C'est pratiquement le premier resto quand on arrive à Barbizon et il vaut mieux réserver pour les déjeuners dominicaux. Allez-y pour le menu-carte à 200 F avec trois plats, fromage et dessert. Le rapport qualité-prix est intéressant. Cuisine assez classique et bien faite. Ambiance un peu compassée, mais c'est Barbizon qui veut cela sans doute.

≜ I●I *Hostellerie de la Clé d'Or :* 73, rue Grande. ☎ 01-60-66-40-96. Fax : 01-60-66-42-71. Une des belles auberges (3 étoiles) de la région dans une maison de caractère. Superbe salle à manger et jardin délicieux où l'on déguste, dans une atmosphère agréable, une gastronomie renommée, peut-être bien la meilleure du secteur. Maquereaux laqués au sirop d'érable, tomates fripées, mélisse et sarriette explosent en bouche juste avant les rognons de veau à la dijonnaise ou le tronçon de carrelet au beurre salé. Carte et menus à 160 et 230 F. Chambres en bungalows sur jardin à 430 F. Un peu cher mais très bien.

À voir. À faire

Barbizon se compose essentiellement d'une grande rue appelée rue Grande (original, non ?).

★ *L'Auberge Ganne :* 92, rue Grande. ☎ 01-60-66-22-27. Fax : 01-60-66-22-96. Ouverte de 10 h à 12 h 30 et de 14 h à 18 h d'avril à septembre (jusqu'à 17 h le reste de l'année) et journées continues les samedi, dimanche et jours fériés. Fermée le mardi. Fréquentée et décorée par les peintres de 1848 à 1870, l'auberge maintenant restaurée présente le cadre de vie de ces artistes. Fêtards et joyeux lurons, ces peintres à « la barbe de bison » ont ainsi recouvert murs et meubles de motifs de circonstance. Ah ça, on ne s'ennuyait pas chez le Père Ganne !
À l'étage, exposition de toiles de l'école de Barbizon. Entre autres, amusante *Scène de genre avec quatre singes,* de Hopkins, et série bêlante de Chaigneau, justement surnommé le Raphaël des moutons. Visite intéressante pour l'atmosphère bien conservée du lieu et les commentaires éclairés.

★ *L'atelier Jean-François Millet :* entrée à droite du 27, rue Grande. ☎ 01-60-66-21-55. Ouvert de 9 h 30 à 12 h 30 et de 14 h à 17 h 30. Fermé le mardi. Gratuit et instructif. Nombreux témoignages sur la vie de l'artiste qui s'installa ici en 1849, fuyant une épidémie de choléra. Tenez, question subsidiaire : combien de morts fit à Paris cette petite épidémie ?... Non, plus ! Non, encore plus : 70 000 ! Et c'est pourquoi on était mieux à Barbizon.
Atelier, salle à manger et, dans le fond, salle d'expos de peintres contemporains régionaux. Reproduction de tableaux de Millet, de Rousseau et quelques eaux-fortes.

★ Jeter un coup d'œil sur la belle façade à colombage sculpté de l'*auberge du Bas-Bréau,* un haut lieu de la gastronomie en Île-de-France. Poètes et peintres fréquentèrent l'endroit. On ne vous propose pas d'y dormir puisque les tarifs sont de luxe.

LES GORGES D'APREMONT

Partie intégrante de la forêt de Fontainebleau, les gorges d'Apremont sont facilement accessibles à pied depuis Barbizon. Le point de départ des randonnées possibles dans ce secteur, le carrefour du Bas-Bréau, est situé à environ 1,5 km de Barbizon, dans le prolongement de la rue Grande (la rue principale), en traversant une charmante allée d'arbres plus que centenaires. Les gorges offrent de belles promenades qui réjouiront les randonneurs aussi bien que les promeneurs du dimanche. Le terme de « gorges » nous semble un peu exagéré, mais certains points de vue sur ce chaos rocheux magnifique invitent à une « descente » dans le vallon.

On ne vous décrit pas ici les nombreuses balades à réaliser, les vrais randonneurs les connaissent déjà par cœur. Pour les promeneurs, il suffira de gagner le carrefour du Bas-Bréau et de consulter la carte du secteur qui indique les sentiers (tous balisés).

Voici les principales randonnées :

– ***Randonnée pédestre « Les peintres de Barbizon »* :** circuit de 7 km. Compter 2 h 30 aller et retour sans les arrêts. Sur la trace de Renoir, de Jean-François Millet et de Théodore Rousseau, une balade artistique par l'un des grands sites de la forêt de Fontainebleau s'ajoute à la visite des ateliers des peintres de Barbizon.

Le circuit prend son départ en forêt, au carrefour du Bas-Bréau. Balisage blanc et rouge du G.R. 1 et panneaux du Tour du Massif de Fontainebleau (TMF). Essayez de retrouver les paysages de la forêt qui ont inspiré l'école des peintres de Barbizon. Réf. : « Les plus belles randonnées aux environs de Paris », éd. Glénat. « Guide des sentiers de promenades dans le massif forestier de Fontainebleau », éd. Association des Amis de la Forêt de Fontainebleau. Carte I.G.N. au 1/25 000, n° 2417 OT.

« Le paysage, c'est du sport », gémissait Renoir sur les sentiers de la forêt de Fontainebleau, en portant sa lourde mallette et son chevalet sur le dos. À l'orée de la forêt de Fontainebleau, la route de Barbizon rejoint celle de Jean-François-Millet au carrefour du Bas-Bréau où vous laissez votre voiture. « Route » est ici synonyme de beaux chemins de sable gréseux, de haute futaie et d'arbres centenaires. « Un arbre tordu est-il plus beau qu'un arbre droit ? Je n'en sais rien... Je ne sais pas ce que ces gueux d'arbres se disent entre eux, mais ils se disent des choses, et si nous ne les comprenons pas, c'est que nous ne parlons pas la même langue, voilà tout. » (Extrait d'une lettre de Jean-François Millet, 1814-1875). Comme beaucoup d'autres jeunes artistes désargentés ou « rapins », il payait souvent sa pension d'un tableau à l'auberge du Père Ganne de Barbizon.

Après le carrefour du Bas-Bréau, sur la droite, allez découvrir les deux médaillons dédiés aux peintres Millet et Rousseau. Ils sont plaqués sur des rochers, en haut d'un petit monticule.

Au carrefour Félix-Herbert, vous laissez la route de Barbizon pour vous diriger, en suivant le balisage du Tour du Massif de Fontainebleau (TMF), vers les gorges et les platières d'Apremont. Il passe par la mare aux Biches. Au cœur des rochers, vous continuez par le TMF qui vous mène à l'ouest jusqu'au carrefour André-Billy d'où vous aurez une belle vue sur les gorges d'Apremont. Bifurquez vers le nord par le sentier des Ventes Alexandre et ses arbres magnifiques. Le balisage blanc et rouge du G.R. 1 continue par le carrefour des gorges d'Apremont.

Un chêne immense vous attend au croisement situé juste avant la caverne des Brigands. Un sentier vous ramène alors directement au carrefour du Bas-Bréau.

– ***Le Grand Belvédère d'Apremont :*** balade de 20 mn aller et retour à réaliser à partir de la route de Sully aux Néfliers. Sur la gauche de cette route, nombreux points de vue et petits coins pour pique-niquer.

– Pour ceux qui disposent de plus de temps, ***le circuit du Désert*** (environ 4 h aller et retour).

FORÊT DE FONTAINEBLEAU

LES GORGES DE FRANCHARD

En allant de Milly-la-Forêt vers Fontainebleau par la D409, prendre sur la droite la D301. 1 km plus loin, on atteint le « carrefour de la Croix de Franchard ». À quelques centaines de mètres, l'Ancien Ermitage est le point de départ des balades. Les ruines datent du XIIe siècle mais il ne reste pas grand-chose. De là, des panneaux indiquent les différents sentiers à prendre : la balade du circuit des Druides (environ 2 h aller-retour) où l'on verra le Rocher qui Pleure, ou bien encore la balade du Grand Point de Vue (compter 30 mn).

Dans les environs

★ *ARBONNE-LA-FORÊT (77630)*

À 9 km à l'ouest de Fontainebleau sur la D409. Petit village résidentiel aux nombreuses villas datant des années 30. Église des XIIIe et XVe siècles.

★ *FLEURY-EN-BIÈRE (77930)*

À 5 km au nord d'Arbonne. Village de résidences secondaires typique, fleuri et bien restauré. Château du XVIe siècle qui ne se visite pas, mais dont on peut admirer la belle façade rose au fond d'une immense cour d'honneur bordée de communs. Architecture intéressante.

MILLY-LA-FORÊT (91490)

À 19 km à l'ouest de Fontainebleau, sur la D837, l'un des bourgs les plus célèbres de la région. Depuis longtemps zone résidentielle, Milly est connue également comme productrice de plantes médicinales, et tout spécialement de menthe. Le poète Jean Cocteau, en choisissant d'y vivre de 1946 à sa mort, en 1963, contribua également à son renom.

Adresse utile

🏢 *Office du tourisme :* 60, rue Jean-Cocteau. ☎ 01-64-98-83-17. Fax : 01-64-98-94-80. Ouvert d'avril à novembre les lundi, mercredi et dimanche de 10 h à 12 h 30 et les jeudi, vendredi et samedi de 10 h à 12 h 30 et de 14 h 30 à 17 h 30. De novembre à avril, mêmes horaires, mais de 14 h à 18 h les après-midi ouverts. S'occupe entre autres des réservations pour la visite du *Cyclop* de Jean Tinguely.

Où dormir ? Où manger à Milly et dans les environs ?

🛏 *Gîte d'étape des 3 Pignons :* chez Micheline Paunet, 28, rue d'Auvers, à Noisy-sur-École. ☎ 01-64-24-54-67. À 5 km au sud de Milly-la-Forêt par la D16. Dans une ravissante ferme du début du XIXe siècle avec une romantique cour fleurie, Michèle, ex-prof, a aménagé un petit gîte d'étape de 9 personnes. 4 chambres de 2 et 3 personnes avec sanitaires privés. Comptez 70 F par personne (une aubaine) et

20 F pour la couette. Belle salle de séjour avec baie vitrée, cheminée et coin-cuisine. Possibilités de petit déjeuner à 25 F. Pas de table d'hôte, mais Michèle vous propose d'aller faire les courses si vous prévenez à l'avance. Elle ne prend que 10 % pour le service.

|●| 🏠 *Hôtel-restaurant Au Colombier :* 26, av. de Ganay. ☎ 01-64-98-80-74. Fermé le vendredi soir, ainsi qu'une semaine à Noël. Central, simple et bon marché. Menu à 65 F servi jusqu'à 21 h, avec buffet d'entrées, de fromages et desserts copieux et nature, et plat du jour du même tonneau. Un autre menu à 95 F pour une cuisine assez basique, mais il y a parfois des plats du jour alléchants comme cette daurade à l'oseille que nous avons appréciée lors de notre dernier passage. Quelques chambres quelconques (sanitaires à l'étage) à 145 F. Une adresse qui a le mérite d'être pratique et pas chère. Café offert aux lecteurs du *G.D.R.*

🏠 *Chambre d'hôte de Mme Champel :* 21, rue Lantara. ☎ 01-64-98-76-68 ou 72-72. Une chambre en rez-de-jardin mignonne comme tout, avec téléphone, TV et belle salle de bains, pour 265 F, petit déjeuner compris. Vue sur le poney dans son enclos. À notre avis, le bon plan pour dormir à Milly – s'y prendre à l'avance pour en profiter.

Où manger ? Où boire un verre à Tousson ?

|●| *La Tête des Trains :* 6, place de l'Église. ☎ et fax : 01-64-24-76-37. Attention, ce petit rade associatif sympa comme tout n'est pas signalé. Quand vous êtes face à l'église, c'est sur le côté gauche. Ouvert uniquement le vendredi de 19 h 30 à minuit, le samedi de 21 h à minuit, et le dimanche de 16 h à 20 h. Fermé en août. Endroit vraiment cool qu'apprécieront les vrais routards. Tous les samedis soir, groupes rock, blues ou jazz. Juste avant le concert, le patron fait table d'hôte mais il faut réserver la veille. Repas à 19 h 30 tapant. Bonne petite bouffe pour 69 F. Produits frais uniquement, préparés sur commande. On peut aussi venir avec ses provisions, excepté les boissons. En effet, ils sont assez costauds pour les bières (environ 200 différentes). Vraiment un bon petit endroit où passer son samedi soir.

À voir à Milly

★ *Les vieilles halles :* place du Marché. Construites en 1479. Robuste charpente en bois de châtaignier.

★ *La chapelle Saint-Blaise-des-Simples :* à la sortie du village, sur la route de La Chapelle-la-Reine. Ouverte tous les jours sauf le mardi, de Pâques à la Toussaint, de 10 h à 12 h et de 14 h 30 à 18 h ; de la Toussaint à Pâques, ouverte uniquement le samedi, dimanche et fêtes, de 10 h 15 à 12 h et de 14 h 30 à 17 h. Petit droit d'entrée.
Chapelle datant du XIIᵉ siècle et restaurée en 1958. Jean Cocteau y exécuta l'année suivante de grands dessins représentant un Christ aux épines, la Résurrection du Christ et les plantes, les « simples », poussant traditionnellement à Milly (menthe, valériane, belladone, etc.). Le poète a été enterré dans la chapelle. Sur la dalle, ces quelques mots : « Je reste avec vous ». Diffusé dans la chapelle, le commentaire dit par Jean Marais accentue l'atmosphère poétique et recueillie du lieu. À l'extérieur, un petit jardin où l'on cultive les simples les plus connus, et la cloche des halles qui indiquait les heures de marché du XVᵉ au XXᵉ siècle.

★ *L'église :* de style gothique, elle possède un clocher haut de 57 m datant du XIIe siècle dans sa partie haute.

★ *Le Cyclop de Jean Tinguely :* du centre de Milly, prendre la rue Pasteur sur 1 km environ puis tourner à gauche (fléché). Visites guidées uniquement, de mai à fin octobre, les vendredi, samedi et dimanche. Réservation obligatoire le vendredi et le samedi matin : ☎ 01-64-98-83-17. Entrée : 35 F. Interdit aux enfants de moins de 10 ans. Ouvert en saison le vendredi de 10 h 15 à 13 h et de 14 h à 16 h 45, le samedi de 11 h à 13 h et de 14 h à 17 h 30, et le dimanche de 11 h à 13 h et de 14 h à 18 h 15. À partir de début octobre, fermeture à 16 h 15.

L'élaboration de cette sculpture monumentale au cœur de la forêt de Milly a débuté en 1969, sous la houlette de Jean Tinguely et de Niki de Saint-Phalle qui en ont fait don à l'État en 1987. De nombreux artistes contemporains furent associés à cette gigantesque entreprise dont le concept, à l'image de la marginalité créatrice de Tinguely, était « la recherche d'un acte gratuit et inutile ». La construction de cette tête colossale s'élevant à 22,5 m a nécessité plus de 300 t d'acier et de matériel de récupération que les artistes ont mis plus de 20 ans à façonner. Pour rassurer les randonneurs éberlués devant ce mystérieux chantier en pleine forêt, ils prétendaient construire une distillerie !

Le Cyclop est indescriptible : véritable musée vivant, il est composé à l'extérieur d'éléments anthropomorphiques (langue pendante d'où s'écoule de la bave et face tout en mosaïque de miroirs brisés, joli travail de Niki de Saint-Phalle, oreille par laquelle on entre, œil unique dominant la forêt...), et à l'intérieur d'un incroyable labyrinthe d'escaliers, de passerelles et de réduits secrets symbolisant les méandres de la pensée.

S'y trouve un invraisemblable théâtre où l'on assiste, sur des sièges mouvants, au spectacle de *L'Amour entre une dame-jeanne et un marteau*. Tout ce délire visuel est accompagné d'un véritable concert de rouages grinçants et roulements divers parfaitement étudié. Impressionnant, original (c'est le moins qu'on puisse dire) et à ne pas manquer.

Randonnées dans les environs

– *Le massif des Trois Pignons :* on y accède par la croix Saint-Jérôme, non loin de la D16, l'une des plus belles balades de la forêt de Fontainebleau. De la croix Saint-Jérôme, poursuivre jusqu'au parking. De là débutent différents sentiers. Plusieurs heures de balades. On peut y découvrir un panorama complet de toutes les roches de grès formées par l'érosion : chaos, « falaises » de rochers, vallées closes, tables, buttes coniques, etc. Du « mont » le plus élevé, vaste perspective sur les alentours. Panorama extra depuis le point de vue de « la vallée Close ».

LE CHÂTEAU DE COURANCES (91490)

À 5 km au nord de Milly, sur la D372, dans le village de Courances. Visite du château et du parc du 1er dimanche d'avril au 2 novembre, les samedi, dimanche et jours fériés, de 14 h à 19 h (visite du château de 14 h 30 à 18 h). Visite guidée attrayante et instructive. Entrée payante : 38 F. Ce grand château, en marge d'un tout petit village, est un chef-d'œuvre de l'architecture Louis XIII. La vue sur le château et les jardins depuis la grille extérieure est superbe. Une grande allée monte au château, bordée de deux canaux et de platanes deux fois centenaires. Sur la cour d'honneur, escalier en fer à cheval ajouté au XIXe siècle, imitant celui de Fontainebleau. De la façade, belle perspective sur les jardins attribués à Le Nôtre. Douves, parterres ornés d'arabesques, plans d'eau, nombreuses statues et petit jardin japonais.

C'est au milieu du XVIe siècle que s'éleva ici la demeure du secrétaire des Finances d'Henri II, mais c'est au cours du XVIIe que l'édifice prend son aspect actuel, que le parc est dessiné de manière aussi noble et que les 10 sources d'eau claire qui le traversent sont domestiquées, faisant de cet ensemble l'un des lieux de rendez-vous les plus prisés d'Île-de-France. Sur le plan architectural, il témoigne parfaitement du style Louis XIII, caractérisé par des toits très pentus et l'utilisation de la brique pour le revêtement extérieur. Toujours habité par les actuels propriétaires, le château servit d'hôpital durant la Première Guerre mondiale mais, pendant la dernière guerre, ce sont les Allemands qui l'occupèrent. Puis vinrent les Américains à la Libération. Le maréchal Montgomery y séjourna de 1947 à 1954.

Visite de plusieurs salles absolument admirables. Le vestibule notamment, entièrement paré de marbres, décoré d'un superbe mobilier comme cette marquise (c'est un fauteuil, ignorant!) très rare. Puis on passe en revue la salle de jeux, la salle à manger, le hall d'entrée, la galerie aux singes (avec ses merveilleuses tapisseries). Nombreux très beaux objets dans chaque pièce. C'est dans ce château que furent tournés *Le Masque de fer*, *Que la fête commence* et, plus récemment, *Camille Claudel*.

Où manger ?

▌● L'Auberge Arc en Ciel : sur la place principale. ☎ 01-64-98-41-66. Un petit resto simple et gentil qui a vu défiler des générations de communiants les dimanches de printemps. On s'y sent tout de suite bien et lorsque arrivent les cuisses de canette à l'orange, les escalopes de veau normande, les andouillettes ou la lotte à l'américaine, on sent qu'on va passer un bon moment. Menus à 95 et 150 F.

LARCHANT (77132)

À 15 km au sud-est de Milly par la D16, une ancienne petite ville fortifiée, adorablement nichée au creux de collines couvertes de rochers et de bois. Elle possède l'une des églises les plus impressionnantes de la région.

Où dormir ? Où manger pas cher ?

▲ ▌● Hôtel du Grand Cerf : 5, rue des Sablons, à côté de l'église. ☎ 01-64-28-16-04. Fermé le vendredi soir. La terrasse surplombant la ruelle de ce troquet du fin fond de la campagne est bien agréable pour déjeuner. Petit menu simple et revigorant. Menu à 90 F, genre charcuterie, lapin chasseur, bœuf mode ou andouillette, fromages et dessert. Pour l'hôtellerie, des chambres simples mais avec une literie correcte de 110 à 160 F. Vous ne pouvez pas la rater : il y a plein de pétunias aux fenêtres... et de toute façon, c'est le seul hôtel !

Où dormir ? Où manger dans les environs ?

▲ ▌● Le Chalet Jobert : hôtel-restaurant champêtre situé près du rocher de la Dame Jouanne. ☎ 01-64-28-16-23. Fermé les mardi et mercredi. Excellente adresse, dans la forêt, idéale pour les randonneurs. Quelques chambres simples, avec douche extérieure, à 130 F la double. Pour le resto, accrochez-vous, on propose aux gros mangeurs un menu à 125 F, pantagruélique pour le prix : assortiment de hors-d'œuvre accompagné de jambon de pays et pâté maison, plat de résistance (canard à l'orange, coq au vin ou tête de veau...), salade, beau plateau de fromages et dessert. Un vrai repas de campagne pour se récompenser d'une grande promenade. Les randonneurs s'y donnent souvent rendez-vous. On mange dans la grande salle où trône une vaste cheminée, ou bien sur les tables dehors. Fort agréable quand le soleil joue à cache-cache avec les arbres. On peut même, comme autrefois, apporter son repas et pique-niquer sur les tables à condition d'acheter les boissons au resto.

À voir

★ *L'église Saint-Mathurin :* édifiée aux XIIe, XIIIe et XIVe siècles. Larchant fut au Moyen Âge un haut lieu de pèlerinage. C'est ici que serait né saint Mathurin qui réalisa de nombreux miracles. Après sa mort à Rome, ses restes furent rapportés à Larchant où ils furent l'objet d'une grande vénération populaire. L'église, consacrée en 1153 par le pape Alexandre III, reçut la visite de tous les rois de l'époque, de Charles IV à Henri II.
Elle subit différentes dégradations dues à la météorologie et aux guerres. Elle présente aujourd'hui l'originalité d'avoir une moitié encore intacte et une moitié en ruine. La partie en ruine s'observe de l'extérieur car il est interdit de circuler dessous. Le chœur, achevé en 1175 et restauré en 1935, possède une abside de style gothique primitif. Il est séparé de la nef en ruine et de la tour par un mur. Au lieu des voûtes et croisées d'ogives traditionnelles, le plafond se présente comme un assemblage de planches et de vieilles poutres où des oiseaux pratiques et ludiques ont fait leur nid. Nombreux points d'intérêt : à gauche du chœur, une chapelle de la Vierge très élancée, de style gothique, avec un magnifique retable en pierre du XVe siècle finement sculpté. Vous ne verrez ni la splendide *Mater Dolorosa* ni la statue de saint Vincent qui furent volées en 1982. Notez la porte de la sacristie, à droite du chœur, avec ses ferrures d'origine. Dans la nef, l'original du tympan du portail extérieur, très dégradé.
À l'extérieur, ruines impressionnantes de la nef et de la tour. On dit que l'architecture de l'église présente de nombreuses similitudes avec Notre-Dame de Paris. La tour donne une impression de grandiose envolée. Sous le porche s'ouvre le portail qui donne accès à la partie en ruine de la nef. Il s'agit d'une copie puisque l'original est à l'intérieur. Il représente le Jugement dernier avec un Christ en majesté entouré d'anges, de la Vierge et de saint Jean. Ces superbes sculptures datent de la première moitié du XIIIe siècle. En dessous, scènes de la Résurrection, œuvre plus tardive du XVIe siècle.

Balade

– *Les rochers de la Dame Jouanne :* à 3 km au nord du village, dans le bois de Commanderie. De Larchant, prendre la rue de la Libération. Pancarte « Dame Jehanne » sur la gauche en venant du centre. C'est le rocher le plus élevé de la forêt, paradis des varappeurs. On y trouve des roches aux formes étranges et figuratives comme l'Éléphant, l'Aigle qui déploie ses ailes, les Deux Chiens se livrant combat.
Le G.R. 13 passe par là et offre de nombreuses possibilités de balades et de superbes rochers d'escalade. Renseignements au *Chalet Jobert*.

LE CHÂTEAU DE MALESHERBES (45330)

Dans le village du même nom, à 15 km au sud de Milly, par la D410. Visite guidée tous les après-midi sauf les lundi et mardi; du 25 mars au 1er novembre, toutes les 45 minutes de 14 h 30 à 18 h 15; du 2 novembre au 24 mars, de 14 h à 17 h 30. ☎ 02-38-34-80-18.

Ce bel édifice du XVe siècle, reconstruit au début du XVIIIe, a conservé trois belles tours anciennes et un pigeonnier du XIVe siècle. Il a longtemps appartenu à la famille des Lamoignon de Malesherbes dont l'un des propriétaires, M. de Malesherbes, ministre de Louis XVI, magistrat et secrétaire de la Maison du Roi, fut exécuté sous la Terreur pour avoir été le défenseur de Louis XVI. Le château fut fermé après sa mort en 1794. Visite d'une dizaine de salles et salons décorés de mobilier du XVIIIe siècle, de tapisseries, de planchers superbes...

Dans la grande cour, on verra de vastes granges dîmières du XIVe siècle, très bien conservées. C'est ici qu'on entreposait les redevances, impôts au pouvoir civil et militaire. À droite du pigeonnier, long pavillon fleuri où vécut Chateaubriand. Mention spéciale pour le *pigeonnier*, composé de 1 800 niches où logeaient près de 8 000 pigeons. Véritable H.L.M. de plusieurs étages, il témoigne déjà de la difficulté du logement à l'époque. Rappelons que le privilège d'élever des pigeons était un signe de noblesse. La *chapelle* abrite le tombeau de François de Balzac d'Entragues et de sa première femme. Le gisant représente le mari tournant avec désinvolture le dos à sa femme. On dit que celle-ci le trompa et que ceci explique peut-être cela.

★ Dans le village, l'*église Saint-Martin* vaut la visite pour son intéressante et plutôt imposante *Mise au tombeau* (fin XVe-début XVIe siècle). Remarquez la richesse des vêtements des protagonistes.

Où dormir ? Où manger ?

🛏 🍽 *L'Écu de France :* 10, place du Martroy. ☎ 02-38-34-87-25. Fax : 02-38-34-68-99. Fermé le jeudi soir pour le resto. Dans le hall de réception de cet ancien relais de poste passaient autrefois les diligences. Des chambres bien tenues à 130 F avec cabinet de toilette, à 230 F avec douche, w.-c. et TV, et à 350 F avec bains. Formule brasserie dans une petite salle style bistrot avec salades et bons plats du jour (inscrits sur de jolis miroirs ciselés et dans les 30-40 F). Cadre plus rustico-bourgeois et cuisine à l'avenant pour le resto : filet de mérou à l'américaine, canette aux abricots, fricassée de ris et rognons de veau aux girolles... Menus à partir de 110 F. Accueil et service dans la tradition.

Où dormir dans les environs ?

🛏 *Chambres d'hôte La Ferme aux Cailles :* chez Anne et Patrick Pochon, 9, rue des Saules, Marlanval, 77760 Boissy-aux-Cailles. ☎ 01-64-24-57-69. Fax : 01-64-24-56-46. Après La Chapelle-la-Reine sur la N152, à environ 4 km, prenez sur la droite à Marlanval et c'est à 200 m. Joli corps de ferme bien restauré. Dans une partie séparée mitoyenne à leur maison, Anne et Patrick ont aménagé 2 chambres de deux et trois personnes avec salle d'eau privée et w.-c. Très grands lits, déco en pin et surtout chambres très lumineuses. Comptez 245 F pour deux avec le petit déjeuner (confitures et gâteaux maison) servi dans l'ancienne écurie. Anne fait de très jolis objets en pâte à sel. Ambiance conviviale et calme assuré.

Activités sportives dans les environs

– *La base de plein air de Buthiers :* à 2 km de Malesherbes. Bien fléché. ☎ 01-64-24-12-87. Ouverte du 25 mai au début de septembre environ. Centre de loisirs en pleine forêt, comprenant une vaste et superbe piscine en plein air dans un cadre bucolique à souhait, avec pataugeoire, toboggan, aire de pique-nique. On y trouve aussi un mur d'escalade de 300 m², 4 courts de tennis, etc. Possibilité de camper. Se renseigner par téléphone.

LA VALLÉE DU LOING
Moret-sur-Loing. Montigny-sur-Loing.
Bourron-Marlotte. Grez-sur-Loing. Nemours.
Souppes-sur-Loing. Château-Landon.

À moins de 45 mn de Paris par l'autoroute, une région particulièrement pittoresque où les gros villages endormis au bord du Loing n'ont pas bougé d'un pouce depuis que les impressionnistes les immortalisèrent.

Comment y aller ?

– **Par la route :** autoroute A6, sortie Fontainebleau, ou N7 jusqu'à Fontainebleau, puis N6.
– **Par le train :** 45 mn de la gare de Lyon. Départ environ toutes les heures (variable selon les jours). Arrivée à Moret-Veneux-les-Sablons, à 1,5 km de la ville. Renseignements S.N.C.F. : ☎ 08-36-35-35-35 (2,23 F la minute). Internet : www.sncf.fr.
– Quelques **cars** de Fontainebleau à Moret.

MORET-SUR-LOING (77250)

Bourg tranquille chargé d'histoire, Moret n'a pas changé d'un iota depuis plus d'un siècle. À la frontière entre la Bourgogne et la Champagne, en plein cœur du Gâtinais, cette ancienne place forte a conservé un charme acquis au fil de l'eau du Loing qui a séduit bien des peintres. Un décor de film de cape et d'épée et le charme vénérable des vieilles dames de province souriant doucement devant une tasse de thé à 80 km de Paris. Un impressionniste anglais nommé Alfred Sisley passa un jour par là et n'en repartit plus. Nous, on a failli aussi...

Adresse utile

🄸 **Office du tourisme :** porte de Samois. ☎ 01-60-70-41-66. Fax : 01-60-70-82-52. Ouvert de 10 h à 12 h et de 14 h 30 à 18 h du mardi au vendredi, jusqu'à 19 h les samedi et dimanche, et les jours fériés jusqu'à 17 h ; hors saison, de 10 h à 12 h le mardi et de 14 h 30 à 18 h du mercredi au samedi. Accueil sympa. Permet d'obtenir des infos sur toute la région et un plan de la ville. En saison, visite guidée de Moret à 15 h 30 tous les dimanches. Organise aussi des « pique-nique » impressionnistes avec « Déjeuner sur l'herbe » et promenades en barque.

Où dormir ? Où manger ?

Bon marché

🛏 🍴 **Hôtel de la Croix Verte :** 2, rue Grande. ☎ 01-60-70-36-99. Fax : 01-60-70-64-07. À la porte de Samois, petit hôtel sans prétention, avec accueil bonhomme. Menu à

68 F (80 F le week-end), simple et copieux. Tous les soiffards du coin s'y donnent rendez-vous pour un petit canon. Chambres correctes avec sanitaires sur le palier à 135 F. Demi-pension à partir de 195 F par personne. Carte bleue refusée. Vraiment en dépannage.

Prix moyens

|●| *La Porte de Bourgogne :* 66, rue Grande. ☎ 01-60-70-51-35. Fermé les mardi et mercredi. À défaut de recettes originales, ce petit bouchon revendique des produits régionaux de qualité, viande du Limousin et gâteaux de chez le pâtissier du coin. Sélection hebdomadaire sur le tableau noir. Menus entre 80 F (entrée + plat ou plat + dessert) et 125 F et, durant l'été, buffet campagnard à volonté les samedi, dimanche et lundi (110 F sans les liquides). Une bonne sélection de vins tout à fait corrects. On peut alors s'installer sur la terrasse ombragée. Menu-enfants à 50 F.

Plus chic

🛏 |●| *Auberge de la Terrasse :* 40, rue de la Pêcherie. ☎ 01-60-70-51-03. Fax : 01-60-70-51-69. Restaurant fermé le dimanche soir et le lundi sauf les jours fériés. Vieille auberge tout en poutres, superbement située sur le Loing. Chambres agréables de 275 à 390 F et accueil sympathique. Excellente carte avec notamment de l'andouillette de canard au vinaigre de xérès et scalopin de volaille au romarin. Menus de 98 à 198 F. À la carte, compter 200 F. L'été, on prend l'apéro au bord du Loing.

Aux environs

|●| *L'Écuelle de Moret :* 29, av. de Sens, Faubourg d'Écuelle. ☎ 01-60-70-83-40. À 2 km au sud de Moret, sur la gauche en allant vers Villecerf. Fermé le dimanche midi et le lundi. Joli jardin d'hiver couvert et chauffé sur l'arrière, et accueil souriant pour ce qui fut jadis un bon petit resto. Depuis, s'est transformé en une pizzeria qui a l'avantage d'être bon marché et demeure une bonne

halte. Spécialités de salades, de grillades au feu de bois, pommes de terre au four, andouillette de Troyes, etc. Même le pain est cuit maison. Menu-enfants à 45 F servi tous les jours sauf le samedi soir. Apéritif offert aux lecteurs du *Guide du Routard*.

|●| *La Forteresse :* golf de Thoury-Férottes. ☎ 01-60-96-02-13. Fermé le dimanche soir. Ouvert tous les jours. En hiver, ouvert tous les midis et aussi les vendredi et samedi soir. Cadre agréable dans une chouette ferme du XVIIe siècle qui respire l'opulence déjà ancienne de la région. À midi, copieux menu à 98 F. Deux autres à 129 et 199 F. Une petite gastronomie qui tient la route, avec, par exemple, le pavé d'autruche aux cornes d'abondance, jus fumé ou la brochette de Saint-Jacques aux quatre épices.

🛏 *Chambres d'hôte La Mare aux Loups :* à Dormelles, 12 km au sud-est de Moret, au lieu-dit Les Bois de Dormelles (indiqué du centre de Dormelles, à 1,5 km). ☎ 01-60-96-62-46. Fax : 01-60-70-90-90. Dans une maison de caractère, très au calme et au vert, deux chambres mansardées bien sympas. Sanitaires communs. 245 F, petit déjeuner compris, pour 2 personnes. Guy, le patron, est artisan et travaille très bien le cuir. Il a déjà vendu ses objets dans tous les endroits possibles et imaginables et se fera une joie de vous raconter ses péripéties.

🛏 |●| *Hostellerie du Moulin :* 2, rue du Moulin, 77940 Flagy. ☎ 01-60-96-67-89. Fax : 01-60-96-69-51. Fermée du dimanche soir 16 h au mardi 9 h (sauf à Pâques, à la Pentecôte et le 14 juillet, fermée le lundi soir et le mardi), 10 jours en septembre et de fin décembre à fin janvier. Réserver impérativement. À une douzaine de kilomètres au sud-est de Moret-sur-Loing. À la sortie Fontainebleau, emprunter la N6 sur 18 km, puis tourner à droite sur la D403 et tout de suite à gauche sur la D120 jusqu'à Flagy. Auberge installée dans l'un des plus beaux moulins d'Île-de-France, qui aurait appartenu à Blanche de Castille... Idéal pour

LA VALLÉE DU LOING

voyage de noces ou couples fragiles en convalescence. Une vénérable bâtisse à colombage située dans la romantique et verdoyante vallée de l'Orvanne. Remarquer le remplissage entre le colombage, fait de briquettes rouges à la place du torchis, ce qui donne beaucoup de caractère à l'édifice. À l'intérieur, cadre rustique du XIIIe siècle où subsistent des éléments de la machinerie du moulin. 10 chambres très confortables avec bains et w.-c. privés de 330 à 420 F, une chambre exceptionnelle à 500 F; pour les familles (4 personnes), à partir de 560 F. L'hôtelier souhaite que les clients prennent au moins un repas. Excellente cuisine avec menus à 160, 190, 220 et 250 F. Parmi les spécialités à la carte, la salade de pétoncles au vinaigre de framboise et le magret de canard aux épices douces nous ont beaucoup émus. Pour les friqués, possibilité de prendre demi-pension (minimum 3 jours, de 392 à 464 F par jour et par personne tout compris).

Où acheter de bons produits de la ferme ?

– **Ferme du Bon Accueil :** 55, rue de Bray, 77130 Cannes-Écluse. ☎ et fax : 01-64-32-05-36. Ouvert les vendredi et samedi de 9 h à 12 h et de 14 h à 19 h; le jeudi de 14 h à 19 h et les autres jours sur rendez-vous. De Fontainebleau, prendre la N6 et sortir à Cannes-Écluse.

Membre de la prestigieuse association des « produits et terroir de Seine-et-Marne », cette ferme au cadre fleuri vous propose, à emporter, des paniers pique-nique, 50 sortes de confitures maison, des pâtes de fruits sublimes, des terrines de volaille, de délicieuses pâtisseries, des fruits rouges en saison, du foie gras d'oie ou de canard, des ballottines de dinde cuites au torchon, etc. Toutes ces productions sont artisanales et de grande qualité. De plus, l'endroit porte bien son nom !

VALLÉE DU LOING

À voir

★ La vue la plus intéressante sur le bourg s'offre en arrivant de la route de Saint-Mammès. Un ensemble charmant d'anciennes demeures, d'éléments de fortifications, une splendide église, beaucoup d'arbres encadrant un vieux pont de pierre, de petites îles avec de vieux moulins, des lavoirs, le tout se mirant benoîtement dans les eaux du Loing. On pénètre en ville par la porte de Bourgogne (du XIVe siècle).

★ *L'église Notre-Dame :* édifiée aux XIIIe et XIVe siècles. Portail en style flamboyant assez abîmé, du XVe siècle. À l'intérieur, élégant chœur qui étonne par son dépouillement, et fresques sur les piliers de la nef qui représentent des saints. Quant aux orgues, elles datent du XVIe mais ne fonctionnent plus.

★ *La façade dite « François Ier » :* rue Grande. Dans la cour de la mairie. Cette façade entièrement sculptée d'une jolie maison Renaissance connut un destin étonnant. Construite en 1527, cette demeure eut maints propriétaires. Après une période faste, elle passa successivement entre les mains d'un tonnelier, d'un cordonnier, d'un joueur de violon et d'un maréchal-ferrant. Un officier (bien nommé), Fortuné de Brack, pour plaire à la célèbre comédienne Mlle Mars, la fit transporter en 1822 à Paris. Là encore, après beaucoup de propriétaires, une agence immobilière la racheta pour construire à la place des bureaux. Le permis de construire ne lui fut accordé qu'à la condition que la façade soit rapatriée à Moret à ses frais. Ce fut réalisé en 1956, à 60 m de l'emplacement initial (évidemment, qui va à la chasse perd sa place !).

★ *Le donjon :* seul vestige d'un vieux château du XIIe siècle. Ne se visite malheureusement pas. Dommage, la vue est superbe, de là-haut.

★ *La maison de Sisley :* dans laquelle il se retira en 1880 ; ne se visite pas, mais on peut la voir ainsi que son atelier au 19, rue Montmartre.

★ Au fil de la promenade, admirez les belles *maisons médiévales et Renaissance :* aux nos 28-30, rue Grande, au no 24, où Napoléon dormit au retour de l'île d'Elbe et à côté de l'église, l'*Échoppe du Bon Saint-Jacques* où l'on vend toujours le fameux sucre d'orge des religieuses de Moret (recette de 1638). Cette jolie boutique doit son nom à la sculpture en bois polychrome à droite de la porte. Ouvert de 9 h à 12 h 30 et de 15 h à 19 h sauf le lundi.
Non loin, un musée du Sucre d'orge, friandise réputée dont une franchise royale accordait aux sœurs les revenus découlant de la fabrication.

★ *La Grange Batelière ou maison Clemenceau :* c'est un intéressant petit musée dédié à Clemenceau, installé dans sa jolie résidence, au bord du Loing. Emprunter la N6, puis à droite avant le canal du Loing. Visite les dimanche et jours fériés, de la fête des Rameaux au 30 septembre, à 15 h ; du 1er septembre au 30 novembre à 14 h 30. Tous les souvenirs liés au père la Victoire, commentés par Mme Michel Clemenceau, belle-fille de l'illustre. Tout ici rappelle l'amitié du « Tigre » avec Claude Monet.

Fêtes

– *Festival de Moret :* chaque samedi d'été (de fin juin à fin septembre) depuis 1968, un son et lumière très réussi. Plus de 600 participants tous bénévoles retracent l'histoire de la ville sur les bords du Loing, reflet de la Belle Époque. Superbes costumes et scénographie très pédagogique couronnée par un feu d'artifice. Un tuyau : achetez votre place à l'office du tourisme l'après-midi, vous pourrez dîner avant le spectacle et n'arriver qu'une heure avant.

– *Festival de l'Humour :* à la mi ou à la fin octobre, pendant une semaine. Présidé chaque année par des célébrités différentes du monde du spectacle (José Artur, Paul Lederman...), ce festival rassemble de jeunes talents du café-théâtre. Renseignements à l'office du tourisme ou auprès du *Centre culturel Léon Breuillard,* à Moret. ☎ 01-60-70-50-23. Fax : 01-60-70-13-06.

À voir dans les environs

★ À 3 km, *Thoury-Férottes :* un menhir, la « pierre de Cornoy ».

★ *Montmachoux :* à 5 km. Pittoresque village sur une colline, lové autour de son église. Au 1, Grande-Rue, 77940 Montmachoux, se trouve l'*élevage d'autruches et nandous* de la famille Robert. ☎ 01-64-32-10-69 ou 01-60-96-29-49. Fax : 01-64-32-05-54. Visite sympa de Pâques à fin octobre tous les dimanches et les jours fériés à 15 h 30 (durée 2 h). En juillet et août, visites les mardi, jeudi, dimanche et jours fériés à 15 h 30. Réservations obligatoires pour les groupes. Découvrir un élevage d'autruches, d'émeus et de nandous, c'est ce qu'on vous propose ici avec beaucoup de professionnalisme. Après la visite du site, un guide vous expliquera l'utilisation des différentes parties des animaux (œufs, plumes, cuir, viande, plumes...). Puis vous aurez la possibilité d'acheter de la volaille de ferme (en plus de la viande d'autruche) ainsi que des œufs décorés par Madame et de la maroquinerie. Le troisième week-end d'octobre, à la fermeture, la famille Robert organise une « fête de l'autruche » avec dégustations, visite et animations. Propose aussi des gîtes.

★ *Diant :* à 5 km. Charmant manoir féodal dont les grosses tours font trempette dans l'eau. Malheureusement, accès privé.

🏠 *Ferme de la Margotière Vallery :* à Vallery, à 8 km au sud-est de Diant. ☎ 03-86-97-57-97 et 77-00 (entre 18 h et 21 h pour les réservations). Fax : 03-86-97-53-80. Dans une ferme restaurée, 6 chambres avec salle de bains privée, TV et téléphone. Compter de 250 à 350 F, petit déjeuner compris. Table d'hôte pour groupe, également. Accueil très courtois.

★ Retour sur Moret, par la D22 et la D218, d'autres villages croquignolets comme *Dormelles*, assoupi contre une butte. Grimper à l'église (XIIe-XIVe siècles) pour admirer les vieilles fermes du coin. Dans la région, nombreux mégalithes ; pierre Levée, pierre aux Princes.

★ À *Villecerf*, peu avant d'arriver à Moret, on peut gravir « la montagne de Trin » qui domine la contrée de ses 139 m.

À faire

– ***Balades à vélo :*** en forêt de Fontainebleau. Avec la carte I.G.N. n° 2417 OT (24 F à Paris, 53 F à Moret), la liberté est à vous. Sinon, vous pouvez suivre des circuits à partir de Moret. Pour les pressés, on a testé un circuit express (15 km, 2 h, arrêt bistrot compris). Aller à Villecerf (route d'Écuelle et D218), puis prendre à droite au bout du village jusqu'à Rebours. Longer l'étang de Villeron et suivre le chemin de halage du canal du Loing d'Épisy à Moret.
De Flagy, aller vers le sud en direction de Saint-Ange-le-Vieil. Un chemin à droite conduit à Dormelles puis Chailleau. Descendre la vallée de Dormelles puis vers Pilliers. Là, suivre les balises du G.R. 11 et emprunter la route conduisant à Montarlot. Obliquer à l'est jusqu'à Ville-Saint-Jacques. Longer l'aqueduc jusqu'à sa rencontre avec le G.R. 11. Suivre celui-ci et prendre le premier chemin à gauche. Enfin, aller vers le sud jusqu'à Flagy.
– ***Balade pédestre ou à vélo*** pour ceux qui résideraient à l'*Hostellerie du Moulin.*
– ***Balades en canoë :*** sur le Loing. Voir dans « Fontainebleau, Adresses utiles, Location de vélos », *Top Loisirs.*
– ***Balades en bateau-mouche :*** de Pâques à la Toussaint, le dimanche après-midi à 15 h (ainsi que certains jours fériés), un bateau-mouche part de l'écluse de Saint-Mammès, à 2 km de Moret, et descend la Seine jusqu'à Samois. Le trajet simple dure 90 mn, avec un arrêt d'un quart d'heure, en été, à Samois. 120 F par personne aller et retour (60 F pour les enfants de moins de 12 ans), 90 F aller simple. Possibilité de charter en semaine pour les groupes. *Larguez les Amarres :* 55, rue Gambetta, 77760 Saint-Mammès. ☎ et fax : 01-64-23-16-24.

MONTIGNY-SUR-LOING (77690)

Un autre village pittoresque à 6 km de Moret, sur la D104, à la lisière sud de la forêt de Fontainebleau. Le blason du patelin n'est-il pas composé « d'or à trois arbrisseaux de gueule ». Délicieuse perspective depuis le pont sur l'église, les berges du Loing et les petites îles reliées par de frêles passerelles. Église du XIIe siècle qui héberge de belles statues en bois polychrome des XIVe et XVe siècles, ainsi qu'une chapelle tapissée de roches. Joli lutrin sculpté du XVIIe.
À Montigny, on vient souvent flâner et goûter au calme d'un des plus sereins paysages d'Île-de-France. L'escale idéale pour un bon petit repas au bord de l'eau. Situé sur la ligne de train Paris-Moret.

Adresses utiles

🚃 ***Gare de Montigny :*** ☎ 08-36-35-35-35 (2,23 F la minute). Internet : www.sncf.fr. Ouverte de 6 h 45 à 11 h 35 et de 12 h 40 à 13 h 30. Sur la ligne Nevers-Moret. De Paris-Gare de Lyon, 10 aller-retour quotidiens en moyenne, directs (55 mn de trajet) ou avec un changement à Nemours (durée : 1 h 15).

– Pas de syndicat d'initiative. Aller à la mairie ou demander à celui de Moret.
■ ***Mairie :*** ☎ 01-64-45-82-86. Ouverte de 9 h à 12 h et de 14 h à 17 h les jours ouvrables. Seulement quelques prospectus.

Où dormir ? Où manger ?

≜ |●| *Hôtel-restaurant de la Vanne Rouge :* rue de l'Abreuvoir. ☎ 01-64-78-52-30. Au bord du Loing. Fermé les dimanche soir, lundi et mardi midi de fin septembre à Pâques. Une belle et charmante maison offrant d'agréables chambres avec une vue et un calme super. 6 chambres donnant toutes sur le Loing : de 250 à 300 F la double avec TV et téléphone. Petit déjeuner à 35 F. Grande terrasse plein soleil au bord de l'eau. On mange une nourriture excellente, les pieds dans l'eau, bercé par le bruit des chutes, à côté d'un vieux moulin. Serge Granger est aux fourneaux : il tenait naguère l'un des meilleurs restos du quartier Opéra. Sa spécialité : le poisson. Donc profitez-en pour goûter le grenadin de lotte au vinaigre balsamique ou la morue au poivre vert ou la sandre à la moutarde. Sinon, menu-carte à 165 F. Carte des vins plutôt exceptionnelle. Vraiment l'une de nos meilleures adresses de la région. Réservation absolument conseillée.

Dans les environs

|●| *Auberge de la Genevraye :* à 2 km au sud de Montigny. ☎ 01-64-45-83-99. Fermée les mardi soir et mercredi (sauf en juillet et août), début septembre et une semaine à Noël, mais ouverte 7 jours sur 7 en été. Une auberge toute blanche et fleurie, au toit couvert de mousse et de lierre. C'est un ancien relais de mariniers bâti en « l'an de grâce 1600 », et célèbre par l'orme que Sully y a planté. Malheureusement l'arbre vénérable a été coupé en 1988. Environnement calme et reposant avec terrasse. Cuisine raisonnable. Menus à 88 F, à 149 F et menu-dégustation à 199 F. Spécialités : foie gras de canard maison fin et abondant, servi avec des gésiers dans le délice de la Genevraye, goujonette de sole, fondant au chocolat et croustillant aux pommes. Agréable carte des vins avec une sélection très convenable de bourgognes. Accueil calme et sympa. Menu-enfants à 47 F.

BOURRON-MARLOTTE (77780)

Immortalisé par Renoir (Auguste) à travers *Le Cabaret de la mère Antoni* (1866), cette bourgade prospère a été le lieu d'une intense vie culturelle et mondaine. Corot vécut ici 39 ans car il appréciait la lumière au bord du Loing, le long de la forêt de Fontainebleau. De 1855 à 1945, tout peintre qui se respectait se devait de venir faire un tour dans ce « petit Barbizon » à la limite du Gâtinais. Manet y aurait peint des fragments du *Déjeuner sur l'herbe* alors que Sisley et Pissarro auraient plutôt été attirés par le climat de fête permanente. À côté du château Louis XIII, il reste de ce brillant passé *La Fille de l'eau*, premier film de Renoir (Jean) tourné à Marlotte, de très belles demeures et des rues charmantes à parcourir sur la pointe des pieds... pour regarder par-dessus les murs des jardins.

Le livre de Marie-Claude Lalance, *Si les maisons racontaient,* en imposera aux plus potaches (Librairie Cellier, rue Mürger, à Bourron-Marlotte : 260 F).

Adresses utiles

🛈 *Syndicat d'initiative :* château de Bourron. ☎ et fax : 01-64-45-88-86. Ouvert du mercredi au dimanche de 14 h à 18 h.

🚃 *Gare de Bourron-Marlotte-Grez :* ☎ 08-36-35-35-35 (2,23 F la minute). Internet : www.sncf.fr. À 4 mn de Montigny, sur la même ligne, même fréquence.

Où dormir? Où manger?

🛏 |●| *Hôtel de la Paix :* place de l'Église (au bout de la rue du Général-de-Gaulle). ☎ 01-64-45-99-81. Fermé le mercredi, ainsi que pendant la 2e quinzaine de février. Les grandeurs hôtelières de Marlotte sont révolues : c'est le seul hôtel. Accueil gentillet mais un peu laxiste. Ici, c'est la lutte des classes : les menus « ouvriers » (47 F, bon rapport qualité-prix en un temps record de 30 mn, seulement à midi en semaine) n'ont pas le droit de manger dans la même salle que les menus à 110 ou 155 F. La cuisine, sans être très recherchée, n'est pas mauvaise. Jackpot : si on est « ouvrier », les jeux télévisés de midi sont compris dans le prix. Il faut savoir souffrir quand on est fauché !

17 chambres de 160 F (douche et w.-c. sur le palier) à 220 F (avec bains et w.-c.). Simple mais propre.
|●| *Restaurant les Prémices :* 12 *bis*, rue Blaise-de-Montesquiou. ☎ 01-64-78-33-00. Fermé le dimanche soir, le lundi et du 1er au 15 août. Installé dans les communs du superbe château de Bourron-Marlotte. Une verrière permet de mieux profiter de la verdure. Vous serez accueilli par la charmante Véronique (et ses yeux superbes). Pas de chance, c'est son mari qui officie en cuisine. Heureusement son talent est de tout premier ordre. Formules à 150 et 195 F, menu-dégustation à 380 F. Laissez-vous tenter par l'aigle-bar rôti ou la cannette-hérisson. Carte des vins très riche.

À voir

★ *Le château de Bourron :* propriété de la famille de Montesquiou, construit en 1609 à l'emplacement d'une forteresse féodale. Très élégant en brique et pierre, avec ses escaliers en fer à cheval copiés sur ceux de Fontainebleau. On peut visiter le parc de 40 hectares clos de murs, les samedi, dimanche et jours fériés, du 15 avril au 15 octobre, de 14 h à 18 h (10 F et 5 F pour les moins de 12 ans). En revanche, pour le château proprement dit, avec sa bibliothèque Louis XV, son mobilier et ses tapisseries, c'est plus difficile. Il faut être en groupe et prendre rendez-vous ou attendre les journées du Patrimoine (portes ouvertes ; se renseigner sur les dates). Bonne chance. ☎ 01-64-78-39-39. Fax : 01-64-78-35-35.

★ *Itinéraire des demeures prestigieuses :* l'Association des amis de Bourron-Marlotte, qui aime bien les plaques, en a posé quelques-unes pour vous. Nous vous proposons de les suivre. Prendre la rue Mürger.
Au n° 94 se trouve la maison du maréchal Leclerc. Au n° 75, la villa de l'écrivain Mürger, mondain et ami des peintres. C'est lui qui les a attirés ici à partir de 1855. Au n° 42, la demeure de Jean Renoir où il a tourné *La Fille de l'eau*, première révélation de sa vocation cinématographique. Au n° 37, bel immeuble où se situait jadis le cabaret de la Mère Antoni puis l'*hôtel de la Renaissance*, lieu de rendez-vous des intellectuels parisiens.
Tournez dans la rue Delort (la petite qui monte). Au n° 22, résidence de Corot... On vous laisse continuer par la rue du Général-Leclerc puis la rue Allongé... Un véritable enchantement !

★ *L'église Saint-Sévère :* si ses dernières transformations datent du XIXe siècle, les murs, eux, ont traversé les âges depuis le XIe. Nef assez sobre qui rappelle les constructions romanes. Sur ses murs, rares décorations funéraires, appelées « litres » (sobres aussi !). Les quelques statues polychromes valent un coup d'œil.

À faire

À la lisière de la forêt de Fontainebleau, c'est l'endroit rêvé pour une balade équestro-sylvestre. Sinon, les bords du Loing ne le sont pas.
– **Renaissance équestre :** 35 *bis*, rue Mürger. ☎ 01-64-45-91-26 ou 06-60-95-79-98. Sur le site du cabaret de la Mère Antoni, vous pouvez louer des chevaux (110 F l'heure) ou des poneys (65 F l'heure). À partir de 3-4 personnes, le guide est compris dans le prix. Réserver 3 jours avant au moins.

GREZ-SUR-LOING (77880)

Vieux village à 5 km au sud de Montigny, s'étirant le long du Loing d'où partent quantité de venelles mangées par les herbes folles. C'est une agglomération très ancienne, puisque des traces d'habitation remontent au paléolithique, avant que les Gallo-Romains ne s'en emparent. L'histoire a vécu de belles heures dans le « pays » ; du Moyen Âge à la Renaissance se mêlent les plus grands noms dont il ne reste que de vagues traces.
Tout semble s'être figé dans le temps, même les barques passant une retraite paisible sur un Loing assoupi. C'est sans doute pour cela qu'au siècle dernier les artistes paysagistes de l'école de Fontainebleau ont attiré ici des disciples de tous les pays. Comme le raconte Philippe Delerm dans *Sundborn ou les jours de lumière*, Grez a accueilli de nombreux peintres suédois et nordiques. Sur la place principale, l'*hôtel Cheviller* bat ainsi pavillon suédois. Cette belle maison, construite en 1860, abrite désormais un foyer d'artistes et d'écrivains.
Pittoresque église au massif clocher-porche avec de solides contreforts. Intérieur dépouillé dont on ne retiendra que les curieuses figures grotesques aux retombées des voûtes d'ogives, comme ce contorsionniste dans la nef droite et l'homme tirant une femme par les cheveux dans le chœur à gauche. Balade paisible au bord de la rivière à la rencontre de la tour de Ganne (ou de Gael), construite pour Louis VI le Gros au XIIᵉ siècle. On peut se promener entre les vestiges du château où Blanche de Castille s'arrêta au XIIIᵉ siècle et où Louise de Savoie, mère de François Iᵉʳ, est morte en 1531. Voir aussi le vieux lavoir et le pont de pierre moussu. C'est ce pont, détruit pendant la Seconde Guerre mondiale et reconstruit à l'ancienne, que Christo a emballé pour s'exercer avant de recommencer pour le Pont-Neuf.

VALLÉE DU LOING

Adresse utile

◨ **Syndicat d'initiative :** 1, place de la République, non loin de la tour de Ganne. ☎ 01-64-45-69-12. Ouvert de 14 h à 18 h du mercredi au dimanche. Pas vraiment très coopératif.

Où dormir ? Où manger ?

â ◖◗ **Hôtel-restaurant de la Terrasse :** 1, place de la République. ☎ 01-64-45-73-46. Petit boui-boui avec un menu à 60 F, pas mauvais, de type crudités, steak, fromage ou dessert. On se restaure dans une salle à manger d'un rustique apocalyptique. Chambres à 140 F, douche et w.-c. sur le palier. Pratique et de toute façon c'est le seul endroit où piquer un petit roupillon.

À faire

– **Le Tacot des Lacs :** renseignements, ☎ 01-64-28-67-67, fax : 01-64-78-30-78, ou au syndicat d'initiative. Promenade en train à vapeur 1900 (15 km/h !) le long du chemin que les wagonnets de silice empruntaient de la carrière jusqu'au canal du Loing. De là, les péniches emportaient leur cargaison vers les cristalleries de l'Europe entière tant la pureté des cristaux était grande. Découverte d'un site unique à bord de l'un des derniers petits trains « Decauville » qui ont transporté nos arrière-grand-mères. Les dimanche et jours fériés de mi-avril à mi-novembre, 1 départ toutes les heures de 14 h 30 à 16 h 30 (17 h 30 aux beaux jours, minimum 10 personnes) ; le samedi, départs à 15 h 30 et 17 h, mais cette fois en train Diesel (moins drôle).

NEMOURS (77140)

Ce n'est pas à proprement parler le petit coin calme pour passer un week-end tranquille. En témoignent les aménagements ratés des années 70 et suivantes. La proximité de l'autoroute et le trafic dingue de la N7 découragent largement, mais la ville possède des monuments et musées intéressants, qu'on peut visiter au passage, et quelques chouettes balades dans les rochers alentour. Pourtant, c'est la cité des ducs, renommée pour son château fort du XIIe siècle, son église de la Renaissance et ses canaux. Vieux moulins et ruelles pavées, c'est le centre historique de Nemours.

Patrie d'un certain Dupont qui partit à la fin du XVIIIe siècle faire fortune en Amérique et qui fut le fondateur d'une des plus colossales multinationales de notre époque : Dupont de Nemours.

VALLÉE DU LOING

Comment y aller ?

– **Par la route :** autoroute A6, sortie Nemours. Par la N7 également.
– **Par le train :** de la gare de Lyon. Trains directs. Une dizaine de liaisons par jour. Renseignements S.N.C.F. : ☎ 08-36-35-35-35 (2,23 F la minute). Internet : www.sncf.fr.

Adresses utiles

🅱 **Office du tourisme :** 41, quai Victor-Hugo. ☎ 01-64-28-03-95. Fax : 01-64-45-09-67. À droite, après le grand pont. Ouvert les lundi et jeudi de 14 h 30 à 18 h, les mardi et vendredi de 10 h à 12 h 30 et de 14 h 30 à 18 h, les mercredi et samedi de 9 h 30 à 12 h 30 et de 14 h 30 à 18 h 30 du 1er mai au 1er novembre ; ouvert le dimanche et les jours fériés de 10 h à 12 h 30.

🚄 **Gare S.N.C.F. :** rue Chaudins. Renseignements : ☎ 08-36-35-35-35 (2,23 F la minute). Internet : www.sncf.fr. Ouverte de 5 h 10 à 21 h 40. Au départ de Paris-Gare de Lyon, 1 train toutes les heures en moyenne, direct (45 mn) ou avec un changement à Moret (1 h 15).
🚌 **Les Cars Verts :** 12, av. J.-F.-Kennedy. ☎ 01-64-45-55-55.

Où dormir ? Où manger ?

Bon marché

I●I *Au Feu de Bois :* 32, place Dupont-de-Nemours. ☎ 01-64-28-01-34. Fermé le dimanche soir et le lundi, ainsi qu'au mois d'août. Réservation conseillée même si l'établissement est un peu vieillissant. En fait, il y a ici deux restos : la saladerie et le gastronomique. Nous avons plutôt retenu le côté bon marché et pratique de la saladerie, avec son menu à 69 F et ses prix corrects à la carte. Salle à l'étage avec vue sur le Loing et grillades au feu de bois. Côté gastronomique, menus à 105, 128 et 158 F. Menu-enfants à 45 F.

Plus chic

▲ I●I *Hôtel-restaurant Les Roches :* av. L.-Pelletier, 77140 Saint-Pierre-lès-Nemours. ☎ 01-64-28-01-43. Fax : 01-64-28-04-27. Fermé le dimanche soir. Pas loin des rochers de Gréau et de la piscine ; dommage qu'il soit situé à un carrefour très bruyant. Une table d'un remarquable rapport qualité-prix. Régal assuré de l'entrée au dessert, et cadre et service aux petits oignons. Régalez-vous de la terrine maison,

puis laissez-vous tenter par le trio de poissons excellemment accompagné de petits légumes. Bonne cave également, riche plateau de fromages et pâtisseries exquises. Menu du jour à 90 F (en semaine hors jours fériés) et quatre autres de 160 à 290 F. Côté hôtellerie, des chambres calmes et confortables de 220 à 270 F. Celles à 220 F, un peu plus petites, ont été rénovées et nous ont semblé préférables.

▲ I●I *Hôtel-restaurant l'Écu de France :* 3-5, rue de Paris. ☎ 01-64-28-11-54. Fax : 01-64-45-03-65. Une des plus vieilles auberges de France, puisque son activité remonterait à 1384. Chambres spacieuses et qui en ont vu, charmantes mais un peu fatiguées (de 219 à 239 F). Nous avons bien aimé celle où dormit Victor Hugo, bien qu'elle donne sur la RN7. À table, quatre menus de 99 à 275 F. Fine cuisine traditionnelle avec, par exemple, dans le menu à 99 F, un œuf cocotte à la crème d'oseille suivi d'un coquelet au coulis de crustacés vous-m'en-remettrez-un-autre. Service classique et cadre bourgeois. Menu-enfants à 55 F. Parking intérieur.

Où dormir ? Où manger dans les environs ?

▲ I●I *Le Haras de la Fontaine :* 77167 Poligny. ☎ 01-64-78-01-17 et 06-03-46-60-88. À 4 km au sud-est de Nemours. En voilà un joli corps de ferme du XVIe siècle perdu dans un coin de nature idéal. Deux gîtes de 4 et 7 personnes (compter un peu plus de 100 F la nuit par personne) loués par la centrale des Gîtes de France, et un troisième en construction, tous avec TV et grande salle de bains. Mais aussi deux chambres d'hôte de 3 personnes chacune (214 F pour deux, petit déjeuner compris, 80 F pour un lit supplémen-

taire). Repas sur demande à la patronne qui est charmante.

▲ *Gîtes ruraux chez Monique et Jacques :* 77167 Poligny. ☎ 01-64-28-17-05. À 4 km de Nemours, dans un cadre idéalement champêtre, deux gîtes pour 5-6 personnes dans un corps de ferme bien retapé. Très bon équipement et déco coquette, barbecue et jardin clos. En juillet et août, 1 850 F la semaine ; en mai, juin, septembre et vacances scolaires, 1 400 F ; 1 200 F le reste de l'année. Accueil gentil.

VALLÉE DU LOING

À voir. À faire

★ *L'église Saint-Jean-Baptiste :* à côté du pont inauguré en 1804 par le pape Pie VII lors de sa venue pour le couronnement de Napoléon. L'église, de style typiquement gothique flamboyant, a été édifiée au XVIe siècle mais le porche date du XVIIe. Du pont, perspective pittoresque sur son chevet avec les chapelles saillantes à tourelles pointues, les arcs-boutants et l'ensemble de la ville. L'intérieur n'a rien d'extraordinaire, noter cependant les curieuses nervures en bois de la voûte.

★ *Le musée municipal du Vieux Château :* rue Gautier-Ier. ☎ 01-64-28-27-42. Ouvert les samedi, dimanche et lundi de 10 h à 12 h et de 14 h à 17 h 30. Les autres jours, de 14 h à 17 h 30. Fermé le mardi. Très belle construction du XIIe siècle, remaniée aux XVe et XVIIe. Ce n'est qu'au début de ce siècle que des artisans du coin entreprirent sa restauration. Avec ses quatre grosses tours d'angle, le château, qui a échappé à plusieurs tentatives de démolition, est relié à un donjon carré par une étroite galerie couverte d'une admirable charpente en carène de navire renversé. À l'intérieur, pas grand-chose sinon des pièces d'archéologie gallo-romaine et mérovingienne, des sculptures et œuvres religieuses, et à l'étage l'exposition d'assiettes à thèmes révolutionnaires, faïences illustrées évoquant parfaitement l'esprit de 1789. Ah ça ira, ça ira, ça ira !

★ *Le musée de la Préhistoire de l'Île-de-France :* ☎ 01-64-28-40-37. Fax : 01-64-28-49-58. Sur la route de Sens. Ouvert tous les jours sauf le mercredi, de 10 h à 12 h et de 14 h à 17 h 30. Intégré dans le massif forestier des Rochers Verts, ce musée à l'architecture contemporaine est fort bien conçu. Salles claires et spacieuses, reconstitution en serres des types de flores des différentes ères, expositions documentées de pièces intéressantes.
Au vu des moulages de crânes, observez combien nous avons changé de l'australopithèque (3 millions d'années, Kenya), avec sa boîte crânienne que Médor il a la même, à l'homme de Tautavel *(Homo Erectus)*, qu'on lui passe un costard il gagne les élections. On s'étonne aussi et l'on frémit devant ce fragment de tibia de mammouth. Ce poteau, un fragment ? Penser que nos ancêtres chassaient de tels bestiaux... Un sport bien plus risqué que la tauromachie ! Notons aussi la reconstitution de chantiers de fouilles, dont celui de Pincevent accompagné d'un audiovisuel fort instructif qui dure environ 20 mn. Une visite qui rafraîchit la mémoire.

★ La *balade dans la vieille ville* révèle quelques maisons médiévales et hôtels du XVIIe siècle. À droite du château, une ruelle ancienne avec ses bornes mène à la cour des Écuries. À l'angle de la rue des Pliants et de la rue Bezout, bel hôtel du début du XVIIe siècle.

★ *Le haras de la Fontaine :* 77167 Poligny. ☎ 01-64-78-01-17 et 06-03-46-60-88. À 4 km au sud-est de Nemours. Balades en forêt, manège, cours de poney et cheval. Tous niveaux : examens, stages, compétitions, loisirs. Possibilité d'abonnement.

– *Randonnée pédestre Les rochers de Nemours :* une balade superbe, facile et proche de la gare, dans le parc des rochers Gréau. Sentiers praticables été comme hiver : sable ou rochers, donc peu de chance de s'embourber. Paysage comparable à celui de la forêt de Fontainebleau, multiples chaos de rochers entrecoupés de racines et de plateaux de bruyère avec de beaux massifs de bouleaux.
De la gare, traverser la ville jusqu'au port sur le Loing, puis prendre la rue des Tanneurs qui longe la rivière. Tourner à gauche dans la rue de Mongagnant puis à droite dans le chemin des Dames qui rejoint le G.R. 13. De là, 5 itinéraires balisés, en boucle, de 45 mn à 3 h (voir topoguide des *Sentiers de petite randonnée*).

À voir dans les environs

★ *La tuilerie de Bezanleu :* 77710 Treuzy-Lévelay. ☎ 01-64-29-06-28.
Fax : 01-64-29-02-50. Ouvert au public chaque dernier dimanche du mois,
de mars à octobre à partir de 14 h, et sur rendez-vous pour les groupes.
Toutes les visites sont guidées (anglais sur demande). Participation : 30 F
(15 F pour les moins de 12 ans). À une dizaine de kilomètres de Nemours.
Direction Montereau par la D403, et à droite juste avant Villemer.
Isolée dans son vallon avec deux ou trois vénérables fermes gâtinaises, la
tuilerie de Bezanleu est certainement la dernière à fonctionner encore suivant un mode artisanal pluriséculaire. C'est l'une des plus vieilles tuileries de
France encore en activité. Déjà en 1575 la toiture du château de Nemours
fut commandée à la « vieille thuyllerie de Bezanleu ». Elle se présente
aujourd'hui telle qu'elle était au XIXe siècle : de longues et superbes halles
servant au séchage et à l'entreposage des tuiles, et une cheminée de briquettes fière comme un gratte-ciel. Durant la visite, qui nous fut commentée
par une jeune femme hilare, on voit une à une les étapes de production, des
matières premières broyées (terre argileuse ocre et blanche) à la crémation
dans un four à ciel ouvert de type gallo-romain (non daté avec précision,
mais témoignant de la grande ancienneté de cette activité).
Aujourd'hui encore elle fabrique et vend des tuiles plates de type « Bourgogne », mais aussi des briques et des carrelages cuits dans des fours de
type gallo-romain (vente des matériaux : ☎ 01-64-29-00-49).
À voir, le gros broyeur à belle mécanique avec sa chaîne à godets et son
tonneau-malaxeur, et ces archaïques chariots Decauville exactement du
type des chariots de mineurs. D'ailleurs vous tomberez peut-être sur le tuilier
que nous avons vu et qui s'amusait à rouler sur son chariot comme font les
gamins avec les caddies, pendant que la sono donnait du Mike Brant à
100 décibels... Étrange ! En tout cas, un site charmant et original... et de
charmants originaux.

SOUPPES-SUR-LOING (77460)

Poursuivant notre itinéraire nous trouvons, à 10 km au sud de Nemours par
la RN7, la tranquille bourgade de Souppes-sur-Loing. L'ancienne cité de car-
riers et tailleurs de pierre a conservé de son passé une fort belle église et
une fontaine du XIIe siècle. Dans la campagne environnante, les résidents du
lieu binent leurs potagers des hameaux du Gâtinais...

Adresse utile

🏢 *Office du tourisme :* à l'entrée de
la ville sur la RN7 dans une ancienne station-service. ☎ et fax : 01-
60-55-07-38. Minitel : 36-15, code
MAVILLE. Internet : www.souppes-
fontainebleau.com.

Ouvert du mardi au samedi de 14 h
à 18 h (le samedi matin de 10 h à
12 h). Documentation sur la région
et beaucoup de bonne volonté.

Où dormir ? Où manger ?

🏠 l●l *Hôtel-restaurant À la Vieille
Halle :* 1, rue Voltaire. ☎ 01-64-29-

72-50. Fermé les dimanche soir et
vendredi soir en hiver. Une petite

table sans prétention mais soignée, appréciée dans le pays. Menu à 46 F (entrée + plat du jour ou plat + dessert) et formule très bon marché à 61,50 F qu'on peut commander sous la jolie tonnelle en été. Si vous n'avez que la carte bleue, venez à quatre : paiement accepté à partir de 200 F. Une douzaine de chambres propres et fonctionnelles, neuves pour la plupart, à 165 F avec TV et réveil-matin. Accueil aimable.

À voir. À faire

★ *L'église Saint-Clair :* dédiée à Saint-Clair d'Aquitaine, bel exemple de gothique sobre et élancé (fin XIIe-début XIIIe siècle) ; on peut y voir un retable du XVe siècle superbement conservé. De part et d'autre du chœur, deux reliquaires contenant les reliques de 9 martyrs, ramenées des Catacombes romaines. Très rare. Retable du XVIe siècle. Beaux tableaux des XVIIe et XVIIIe siècles.

★ *Le parc animalier de l'Emprunt :* à la sortie de Souppes vers Nemours, sur la gauche. ☎ 01-64-29-76-55. Ouvert de 10 h à 19 h du 1er mai au 15 septembre, et le reste de l'année de 13 h 30 à 17 h 30. Se promener dans un sous-bois de 6 hectares traversé de ruisseaux parmi de gentils animaux, quoi de plus agréable ? Lapins, mulets, biches, paons et moutons vivent ici en quasi-liberté, et ne sont pas farouches. Prendre garde toutefois au jars belliqueux qui pourrait bien vous pincer les mollets. Une maison du terroir ouverte seulement l'après-midi propose une sélection de produits régionaux.

★ *L'abbaye de Cercanceaux :* à la sortie sud de la ville, à droite sur la RN7 en direction de Dordives. ☎ 01-60-55-55-58 ou 02-38-92-71-96. Ouverte de 10 h à 12 h et de 15 h à 17 h les mardi, mercredi et jeudi en juillet, août et septembre, et toute l'année sur rendez-vous. À cheval entre Seine-et-Marne et Loiret, cette abbaye, fondée en 1190 sous le nom de Sacra cella (*cella* voulant dire cabane de vigneron), n'est ouverte au public que depuis 1996. Cercanceaux est typiquement une abbaye cistercienne avec son cloître en quadrilatère au centre du monastère, le bâtiment des moines à l'est et au sud l'aile des services. L'église, elle, a été détruite pendant la Révolution. Sur plus de 11 hectares, on trouve aussi dans le domaine des granges, des bâtiments à vocation laborieuse et même une « fausse rivière ». Potager, vignes et jardins sont en réaménagement.

★ *La base de loisirs :* au sud de la ville. ☎ 01-64-29-72-89 ou 01-64-78-50-30. Ouverte en juillet et août, de 11 h à 19 h en semaine, à partir de 10 h le week-end. Jolie plagette sur le plan d'eau et vue reposante sur la rive opposée, qui rappelle quelque paysage sauvage du Canada, allez savoir pourquoi. Baignade, piscine, tennis, VTT, karting (☎ 01-64-28-11-32)... et affluence aux beaux jours.

À voir dans les environs

★ *ÉGREVILLE (77620)*

À 12 km à l'est par la D30, cet ancien bourg fut au Moyen Âge un important centre régional de commerce avant de donner naissance au compositeur Jules Massenet. Égreville est l'ancien siège d'une florissante industrie du fer à l'époque mérovingienne. Les foires et marchés qui se déroulaient ici avaient une grande renommée. Il en reste une imposante halle du XVIe siècle, à la charpente en châtaignier (pas de toiles d'araignées, donc !) qui repose sur 24 piliers de bois. Juste à côté, église remarquable pour son clo-

cher-porche monumental. Elle fut édifiée par Jean II d'Égreville en 1282 et reconstruite au XVᵉ après un incendie qui dévasta le bourg,
– L'avant-dernier samedi avant Noël, foire à la volaille grasse et concours de plumage.

Adresse utile

❚ *Office du tourisme :* 1, rue Saint-Martin. ☎ et fax : 01-64-29-21-66. Sur la place de l'Église. Installé dans une vieille maison à colombage entièrement restaurée. Ouvert en été tous les jours sauf le mardi de 9 h à 12 h et de 14 h à 19 h, le dimanche de 9 h à 12 h 30. En hiver, ouvert les lundi et samedi de 10 h à 12 h et de 15 h à 17 h 30, les mercredi et vendredi de 15 h à 17 h 30, le dimanche de 10 h à 12 h 30. Dépliants et infos sur le « pays », mais aussi miels du Gâtinais.

CHÂTEAU-LANDON (77570)

Un site à une quinzaine de kilomètres au sud de Nemours. Peu connu, ce petit bourg endormi est appelé parfois le « Rocamadour » du Gâtinais. Construit sur un éperon rocheux, entouré de remparts, il domine la jolie vallée du Fusain du haut de son abbaye du XIIᵉ siècle, Saint-Séverin. Plusieurs fois par an, au printemps, la ville revit son histoire et ses fêtes au fil de l'eau à travers des nocturnes et une journée médiévale très animée.

VALLÉE DU LOING

Comment s'y rendre ?

– *Par la route :* A6, sorties Nemours (puis suivre la D40), Courtenay ou Dordives (prendre la D62 pour Château-Landon).
– *Par le train :* ligne Paris-Lyon, direct (45 mn) ou avec changement à Montargis (1 h 30) ou Moret. Un train toutes les heures en moyenne. Attention : descendre à Souppes-sur-Loing. Là, prendre un taxi (4 km).
Variante (pour les très fauchés) : descendre à Nemours (même ligne S.N.C.F.) et prendre le bus (3 allers et retours en semaine, un seul le samedi, aucun le dimanche) ; compter 40 mn en plus.

Adresses utiles

❚ *Office du tourisme :* 6, route de Souppes. ☎ 01-64-29-38-08. Fermé le dimanche (seulement l'après-midi, à partir de mars) et le lundi. Ouvert du mardi au vendredi de 14 h à 18 h et le samedi de 9 h à 12 h et de 14 h à 18 h. Bonne documentation et produits du terroir.

■ *Mairie :* place de l'Hôtel-de-Ville. ☎ 01-60-55-50-20. Fax : 01-60-55-50-21.
🚉 *Gare de Souppes-sur-Loing :* renseignements, ☎ 08-36-35-35-35 (2,23 F la minute).

Où dormir ? Où manger ?

Seulement quelques hôtels et restos simples mais bien tenus. Pas de grandes adresses.

Bon marché

⬛ |●| *Auberge de la Ville Forte :* 9, rue de la Ville-Forte. ☎ 01-64-29-47-76. Fermée le dimanche soir et le vendredi soir, et du 24 décembre à début janvier. Riant petit troquet qui perpétue la nostalgie du franchouillard-nappe-à-carreaux-Front-Popu. Plat du jour affiché sur l'ardoise dehors. Formule rapide à 45 F. Menu à 57 F avec fromage et dessert, servi à tous les repas : un effort qui mérite d'être récompensé. Autre menu à 119 F. Forfait boisson à 20 F (kir, quart de vin et café). Chambres pour une ou deux personnes à 150 F, pour quatre à 250 F (en lits doubles), toutes avec douche et TV (w.-c. sur le palier). Demi-pension à 180 F.

Prix moyens

⬛ |●| *Le Chapeau Rouge :* 2, place du Marché. ☎ 01-64-29-30-52. Fax : 01-64-29-44-10. Ouvert 7 jours sur 7, toute l'année. Rénové et décoré dans un style rustique. Prix très raisonnables. 12 chambres pour deux deux de 150 à 240 F avec douche ou bains et w.c., téléphone, TV et Canal + dans chaque chambre. Menus à 62 F en semaine, 100, 105, 150 et 185 F le week-end. Menu-enfants à 40 F (offert pour deux menus « adultes » achetés).

|●| *Ferme Saint-André :* 37, rue Charles-de-Gaulle. ☎ 01-64-29-37-41. Fax : 01-64-29-47-28. Fermée le lundi, ainsi que de début janvier à début mars. À 500 m du centre-ville. Membre de l'Association des Produits du Terroir, Mme Defoix propose des paniers pique-nique à 240 F pour 4 personnes. On y trouve des produits frais et du terroir, du cidre local et de l'eau minérale, du pain de campagne, des meringues, toute la vaisselle nécessaire. Pour les paniers, réserver impérativement 48 h avant (cueillette oblige). Élevage de myocastors, variante chilienne du castor commun, que l'on peut visiter. Et comme ces bêbêtes se mangent, il y a aussi la version pâté que l'on retrouve dans les paniers pique-nique !

VALLÉE DU LOING

Où manger dans les environs ?

|●| *Restaurant La Truite :* chemin du Puits, 45680 Dordives. ☎ 02-38-92-77-17. Fermé du 15 octobre au 15 mars le dimanche soir et le lundi sauf jours fériés, le reste de l'année le lundi sauf jours fériés, et tout le mois de février. Au bord d'un étang (en fait une rivière qui prend sa source dans la propriété), en pleine campagne, une vaste salle avec baie vitrée et cheminée qui offre une chouette terrasse aux beaux jours. Un paradis pour les pêcheurs et les amateurs de poissons, puisqu'il y a même un parcours de pêche à la mouche. En tout cas ce resto sert des spécialités de poissons qui n'ont pas grand-chose à voir avec Schubert. Les truites sont pêchées tous les matins pour se retrouver cuites en papillote dans votre assiette. À moins que vous ne préféreriez un filet de sandre. En hiver, vous vous rabattrez sur des huîtres de chez *Gillardeau*, ou une bouillabaisse maison. Menus gastronomiques de 109 à 230 F. Pas de cartes de crédit.

À voir

★ *L'abbaye de Saint-Séverin :* abrite aujourd'hui une maison de retraite. L'enceinte est privée mais on peut quand même entrer si l'on reste discret (ça fait toujours de l'animation). Fondée en 545, l'abbaye que nous pouvons admirer aujourd'hui est le résultat d'une sédimentation architecturale. On peut voir la crypte romane dans la cour. Elle a été démontée et repose à droite, à côté des bâtiments administratifs. La chapelle est fermée à clé. Des groupes de touristes la font parfois ouvrir. Se renseigner au syndicat d'initiative. Elle renferme de très belles fresques qui proviennent de la crypte.

★ ***Les bords du Fusain :*** un petit chemin a été aménagé par les Amis de Château-Landon. Sur un circuit de 2 km, il permet de faire le tour du village et d'admirer ses monuments. Il commence sur la route de Dordives, en bas de la commune, à la roue du moulin.

★ Vue superbe sur la campagne environnante et les remparts depuis le ***belvédère*** de la place du Larry. Noter les maisons et monuments intégrés dans la ceinture de défense comme la ***tour*** ronde ***du Notaire,*** la ***tour Saint-Thugal,*** vestige d'une église romane, et l'imposante façade de l'abbaye Saint-Séverin.

★ ***L'église Notre-Dame :*** très bel exemple de transition entre le roman et le gothique. Le bas-côté nord appartient au Xe siècle, la nef remonte au XIe siècle, le chœur et le transept datent du milieu du XIIe siècle. Noter le portail à l'ouest (XIe siècle) dont, fait peu courant, la décoration a été reproduite au revers, à l'intérieur de l'église. Bénitier du XVe siècle. Le transept nord est décoré de quatre panneaux de bois représentant la vie de saint Séverin (XVIIe siècle). Clocher du XIIIe siècle (57 m de haut), aux trois étages ajourés avec fenêtres géminées, d'une élégance aérienne.

★ Sur la route de Montargis s'élève le clocher-porche de l'ancien ***prieuré de Saint-André*** (XIIe siècle).

TROYES ET LE SUD DE LA CHAMPAGNE
Troyes. Le Pays d'Othe. Le Chaourçois.
La Côte des Bars. Les Lacs de la Forêt d'Orient.

Au sud de la Champagne, l'Aube se déguste comme son nectar et se découvre à petites touches, tel Renoir qui aimait en peindre les paysages. Troyes d'abord, à visiter impérativement pour ses maisons à pans de bois, ses ruelles pavées, tout droit sorties du XVIe siècle. Un vrai bonheur ! Le Pays d'Othe, vallonné (point culminant : 300 m – on n'a pas dit montagneux !) et boisé, propice aux balades ; le Chaourçois aux trésors artistiques et gustatifs incomparables ; la Côte des Bars pour ses vignobles, dont le fameux rosé des Riceys. Et puis qui sait qu'un des parcs d'attractions les plus visités de France se trouve dans la vallée de l'Aube ? Quant à la région des Grands Lacs de la Forêt d'Orient, elle accueille tous les sports nautiques au cœur d'un parc naturel idéal à parcourir à pied, à vélo ou même à cheval. Un itinéraire historiquement très riche, doublé d'une rencontre avec une population d'une grande gentillesse.

TROYES (10 000)

Dire que Troyes est méconnu ressemble à un doux euphémisme. Pourtant à moins de 2 h de Paris, la capitale historique de la Champagne se révèle une des plus riches et étonnantes villes qui soient.

Épargnée par Attila au Ve siècle, protégée par les évêques jusqu'au Xe, récupérée, puis enrichie par les comtes de Champagne, pour finalement tomber dans le giron des rois de France au XIVe, Troyes n'en finit pas de dérouler son prestigieux passé. En 1524, un incendie ravage une grande partie de la ville, aussitôt reconstruite. C'est donc au cœur du XVIe siècle que nous transporte aujourd'hui la surprenante cité champenoise. Les ruelles pavées cheminent au cœur d'un vaste centre piétonnier, entre les maisons à pans de bois (ou colombage ; le plus grand ensemble qui subsiste de nos jours en France), les monuments religieux (cathédrale, basilique et églises) à qui l'étendue et la beauté des vitraux et des statues confèrent toute leur renommée. Et puis les musées, qui utilisent à merveille l'architecture locale pour rendre leur contenu si vivant. On découvre un patrimoine sans cesse mis en valeur.

Ainsi des trois phases de développement de la ville, on trouve encore traces. Le dynamisme commercial qui remonte aux foires du Moyen Âge, le rayonnement artistique et culturel grâce à l'école troyenne de sculpture du XVIe siècle, et enfin industriel avec le textile. Car n'oublions pas que Troyes s'est érigée en capitale de la bonneterie dès le XIXe siècle. Et, tandis que ses magasins d'usine, à la périphérie de la ville, perpétuent cette tradition, son centre, dynamisé par ses étudiants, arbore ses plus beaux atours et se languit de visiteurs trop occupés à faire des affaires.

Comment y aller ?

– **Par la route :** autoroute A5.
– **Par le train :** 10 trains par jour au départ de Paris-Gare de l'Est. Durée du trajet : 1 h 30. Renseignements S.N.C.F. : ☎ 08-36-35-35-35 (2,23 F la minute). Internet : www.sncf.fr.

SUD DE LA CHAMPAGNE

Adresses utiles

◻ *Office du tourisme :* 16, bd Carnot. ☎ 03-25-82-62-70. Fax : 03-25-73-06-81. En saison, ouvert tous les jours de 9 h à 18 h 30. Hors saison, ouvert du lundi au samedi de 9 h à 12 h 30 et de 14 h à 18 h 30. Nombreuses brochures bien faites. Indispensable plan de la ville. Peut se charger de la réservation d'hôtels (moyennant une commission de 10 %).

L'office du tourisme organise toute l'année des visites guidées de la ville, ainsi que les « Flâneries d'été » dans le vieux Troyes, tous les jours de début juillet à mi-septembre, et propose de suivre « Le Chemin des Bâtisseurs » de fin juin à fin août, les jeudi, vendredi et samedi soir de 22 h 30 à minuit. Gratuit. Il s'agit d'un itinéraire balisé de lanternes bleues conduisant dans trois églises : Saint-Urbain, Sainte-Madeleine et Saint-Pantaléon, chacune au style très caractéristique, racontées dans un spectacle son et lumière d'une dizaine de minutes à chaque fois. Chapeau pour cette initiative, ainsi que pour celle qui consiste à généraliser l'accueil dans les églises par du personnel de l'office du tourisme, qui peut ainsi répondre aux questions.

◻ *Autre bureau* dans le centre-ville : rue Mignard, face à l'église Saint-Jean. ☎ 03-25-73-36-88. Ouvert tous les jours, toute l'année, de 10 h à 12 h 30 et de 14 h à 18 h 30.

◻ *Comité Départemental du Tourisme :* 34, quai Dampierre. ☎ 03-25-42-50-92. Fax : 03-25-42-50-88. Ouvert du lundi au vendredi de 8 h 45 à 12 h et de 13 h 30 à 18 h. De juin à début septembre, ouverture supplémentaire le samedi de 10 h à 16 h.

■ *Conservation des musées :* renseignements, ☎ 03-25-76-21-60. Propose un billet combiné pour les musées d'Art moderne, de Saint-Loup, de Vauluisant, et pour l'Apothicairerie. Il s'obtient au guichet des musées. Compter 60 F sans durée limitée.

■ *Centre culturel :* à la *Maison du Boulanger*, 42, rue Paillot-de-Montabert. ☎ 03-25-43-55-00. Ouvert du lundi au vendredi de 9 h à 12 h et de 14 h à 18 h, le samedi de 10 h à 12 h et de 14 h à 17 h. Il centralise les manifestations culturelles de la région, édite trimestriellement un fascicule intitulé « Sorties » et organise des expositions de peintures, sculptures et photos (salle ouverte tous les jours sauf fériés de 15 h à 19 h).

■ *Marché des Halles :* le plus grand marché de Troyes a lieu tous les samedis matin sur la place du marché, au pied de l'église Saint-Rémy.

Où dormir ?

De bon marché à prix moyens

⌂ *Hôtel des Comtes de Champagne :* 56, rue de la Monnaie. ☎ 03-25-73-11-70. Fax : 03-25-73-06-02. Située dans une vieille rue du centre, à 300 m de l'église Saint-Jean, cette maison du XIIᵉ siècle abritait la banque des comtes de Champagne du temps de leur splendeur. Aujourd'hui, en dépit de ce riche héritage, la facture sait rester très douce. Jugez plutôt : la double avec lavabo et w.-c. (mais sans télé) coûte 140 F, et 270 F quand elle est dotée d'une salle de bains. Des murs épais, des boiseries du Grand Siècle, un charme troublant d'autrefois, un petit jardin d'hiver bien agréable. Les chambres nᵒˢ 1, 14, 15, 19, 24 et 27 sont spacieuses et calmes. Garage payant : 30 F. Excellent accueil. Une très bonne adresse.

⌂ *Hôtel Arlequin :* 50, rue de Turenne. ☎ 03-25-83-12-70. Fax : 03-25-83-12-99. À deux pas du secteur piétonnier, *L'Arlequin* a été rénové progressivement à l'image de ses propriétaires : dans un style convivial et chaleureux. Chaque chambre, assez spacieuse, possède une décoration et un charme uniques, un refus de la standardisation qui rend l'ensemble très vivant. On s'y sent un peu comme à la maison. Très bon accueil. La double avec douche est à 195 F, 230 F avec bains. Deux réductions intéressantes (qui ne se cumulent pas, bien entendu) : 10 % sur le prix de la chambre aux lecteurs du guide, et pour tous, une carte de fidélité avec la 7e nuit offerte. Pour ceux qui comptent faire des week-ends répétés dans la ville.

🛏 *Hôtel Splendid :* 44, bd Carnot. ☎ 03-25-73-08-52. Fax : 03-25-73-41-04. À l'angle du boulevard Carnot et de la rue Voltaire, non loin de la gare. L'hôtel n'a qu'un rapport très lointain avec son nom. Il est avant tout fonctionnel et peut dépanner les budgets serrés, à condition d'opter pour la chambre avec cabinet de toilette à 155 F (165 F sur cour). Éviter quoi qu'il en soit le côté boulevard, assez bruyant. Un confort certain pour les chambres à 230 F avec douche et w.-c. et 250 F avec bains.

Plus chic

🛏 *Le Royal :* 22, bd Carnot. ☎ 03-25-73-19-99. Fax : 03-25-73-47-85. On quitte la frénésie du boulevard pour se réfugier dans cet établissement au cadre chaud, tout en bois et au caractère protecteur. Les chambres ne dénotent pas : teintes boisées et double vitrage : avec douche et w.-c. à 350 F pour deux, 440 F avec bains et jusqu'à 550 F pour des sanitaires grand luxe (avec balnéo). Restaurant réputé. Menus à 119 et 165 F.

Beaucoup plus chic

🛏 *Le Champ des Oiseaux :* 20, rue Linard-Gontier. ☎ 03-25-80-58-50. Fax : 03-25-80-98-34. Derrière la cathédrale et le musée d'Art moderne chemine une ruelle pavée où se dressent deux splendides demeures à pans de bois datant des XVe et XVIe siècles. L'ensemble, merveilleusement transformé en hôtel de luxe par les propriétaires, recèle un charme fou : cour intérieure et petit jardin où l'on peut prendre son petit déjeuner, vastes chambres décorées avec un goût exquis (meubles anciens et tissus chaleureux) et deux suites inoubliables, élégamment nommées « La Suite Médiévale » et « Les Bengalis », avec poutres apparentes, fauteuils, bergères... Le raffinement est bien entendu proportionnel au prix. Pour une nuit d'exception, compter de 480 à 820 F (pour les plus luxueuses). Idéal pour ceux qui viennent fêter à Troyes un événement heureux ou pour les amoureux en quête d'un endroit romantique. Succès oblige, réserver longtemps à l'avance (des travaux d'agrandissement, avec de nouvelles chambres, sont prévus). Au fait, on oubliait de préciser que l'accueil était adorable. Un véritable coup de cœur, en somme (ah bon ?).

Où manger ?

Bon marché

🍴 *La Paninoteca :* 27, rue Paillot-de-Montabert. ☎ 03-25-73-91-34. Fermé le samedi midi et le dimanche. Bernardo a fait de sa petite enseigne une adresse incontournable chez la jeunesse troyenne. Les habitués, dithyrambiques, ne décollent pas et reviennent tant pour l'ambiance que pour la cuisine italienne, toutes deux entre les mains expertes du patron. Les *panini* dignes de ce nom remportent un vrai succès, quant aux sauces, au service de pâtes extraordinaires et de viandes succulentes (à moins que ça ne soit l'inverse), on en redemande. Les prix sont inversement proportionnels à la réputation : modérés. Pâtes autour de 45 F, paninis entre 20 et 30 F.

|●| *La Galtouze :* 82, rue Urbain-IV. ☎ 03-25-73-22-75. Ouvert tous les jours. Entrée assez discrète sur le flanc gauche de l'office du tourisme, à deux pas de l'église Saint-Jean. Y'a pas à dire, cette bâtisse du XVIIᵉ a de la classe! Trois salles, une au rez-de-chaussée et deux à l'étage, se drapent dans un décor chic, pas du tout guindé. La dernière salle du fond, avec sa belle cheminée en brique et bois, son nappage blanc et ses bougies, s'imprègne en soirée d'une atmosphère intimiste et feutrée. Dans la galtouze, une cuisine traditionnelle assez simple, servie copieusement et au rapport qualité-prix imbattable. Le menu à 58 F (tous les jours, midi et soir) affiche terrine de campagne, un plat (andouillette grillée aux herbes ou sauté de bœuf bourguignon), fromage ou dessert. Chapeau! Autres menus à 79 et 98 F. Bon accueil.

|●| *Pizzeria Giuseppino (Chez Pino) :* 26, rue Paillot-de-Montabert. ☎ 03-25-73-69-24. Fermé le dimanche soir, le lundi midi, deux semaines en août, à Noël et au Jour de l'An. Sinon, ouvert jusqu'à 2 h. Encore un resto italien, nous direz-vous, et qui ne fait pas dans le diététique. Et bien tant mieux! Celui-ci, plus classique dans ses choix, n'en est pas moins plébiscité par les jeunes du coin. Non seulement on y mange les meilleures pizzas de la ville, mais les relations privilégiées entre Pino et sa clientèle insufflent une atmosphère des plus conviviales à l'endroit. Prix doux.

|●| *Le Coin de la Pierre :* 34, rue Viardin. ☎ 03-25-73-58-44. Fermé le dimanche et une semaine en août. Dans une vieille maison à colombages du XVIᵉ siècle. L'entrée se fait par une petite cour intérieure sous un escalier qui grimpe en colimaçon. La salle rustique avec sa belle cheminée constitue un décor montagnard qui cadre finalement très bien avec une cuisine simple et roborative, à base de pommes de terre et fromage fondu. Spécialités de raclettes, tartiflettes, fondues, pierrades... Grande variété de salades copieuses de 39 à 48 F. Un

menu du jour à 60 F avec plat et dessert et une autre formule à 100 F. Une adresse pour ceux qui sont lassés des andouillettes. Clientèle d'habitués et ambiance sympa.

De prix moyens à plus chic

|●| *Au Jardin Gourmand :* 31, rue Paillot-de-Montabert. ☎ 03-25-73-36-13. Fermé le dimanche et le lundi midi, ainsi que les 2ᵉ et 3ᵉ semaines d'août. Petit resto au cœur de la vie animée de Troyes au décor coquet et intime. On y trouve une cour intérieure joliment fleurie, couverte et chauffée en hiver, et donnant sur un mur à pans de bois du XVIᵉ siècle restauré par le patron. Accueil excellent. Menu à 70 F à midi, sinon à 100 F. Mais ce resto se distingue surtout par ses andouillettes artisanales cuisinées de 10 façons différentes. Un passage obligé pour les amateurs d'andouillettes et un de nos coups de cœur à Troyes.

|●| *L'Étoile :* 9-11, rue Pithou. ☎ 03-25-73-12-65. Ouvert du lundi au samedi, uniquement le midi. Fermé en août et entre Noël et le Jour de l'An. Un peu en retrait de la rue pavée. Le vieux bistrot de quartier comme on les aime, tenu par un patron à la verve légendaire. Un bar rutilant, visiblement l'objet de toutes les attentions, nourri et poli par des milliers de coudes usés. Il faut dire que les habitués viennent depuis des lustres écluser un petit jaune à l'heure de l'apéro, avant de s'attabler autour de la spécialité maison : la tête de veau. Mais quelle tête de veau! Est-ce pour cette raison qu'on y retrouve tous les notables du coin? À 70 F, c'est un must! Si bien qu'il faut réserver son bout de table longtemps à l'avance : même le menu à 90 F, avec entrée, andouillette, fromage et dessert, récolte tous les suffrages. Très agréable terrasse aux beaux jours.

|●| *Le Café de Paris :* 63, rue du Général-de-Gaulle. ☎ 03-25-73-08-30. Fermé les dimanche et lundi soir, ainsi que les trois premières semaines d'août. Attenant à l'église de la Madeleine. Une des bonnes tables de la ville : 115 F le premier

menu, puis 150 F (menu déjeuner affaires), 159 et 230 F. Une cuisine de chef assez copieuse (pâté de lapin, croustillant de cabillaud au fumet de crustacés, fricassée d'escargots aux pleurotes, filet de canard grillé au cidre), servie dans un cadre chaleureux. Connu des Troyens, ce resto du midi est aussi idéal pour un dîner aux chandelles. Autrement dit, une adresse à géométrie variable.

Où dormir ? Où manger dans les environs ?

🛏 *Auberge de Jeunesse :* chemin de Sainte-Scholastique, à Rosières-près-Troyes. ☎ 03-25-82-00-65. Fax : 03-25-72-93-78. De Troyes, prendre le bus n° 6 de la place des Halles (derrière la mairie) jusqu'au terminus. Rosières est à 6 km de Troyes. À l'emplacement d'un prieuré du XIIe siècle, dont subsistent une chapelle et un parloir entouré de douves. Bien que les bâtiments de l'auberge soient modernes, ils ne déparent pas le lieu de son charme : parc boisé de 2 ha, grand jardin, rideaux d'arbres... et tout ça loin du bruit de la ville. 104 lits répartis en chambres de 6 places avec une salle de bains à partager avec la chambre voisine. 65 F par personne pour la 1re nuit, 50 F les suivantes. Cuisine à disposition ou repas (sur réservation) à 40 F.

🛏 |●| *La Gentilhommière :* 180, route d'Auxerre, à Saint-André-Les-Vergers. ☎ 03-25-49-35-64. Prendre la N77, en direction d'Auxerre, moins de 1 km après le rond-point de Saint-André. Fermé le dimanche soir et le mercredi, ainsi que la 3e semaine d'août et la 2e semaine après les fêtes du Nouvel An. Une maison moderne qui renferme une adresse plutôt chic. Cadre, service et cuisine raffinés : une petite soupe de moules au safran pour se mettre en bouche avec Mozart en musique d'ambiance. Une délicieuse cuisine qui semble ravir les hommes d'affaires et les gens du coin. Pour les amateurs d'andouillette, celle du chef, coupée en petits morceaux et coiffée de chaource fondu, est un vrai régal. Menus à 100, 110, 150 et 200 F.

Où boire un verre ?

Centre névralgique et étudiant, la rue Paillot-de-Montabert aligne quelques-uns des bars les plus branchés du moment (les restos ne sont pas mal non plus, se reporter ci-dessus à la rubrique « Où manger ? »). Et aux beaux jours l'ambiance s'installe en terrasse jusqu'à l'aube.

🍸 *Le Bougnat des Pouilles :* 29, rue Paillot-de-Montabert. ☎ 03-25-73-59-85. Ouvert de 18 h à 3 h. Fermé les dimanche et lundi, deux semaines en août et une semaine fin décembre. On mange une pizza chez *Pino* (voir plus haut) et on vient boire un coup dans le bar d'en face. Dépaysement minime : c'est la même famille. On y retrouve la même atmosphère animée et convivialo-intello-cool. Expos de peinture, sculpture ou photos et concerts de jazz et blues tous les jeudis soir. 🍸 *Le Tricasse :* 16, rue Paillot-Montabert, à l'angle de la rue Charbonnet. ☎ 03-25-73-14-80. Ouvert tous les soirs jusqu'à 3 h. Fermé le dimanche. Un long bar qui accueille certains soirs des groupes techno. Ambiance assez BC-BG. 🍸 *Le Montabert :* 24, rue Paillot-de-Montabert. ☎ 03-25-73-58-04. Entre *Le Bougnat* et *Le Tricasse*, très sympa avec une clientèle déjà un peu plus âgée.

Salons de thé

Victoria : 36, rue du Général-Saussier. ☎ 03-25-73-37-95. Ouvert de 10 h à 19 h. Fermé les dimanche et lundi matin. Un des meilleurs salons de thé de la ville. On y sert du thé *Mariage Frères*, une référence parmi les connaisseurs. Également de bonnes pâtisseries et du café. Espérons que les nouveaux proprios maintiendront la qualité, qui a fait la réputation de cette adresse.

Le Potron Minet : cour du Mortier-d'Or. Ouvert de 7 h 30 à 19 h. Fermé le lundi. Très bons petits encas sucrés et salés, dans une cour Renaissance à pans de bois, qui mérite une halte à elle toute seule.

Achats

– **Charcuterie Thierry :** à Sainte-Savine. Suivre la N60 direction Sens, Sainte-Savine jouxte Troyes. Un des meilleurs charcutiers de la région, qui prépare une andouillette extraordinaire. Tous les produits sont d'une grande qualité.

À voir

★ **La cathédrale Saint-Pierre-et-Saint-Paul :** au nord-est de la ville. Ouverte tous les jours de 10 h à 12 h et de 14 h à 17 h. Construite à l'emplacement d'une église au début du XIIIe siècle, la cathédrale n'est achevée qu'au XVIIe siècle, enfin, pas tout à fait puisque la tour de droite ne fut jamais terminée faute de moyens (on sortait de la guerre de Cent Ans). Il s'agit toutefois d'une des plus imposantes du pays qui, malgré une édification sur plusieurs siècles, garde une remarquable unité. Il est dit en effet que chaque architecte respecta le principe du « nombre d'or », soit une parfaite harmonie des proportions, du chœur à la nef.

C'est aussi à ses *vitraux* que le monument doit toute son originalité. Imaginez : 1 500 m² de verrières qui résument à elles seules l'histoire du vitrail du XIIIe au XIXe siècle. Tout petit récapitulatif : dans le chœur, les vitraux sont d'époque gothique (XIIIe siècle) et se caractérisent par leurs teintes chatoyantes. Les œuvres plus limpides et aussi plus froides situées dans la nef proche du transept datent du XIVe siècle. Deux siècles plus tard, en pleine Renaissance, le verre peint fait fureur et orne le haut de la façade. On assiste alors à la composition de véritables tableaux. Alors que le vitrail se dégage peu à peu de ses caractéristiques originelles, Linard Gontier offre au XVIIe siècle un sursaut à un art en pleine décadence, où domine désormais le verre blanc. Allez faire un tour dans la 4e chapelle, côté gauche. Elle abrite une des plus célèbres verrières de la cathédrale : le *Pressoir mystique,* qui représente Jésus étendu sous le pressoir et dont le sang emplit un calice. La chronologie se poursuit vers le chœur, sur la droite où sont posés des vitraux du XVIIIe siècle, tandis que la rosace colorée du transept droit date du XIXe siècle.

Noter également un très beau *triforium* qui ajoute à la clarté de l'édifice. Les orgues monumentales proviennent de l'abbaye de Clairvaux (voir plus loin ce chapitre). Juste après l'accueil, sur la droite en entrant, jetez un œil au meuble sombre. Il s'agit d'une chaire montée sur roulettes ! L'orateur pouvait ainsi se déplacer dans la cathédrale et se rapprocher de ses fidèles, s'ils étaient peu nombreux.

Quant à ce qui reste du *trésor* religieux, en grande partie pillé pendant la

Révolution, il a trouvé refuge dans une salle voûtée du XIIIe siècle de la cathédrale, que l'on peut visiter.

★ **Le musée d'Art moderne :** place Saint-Pierre. ☎ 03-25-76-26-80. Ouvert de 11 h à 18 h. Fermé le mardi et les jours fériés. Entrée payante. Réductions étudiants et moins de 18 ans. À droite de la cathédrale, le musée est aménagé dans l'ancien palais épiscopal de la ville. Il fut créé grâce à la donation d'un gros industriel troyen, amateur et collectionneur de peintures, sculptures, verreries, ami de Derain (dont les œuvres articulent le musée) et de Marinot (passé maître dans le travail du verre après s'être essayé à celui de la couleur).

Les œuvres se découvrent par ordre chronologique de 1850 à 1950 : Millet, Courbet et Daumier présagent d'un bouleversement dans l'art pictural, tandis que les fauves font leur apparition au tournant du siècle avec Derain, Vlaminck et Braque. Cette collection témoigne avant tout d'une époque.

À l'étage, les statues africaines et océaniennes dévoilent la source d'inspiration d'artistes comme Picasso ou Derain, dont on découvre l'ensemble des sculptures et leurs influences. Au fil des salles, des œuvres moins connues de La Fresnaye, Moreau ou Lasne, qui s'intègrent dans un décor parfois contrasté : ici une cheminée monumentale en bois et brique du XVIIe siècle, là un escalier en métal plutôt de style Art nouveau.

Sous les combles, des expositions temporaires de dessins de maîtres tels Derain (encore lui), mais aussi Picasso, Matisse ou Georges Kars.

★ **La Maison de l'Outil et de la Pensée ouvrière :** 7, rue de la Trinité. ☎ 03-25-73-28-26. Ouverte du lundi au vendredi de 9 h à 13 h et de 14 h à 18 h 30, les week-ends et jours fériés de 10 h à 13 h et de 14 h à 18 h. Entrée payante. Réductions étudiants. Petit guide fourni à l'entrée.

Construit en 1550, ce remarquable hôtel de style Renaissance fut tour à tour entrepôt, hôpital de la Trinité (par volonté testamentaire de Jean de Mauroy), puis manufacture où les enfants y apprenaient la bonneterie avant de fermer à la Révolution faute de matière première (le coton). L'hôtel de Mauroy connut ensuite diverses fonctions (salle de bal, estaminet, caserne, journal...) jusqu'à ce que la ville de Troyes en confie la restauration aux Compagnons du Devoir et que la *Maison de l'Outil et de la Pensée ouvrière* en occupe les murs.

De la cour, on peut apprécier les différents styles architecturaux de l'époque : le damier champenois, les pans de bois et même des colonnes corinthiennes (!).

L'intérieur rassemble une collection unique d'outils dits « de façonnage à main » patiemment réunis par un jésuite, qui avait fait du travail manuel et du « devenir ouvrier » (tant technologique que spirituel) son credo. L'ouvrier établit un lien avec son outil : certains sont gravés, sculptés, personnalisés, repensés pour mieux servir et s'adapter à leur utilisation. Ils ont été polis, vernis, et l'odeur de cire frappe dès l'arrivée. L'outil devient lui-même œuvre d'art et est d'ailleurs présenté comme tel grâce à une muséographie tout à fait originale, capable de mettre en valeur une série de truelles et les faire ressembler à autant de notes de musique ou d'oiseaux suspendus en vol. Ah ! les pouvoirs de l'imagination. Les outils du bois, du fer, du cuir, de la pierre datent du XVIIIe siècle. L'harmonie des formes et des volumes donne toute sa dimension à la fois au contenant et au contenu. L'un met l'autre en valeur.

L'outil prolonge la pensée, il la concrétise, lui donne vie. Donner forme à la pensée, c'est créer. La salle des chefs-d'œuvre prouve, s'il le fallait encore, que l'ouvrier, dont les Compagnons du Devoir sont une des plus nobles représentations, est un véritable artiste.

À voir également, une bibliothèque de littérature ouvrière de près de 20 000 volumes.

★ **L'Apothicairerie (musée de la Pharmacie) :** à l'hôtel-Dieu, quai des

Comtes-de-Champagne. ☎ 03-25-80-98-97. Ouvert les mercredi, samedi et dimanche, de 14 h à 18 h (se renseigner pour les horaires d'été). Entrée payante. Réduction étudiants et moins de 18 ans. Les murs jouxtant l'université se prêtent à une reconstitution originale, celle d'une pharmacie du XVIIIᵉ siècle où s'empilent plus de 300 boîtes médicinales en bois peint, absolument magnifiques. Sont également présentés des faïences, des pichets en étain, des instruments, notamment des mortiers en bronze, etc.

★ *Le musée Saint-Loup :* 1, rue Chrestie-de-Troyes. ☎ 03-25-76-21-68. Ouvert tous les jours de 10 h à 12 h et de 14 h à 18 h. Fermé le mardi et les jours fériés. Fléché depuis la rue de la Cité. L'ancienne abbaye de Saint-Loup abrite aujourd'hui le *musée d'Histoire naturelle, des Beaux-Arts et d'Archéologie*.

Les premières peintures qui ont permis de monter ce musée proviennent de saisies révolutionnaires (dur quand même pour les nobles et le clergé !). Le rez-de-chaussée est consacré à l'histoire naturelle et à une collection intéressante d'animaux et de minéraux.

Les anciennes caves de l'abbaye servent de cadre à l'exposition sur l'archéologie régionale de la Préhistoire aux Mérovingiens, en passant par l'époque gallo-romaine. À noter un beau mobilier funéraire du Vᵉ siècle, présenté comme le trésor de Pouans-les-Vallées, mis au jour en 1842, ainsi qu'un bel Apollon. Pas de méprise, il s'agit d'un remarquable bronze gallo-romain.

À l'étage, une série de peintures françaises du XIVᵉ au XIXᵉ siècle (le Troyen Mignard, Greuze, Watteau, Fragonard) et quelques toiles flamandes du XVIIᵉ (Rubens, Van Dyck, Giorgio Vasari...).

★ *La basilique Saint-Urbain :* pratiquement en face de la rue Gambey. Ouverte tous les jours de 10 h à 12 h et de 14 h à 17 h. Jacques Pantaléon, originaire de Troyes, devint pape en 1261 sous le nom d'Urbain IV. Il fit construire la basilique à l'emplacement de la boutique de son père, un savetier. Les travaux durèrent plus d'un siècle, freinés au début par un bastion de religieuses en furie, jugeant inadmissible de voir ériger un monument sur leur territoire, tout sacré fût-il ! Elles envahirent et saccagèrent le chantier à deux reprises, dispersèrent les outils, firent fuir les ouvriers et finirent par souffleter l'archevêque de passage. Quel tempérament !

L'édifice n'en est pas moins considéré aujourd'hui comme un chef-d'œuvre de l'art gothique, un aboutissement dans la recherche de légèreté architecturale et de clarté intérieure. Dans ce souci, les vitraux occupent là encore une large place. Dans la chapelle située à droite du chœur, noter un bel exemple de l'école troyenne de sculpture avec *La Vierge aux Raisins*.

Remarquer les gargouilles à tête humaine sur les parois extérieures de la basilique. Preuve qu'on se moquait déjà allégrement des pouvoirs politique et religieux.

★ *L'église Sainte-Madeleine :* face à la ruelle des Chats, la rue de la Madeleine conduit à l'église du même nom. Ouverte tous les jours de 10 h à 12 h et de 14 h à 17 h. Les premiers murs furent élevés à la fin du XIIᵉ siècle, puis aux XVᵉ et XVIᵉ siècles.

Le jubé, comme suspendu entre le chœur et la nef, fut édifié par Jean Gailde, un architecte flamand, dans un style gothique flamboyant, orné de quelques touches Renaissance. Alors que tout le monde restait convaincu de la fragilité de l'œuvre, l'artiste demanda par voie testamentaire à se faire enterrer sous le jubé avec l'épitaphe suivante : « Je ne crains pas que le ciel me tombe sur la tête ». Enfin, il ne se mouillait pas beaucoup ! Toujours est-il que le jubé est encore debout, tandis que la tombe de l'artiste fut enlevée au moment de rénovations de l'église. Ironie du sort.

Il faut attendre la fin du XVIᵉ siècle pour que s'imposent les chaires, symboles du rapprochement entre l'Église et le peuple, et que disparaissent peu à peu les jubés. En contournant l'escalier, on peut apercevoir des barres de fer plantées dans la pierre, ancêtre du béton armé en quelque sorte, sauf qu'il s'agit d'une technique cistercienne des XIe et XIIe siècles.

Non loin du jubé sur la droite, une sculpture de l'école troyenne représentant *Sainte Marthe*, sœur de sainte Madeleine, habillée en Champenoise.

Magnifiques *vitraux* dans le chœur, autant de témoignages historiques, culturels et sociaux sur la vie dans la région (les foires, les festivités, les petits commerçants). Également une représentation de la *Genèse*. Pour en admirer toute la beauté et la luminosité, mieux vaut venir tôt le matin lorsque les rayons du soleil illuminent les verrières.

Petit trek urbain

★ Depuis la cathédrale, rejoindre la **rue de la Cité**, ancienne voie romaine qui reliait Milan à Boulogne-sur-Mer et qui traversait la voie Agrippa en direction de Trêves. Augusta Bona (ancien nom de la ville) s'érigeait alors en véritable nœud commercial. Descendre quelques mètres pour parvenir à la rue du Paon, sur la droite, où l'on peut voir un bel exemple de maison à damier champenois en brique et craie, ainsi que des hôtels particuliers. Au Moyen Âge, les poutres veinant les murs étaient peintes. C'est pourquoi on trouve aujourd'hui des demeures restaurées dans les coloris de l'époque et plus seulement en vernis sombre.

★ La rue de la Cité débouche ensuite sur le **quai des Comtes-de-Champagne** et le **quai Dampierre** qui étreignent le canal. La maison à pans de bois qui forme l'angle du quai Dampierre et de la rue Georges-Clemenceau abritait le mécanisme qui servait à faire pivoter le pont, régulant ainsi la navigation fluviale.

★ On peut poursuivre jusqu'à la **rue Gambey**, typique du XVe siècle (l'incendie de 1524 n'atteignit pas cette partie de la ville). La terre apparaît largement entre les pavés, un sillon creuse la rue en son centre, en guise d'égout. D'où l'expression « tenir le haut du pavé » : les riches devaient relever leurs habits longs et délicats et se tenir sur le bord le plus élevé du pavé pentu, en rasant les murs, pour éviter les ordures jetées du haut des fenêtres au milieu de la rue.

Remarquer les poutres qui encadrent le passage : saint Jean-Baptiste est sculpté à gauche. Également de belles maisons à encorbellement.

★ Rejoindre ensuite la rue Pithou, parallèle à la rue Gambey. Elle débouche sur la **halle Baltard**, qui abrite aujourd'hui des commerces, dominée par l'**église Saint-Rémy** à l'étonnante flèche hélicoïdale, tout à fait unique. La forme vrillée du clocher laisse glisser le vent sur les parois, sans heurts. Ce qui lui permet de résister aux nombreuses tempêtes.

En revenant sur la rue Georges-Clemenceau, on arrive à l'hôtel de ville, de style Louis XIII, avec Minerve déesse de la guerre en façade et la devise révolutionnaire *Unité, indivisibilité de la république, liberté, égalité, fraternité ou la mort*.

★ On emprunte la **rue Champeaux**, magnifique alignement de maisons à pans de bois du XVIe siècle. Face à la rue Paillot-de-Montabert, la **tourelle de l'Orfèvre** fut le théâtre de la signature du traité de Troyes, par lequel Isabeau de Bavière déshérita le dauphin en offrant sa fille Catherine de France (et par là même le pays tout entier) à Henri V d'Angleterre. Le mariage fut célébré en 1420 en l'église Saint-Jean, permettant ainsi à l'Angleterre de régenter le royaume jusqu'à la mort de son souverain. La demeure est supportée par des cariatides et un atlante, tandis que la tourelle cache en fait un escalier.

Au 22, rue Champeaux, une intéressante **maison en galandage** du XVIe siècle. La brique et le bois remplacent le torchis. Décoration gothique.

Plus loin, sur la droite, l'hôtel *Juvenal des Ursins*, un hôtel particulier au très bel oratoire Renaissance.

★ La *ruelle des Chats* perce juste après sur la droite. Son nom vient de son étroitesse qui permettait aux chats de sauter très facilement d'un toit à l'autre, des deux côtés de la rue. La herse, à l'entrée, en fermait jadis le passage.

★ De la ruelle des chats, on pénètre sur la gauche dans la *cour du Mortier d'Or* où l'on pilait autrefois la fausse monnaie. Une partie de la cour, et notamment la loggia, a été récemment restaurée. Ainsi, de chaque côté du porche (côté ruelle), on remarque la poutre droite d'époque Renaissance, tandis que celle de gauche est contemporaine. Au-dessus fut sculptée une *Annonciation*.

★ En repassant par la ruelle des Chats, on rejoint la rue Charbonnet et l'*hôtel Marisy*, construit au XVIe siècle par un Italien. Les grilles de protection posées aux fenêtres s'appellent des cabars. Elles furent utilisées par la suite pour tous les lieux fermés, comme les estaminets, ce qui donna « cabarets ». Belle tourelle d'angle.

★ Parallèle à la rue Clemenceau, la rue *Émile-Zola* constitue l'artère commerciale de Troyes. Vitrine du dynamisme de la ville, elle aligne de nombreuses maisons restaurées ou sur le point de l'être. Les habitants ne se targuent-ils pas de posséder le plus beau *Prisunic* de France (sans faire de pub, il est vrai que le bâtiment en jette) ? Elle distribue des rues et ruelles tout à fait intéressantes.

★ Ainsi la rue de Turenne conduit à l'*église Saint-Pantaléon*, remarquable pour sa statuaire représentative de l'école troyenne du XVIe siècle. Une grande partie des sculptures ont été réalisées par Dominique Florentin. À noter également une belle voûte en bois du XVIIe.

★ Face à l'église, l'*hôtel de Vauluisant*, à la façade Renaissance, abrite deux musées :le *Musée historique de Troyes et de la Champagne* et le *musée de la Bonneterie* : ☎ 03-25-42-33-33 (mairie). Ouverts du mercredi au dimanche de 10 h à 12 h et de 14 h à 18 h. Le premier retrace l'évolution de la ville et surtout celui de la sculpture et son apogée au XVIe siècle (pour les mordus). Le second rappelle l'histoire de la bonneterie, de l'Antiquité à nos jours et dont Troyes s'est fait capitale. Reconstitution d'un atelier de bonnetier au XIXe, exposition de métiers, etc. Pour ceux qui veulent absolument s'imprégner de la culture locale.

★ Faire un petit détour par la *rue François-Gentil*, parallèle à la rue de Vauluisant. L'aborder de préférence par la rue Guivet en raison de sa pente (sympa, on pense à vos pauvres mollets!). Ses habitations ont été entièrement restaurées d'un côté et contrastent avec un vis-à-vis très moderne. Cette rue pavée, fleurie et verdoyante est un véritable havre de paix. Revenir ensuite vers la rue Émile-Zola, qui dessert la rue de la Trinité. Elle mène à la *Maison de l'Outil et de la Pensée ouvrière* (voir plus haut).

★ Plus loin, la *rue Larivey*, bordée de maisons recouvertes d'essentes de châtaignier, sortes de tuiles en bois qui prennent une couleur grise avec les intempéries et protègent les pans de bois. Privilège des riches propriétaires ! Parallèlement à la rue Larivey, la *rue de la Montée-aux-Changes* arbore également de très belles demeures à pans de bois.

Les magasins d'usine

Fidèle à son statut de capitale de la bonneterie, des magasins d'usine se sont ouverts à Troyes au début des années 90 à la fois pour répondre à une demande croissante et pour renforcer un secteur en crise. Il s'agit d'invendus, de fins de série, de surstocks de grandes marques à écouler. Les articles sont censés coûter 30 % moins cher qu'en boutiques.

Il existe deux grands centres situés à la périphérie de la ville : *Marques Avenue* à Saint-Julien-Les-Villas et *Mc Arthur Glen* à Pont-Sainte-Marie.

Renseignements pratiques

– Les deux principaux centres sont ouverts jusqu'à 19 h, le lundi à partir de 14 h, du mardi au vendredi à partir de 10 h et le samedi dès 9 h 30.
– De Troyes, en voiture, suivre direction Nancy pour Mc Arthur Glen et direction Dijon pour Marques Avenue.
En bus, départs fréquents de la station centrale de bus, place du Marché (près de la halle Baltard, dans le centre-ville). Emprunter la ligne 1 pour Mc Arthur Glen à destination de Pont-Sainte-Marie ; la ligne 2 pour Marques Avenue, vers Saint-Julien-les-Villas.
– Informations :
● *Mc Arthur Glen :* ☎ 03-25-70-47-10.
● *Marques Avenue :* ☎ 03-25-82-00-72. Site : www.marquesavenue.com.

★ MARQUES AVENUE

Il s'agit de 5 bâtiments indépendants (style hangar), situés côté gauche, en bordure et derrière le boulevard de Dijon. Ils sont consacrés à la mode, et l'un d'eux placé 800 m avant (venant de Troyes) est dédié à la maison.
■ Parmi les marques représentées, citons : *Caroll, Catimini, Dim, Creeks, Manoukian, Salamander, Armand Thiery, Blanc-Bleu, Courir, Cyrillus, Reebook, Arthur, Naf Naf, Babygro, Villeroy et Boch, Cristallerie de Lorraine...*

★ MC ARTHUR GLEN

Sa conception architecturale plus réjouissante, un peu « parc-d'attraction-américain » tout de même, accueille entre autres :
■ *Ralph Lauren, Guess, Jacqueline Riu, Calvin Klein, Maroquinerie Stock, Olympia...*

★ Après le rond-point, le **Centre Marques City** regroupe plusieurs entrepôts qui concentrent eux aussi des articles de déstockage comme Adidas. Tandis qu'à Troyes, *l'espace Belgrand*, rue Belgrand (à l'angle du bd du 14-Juillet), abrite quelques marques comme *Rodier* ou de *Fursac*.

Conseils

... Bref pour tous les goûts, pas forcément pour toutes les bourses. D'abord, parce qu'il s'agit de grandes marques, souvent chères. Et puis, dans ces temples de la consommation, la tentation est d'autant plus grande qu'on est persuadé de faire des affaires. Enfin, parce qu'on ne fait justement pas toujours des affaires. Tous les prix ne sont pas intéressants. Sous couvert de magasins d'usine, on trouve des enseignes présentes uniquement dans l'espoir de profiter de l'attraction exercée par d'autres marques.
En période de soldes, on peut toutefois vraiment dénicher les perles rares... quand on ne vous ressort pas les collections de grand-mamie ou que les prix ne sont pas augmentés au préalable, pour être mieux baissés. Mais ça, c'est comme partout, ma bonne dame !
Soyez donc vigilants et partez en ayant déjà une idée des prix boutiques.

– *LE PAYS D'OTHE* –

Paysage verdoyant et vallonné, le Pays d'Othe fut longtemps considéré comme une petite Normandie. Sans doute en raison du contraste marqué avec la plaine de Troyes (Othe signifie forêt en langue d'oïl, alors!), mais aussi pour le nombre de pommiers qui couvraient jadis le pays et le flot de cidre qui en (dé)coulait. Aujourd'hui, la terre fertile épargnée par la forêt ressemble plutôt à un vaste champ de céréales. La région est aussi réputée pour ses randonnées et ses G.R. (chemins de Grandes Randonnées) qui la traversent.

MESSON (10190)

Ce hameau à 12 km à l'ouest de Troyes constitue une bonne petite halte culinaire à l'entrée du Pays d'Othe.

Où dormir? Où manger?

🛏 🍽 *Ferme-Auberge de la Gray'Othe :* à Messon. ☎ 03-25-70-31-12. Fax : 03-25-70-37-03. À environ 12 km de Troyes par la N60 direction Sens, tournez ensuite à gauche vers Messon par la D83. Fermé le dimanche soir et la première quinzaine de janvier. Au centre du village, dans un immense corps de ferme gravillonné. Arlette et Daniel ont trois petites salles agréables de 15, 30 et 60 couverts, où ils proposent quatre menus de 95 à 190 F. À 95 F, mousse de foies de volailles ou pâté de lapin aux noisettes ou tourte à la fondue de champignons, coq au vin ou au cidre ou lapin au cidre ou poulette à l'estragon, fromage, puis dessert « pays d'Othe » ou tarte maison. À 190 F, il vaut mieux avoir jeûné depuis la veille! Jugez-en : deux entrées (avec foie gras de la ferme ou saumon fumé, entre autres), truite en papillote, canard au champagne ou pintade au chou farci, soufflé aux champignons, salade, fromage et dessert. À côté de la ferme, dans leur maison, ils offrent 5 chambres d'hôte avec sanitaires privés, à 240 F pour deux, petit déjeuner inclus. Et aussi, un gîte rural pour 6 personnes, à 575 F le week-end et autour de 1 200 F la semaine (plus le chauffage en hiver). Vente de produits de la ferme et du terroir. Accueil convivial.

SUD DE LA CHAMPAGNE

VILLEMAUR-SUR-VANNE

N'ayons pas peur des mots. Férus de tourisme religieux ou non, amis routards, sachez-le : ce village recèle un trésor caché, son église, et plus particulièrement son jubé en bois. Voici un des plus beaux qui soient, d'autant que la plupart de ces meubles ont disparu vers la fin du XVIe siècle, remplacés par les chaires. Quand on vous disait que ça valait le coup!

À voir

★ *La collégiale Notre-Dame :* ouverte tous les jours sur demande sauf en janvier et février. S'adresser à Jeannine Velut qui peut effectuer une passionnante visite guidée de... 2 h. ☎ 03-25-40-55-22. Ancienne collégiale construite à l'emplacement de la chapelle du château au XIIe siècle et lieu de pèlerinage, l'église abritait les reliques d'un saint guérisseur. Saint Flavit (c'est son nom et ça ne s'invente pas) avait guéri, par imposition des mains, le fils de Clothaire II, Dagobert, victime de la lèpre.

Villemaur devint depuis cet épisode un lieu de passage pour les rois de France. Notamment Louis XIV qui, en route pour pacifier la Franche-Comté, fit une halte pieuse dans l'église. C'est pourquoi la magnifique voûte en châtaignier est ornée d'un soleil, à l'origine doré à l'or fin.

Passons au jubé, d'autant plus remarquable qu'il est complet. Il se compose d'un chancel (une clôture de chœur), surmonté d'une tribune, le tout couronné de la *Crucifixion*. Le meuble, en cœur de chêne (ce qui explique sa conservation), avait pour but de séparer le chœur de la nef, le peuple se tenant dans la nef, le clergé et les nobles dans le chœur. Un escalier permet d'accéder à la tribune où se tenait le prêtre pour le chant et le prêche.

Le jubé, finement sculpté, représente, côté nef, la Passion du Christ, et la vie de la Vierge côté chœur. Il fut réalisé par deux Compagnons du Devoir. Ceux-ci, pour devenir maîtres, devaient accomplir un chef-d'œuvre. Sa plus belle expression se trouve sans doute dans le travail de la sculpture. Les personnages sont en rond de bosse, c'est-à-dire sculptés tout autour, et apparaissent donc en relief. Toujours côté chœur, admirer la finesse des mains, des doigts jusqu'à l'extrémité des ongles. Sur chaque panneau, on devine la perspective. Alors que la plupart des jubés ont disparu pour faciliter l'accès à l'autel, on se demande comment celui-ci a pu traverser les guerres de Religion, la Révolution, etc. On suppose que le jubé fut épargné par respect pour les ancêtres, les descendants vivant toujours dans la région au XVIIIe siècle.

Aujourd'hui, malgré son classement aux Monuments historiques, l'église s'étiole, les murs se fissurent. Trop de petits villages souffrent d'une insuffisance de moyens pour entreprendre les travaux nécessaires à la sauvegarde des édifices. Petite annonce : village de Villemaur-sur-Vanne recherche mécènes désespérément. Urgent.

Où dormir ? Où manger dans les environs ?

🛏 ℐ◉ℐ *Chambres d'hôte chez Nelly et Daniel Fandard-Schmite :* 7, rue de l'Ancienne-Gare, 10160 Vulaines. ☎ 03-25-40-80-99. À 8 km de Villemaur-sur-Vanne en direction de Sens sur la N60. Prendre ensuite la D64 vers Saint-Florentin, c'est fléché. À l'écart de la nationale et donc au calme, jolie maison mi-brique, mi-crépi, qui était à l'origine l'ancien hôtel de la gare aujourd'hui désaffectée (plus de problème de bruit). 5 chambres très agréables et décorées avec goût. Sanitaires privés. Compter de 200 F (pour la plus petite) à 260 F pour deux, petit déjeuner compris (jus de fruits, yaourt, confitures maison, plein de sortes de pains, viennoiseries et gâteaux maison). Belle salle à manger qui sent bon la cire et l'ambiance des maisons d'autrefois, avec un superbe

piano trois quarts de queue accordé pour dégourdir les doigts des mélomanes. Pas de table d'hôte, mais un coin-cuisine à disposition. Nelly est une hôtesse souriante et agréable, c'est aussi Mme le maire du village (heureusement, il y a tout de même des femmes dans la politique). Une gentille adresse.

🛏 ℐ◉ℐ *Auberge de la Scierie :* 3, route de Druisy, lieu-dit La Vove. ☎ 03-25-46-71-26. Fax : 03-25-46-65-69. Fermé le lundi soir et le mardi du 16 octobre au 14 avril. Congés annuels du 20 décembre au 31 janvier. À 1,5 km d'Aix-en-Othe par la D374, en direction d'Ervy-le-Châtel. Une adresse un peu chic pour les routards qui sont venus chercher dans l'Aube un coin calme et serein. Ce vieux moulin est aujourd'hui devenu un hôtel-restaurant de très grand charme. Une quinzaine de chambres coquettes à 402 F la nuit pour deux. L'établissement est entouré d'un parc traversé par une rivière, très agréable pour déjeuner ou dîner les jours d'été. Menus à 87 F (le midi uniquement, sauf les dimanche et jours fériés), 140, 195 et 255 F.

EAUX-PUISEAUX

Petit bourg paisible, carrefour des sentiers de grande randonnée, qui offre une pause « tradition » avec le musée du Cidre et gastronomique grâce à sa ferme-auberge. Pour mieux repartir sur les chemins de traverse.

Où manger ?

l●l *La Ferme du Clocher :* ☎ 03-25-42-02-21. Fax : 03-25-42-03-30. Fermé les dimanche soir et lundi, ainsi qu'en janvier. Dans son ancienne ferme magnifiquement restaurée, Alain a aménagé une jolie salle de 70 couverts avec charpente apparente et vaste cheminée. Terrasse en été. Trois menus à 90 F (en semaine), 125 F (avec entrée, plat, fromage et dessert) et 165 F (avec deux entrées). Savoureuses terrines de foies de volailles et de coq au cidre bouché (à 90 F), de tartare de saumon (extra !), de filet de saumon à l'oseille, de poêlée de rognons de veau à la crème (à 110 F) et de magret de canard. De toute façon, les menus changent au gré du marché. Très bon accueil et ambiance décontractée.

À voir

★ *Le musée du Cidre :* fléché dans le village. ☎ 03-25-42-15-13. Ouvert tous les jours du 1er avril au 15 novembre de 14 h à 19 h. Entrée : 25 F. Aménagé dans une grange, le musée expose divers objets retraçant l'histoire du cidre dans la région. Au rez-de-chaussée : broyeurs, casse-pommes, alambics, et un monumental pressoir « à roue de perroquet » datant de la fin du XVIIe siècle. Le 1er étage est plutôt consacré à la verrerie et à la tonnellerie. Un bon moyen de revaloriser cette boisson et un savoir-faire ancestral.

– LE CHAOURÇOIS –

La région située au sud de Troyes doit son nom au village de Chaource, à l'origine d'un fromage fameux, à déguster sans modération. Il serait injuste de résumer le Chaourçois aux plaisirs du palais. D'autres curiosités méritent le détour, dont une église passionnante et un musée étonnant teinté de nostalgie.

ERVY-LE-CHÂTEL

Ancienne ville fortifiée, dont il ne reste que la porte Saint-Nicolas, Ervy-le-Châtel possède une belle halle circulaire du XIXe siècle, à pans de bois, ainsi qu'une église classée Monument historique datant des XVe et XVIe siècles.

Elle se visite sur rendez-vous auprès de l'office du tourisme. Très beaux vitraux et statuaire du XVIe.

Adresse utile

◾ *Office du tourisme :* dans la halle, située sur la route de Tonnerre. ☎ 03-25-70-04-45. Ouvert du mardi au jeudi de 14 h à 17 h, les vendredi et samedi de 9 h à 12 h ; en juillet et août, du mardi au samedi de 10 h à 12 h et de 15 h à 18 h.

Où manger ?

|◉| *Auberge de la Vallée de l'Armance :* à l'entrée du village, sur la droite, en arrivant d'Aix-en-Othe. ☎ 03-25-70-66-36. On accède au restaurant par le petit jardin en contournant le bar. Une partie de la salle à manger a été aménagée dans une ancienne étable (on voit encore la vieille mangeoire en bois). Cadre et déco rustiques tout en bois comme ces fourches et ces pelles à pain accrochées aux murs. Beau meuble Henri II face à la porte. Cuisine régionale de qualité (goûter notamment le gratin d'andouillette ou le foie gras maison). Menus à 65 F (en semaine), 100, 130 et 158 F. Également plats à la carte autour de 65 F.

Où dormir ? Où manger dans les environs ?

▲ |◉| *Chambres d'hôte chez Marie-Anne et Christian Albert-Brunet :* Les Croûtes, 10130. À 7 km d'Ervy-le-Châtel. Prendre la D374 en direction de Tonnerre, puis bifurquer sur la D443, vers Saint-Florentin. Dans le village, suivre la route de Percey, c'est fléché. ☎ 03-25-70-60-90. En pleine campagne, au milieu des prés et des forêts, maison de plain-pied que Marie-Anne et Christian ont fait construire d'après leurs plans. Son aspect peut surprendre au départ, mais à l'intérieur la priorité a été donnée à la lumière et d'immenses baies vitrées ouvrent sur la nature. Deux petites chambres avec salle d'eau privée et w.-c. communs, et une familiale avec sanitaires privés. Comptez de 210 à 260 F pour deux, petit déjeuner compris. Déco agréable avec plein de lithos animalières et d'aquarelles de nus (les deux passions des maîtres de maison). En dehors d'être maire de son village, Marie-Anne est aussi une fine cuisinière. On vous conseille sa table d'hôte pour 100 F, apéro et vin compris : toutes sortes de soufflés (arrivez à l'heure) au fromage, aux asperges, mais aussi boudin blanc sur fondue d'endives, saumon au curry, coq au vin, mousse au chocolat blanc... À la bonne saison, Christian emmène ses clients aux champignons (il connaît tous les bons coins, mais chut !). Accueil chaleureux. Une bien bonne adresse.

▲ |◉| *Goûter à la ferme et chambres d'hôte, chez Claudine et Daniel Petit :* 2, rue de la Fontaine, 10130 Bernon. ☎ 03-25-70-55-42 ou 03-25-70-08-34. À une douzaine de kilomètres d'Ervy-le-Châtel. Suivre la D374, puis la D443, direction Chaource, et enfin la D89. Dans le village, prendre direction Lignères-Tronchoy, passer le pont, c'est la première rue à droite. C'est dans une ancienne fromagerie que Daniel a décidé un jour de se lancer dans l'héliciculture (entendez l'élevage d'escargots). Tout un monde passionnant à découvrir, d'autant que la France ne produit que 2,5 % de sa consommation. Élevées sous des serres, ces petites bêtes de-

SUD DE LA CHAMPAGNE

mandent une attention toute particulière. Bien sûr, on peut déguster
les escargots maison, dans une formule goûter à la ferme. Pour 45 F,
verre de chablis compris, on savoure
6 escargots et une assiette de rillettes, rondelles d'andouillette ou de
boudin blanc aux escargots, mousse
de truite et dessert. Pour 70 F, on en
a une douzaine et du fromage de
chèvre en plus. À noter que les
autres produits proviennent des
fermes voisines. Menu-terroir à 90 F,
boisson non comprise. Également
4 chambres d'hôte très simples,
dans une aile indépendante (attention aux jours de visite de
groupes). De 230 à 250 F pour deux,
petit déjeuner compris. Accueil
agréable.

CHAOURCE

Petit village perdu aux confins de la Champagne, aux portes de la Bourgogne, célèbre pour son fromage et à découvrir impérativement pour son
église.

Où dormir ? Où manger ?

🛏 |●| *Hôtel-restaurant Les Fon-
taines :* 1, rue des Fontaines. ☎ 03-
25-40-00-85. Fax : 03-25-40-01-80.
Sur la place du village. Fermé le
lundi soir et le mardi, ainsi que du 2
au 20 janvier et la 1re semaine
d'août. Une cuisine qui sent bon le
terroir entre Champagne et Bourgogne. Un premier menu exemplaire
à 75 F (sauf le samedi soir et le dimanche) : terrine de campagne à
l'ancienne, jambon braisé sauce
chablis, chariot de fromages et desserts. Autres menus à 95, 139 et
189 F : velouté de poisson au champagne, œufs en meurette, escalope
de saumon, choucroute de Brienne
à l'andouillette de Troyes, etc. Il est
toutefois dommage de trouver autant de suppléments aux menus,
même dans celui à 189 F. En revanche, si vous choisissez les plats
à la carte, ils seront servis sous
cloche ! Un petit luxe d'antan savoureux qui en ferait presque oublier les
formules. Quelques chambres au
rapport qualité-prix imbattable :
100 F la double avec douche, w.-c.
et téléphone. Ajouter 10 F pour la
serviette et le savon (!). La demi-
pension est parfois obligatoire le
week-end de mai à septembre.

À voir

★ *L'église Saint-Jean-Baptiste :* ouverte de mai à septembre de 8 h à
20 h, en octobre et avril de 8 h 30 à 19 h, de novembre à mars de 9 h à 18 h.
Datant du XIIe siècle pour le chœur et du XVIe pour la nef, l'église recèle
dans ses entrailles une *Mise au tombeau* extraordinaire réalisée par un
artiste ou un atelier anonyme, connu sous le nom du Maître de Chaource.
Descendre quelques marches à gauche du chœur, après avoir allumé la
lumière sur le côté. Les personnages penchés sur le Christ sont saisissants
d'intensité dans la douleur. L'expression des visages, le drapé des vêtements rendent la scène à la fois réaliste et émouvante. Impression accen-
tuée par l'éclairage et l'étroitesse de la chapelle.
À voir aussi, dans la troisième chapelle de gauche, une magnifique crèche
en bois doré (là encore, n'oubliez pas d'allumer). Datée du XVIe siècle, elle
est représentative de l'école troyenne. Elle comporte 22 personnages aux
habits chatoyants. Également de beaux vitraux.

SUD DE LA CHAMPAGNE

MAISONS-LES-CHAOURCE

À 6 km de Chaource par la D34, un village qui mérite le détour pour son charmant musée des Poupées.

Où dormir ? Où manger ?

🏠 |●| *Hôtel-restaurant Aux Maisons :* dans le village. ☎ 03-25-70-07-19. Fax : 03-25-70-07-75. Dans une grande auberge familiale bien tenue, chambres doubles à 250 F avec douche ou bains. Les n°s 11 et 12 donnent sur le jardin et sa piscine. Certaines ont été refaites. L'hôtel compte également deux chambres plus simples (avec lavabo seulement) à 160 F. En cuisine, la maîtresse de maison, Monique Enfert, secondée par son fils, concocte des plats régionaux fins et copieux. Menus à 60 F, puis 100, 130, 140 et 170 F. Salle à manger vraiment extra, couleur rubis ou vin gouleyant (c'est selon !) avec grandes tables rondes et chaises au dossier haut, très confortables. Un véritable havre de paix qui séduit à la fois les gens du coin, les touristes et les V.R.P.

À voir

★ *Le musée des Poupées d'antan et de la Tonnellerie :* à l'entrée du village, sur la droite, en venant de Chaource. ☎ 03-25-70-07-46. Visite guidée tous les jours (sauf le mardi) de 9 h 30 à 12 h et de 14 h à 18 h. D'octobre à début mars, ouvert uniquement l'après-midi. Entrée payante. Réduction enfants.
Cette ancienne fromagerie abrite dorénavant deux musées. La visite commence par le *musée de la Tonnellerie*. Il présente les outils et les œuvres d'un maître tonnelier de la région. Remarquer cet avion dans le coin gauche, il est réalisé en douves, comme s'il s'agissait d'un tonneau. Si bien que rempli de cidre (ou de tout autre breuvage), l'avion serait parfaitement étanche. Également d'autres tonneaux aux formes pour le moins curieuses. La pièce de transition montre une Renault de 1920 (prélude au *musée des Vieux Tacots* à Ricey) et des personnages en costumes 1900. Comme les poupées, ils font l'objet d'une scrupuleuse restauration.
On accède ensuite aux deux salles consacrées aux poupées d'antan.
Voilà un quart de siècle que M. et Mme Hugerot collectionnent les poupées dont rêvent toutes les petites filles. La plus vieille date de 1850 et fut confectionnée en cire. Elles sont ensuite fabriquées en cuir, porcelaine (yeux de verre et vrais cheveux), en celluloïd au début du siècle, en carton bouilli, papier mâché ou caoutchouc (dans les années 50). La collection recèle même une poupée japonaise à la tête en coquille d'œuf, ainsi qu'une poupée italienne à la tête en feutrine. Étonnante aussi, cette carte postale de 1900 représentant une femme, dont le visage est encadré de vrais cheveux. La très belle mise en scène, le souci du détail, la petite musique d'ambiance font de ce musée un agréable voyage nostalgique.
La visite se conclut par une petite dégustation de toasts au chaource arrosés d'une boisson locale.

– LA CÔTE DES BARS –

La Côte des Bars occupe la région reliant Bar-sur-Seine à Bar-sur-Aube, au sud-est de Troyes. Traversée par les vallées de l'Aube et de la Seine, plantée de vignobles produisant des vins aussi gouleyants que le champagne, le coteaux-champenois ou l'unique rosé des Riceys, elle présente un intérêt immédiatement décelable, non ?

LES RICEYS

Les trois bourgs des Riceys (Ricey-Haut, Ricey-Bas et Ricey Haute-Rive) constituaient à l'origine trois paroisses distinctes, réunifiées à la Révolution. Avec ses trois églises, ses deux châteaux (un privé, l'autre abrite la mairie) et ses 9 chapelles, Les Riceys détiennent le record d'Europe du pourcentage de monuments historiques classés, par rapport au nombre d'habitants (sur un C.V., ça en jette forcément !).

Les Riceys se distingue en effet par son agencement, son dédale de ruelles étroites serpentant entre les maisons en pierre, mais c'est surtout son vin qui lui a donné toute sa renommée. Ou plutôt ses vins, puisqu'il est le seul village champenois à posséder trois appellations d'origine contrôlée : le coteaux-champenois, le champagne et le rosé des Riceys, vin royal s'il en est.

Louis XIV, intrigué par la bonne humeur des maçons aubois venus travailler au château de Versailles, en aurait goûté l'origine. Conquise, Sa Majesté ! Le rosé des Riceys acquit dès lors ses lettres de noblesse.

Le rosé est élaboré à partir d'un cépage de pinot noir. Il possède la puissance du rouge sans tanin et la légèreté du rosé. Il s'obtient après une manipulation particulièrement délicate. Ainsi, le degré naturel du raisin doit atteindre 10° (à plus, une dérogation est nécessaire, à moins on ne vinifie pas). C'est pourquoi, certaines années restent improductives. La phase de macération, rapide, est suivie d'une fermentation de 3 à 6 jours. Constamment surveillé, son goût est défini à 1 h près. Le vin est ensuite conservé un an en fût, deux ans en bouteille. Sa rareté, sa technique de vinification ainsi que son temps de maturation expliquent son prix, celui d'une bouteille de champagne.

SUD DE LA CHAMPAGNE

Adresse utile

🛈 *Office du tourisme :* 3, place des Héros-de-la-Résistance, Ricey-Haut. ☎ et fax : 03-25-29-15-38. E-mail : ot.lesriceys@wanadoo.fr. Site : www. champagne-multimedia.com/lesriceys.

Ouvert du lundi au vendredi de 9 h à 12 h et de 14 h à 18 h. De mai à septembre, permanence le samedi de 9 h à 12 h. On s'y procure notamment le plan pour le circuit des cadoles (petite participation demandée).

Où dormir ? Où manger ?

🏠 🍴 *Hôtel-restaurant Le Magny :* route de Tonnerre. ☎ 03-25-29-38-39. Fax : 03-25-29-11-72. À la sortie de Ricey-Haut sur la D453 (route de Tonnerre). Fermé le mardi soir et le mercredi, ainsi qu'en janvier et février. Dans une grande bâtisse cossue, des chambres tranquilles d'un très bon rapport qualité-prix : compter environ 250 F

pour une double avec douche et w.-c. Côté restaurant, le premier menu est à 70 F. Agréable terrasse s'ouvrant sur le jardin.
🍴 *Ferme-Auberge Saint-Sébastien :* aux Riceys, suivre direction Tonnerre par la Rocade. 200 m après Le Magny, prendre à gauche. ☎ 03-25-29-35-10. Fermé le lundi et en janvier. Deux salles de 20 et

40 couverts et deux menus à 95 et 125 F (avec deux entrées), sans les vins. Menu marcheur à 80 F tout compris (kir, vin et café) et assiettes de salade de 35 à 50 F. Spécialité de galantine et terrine maison, gougère forestière, tourte champenoise, terrine de légumes en croûte, poule au vin blanc, coq au pintade au champagne, tarte Tatin et nougat glacé. Rosé des Riceys à 120 F, coteaux-champenois à 110 F et champagne à 100 F. Réservation obligatoire.

Où dormir ? Où manger dans les environs ?

🏠 |●| *Hôtel Les Voyageurs :* 10250 Gyé-sur-Seine, à 8 km au nord-est des Riceys par la D70, à la sortie du village, sur la gauche. ☎ 03-25-38-20-09. Fax : 03-25-38-25-37. Fermé du 1er au 15 février. Une petite adresse toute simple et, malgré son nom, on vient surtout faire honneur au restaurant. On choisit entre le menu à 72 F au très bon rapport qualité-prix, celui à 140 F (on regrette l'absence de prix intermédiaire) et 175 F. Commande prise, on se retrouve avec un amuse-bouche, sauf qu'ici on ne rigole pas : on vous apporte une vraie part de quiche lorraine faite maison en attendant l'entrée (comme les hors-d'œuvre variés servis dans plusieurs saladiers en pyrex), le plat (andouillette grillée, sauté de bœuf bourguignon), fromage et dessert. Du solide, rien que du solide. Service discret. Également quelques chambres doubles à 150 et 170 F avec douche, w.-c. sur le palier.

🏠 |●| *Restaurant à la Ferme de la Gloire-Dieu :* au sud de Gyé-sur-Seine. ☎ 03-25-38-21-77 et 03-25-38-20-67. Ouvert du samedi midi au dimanche midi ; en été, à partir du vendredi soir. Après avoir traversé un petit pont privé qui enjambe la Seine, on tombe sur un ensemble de bâtiments grandioses : ancien prieuré du XIIe siècle, colombier et une superbe exploitation agricole. Pascal et Frédéric, deux frères, se sont attelés à la restauration du site, et, croyez-nous, ils ne sont pas encore au bout de leur peine (mais les débuts sont prometteurs). Grande salle de 60 couverts à l'atmosphère agréable (poutres apparentes, vieux outils, dont une belle collection de gouges de sabotier). Un menu du jour (qui change chaque semaine) avec deux entrées (froide et chaude), à 110 F. Une excellente table avec de bonnes spécialités (et des produits maison !) : salade avec magret fumé, truite farcie au saumon fumé, pintade au porto, brochette de cailles aux girolles, canard forestier sauce champagne, crème brûlée, omelette soufflée... Petite carte des vins, de 70 à 120 F la bouteille. Sur place, 3 chambres avec sanitaires privés et accès indépendant (attention, ceux qui voudraient séjourner risquent quelquefois de tomber sur un car de touristes). 210 F pour deux, petit déjeuner compris. Accueil jeune et agréable.

À voir

★ *Le musée des Vieux Tacots :* 6, rue Saint-Jean, dans un hangar à la sortie de Riceys-Bas, sur la gauche, direction Bar-sur-Seine. ☎ 03-25-29-31-53. Ouvert du 15 mars au 15 novembre les dimanche et jours fériés de 15 h à 18 h, en juillet et août tous les jours de 14 h à 18 h. Entrée payante. Réduction enfants. Plus de 70 véhicules de 1902 à 1966 : un Nash, camion américain de 1904, servant au transport de munitions, la 1re Citroën (1919), toujours en état de marche, un des premiers cabriolets Citroën (encore) de 1922, une Ariès à six vitesses datant de 1936, ainsi que des Hotchkiss, Donnet-Zédel, Ford, Peugeot, Licorne, De Dion Bouton, Renault, etc. Pour connaisseurs.

★ À voir également l'*église Saint-Pierre*, à Ricey-Bas, datant des XIIIᵉ, XVᵉ et XVIᵉ siècles. Ne se visite qu'au moment des offices.

Caves

Voici deux caves à titre indicatif, bien sûr. Beaucoup d'autres dans le village.
– *Morel Père et Fils :* 93, rue du Général-de-Gaulle, Ricey-Haut. ☎ 03-25-29-10-88. Fax : 03-25-29-66-72. Visite sur rendez-vous pour une durée de 1 h. La famille Morel produit un champagne brut, un champagne rosé de cuvaison, élaboré de façon traditionnelle, et le fameux rosé des Riceys. Pédagogique et accueil particulièrement sympathique.
– *Morize Père et Fils :* 122, rue du Général-de-Gaulle, Ricey-Haut. ☎ 03-25-29-30-02. Fax : 03-25-29-36-89. Visite des caves du lundi au samedi, sur rendez-vous. Entrée payante. Durée : 1 h. Belles caves du XIIᵉ siècle où reposent 100 000 bouteilles de champagne (ça fait rêver !). Ça tombe bien, on peut le déguster dans une salle rustique, ou préférer goûter le coteaux-champenois ou le rosé des Riceys. Remarquer le vitrail, il représente saint Vincent et... la famille Morize (humour ?). Également un petit musée qui expose de vieux outils de tonnelier, une doseuse, boucheuse, museleuse...

À faire : le circuit des cadoles

Les cadoles, également appelées « loges », sont des cabanes de vignerons, des refuges contre les intempéries, des abris pour « siester » et prendre ses repas. Différentes, car personnalisées, elles sont toutes construites selon le même principe : ni liant ni charpente, les pierres larges et plates, posées les unes sur les autres, composent cette sorte d'igloo champenois. Elles arborent une forme ronde, plus ou moins haute, trapue ou coquette, à chacune son style. Elles bordaient autrefois les vignobles, mais le phylloxéra détruisit une partie des vignes à la fin du XIXᵉ siècle. Les terres furent abandonnées et la végétation encercla peu à peu ces curieuses huttes, les intégrant totalement au paysage.
Deux circuits (de 6 et 14 km) partent des Riceys. L'office du tourisme (voir « Adresses utiles ») fournit un plan indispensable pour effectuer la balade. Petite participation demandée. Un autre circuit part de Courteron, à l'est des Riceys, près de Gyé-sur-Seine. Renseignements au 2, rue des Oeillets, à Courteron. ☎ 03-25-38-20-94.

ESSOYES

Ce beau village qui s'étend de part et d'autre de l'Ource doit sa réputation à Renoir, dont la femme était originaire d'Essoyes. La famille y séjourna tous les étés jusqu'à la mort de l'artiste en 1919. Nombre de ses toiles sont inspirées des paysages alentour ou des habitantes de la région. *La Blanchisseuse et son enfant*, *Les Laveuses*, *La Marchande de pommes*.

À faire

Quatre circuits de *randonnée pédestre* de 3 à 14 km ont été aménagés dans le but de dévoiler un peu plus les sources d'inspiration et les émotions vécues du peintre. Se procurer dans les offices du tourisme « Les Chemins de Renoir », une brochure très bien réalisée sur les circuits (itinéraires, durée...). On peut également se munir des cartes IGN nᵒˢ 2918E et 2919O.

SUD DE LA CHAMPAGNE

À voir

★ *L'atelier Renoir :* à la sortie d'Essoyes, direction Loches sur-Ource, sur la droite. Fléché. Ouvert de Pâques à la Toussaint de 14 h 30 à 18 h 30, tous les jours du 1er juillet au 15 septembre, les week-ends et jours fériés, le reste du temps. Entrée payante, gratuit pour les enfants. L'atelier de Renoir est un hommage rendu au maître à travers quelques meubles (lit, fauteuil) lui ayant appartenu. Deux sculptures originales, mais l'ensemble reste très succinct. Pour l'ambiance, peut-être. La vraie raison de la réouverture de l'atelier est l'association qu'il accueille aujourd'hui et qui permet à un jeune artiste (lauréat du concours organisé par l'association) d'obtenir une bourse, d'être hébergé à Essoyes et de travailler dans l'atelier de Renoir. Ses œuvres sont ensuite exposées au 1er étage de la *Maison de la Vigne*.

★ *La Maison de la Vigne :* sur la place de la mairie, au bord de l'Ource. Ouverte de Pâques à la Toussaint, tous les jours de 14 h 30 à 18 h 30. Entrée : 15 F (25 F avec dégustation de champagne). Une exposition temporaire (sur deux ans) présente les costumes champenois du XIXe siècle, tandis que sous la verrière, la luminosité accentue la mise en valeur des pressoirs et autres outils de vinification. Au 1er étage, l'*Écomusée* expose les œuvres des lauréats de l'association Renoir (peintures, sculptures...).

BAYEL

Petit détour vers Bayel, village qui fait tinter le cristal depuis plus de trois siècles. Les amateurs d'art religieux en profiteront pour visiter l'église décidément très riche comme dans toute la région.

Adresse utile

🄸 *Office du tourisme :* 2, rue Belle-Verrière. Dans le centre du village, sur le parking des Cristalleries. ☎ 03-25-92-42-68. Fax : 03-25-27-72-06. Ouvert du lundi au samedi de 9 h 20 à 13 h et de 14 h à 18 h, les dimanche et jours fériés de 14 h à 18 h. Vend les billets pour la visite des Cristalleries.

À voir

★ *Les Cristalleries Royales de Champagne :* visites organisées par l'office du tourisme du lundi au vendredi à 9 h 30 ou 11 h, le samedi sur rendez-vous. Fermé de mi-juillet à mi-août et entre Noël et début janvier. Visite d'1 h 30 environ. Fondée en 1666 par Jean-Baptiste Mazzolay, un verrier vénitien, la cristallerie obtient rapidement un statut royal sous Louis XIV. Aujourd'hui, on continue à souffler le cristal selon les techniques du Grand Siècle.

★ *L'Écomusée de Bayel :* dans l'office du tourisme. Ouvert tous les jours de 9 h 30 à 12 h et de 14 h à 18 h, le dimanche de 14 h à 18 h. Fermé entre Noël et le Jour de l'An. L'histoire du verre de l'Antiquité à nos jours, photos et maquettes sur les processus de fabrication. Belle collection de vases des années 30.

★ On peut également visiter l'*église* (ouverte tous les jours) pour sa *pietà*, attribuée au Maître de Chaource, étonnante de réalisme dans son attitude et son expression.

CLAIRVAUX

Ah! Clairvaux, son abbaye, sa... prison. Une tradition d'austérité à toute épreuve. Ironie mise à part, le monument cistercien mérite une attention toute particulière.

Où dormir? Où manger?

🛏 I●I *Hôtel-restaurant de l'Abbaye :* 18-19, route de Dijon. ☎ 03-25-27-80-12. Fax : 03-25-27-75-79. Au carrefour de la D12 et de la D396. Voici l'adresse qui rend mystique ou fou de liberté : l'hôtel se trouve juste en face de l'abbaye cistercienne, devenue aujourd'hui pri-son. Sinistre? Non, métaphysique. La chambre n° 17 ouvre sur cet étrange goulag. 150 F pour une chambre double avec lavabo, 230 F avec bains. C'est très calme la nuit. Au resto, petit menu du jour à 66 F (en semaine), puis de 77 à 125 F.

Où manger dans les environs?

I●I *Ferme-auberge Sainte-Mala-chie :* à 4 km à l'est de Clairvaux par la D12. ☎ 03-25-27-80-26. Fermée de Noël au Jour de l'An. Trois salles de 15 et 30 personnes se partagent deux menus à 85 et 105 F (avec deux entrées). C'est la première ré-servation qui fait le menu du jour! Parmi les spécialités : terrine de foies de volailles, quiche, salade de gésiers de poulet, coq au vin, potée, canard cuit dans son jus, fromages régionaux, tartes, clafoutis. Vin de 18 à 60 F la bouteille et champagne à 100 F. Propose aussi la formule « goûter à la ferme » : découverte de la basse-cour, du four à pain et pro-menade, 45 F par adulte et 30 F par enfant, comprenant un plat salé et sucré, plus boisson. Également un gîte rural pouvant héberger 6 per-sonnes et deux enfants.

À voir

★ *L'abbaye cistercienne :* visite guidée des bâtiments de mai à octobre, le samedi après-midi à 14 h, 15 h, 16 h et 17 h grâce à des guides et des béné-voles de l'association *Renaissance de l'Abbaye de Clairvaux.* ☎ 03-25-27-88-17. L'exposition sur l'histoire de Clairvaux est accessible tous les après-midi de mai à octobre. Entrée payante. Se munir impérativement d'une pièce d'identité (on pénètre dans une enceinte carcérale).
Alors que le monachisme sombrait peu à peu dans une glorification par l'art au luxe outrageux, (telle l'abbaye de Cluny), trois moines décidaient de reve-nir à un mode de vie plus ascétique consacré au travail et à la prière. Ils fondent l'abbaye de Cîteaux en 1098. Contrairement aux bénédictins, domi-nants à l'époque, les cisterciens prônent une vie austère, de non-consom-mation, les rendant ainsi moins dépendants de leurs donateurs. Le succès de ce nouvel ordre les incite à créer des petites sœurs ou plutôt des filles, puisque c'est ainsi qu'on nomme les quatre abbayes construites dans la lignée de celle de Cîteaux (La Ferté, Pontigny, Morimond et Clairvaux).
La première abbaye de Clairvaux est édifiée en 1115 sous l'égide de saint Bernard, moine à forte personnalité qui contribua beaucoup au rayonnement de Clairvaux dans l'Europe entière. À tel point qu'elle s'érigea en capitale religieuse du monde occidental pendant près de 25 ans.

Difficile aujourd'hui d'imaginer l'influence et le rôle de Clairvaux. De la première abbaye, il ne reste que quelques vestiges. Saint Bernard en fit construire une seconde, chef-d'œuvre de l'architecture monacale, typique de l'ordre cistercien, aussi épuré que devait l'être leur vie. De cette période, il ne subsiste que le bâtiment des convers, mais quel bâtiment! Dans chaque abbaye cistercienne cohabitaient des moines « clercs » et des religieux laïcs illettrés, appelés *convers* (convertis). Ils vivaient séparément. Le bâtiment des convers, long de 80 m, se composait de deux étages, le cellier, au rez-de-chaussée, en gothique primitif, et le dortoir, devenu rapidement grenier à grain, situé à l'étage et conçu en style roman.

Sous Napoléon (alors qu'on ne dénombrait plus que 36 moines, dont 10 convers en 1790), l'abbaye fut rachetée par l'Empire, transformée en dépôt de mendicité, puis en centre carcéral, tandis que le bâtiment des convers servit de prison de femmes, puis d'ateliers pour les détenus. Au début du XXe siècle, à la suite d'un incendie qui ravagea le toit, un troisième étage en brique fut monté. En 1955, la bâtisse est désaffectée et restaurée à partir des années 60, le troisième étage démoli.

On visite également le lavoir daté du XVIIIe siècle. Il correspond à la troisième phase de construction de Clairvaux. En effet, au XVIIIe siècle, les abbés élèvent une nouvelle abbaye classique, à l'emplacement de l'ancienne, tout en conservant le bâtiment des convers et l'abbatiale (détruite depuis). La pièce est remarquable. Admirer la hauteur sous plafond, la vaste cheminée où bouillait l'eau pour le linge, un lavoir qui ressemblerait plutôt à une oasis dans un désert d'austérité. Pas fous, les surveillants de la prison s'en servent aujourd'hui de mess.

Mais le XVIIIe siècle correspond aussi à la disparition de l'abbaye, concrétisant un déclin amorcé dès la fin du Moyen Age. Dans un souci constant d'autonomie, les cisterciens développent les techniques agricoles (leur apport est d'ailleurs considérable dans ce domaine), étendent leurs cultures, s'enrichissent et finissent par se préoccuper davantage de leur profit que de la spiritualité de leurs ouailles. De plus, la monarchie s'appuie de plus en plus sur les évêques, contre la noblesse rurale (soutien traditionnel de l'ordre monastique) et les moines. L'hostilité croissante des paysans devant tant de richesses, les famines, guerres de Religion, de Cent Ans... ont fini par ruiner les abbayes. Nombre d'entre elles sont fermées à la Révolution ou vendues à l'Empire, comme le fut Clairvaux pour devenir prison. Funeste destin!

Bâtiment moderne, adossé à la cour d'honneur, le centre de détention accueillit entre autres Claude Gueux. Incarcéré en 1831, il inspira à Victor Hugo le personnage de Jean Valjean pour *Les Misérables*. Auguste Blanqui et Charles Maurras occupèrent successivement la même cellule.

Une fois le plan Vigi et pirate levé, il sera possible de visiter le grand cloître du XVIIIe siècle pour aller à la rencontre de ces noms qui ont fait l'histoire de Clairvaux-prison. Une vidéo et une exposition sur l'histoire de Clairvaux complètent la visite.

Malgré les travaux de restauration, difficile pour l'abbaye de retrouver son rayonnement (ne serait-ce qu'architectural) d'antan... à l'ombre d'une des prisons les mieux gardées de France. Elle laisse tout de même un précieux témoignage de sa place dans l'histoire du monachisme.

BAR-SUR-AUBE

Nichée au creux de la vallée de l'Aube, la ville accueillait au Moyen Âge une des principales foires de Champagne. On y flâne aujourd'hui avec plaisir pour trouver çà et là les témoignages d'un passé encore vivace : les boulevards percés à l'emplacement des anciennes fortifications, de belles maisons en pierre, de style Renaissance ou à pans de bois, ou encore les églises Saint-Pierre et Saint-Maclou. Bar-sur-Aube a également vu naître le philosophe Gaston Bachelard.

Adresse utile

◧ *Office du tourisme :* place de l'Hôtel-de-Ville. ☎ 03-25-27-24-25. Fax : 03-25-27-40-02. Ouvert de mi-juin à mi-septembre du lundi au samedi de 9 h à 12 h et de 14 h à 19 h, le dimanche de 9 h à 12 h. Le reste de l'année, du mercredi au samedi de 9 h à 12 h et de 14 h à 19 h, le mardi jusqu'à 18 h. Fermé les dimanche et lundi.

Où dormir ? Où manger ?

▲ *Hôtel Saint-Pierre :* 5, rue Saint-Pierre. ☎ 03-25-27-13-58. Fermé le dimanche. Hôtel simple, bien tenu, style pension de famille. Juste en face de l'église Saint-Pierre, que l'on voit des chambres n°s 1, 8, 9 et 10. Au fait, les cloches sonnent à 7 h ! Doubles à 130 F (avec lavabo et w.-c. sur le palier), à 140 F avec douche uniquement et 180 F avec douche et w.-c. Éviter celle à 110 F, dont la fenêtre donne... sur le couloir. Pas de resto, mais un bar animé. Une bonne adresse à prix très doux et à l'accueil sympathique.

|●| *Un P'tit Creux :* place du Corps-de-Garde. ☎ 03-25-27-37-75. Fermé le lundi sauf du 15 juillet au 31 août. Congés annuels du 15 au 28 février et du 24 décembre au 4 janvier. Entrée par le 24, rue Nationale. Dans le vieux centre de Bar, une galerie marchande moderne abrite cette crêperie à la déco claire et gaie. Un menu à 69 F, à base de crêpes et de pizzas. Curieux mélange de Bretagne et d'Italie. Puis plusieurs menus de 57 à 120 F tournant autour des galettes. En été, une petite terrasse ensoleillée bien agréable.

|●| *La Toque Baralbine :* 18, rue Nationale. ☎ 03-25-27-20-34. Fermé les dimanche et lundi, ainsi que du 4 au 20 janvier. Après avoir travaillé dans différents restos de la Côte-d'Azur, le propriétaire de cet établissement a décidé de revenir dans sa région natale pour y ouvrir son propre resto gastronomique.

L'adresse s'est vite imposée parmi les gourmets du coin. Cuisine raffinée et cadre agréable. Prix élastiques : de la formule à 69 F avec plat du jour et dessert (servie uniquement le midi du mardi au samedi) au menu-dégustation à 280 F. Accueil souriant et sans chichi.

|●| *Le Cellier aux Moines :* rue du Général-Vouillemont. ☎ 03-25-27-08-01. Derrière l'église Saint-Pierre. Fermé les dimanche soir, lundi soir et mardi soir. Ce magnifique cellier du XIIe siècle fut le théâtre de la révolte des vignerons en 1911, alors que l'appellation champagne devait leur être supprimée. On peut encore lire sur les murs des témoignages d'infortune, parfois en vers, ainsi que les noms des villages touchés par cette inacceptable décision. Les viticulteurs sont finalement sortis victorieux de la lutte. On ne leur rendra pas hommage en buvant un cru local, décidément trop cher. En revanche, la cuisine est plutôt réussie autour de menus à 90 et 120 F : salade de lentillons rosés de Champagne ou saumon et haddock fumés, ballottine de volaille maison et confiture d'oignons à l'aigre-doux, chaource gratiné. On regrette pourtant la déco un peu froide, malgré les chandeliers sur chaque table et un service presque trop efficace. L'endroit mériterait plus d'intimité, de rondeur et de finesse. Ce restaurant, nouvellement repris, cherche encore ses marques. Gageons qu'il les trouvera rapidement.

Où dormir ? Où manger dans les environs ?

🛏 |●| *Hostellerie La Chaumière :* 10 200 Arsonval, à 6 km de Bar-sur-Aube, en bordure de la nationale 19, direction Vendeuvre ou Troyes, sur la gauche, à la sortie du village. Fermé le dimanche soir et le lundi midi (hors saison et jours fériés). Une très bonne table, 12 chambres et un beau jardin : voilà pour cette vieille auberge villageoise tenue par un gentil couple franco-britannique, comme en témoigne la cabine téléphonique rouge « so british » (mais dépourvue de téléphone !). Cuisine soignée et copieuse servie dans une belle salle aux poutres apparentes. Premier menu à 100 F, puis à 200 et 280 F. Aux beaux jours, une très agréable terrasse ombragée accueille les convives à déjeuner ou à dîner. Dans le bâtiment principal, une chambre à 180 F avec douche et w.-c. sur le palier, les deux autres avec douche et w.-c. sont à 250 F. Dans le jardin a été construite une structure moderne qui rompt un peu brutalement avec le style de la maison à colombages, juste à côté. Le *Susan's Hotel* (du nom de madame) abrite donc 9 chambres très bien équipées : salles de bains spacieuses, TV, téléphone et, en prime, vue sur le petit parc et la rivière (un chemin en contrebas y mène). Chambres doubles à 295 F (310 F avec lits jumeaux). Très bon accueil.

🛏 |●| *Le Moulin du Landion :* 10 200 Dolancourt. ☎ 03-25-27-92-17. Fax : 03-25-27-94-44. Fermé de mi-novembre à mi-février. De Bar-sur-Aube, prendre la N19 direction Troyes. Fléché une fois dans le village. Une adresse ultra-chic au jardin arboré avec piscine, un décor raffiné, des chambres claires et spacieuses disposant d'une petite terrasse. Leur style, de facture assez moderne, contraste avec la salle à manger rustique aménagée autour du moulin. Le restaurant surplombe la rivière, tandis que les grandes baies vitrées s'ouvrent sur la roue à aubes, toujours en état de marche. On peut aussi préférer une table au bord de l'eau. Les prix sont naturellement à la hauteur des prestations. Compter de 385 à 440 F pour une chambre double (petit déjeuner : 43 F), un premier menu à 99 F (sauf le week-end), puis de 158 à 315 F. Une adresse paisible (sauf pour le porte-monnaie) avant de se lancer dans les folles attractions de *Nigloland*, non loin de là.

À voir

★ *L'église Saint-Pierre :* rue Saint-Pierre. Ouverte tous les jours de 10 h à 12 h et de 15 h à 19 h. À visiter pour son *halloy*, une très belle galerie de bois au sol pavé, construite autour de l'édifice. Celui-ci date du XIIe siècle. Cette sorte de halle (d'où son nom de halloy) accueillait à l'origine une des plus importantes foires de Champagne. Elle fut rénovée au XVIe et subit son dernier ravalement dans les années 60-70.

★ *L'église Saint-Maclou :* place Saint-Maclou. Dans le centre. Visite extérieure uniquement. De style roman et gothique, l'église Saint-Maclou est l'un des premiers monuments classés par Viollet-le-Duc. Elle fut érigée à la fin du XIe siècle pour remplacer la chapelle du château des comtes de Champagne, devenue trop exiguë. L'édifice fut constamment agrandi (comme l'abside au XIVe siècle) ou restauré et consolidé (la façade occidentale date du XVIIIe).
L'intérieur se révèle très riche (chapiteaux peints, stalles du XVIIIe, peintures murales...), malheureusement l'instabilité du monument en interdit la visite. La tour massive, aujourd'hui le clocher, correspondait à l'entrée principale du château. À noter également le portail ouest au tympan très décoré.

Dans les environs

★ *DOLANCOURT*

★ *Le parc d'attractions de Nigloland :* ☎ 03-25-27-94-52. Fax : 03-25-27-94-37. Minitel : 36-15, code NIGLO. De Bar-sur-Aube, suivre la N19, direction Troyes, jusqu'à Dolancourt. Nigloland se trouve à la sortie du village. Ouvert du 1er week-end d'avril à fin octobre. Jusqu'à début septembre, ouvert tous les jours de 9 h 30, 10 h ou 10 h 30 (selon les jours et les mois) à 18 h ou 19 h (fermeture de la caisse 1 h plus tôt). De début septembre à fin octobre, ouvert uniquement le week-end de 10 h 30 à 17 h 30. Entrée : 75 F. Plusieurs réductions et gratuit pour les enfants de moins de 1 mètre.
Histoire assez étonnante que celle de ces deux frères gitans, fascinés par les parcs d'attractions, qui décident de s'installer sur une terre familiale en rase campagne. Sans investissement extérieur, ils créent en 1987 *Nigloland*. Niglo, le hérisson, étant l'emblème des gens du voyage. Tous les ans des nouveautés viennent agrandir le parc. À l'origine, on comptait une dizaine d'attractions, aujourd'hui une vingtaine empruntées pour certaines aux parcs existants : la rivière canadienne avec une chute de 20 m, le galion pirate, la maison hantée particulièrement bien réalisée, le train de la mine, spatiale expérience (le grand-huit de l'espace : on est catapulté entre planètes et comètes à une allure vertigineuse, tête retournée, corps balancé, plaqué contre le siège, et hop, on recommence), ça ne vous rappelle rien ? Peu importe, l'ambiance reste bon enfant et familiale grâce aux nombreuses attractions pour les bouts de choux (les dragons volants, la chenille, un étang peuplé d'animaux de la jungle, les tacots 1900, au volant d'une Formule 1 sur le circuit de Monaco ou d'un rutilant camion sur la route 66, à moins de préférer une monture plus sauvage et de partir au Far West pour une chevauchée fantastique).
Bref pour tous les goûts : les petits, les ados attirés par les manèges à sensations et les parents bien entendu. Sur place, restos, buvettes et locations de poussettes.

★ *SOULAINES DHUYS*

À 18 km au nord de Bar-sur-Aube, par la D384. Belle petite commune gentiment surnommée la Venise Verte. *Dhuys* signifie résurgence en celte. Elle donne naissance à la Laine, rivière qui traverse le village. On raconte que des jeunes gens venaient danser à cet endroit, oubliant parfois l'heure de la messe. Le Jugement ne tarda pas à s'abattre sur les « infidèles » : un jour de grande fête, la terre s'ouvrit pour ensevelir les danseurs et en faire jaillir l'eau. À découvrir à pied, de magnifiques demeures couvertes d'essences de châtaignier (tuiles de bois protégeant les colombages), une étonnante maison à écailles d'acacia, face à la mairie, et deux très belles bâtisses à pans de bois dans la rue qui longe la mairie par la droite, un joli manoir près du parking de l'église, aujourd'hui siège de l'association La Dhuys ou encore la chapelle Saint-Jean, le plus petit bâtiment à pans de bois de la région en bordure de la Laine et, bien sûr, monter jusqu'à l'église Saint-Laurent datée des XVIe et XVIIe siècles, de style flamboyant, aux beaux vitraux.

LES GRANDS LACS DE LA FORÊT D'ORIENT

Conçus pour réguler les cours de la Seine et de l'Aube, et approvisionner la capitale en eau, les trois lacs artificiels de la Forêt d'Orient s'étendent aujourd'hui au cœur d'une région particulièrement riche. Ils se situent au carrefour de formations géologiques (Champagne humide – argileuse d'un côté, sèche – crayeuse de l'autre) et géographiques (plateau, plaine et vallée) très distinctes, ce qui a permis le développement d'écosystèmes différents (forêt, lacs prairies) que l'on peut étudier dans un espace restreint, érigé en parc naturel. Cerfs, sanglier, oiseaux migrateurs, arbres centenaires, etc. Une faune et une flore que l'on peut découvrir à pied, à vélo ou à cheval. Des postes d'observation ornithologique ont même été mis en place (pour tous renseignements, contacter la Maison du parc, voir ci-dessous). Quant aux grands lacs, façonnés par l'homme jusqu'à devenir base de loisirs, ils constituent l'un des principaux pôles touristiques de la région. Ainsi, chacun possède sa spécificité. Le lac d'Orient (2 300 ha) est dédié à la voile, à la planche à voile, à la baignade et à la pêche. Le lac du Temple est le plus sauvage dans son aménagement. On y vient surtout pour pêcher (carpes, brochets, sandres...). Enfin, le lac d'Armance, le plus au nord, est consacré aux activités motonautiques (jet-ski, ski nautique...) et s'étend au pied du plus grand port de la région, Port-Dienville.

Adresses utiles

◨ *Maison du Parc : * dans le parc régional. De Piney, emprunter la D1 en direction de Géraudot et bifurquer vers la D43. C'est indiqué. ☎ 03-25-43-81-90. Ouvert tous les jours de 9 h à 12 h et de 14 h à 18 h. Les week-ends et jours fériés, ouvert de 9 h 30 à 12 h 30 et de 14 h 30 à 18 h 30 (d'avril à septembre), 17 h 30 (d'octobre à mi-février) et 18 h (de mi-février à fin mars). Cette belle maison à colombage, nichée au cœur de la forêt, accueille un centre d'informations sur le parc et le siège du syndicat chargé de l'aménagement et de la gestion du parc. Expositions plutôt tournées vers l'écologie, la géographie... Brochures à disposition et vente d'un topoguide sur les balades. Loue également des vélos.
– *Le petit marché Nature : * ce petit marché itinérant sillonne les communes du parc naturel et ne vend que des produits régionaux de qualité. Il se déroule en général le week-end, parfois en semaine. Pas de régularité. Se renseigner auprès de la *Maison du Parc*.

AU NORD DES LACS

Où dormir ? Où manger ?

⌂ |●| *Le Vieux Logis : * 1, rue de Piney, 10220 Brévonnes. ☎ 03-25-46-30-17. Fax : 03-25-46-37-20. Ouvert tous les jours de juin à mi-septembre. Fermé le dimanche soir et le lundi le reste de l'année. Fermé en mars. Dans une vieille demeure champenoise, un peu jaunie par le temps (certaines adresses portent décidément bien leur nom !), on pousse la porte comme on vient visiter sa grande tante de province. Poutres apparentes, meubles anciens, papier à fleurs, grand poêlon en faïence à l'intérieur de la cheminée, tout paraît immuable. La cuisine traditionnelle (elle aussi) est soignée : escargots de Bernon (très goûteux), terrine maison, mignardise de volaille, etc. Service discret, voire effacé. Menu à 75 F (sauf le dimanche) au bon rapport qualité-prix. On fait le grand écart pour atteindre le suivant à 130 F, puis la carte. Également des chambres cossues et douillettes de 215 à 230 F la double avec douche ou bains et w.-c. Agréable jardin fleuri et arboré. Demi-pension obligatoire de mai à mi-septembre de 210 à 270 F par personne.

À voir dans les environs

★ *Musée Napoléon :* 34, rue de l'École militaire, à Brienne-le-Château. ☎ 03-25-92-82-41. Ouvert du 1er avril au 31 octobre de 10 h à 12 h 30 et de 14 h à 18 h, tous les jours sauf les mardi et jours fériés. Entrée payante, réduction étudiants.

Petit noble sans le son, le jeune Bonaparte débarque à Brienne en 1779 pour entreprendre sa première formation militaire. Il y reste 5 ans. Compte tenu de la carrière napoléonienne, sacrée pub pour l'école ! Elle accueille désormais un petit musée consacré à son ancien élève. La première salle, ancien réfectoire des enseignants, retrace la formation du futur empereur. Au passage, admirer les boiseries d'origine. Les autres salles sont consacrées à la campagne napoléonienne entreprise non loin de là, à Rothière. Stratégie militaire, reconstitution de batailles et petits soldats de plomb. Quelques écrits.

Juste à côté, la chapelle abrite le trésor des églises, sauvé de nombreux pillages.

★ *L'église de Mathaux :* de Brienne-le-Château, prendre direction Radonvilliers, puis Mathaux. L'accès à l'église s'effectue par le cimetière. Dominant l'Aube, cette magnifique église à pans de bois date du XVIIIe siècle. Elle est ouverte tous les dimanches de juillet et août de 10 h à 18 h et pendant les messes (irrégulières).

AU SUD

Où dormir ? Où manger ?

🛏 ▮●▮ *Hôtel-restaurant Auberge du Lac :* à Mesnil-Saint-Père. ☎ 03-25-41-27-16. Fax : 03-25-41-57-59. Situé à l'entrée du village en venant de Troyes par la N19. Fermé le dimanche soir et le lundi, ainsi que les deux dernières semaines de septembre. Une adresse chic dans une jolie maison à pans de bois, idéale pour un week-end en amoureux. Chambres de 310 à 330 F (avec douche), de 310 à 450 F (avec bains), bien équipées, très calmes la nuit. Le restaurant, *Au vieux Pressoir*, a d'autant plus de charme que la cuisine du chef est excellente, mais pas donnée. Premier menu à 120 F (à midi seulement), puis 170, 228, 260 et 295 F. Plutôt cher.

🛏 ▮●▮ *La Mangeoire :* RN19, 10270 Le Melinot. ☎ 03-25-41-20-72. Fax : 03-25-41-54-67. Ouvert tous les jours. À 3 km du Mesnil-Saint-Père, principale base de loisirs sur les lacs de la forêt d'Orient. Malgré cette proximité, ce bel établissement pourrait souffrir de sa situation en bordure de nationale, mais le restaurant posé entre la route et l'hôtel isole ce dernier du bruit. En outre, sa belle architecture à pans de bois a de quoi séduire. Tout comme ses chambres, très confortables et dotées de salle de bains, ou encore la piscine, le tennis et le minigolf. De plus, prix tout à fait raisonnables compte tenu des prestations : 250 F la double (avec un grand lit) et 290 F (avec lits jumeaux). Côté cuisine, un impeccable menu-ouvrier à 60 F, servi en semaine au bar, midi et soir. Le restaurant, quant à lui, affiche des menus à 100, 170, 200 F, et la carte.

ENTRE TROYES ET LES GRANDS LACS

Où dormir? Où manger?

🏠 |●| *Le Tadorne :* 1, place de la Halle, 10220 Piney. ☎ 03-25-46-30-35. Fax : 03-25-46-36-49. Fermé le dimanche soir du 1er octobre au 31 mars. Congés annuels : 15 jours pendant les vacances scolaires de février. Cette grande bâtisse à colombages abrite un bar, un resto et un hôtel. Une partie des chambres se trouve dans une annexe. Chambres douillettes et coquettes, d'une propreté impeccable, toutes équipées de douche ou salle de bains, et w.-c. 250 F la double avec douche, 280 F avec bains. Pour ce prix, vous pouvez également bénéficier de la piscine de l'hôtel, très agréable, car isolée. Cadre calme et reposant. Pour les plus fauchés, l'autre bâtiment compte quelques chambres d'un confort plus sommaire (avec lavabo et w.-c., mais douche sur le palier) à partir de 160 F la nuit pour deux. Au resto, menus à 59 F (le midi uniquement), puis à 88, 120, 145 et 185 F.

|●| *La Clé des Champs :* Grande-Rue, 10220 Mesnil-Sellières. ☎ 03-25-80-65-62. Fermé le dimanche soir et le lundi, ainsi qu'une à deux semaines début janvier. À mi-chemin de Troyes et de Piney. Petite halte gastronomique sur la route du parc régional de la forêt d'Orient. Dans son resto drapé de jaune et de bleu, le chef exécute une cuisine haute en couleur, uniquement à base de produits frais. Il propose d'ailleurs chaque jour des plats du marché, plus une formule du jour à 78 F (sauf le vendredi soir et le week-end) et trois menus à 155, 190 et 220 F. Selon les saisons et l'inspiration gourmande, on opte pour une salade tiède de foie de lapin rôti, une sarrasine de pétoncles et moules au beurre d'ail et persil, un colombo de deux poissons ou un duo de canard confit et magret d'oie farci. À n'en pas douter, une des bonnes tables de la région. Réservation conseillée.

Chambres d'hôte

🏠 |●| *Chambres d'hôte la Coraline :* 2, rue du Paty, 10270 Laubressel. ☎ 03-25-80-61-77. À 12 km à l'est de Troyes, sur la D48. Dans une superbe demeure à pans de bois extérieur et intérieur, 4 chambres dont deux pour une grande famille (5 personnes). Elles portent toutes des noms de vins de la région. Notre préférée, avec sa porte ancienne en tête de lit, se nomme « Ratafia ». Compter 200 F pour deux avec le petit déjeuner (gâteau maison, jus de fruits, yaourts). Deux jolis séjours, avec une très belle cheminée en brique et un vieux four à pain, pour prendre les repas à la table d'hôte (90 F apéro et vin compris). Vous ne serez pas déçu, car Nelly est un fin cordon bleu. Parmi ses spécialités : les tourtes, les terrines de légumes et poissons,

les volailles aux fruits ou au cidre, les profiteroles... Accueil très convivial. Une très bonne adresse.

🏠 *Chambres d'hôte chez Joëlle et Didier Jeanne :* 33, rue du Haut, 10270 Laubressel. ☎ 03-25-80-27-37. Ancienne grange et pigeonnier à colombage joliment restaurés avec de belles baies vitrées donnant sur la campagne, à proximité de la maison des proprios. 6 chambres, deux au rez-de-chaussée, quatre à l'étage mansardées avec une belle charpente apparente. Salles d'eau privées. 210 F pour deux avec le petit déjeuner (gâteau ou viennoiserie, fromage ou yaourt de la ferme, confitures maison, jus de fruits). Pas de table d'hôte, mais deux salles avec coin-cuisine à disposition, lave-linge et barbecue à l'extérieur. Accueil souriant, une bonne adresse.

BOURGOGNE-NORD
La Ferté-Loupière. Joigny. L'abbaye de Pontigny.
Chablis. Tonnerre. Le château de Tanlay.
Le château d'Ancy-le-Franc. Noyers.

Comment aller à Joigny ?

– **Par la route :** autoroute A6 (direction Lyon). Sortie Joigny.
– **Par le train :** de la gare de Lyon, une dizaine de trains pour Joigny. Compter de 1 h 15 à 1 h 45 de trajet. Renseignements S.N.C.F. : ☎ 08-36-35-35-35 (2,23 F la minute). Internet : www.sncf.fr.

LA FERTÉ-LOUPIÈRE (89110)

À la sortie « Joigny » de l'autoroute A6, prendre la direction Toucy. La Ferté-Loupière est à 5 km de l'autoroute.
Petit village bourguignon justement célèbre pour l'étonnante peinture murale de son église (ouverte tous les jours de 8 h à 20 h de début avril à fin septembre, jusqu'à 19 h le reste de l'année), la *Danse macabre*. On y voit des squelettes entraînant dans leur ronde des humains de toute condition, qu'ils soient riches ou pauvres, nobles ou paysans. Cette superbe peinture du XVe siècle tend à prouver l'égalité des hommes devant la mort. Église à trois nefs rythmées par de grandes arches très basses. Intéressant plafond en bois, en forme de carène de navire renversé.

Où dormir ? Où manger dans les environs ?

Prix moyens

🛏 🍴 *Chambres d'hôte Ferme du Gué de Plénoise :* chez Dominique et Daniel Ackermann, 89120 Charny. ☎ 03-86-63-63-53. Accès : à une quinzaine de kilomètres à l'ouest de La Ferté-Loupière par la D145 ; à Charny, prendre la direction Châtillon-Coligny ; au sommet de la première côte, prendre à droite direction Chêne-Arnoult, puis Plénoise (fléchage « Gîtes de France »). Toutes ces explications pour que vous parveniez sans encombre jusqu'à cette ferme isolée, à quelques mètres des berges de l'Ouanne, charmante petite rivière. 4 chambres dans une vieille maison qui donne sur la cour de l'exploitation agricole (pas besoin de réveil, le coq s'en charge !). Toutes avec douche ou bains et w.-c. On a un petit faible pour la chambre jaune, avec mezzanine. 280 F pour deux, petit déjeuner (avec lait de la ferme et pâtisseries maison) compris. Table d'hôte sur réservation (même tard le soir, on ne vous laissera pas mourir de faim !). Repas à 70 F avec cidre et ratafia, 90 F avec vin. Cuisine familiale à base de produits fermiers : blanquette ou rôti de veau, crème renversée, etc. Accueil très chaleureux et ambiance gentiment familiale. Formule week-end (2 nuits-4 repas) à 860 F sans le vin ou 900 F avec vin pour deux. Vélos à disposition. Apéritif maison, café et infusion offerts sur présentation du guide.

Très chic

🛏 🍴 *Château de Prunoy :* 89120 Prunoy. ☎ 03-86-63-66-91. Fax : 03-86-63-77-79. Fermé du 31 octobre au 15 mars. De l'autoroute (sortie Joi-

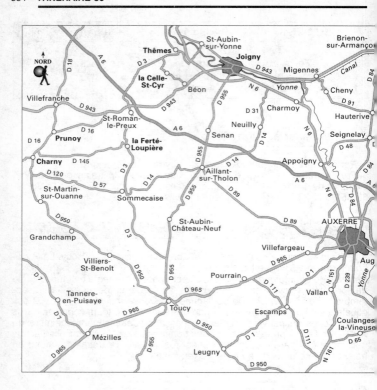

gny), prendre la direction Charny. Le château est à 10 km de l'autoroute. Élégant château de style Régence donnant sur un vaste parc de 100 ha. Chambres doubles de 600 à 700 F. Suites à 950 F et appartements pour quatre avec kitchenette à 1 000 F. On a un faible pour la chambre rose et sa salle d'eau, dans le donjon. Celle avec une salle de bains décorée façon fin XIXe siècle possède un charme fou. On peut manger sur place (menus de 150 à 190 F). Cuisine familiale. Promenade dans un parc de 100 hectares jusqu'aux étangs au fond. Tennis, piscine, écurie.

JOIGNY (89300)

Agréable petite ville qui s'étage sur un coteau dominant l'Yonne. On découvre, au hasard de ses rues tortueuses, de nombreux témoins d'un passé millénaire (la ville apparaît dans l'histoire en 996).

Adresses utiles

🛈 *Office du tourisme :* quai Ragobert. ☎ 03-86-62-11-05. En juillet et août, ouvert du lundi au samedi de 9 h à 12 h 15 et de 14 h à 18 h, les

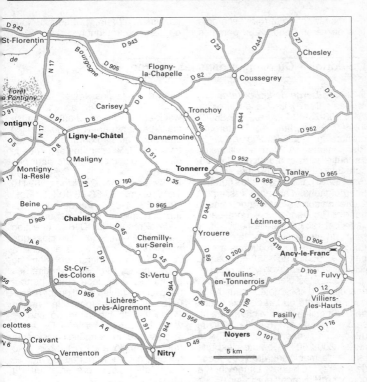

LA BOURGOGNE-NORD

dimanche et jours fériés de 10 h à 13 h. Le reste de l'année, le lundi de 14 h à 17 h, et du mardi au samedi de 9 h à 12 h 15 et de 14 h à 18 h. Fermé le dimanche.

■ *Tennis de l'U.S.J. :* 7 courts, dont deux couverts, à la sortie de Joigny, sur la route de Migennes. 60 F l'heure. Possibilité de jouer la nuit. Renseignements : ☎ 03-86-91-40-54.

■ *Location de house-boats : Locaboat Plaisance,* quai du Port-au-Bois. ☎ 03-86-91-72-72. Fax : 03-86-62-42-41.

Où dormir? Où manger?

â |●| *Relais Paris-Nice :* rond-point de la Résistance. ☎ 03-86-62-06-72. Fax : 03-86-62-44-33. Fermé les dimanche soir et lundi, ainsi qu'en janvier. Eut son heure de gloire quand la N6 était le chemin obligé pour la Côte d'Azur. C'est aujourd'hui un établissement simple mais convenable. Chambres modestes mais bien tenues : 200 F pour deux avec douche et w.-c., 240 F avec bains. Attention, malgré la déviation, les chambres qui donnent sur la rue sont encore un peu bruyantes. Dormez sur la cour ! Avec *Le Bistrot de Joigny,* cet établissement possède un resto tout à fait honorable avec des menus (à 75, 125 et 200 F) d'un bon rapport qualité-prix. Cuisine de bistrot (évidemment...) et de terroir : escargots, tête de veau, boudin aux pommes, saucisson chaud, pot-au-feu, joue de bœuf bourguignonne...

Où dormir ? Où manger dans les environs ?

â ▮●▮ *Auberge de la Fontaine aux Muses :* 89970 La Celle-Saint-Cyr. ☎ 03-86-73-40-22. Fax : 03-86-73-48-66. En sortant de l'autoroute, prendre la route de Joigny (D943). Bien indiquée. À 3 km, au village de La Motte, tourner à gauche. Puis encore 3 km. Fermée les lundi et mardi (sauf fériés). Isolée dans les coteaux bourguignons, l'auberge ressemble à une maison de campagne retapée par des Parisiens de bon goût. La façade est recouverte de lierre. Idéal pour un week-end en tête-à-tête. Les chambres sont rustiques à souhait (à partir de 350 F, jusqu'à 630 F), la restauration vous rappelle que vous êtes bien en Bourgogne : cassolette d'escargots, bœuf bourguignon mijoté au feu de bois, pièce de bœuf grillée dans la cheminée du salon. Menus à 115 F (le midi du mercredi au vendredi) et 185 F. À la carte : 200-250 F. Comme c'est une famille de musiciens qui vous reçoit (le père, Claude Langevin, a composé l'hymne européen !), ne vous étonnez pas si c'est un autre « bœuf » qui vous accueille, les week-ends, quand d'autres musiciens passent par là ! Tennis, piscine chauffée, et parcours de golf de 6 trous. 10 % sur le prix de la chambre d'octobre à mars pour nos lecteurs.

â ▮●▮ *Le P'tit Claridge :* 89410 Thèmes. ☎ 03-86-63-10-92. Fax : 03-86-63-01-34. Fermé les dimanche soir et lundi, ainsi qu'en février. Prendre la D182, direction Saint-Julien-du-Sault. La classique hôtellerie de campagne à peine à l'écart d'un hameau où rien ne bouge passé 19 h. Rien à redire des chambres, à la déco passe-partout mais confortables et d'un bon rapport qualité-prix pour la région (180 F la double avec douche et w.-c., 200 F avec bains et TV) et de la cuisine d'un honnête classicisme (menus de 85 à 215 F). Mais côté accueil, ça tourne parfois à l'aigre... Café offert sur présentation du guide.

À voir. À faire

Le quartier médiéval n'ayant pas été conçu pour les voitures, vous ferez un peu de marche pour grimper vers les trois églises de la ville.

★ *L'église Saint-Jean :* superbe voûte de la nef. Tombeau de la comtesse Adélaïs de Joigny et Saint Sépulcre de marbre blanc.

★ *Le château de Gondi :* sur le côté de l'église Saint-Jean s'élève ce palais édifié en 1561. Belle façade Renaissance à pilastres. En cours de restauration.

★ *La maison de bois :* située devant la porte Saint-Jean. Admirable demeure à pans de bois du début du XVIe siècle. Façade entièrement sculptée. Portes et fenêtres à accolades.

★ *La maison de l'arbre de Jessé :* au bout de la rue Cortel, place Jean-de-Joigny. Là aussi, une très jolie maison à colombages avec un pittoresque arbre de Jessé sculpté.

★ *L'espace Jean de Joigny :* place Jean-de-Joigny. ☎ 03-86-91-49-61. Ouvert de 14 h 30 à 18 h 30. Fermé le lundi et les jours fériés. Expositions variées. Médiathèque.

Tout le quartier fut soufflé en 1981 par une explosion de gaz. Cependant, les constructions modernes tentent de rappeler le style du quartier d'antan.

★ *La place du Pilori :* autre maison à colombages avec personnages et cavaliers sculptés. Décor original de céramiques.

★ *L'église Saint-Thibault :* au-dessus du portail, très expressive statue équestre de saint Thibault.

★ *L'église Saint-André :* intéressant porche sous la tour carrée. Beau linteau sculpté (Jugement et Martyre de saint André).

★ *La porte de Bois :* au nord-est de la vieille ville. Datant du XIIIe siècle, c'est la seule des quatre portes ayant survécu.
Vestige également de l'*ancien rempart* sur le chemin de la Guimbarde (perpendiculaire à l'Yonne).

★ *La côte Saint-Jacques :* prendre la D20 vers le nord en direction de Dixmont. À 1,5 km de la ville, superbe panorama sur Joigny et la vallée de l'Yonne.

– *Balade à pied ou à vélo :* à 2 km en aval de Joigny, longer la rive droite jusqu'au camping. Promenade très agréable le long du chemin de halage et des bassins. Joigny aura bientôt une base de loisirs ; pour l'instant, on peut y surprendre cygnes et hérons.

– *Fête des vendanges :* le dernier dimanche d'octobre.

L'ABBAYE DE PONTIGNY

C'est tout juste si on la remarque à l'orée de ce village sans histoire, et pourtant c'est la plus grande église cistercienne de France. Paradoxalement, c'est aussi la moins connue. Ce fut la 3e construite en France, vers 1114, par le célèbre ordre de Cîteaux. Au Moyen Âge, les archevêques de Cantorbery (Thomas Beckett, Étienne Langton et Edmond Rich, futur saint Edme), persécutés en Angleterre, y trouvèrent refuge. En 1906, après la séparation de l'Église et de l'État, l'abbaye fut vendue au philosophe Paul Desjardins, dont les entretiens de Pontigny (Les *Décades*) réunirent pendant 30 ans quelques grands noms de la littérature européenne : Thomas Mann, Gide, T.S. Eliott ou François Mauriac. Ce qui reste des bâtiments conventuels abrite aujourd'hui un centre de rééducation pour jeunes handicapés physiques.

Adresses utiles

🛈 *Office du tourisme :* 22, rue Paul-Desjardins (en face de l'abbaye). ☎ 03-86-47-47-03. Fax : 03-86-47-58-38. De début mai à fin octobre, ouvert tous les jours de 10 h 30 à 12 h 30 et de 15 h à 19 h. Hors saison, du lundi au vendredi et les jours fériés de 10 h 30 à 12 h 30.

■ *Les Amis de Pontigny :* BP 6, 89230 Pontigny. ☎ 03-86-47-54-99. Ouvert tous les jours de 10 h à 18 h en octobre. De novembre à mars de 10 h à 17 h et d'avril à septembre de 9 h à 19 h. Organisent des visites guidées (payantes) de l'abbatiale, des conférences et des concerts.

Où dormir ? Où manger dans les environs ?

🛏 ⏸ *Relais Saint-Vincent :* 14, Grande-Rue, 89144 Ligny-le-Châtel. ☎ 03-86-47-53-38. Fax : 03-86-47-54-16. À 4 km à l'est de Pontigny par

la D91. Un relais à ne pas passer ! Dans cette rue et ce village d'un autre âge, les accueillants propriétaires ont su donner tout le confort

« moderne » à cette ancienne maison à colombages (du XIIᵉ siècle quand même !) aménagée avec goût. Chambres doubles à 295 F avec douche et w.-c., de 240 à 395 F avec bains, menus à 78 F (servi tous les jours) puis 98, 125 et 160 F. Du costaud dans les murs comme dans l'assiette (goûtez les rognons flambés au marc de Bourgogne !). Terrasse fleurie, au calme dans la cour. Apéritif maison offert sur présentation du *G.D.R.*

À voir

★ *L'église :* visite libre toute l'année de 9 h à 19 h, sauf pendant les offices religieux. Une merveille ! D'inspiration romane, c'est l'un des plus beaux exemples de transition vers le gothique (comme Saint-Denis et Sens). Une majestueuse allée mène à un porche d'entrée dont la sobriété laisse augurer de ce que l'on va découvrir à l'intérieur.

Vaisseau d'une grande ampleur (on n'est pas loin des dimensions de Notre-Dame de Paris !) à la blancheur immaculée, dégageant une atmosphère émouvante pour les uns et une grande spiritualité pour les autres. Lignes simples, complètement épurées. Pas de fioritures. On pense à Alcobaça, au Portugal, autre chef-d'œuvre cistercien. Seule la tribune d'orgue est richement ornementée et, comme la clôture du chœur (installée au XVIIᵉ siècle), on se demande un peu ce qu'elle fait là. À l'intérieur de la clôture, une centaine de stalles de chêne sculpté.

Le chœur, construit en dernier (fin du XIIᵉ siècle), démontre la maîtrise finale du gothique. Son déambulatoire, rythmé par de fines ogives en étoile, fut abondamment copié par les églises de la région. Dans le transept droit, Vierge de Miséricorde du XVIᵉ siècle, très vénérée. En sortant, gagnez le fond du cimetière pour avoir une vue d'ensemble de l'harmonieux chevet.

★ *L'abbaye :* des bâtiments abbatiaux, ne subsistent qu'une galerie d'un cloître néoclassique sur l'un des côtés de l'église, un dortoir des frères convers (visite possible en saison), des morceaux épars de l'ancien mur d'enceinte du XIIᵉ siècle et, dans la campagne environnante, quelques-unes des « granges », ces fermes qui travaillaient autrefois pour l'abbaye.

À voir dans les environs

★ *Ligny-le-Châtel :* à 4 km à l'est de Pontigny. Intéressante église dont on note très nettement les deux phases de construction ; le beau porche roman en plein cintre aux voussures ornées de chevrons, damiers et petits cercles, annonce la partie du XIIᵉ siècle. Nefs sobres aux arcades massives, plafond couvert de planchettes de bois à l'effet très rustique. Légèrement surélevé, le chœur de style gothique est, paraît-il, copié sur le modèle de l'abbaye de Pontigny. Mais nos lecteurs observateurs auront remarqué que l'abside est polygonale et non arrondie ! Vierge au raisin du XVIᵉ siècle.

CHABLIS (89800)

À 19 km d'Auxerre, sur la N65, village renommé pour ses grands bourgognes blancs. D'ailleurs, les vignes s'étagent agréablement sur les collines environnantes. Les grands crus de Chablis sonnent agréablement à l'oreille et comblent le palais de l'amateur comme celui de l'œnologue averti (blanchots, bougros, les clos, grenouilles, les preuses, valmur, vaudésirs).

Achat de vin de Chablis à la coopérative *La Chablisienne*, 8, bd Pasteur. ☎ 03-86-42-89-89. Ouvert tous les jours. Dégustation gratuite.

Bien qu'ayant perdu toutes ses maisons à colombages lors d'un bombardement en 1940, le village possède encore bien du charme. Balade agréable le long du Serein, ombragé par de jolis arbres.
– *Grande fête des vins :* le 4ᵉ week-end de novembre.

Adresse utile

◙ *Syndicat d'initiative - Maison de la Vigne et du Vin :* 1, quai du Bief. ☎ 03-86-42-80-80. Fax : 03-86-42-49-71. Ouvert toute l'année, tous les jours de 10 h à 12 h 30 et de 13 h 30 à 18 h. Carte des vignobles environnants disponible. Des circuits sont organisés pour les groupes dans la ville, dans le vignoble...

Où dormir ? Où manger ?

De bon marché à prix moyens

⌂ |●| *Hôtel de l'Étoile - restaurant Bergerand :* 4, rue des Moulins. ☎ 03-86-42-10-50. Fax : 03-86-42-81-21. Fermé le dimanche soir et le lundi (de novembre à Pâques) et de mi-décembre à mi-janvier. Hôtel classique au centre du bourg mais à l'angle de deux rues calmes. Un certain charme, vraisemblablement dû à son passé de relais de poste. Chambres doubles avec lavabo à 185 F, 275 F avec douche ou bains et w.-c. Menus à 85 F en semaine puis à 125, 140 et 190 F. Honnête cuisine traditionnelle et, parmi les spécialités, on n'échappera pas, bien sûr, au jambon au chablis. Le patron sera d'ailleurs de bon conseil pour une découverte du vignoble.
|●| *Le Vieux Moulin :* 18, rue des Moulins. ☎ 03-86-42-47-30. Fax : 03-86-42-84-44. Fermé le 25 décembre et le 1ᵉʳ janvier. Une adresse qui a vu couler beaucoup d'eau (celle du Serein !) sous son pont depuis sa création. Imperturbables, les propriétaires continuent de vous servir, dans la grande salle à manger en pierre du pays de cette vieille maison de vignerons, une cuisine roborative, à l'aise dans son terroir : jambon de Chablis, andouillette de Chablis aux graines de moutarde, terrine d'andouillette (de Chablis !), navarin de canette au ratafia, mousse au... chablis et son coulis de fruits rouges. Menus de 98 F (servi tous les jours) à 210 F.

Très chic

⌂ |●| *Hostellerie des Clos :* rue Jules-Rathier (prolongement de la porte Noël). ☎ 03-86-42-10-63. Fax : 03-86-42-17-11. Fermée hors saison le mercredi et le jeudi midi, ainsi que du 20 décembre au 10 janvier. Il y a de grandes maisons où l'on n'ose pas mettre un orteil à cause des « pingouins » disséminés dans la salle, des lustres rutilants et des bijoux qui transforment la patronne en sapin de Noël. Dans cette hostellerie (un ancien hôtel-Dieu et sa chapelle), même les jardins illuminés restent adorables, les serveurs ne se prennent pas (trop) au sérieux et la patronne a un rire qui décontracte. Comme son mari ne cuisine que de beaux produits et qu'il glisse du chablis subtilement dans ses plats les plus connus, vous avez tout intérêt à prendre une carte de crédit pour régler. Premier menu à 188 F. À la carte, ne choisissez qu'un plat, style dos de sandre poêlé au chablis et un sublime dessert – on ne vous en voudra pas – et vous en aurez pour 250-300 F avec un demi-chablis ! Chambres mignonnes à partir de 298 F.

À voir

★ *L'église Saint-Martin :* édifiée au XIIIe siècle, mais la flèche date du XIXe siècle. Célèbre pour son portail latéral recouvert de fers à cheval. Au Moyen Âge, les pèlerins les clouaient en guise d'ex-voto (saint Martin est le patron des voyageurs). À l'intérieur, intéressants chapiteaux. Une curiosité pour les exégètes : les bâtisseurs, qui mêlaient souvent le mystique à l'architecture, ont œuvré pour que le 24 juin (solstice d'été) la lumière vienne illuminer l'agneau sculpté sur la face arrière de l'autel (de 7 h à 7 h 15 heure solaire ; donc, d'après nos calculs, de 9 h à 9 h 15 heure normale). À 12 h heure solaire (donc 14 h), c'est le visage du Christ qui s'illumine à son tour sur l'autre côté de l'autel. Le déambulatoire fut inspiré par celui de l'abbaye de Pontigny.

★ *L'Obédiencerie :* au chevet de l'église, groupe de solides demeures de pierre du XVe siècle, propriété du chapitre des moines de Tours jusqu'à la Révolution.

★ *La porte Noël :* deux tours du XVIIIe siècle édifiées à l'emplacement d'une ancienne porte de ville, lorsque Chablis était fortifié. Juste à côté, dans la rue des Juifs, au n° 6, une superbe fenêtre à meneaux. Au n° 10, une curieuse demeure Renaissance appelée la synagogue.

★ *Le Petit Pontigny :* sur la route de Chichée (en droite ligne de la porte Noël), sur la gauche. Ensemble de bâtisses médiévales où se tiennent toutes les fêtes et cérémonies du vin à Chablis. Cellier du XIIe siècle parfaitement aménagé.

TONNERRE (89700)

À 35 km d'Auxerre, toujours sur la D965, gentille petite ville qui dégringole d'une colline jusqu'à la rive gauche de l'Armançon. Peu de monuments ont survécu à l'incendie qui ravagea la ville au XVIe siècle mais il en reste deux ou trois, qui valent vraiment une halte.

Comment y aller ?

– *Par la route :* A6, sortie Auxerre, puis D965.
– *Par le train :* au départ de Paris-Gare de Lyon, 5 aller-retour quotidiens en moyenne. 1 h 45 de trajet. Renseignements S.N.C.F. : ☎ 08-36-35-35-35 (2,23 F la minute). Internet : www.sncf.fr.

Adresse utile

❚ *Office du tourisme :* rue du Collège. ☎ 03-86-55-14-48. Ouvert tous les jours du 1er avril au 31 octobre de 9 h 30 à 12 h 30 et de 14 h 30 à 18 h 30 ; le reste de l'année, ouvert en semaine de 9 h à 12 h et de 14 h à 18 h ; fermé le dimanche.

À voir. À faire

★ *L'hôtel-Dieu :* l'entrée se fait par la rue du Prieuré. ☎ 03-86-55-15-54 (les samedi et dimanche) ou 03-86-54-33-00 (en semaine). De début juin à fin septembre, 7 visites guidées (et payantes) : à 10 h, 11 h, puis toutes les heures de 13 h 30 à 17 h 30. Fermé le mardi. Hors saison, uniquement les week-ends et jours fériés, 6 visites de 13 h à 18 h. Attention, la porte ne s'ouvre qu'aux heures de visite.

Fondé en 1293 par Marguerite de Bourgogne, on est frappé par cette énorme toiture (4 500 m²!). À l'intérieur, la voûte en berceau est soutenue par une superbe charpente en bois. L'hôpital fut transformé en nécropole, ce qui explique les nombreuses pierres tombales. La *mise au tombeau* est une œuvre du XVe siècle, assez étonnante par sa taille (sept statues grandeur nature) et par son intensité dramatique.

★ *Le Musée hospitalier :* visite groupée avec celle de l'hôtel-Dieu. Plusieurs salles évoquent l'histoire de cet hôpital depuis sa création (original de la charte de fondation) jusqu'au début du XXe siècle (reconstitution d'un bloc opératoire). Dans l'église, art religieux et reliques.

★ *La fosse Dionne :* prendre la rue en face de l'ancien hôpital puis à gauche. Bassin du XVIIe siècle à l'étrange couleur verte et dont la forme circulaire est particulièrement harmonieuse. Ce lavoir, dont on ignore toujours la profondeur, est alimenté par une source vauclusienne. Avec son auvent et ses vieilles maisons surélevées tout autour, charme et pittoresque garantis.

★ *L'église Saint-Pierre :* bâtie sur un promontoire offrant un joli panorama sur la ville et les environs. Grand portail superbe.

★ *L'église Notre-Dame :* en face de la poste. Elle souffrit mille maux à travers les siècles, mais la façade usée, rabotée, livre encore de beaux éléments Renaissance.

★ *L'hôtel d'Uzès :* rue des Fontenilles (parallèle à l'ancien hôpital). Élégant style Renaissance. Le chevalier d'Éon y serait né.

LE CHÂTEAU DE TANLAY (89430)

À 9 km à l'est de Tonnerre, sur la D965. Dans un petit village au bord du canal de Bourgogne, un château de style Renaissance ouvert tous les jours du 1er avril au 15 novembre. Le mardi, seuls les extérieurs (entrée payante) sont accessibles. Pour l'intérieur du château, visite guidée (45 mn) obligatoire, toutes les heures le matin à 9 h 30, 10 h 30 et 11 h 30, et toutes les 45 mn l'après-midi de 14 h 15 à 17 h 15 ; visite supplémentaire à 17 h 45 en juillet et août. ☎ 03-86-75-70-61.

Le grand château est entouré de douves. On y accède par un pont encadré de deux obélisques. Tout le charme d'un château habité par la famille de Tanlay depuis 1700. On découvre d'abord la salle des trophées (de chasse) avec les bois de la dernière chasse à courre, en 1931. Dans la salle suivante, dite des bustes d'empereurs romains, superbe grille en fer forgé du XVIe siècle, vestige de l'abbaye voisine de Quincy. Les grands salons sont très richement meublés. Sur les commodes, photos de souverains étrangers dédicacées au comte de La Chauvinière, qui joua un rôle important dans la diplomatie française. Remarquer l'adorable commode vénitienne du XVIIIe siècle dont les quatre pieds sont différents : un pied de cheval, un pied d'âne, une patte d'aigle et une patte de lion... Au 1er étage, jolis meubles dans les chambres. Ne manquez pas les superbes fresques en trompe l'œil de la galerie et celle, allégorique, de la voûte de la tour de la Ligue.

– *Centre d'art contemporain :* installé dans les communs du château. ☎ 03-86-75-76-33. Ouvert tous les jours de fin mai à début octobre, de 11 h à 19 h. Entrée payante. Gratuit pour les enfants de moins de 14 ans. Un bel espace pour de remarquables expos d'art contemporain : grands noms (Picasso, Matisse, Giacometti...) et jeunes talents.

LE CHÂTEAU D'ANCY-LE-FRANC (89160)

À 18 km au sud de Tonnerre. ☎ 03-86-75-14-63. Ouvert tous les jours du 1er avril au 11 novembre. Visites guidées à 10 h, 11 h, 14 h, 15 h, 16 h, 17 h et 18 h. Dernière visite à 17 h à partir du 15 septembre. Entrée payante. Réduction enfants. Un château exceptionnel à plus d'un titre. D'abord parce qu'il est certainement l'exemple de construction le plus parfait de la Renaissance italienne sur le territoire français. Ensuite, parce qu'il a appartenu à Louvois, qui y laissa sa fortune, et à la famille de Clermont-Tonnerre.

Au milieu d'un grand parc, le château est construit autour d'une cour carrée. La grâce et l'élégance furent le souci majeur de l'architecte italien. À l'intérieur, la décoration des salles est particulièrement raffinée, et en particulier :
– *la salle des Césars :* avec ses portraits d'empereurs romains,
– *la salle de Diane :* pour sa voûte entièrement décorée,
– *les cuisines :* avec leurs fourneaux et leurs cuivres. Ne manquez pas le tableau électrique utilisé par les « maîtres » pour appeler les domestiques. Symbole d'une époque révolue...
● Au 1er étage, plusieurs salons à la décoration fort bien conservée, notamment les superbes plafonds à caissons.
– *La chambre du Roi* est l'une des plus fastueuses. L'or, le blanc et le bleu s'y associent pour rendre le plus merveilleux effet. Louis XIV y dormit.
– *La chapelle* est peut-être notre pièce préférée pour les somptueux trompe-l'œil représentant les apôtres. C'est certainement la merveille de ce château.

Où dormir ? Où manger ?

🛏 |●| *Hôtel du Centre :* 34, Grande-Rue. ☎ 03-86-75-15-11. Fax : 03-86-75-14-13. Fermé du 20 décembre au 5 janvier. Dans la rue principale (et à 100 m du château), une maison ancienne mais régulièrement rénovée. Un brin chic au premier abord, mais l'ambiance reste bon enfant. Chambres douillettes, dans les tons pastels, propices au repos : à partir de 265 F pour une double avec douche et w.-c., 365 F pour une « grand confort » avec minibar, peignoir pour sortir du bain, etc. Avec d'immuables recettes de terroir (escargots, rognons de veau sauce vigneronne, jambon à la chablisienne...), la Bourgogne se sent ici bien dans son assiette. Belle gamme de menus aussi variés que copieux, de 88 F (le midi en semaine) à 268 F. Deux salles (la plus grande est la plus coquette) et une terrasse pour les beaux jours. Piscine couverte et chauffée. Au final, un hôtel comme on aimerait en trouver beaucoup dans le coin.

Où dormir ? Où manger dans les environs ?

🛏 |●| *Hôtel de l'Écluse n° 79 :* chemin de Ronde, 89160 Chassignelles. ☎ 03-86-75-18-51. Fax : 03-86-75-02-04. À 4 km au sud-est d'Ancy-le-Franc. Adorable petit hôtel de campagne posé au bord du canal de Bourgogne. Une affaire de famille. La grand-mère tient encore le bar-tabac (et sa terrasse au bord de l'eau est terriblement attractive). L'accueil de sa fille est tout aussi charmant que les chambres rénovées avec un goût certain. Et à des prix qui tiennent du miracle dans le coin : de 240 à 275 F avec douche et w.-c. et de 260 à 275 F avec bains. Et c'est la petite-fille qui, en cuisine, mitonne des plats de terroir : œufs en meurette, bourguignon de canard, terrine d'andouillette, tarte au cassis... Petit menu le midi en semaine à 80 F avec son quart de vin. Sinon, autres menus à 100 et 125 F. Vélos à disposition pour se balader le long des petites routes tranquilles des environs ou sur les chemins de halage. Un de nos coups de cœur dans la région.

NOYERS (89310)

Prononcer « Noyère ». À 18 km au sud-ouest d'Ancy-le-Franc. Méconnu, Noyers est pourtant l'un des plus beaux villages de Bourgogne. Protégé encore par ses tours massives du XIIe siècle, il s'étend dans une boucle du Serein. On y pénètre par deux portes fortifiées : la porte de Tonnerre et la porte Peinte (ou porte d'Avallon).
Autour de la place de l'Hôtel-de-Ville, jolies maisons anciennes à pans de bois, fort bien restaurées. Certaines possèdent encore des arcades, mode de construction très utilisé au Moyen Âge pour se protéger des intempéries. De la place de l'Hôtel-de-Ville, prendre ensuite la rue du Marché-au-Blé qui conduit à une intéressante place triangulaire avec d'autres maisons anciennes. Promenade délicieuse chemin des Fossés, le long du Serein. À la sortie de la ville en allant vers Montbard, superbe lavoir tout en longueur, vieux de quatre ou cinq siècles.

Adresse utile

🏛 *Point accueil tourisme :* place de l'Hôtel-de-Ville. ☎ 03-86-82-83-72. Ouvert du 1er mai au 31 octobre, tous les jours de 10 h à 12 h et de 14 h à 19 h. Hors saison, s'adres-ser directement à la mairie (même numéro), ouverte de 8 h à 12 h et de 14 h à 18 h, fermée les samedi après-midi et dimanche.

Où dormir ? Où manger ?

🛏 |●| *Hôtel de la Vieille Tour :* place du Grenier-à-Sel. ☎ 03-86-82-87-69. Fax : 03-86-82-66-04. Au centre du village. Ouvert de Pâques à la Toussaint. Cette belle bâtisse du XVIIe siècle couverte de vigne vierge où vécut Charles-Louis Pothier, auteur de l'immortelle (eh oui !) chanson *les Roses blanches,* abrite désormais une galerie de peinture et des chambres simplettes mais plaisantes. 250 F avec douche et w.-c. et jusqu'à 300 F avec bains. Le cadre chaleureux, l'ambiance décontractée et bon enfant rapprocheraient en plus cet « hôtel » d'une maison d'hôte. D'ailleurs la patronne, hollandaise d'origine, vous offre de partager sa table (et sa joie de vivre !) le soir pour 80 F. Cuisine familiale, parfois exotique, à base de légumes et de fines herbes du jardin. Un endroit étonnant et – comme la ville – un peu hors du temps. Possibilité de faire du canoë, du bateau de pêche et des randonnées à vélo.

Où dormir ? Où manger dans les environs ?

🛏 |●| *Chambres d'hôte Château D'Archambault :* 89310 Cours. ☎ 03-86-82-67-55. Fax : 03-86-82-67-87. À 1,5 km au sud de Noyers par la D86. À l'écart d'un hameau, dans une élégante maison de maître du XIXᵉ siècle (du genre qu'effectivement, on appelle vite château). Chambres plaisantes, fraîches et colorées. Balcons sur le parc ou sur le jardin potager. De 350 à 380 F pour deux, petit déjeuner compris. Tables d'hôte sur réservation le soir : repas à 75, 90, 110 et 130 F.

|●| *Auberge La Beursaudière :* 9, chemin de ronde, 89310 Nitry. ☎ 03-86-33-69-69. Fax : 03-86-33-69-60. Ouverte tous les jours, midi et soir. Sur la D49, à 9 km de Noyers (à l'une des sorties de l'A6 aussi). Au lieu-dit *le Prieuré.* Très conseillé de réserver le week-end. Cette superbe bâtisse morvandelle, avec son pigeonnier de style médiéval, est surtout une halte pour les vacanciers qui se rendent dans le sud de la France. D'ailleurs ici, on en fait un peu trop dans le genre couleur locale : serveuses en costume régional, menus dits des « roulants » ou des « batteuses ». Une grande terrasse, très bien aménagée, permet de déjeuner dehors. Mais attention, l'été, ça tape ! Les prix aussi. La formule à 70 F (sauf le week-end) ne proposant qu'un plat et un dessert sans choix, puis formule à 95 F (entrée et plat) et menus à 180 et 260 F. À l'affiche, une cuisine de région pour gros appétits.

À voir

★ *L'église :* du XVIᵉ siècle. Sur le côté, porche en accolade, vieille porte, bénitier extérieur et un curieux gisant sculpté dans le mur.

★ *Le musée d'Art naïf :* rue de l'Église. Ouvert de début juin à fin septembre tous les jours de 11 h à 18 h 30. D'octobre à fin mai, ouvert les week-ends et tous les jours pendant les vacances scolaires de 14 h 30 à 18 h 30. Installé dans un ancien collège (XVIIᵉ siècle) et conçu à l'origine comme un « cabinet de curiosités » par un érudit local (une pièce lui rend hommage), ce musée présente, grâce à la donation du peintre Yankel, augmentée récemment d'un autre don, la deuxième collection d'art naïf de France. Des toiles de grands noms (Bauchant, Vivois, Bombois...) ou d'anonymes, spontanées ou réfléchies, pleines de fraîcheur et d'émotion, de maladresse parfois, de poésie toujours.

| SUD-EST | Paris : 168 km | Itinéraire | 37 |

D'AUXERRE À VÉZELAY
Auxerre. Les villages de la vallée de l'Yonne.
Vincelottes. Irancy. Saint-Bris-le-Vineux. Cravant.
Mailly-le-Château. Les rochers du Saussois. Arcy-sur-Cure.
Vézelay. Saint-Père.

Comment aller à Auxerre ?

– **Par la route :** autoroute A6 (direction Lyon), sortie Auxerre. Ou bien la N6.
– **Par le train :** de la gare de Lyon, 7 aller-retour quotidiens directs ou avec changement à Laroche-Migennes. Durée : environ 2 h. Renseignements S.N.C.F. : ☎ 08-36-35-35-35 (2,23 F la minute). Internet : www.sncf.fr.

AUXERRE (89000)

Une petite ville au charme provincial, le long de l'Yonne. Des ruelles étroites bordées de vieilles maisons, des belles églises médiévales. Bref, on s'y promène avec plaisir.

Adresses utiles

🏛 **Comité départemental du tourisme de l'Yonne :** 1-2, quai de la République. ☎ 03-86-72-92-00. Fax : 03-86-72-92-09.

🏛 **Office du tourisme :** 2, quai de la République. ☎ 03-86-52-06-19. Ouvert du 15 juin au 15 septembre du lundi au samedi de 9 h à 13 h et de 14 h à 19 h, les dimanche et jours fériés de 9 h 30 à 13 h et de 15 h à 18 h 30. Du 15 septembre au 15 juin, du lundi au samedi de 9 h à 12 h 30 et de 14 h à 18 h 30, le dimanche de 10 h à 13 h. Ouvert également les dimanche et lundi de Pâques, l'Ascension et les dimanche et lundi de la Pentecôte de 9 h 30 à 13 h et de 15 h à 18 h 30. Participe à l'opération « Bon week-end en ville » (2 nuits d'hôtel pour le prix d'une). Propose également d'avril à octobre 7 idées de week-ends culturels, gastronomiques ou sportifs.

◼ **Location de vélos :** à l'office du tourisme. Sinon, chez *Oskwarek*, 22, rue Preuilly. ☎ 03-86-52-71-19. Ou chez *LMJ*, 4, rue de Sparre. ☎ 03-86-46-30-60.

Où dormir ? Où manger ?

Prix moyens

🛏 |◉| **Hôtel de la Poste :** 9, rue d'Orbandelle. ☎ 03-86-52-12-02. Fax : 03-86-51-68-61. Fermé les di-

manche soir et lundi midi, hors saison. En plein centre-ville, à proximité du quartier piéton. La classique hostellerie de province, évidemment installée dans un ancien relais de poste. Chambres doubles, toutes avec douche ou bains, de 260 à 280 F. Certaines mériteraient un petit lifting. Resto d'un bon rapport qualité-prix : menus à 80 F (le midi en semaine), puis de 98 à 199 F. 20 % de remise sur les chambres à nos lecteurs sur présentation du guide de l'année.

▲ *Hôtel Normandie :* 41, bd Vauban. ☎ 03-86-52-57-80. Fax : 03-86-51-54-33. Sur le boulevard périphérique de la ville. Grande et belle bâtisse bourgeoise de la fin du XIXᵉ siècle, derrière un petit jardin. L'enseigne rend hommage au fameux paquebot. Et il y a quelque chose de l'ambiance des grandes croisières transatlantiques dans l'atmosphère de cet hôtel, d'un chic un peu suranné : le veilleur de nuit en tenue de groom, les Anglais distingués qui lisent le *Times* sur la terrasse, le matin, au petit déjeuner... Mobilier de style dans des chambres d'un grand confort et remarquablement tenues : à partir de 290 F pour une double avec douche et w.-c., jusqu'à 370 F pour les plus grandes avec bains. 10 % de réduction sur le prix de la chambre sur présentation du guide pour deux nuits consécutives. Si vous ne voulez pas dîner en ville, service de restauration en chambre, efficace et peu coûteux. Salle de gym, sauna, billard.

Plus chic

▲ *Le Parc des Maréchaux :* 6, av. Foch. ☎ 03-86-51-43-77. Fax : 03-86-51-31-72. Luxe, calme et volupté dans cette vaste bâtisse édifiée sous Napoléon III. Accueil exceptionnel : la légendaire bonne humeur de la patronne, Espérance Hervé, est contagieuse. Sa passion pour Napoléon (le premier du nom) pourrait presque l'être aussi ! Chambres, toutes différentes, toutes décorées avec ce « bon goût discret » dont se vante (à juste titre) le dépliant publicitaire de la maison et toutes baptisées du nom d'un des maréchaux

de France (avec une nette prédilection pour ceux de l'Empire, on ne se refait pas...). Doubles à partir de 380 à 505 F. Petit déjeuner aux beaux jours dans le parc planté d'arbres centenaires, qui accueille parfois aussi des concerts. Bar intime sous des moulures victoriennes. Service de restauration en chambre pas trop coûteux. Le plus bel hôtel d'Auxerre offrant de plus, le week-end, un forfait à 520 F avec plein de possibilités de sorties.

|●| *Le Jardin Gourmand :* 56, bd Vauban. ☎ 03-86-51-53-52. Fax : 03-86-52-33-82. Fermé le mardi et le mercredi, ainsi que de mi-février à mi-mars et les deux premières semaines de septembre. Ici, le chef est un artiste : il empoigne souvent crayons ou pastels pour dessiner ses plats ou raconter avec faconde ses balades sur les marchés. Donc, sa cuisine est particulièrement inventive, parfois même quelque peu aventureuse. Mais si tout était net, parfait dans l'assiette comme dans le décor de cette grande maison bourgeoise, on aimerait peut-être moins... Le service hors pair vous guidera volontiers dans une carte (comptez environ 250 F pour un repas complet) qui varie suivant l'humeur du chef et la saison : gelée de légumes aux coques parfumée au citron, fricassée d'écrevisses au ratafia de cidre de la forêt d'Othe, pintade fermière fumée à la minute au thé vert, sauté de veau aux arachides, glace à l'anis d'Annie et celle au pain d'épice aussi ! Mais les menus peuvent également constituer une idéale introduction à cette cuisine jamais en panne d'imagination. Épatant menu « voyage » à 150 F qui propose, par exemple, terrine de volaille aux pistaches, sauté d'agneau à la menthe poivrée et haricots blancs, coupole de prune et glace à la verveine. Autres menus à 200, 240 et 280 F. Toujours une petite sélection de bourgognes aux alentours de 100 F la bouteille. Salle chaleureuse et aimable terrasse dans le jardin pour les beaux jours. Réservation sérieusement recommandée.

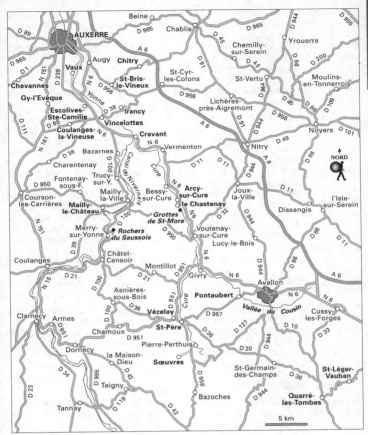

D'AUXERRE À VÉZELAY

À voir

Auxerre est une ville qu'il faut découvrir à pied. Se garer devant la cathédrale ou sur les quais.

★ Au lever du soleil, aller contempler la ville, du **pont Paul-Bert,** avec ses églises dont les chevets se dressent tous perpendiculairement à l'Yonne.

★ **La cathédrale Saint-Étienne :** ☎ 03-86-52-23-29. Ouverte toute l'année. De juillet à septembre de 9 h à 18 h tous les jours (de 14 h à 18 h le dimanche) ; de 9 h à 12 h et de 14 h à 18 h hors saison. Fermée le dimanche matin et les jours fériés. Accès payant à la crypte et au trésor (deux tickets différents). Commencée au XIIIe siècle, elle fut terminée trois siècles plus tard. Remarquer la façade avec trois portails surmontés de motifs et hauts-reliefs superbes. Dominant le portail, une imposante rosace de 7 m de diamètre.

L'intérieur, de style gothique très pur, est remarquable par sa hauteur (30 m). Grande ampleur de la nef et du chœur. Très beaux vitraux du XIIIe siècle. Bleus encore très vifs. Sous le sanctuaire, la crypte (entrée à droite du chœur), seul vestige de l'époque romane, offre une superbe perspective de colonnes et voûtes. Au fond, chapelle absidiale avec des fresques assez rares du XIe siècle (un Christ à cheval) et, dans le cul-de-four, un autre Christ en majesté. Avec le même ticket, ne pas manquer le *Trésor de la cathédrale* : missels enluminés, ivoires sculptés, miniatures splendides, orfèvrerie religieuse.

★ *L'abbaye de Saint-Germain :* 2, place Saint-Germain. ☎ 03-86-51-09-74. Du 1er juin au 30 septembre, ouverte de 10 h à 18 h 30. Le reste de l'année, de 10 h à 12 h et de 14 h à 18 h. Fermée les mardi et certains jours fériés. Accès libre au cloître et à l'église. Visite des cryptes (payante : le ticket donne également accès au musée) guidée toutes les demi-heures en été (dernière visite à 17 h 30), toutes les heures hors saison (dernière visite à 16 h 30). 30 personnes maximum par visite.
Elle ne date pas d'hier puisqu'elle fut construite par sainte Clotilde, épouse de Clovis (VIe siècle). Ses célèbres cryptes remontent, elles, à l'époque carolingienne. On y trouve le caveau de saint Germain et les peintures murales les plus anciennes de France. L'ancien dortoir des moines abrite un musée d'histoire. Sur deux étages, intéressantes collections archéologiques de la préhistoire à la fin de l'Empire romain. Autour du cloître du XVIIIe siècle, la sacristie, la salle des moines et l'ancien cellier accueillent des expos temporaires.
Remontez ensuite la rue du Lycée-Amyot et tournez à gauche sur la rue de Paris. Tout au bout, la rue de l'Horloge.

★ *La tour de l'Horloge :* au cœur du quartier piéton. Elle fut bâtie en 1483 sur une ancienne muraille gallo-romaine. L'horloge présente deux cadrans : d'un côté, les heures ; de l'autre, le cadran astronomique. Juste à côté s'élevait la maison du célèbre Cadet Rousselle (de la chanson). Il était huissier de justice et fut un fervent partisan de la Révolution en 1791. Il dut sa réputation à son mode de vie excentrique qui le faisait passer pour un original.
Au n° 7, rue de l'Horloge travailla comme imprimeur le fameux écrivain libertin Nicolas Restif de La Bretonne né à Sacy, près de Vermenton.

★ *Les vieilles demeures :* tout le quartier en recèle. Belles maisons *place C.-Surugue.* À l'angle des rues Joubert et Fécauderie, découvrez les plus beaux *poteaux corniers* (piliers d'angle, quoi !) d'Auxerre.

★ *Le musée Leblanc-Duvernoy :* rue Égleny. ☎ 03-86-52-44-63. Ouvert de 14 h à 18 h. Fermé les mardi et jours fériés. Dans une élégante demeure, belles collections de porcelaines et faïences régionales, grès du Puisaye, mobilier, peintures et tapisseries.

★ Tout à côté de la place du Coche-d'Eau, la *rue du Docteur-Labosse* et les ruelles alentour regorgent de pittoresques maisons médiévales. Délicieuse *place Saint-Nicolas* (en bord d'Yonne).

★ *L'église Saint-Eusèbe :* place Saint-Eusèbe. Pour son admirable clocher roman, aux trois étages à baies en plein cintre abondamment sculptées. Intérieur lumineux. On y pénètre par une porte assez usée du XVIIe siècle. Vous y verrez les initiales de saint Eusèbe et saint Laurent. S'attarder sur les beaux vitraux du XVIe siècle.

LES VILLAGES DE LA VALLÉE DE L'YONNE

Vers Vézelay, le long de l'Yonne, de la Cure, et dans les environs proches, quasiment tous les villages sont à voir. Grande diversité dans le style des églises, des architectures villageoises et quelques douillettes chambres d'hôte et autres bonnes petites auberges de campagne à découvrir.

★ VAUX (89290)

À 6 km d'Auxerre. *Église Saint-Loup* au beau porche à colonnes du XIIᵉ siècle.

★ CHEVANNES (89240)

À l'ouest de Vaux. Pour les amateurs d'architecture rurale, quelques intéressants spécimens.

★ *Église* du XVIᵉ siècle avec portail Renaissance. À 1 km du village (route de Baulche), la *ferme de Baulche* présente une curieuse forme circulaire. Devant l'auberge *La Chamaille* (route de Vallan), superbe *ferme de Ribourdin* fortifiée (corps de logis flanqué de tourelles, massif pigeonnier Renaissance et... on peut même y dormir lire ci-dessous). Pas loin de l'église, *maison forte de la Motte* du XVIᵉ siècle.

Où dormir ? Où manger ?

🏠 *Chambres d'hôte Château de Ribourdin :* chez Marie-Claude et Claude Brodard. ☎ et fax : 03-86-41-23-16. À peine à l'écart du village, au milieu des champs, sur la petite route de Vallan. 5 chambres aménagées dans les dépendances de cette superbe ferme-gentilhommière du XVIᵉ siècle. Toutes avec bains et w.-c. Déco sobre mais de bon goût et tout le charme des vieux murs. 350 à 400 F pour deux personnes, petit déjeuner compris. Pas de table d'hôte, mais un coin-cuisine à disposition. Petite piscine et location de VTT. Et visitez le pigeonnier...

|●| *Restaurant La Chamaille (la Barbotière) :* à la sortie du village vers Vallan (bien indiqué). ☎ 03-86-41-24-80. Fax : 03-86-41-34-80. Fermé les lundi et mardi, ainsi que du 12 janvier au 7 février, du 7 au 15 septembre et du 23 au 26 décembre. Une très bonne adresse

dans une belle campagne, à deux tours de roue d'Auxerre. Installée dans un ancien moulin qui sent bon l'encaustique. Cadre terriblement bucolique : un petit ruisseau sinue dans le jardin où s'ébrouent les canards. Un bon feu brûle dans l'âtre pour les jours les plus frais. Cuisine classique mais bien maîtrisée et à base de produits de premier choix. Premier menu à 165 F (midi et soir tous les jours sauf les jours fériés) qui propose, par exemple, civet d'huîtres aux bigorneaux, lapereau mijoté au romarin, fromage et mousse brûlée au caramel. Intéressant menu-carte à 265 F pour goûter à la terrine de foie gras au naturel, aux rognons de veau sautés au chablis ou au feuille à feuille au chocolat sur un sucre d'orange. Menu « de charme » enfin à 338 F vin compris. Vins au verre à prix humains. Réservation recommandée.

★ GY-L'ÉVÊQUE (89580)

Église du XIIIᵉ siècle en voie de restauration. En attendant d'y être réintégré, un splendide Christ en bois du XIIIᵉ siècle est exposé dans une chapelle provisoire (route de Coulangeron, une des dernières maisons sur la droite en sortant du village).
Pour les amateurs, pittoresque *lavoir* dans le centre (belle charpente).

Où dormir ? Où manger ?

🏠 |●| *Chambres d'hôte de la Fontaine :* chez Chantal et Martial Moyer, 2, rue de la Fontaine. ☎ 03-86-41-61-64. Fax : 03-86-41-74-17. Fermé en janvier. Au cœur du village, mais au calme dans la cour d'une ferme. La maison est ancienne, mais les 5 chambres sont flambant neuves, plaisantes et impeccablement tenues : de 270 F avec douche et w.-c. à 300 F avec bains pour 2, petit déjeuner compris. Table d'hôte sur réservation à 120 F le repas, boissons comprises. Gentil accueil, plein de petites attentions. En mai et juin, on peut cueillir (et manger !) avec les maîtres de maison une cerise de production locale : la marmotte. Apéritif maison offert sur présentation du guide.

★ **COULANGES-LA-VINEUSE** (89580)

★ *Église* à l'architecture vraiment peu rurale puisqu'elle fut construite au XVIIIe siècle par Servandoni (architecte de l'église Saint-Sulpice à Paris). De style froid et néoclassique assez unique et peu en harmonie avec le style de la région. À propos, elle fut édifiée sur les ruines fumantes de la précédente église, détruite par un incendie, comme 170 maisons du village. L'eau venant à manquer, on perça trente barriques de vin pour finir de l'éteindre ! Rue Hugot, belle maison Renaissance avec fenêtres à cariatides.

★ Au *musée de la Vigne*, dans la rue principale, on peut découvrir un pressoir à abattage de 1757. ☎ 03-06-42-20-59. Ouvert du 25 juillet au 21 septembre, les lundi et mardi de 10 h à 12 h, les mercredi, jeudi et vendredi de 10 h à 12 h et de 14 h à 18 h, les week-ends de 15 h à 17 h 30 ; entrée payante.

★ **ESCOLIVES-SAINTE-CAMILLE** (89290)

★ *Église* du XIIe siècle surmontée d'un clocher octogonal et précédé d'un beau porche à arcades. À 50 m, plus bas sur la droite, jeter un œil (si on n'a pas décidé d'y dormir) dans la cour du domaine Borgnat pour admirer un bel escalier extérieur typique de la région.

★ Petit *site archéologique* en bas du village (bien indiqué). ☎ 03-86-53-39-09. Du 1er juillet au 31 août, visites guidées tous les jours de 10 h à 12 h et de 14 h à 18 h. D'avril à juin, uniquement les week-ends et jours fériés, aux mêmes horaires. Vestiges de thermes gallo-romains et d'une nécropole mérovingienne.

Où dormir ? Où manger ?

🏠 |●| *Chambres d'hôte domaine Borgnat :* chez Régine et Gérard Borgnat, 1, rue de l'Église. ☎ 03-86-53-35-28. Fax : 03-86-53-65-00. On vous a parlé plus haut du superbe escalier, mais la maison de vignerons fortifiée (elle date du milieu du XVIIe siècle) n'est pas mal non plus. Dans une aile, 5 chambres lumineuses avec parquet, beaux meubles rustiques et jolis tissus. Toutes ont douche et w.-c. ou bains. Choisissez celle du fond qui a une vue superbe sur la campagne environnante. De 260 à 290 F pour deux, petit déjeuner compris. Grand séjour avec billard américain. Coin-cuisine à disposition pour ceux qui ne voudraient pas goûter aux petits plats (coq au vin, andouillette au rosé, terrine d'escargots...) de Régine. Menu à 130 F, vin et café compris. N'hésitez pas, en tout cas, à rendre une petite visite aux deux étages de caves, superbement voûtées, pour goûter le coulanges du domaine qui vieillit dans un bel alignement de tonneaux. Piscine et un gîte dans le colombier. Une bonne adresse.

VINCELOTTES (89290)

Petit village bourguignon adorable longeant l'Yonne. Jadis, c'était un port d'embarquement pour les vins.

Où dormir? Où manger?

▲ |●| *Auberge des Tilleuls :* 12, quai de l'Yonne. À 13 km d'Auxerre en direction d'Avallon, sur la départementale. ☎ 03-86-42-22-13. Fax : 03-86-42-23-51. Fermée le mercredi soir et le jeudi hors saison, ainsi que du 18 décembre au 18 février. Près d'Irancy et de Saint-Bris-le-Vineux, une petite halte au bord de l'eau et sous les... tilleuls! Si vous êtes tenaillé par la faim, même à une heure indue pour déjeuner, vous serez sans nul doute attiré par la terrasse ombragée. Nous, on a été agréablement surpris par le jambon à la chablisienne, servi de façon raffinée avec champignons et petits lé-gumes, moelleux à souhait, nappé d'une sauce onctueuse, à 95 F. Par contre, les desserts sont un peu décevants et les prix peut-être un peu excessifs malgré le charme de l'endroit. Où sont les doux prix de la campagne jolie? Premier menu à 140 F (sauf le samedi, le dimanche midi et les jours fériés), puis menus à 230 et 290 F. Pour dormir, 5 chambres à la déco toute simple mais pas désagréables, qui donnent sur une route longeant l'Yonne. Autour de 300 F pour une double avec douche, 400 F avec bains. Salle de resto fleurie et emplie de tableaux.

IRANCY (89290)

À 2 km de Vincelottes. On peut y aller en voiture ou, mieux, à pied. Croquignolet village fleuri, blotti au creux d'un vallon et tout entouré de vignes. Village natal de Soufflot, l'architecte du Panthéon à Paris. Pas d'hôtel mais, Bourgogne oblige, des producteurs y vendent directement leur vin. L'irancy est le seul bourgogne rouge, produit dans l'Yonne, qui bénéficie d'une appellation particulière. Un des plus agréables est celui produit par *Léon Bienvenu*. ☎ 03-86-42-22-51. Un vin bien en bouche qui ne vous décevra jamais.

★ Voir *l'église* dont les contreforts présentent une belle ornementation Renaissance. Près de la mairie, l'élégante *demeure de Soufflot*.

★ Prendre la route qui grimpe vers Saint-Bris-le-Vineux. De là-haut, superbe panorama sur Irancy et la vallée de l'Yonne.

SAINT-BRIS-LE-VINEUX (89530)

Grosse bourgade vinicole sur la D956.

À voir

★ *L'église :* particulièrement séduisante. Belle façade sur la place centrale. Sur le côté, beau portail à accolade. En arrivant sur le chevet par la rue de l'Église, on en saisit toute l'harmonieuse architecture. Sur la gauche du chevet, porte monumentale Renaissance à deux tourelles.

Pour visiter, si c'est fermé, demander la clé à la maison devant la cabine téléphonique au bout de la place (volets gris). À l'intérieur, on remarque tout de suite la grande richesse de l'ornementation (surtout dans la nef de gauche longeant le chœur) correspondant à l'aisance des viticulteurs bailleurs de fonds. Dans la nef de droite, tombeau de saint Côt avec une inhabituelle clé pendante très basse. Belle chaire en bois sculpté du XVe siècle (sur les panneaux, représentation de la flore et de la faune). Jeter plus qu'un œil distrait sur les vitraux du XVIe siècle. Mais le must, c'est l'arbre de Jessé (sur le côté droit du chœur) peint en 1500 et figurant la généalogie du Christ (intéressants costumes d'époque).

★ De nombreux viticulteurs du village possèdent de très anciennes et pittoresques *caves*. Sans aller bien loin, derrière l'église, la *cave Bersan* en propose, qui datent du XIe siècle (et leur sauvignon blanc est bien fruité).

À voir dans les environs

★ *Chitry-le-Fort :* pour l'*église fortifiée Saint-Valérien*. Tourelle avec meurtrière sur le côté et énorme donjon à encorbellement. Tout autour, beaux paysages de coteaux, notamment depuis la route de Chablis.

CRAVANT (89460)

Au confluent de la Cure et de l'Yonne, aimable bourgade anciennement fortifiée. Vestiges d'un donjon avec tourelle octogonale. Accès par la porte du Pont (du XVIIIe siècle) de la N6. Devant la ville se déroula une célèbre bataille en 1423 entre Anglais et Bourguignons d'un côté, Français et Écossais de l'autre.

L'*église* présente un remarquable clocher orné de pilastres avec chapiteaux aux ordres grecs.

Dans la rue principale (la rue d'Orléans, avec le syndicat d'initiative), voir la *maison forte* avec tourelle ronde d'angle et, surtout, la *maison de bois,* la plus ancienne du village. N'ayant pas été restaurée, elle possède un charme émouvant. Date de 1527.

MAILLY-LE-CHÂTEAU (89660)

Encore un petit village superbe. Ancien bourg fortifié accroché sur un promontoire dominant l'Yonne. Église du XIIIe siècle. De la terrasse, jolie vue (encore une !) sur l'Yonne et les collines du Morvan. Au pied de la falaise, Mailly-le-Bas. Pittoresque aussi avec ses trois cours d'eau parallèles, autant de ponts, ses petites écluses, ses délicieuses promenades. Jolie place en triangle avec petite fontaine publique au milieu et maison à pignon.

Où dormir ? Où manger ?

🛏 🍽 *Le Castel :* place de l'Église, Mailly-le-Château (le Haut). ☎ 03-86-81-43-06. Fax : 03-86-81-49-26. Fermé le mercredi, et de mi-novembre à mi-mars. Sur une place de village presque caricaturale (l'église, la mairie...), solide maison fin XIXe siècle, cachée derrière une cour ombragée de tilleuls. Elle abrite un hôtel et un restaurant d'un bon rapport qualité-prix. Les deux sont d'ailleurs indissociables puisque la demi-pension est ici obligatoire. Les chambres ne respirent pas toutes la joie de vivre mais elles sont progressivement rénovées. Aussi, demandez à en voir plusieurs (si possible) avant de faire votre choix. Pour l'instant, on vous conseille les nos 1, 6, 9 et 10. Doubles de 200 à 230 F (avec lavabo), 300 F avec douche et w.-c., et de 310 à 340 F avec bains. Premier menu à 75 F puis de 100 à 140 F, et la carte. Demi-pension (340 F par personne) obligatoire au-delà de trois jours.

À faire

– *Quatre circuits pédestres* balisés à partir de la terrasse : *circuit du parc,* par le canal et bois du parc (6 km) ; *circuit du Bel-Air,* par le château des Ports et les falaises de Bel-Air (4 km) ; *circuit de la vallée de Lisigny,* par les vignes Poupin (5 km) ; *circuit de Malassise,* par le Beauvais, la ferme et les bois de Malassise (8 km).

LES ROCHERS DU SAUSSOIS

Au sud de Mailly-le-Château, superbes falaises calcaires de 50 m surplombant l'Yonne. Cheminées de fée et sentiers raides à travers les rochers. En arrivant de Mailly-le-Château, prendre la route goudronnée, direction Bois-du-Fourneau sur la gauche. Elle grimpe au sommet de la falaise. De là-haut, panorama superbe sur la vallée de l'Yonne. À vos pieds, le petit bourg avec son moulin le long de la rivière est tout à fait pittoresque.

ARCY-SUR-CURE (89270)

Célèbre pour ses *grottes* qui pénètrent la falaise bordant la rivière. Certaines sont connues depuis très longtemps. Buffon, le seigneur de Montbard, y venait en voisin. Ouvert tous les jours, des Rameaux au 11 novembre, de 10 h à 12 h 30 et de 14 h à 18 h. La visite guidée, obligatoire, vous conduira à travers stalactites et stalagmites dans de nombreuses galeries et vastes salles souterraines. Renseignements : ☎ 03-86-81-90-63.

★ *Le manoir du Chestenay :* à 800 m des grottes. ☎ 03-86-81-93-41. Ouvert en juillet et août tous les jours de 10 h 30 à 12 h et de 14 h 30 à 18 h. Hors saison, les week-ends du printemps et jours fériés aux mêmes horaires. Fermé le dimanche matin. Le propriétaire (ses ancêtres y ont habité pendant neuf siècles), vrai châtelain, vous étonnera (ou vous agacera) par son étrange et insolite visite-conférence : une heure durant, il explique les messages cachés des sculptures, vous initie au calcul du nombre d'or, aux symboles de l'homme et de la matière.

★ *Les roches de Saint-Moré :* passer sous le tunnel routier à 1 km au sud des grottes d'Arcy-sur-Cure. Se garer à la sortie sud du tunnel. Là, prendre

le petit chemin de terre (vers le nord) qui longe la falaise. On rejoint la nationale après 40 mn de marche. Les sportifs peuvent emprunter un sentier
assez pentu qui escalade la falaise. De là-haut, panorama superbe sur toute
la vallée.

VÉZELAY (89450)

Vézelay ne mérite pas seulement une visite pour sa célèbre basilique, haut
lieu de l'histoire et de la chrétienté. C'est aussi un charmant petit village de
550 habitants perché sur une colline dominant à la fois la vallée de la Cure et
le nord du Morvan.
L'abbaye fut connue de l'Europe entière, dès le XIe siècle, pour abriter les
reliques de sainte Madeleine. Elle fut le point de départ de la 2e croisade prê-
chée par saint Bernard. Plus tard, le roi de France Philippe Auguste et le roi
d'Angleterre Richard Cœur de Lion s'y donnèrent rendez-vous pour le début
de la 3e croisade. Saint François d'Assise choisit la colline pour y fonder le
premier monastère franciscain en France. Au cours des siècles, Vézelay fut
une étape essentielle pour les pèlerins qui se dirigeaient vers Saint-Jacques-
de-Compostelle. Cela explique l'importance de la basilique, comparée à la
petitesse du village. Bref, Vézelay vivait déjà beaucoup du tourisme. Les
amoureux de belles pages de littérature reliront Romain Rolland, Jules Roy,
Max-Pol Fouchet et même un certain François Mitterrand !

Comment y aller ?

– *Par la route :* autoroute A6 (direction Lyon). Sortir à Avallon puis emprunter la D957 jusqu'à Vézelay (15 km).
– *Par le train :* 7 trains par jour en moyenne pour Avallon, de la gare de
Lyon (changement à Auxerre ou Laroche-Migennes). Durée : 2 à 3 h. Renseignements S.N.C.F. : ☎ 08-36-35-35-35 (2,23 F la minute) ou 03-86-34-
01-01. Internet : www.sncf.fr. À la gare d'Avallon, location de voitures chez
Europcar : 28, rue de Lyon. ☎ 03-86-34-39-36. Ou chez *Renault :* ☎ 03-86-
34-19-27.
– D'Avallon, pas de bus le week-end pour Vézelay.

Adresses utiles

◻ *Syndicat d'initiative :* rue Saint-
Pierre. ☎ 03-86-33-23-69. Fax : 03-
86-33-34-00. Attenant à la mairie.
Ouvert du 15 juin au 30 octobre de
10 h à 13 h et de 14 h à 18 h. Du
1er novembre au 14 juin mêmes horaires, mais fermé le jeudi.
◼ *Location de chevaux :* 89450
Uzy. ☎ 03-86-33-32-78. Promenades. 100 F l'heure, 180 F la demi-
journée.

Où dormir ? Où manger ?

Bizarrement très peu d'hôtels à Vézelay même. Une demi-douzaine au
maximum. Il est bon de réserver. Sinon, de superbes adresses dans les
environs pour ceux qui ont le courage de faire quelques kilomètres (vallée du
Cousin et vallée de la Cure).

Très bon marché

🛏 *Auberge de jeunesse :* route de l'Étang. ☎ 03-86-33-24-18. À peine à l'écart du village. D'accord, il n'y a pas la vue sur la basilique mais la nature alentour est superbe. Chambres de 4 à 6 lits et un dortoir de 10 lits dans un ensemble de bâtiments sans grand charme. Mais l'accueil fait oublier le cadre. 51 F la nuit (45 F pour les membres des A.J.). 10 % de réduction sur le prix de la chambre sur présentation du guide. Cuisine à disposition et grande salle commune. Bien tenue.

De bon marché à prix moyens

🛏 🍴 *Hôtel de la Terrasse :* place de la Madeleine. ☎ 03-86-33-25-50. Fermé le mardi et le mercredi midi. D'emblée le mieux situé. Petite maison de pierre tout à côté de la basilique. Mais 2 chambres seulement donnent directement sur la façade. Chambres doubles de 130 F avec lavabo à 250 F avec douche et w.-c. Fait également brasserie.

🍴 *Le Bougainville :* 26, rue Saint-Étienne. ☎ 03-86-33-27-57. Fermé le mardi soir et le mercredi, ainsi que du 1er décembre au 1er février. Une agréable surprise dans ce village où les petits prix sont pratiquement aussi rares que les ours en liberté. Dans une belle et ancienne maison très fleurie, voici un restaurant qui reste abordable. Un délicieux

1er menu à 79 F (servi tous les jours) fidèle aux recettes locales (œufs pochés en meurette, jambon à l'os à la morvandelle) et servi dans le cadre agréable d'une salle à manger dotée d'une magnifique cheminée ancienne. Autres menus à 98, 128 et 185 F.

🍴 *À la Fortune du Pot :* à l'entrée du village. ☎ 03-86-33-32-56. Bonne petite cuisine à prix raisonnables. Menu à 68 F. Atmosphère sympa.

Plus chic

🛏 🍴 *Hôtel de la Poste et du Lion d'Or :* place du Champ-de-Foire. ☎ 03-86-33-21-23. Fax : 03-86-32-30-92. Fermé du 12 novembre au 26 mars. Cet ancien relais de poste, superbe bâtisse recouverte de lierre, est une très agréable étape. D'un côté, les chambres donnent sur la basilique, de l'autre sur le vallon (les nos 11, 17, 42, 40 et 34). Elles sont bien tenues et décorées avec goût. Doubles à partir de 330 F et jusqu'à 600 F. 10 % de réduction sur le prix de la chambre sur présentation du guide de mars à juin ou apéritif maison. Un restaurant avec une très belle terrasse vous propose un 1er menu à 98 F tandis qu'une carte, assez chère, marie plats classiques et régionaux : œufs en meurette, escargots de Bourgogne, carré d'agneau parfumé à la sauge, pigeon rôti ou, en saison, fricassée de girolles et de cèpes.

Où dormir ? Où manger dans les environs ?

🛏 *Le Moulin des Templiers :* vallée du Cousin, 89200 Pontaubert. ☎ 03-86-34-10-80. Ouvert du 15 mars au 31 octobre. Venant de Vézelay, tourner à droite sitôt passé le pont (bien indiqué). Au bord de l'eau et en pleine nature. Grande demeure ocre. Un certain charme. Grand jardin. Chambres agréables à partir de 270 F avec douche et w.-c., de 320 à 380 F avec bains. Pas de resto.

🛏 🍴 *Hostellerie du Moulin des Ruats :* entre Avallon et Vézelay (à

10 km de Vézelay). ☎ 03-86-34-97-00. Fax : 03-86-31-65-47. Fermée le lundi et le mardi midi pour le resto, et du 15 novembre au 15 février. Située après l'adresse précédente. À Pontaubert, en venant d'Avallon, tourner à gauche juste avant le pont. La petite route longe la vallée verdoyante du Cousin sur 2 ou 3 km. Dans cet ancien moulin, tout recouvert de lierre, les 24 chambres coûtent de 370 à 650 F. Demi-pension obligatoire les week-ends « prolongés » et jours de fêtes : à

partir de 450 F par jour et par personne. Sinon, menus à 155 et 235 F et une carte assez chère. L'été, on peut manger dehors au bord de la rivière. Agréables promenades à pied le long de la rivière et dans les sousbois.

🏠 |●| *Auberge des Brizards :* 89630 Quarré-les-Tombes. ☎ 03-86-32-20-12. Fax : 03-86-32-27-40. À 30 km au sud-est de Vézelay par la D36 puis la D10 ; à Quarré-les-Tombes, prendre la direction Saint-Léger-Vauban. Fermeture annuelle en janvier et début février. Que peut-il y avoir de plus romantique au monde que cette charmante auberge ? Enfouie dans la forêt profonde du Morvan, complètement isolée, elle semble sortir d'un conte de fées, tant les environs sont magnifiques et les parfums champêtres enivrants. Chambres doubles de 220 à... 950 F. Cette dernière étant une adorable « maison de poète » offrant, l'hiver, un feu de bois à ses hôtes et, l'été, la fraîcheur de ses vieilles pierres. Au restaurant, menus à 100 F (sauf les samedi, dimanche et jours fériés), 170, 185 et 300 F, servis avec le sourire, dans une salle claire, spacieuse, qui n'a plus rien à voir avec celle où grand-mère Odette recevait ses clients, au milieu des terrines et des bocaux. Ici, il faut goûter la tourte de cochon et le vrai boudin aux pommes maison. Pension complète (3 jours minimum), de 380 à 620 F par personne.

À voir

Vézelay se visite à pied. L'idéal est de garer sa voiture sur la place du Champ-de-Foire, au pied du village. En empruntant la rue principale qui grimpe à la basilique, on longe plusieurs *maisons* anciennes dont celle de Romain Rolland.

★ *La basilique de la Madeleine :* ouverte toute l'année du lever au coucher du soleil ; en saison, de 7 h à 19 h 30. Elle comprend à la fois des éléments romans du XIIe siècle (la nef et le narthex) et des parties gothiques du XIIIe siècle (chœur et transept).

La façade fut restaurée par Viollet-le-Duc au XIXe siècle, à la demande de Mérimée, inspecteur des Monuments historiques.

On pénètre d'abord dans le narthex (vestibule) avec ses quatre imposants piliers. Au-dessus du portail central, l'admirable tympan de la Pentecôte, fort bien conservé, date de 1120. Il représente la mission des Apôtres après la Résurrection avec, au centre, le Christ assis sur un trône, dit Christ en majesté. Noter le superbe drapé, presque en mouvement. Intéressant de détailler le tympan de droite : thèmes de l'Annonciation, la Visitation et la Nativité. Au-dessus, l'Adoration des mages.

La nef romane impressionne par sa perspective grandiose. Les chapiteaux des colonnes offrent des scènes très variées dont les thèmes sont tirés de la Bible. Un des plus connus est *le Moulin mystique* (4e pilier sur la droite) : un homme verse du blé dans un moulin tandis qu'un autre recueille la farine.

La seule ornementation se limite aux décorations florales qui soulignent les lignes architecturales principales de l'église (étages, voûtes, etc.).

En vous dirigeant vers le chœur, de style gothique, ne manquez pas de descendre à la petite crypte avec ses douze colonnes reposant directement sur le rocher. La faible hauteur de voûte donne une atmosphère à la fois intime et médiévale. On s'attend presque à y surprendre un croisé en prière.

Sur le côté droit de la nef, on peut jeter un œil à la partie du cloître refaite par Viollet-le-Duc. La salle est soutenue par six voûtes d'ogives assez harmonieuses.

★ *Le Musée lapidaire :* dans l'ancien dortoir des moines. Ouvert l'été de 10 h à 12 h et de 14 h à 18 h.

★ Derrière la basilique s'étend une vaste terrasse plantée d'arbres. Un ancien **chemin de ronde** longe les remparts. La vue sur la campagne, tellement bien préservée ici, est superbe. On comprend que Vézelay fasse partie du patrimoine mondial de l'Unesco... Derrière la basilique toujours, légèrement en contrebas, le vieux et le nouveau **cimetière**. Les tombes du premier sont bien exposées au sud. De l'ancien chemin de ronde on domine les villages des alentours, tels Asquins et Saint-Père.

On peut se rendre à pied de Vézelay à Asquins par l'antique chemin des pèlerins qui passe par la Cordelle, l'endroit où saint Bernard prêcha la 2e croisade.

★ Pour redescendre à la place du Champ-de-Foire, on peut emprunter la ruelle sur la droite (avec la basilique dans le dos). Jolies **maisons** en pierre dont celle de feu Max-Pol Fouchet.

SAINT-PÈRE (89450)

Village blotti au pied de la colline de Vézelay (2 km). Il s'y cache un joyau souvent ignoré des touristes : la petite *église Notre-Dame-de-Saint-Père,* merveille de l'art gothique. C'est un véritable défi que les villageois de Saint-Père lancèrent alors aux abbés de Vézelay. De taille humaine, c'est une dentelle de colonnettes, d'arcades, de statues. Le tout très ouvragé. À chacun des angles du clocher, des anges sonnent de la trompette, tandis qu'audessus des chevaliers combattent des monstres. Sur la route de l'église, un sabotier resté fidèle à ses vieux outils.

Dans le presbytère, un *musée* abrite les objets trouvés lors des fouilles des Fontaines-Salées où existait autrefois un sanctuaire gaulois (voir ci-après). On se promènera aussi le long des charmants chemins de Vézelay : celui de la « Messe » qui monte à Vézelay, celui des « Nourrices », etc.

★ À 2 km, sur la route de Pierre-Perthuis, voir les **Fontaines-Salées :** site archéologique, thermes et lieu de culte romain en raison des bienfaits de la source d'eau chlorurée et radioactive (on peut remplir ses gourdes). Entrée : 12 F.

Où manger ?

I●I *Le Pré des Marguerites :* juste en face de *L'Espérance* et même direction, mais bien plus abordable. ☎ 03-86-33-33-33. Agréable resto installé dans un pré et le long d'un ruisseau, paradis des canards, des poules et des dindons. Cuisine régionale plutôt rustique et savamment préparée. Menus à 70 F (en semaine), et de 120 à 230 F. Pour avoir l'impression de goûter à la cuisine du grand Meneau, devenue inabordable pour un routard même fortuné.

Où dormir ? Où manger ? Étape équestre...

â I●I *Les écuries du Moulin de Sœuvres :* entre Sœuvres et Fontenay-près-Vézelay. ☎ 03-86-33-31-07. 8 chambres, un dortoir de 20 places. Une étape agréable pour tous et spécialement pour les cavaliers qui trouveront tout le matériel, le logement et la nourriture pour leurs montures (bien que désormais il n'y ait plus de chevaux sur place). Piscine et VTT. Table d'hôte délicieuse et abondante.

LA VALLÉE DE CHEVREUSE
Chevreuse. Le château de Breteuil. Cernay-la-Ville.
Les Vaux de Cernay. Senlisse. Dampierre-en-Yvelines.
L'ancienne abbaye de Port-Royal-des-Champs. Châteaufort.

Si près de la capitale, un haut lieu de promenade et d'oxygénation des Parisiens.

L'Yvette et ses affluents ont profondément creusé le plateau et enfanté de riantes vallées bordées de collines, d'où dégringolent des bois magnifiques. Et cette vallée de Chevreuse (au fait, ne cherchez pas de rivière à ce nom : Chevreuse est le bourg principal de la vallée, c'est tout) a conservé un cachet unique : le long de petites routes sinueuses s'égrènent souvenirs historiques, châteaux parfois superbes (Breteuil, c'est tout de même quelque chose!), et villages charmants...

Bien sûr, pareil îlot de verdure et d'agrément à quelques minutes de Paris (deux ou trois en avion, un peu plus en voiture) attire les convoitises, et le site n'est pas à l'abri des opérations immobilières. Et quelques lotissements prétentieux et sans grâce grignotent lentement les bois et les champs. Une anecdote : le propriétaire de la ferme de Port-Royal, située dans un coin merveilleux, eut un jour la surprise de recevoir la visite de promoteurs immobiliers aux dents longues avec des offres de rachat faramineuses. Explication : un journal avait, par une fausse nouvelle, annoncé que le domaine était en vente. Une façon habile d'utiliser les médias pour faire pression. D'autres histoires courent sur des ensembles et lotissements construits sans tenir compte des décrets de protection des sites.

Bref, cette vallée de l'Yvette suscite bien des convoitises, mais il subsiste néanmoins de très beaux coins. En voici quelques-uns.

Comment y aller?

– **Par la route :** de la porte de Châtillon, N306, en direction de Rambouillet. Autre itinéraire : du pont de Sèvres par l'autoroute d'Orléans-Chartres jusqu'au Christ-de-Saclay.
– **Par le R.E.R. :** ligne de Sceaux (R.E.R.-ligne B) jusqu'au terminus Saint-Rémy-lès-Chevreuse.

Adresses utiles

◼ *Office du tourisme de Saint-Rémy :* 1, rue Ditte (en face de la station du R.E.R. Saint-Rémy-les-Chevreuse, terminus ligne B). ☎ 01-30-52-22-49. Ouvert les mercredi et samedi de 9 h à 12 h 45 et de 13 h 30 à 15 h 45, les dimanche et jours fériés de 10 h à 12 h 45 et de 13 h 30 à 16 h 45. Bonne documentation touristique et carte des randonnées du parc naturel régional de la haute vallée de Chevreuse, avec gîtes d'étape.

◼ *Location de vélos :* Loisirs VTT, à Dampierre, ☎ 01-30-52-56-40. Ouvert toute l'année, réservation impérative (surtout en semaine). 80 F la demi-journée, 130 F la journée. Pour 10 F supplémentaires par vélo (à partir de 2 vélos), on vous les apporte à la gare de Saint-Rémy ou on vient vous chercher, au choix. Circuits fournis.

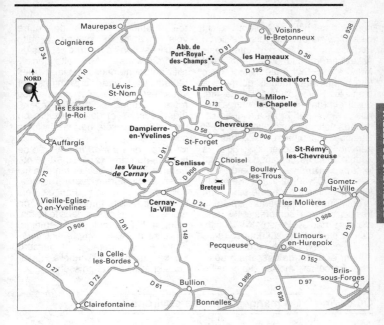

LA VALLÉE DE CHEVREUSE

CHEVREUSE (78460)

Chevreuse, « pays des chèvres », c'est le vrai centre de la vallée, à équidistance de la plupart des points d'intérêt. Un imposant château féodal assez ruiné domine le bourg. Beaucoup de monde dès le retour des beaux jours dans cette ville dont Fabre d'Églantine (auteur du fameux tube « Il pleut, il pleut, bergère... ») fut le premier maire révolutionnaire.

Adresse utile

🛈 *Office du tourisme :* 2, place de Luynes (face à la mairie). ☎ 01-30-52-02-27. Ouvert de 10 h à 12 h et de 14 h à 17 h les mercredi et samedi ; de 10 h à 12 h le dimanche. Accueil aimable et compétent. Bien documenté.

🛈 *Maison du parc naturel de la Vallée de Chevreuse :* au château de la Madeleine (voir plus bas). ☎ 01-30-52-09-09. Ouvert du lundi au samedi de 14 h à 17 h 30 ; le dimanche de 10 h à 17 h 30.

Où dormir ? Où manger ?

🛏 |●| *Auberge la Brunoise :* 2, rue de la Division-Leclerc. ☎ 01-30-52-

15-75. Fax : 01-30-52-33-87. Fermée le mardi soir et le mercredi. Les repreneurs de cet hôtel-restaurant veulent bien faire, surtout côté resto : salle ou terrasse aux tables proprettes mais assez serrées, ça met de l'ambiance ! Menu à 85 F tout à fait correct, avec une pintade aux moules qui nous a bien plu. Plateaux de fruits de mer aussi, abordables et bons. Autres menus à 135 et 185 F, et, à midi en semaine, petit menu du jour à 65 F. Quelques chambres aussi, bas de gamme et pas chères : 180 F la double, mais ça ne vaut pas plus.

|●| *Les Bannières :* 16, rue de Versailles. ☎ 01-30-52-25-51. Fermé le lundi, le samedi midi et le dimanche midi. Pierres apparentes, plafond bas et poutres sombres dans une maison médiévale du XIVe siècle, c'est le cadre agréable pour se régaler à bon prix. Buffet d'entrées, plat du jour et buffet de desserts à 60 F. Honnête cuisine maison, tel ce lapin rôti aux endives braisées dont notre voisin n'a cessé de se réjouir : « Qu'il est bon ce lapin ! c'est pas du lapin chimique ! ». Mais attention : y aller de bonne heure le midi, car les buffets sont vite consommés, et vous risquez de n'avoir que les restes. Crêpes et galettes également réussies et quart de cidre ou vin à 10 F. Le soir, ne fait d'ailleurs que crêperie.

|●| *Auberge du Moulin :* 56, rue de la Porte-de-Paris. ☎ 01-30-52-16-45. Fermée les lundi soir et mardi ainsi qu'en septembre. Cadre rustique. Jolie salle à manger. Feu de bois dès les premiers frimas. En été, on mange sur la terrasse dans le jardin. Menu à 90 F, à midi et en semaine, un autre à 140 F comprenant hors-d'œuvre, plat, fromage et dessert. Bonne cuisine traditionnelle. Quelques spécialités de poisson.

Où dormir ? Où manger dans les environs ?

⌂ |●| *Hôtel au Bord du Lac :* 2, rue de la Digue, 78470 Saint-Rémy-lès-Chevreuse. ☎ 01-30-52-00-43. Fax : 01-30-47-14-84. Fermé le dimanche soir et le mercredi hors saison. Ouvrir sa fenêtre au petit matin et découvrir un lac encore endormi est un plaisir rare en région parisienne. Cependant, avoir une chambre toute nette est appréciable aussi, et ce n'était pas le cas lors de notre dernier passage. Accueil un peu froid. Doubles de 190 à 320 F. Fait aussi restaurant. Menus à 118 F (en semaine), 138 et 175 F.

|●| *Auberge de la Chapelle :* rue de Romainville, 78470 Milon-la-Chapelle. ☎ 01-30-52-10-00. Fermée le lundi et le mardi. À la sortie de Chevreuse en direction de Saint-Rémy, prendre la D46 à gauche : Milon-la-Chapelle est à 5 km, et l'auberge se trouve dans l'avenue principale de ce petit village, sur la droite. Atmosphère conviviale et cadre fleuri agrémenté de lithos dans ce petit resto bien sympathique. Le midi en semaine, formule à 95 F ; sinon, formule à 135 F et menus à 149 et 190 F. Un peu cher donc. Accueil et service aimables de la patronne.

À voir

★ *Le château de la Madeleine :* en cours de rénovation, il ne se visite malheureusement que partiellement. Entrée par la poterne sud, où se trouve la Maison du parc naturel de la vallée de Chevreuse. ☎ 01-30-52-09-09. Ouvert du lundi au samedi de 14 h à 17 h 30, et le dimanche de 10 h à 17 h 30. Pour y aller, à pied, de la place des Halles, emprunter le chemin Jean-Racine. C'est en effet l'itinéraire que suivait ce dernier pour se rendre à Port-Royal et qui fut, en 1939, jalonné de bornes, chacune portant deux vers du poète. En voiture, prendre à l'entrée de Chevreuse en venant de Saint-Rémy, sur la droite, le chemin de la Butte-des-Vignes. C'est indiqué.

Le château, juché sur un éperon dominant la vallée de l'Yvette, fut fondé au milieu du XIᵉ siècle, mais son actuelle physionomie date dans l'ensemble du XIVᵉ siècle. Bel exemple des châteaux forts de légende, il fut en partie démantelé par Louis XI. En effet, le seigneur de céans soutenait la ligue du Bien public, dangereuse pour le pouvoir royal. Il en fut châtié. À voir, le gros donjon rectangulaire, seul vestige de la fondation du XIIᵉ siècle et exemple parfait du donjon roman archaïque. De la tour à mâchicoulis, beau panorama sur toute la vallée.

★ Dans le bourg, *église Saint-Martin* (ouverte de 9 h à 18 h : fait devenu rare aujourd'hui, où la plupart des églises sont bouclées), en pierre meulière avec clocher du XIIᵉ siècle. À l'intérieur, fragments de vitraux du XVIIᵉ siècle et beau mobilier : *La Sainte Conversation,* primitif italien, et remarquable bois sculpté du XVᵉ (*Christ descendu de la croix*).

À faire

– *Balade dans Chevreuse*, en suivant le plan commenté conçu par les enfants (disponible à l'office du tourisme). Amusant et sympa. On découvre ainsi la *maison des Bannières* (XIVᵉ siècle), rue de Versailles. Mais non, pas les drapeaux, les impôts voyons ! Les droits banniers ou banalités perçus par le seigneur. Alors, on a oublié ses leçons d'histoire ? À propos, quel effet cela vous ferait si on remplaçait impôt par banalité ? Mais nous, ce qu'on a préféré c'est la *promenade du vieux lavoir et des petits ponts* le long de l'Yvette...

– *Randonnée pédestre « Racine à Chevreuse » :* balade de 8 km. Compter 2 h 30 aller et retour sans les arrêts. L'un des sentiers les plus pratiqués d'Île-de-France (les « Champs-Élysées de la rando »).
Suivez le jeune Jean Racine déjà poète, qui, après un verre à Chevreuse, s'en allait chez ses parentes de Port-Royal-des-Champs, en une promenade familiale et champêtre autour du château de la Madeleine et du parc naturel régional de la haute vallée de Chevreuse (renseignements : ☎ 01-30-52-09-09). Balisage : jaune, orange, blanc et bleu des différents sentiers. Attention à ne pas les mélanger. P.R. réf. : « Fiches de randonnées du parc régional de Chevreuse ». Topoguide « P.R. Yvelines », éd. FFRP. Carte I.G.N. au 1/25 000, n° 2215 E.
Le véritable itinéraire de Jean Racine part de la place principale de Chevreuse. Balisé en jaune, il monte jusqu'au pied des remparts du château de la Madeleine. Les paresseux peuvent laisser leur voiture sur le parking du château. Une plaque de marbre, apposée au mur d'une villa, évoque par quelques vers le poète. Le sentier P.R. Jean-Racine continue par des futaies de chênes, de charmes, de hêtres et des allées de sable gréseux d'où émergent quelques pierres meulières.
Les curieuses bornes du Touring Club de France balisent l'itinéraire. Elles évoquent les poèmes du très jeune Racine. Il n'en était qu'à ses débuts, mais se débrouillait déjà plutôt bien :

> « Là l'on voit la biche légère
> Loin du sanguinaire aboyeur
> Fouler, sans crainte et sans frayeur
> Le tendre émail de la fougère... »

Un véritable jeu de piste pour retrouver les sept bornes le long des sentiers et des champs. Le sentier continue jusqu'au carrefour du Roi-de-Rome, à l'ouest. Il rejoint le bois de la Madeleine, le carrefour de Milon-la-Chapelle et une allée forestière cavalière balisée en orange qui se dirige vers l'est.
L'itinéraire croise ensuite le circuit jaune venant de Port-Royal et menant à Chevreuse par la forêt du Claireau. Vous le suivrez pour revenir sur vos pas.

Fêtes

– *Fêtes de l'été :* premier week-end de juin, avec, à la fin, un spectacle son et lumière (embrasement du château, très spectaculaire).

LE CHÂTEAU DE BRETEUIL

Un beau château perdu dans la campagne au milieu d'un parc de 70 ha. Construit en 1604, il présente la particularité d'être l'un des rares en France qui soient restés dans la même famille et transmis de père en fils en ligne directe. De la période d'Henri IV, il ne subsiste que le corps de logis central en brique et pierre. Les remaniements et les constructions nouvelles du XIXe siècle ne brisent pourtant pas l'harmonie de l'ensemble. Joli jardin à la française avec pièces d'eau et rangées de cyprès taillés.

Comment y aller ?

En voiture

– De Saint-Rémy, sortir par la D938 en direction des Molières puis, à 2 km, prendre à droite vers Boullay-les-Troux et suivre le fléchage « Château de Breteuil ».
– De Chevreuse, sortir par la N306 en direction de Cernay-la-Ville. À 3 km environ, tourner à gauche vers Choisel et Herbouvilliers et suivre les indications.

À pied

– De Chevreuse ou de Saint-Rémy, emprunter le G.R. 11 jusqu'à Herbouvilliers, puis le sentier de petite randonnée jusqu'au château par la forêt.

Horaires

Ouvert tous les jours, toute l'année, le parc à partir de 10 h et le château à partir de 14 h 30 (dès 11 h les dimanche et jours fériés, ainsi que pendant les vacances scolaires parisiennes).
Visite guidée (dernière visite à 17 h 30, plus tard le week-end). Pour de plus amples renseignements : ☎ 01-30-52-05-02.

La visite

Vivante et bien mise en forme (guides costumés), la visite est par ailleurs dense et agréable, chaque salle étant toujours meublée et décorée remarquablement. Très belles vaisselles en porcelaine de Sèvres, et, plus rares, en faïence de Stockholm (1746). Çà et là, de délicats portraits dont celui au pastel d'une jeune fille charmante, puis des fauteuils, commodes ou secrétaires pas vilains non plus – tout comme dans la bibliothèque ces rares éditions originales, œuvres complètes de Voltaire et autres encyclopédistes.
Mais le fleuron, la perle du château reste la *table de Teschen,* un meuble-bijou, table ovale au plateau pavé de 128 pierreries et pierres semi-précieuses, toutes numérotées et répertoriées sur un carnet que l'on peut consulter. Splendide.

Ailleurs, on admire une *horloge à cadran double,* l'un donnant l'heure (normal!), l'autre, au revers, la date et le mois... qu'on ne peut consulter que réfléchi dans la glace devant laquelle l'horloge doit être posée. Du grand art! Ailleurs encore, les *livres d'Égypte* ou la réplique du *collier de la Reine* (il n'y en aurait que trois au monde) vous épatent, tout comme au sous-sol les superbes cuisines reconstituées. Vraiment, chez les Breteuil, on se rince l'œil!

Précisément, le plaisir de la visite tient aussi au fait qu'on y suit l'histoire d'une dynastie, celle des Breteuil. Les portraits, collections, meubles ou documents ont toujours trait à l'un ou l'autre de ses membres. Parmi eux saluons Mme du Châtelet, égérie de Voltaire. Bien qu'elle fût en son temps célèbre d'abord pour ses nombreux amants, la postérité lui reconnaît d'avoir été l'une des premières grandes mathématiciennes, tout de même traductrice de Newton. Et l'histoire de famille prend toute sa dimension lorsque Monsieur le Marquis, ou Madame, commentent la visite avec une inénarrable verve aristocratique chez eux naturelle et plaisante (événements qui ont lieu le dimanche surtout).

– Autre originalité, la quarantaine de ***personnages en cire*** réalisés par le musée Grévin, et qu'on retrouve dans des reconstitutions de scènes historiques et de contes de Perrault. Ici Proust bouquine tranquillement allongé dans la chambre d'amis. Au salon, le prince de Galles, Gambetta et Henri de Breteuil tiennent la réunion du 12 mars 1881 qui décidera de l'entente cordiale entre la France et l'Angleterre. Ailleurs, ravissement pour petits et grands, la Belle au bois dormant repose en une scène féerique...

– D'autres personnages de Perrault hantent aussi *le parc*, où même la maison du Petit Chaperon Rouge est reconstituée. Très agréable aire de jeux. On peut également visiter la *glacière,* grotte où l'on stockait la glace des étangs, ramassée pendant l'hiver. La réfrigération n'existant pas, cette glace permettait de conserver la viande et le poisson pratiquement toute l'année. Dans le *jardin des Princes*, nouvellement aménagé, fleurissent vers avril-mai trois cerisiers du Japon et une collection rarissime de pivoines arborescentes.

CERNAY-LA-VILLE (78720)

Petite bourgade-carrefour sur le chemin des Vaux de Cernay.

Comment y aller?

De la porte de Châtillon par la N306; situé 12 km avant Rambouillet.

Où manger?

|●| ***Auberge des Paysagistes*** : 6, Grand-Place. ☎ 01-34-85-21-14. Fermée le mardi et le soir les dimanche, lundi et mercredi, ainsi que 15 jours en septembre. Meurdesoif! Un nom pareil ça ne s'invente pas. C'est celui du patron, traiteur, qui propose un honnête menu à 85 F à midi en semaine, simple et copieux. Autres menus plus élaborés à 115 F et, le week-end, 148 F. Agréable terrasse surélevée donnant sur la place du village.

|●| ***Auberge la Ferme du Bout-des-Prés*** : à 1 km sur la route de Limours, au carrefour avec la D149, sur la droite. ☎ 01-34-85-29-04. Ouverte les samedi et dimanche midi. Une grande ferme-ranch un peu d'opérette (car bien propre, sans

bouse ni foin partout) comme en rêvent les citadins : étang, moutons, cochons et chèvres, et menu « paysan » à 155 F, boisson comprise : apéro, galettes, terrines, porcelet à la broche, légumes de saison, crottin et saint-marcellin, tarte aux pommes chaude, café, vin au tonneau. Le tout cuit au feu de bois. Le samedi midi, il y a souvent danse rétro, et des groupes déboulent par cars entiers...

LES VAUX DE CERNAY

C'est l'une des promenades les plus chouettes des environs de Paris, à 3,5 km de Cernay par la D24. Très calme en semaine, c'est évidemment plus fréquenté le dimanche. Petit affluent de l'Yvette, le ru des Vaux de Cernay tourne tout à coup à angle droit peu avant Cernay-la-Ville et creuse profondément le vallon. Quand on vient de Cernay, on surplombe sur sa droite tout le site. La route D91 venant de Dampierre est également pittoresque. Après Garnes, laisser la voiture au lieu-dit *Moulin des Rochers* où le ru passe sous la route. On trouve, comme à Fontainebleau, des amoncellements de rochers gréseux. Petite retenue d'eau.
Belle balade à pied de 1 h 30-2 h jusqu'à l'*ancienne abbaye,* en prenant le chemin à droite de la route et en remontant le ru jusqu'à l'étang de Cernay, au pied de pentes couvertes de bois et de beaux rochers. En cours de route, on rencontre de petites cascades appelées *Bouillons de Cernay.*

Où dormir ? Où manger ?

Dans l'abbaye bien sûr ! Les anciennes parties conventuelles ont été restaurées pour abriter un hôtel de luxe ; la table y est excellente. D'autre part on peut loger à moindres frais à l'*hôtel des Haras,* situé à l'entrée du parc.

🛏 |◉| *Hôtel de l'Abbaye des Vaux de Cernay et Table du Prieur :* ☎ 01-34-85-23-00. Fax : 01-34-85-11-60 et 20-95. Bien sûr ce n'est pas donné, mais quelle classe ! Mobilier d'époque, cadre somptueux de l'abbaye, du parc et du lac, calme absolu... La formule « week-end particulier » est à méditer : 2 nuits, 4 petits déjeuners et 4 dîners (1 980 F pour deux). D'autant qu'à la *Table du Prieur,* on ne se moque pas du monde : cuisine de haute volée. Menus à 160 F (en semaine), et de 260 à 395 F. Si c'est un luxe, nous le recommandons (par exemple) aux jeunes mariés. Certaines chambres semblent avoir été conçues pour eux, avec baignoire centrale, chaudes tentures et vue splendide.

Puis dîner aux chandelles pour se ragaillardir. De quoi s'ébattre comme des bêtes mais avec romantisme, heureuse et rare combinaison que nous vous souhaitons de connaître, chers lecteurs !
🛏 *Hôtel des Haras :* mêmes adresse et téléphone. Avec la double à partir de 390 F, on est bien loti. Sans doute le grand charme de l'abbaye n'est plus là ; ici le confort moderne a pris place – tout en respectant la belle architecture de ces anciens haras, où logeaient autrefois palefreniers et valetaille. Chambres plus simples et plus petites, lambrissées et meublées de rotin. Piscine, tennis, et jouissance du lac et du parc. Pas mal quand même, et pas si cher.

À voir

★ *L'abbaye des Vaux de Cernay :* arrivé devant la grande grille du parc (le plus souvent fermée), suivre sur la gauche la D24 jusqu'à l'entrée officielle (avec un bureau d'accueil). L'accès au parc et aux ruines de l'abbaye est désormais autorisé. ☎ 01-34-85-23-00. Ouvert tous les jours de 10 h à 18 h (19 h en été). Payant les samedi, dimanche et jours fériés : 25 F (15 F pour les enfants). Pour 75 F, vous aurez droit en plus à une boisson et une assiette de pâtisseries (forfait « salon de thé »). Possibilité de promenades en barque (en été seulement).

De cette ancienne abbaye cistercienne (XIIᵉ siècle) subsistent les murs de la nef de l'ancienne église abbatiale et une superbe rosace, quelques restes du cloître, la salle capitulaire à double travée voûtée en arête d'ogive (ne se visite pas), le cellier devenu salon de musique. En effet, certaines manifestations des *Grands Concerts de Paris-Île-de-France* s'y déroulent, et on doit dire que ce cadre enchanteur s'y prête admirablement.

– Pour retourner au Moulin des Rochers, continuer la D24 sur la gauche, en sortant du parc.

– De Cernay-la-Ville à Auffargis, la sinueuse D24 longe étangs et forêt peuplée de gibier que même la circulation dominicale parvient à peine à effrayer. Prudence donc ! Les cyclistes seront heureux d'apprendre que des petits chemins goudronnés ont été prévus à leur intention à travers les bois des Maréchaux.

VALLÉE DE CHEVREUSE

SENLISSE (78720)

Pour y aller des Vaux de Cernay, prendre la D91 en direction de Dampierre et, à environ 2,5 km, tourner à droite (D149).

Le type même du village d'opérette entièrement retapé, repeint et astiqué par les Parisiens (et pratiquement vide en semaine). À l'*église,* portail du XIIᵉ siècle orné d'une Vierge à l'Enfant. À l'intérieur, l'*Adoration des Mages,* un panneau peint du XVIᵉ siècle. Jetez un œil sur le dossier du banc d'œuvre avec ses médaillons sculptés d'animaux fantastiques. Peu avant l'entrée du village, à gauche, en venant de la D91, joli *château de la Cour-Senlisse,* inhabité. Entouré de douves avec un corps de logis du XIIᵉ siècle et, devant, deux tourelles avec lanterneaux. Il ne se visite pas.

Où dormir ? Où manger ?

â ⋈ *Auberge du Gros Marronnier :* 3, place de l'Église. ☎ 01-30-52-51-69. Fax : 01-30-52-55-91. Fermée du 1ᵉʳ décembre au 31 janvier. Auberge très coquette dans le centre du village. Chambres doubles de 300 à 425 F. Menus à 185, 255 F et plus. Cuisine de bonne qualité (à ce prix-là on veut bien) variant au gré des saisons. Adorable jardin ombragé par quelques arbres fruitiers et où, dès les premiers beaux jours, on peut déjeuner.

DAMPIERRE-EN-YVELINES (78720)

Village très touristique au confluent de l'Yvette et du ru des Vaux de Cernay sur la D91, célèbre pour son beau château.

Adresse utile

🛈 *Office du tourisme :* 9, Grande-Rue (mairie). ☎ 01-30-52-57-30. Ouvert le week-end d'avril à mi-octobre.

VALLÉE DE CHEVREUSE

Où manger ?

|●| *La Demi-Lune :* au centre, Grande-Rue. ☎ 01-30-52-52-84. Sert le midi uniquement. Le truc tout bête et pas méchant, populaire, où l'on peut s'en jeter un au bar ou en terrasse, mais aussi déjeuner d'une cuisine familiale copieuse. Grosses frites, viande épaisse, tarte maison. Menu du jour à 68 F ; à la carte, des plats bon marché (omelette-frites 39 F). Le dimanche, on déjeune au jardin, derrière.

À voir

★ *Le château :* on l'aperçoit de la route, en contrebas, à travers une belle grille Régence. ☎ 01-30-52-52-83. Ouvert tous les jours de 11 h à 18 h 30 pour le parc ; pour le château, de 14 h à 18 h 30 du 1er avril au 15 octobre ; les dimanche, jours fériés, en juillet et août, ouvert également de 11 h à 12 h. Visite guidée de 45 mn. Entrée (château + jardin) : 50 F. Entrée du parc seul : 32 F. Réduction étudiants et enfants.
Construit en 1675 par Hardouin-Mansart pour Honoré d'Albert de Luynes, duc de Chevreuse et gendre de Colbert (y'a des gens favorisés dans la vie...). Le château se compose d'un corps principal en pierre et brique et de deux ailes en retour flanquées de tourelles. Des douves en eau entourent l'édifice. Belle décoration intérieure. Nombreux portraits de Rigaud et Nattier. Boiseries Louis XIV dans la salle à manger. Dans la salle des fêtes, grande fresque murale réalisée par Ingres. Beau parc dessiné par Le Nôtre.

L'ANCIENNE ABBAYE DE PORT-ROYAL-DES-CHAMPS

Les derniers vestiges de la célèbre abbaye, berceau du jansénisme, se trouvent toujours dans le même cadre de verdure. Depuis Dampierre, on emprunte la D91 par les « 17 tournants » (en fait, on les a comptés, il n'y en a que 15 !), pour atteindre ce site perdu dans les bois et encore porteur de beaucoup de poésie.

Il était une fois...

Dès le XIIIe siècle existait déjà une abbaye dans ce vallon, Notre-Dame-de-Porrois, fondée en 1207, et qui, par corruption du nom, devint « Port-Royal ». Au début du XVIIe siècle, une jeune abbesse de 17 ans, mère Angélique, fille d'un avocat célèbre de l'époque, décide de rompre avec la vie quasi mondaine de l'abbaye et de réintroduire les règles d'austérité et de rigueur traditionnelles (comme la « clôture » qui consiste à ne parler aux parents ou amis qu'à travers un guichet). Les religieuses de Port-Royal parcourent la France et répandent la réforme. Leur renommée est telle que l'abbaye attire nombre d'adeptes comme la sœur de Pascal, la tante de Racine, et bien d'autres représentantes de l'aristocratie assoiffées de morale exigeante.
En 1625, les religieuses quittent Port-Royal à cause des fièvres provoquées par les terrains marécageux voisins et s'installent à Paris sur l'emplacement de l'actuelle maternité Port-Royal. En 1636, l'abbé de Saint-Cyran, ennemi juré des jésuites et disciple de Jansénius (Cornélius Jansen, auteur de *L'Augustinus,* ouvrage fondateur du jansénisme), va entraîner Port-Royal dans la fameuse « querelle janséniste » en devenant directeur spirituel de

mère Angélique. Un petit traité de morale, *La Fréquente Communion,* écrit par son père, prônera lui aussi un catholicisme austère opposé au laxisme des jésuites et aux débordements de la Cour. Les jésuites imposent au roi Louis XIV la condamnation de la « secte » et la dispersion des religieuses. Pascal verra ses *Provinciales,* violent pamphlet contre les jésuites, interdites.

On analyse aujourd'hui cette fronde morale comme une opposition à l'absolutisme royal de la part de la bourgeoisie cultivée montante et d'une fraction de l'aristocratie hostile à son rôle de courtisan. La « querelle janséniste » pénétra cependant le clergé en profondeur, et les persécutions contre le mouvement ne cessèrent jamais. Les 22 dernières religieuses de Port-Royal furent dispersées définitivement en 1709.

Malgré cela, des foules de fidèles continuèrent de se rendre à l'abbaye en pèlerinage, à tel point que Louis XIV dut définitivement la raser l'année suivante. Les restes des religieuses enterrées à Port-Royal furent jetés à la fosse commune. Malgré les persécutions, le jansénisme s'était cependant implanté massivement et continua à diffuser sa doctrine tout au long du XVIIIe siècle. La Révolution française mit un terme à son influence, que quelques esprits révéreront pourtant jusqu'à aujourd'hui quasiment (Sainte-Beuve, Montherlant...).

VALLÉE DE CHEVREUSE

Le site

Visite : de 14 h à 18 h en été et de 14 h à 17 h en hiver ; les samedi et dimanche, ouvert également de 11 h à 12 h. Fermé le mardi. Demi-tarif pour les enfants de moins de 15 ans. Visite-conférence sur rendez-vous de 10 h à 12 h, tous les jours sauf le mardi. ☎ 01-30-43-74-93.

Laisser sa voiture au parking ou accrocher son vélo à un arbre pour s'engager sur le petit chemin qui mène aux « ruines » en suivant le Rhodon, petit ruisseau placide tout étonné que la querelle janséniste puisse encore amener des gens.

Il ne subsiste presque plus rien de l'abbaye, mais la beauté du site, sa solitude, son calme absolu permettent de comprendre l'exigence de morale et de pureté des religieuses jansénistes et de leurs fans. On passe devant une croix et quelques marches où se réunissaient les religieuses. La maison du gardien est une partie de l'ancien moulin du monastère. L'emplacement de l'église est délimité par des bases de colonnes sculptées qui témoignent de ce que fut la richesse architecturale de l'abbaye, des pans de murs et des fondations de pierres plates au milieu.

Sur le bord du talus, une pierre indiquant la fin du *chemin de Racine* (voir chapitre « Chevreuse ») avec l'inscription : « Jean Racine, inhumé le 23 avril 1699, exhumé en 1711 ».

À côté, un enclos gazonné avec une croix au centre, et où les arbres figurent le déambulatoire, marque l'emplacement du cloître. Un petit oratoire édifié à la place du chœur, en 1891, présente quelques modestes souvenirs liés à Port-Royal.

Dans l'enceinte de la ferme, notez la grosse tour ronde du colombier, autre vestige de l'abbaye : s'y trouve un petit musée, avec quelques portraits de l'école de Philippe de Champaigne et une maquette de l'abbaye du temps de sa splendeur, et un masque mortuaire effrayant.

Le musée national des Granges de Port-Royal

Le complément indispensable à la visite de l'abbaye. Ouvert de 10 h à 12 h et de 14 h à 18 h (17 h 30 du 15 octobre au 1er mars). Fermé le mardi et certains jours fériés; et sans doute de novembre à mars (se renseigner). Conférence sur rendez-vous de 1 h ou 1 h 30. ☎ 01-30-43-73-05.

Le *château des Granges* fut le lieu de retraite des gentilshommes qui, abandonnant charges et honneurs, venaient vivre ici les principes austères de Jansénius. On les appela alors les « solitaires ». Pendant le séjour des religieuses à Paris, de 1625 à 1648, ils travaillèrent à l'assainissement des marais autour de Port-Royal. En surélevant le sol de l'église de l'abbaye, ils permirent d'ailleurs de sauver ses derniers vestiges, puisque, lorsqu'elle fut rasée, elle le fut à son nouveau niveau.

En 1652, des pédagogues, disciples de Jansénius, créèrent, à côté de la ferme des solitaires, les « Petites Écoles ». Ils renouvelèrent l'enseignement, abandonnant notamment le latin pour le français, et attirèrent de nombreux élèves dont le jeune Racine. Pascal y écrivit sa première *Provinciale* en 1656 lors de la fermeture temporaire de l'école pour diffusion d'idées proches du calvinisme. Les « Petites Écoles » furent définitivement fermées en 1660 et les solitaires dispersés, sommés, en cas de maintien de leur activité, de choisir entre l'exil ou la Bastille.

Les bâtiments, qui échappèrent à la destruction, abritent aujourd'hui le *musée du Jansénisme*.

On y retrouve de nombreux documents intéressants comme un exemplaire de l'*Augustinus*, œuvre de Jansénius, des gravures caricaturales illustrant la lutte des jésuites et des jansénistes, des portraits de tous les personnages qui s'impliquèrent dans la querelle, notamment Mme de Sévigné qui, parlant des écrits jansénistes, regrettait de ne pouvoir les boire en bouillon. Quelques tableaux aussi de Philippe de Champaigne ou de son école, des éditions originales de livres de l'époque; le masque mortuaire de Pascal, etc. Par la fenêtre d'une des salles, on aperçoit le puits où Pascal créa un système pour monter plus d'eau avec moins de fatigue.

Dans le parc, on peut emprunter les fameuses « cent marches » creusées par les solitaires pour leur permettre de se rendre à l'office quotidien de l'abbaye de Port-Royal.

Où dormir ? Où manger ?

⌂ |●| *L'Auberge du Manet :* 61, av. du Manet, 78130 Montigny-le-Bretonneux. ☎ 01-30-12-30-30. Fax : 01-30-64-90-26. Un hôtel-restaurant récemment aménagé dans le cadre bucolique d'une belle et vaste ferme, ancienne dépendance de l'abbaye, voisine d'un ou deux kilomètres. Bon niveau de prestations. Chambres impeccables, valant bien leur 550 F. Minibar, bains ou douche et w.-c., télé satellite, etc. Au restaurant, dont la terrasse donne sur un petit étang charmant, une cuisine assez fine et abordable : premier menu à 160 F avec entrée, plat, salade, fromage, dessert et café, tout à fait bien (notamment l'onglet de bœuf au jus de morilles et le croquant de fraises qu'on s'est tortorés). Autres menus de 170 à 340 F.

Randonnée pédestre (4 km)

Des Granges de Port-Royal, aller jusqu'à l'auberge du *Chant des Oiseaux* sur la nationale. Du parking de l'auberge, un petit chemin s'enfonce dans les bois jusqu'à Romainville. Puis, tourner sur la droite jusqu'à la ferme de Beauregard. Encore à droite, la Lorioterie. Le chemin vous ramène à votre point de départ en longeant l'abbaye de Port-Royal.

À voir dans les environs

Deux sites portent encore la marque de Port-Royal.

★ À *Saint-Lambert*, à 1,5 km au sud, un petit monument marque dans le cimetière l'emplacement de la fosse commune où furent enterrés les restes des religieuses. La petite église, sur sa petite colline, tout en pierre meulière, ne manque pas de charme.

★ À *Magny-les-Hameaux*, des pierres tombales de « solitaires » et de religieuses tapissent les murs de l'église et constituent un précieux témoignage de cette époque. Celle de Racine y figurait aussi avant d'être transférée à Saint-Étienne-du-Mont, à Paris. Le petit bénitier en face de l'entrée, les fonts baptismaux et le petit autel de bois avec sa Vierge du XVIIe siècle sont également des souvenirs de Port-Royal.

RENTRER SUR PARIS PAR LE CHEMIN DES ÉCOLIERS

La route D46 qui relie Port-Royal à la N306 est superbe. Ça commence cependant à bétonner un peu à Milon-la-Chapelle. Si l'on rentre par *Châteaufort* (village recommandé), rejoindre la N306, à Gif-sur-Yvette, par la D95 qui suit la vallée de la Mérantaise. Joli paysage boisé sans un poil de béton tout du long.

CHÂTEAUFORT (78117)

Village qui doit son nom au château fort qui s'y élevait au XIIe siècle. Il s'étage sur une haute colline dominant la vallée de la Mérantaise, à 5 km de Saclay, sur la D36. Le panorama depuis l'église est magnifique et surprenant pour un endroit si proche de Paris.

Où manger très chic ?

l●l *La Belle Époque :* 10, place de la Mairie. ☎ 01-39-56-21-66. Fermé le dimanche soir et le lundi, ainsi que 15 jours en août. Un restaurant chic certes, mais qui, pour quelques dollars de plus que bien d'autres sans envergure, permet de goûter une cuisine raffinée. Dans un cadre rustique charmant, déco délicieuse de vieux meubles, porcelaines, peintures, etc. Cuisine délicieuse itou : saumon mi-cuit aux fèves, dorade rôtie à la crème d'asperge, carré d'agneau tapenade... Menus à 215 et 360 F. Vins pas donnés non plus (de 150 à 250 F), faut c'qui faut !

RAMBOUILLET
Rambouillet. Château de Sauvage. Poigny-la-Forêt. Gambais. Montfort l'Amaury.

RAMBOUILLET ET ENVIRONS

RAMBOUILLET

Proche de Paris, où travaillent de nombreux Rambolitains, Rambouillet semble déjà loin de la banlieue. La ville revêt plutôt l'aspect tranquille d'un gros bourg de province, à l'environnement forestier et agricole. Son château, son parc, sa forêt et les villages alentour méritent bien quelques baguenaudes de fin de semaine.

Comment y aller ?

– **Par la route :** A13 à partir de la porte d'Auteuil (direction Rouen), puis A12 et ensuite N10.
A6 à partir de la porte d'Orléans puis A10. Sortie Rambouillet.
– **Par le train :** de la gare Montparnasse en 30 mn pour les trains directs. A priori, prendre les trains de banlieue (1 h de trajet) plutôt que les grandes lignes, c'est moins cher – mais pas si vous bénéficiez de certaines réductions, applicables uniquement sur les grandes lignes (genre carte vermeil) : à vous de savoir et de voir ! Renseignements S.N.C.F. : ☎ 08-36-35-35-35 (2,23 F la minute). Internet : www.sncf.fr.

Un peu d'histoire

En 1368, un manoir, entouré de petites dépendances et d'un étang, est transformé en château fort par Jean Bernier, maître des requêtes du roi Charles V le Sage. En 1384, Regnault d'Angennes achète le domaine et l'agrandit de quelques fiefs voisins. Sa famille garde le château pendant près de trois siècles durant lesquels il subit de nombreuses transformations, conséquences des assauts anglais notamment. Brûlé, il est reconstruit par Charles d'Angennes qui, très riche, étend aussi considérablement le domaine. François Ier y meurt en 1547 (dans la tour qui porte son nom), après que la fièvre l'eut pris lors d'une partie de chasse. En 1612, la terre est érigée en marquisat par Louis XIII pour Charles II d'Angennes dont l'épouse, Catherine de Vivonnes, est célèbre pour les cercles littéraires qu'elle organise à Paris.
Les premières années du XVIIe siècle voient Fleuriau d'Armenonville dépenser une partie de sa richesse pour l'ornementation du château. Il étend aussi le domaine et le parc, faisant notamment creuser des canaux.
En 1706, Louis XIV achète la terre pour y installer son fils, le comte de Toulouse, dont la mère est Mme de Montespan. Elle est érigée en duché-prairie en 1711. Le comte de Toulouse, qui meurt en 1737, puis son fils, le duc de Penthièvre, agrandissent et embellissent le château, et c'est sous leur propriété que sont dessinés les jardins français et anglais, et construit le pavillon des Coquillages.
Louis XVI s'approprie le domaine en 1783, y fait planter de nombreuses essences rares et exotiques (cyprès chauve, chêne d'Amérique), et fait construire la laiterie de la Reine et la ferme expérimentale. On lui doit aussi

le bailliage (hôtel de ville). Début XIXe, Napoléon séjourne régulièrement à Rambouillet et y installe une sous-préfecture en 1811. D'importants travaux de remise en état du château et de ses dépendances sont réalisés. L'aile est du château est à cette époque démolie, menaçant de s'écrouler. Elle ne sera jamais reconstruite. Napoléon y passe sa dernière nuit, du 29 au 30 juin 1815, sur la route de l'exil à Sainte-Hélène. Charles X y signe son abdication en 1830. Délaissé sous Louis-Philippe, le château est à nouveau fréquenté par Napoléon III. Sous Félix Faure, il devient officiellement résidence présidentielle. Plusieurs sommets de chefs d'États s'y déroulent sous Giscard ; Mitterrand y reçoit Gorbatchev, et Chirac, Moubarak.

Adresses utiles

◘ *Office du tourisme :* hôtel de ville, place de la Libération. ☎ 01-34-83-21-21. Fax : 01-34-83-21-31. Ouvert tous les jours de 9 h 30 à 12 h et de 14 h 30 à 17 h 30 (de 9 h 30 à 12 h 30 et de 14 h à 18 h en juillet et août). Accueil sympathique et compétent. Propose une *carte multisites,* qui permet de bénéficier d'une petite réduction à partir du deuxième site, sur cinq sites de Rambouillet : la Bergerie nationale, le château, la laiterie de la Reine et le pavillon des Coquillages, l'Espace Rambouillet et le Musée Rambolitrain.

■ *Société historique et archéologique de Rambouillet et de l'Yveline (S.H.A.R.Y.) :* 1 *bis,* rue Dubuc. ☎ et fax : 01-30-46-28-40. Association fondée en 1836. Permanences le mercredi de 10 h à 12 h et le samedi de 15 h à 18 h. Pour ceux qui veulent « fouiller » dans l'histoire de Rambouillet.

■ *Location de vélos : Locacycles,* maison forestière de la porte Saint-Léger. ☎ 01-34-86-84-51.

Où dormir ?

▲ *Gîte d'étape de la Bergerie Nationale :* parc du Château. ☎ 01-34-83-68-17. 5 chambres de deux lits, avec lavabo et douche mais w.-c. sur le palier, dans le cadre, plutôt agréable, des bâtiments de la bergerie nationale. Pas cher : 90 F par personne, mais à deux ça revient en fait à peine moins cher qu'un petit hôtel lambda.

▲ *Chambres d'hôte chez M. et Mme Knol :* 16, rue Georges-Clemenceau. ☎ 01-34-83-10-87. Oui, c'est bien là, derrière cet affreux portail donnant sur un parking et des box : il faut entrer, et la maison se trouve au bout à gauche, dans un renfoncement. Dans le centre mais au calme, les gentils propriétaires ont aménagé 2 appartements d'hôte indépendants dans une maison récente. Le premier peut recevoir 4 personnes dans 2 chambres (une avec 1 lit double et l'autre avec 2 lits simples), et dispose d'une cuisine, d'une salle de bains et d'un coin salon. De 275 F (2 personnes) à 450 F (4 personnes) la nuit. Le second, au premier étage, encore plus grand, peut accueillir 6 personnes. 3 chambres (deux avec un lit double et une avec 2 lits simples), cuisine, coin séjour et salle de bains, 650 F pour six (moins si on est moins nombreux). À noter que si vous n'êtes que 2 par exemple, les propriétaires ne louent pas les autres chambres d'un même appartement. Mme Knol parle l'allemand et l'anglais et, rassurez-vous, le français aussi. Petit déjeuner inclus. Accueil simple et agréable.

▲ *Hôtel de la Gare :* 17, rue Sadi-Carnot. ☎ 01-34-83-03-04. Fax : 01-34-83-93-06. Face à la gare, un petit établissement bien banal, faisant aussi bar et brasserie (*Le Séquoia),* mais dont les chambres sont très correctes et bien tenues. La double avec douche, w.-c., TV et téléphone coûte 200 F la nuit, le petit déjeuner 25 F ; c'est en fait un bon rapport qualité-prix. Local à vélos.

■ *Hôtel Saint-Charles :* 15, rue de Groussay. ☎ 01-34-83-06-34. Fax : 01-30-46-26-84. Pas loin du centre, cet hôtel fonctionnel abrite des chambres assez spacieuses pour la plupart, et impeccablement tenues. TV et téléphone. 280 F la chambre, supplément de 30 F par personne pour le petit déjeuner. Sans charme mais pratique et sans mauvaise surprise. Parking.

Camping

■ *Camping municipal de l'Étang*

d'Or : route du Château-d'Eau. ☎ 01-30-41-07-34. Fax : 01-30-41-00-17. Ouvert toute l'année. Camping situé dans la forêt, au bord d'un étang, à environ 3 km du centre-ville. Géré par l'office du tourisme. Emplacements assez grands, avec électricité pour la plupart. 2 bâtiments sanitaires très propres et bien équipés. Eau chaude, machines à laver, sèche-linge. Jeux pour enfants, tables de ping-pong. Bar-resto-boutique en haute saison. L'été, les clients bénéficient de réductions pour le permis de pêche, la location de poneys, de vélos et à la piscine.

Où dormir et manger ultra chic dans les environs ?

■ |●| *Château d'Esclimont :* à Saint-Symphorien-le-Château. ☎ 02-37-31-15-15. Fax : 02-37-31-57-91. De Rambouillet (15 km environ), prendre la N10 vers Chartres et, après quelques kilomètres, bifurquer sur la D101. On est déjà en Eure-et-Loir. François de La Rochefoucauld, dont la famille fut longtemps propriétaire de ce superbe château du XVIᵉ siècle (1543), fit sculpter une devise sur le fronton : « C'est mon plaisir ». Le plaisir est assuré au rendez-vous dans cet écrin de verdure idyllique. Très beau parc avec court de tennis, piscine, un espace golf... Les chambres sont toutes différentes et de charme, dans le château ou dans ses dépendances. Vous vous en doutez, le plaisir a son prix (demandez à belle-maman de casser sa tirelire) : chambres et suites de 650 à 3 100 F la nuit, supplément de 100 F pour le petit déjeuner. À noter, du lundi au samedi, un menu à 280 F le midi (apéritif et vin compris) pour une cuisine de grande qualité.

Où manger ?

Prix moyens

|●| *Restaurant À la Biche :* 48, rue de Groussay. ☎ 01-34-83-00-67. Fermé les samedi midi et dimanche (cela ne laisse pas grand choix le week-end !). Petit resto simple et sympathique. Menus à 90 et 130 F. Terrine de foie de volaille, foie gras, ris de veau aux morilles, filets de joue de lotte, filet de canard aux pruneaux... Gibier selon la saison. Toute la charcuterie est faite maison. Pour ceux qui utiliseraient ce guide en semaine, du lundi au vendredi, menu à 58 F le midi avec buffet de crudités et charcuterie, un plat et fromage ou dessert.

Un peu plus chic

|●| *Restaurant La Poste :* 101, rue du Général-de-Gaulle (dans le centre). ☎ 01-34-83-03-01. Fermé les dimanche soir, lundi et durant les fêtes de fin d'année. Pour goûter à l'une des meilleures tables de la ville, il est fortement conseillé de réserver. Une salle très coquette, un service agréable et charmant, une cuisine légère et raffinée. Escalope de saumon à l'oseille, fricassée de

volaille aux langoustines... Menus à 103 F (sauf le dimanche midi) et 146 F. Foie gras maison. Pour les chanceux qui utilisent ce guide en semaine, à noter une formule du midi entrée-plat ou plat-dessert à 74 F valable du lundi au vendredi. Notre meilleur conseil « gastro » à Rambouillet.

🍴 *Le Cheval Rouge :* 78, rue du Général-de-Gaulle. ☎ 01-30-88-80-61. Fermé les dimanche soir et mardi, ainsi que de mi-juillet à mi-août. L'endroit justifie sa réputation par une cuisine raffinée et un service attentionné. Menus à 130 F, 180 F et carte. Foie gras de canard maison, fagot d'asperges au saumon fumé, carré d'agneau au thym, volaille aux morilles... Quelques bémols cependant : une salade trop vinaigrée, un café servi sec (sans chocolat ou petits fours, un détail sans doute, mais le détail compte). Excellentes tartes fines aux fruits en dessert. Dans le même établissement, le patron propose dans sa brasserie *Le Sulky* deux menus plus abordables à 75 et 95 F, et une carte. Filet de bœuf, rognons de veau au porto, tripoux d'Auvergne, lasagnes gratinées...

À voir

★ *Le château :* ☎ 01-34-83-00-25. Ouvert tous les jours, sauf le mardi et pendant les séjours présidentiels, de 10 h à 11 h 30 et de 14 h à 16 h 30 (17 h 30 d'avril à fin septembre). Entrée payante. Visite guidée (un départ toutes les 45 mn environ).
(Voir aussi le chapitre « Un peu d'histoire »).
On n'en visite qu'une partie, les appartements réservés à la présidence et à ses invités restant évidemment fermés, sécurité oblige. D'ailleurs, de sérieux sbires affectés à la surveillance rôdent et veillent dans les parages, y compris dans les espaces ouverts au public. Planquez votre bombinette, on vous prendrait pour un terroriste.
La visite commence par l'appartement d'assemblée, côté jardin. Celui-ci fut aménagé pour le comte de Toulouse, fils de Louis XIV, par l'architecte Michel Jumel, avant de devenir appartement de l'empereur sous Napoléon. Il est composé de trois pièces, l'antichambre et les deux salons (1er salon ou salle du conseil de Charles X, et le cabinet de travail de Napoléon). Les ouvrages les plus remarquables sont les boiseries sculptées en chêne, *Les Saisons,* commandées par le comte de Toulouse à Antoine Vassé. Ce sont certainement les plus belles boiseries d'Île-de-France. Le mobilier de ces pièces est Régence.
Côté cour, après avoir longé la tour François Ier, on arrive à la salle de bains de Napoléon Ier. Très beau décor de style pompéien peint en 1809 par Vasserot. Puis la chambre à coucher de Napoléon et la salle à manger de l'empereur. On rejoint la partie centrale de l'édifice et l'ancienne salle des fêtes. Charles X y signa son abdication. Immense tapis d'Aubusson de 70 m^2 (qui a demandé 70 ans de travail !), belles tapisseries des Gobelins et imposant lustre Empire. Cette pièce servait de chambre à Louis XIV quand son fils, le comte de Toulouse, était propriétaire du château.
La visite se termine par la remarquable salle de marbre. C'est Jacques d'Angennes qui, en 1556, fit recouvrir les murs de cette pièce de marbre gris et rouge du Languedoc. S'y trouve le mobilier du *pavillon du Coquillage,* un ensemble rocaille absolument splendide (et tout à fait unique).

★ *Le parc :* ouvert de 8 h à la tombée de la nuit. Seulement une centaine d'hectares sur le millier que compte le domaine sont librement ouverts au public. Le reste abrite l'ancien domaine de chasse (650 ha), et la Bergerie nationale (250 ha).
Au XVIe siècle, le château n'est pas encore embelli d'un grand parc structuré. Seule une ébauche de canaux a été tracée lorsque Jean-Baptiste Fleu-

riau, seigneur d'Armenonville et propriétaire du domaine, décide en 1700 de doter le château d'un parc d'après les plans de Le Nôtre. Sont en particulier dessinés le jardin d'eau, composé de canaux disposés en trapèze délimitant six îles, et le bassin du Rondeau. Également au XVIIIe siècle, est créé le jardin à la française pour le comte de Toulouse. Il fut amélioré au fil des ans, notamment en 1740 par la plantation du grand quinconce de tilleuls. En 1779-1780, le duc de Penthièvre aménage le jardin anglais situé à droite du tapis vert.

– *La laiterie de la Reine :* ☎ 01-34-83-29-09. Fermée un week-end sur deux ; ouvert de 10 h à 11 h 30 et de 14 h à 15 h 30 (17 h 30 d'avril à fin septembre). Visite guidée couplée avec celle du pavillon des Coquillages. Entrée payante. Si vous arrivez un peu en avance, ou après la visite, contournez le bâtiment. Derrière se trouve un superbe arboretum avec de remarquables espèces américaines. Louis XVI avait en effet fait venir à Rambouillet des graines yankee.

Construit par l'architecte Thévenin en 1785 à la demande de Louis XVI pour Marie-Antoinette, ce petit pavillon en grès, en forme de rotonde de style néoclassique, a un aspect austère. Mais il faut y entrer : l'intérieur, décoré par Pierre Julien, est composé de deux salles. La première, sous la rotonde, est ornée d'une table centrale et de tablettes en son pourtour, où l'on posait les pots à tête de bélier et les « bols-seins » en porcelaine de Sèvres (qui n'y sont plus, mais une de ces écrémeuses se trouve au musée de Sèvres). La seconde salle dite de rafraîchissement est occupée par une grotte artificielle agrémentée d'une statue, la célèbre *Nymphe à la chèvre.* Superbe !

– *La grotte des Amants :* ce rocher situé dans le jardin anglais prit le nom de grotte des Amants car un jeune couple y fut foudroyé au début du XVIIIe siècle.

– *Le pavillon des Coquillages :* mêmes horaires que la laiterie de la Reine, et départ des visites à la Laiterie.

Dans le jardin anglais. Le pavillon fut offert en 1785 par le duc de Penthièvre à sa bru, la princesse de Lamballe, veuve la première année de son mariage. De l'extérieur, cette petite chaumière rustique rappelle l'architecture du hameau de la Reine à Versailles. Coquillages et éclats de nacre recouvrent harmonieusement tout l'intérieur en de subtils et magnifiques motifs. Dans le petit cabinet (se visite rarement, deux ou trois personnes maximum), aux boiseries peintes d'oiseaux et de fleurs dans le style pompéien, deux niches faisaient apparaître deux négrillons automates qui présentaient la poudre et le parfum aux dames. Saisis par les Prussiens en 1871, ils furent remplacés par des poupées anciennes.

En sortant, remarquez la grande pierre plate juste à côté du pavillon. On dit que Napoléon aimait à venir s'y asseoir. Il y aurait conçu son plan pour la campagne de Russie.

– *La Bergerie nationale :* ☎ 01-34-83-68-00. Ouverte du mercredi au dimanche et les jours fériés de 14 h à 17 h. Visites guidées en groupe tous les jours sur réservation. Entrée payante.

Quand Louis XVI achète le domaine en 1783, il décide de créer une ferme expérimentale destinée à la culture d'essences exotiques et à l'adaptation et l'élevage d'animaux importés de l'étranger. Sur les conseils de Tessier et Daubenton, chevaux arabes, vaches suisses... et surtout moutons mérinos d'Espagne arrivent à Rambouillet. Grâce à ces derniers, et par croisement, Louis XVI souhaite améliorer la qualité de la laine des troupeaux français et casser le monopole espagnol du drap de qualité. L'expérience s'avère très concluante et, en 1800, des milliers de moutons de race pure ont déjà vu le jour. En 1805, sous l'impulsion de Napoléon, la ferme s'agrandit avec construction des premières bergeries impériales, qui deviendront royales, à nouveau impériales puis nationales. On y élève des bêtes, mais on y forme aussi beaucoup de bergers et, en 1955, elle devient centre d'enseignement zootechnique. Aujourd'hui, les moutons restent les plus nombreux, mais on y élève aussi d'autres espèces dont des vaches, des poules, des chèvres, des cochons, des canards, des buffles d'Asie (et des bufflonnes, donnant un lait dont on fait l'authentique mozzarella) et... un aurochs !

Des panneaux pédagogiques ponctuent la visite, qui dure environ 1 h si l'on prend son temps et si l'on veut voir toutes les espèces. Le musée du mouton présente l'élevage du mouton mérinos. Possibilité également de faire une promenade en calèche. Faites un petit tour par la boutique gourmande, où vous trouverez les produits de la ferme et d'autres établissements d'enseignement agricole : crèmerie, œufs, volailles, produits en laine de mérinos, vins, charcuterie (ne partez pas sans votre saucisson de buffle, meilleur que le saucisson d'âne et au goût plus affirmé que le saucisson de cochon, on a testé pour vous), etc. Plusieurs manifestations s'y déroulent dans l'année, dont la tonte des moutons au mois de mars. Bref, c'est une belle visite, dans une vraie ferme, très instructive pour le citadin ignorant, et les enfants adorent !

EN VILLE

★ **Le palais du roi de Rome :** place du Roi-de-Rome, dans la rue du Général-de-Gaulle. Ne se visite pas, sauf l'aile droite que la Mairie a achetée pour y présenter des expos.

Cet hôtel fut construit avant la Révolution par Louis XVI pour le comte d'Angiviller, gouverneur de Rambouillet. En partie détruit, il fut transformé en 1813 à la demande de Napoléon pour son fils, proclamé roi de Rome dès sa naissance. Mais celui-ci n'y séjourna jamais (sauf, enfant, quelques heures juste avant son exil à Vienne). En 1835, vendu à des particuliers, il fut largement transformé lors de l'éclatement de la propriété. Ses restes valent quand même un petit coup d'œil, ainsi que son jardin romantique constrastant joliment avec l'ordre du jardin à la française situé juste derrière.

★ **L'hôtel de ville :** ouvert du lundi au vendredi de 8 h 45 à 12 h et de 14 h à 18 h. Bel édifice de 1787 construit à la demande de Louis XVI par Thévenin. C'est l'ancien bailliage.

À l'intérieur, bel escalier d'honneur. Remarquez, sur le palier, la statue tombale de Nicolas d'Angennes (1611).

Dans la salle du conseil, on peut voir une carte de Rambouillet au temps de Louis XIV : cette pièce remarquable, une *carte des chasses,* mesure 4 m sur 4 environ.

★ **Le Musée Rambolitrain :** 4, place Jeanne-d'Arc. ☎ 01-34-83-15-93. Ouvert du mercredi au dimanche et jours fériés de 10 h à 12 h et de 14 h à 17 h 30 (tous les jours pour les groupes). Adulte : 22 F. 4-12 ans : 14 F. Cette initiative est le fruit de la rencontre de deux passionnés. L'un d'eux a transformé une partie de sa maison pour en faire ce musée du train de jouet. Plus de 4 000 pièces de collection, classées par âge et par marque. Au dernier étage, un réseau ferré qui fonctionne comme un grand, avec passages à niveau, trains qui sifflent, etc.

★ **L'espace Rambouillet :** voir plus loin.

Dans les environs : la forêt de Rambouillet

La forêt de Rambouillet est un reste de l'immense forêt d'Yveline qui couvrait autrefois une bonne partie du Sud-Ouest parisien. Yveline signifierait « abondante en eau » dans la langue des anciens Gaulois, et il est vrai que la forêt est parsemée d'étangs, de marécages et de nombreux ruisseaux. Peuplée en grande partie de chênes, elle compte également des hêtres, des bouleaux et des pins sylvestres.

À sa richesse cynégétique qui attira nombre de souverains adeptes de la chasse à courre ou à tir, s'est ajoutée une vocation de loisirs. Randonneurs (le G.R.1 traverse le massif et le G.R.22 une petite partie nord), cyclistes (environ 50 km de larges pistes cyclables) et cavaliers (70 km de pistes) ne se gênent pas sur les quelque 15 000 ha de forêt. La balade y est aisée grâce au réseau de chemins forestiers, hérité notamment de la chasse à courre et au relief peu accidenté.

Voici quelques adresses de *centres équestres* pour ceux qui voudraient goûter au plaisir de la monte, très répandu à Rambouillet.

■ *Jacky Agnès :* Les Basses Mazures, à Poigny-la-Forêt. ☎ 01-34-84-70-29. Le plus vieux de la région et l'un des plus sympas.
■ *Écuries de la Charpenterie :* Les Bréviaires. ☎ 01-34-84-71-73.
■ *Centre équestre du Perray-en-Yvelines (CEPY) :* 37, rue de la Mare-Neuve. ☎ 01-34-84-97-93.
■ *Centre équestre de la Lisière :* à Poigny-la-Forêt. ☎ 01-34-84-71-73.
– Pour la *location de vélos,* voir le chapitre « Adresses utiles » de Rambouillet.

★ *Espace Rambouillet :* ☎ 01-34-83-05-00. Ouvert d'avril à octobre tous les jours de 9 h à 18 h, et de novembre à mars du mardi au dimanche de 10 h à 17 h. Entrée payante.

À environ 2 km du centre de Rambouillet, en pleine forêt, ce grand parc animalier de 250 ha est constitué de trois espaces :

– *La forêt des aigles* permet de découvrir plus de cent rapaces de trente espèces différentes en volières. Chaque jour (sauf de novembre à mars), certains sont présentés en vol libre, un fauconnier expliquant leurs caractéristiques, leurs techniques de chasse, de pêche, etc.

– Un sentier balisé de 1 800 m vous fait parcourir *la forêt des cerfs.* Des points d'observation permettent de repérer les animaux. Dans un enclos, vous verrez quelques aurochs issus d'une race primitive reconstituée. Ces gibiers originaires de l'Inde et fort prisés des hommes préhistoriques avaient disparu de nos forêts au XVIIe siècle.

– *La forêt sauvage.* Là, au cœur de la forêt, pas d'obstacle entre vous et les animaux. N'hésitez pas à quitter les quelques sentiers tracés, ouvrez l'œil et l'oreille. Sangliers, cerfs, biches, chevreuils... La densité d'animaux est environ dix fois supérieure dans cet espace qu'en forêt ouverte.

– *Quelques petits conseils :* n'oubliez pas vos jumelles (sinon louez-en à l'entrée) ; dans la forêt sauvage, approchez les animaux doucement ; allez-y tôt le matin (moins de monde et peut-être plus de chances de voir des animaux). À moins que ce ne soient eux qui vous voient en premier : un petit sprint avec un sanglier aux fesses, ça vous dit ? Bah, on plaisante, ça n'arrive jamais...

Compter 4 h pour une visite complète. Bon accueil, on vous distribue une carte à l'entrée. Tables de pique-nique, restauration rapide, possibilité de louer des poneys pour les enfants les week-ends et jours fériés.

LE CHÂTEAU DE SAUVAGE

Situé près d'Émancé, à 12 km au sud-ouest de Rambouillet et 5 km d'Épernon. ☎ 01-34-94-00-94. Parc ouvert de 9 h à 19 h (le château ne se visite pas). Entrée payante. Acquis en 1977 par le Fonds international pour la préservation de la nature et des espèces en voie de disparition (IWLPF), le beau parc à l'anglaise est devenu une grande réserve animalière. On s'y promène librement (compter 2 heures maximum), croisant antilopes, kangourous, émeus, paons... On découvre aussi de nombreuses espèces d'oiseaux exotiques dans plusieurs volières et un important groupe de flamants roses sur la pièce d'eau devant le château. Le site est superbe, la promenade très agréable, mais on peut regretter le manque d'explications sur les animaux.

À voir entre Sauvage et Poigny-la-Forêt

★ Reprendre la D174. Petit arrêt à *Épernon*. Un coup d'œil à l'*église Saint-Pierre*. Ses origines sont peu connues jusqu'au XIIe siècle, mais ses parties principales datent du XVIe siècle, notamment la large nef couverte de bois. Visitez également les *pressoirs* du XIIe siècle, grande salle voûtée composée de trois nefs. Pour entrer, il faut prendre la clef dans une maison voisine (c'est indiqué sur la porte).
– D'Épernon, la D107 mène vers Poigny-la-Forêt, traversant de jolis petits hameaux établis le long de la *vallée de la Guesle*.

★ Juste avant Poigny-la-Forêt, les *rochers d'Angennes* sont une petite balade bien agréable. Il faut y monter à partir d'un parking sur la droite de la route (presque en face de la petite station d'épuration). Après la grimpette, on longe la crête vers la droite et on arrive à un surplomb qui domine la vallée de la Guesle. Jolie vue.

RAMBOUILLET ET ENVIRONS

POIGNY-LA-FORÊT

Le village, étiré dans son vallon, a tout du havre de paix en pleine nature. Sa mairie-école, son église croquignolette et ses maisons élégantes lui confèrent un charme discret déjà suggéré par la douceur du site.

Où dormir?

🏠 *Chambres d'hôte chez M. Le Bret :* 2, rue de l'Église. ☎ 01-34-84-73-42. Fax : 01-34-84-74-38. Juste à côté de l'église, dans une élégante demeure 1830 entourée d'un beau parc. Plusieurs chambres à thème, bleue, Louis XIII, marocaine, Coca-Cola (!)..., *cosy* et décorées avec goût. Chouette accueil du maître des lieux. 290 F la chambre avec salle de bains à partager, 350 F avec salle de bains privée, petit déjeuner raffiné inclus. Une belle adresse.

Où manger?

🍴 *L'Auberge de la Forêt :* 24, route de Saint-Léger. ☎ 01-34-84-75-75. Ouvert de 8 h à 20 h. Fermé le lundi (sauf l'été). Restaurant-bar-tabac-épicerie. Petite étape toute simple, idéale pour les randonneurs car à proximité du G.R.1. La patronne propose un menu familial à moins de 60 F, avec deux entrées, deux plats et deux desserts au choix. Sans prétention et très correct.

🍴 *L'Auberge du Bois Doré :* 19, rue de la Prairie, à l'angle de la route de Saint-Léger. ☎ 01-34-84-71-01. Ouverte tous les midis et les jeudi, vendredi et samedi soir. Fermée le mercredi. Cadre champêtre avec une terrasse ombragée bien plaisante en été. Menus à 130 F (100 F pour entrée-plat ou plat-dessert), 180 F (150 F pour entrée-plat ou plat-dessert), et carte. Un peu cher tout de même. Cuisine traditionnelle.

Salade landaise, foie gras, escalope de saumon à l'oseille, confit de canard, entrecôte marchand de vin, etc.

À voir. A faire dans les environs

— Dans Poigny, prendre la D108 puis la D936 pour se diriger vers *Saint-Léger-en-Yvelines,* bon point de départ pour de nombreuses **balades**.

★ *LES ÉTANGS DE HOLLANDE*

À 2 km au nord-est de Saint-Léger. L'origine de Hollande ne serait pas une évocation du pays batave, mais la déformation d'Orlande, nom d'un manoir seigneurial des environs.

Le plus occidental de ces étangs, créés sous Louis XIV pour acheminer les eaux à Versailles, a été transformé en base de loisirs. Ouvert tous les jours de 10 h à 19 h. ☎ 01-34-86-30-50. Entrée payante. C'est en fait une plage artificielle, avec possibilité de se baigner, location de pédalos, de vélos, mini-golf, terrain de volley, bar. Bondé le week-end. Pour les amateurs d'ambiance, « camping surpeuplé les pieds dans l'eau ». Pour les autres, calme garanti dans la forêt alentour et au bord des autres étangs. Au carrefour de la Rotonde tout proche, la *Table du Roi* servait à tout sauf à manger. Les Grands s'asseyaient sur le plateau, reposant les pieds sur les bancs, tandis que leurs serviteurs les déchaussaient.

Où manger dans les environs?

|●| *Le Cerf-volant :* route de la Chesnaie, chemin du désert, Le Mesle-Adainville. ☎ 01-34-87-15-50. Ouvert du 1ᵉʳ mai à octobre à partir de 10 h, service continu. Fermé le mardi. De Saint-Léger (environ 8 km), prendre la D936 vers l'ouest, puis à gauche en direction de La Chesnaie et du Mesle. C'est au bout d'un chemin à droite juste avant d'arriver dans le village. À la lisière ouest de la forêt, on mange dehors près d'une coquette maison en rondins de bois (la patronne a le projet d'aménager une salle intérieure). Idéal pour randonneurs, cavaliers et promeneurs. Le midi, menu rando à 69 F, le soir, menu à 89 F. Base de produits fermiers, magret fumé, confit de canard, poulet basquaise, etc. De début septembre à mi-octobre, on dîne en écoutant le brame du cerf. Réservation indispensable. Apéritif ou café offert à nos lecteurs.

★ *GAMBAISEUIL*

À 5 km au nord-ouest de Saint-Léger par la D111, on découvre ce village minuscule dans une jolie clairière. Remarquez le charme de sa petite *église* du XVIᵉ siècle entourée de son cimetière.

★ *GAMBAIS*

À 5 km de Gambaiseuil, le joli village de Gambais a d'autres atouts que le piètre souvenir du terrible Landru. *Serial killer* dans les années 1920, il assassina dix femmes et un jeune homme, étranglés puis brûlés dans la cuisinière de sa maison de Gambais. Le célèbre peintre Robert Delaunay (1885-1941), qui repose au cimetière, en fut un habitant beaucoup plus respectable.

– Au sud du village, le ***château de Neuville*** mérite une petite visite. ☎ 01-34-87-02-70. Ouvert du 20 juillet au 10 septembre de 14 h à 18 h. Fermé le samedi. Entrée payante. Ce château Renaissance (1580) en brique et pierre fut quelque peu transformé au XVIIIe siècle. Il garde d'harmonieuses proportions dues à l'originalité de son plan, en « demi-hexagone », et à sa faible hauteur. L'intérieur est notamment remarquable par sa grande luminosité.

– Reprendre la D 111 jusqu'à Gambaiseuil puis la direction de Montfort-l'Amaury.

Où manger dans les environs ?

À *Grosrouvre,* une halte sympathique et reconstituante.

IOI ***Restaurant La Cour de l'Orme :*** 59, route du Chêne-Rogneux. ☎ 01-34-94-26-26. Fax : 01-34-94-26-27. Fermé les dimanche soir et lundi. Dans un cadre agréable, poutres et cheminée. Menu à 75 F avec une entrée, un plat (grillades), fromage ou dessert. Deux autres menus à 105 et 155 F avec notamment escalope de veau à la normande, filet de rouget sauce Noilly, terrine de roquefort, tartare de saumon, fricassée de turbot aux pleurotes, noisettes d'agneau à la crème d'ail et ses ravioles, etc. À noter, une carte des vins très honorable, à bon rapport qualité-prix.

MONTFORT-L'AMAURY

À la lisière nord de la forêt de Rambouillet, cet élégant village à flanc de colline vaut le détour pour la beauté de son site, ses ruelles coquettes, son église et son cimetière. Bref, on y passe volontiers un après-midi de douce flânerie.

Un peu d'histoire

Fondé à la fin du Xe siècle par Robert le Pieux, fils d'Hugues Capet, le village devint la propriété d'Amaury Ier et, rapidement érigé en comté, celle des comtes de Montfort jusqu'au XIVe siècle. Devenu indépendant du pouvoir royal, le domaine fut rattaché au duché de Bretagne en 1312 par le mariage d'une Montfort avec un duc de Bretagne. En 1491, Anne de Bretagne épousa Charles VIII, roi de France. La petite enclave de Montfort revint donc à la couronne de France. Elle attira par la suite de nombreuses familles nobles, notamment après un séjour d'Henri IV, puis plus récemment des artistes comme Maurice Ravel ou des écrivains comme Victor Hugo.

Adresse utile

🛈 ***Bureau du tourisme :*** 6, rue Amaury. ☎ 01-34-86-87-96. Ouvert du jeudi au dimanche et les jours fériés de 10 h à 12 h et de 14 h à 18 h. Très compétent.

Où dormir ?

â *Chambres d'hôte chez M. Laurent :* 57 *bis,* rue de Versailles. ☎ 01-34-86-90-41. Au fond d'une impasse, une élégante maison récente avec un grand jardin. À l'étage, 2 grandes chambres doubles (plus un lit simple dans l'une des deux). Salle de bains et w.-c. communs. La décoration y est de goût (mobilier ancien, Louis XVI notamment), c'est le métier du propriétaire. 200 F pour 1 personne, 250 F pour deux, petit déjeuner compris.

â *Chambres d'hôte domaine de la Grange du Bois :* à 4 km de Montfort-l'Amaury, après Les Mesnuls (au passage, un petit coup d'œil au château). C'est dans un hameau indiqué sur la gauche avant la bifur-cation vers Les Bréviaires. ☎ 01-34-86-15-66. Très belle maison au calme au bout du hameau, entre prés à chevaux et forêt. La gentille propriétaire, Mme Cornélius, a aménagé deux chambres superbes à la décoration raffinée. La plus grande, toute boisée, dispose d'un petit salon avec cheminée et d'une terrasse, pour le petit déjeuner par exemple. De belles mosaïques ornent la salle de bains. L'autre est également très confortable et gaie avec sa déco fleurie. Toutes les deux ont une entrée indépendante. Piscine. Écuries. Adresse luxueuse, mais à des prix raisonnables vu les prestations. Chambres à 520 et 620 F (la plus grande), copieux petit déjeuner inclus.

Où manger ?

|●| *L'hostellerie des Tours :* place de l'Église. ☎ 01-34-86-00-43. Fermée les mardi soir et mercredi, et trois semaines l'été. Une table traditionnelle de bonne tenue. Clientèle d'habitués de tous âges dégustant, dans une grande salle claire et plutôt agréable, des plats bien tournés. Menus de 90 à 175 F. Dans le premier, formidables harengs à la crème et une mitonnade du jour (souris d'agneau quand on est passés) qui s'avale avec joie. Également un sympathique menu provençal, qui porte bien son nom (125 F).
|●| *Chez Nous :* 22, rue de Paris. ☎ 01-34-86-01-62. Fermé les dimanche soir et lundi, sauf les jours fériés. Adresse raffinée et chaleureuse dans la rue principale du vieux village. Formule à 90 F verre de vin compris (non servie le week-end), menus à 140, 180 F, et carte. Foie gras, magret de canard, spécialités de poisson et fruits de mer, etc. Préférable de réserver.

À voir

★ *L'église Saint-Pierre :* place de la Libération. Le site fut, du XIe au XVe siècle, occupé par l'église de Montfort, dont il ne subsiste plus qu'une partie de la tour romaine sur laquelle s'adosse le banc d'œuvre. En 1491, la reine Anne de Bretagne, alors épouse de Charles VIII, décida la construction d'une église gothique à la place de l'ancienne. La Renaissance lui apporta ses arcs-boutants, mais l'église, comme on la voit aujourd'hui, ne fut achevée qu'en 1851. À l'intérieur, remarquez ses superbes vitraux, datant pour la plupart du XVIe siècle, et la belle chaire XVIIIe provenant de l'abbaye de Coulombs. Les clefs de voûte de la grande nef portent des armoiries, notamment celles d'Anne de Bretagne dont on perçoit bien les hermines.

★ *Le cimetière :* rue Amaury. À l'origine, le cimetière se situait autour de l'église. Mais lorsque Anne de Bretagne, à la fin du XVe siècle, décida de la transformer et de l'agrandir, on dut déplacer le cimetière et lui trouver un espace plus grand.

Son entrée est marquée par une belle porte de style gothique flamboyant (XVe siècle). L'originalité du cimetière vient surtout de ses trois galeries à arcades flanquées de chapelles. La galerie sud, construite en brique et pierre, date du XVIe siècle. Les deux autres galeries, en pierre, datent du XVIIe siècle.

★ *Le château :* édifié sur le tertre dominant le village, il ne reste que quelques ruines de la forteresse des Montfort, détruite au XIVe siècle par les Anglais. À la fin du XVe siècle, Anne de Bretagne avait fait reconstruire un château dont il ne reste qu'une tourelle en brique et pierre. Bref, la promenade vaut autant pour la vue sur le village et la campagne que pour ses vestiges.

★ Comme le château, les premières murailles, dressées au XIe siècle, subirent les assauts anglais au XIVe siècle. Reconstruites par les habitants, les *fortifications* ou « poulies » sont encore visibles en plusieurs endroits. En contrebas de l'église, subsistent notamment des pans de murs à arcatures.

★ *Le musée Maurice Ravel :* 5, rue Maurice-Ravel. ☎ 01-34-86-00-89. Ouvert du mercredi au vendredi de 14 h 30 à 18 h. Visites guidées sur rendez-vous. Les samedi et dimanche, visites guidées à 10 h, 11 h, 14 h 30, 15 h 30, 16 h 30 et 17 h 30. D'octobre à fin mars, fermeture à 17 h. Entrée payante.

Maurice Ravel (1875-1937) vécut au *Belvédère* de 1921 à sa mort. Rien n'a été bougé depuis, le décor a été totalement conservé, avec ses innombrables bibelots et souvenirs, son jardin japonais... Cette « intrusion » chez le musicien permettra peut-être aux mélomanes de mieux comprendre son œuvre.

RAMBOUILLET ET ENVIRONS

CHARTRES
Chartres. Maintenon. Meslay-le-Grenet. Illiers-Combray.

CHARTRES (28000)

Chartres, c'est avant tout la fabuleuse cathédrale qui apparaît de loin dans la plaine, fusion unique de la terre et de la pierre. Sait-on aussi que c'est une vieille ville adorable qui permet à la cathédrale d'être l'une des rares églises à s'inscrire dans son cadre d'origine ?

Comment y aller ?

– *Par la route :* autoroute A11 de la porte d'Orléans (possibilité également de la rejoindre du pont de Sèvres par la N118). Si l'on veut éviter l'autoroute, prendre la N10 de la porte de Saint-Cloud ou la N306 par Rambouillet, de la porte de Châtillon.
– *Par le train :* nombreux trains de la gare Montparnasse, 1 train toutes les heures en moyenne. Durée : environ 1 h. Renseignements S.N.C.F. : ☎ 08-36-35-35-35 (2,23 F la minute). Internet : www.sncf.fr.

Il était une fois...

Pour ceux qui s'étonnent de voir une petite ville comme Chartres avec une cathédrale aussi imposante, il faut savoir que son influence religieuse remonte loin dans le temps. À l'époque gauloise, le site était occupé par la tribu des Carnutes (d'où le nom de Chartres), et déjà d'importants rassemblements de druides s'y tenaient. Les cérémonies se déroulaient autour d'un puits sacré, fameux pour les vertus miraculeuses de ses eaux, et on y vénérait une déesse-mère que les premiers chrétiens identifièrent à la vierge mère, image prophétique de la Vierge Marie. Un temple gallo-romain y fut construit.
Plus tard, la région acquise au christianisme, un évêché s'y établit. Au IVe siècle, une première basilique consacrée à la Vierge fut édifiée. Jusqu'au XIIIe siècle, les pèlerins continuèrent à suivre le culte du puits sacré et à lui conférer les pouvoirs de guérison des malades. Le « voile de la Vierge », offert à la ville par le roi en 876, accrut encore l'importance de ces pèlerinages. Du XIe au XIIe siècle, la ville devint une riche cité agricole et commerçante. Les nouveaux bourgeois financèrent alors la construction de la cathédrale, mise en chantier en 1194. Henri IV fut l'un des rares rois de France sacré à Chartres, Paris et Reims n'ayant pas encore été soumises à l'époque. Contrairement à ceux d'autres cathédrales en France, les vitraux furent démontés lors de la Seconde Guerre mondiale et ne subirent pas de dommages.

Adresses utiles

◻ *Office du tourisme :* place de la Cathédrale. ☎ 02-37-21-50-00. Fax : 02-37-21-51-91. Parvis ouest de la cathédrale. Ouvert de 9 h à 19 h du lundi au samedi et de 9 h 30 à 17 h 30 les dimanche et jours fériés en haute saison. Hors saison, de 10 h à 18 h du lundi au samedi, et de 10 h à 13 h et 14 h 30 à 16 h 30 les dimanche et jours fériés.

◻ *Comité départemental du tourisme d'Eure-et-Loir :* 10, rue du Docteur-Maunoury, BP 67. ☎ 02-37-84-01-00. Fax : 02-37-36-36-39.

■ *Loisirs-Accueil Eure-et-Loir :* rue du Docteur-Maunoury. ☎ 02-37-

84-01-01. Pour toutes réservations de gîtes ruraux, activités de loisirs...

■ *Cinémas :* 7 salles à Chartres, voir *Cinéma info, Chartres-spectacles,* 10, av. Jehan-de-Beauce. ☎ 02-37-36-14-67.

■ *Hôtel des ventes :* galerie de Chartres, 1 *bis*, place du Général-de-Gaulle. ☎ 02-37-84-04-33. Demandez leur calendrier. Pas très loin de la cathédrale.

Où dormir ?

Pas d'hôtels ni d'auberges exceptionnels à Chartres. Entre le *Grand Monarque,* institution locale aux prix exagérés, et les petits hôtels sans charme autour de la gare, on peut être tenté de se réfugier à l'*Ibis,* propre, net, avec ses chambres donnant sur l'Eure et la cathédrale.

Prix moyens

🛏 *Hôtel-restaurant Le Chêne Fleuri :* 14, rue de la Porte-Morard. ☎ 02-37-35-25-70. Près de l'église Saint-Pierre. Fermé le lundi et de mi-septembre à mi-octobre. Un chêne fleuri, ça n'existe pas. C'est pourtant le nom que porte cet hôtel pour petits budgets. 14 chambres simples mais propres, de 180 à 240 F. Souvent plein, donc pensez à réserver ! Suite à de nombreuses plaintes de lecteurs, nous déconseillons le restaurant.

🛏 *Hôtel de la Poste :* 3, rue du Général-Kœnig, entre la Poste (à l'architecture assez particulière) et l'hôtel *Le Grand Monarque.* ☎ 02-37-21-04-27. Fax : 02-37-36-42-17. Très

bien situé, c'est l'hôtel pratique par excellence. On n'y éclate pas de rire mais on dort bien, et la voiture – pour les routards anxieux – est à l'abri au garage (payant : 30 F). Chambres propres et confortables à 305 F avec douche-w.-c., 340 F avec bains. Les nᵒˢ 6, 46 et 47 bénéficient d'une vue sur la cathédrale. Petits déjeuners buffet extra copieux à 42 F. Au restaurant, il y a trois menus : 88, 112 et 170 F.

🛏 *Hôtel Jehan de Beauce :* 19, av. Jehan-de-Beauce. ☎ 02-37-21-01-41. Fax : 02-37-21-59-10. Près de la gare. Réception au premier. Cet hôtel sans restaurant est un peu défraîchi mais propre. Chambres de 160 F (douche et w.-c. à l'étage) à 295 F.

Où dormir dans les environs ?

🛏 *Chambre d'hôte :* chez Mme Ragu, 28, rue de la Pierre-Percée, 28300 Saint-Prest. ☎ 02-37-22-30-38. Fermé pendant les vacances de Pâques. À 7 km au nord de Chartres, vers Maintenon. Une maisonnette indépendante, avec tout le confort (salle de bains, cuisine, cheminée...). Vue sur les champs. Accueil délicieux. 220 F pour deux personnes, petit déjeuner compris. Table d'hôte sur réservation.

🛏 *Gîte rural nᵒ 32 :* à 35 km de

Chartres, chez Mme Gilberte Bossard, château de Landelles, 3, rue du Parc, 28190 Landelles. ☎ 02-37-23-36-03. Maison indépendante dans un parc boisé, près de l'habitation principale. Séjour, cuisine séparée, cheminée, machine à laver, 3 chambres avec chacune une salle de bains. 6 lits à une place. Jardin clos. Location à la semaine (de 1 080 F hors saison à 1 750 F l'été) ou en week-end (800 F).

🛏 *Chambres d'hôte :* Mme Michèle Fleury, 38, rue Pasteur, 28600 Luisant. ☎ 02-37-34-74-88. Fermé pendant les vacances de Pâques. À 2 km de Chartres. 2 chambres fort sympathiques avec salle de bains privée. Accueil délicieux. 240 F pour deux personnes, petit déjeuner compris.

Où manger ?

|●| *Le Pichet :* 19, rue du Cheval-Blanc. ☎ 02-37-21-08-35. Fermé le mardi soir hors saison et le mercredi. À 20 m du parvis de la cathédrale, un lieu authentique, chaleureux, où l'on vous sert, sans chichi, une cuisine de bistrot simple et bonne, accompagnée de vins servis le plus souvent, eh oui, au pichet ! L'idéal pour qui n'aime pas se prendre la tête et réserve ses efforts intellectuels à la visite détaillée du monument cher à Malraux. Aurait-il aimé la tête de veau vinaigrette, la poule au pot Henri IV (précision apportée au cas où on aurait des doutes !) et le lait de... poule aux fruits servi en dessert ? Formules à 69, 89 et 130 F.

|●| *Pélagie Grill :* 1, av. Jehan-de-Beauce. ☎ 02-37-36-07-49. Fermé le samedi midi et le dimanche. Près de la gare. Clair, accueillant, décor Louisiane, mezzanine et ventilos, spécialités tex-mex. Menu « tonic » à 85 F avec crudités, raie au beurre et fruits. À 75 F, menu style salade-brochettes.

|●| *Le Caveau de la Cathédrale :* 12, rue Au-Lait, à côté de la cathédrale, comme son nom l'indique. ☎ 02-37-34-91-64. Fermé le mardi soir et le mercredi. On y va plus pour admirer la voûte du XIIᵉ siècle que pour la qualité de la cuisine. Toutefois, on ne boude pas ses petits prix. Pour ne pas vous compliquer la vie à midi, prenez la formule à 65 F qui propose une entrée, un plat, un dessert et un verre de vin. Le soir, formule à 92 F. Spécialités : la miche de volailles aux crevettes, la miche de canard à la bordelaise et la miche de bœuf forestière.

De prix moyens à plus chic

|●| *Le Dix de Pythagore :* 2, rue de la Porte-Cendreux. ☎ 02-37-36-02-38. Fermé le dimanche soir et le lundi, ainsi que les deux dernières semaines de juillet. Une bonne vieille cuisine classique (pavé de bœuf périgourdin, saumon à la Dugléré, escargots flambés au sauvignon) que l'on déguste, en sous-sol, sous le regard de la patronne. Les prix, comme le service, expliquent le succès de la maison : menus à 80 F (le midi en semaine), 95, 135 et 146 F. À la carte, compter 200 à 250 F.

|●| *Le Buisson Ardent :* 10, rue Au-Lait. ☎ 01-37-34-04-66. Fermé le dimanche soir. Dans une jolie petite rue près de la cathédrale, un cadre plaisant et douillet (avec poutres et colombages) pour ce restaurant qui fait aussi salon de thé. Un menu à 128 F avec, par exemple, salade de cailles confites avec son œuf sur le plat, blanquette de colin à la crème citronnée et crème brûlée aux fruits de saison. Autres menus à 178 et 238 F, un poil chers. Belle carte des vins. Service attentionné.

|●| *La Truie Qui File :* place de la Poissonnerie. ☎ 01-37-21-53-90. Fermé les dimanche soir et lundi. Dans une des plus belles maisons de Chartres (*Maison du Saumon et de la Truie Qui File*, cherchez-les sur la façade !). Pour les lecteurs qui auraient quelque chose à fêter. Table chic avec un service agréable. Menu Découverte à 180 F, Dégustation à 305 F et Surprises (4 plats et 2 desserts !) à 385 F. Parmi les spécialités, tomate farcie à la chair de tourteau et au caviar, pastilla au tourteau et au céleri. Impressionnants desserts « Autour de... » ; au choix : vanille, chocolat, fruits rouges.

Où boire un verre ?

❢ *Le Dickens :* place Chatelet. Ouvert tous les jours jusqu'à 1 h, le week-end jusqu'à 3 h. Fermé deux semaines autour du 15 août.

À voir

★ *La cathédrale Notre-Dame :* ouverte de 7 h 30 à 19 h 30 en été et 19 h en hiver. Fermée du samedi 17 h 45 au dimanche 13 h, en raison des offices. Visites guidées à 10 h 30 et 15 h du mardi au samedi. Visites avec cassettes audio (45 mn). Renseignements : ☎ 02-37-21-56-33. La première basilique édifiée au IVe siècle brûla, ainsi que les quatre autres qui lui succédèrent. De la dernière (1021), il subsiste le portail royal, les tours et la crypte. À partir de 1194, un grand élan populaire se manifesta pour la reconstruire. Les bourgeois se saignèrent aux quatre veines pour la financer et les petites gens fournirent la main-d'œuvre. La construction du nouvel édifice fut rapide : vingt-cinq ans à peine, plus une vingtaine d'années pour les deux porches latéraux. Ce qui donna à la cathédrale une homogénéité architecturale quasiment unique en France.

Des innovations technologiques et architecturales (notamment le perfectionnement de l'arc-boutant) permirent d'augmenter la hauteur de l'église. Cela explique le parti pris de verticalité, un véritable élan vers le ciel, qui favorisa l'explosion de l'art du vitrail. La cathédrale nous apparaît aujourd'hui, avec peu de modifications importantes, telle qu'elle apparut aux pèlerins ébahis du XIIIe siècle.

À l'extérieur

– *La façade principale :* remarquable par son *portail* royal, chef-d'œuvre de l'art du XIIe siècle, rescapé du grand incendie de 1194. Les belles statues-colonnes, très longues, avec des vêtements aux tout petits plis, portent encore des caractéristiques romanes. À cette époque, comme on peut le voir sur le portail, les décors sont géométriques.

L'ensemble est consacré à la gloire du Christ. Au tympan de la porte centrale, le Christ, entouré des évangélistes, et les douze apôtres sur le linteau, reconnaissables à leurs pieds nus.

À la porte de droite, le tympan est consacré à la Vierge, représentée assise avec l'Enfant Jésus sur les genoux. Le linteau figure l'Annonciation, la Visitation, la Nativité, l'Adoration des bergers, la Présentation au Temple.

À la porte de gauche, représentation de l'Ascension. Sur le premier linteau, les anges. Sur le deuxième, les apôtres qui semblent se tordre le cou pour regarder au-dessus. Sur les voussures apparaissent les signes du zodiaque. Les chapiteaux sont d'admirables sculptures représentant des scènes de la vie de Jésus.

– *La tour sud* (à droite), dite aussi *clocher Vieux*, possède une grande unité de style. Haute de 105 m, sa flèche octogonale s'élève d'un seul jet à 45 m.

– *La tour nord* (à gauche), appelée *clocher Neuf*, eut sa pointe décapitée par la foudre et fut remplacée par une magnifique flèche de pierre de style flamboyant. Possibilité de visite du clocher Neuf par un escalier de 378 marches. Ouvert en saison de 9 h 30 à 11 h 30 et de 14 h à 17 h 30 (fermé les matinées des dimanche et jours de fêtes religieuses) ; hors saison, de 10 h à 11 h 30 et de 14 h à 16 h 30.

– *Les porches latéraux :* pas prévus dans le plan initial, ils s'intègrent cependant superbement à l'ensemble.

– *Le porche sud,* précédé d'un perron de 17 marches, est d'un style plus sobre que le porche nord. Sa statuaire est consacrée au Christ, aux apôtres et aux martyrs. Sur la porte centrale, le Christ foulant aux pieds le lion et le dragon. À ses côtés, les douze apôtres. Le tympan, le linteau et les voussures montrent la Résurrection des morts et le Jugement dernier (ne manquez pas la représentation de l'enfer vu par les sculpteurs de l'époque). Notez les deux premières statues, saint Georges et saint Théodore, à gauche et à droite de la porte, habillés comme les chevaliers du temps de Saint Louis. La porte de droite représente les Saints Confesseurs.

– **Le chevet :** la vue sur celui-ci depuis le jardin est impressionnante. Notez la fantastique architecture des arcs-boutants à double volée, à la fois puissante et légère. La chapelle extérieure, du XIVe siècle, est reliée à l'église par un élégant escalier.

À l'intérieur

Voici une courte fiche anthropométrique de la cathédrale : longueur 130 m, largeur 32 m près des clochers, 46 m aux portes latérales du chœur. La grande nef, d'une hauteur de 37 m, fait 16,40 m de largeur (la plus large de France). Le sol est en pente vers la façade car, à l'époque, beaucoup de pèlerins dormaient dans l'église ; il fallait pouvoir laver à grande eau. Sur le sol, au milieu de la nef, un curieux dessin figurant un *labyrinthe,* symbole du Bien et du Mal. Le cercle central représente le paradis. Les pierres blanches proviennent de la région et les contours gris-bleu sont en marbre. Les pèlerins effectuaient les 280 m de méandres du labyrinthe à genoux.

– Impossible de décrire les 176 *verrières* dont 150 au moins en vaudraient la peine. Nous nous sommes donc attardés sur les plus caractéristiques. En premier lieu, les trois rescapées du grand incendie de 1194 sur la façade. Une première chose fascine, au-delà de la magie des couleurs à proprement parler, c'est le bleu, le célèbre « bleu de Chartres ». Un bleu limpide, lumineux, que l'on croirait emprunté aux ailes d'un papillon exotique. Ces trois vitraux furent démontés et nettoyés il y a une dizaine d'années car le vent, les intempéries et des micro-organismes attaquaient les couleurs, sauf le bleu qui reste inaltérable.

Le *vitrail du centre,* le plus haut de la cathédrale (10 m), est composé de carrés pesant entre 15 et 18 kg chacun. Il représente des scènes de la vie de Jésus enfant. Le dernier rang en bas figure, de gauche à droite : l'Ange Gabriel, la Visitation, la Naissance du Christ. Sur l'avant-dernier rang, on reconnaît les Rois mages (souci du détail : pièces de monnaie avec écriture arabe). Sur le médaillon du centre, l'Offrande des cadeaux. Sur le rang au-dessus, au centre, Présentation de Jésus au Temple, etc.

À droite, l'arbre généalogique du Christ, dit *arbre de Jessé.* Le *vitrail de gauche* présente la particularité de posséder une dominante de jaune, car c'est le vitrail qui reçoit le plus de lumière au coucher du soleil. En bas, à gauche du deuxième rang, la Cène. À droite, le Lavement des pieds. Au milieu du vitrail, la Crucifixion et la Descente de croix. Rang du haut, les disciples d'Emmaüs.

La *rosace ouest* donne l'impression de bijoux scintillant sur du velours noir. Elle date du début du XIIIe siècle, quand la façade fut rehaussée. Scènes du Jugement dernier...

Beaucoup parmi les 173 vitraux restants furent payés par les rois et les nobles, mais aussi par les corporations et corps de métiers de l'époque : bouchers, boulangers, maréchaux-ferrants, savetiers, corroyeurs, changeurs, orfèvres, taverniers, etc. Un symbole, une illustration dans le vitrail rappelle souvent le généreux donateur.

Le bleu dans la plupart de ces vitraux a changé. En effet, le minerai de cobalt venant d'Europe centrale se raréfia et on y mélangea du manganèse. Ce qui explique le noircissement du bleu dans beaucoup de verrières...

Attardons-nous maintenant sur le *deuxième vitrail à gauche,* en regardant l'autel. Il détaille la vie de saint Lubin, patron des vignerons. On distingue dans la demi-lune du bas une taverne avec un aubergiste servant du vin.

Dans le cercle du haut, un marchand de vin sur son chariot; cercle au-dessus, un marchand de vin à la cave. Dernier cercle du vitrail, la messe avec les burettes de vin.

Derrière la chaire (à droite en regardant l'autel), vitrail du XVe siècle, beaucoup moins riche en détails, appelé la *chapelle Vendôme.* Un incendie au XIXe siècle (le dernier) détruisit la « forêt » de bois de la charpente. Le toit en plomb fondit et coula même dans les rues de la ville. On reconstruisit une charpente de fer et le toit fut recouvert de cuivre. Pour donner une idée des prouesses de la construction, un arc de la travée pèse de 60 à 80 t.

Dans le transept, deux magnifiques rosaces. Celle du nord est formée de carrés et losanges donnant l'impression de timbres-poste. C'est la plus petite des trois rosaces de la cathédrale. Elle fut donnée par Saint Louis. Appelée aussi Rose de France, elle célèbre la gloire de la Vierge. La rosace sud représente certains passages de l'Apocalypse.

– Le *chœur* est l'un des plus vastes de France. À droite, on a enlevé quatre vitraux pour donner de la lumière et permettre aux prêtres de lire leur missel, et on les a remplacés par des grisailles. Le chœur est entouré par une clôture de pierre sculptée de style flamboyant, véritable mur de dentelle. Elle est composée de près de 200 statues, surmontées de dais à clochetons décorés d'une variété infinie d'arabesques. Les groupes représentent des scènes de la vie de Jésus. Les sculptures les plus intéressantes sont au sud, près du transept. Admirez, notamment, la *Présentation de Jésus au Temple* et le *Massacre des Innocents.* Au-dessus de la grille, *Adoration des rois mages* (beau visage de la Vierge).

Côté sud, la clôture est abîmée et beaucoup de sculptures sont brisées. Cela date du sacre d'Henri IV, lorsque la foule grimpa sur la dentelle de pierre et que celle-ci, quand même fragile, céda en maints endroits. Toujours dans le chœur, côté sud, admirez *Notre-Dame de la Belle Verrière,* le vitrail le plus célèbre de Chartres. La Vierge, au centre, rescapée de l'incendie de 1194, possède toujours l'unique bleu de Chartres, tandis que le reste, réalisé plus tard, est d'un bleu plus foncé.

– Derrière le chœur s'élève l'escalier qui mène au *trésor* de la cathédrale. Dans la chapelle Saint-Piat, on trouve le fameux « voile de la Vierge » (rapportée de Constantinople par Charlemagne, cette relique en soie naturelle, datant de 2 000 ans selon les expertises, aurait appartenu à Marie) et de très beaux objets du culte comme une navette à encens de 1540 en forme de navire et le tabernacle en émail du XIIIe siècle de l'église de Saint-Aignan. Visite : en été de 10 h à 12 h et de 14 h à 18 h (les dimanche et jours de fêtes religieuses uniquement l'après-midi) ; en hiver, de 10 h à 12 h et de 14 h 30 à 16 h 30.

– La *crypte*, la plus vaste de France, date du premier quart du IXe siècle et mesure 110 m de long sur 6 m de large. Visite à 11 h, 14 h 15, 15 h 30, 16 h 30 en hiver ; une visite supplémentaire à 17 h 15 en été (5 personnes minimum).

Visite de la ville

– Pour découvrir les *vieux quartiers*, l'office du tourisme propose, au départ de la place de la Cathédrale, des visites audioguidées avec location d'écouteurs (durée : 1 h 30). Mais il est également possible de visiter le Vieux Chartres en petit train...

★ *Les jardins de l'Évêché :* derrière la cathédrale, d'où l'on surplombe la forêt de toits de la ville basse.

★ *Le musée des Beaux-Arts :* 29, cloître Notre-Dame. ☎ 02-37-36-41-39. Situé à côté de la cathédrale, dans l'ancien palais épiscopal. Ouvert de 10 h à 12 h et de 14 h à 18 h (17 h l'hiver), sauf le mardi. Entrée payante. Le décor intérieur révèle un cadre digne des objets d'art qui y sont présentés. On peut admirer de beaux émaux du XIIIe siècle et les douze fameux émaux peints pour François Ier, une remarquable exposition de tapisseries, des peintures de primitifs flamands et italiens, des portraits Renaissance et de nombreuses toiles intéressantes des XVIIe, XVIIIe et XIXe siècles.

★ **Balade dans la ville haute :** peu de villes en France ont conservé un caractère médiéval aussi homogène, même si certaines restaurations sont un peu trop léchées (froideur des façades). Les rues continuent à serpenter facétieusement et nous offrent de savoureux noms anciens : rue de la Poêle-Percée, rue Au-Lait, de la Porte-Cendreuse, Grenouillère, etc. Partez à la recherche des maisons médiévales, certaines exceptionnelles. Vous les atteindrez aussi par des raidillons, parfois coupés d'escaliers, appelés « tertres ».

Commençons la promenade par le quartier de la cathédrale, appelé aussi le « Cloître ». La belle maison avec des fenêtres à tympans sculptés, en face de la cathédrale, lui est contemporaine.

Rue du Cardinal-Pie, dans une cour, voir le cellier de Loëns, et notamment le grenier qui abrite aujourd'hui le **Centre international du vitrail**. ☎ 02-37-21-65-72. Ouvert tous les jours de 9 h 30 à 12 h 30 et de 13 h 30 à 18 h en semaine, de 10 h à 12 h 30 et de 14 h 30 à 18 h les week-ends et jours fériés. Voir le Cellier, salle du XIIIe siècle à triple nef voûtée d'ogives.

Rue du Cheval-Blanc, quelques maisons à encorbellement. Au no 10, rue Noël-Ballay, la maison Claude Huvé (XVIe siècle) dont la façade Renaissance est entièrement sculptée. Place de la Poissonnerie, à côté des halles, aux nos 10 et 14, deux maisons de bois à colombages les plus anciennes de Chartres : les **maisons du Saumon** et **de la Truie-qui-file**. Encorbellements soutenus par des consoles sculptées représentant un cep de vigne, un ange, un poisson et une Vierge.

Rue du Bourg, à deux pas, la **maison des Consuls** avec l'escalier de la reine Berthe aux poutres extérieures finement travaillées. De là, empruntez la rue des Écuyers, très pittoresque. On rejoint ensuite la rue Saint-Pierre avec, au no 16, la maison des Trois Pigeons.

Place de l'Étape-au-Vin, aux nos 8 et 10, maisons à pans de bois et entrée de l'ancien couvent des cordeliers. À côté, l'église Saint-Aignan, mi-gothique, mi-Renaissance, qui conserve quelques beaux vitraux Renaissance.

Rue des Grenets, au no 12, l'hôtel de la Caige (XVe siècle) avec ses chaînages de pierre et son décor en brique. Voir encore l'hôtel de ville, belle construction du XVIIe siècle et, à côté, l'ancien hôtel Montescot dont les trois corps de bâtiment portent les bustes d'Henri IV, de Marie de Médicis et de Louis XIII.

★ **L'église Saint-Pierre :** dans la ville basse. Gracieux édifice, ancienne abbatiale des bénédictins. Clocher-donjon roman, à peine plus haut que le toit. À l'intérieur, harmonie des proportions et sentiment d'unité malgré les différentes phases de construction. La partie basse du chœur et les chapelles absidiales sont romanes, mais le vaisseau est du gothique le plus pur. La hauteur de la nef et la légèreté des arcs-boutants lui confèrent une grande finesse. Les vitraux du XIVe siècle prolongent ceux de la cathédrale.

★ **Balade dans la ville basse :** de l'église Saint-Pierre, rejoindre l'Eure vers la porte Guillaume. Suivre ensuite le bras intérieur de l'Eure par la rue de la Tannerie, puis la rue du Massacre. Nombreux moulins et lavoirs anciens tout au long de ses eaux nonchalantes. De petits ponts de pierre livrent de temps à autre de jolis points de vue. L'église Saint-André, ancienne collégiale du XIIe siècle, a vu son chœur tomber dans l'Eure. Du pont du Massacre, plus loin, on embrasse la vision romantique des petites écluses, du vieux pont Saint-Thomas à dos d'âne et de l'église Saint-André.

Pour finir, rejoindre par la rue de la Brêche (petite chapelle néogothique au coin) la **rue Chantault**, l'une des plus charmantes de la ville. Au n° 29, une des maisons les plus anciennes de la ville (XIIe siècle) avec baies romanes et tympans sculptés.

★ **La maison Picassiette :** confectionnée à l'aide de faïences, de porcelaines et de poteries brisées, par un balayeur de cimetière poète. Superbe ! ☎ 02-37-34-10-78. Ouverte tous les jours sauf le mardi (et le lundi en juillet et août), de Pâques à fin octobre, de 10 h à 12 h et de 14 h à 18 h. À partir de novembre se renseigner, pour les groupes auprès du musée des Beaux-Arts. De l'église Saint-Pierre, prendre sur la gauche la rue Saint-Hilaire, ensuite obliquer après le pont du même nom vers la porte Morand, suivre la direction « cimetière Saint-Chéron » puis, dans la rue Saint-Barthélemy, la première ruelle sur la droite.

★ **Le Conservatoire de l'agriculture :** dans un jardin paysager, près de la gare, pont de Mainvilliers. ☎ 02-37-36-11-30. Ouvert de 10 h à 12 h 30 et de 13 h 30 à 18 h, les samedi, dimanche et jours fériés de 10 h à 12 h 30 et de 13 h 30 à 19 h. Fermé le lundi. Installé dans une ancienne rotonde à machines à vapeur du début du siècle, ce premier musée d'histoire et de société consacré à l'agriculture présente sur 3 000 m² de très belles machines souvent uniques, témoins des pratiques rurales passées et présentes.

MAINTENON (28130)

À 18 km de Chartres. Pour vous rendre de Dreux à Chartres, nous vous conseillons de passer par le château de Maintenon, qui vaut vraiment un petit détour. De plus, la route est superbe et vous découvrirez Nogent-le-Roi, très jolie petite ville. Outre de belles vieilles maisons à pans de bois, vous pourrez voir une centaine de daims en liberté dans le grand parc du château.

CHARTRES ET ENVIRONS

Adresse utile

🏢 **Syndicat d'initiative :** place Aristide-Briand. ☎ 02-37-23-05-04. Ouvert du jour des Rameaux au 15 octobre, le jeudi de 10 h à 12 h et de 14 h 30 à 18 h, le vendredi de 14 h 30 à 18 h, le samedi de 10 h à 12 h et de 14 h 30 à 18 h.

Où dormir ? Où manger ?

🛏 |●| **Hôtel-restaurant Saint-Denis :** 5, place Aristide-Briand. ☎ 02-37-23-00-76. Fax : 02-37-27-10-20. Restaurant fermé le jeudi soir. Si vous n'avez pas spécialement envie de passer la nuit à Chartres et que vous préférez le charme un peu provincial-bourgeois face à un splendide château, voici un hôtel-restaurant avec une bien belle terrasse au bord de l'Eure. Chambres de 280 à 450 F, propres et calmes. Deux menus à 98 et 149 F. Menu gastronomique correct à 169 F avec beaucoup de choix : terrine de mer, huîtres sauce échalotes, saumonette à la provençale, etc. La seule adresse de Maintenon : moyen pour le gîte, mais sympa pour le couvert.

À voir. À faire

★ *Le château :* visite du 1er avril à fin octobre tous les jours en semaine de 14 h à 18 h (fermé le mardi sauf en juillet et août) et les dimanche et jours fériés de 10 h à 12 h et de 14 h à 18 h ; de novembre à fin mars, visite uniquement les samedi, dimanche et jours fériés de 14 h à 17 h. Fermé du 25 décembre au 31 janvier. Visite non guidée. Pour tous renseignements : ☎ 02-37-23-00-09. L'histoire du château remonte au Moyen Âge, comme en témoigne la tour carrée du XIIe siècle.
En 1674, la future marquise de Maintenon achète le domaine, agrandit et embellit le château avant de devenir, 10 ans plus tard, l'épouse secrète de Louis XIV. Le Nôtre dessina des parterres et les deux allées du parc. Très beau mobilier Louis XIV.

★ *L'aqueduc :* Vauban et La Hire en furent les auteurs, à la demande de Louis XIV qui voulait faire amener les eaux de l'Eure à Versailles. Construit par 30 000 hommes entre 1684 et 1694, ce projet gigantesque fut partiellement inachevé. Initialement, l'aqueduc devait avoir trois étages ; un seul fut réalisé.

– Envie de prendre *LA* voile ? ***Voile à Écluzelles***, sur un plan d'eau de 110 ha. ☎ 02-37-43-82-71.

MESLAY-LE-GRENET (28120)

À 15 km au sud-ouest de Chartres. Célèbre pour sa grande peinture murale, la ***Danse macabre***. Église ouverte de 9 h à 19 h. C'est, paraît-il, l'ensemble le plus complet et le plus « harmonieux » d'Europe.
Cette superbe peinture de la fin du XVe siècle représente les scènes de la Passion, les vingt couples de la *Danse macabre*, dont on dit « des trois morts » ou « des trois vifs ». C'est en fait un sermon sur l'égalité devant la mort. Sur le mur ouest, une scène étonnante : celle des trois femmes et des deux diables, inspirée de « la Bavarderie pendant la messe ». Les trois femmes agenouillées sont la proie de Satan et de ses suppôts. Remarquez leurs figures monstrueuses : cornes, pieds fourchus, yeux d'oiseaux. La peinture est à hauteur d'homme et permet un *son et lumière* surprenant.
Renseignements : ☎ 02-37-25-37-70. En principe, le troisième samedi du mois de septembre ; également visites guidées sur demande.

ILLIERS-COMBRAY (28120)

À 25 km de Chartres par la D921, après Meslay-le-Grenet. « Ce passé, descendu dans la terre, me donnant fort à songer, me faisant ajouter, dans le nom de Combray, à la petite ville d'aujourd'hui, une cité très différente, relevant mes pensées par son visage incompréhensible d'autrefois qu'elle cachait sous les boutons d'or ».
Si vous souhaitez entrer dans l'intimité des inspirations proustiennes, vous devez aller passer quelques heures à Illiers-Combray, visiter par exemple la *maison de tante Léonie,* ou vous rendre au *château de Tansonville,* par la D149, direction Bullon. Le comte d'Aymery, propriétaire du château en 1875, aurait inspiré à Marcel le personnage de Swann (ne se visite pas).

Adresse utile

🖪 Un itinéraire proustien très complet est proposé par le *syndicat d'initiative d'Illiers*. ☎ 02-37-24-21-79. Ouvert du 1er avril au 31 octobre, tous les jours, sauf le lundi, de 10 h 30 à 12 h et de 14 h 30 à 17 h 30.

Où manger ?

|●| *Le Florent :* 13, place du Marché, près de l'église. ☎ 02-37-24-10-43. Fermé le dimanche soir et le lundi (sauf les jours fériés). Chic mais pas « Proust ma chère », comme on pourrait le craindre dans ce village qui n'a pas encore compris qu'il était au cœur des rêves de milliers d'amoureux de la littérature ! Si vous recherchez l'intérieur de tante Léonie, c'est raté : encore que les petites salles, restées dans leur jus tout en étant aux couleurs d'aujourd'hui, ont un charme fou. Comme la cuisine, belle et imaginative, d'Hervé Priolet, qui propose un joli premier menu (sauf le week-end) à 100 F et un menu « Marcel Proust » mémorable à 195 F. Entre les deux, celui à 158 F fait des heureux, tout comme les petits vins servis au verre (18 ou 22 F selon la couleur). Personnages hauts en couleur, en salle, qui ne perdent pas leur temps et se régalent en devisant.

À voir

★ *La maison de Tante Léonie :* musée Marcel Proust, 4, rue du Docteur-Proust. ☎ 02-37-24-30-97. Tous les jours sauf le lundi, visites guidées à 14 h et 16 h 30. Ravissante maison tapie au fond d'un petit jardin. Pour plonger dans l'univers proustien.

À voir dans les environs

★ *Frazé :* un joli château en brique et ardoise, des XIVe et XVIIe siècles, dans un beau parc. Frazé est également connu pour son église qui s'ouvre par un superbe portail dans l'esprit de l'école de Fontainebleau. Visite des jardins, les dimanche et jours fériés, de Pâques à la mi-septembre, de 15 h à 18 h.

LA LOIRE, D'ORLÉANS À SULLY
Orléans. Combleux. Châteauneuf-sur-Loire.
Combreux et la forêt d'Orléans. Germigny-des-Prés.
Saint-Benoît-sur-Loire. Sully-sur-Loire.

Comment y aller ?

– *Par la route :* autoroute A10 (pont de Sèvres), sortie Orléans. Ou alors N20 (porte d'Orléans). Puis longer la Loire sur la rive droite (N60) en direction de Châteauneuf-sur-Loire.
– *Par le train :* départ presque toutes les heures de la gare d'Austerlitz. Renseignements S.N.C.F. : ☎ 08-36-35-35-35 (2,23 F la minute). Internet : www.sncf.fr. Arrivée en 1 h à la gare des Aubrais, en principe. Correspondance immédiate pour Orléans lorsque le train ne vous y conduit pas directement.

Adresses utiles à Orléans

◘ *Comité départemental du tourisme du Loiret :* 8, rue d'Escures. ☎ 02-38-78-04-04. Ouvert du lundi au vendredi de 9 h à 12 h 30 et de 13 h 30 à 18 h, le samedi de 9 h à 12 h.
◘ *Office du tourisme :* place Albert-Ier. ☎ 02-38-24-05-05. Face à l'entrée du Centre commercial, place d'Arc. Ouvert du lundi au samedi hors saison, de 9 h (10 h le lundi) à 18 h 30 ; de 10 h à 12 h les dimanches. D'avril à fin septembre, ouvert tous les jours de 9 h à 19 h. Personnel compétent. Héberge également le *Comité départemental pour la randonnée pédestre dans le Loiret*. On peut s'y procurer la liste des sentiers de grande randonnée.

Randonnée à vélo (50 km)

D'Orléans, longer les quais de la Loire, en remontant le fleuve jusqu'au superbe village de Combleux. Puis le canal d'Orléans jusqu'à Chécy. Continuer en suivant la Loire jusqu'à Saint-Denis-de-l'Hôtel. Éviter la N60 bien trop fréquentée. À Saint-Denis, franchir le fleuve. À Jargeau, retour par la rive gauche vers Orléans en passant par Darvoy et Saint-Jean-le-Blanc.

ORLÉANS (45000)

Orléans aurait pu être la capitale de la France. Elle a d'ailleurs failli le devenir. Sa position stratégique sur le plus long fleuve du pays avait tout pour l'aider : carrefour des voies de communication, importante ville de commerce, centre politique, intellectuel et religieux... Mais son environnement sauvage (trop de forêts et surtout la présence à ses portes de la Sologne, dont les marais de l'époque firent longtemps des ravages en favorisant la malaria) l'ont finalement disqualifiée au profit de Paris.
Pourtant, une certaine pucelle ne s'y est pas trompée : si une ville devait échapper aux griffes des conquérants anglais, pour que le royaume de

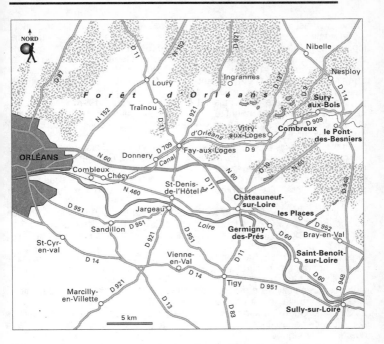

LA LOIRE, D'ORLÉANS À SULLY

France soit sauvé, c'était bien Orléans ! Et les historiens s'accordent pour dire que l'issue du fameux siège de 1429, décisive pour l'unité et l'indépendance du pays, a définitivement modelé l'identité française. La devise d'Orléans le clame d'ailleurs bien haut : « Hoc Vernant Lilia Corde » (« C'est par ce cœur que les lys fleurissent »).

Voilà donc une ville « capitale », mais qui ne le fut pas et qui se console modestement en étant celle de la région Centre (et donc du cœur historique du pays) et, accessoirement, chef-lieu du département du Loiret.

Un peu d'histoire

Comme on le souligne plus haut, la position de la ville sur la Loire favorise très tôt les échanges commerciaux. Un peuple gaulois, les Carnutes, y établit donc ses marchés. Jules César fait ensuite de Genabum une grande cité romaine : Aurelianorum.

L'importance religieuse d'Orléans remonte au début du VIᵉ siècle, quand Clovis y réunit les tout premiers conciles français, au cours desquels sont définis les droits régaliens et les rapports entre le roi et l'Église. Au IXᵉ siècle, les abbayes de la région rayonnent dans tout le pays.

Les évêques jouent également un rôle important dans l'essor intellectuel de la ville, à travers leur enseignement et leurs publications. Les cours de droit et de grec étant interdits à Paris par le pape, c'est ici que les intellos viennent faire leurs études au XIIIᵉ siècle, faisant ainsi d'Orléans la première ville universitaire de France.

Le siège d'Orléans, de 1428 à 1429, est un chapitre essentiel de l'Histoire de

France. On est alors en pleine guerre de Cent Ans quand, en octobre 1428, 4 000 Anglais s'installent aux portes de la ville pour un siège qui va durer de longs mois. Jeanne d'Arc, une jouvencelle de 18 printemps, arrive alors accompagnée de ses guerriers et du « bâtard » d'Orléans, Dunois, qu'elle a, semble-t-il, réussi à envoûter en lui racontant une abracadabrante histoire de mission venue du Ciel ! Elle lance un ultimatum aux envahisseurs (« Je suis ici de par Dieu le roi du Ciel et je vous bouterai hors de France ! ») et redonne courage aux Orléanais. Et le miracle a lieu : le 8 mai, les forces anglaises dépitées reprennent leurs sacs à dos et rentrent la tête basse, tandis que Jeanne reprend une à une toutes les villes de la Loire et remporte sa dernière bataille à Patay, le 18 juin.

Pendant la Renaissance, Orléans se refait une beauté, mais arrivent ensuite les guerres de Religion... Le cœur intellectuel d'Orléans en fait une ville naturellement protestante et elle servira de cadre à la première guerre de Religion. La cathédrale (construite au XIIIe siècle) est détruite presque totalement à l'explosif. De nombreux protestants de la ville sont massacrés en 1572.

La ville redevient prospère, au XVIIe siècle, en se lançant dans le raffinage du sucre qu'elle vend dans le monde entier. Le textile participe également à son essor, au point qu'au début du XIXe siècle, Orléans est classée parmi les 6 villes les plus riches du pays !

Mais un déclin commercial et industriel se produit bientôt : la Loire n'a plus la même importance qu'autrefois pour l'approvisionnement des marchandises et la ville n'a pas su profiter des bienfaits du tout nouveau chemin de fer... Une des rares activités à redoper l'industrie orléanaise reste la fabrication du vinaigre, dont elle se fait une spécialité.

La Seconde Guerre, à son tour, lui porte un rude coup : 17 ha du centre-ville sont détruits pendant les bombardements de juin 1940, dont une partie des quartiers historiques...

Une grande politique d'urbanisme est ensuite mise en œuvre, mais la ville change de visage, et de vives polémiques s'engagent au sujet du plan d'aménagement. Dans le centre-ville, le remplacement de l'ancienne gare par la nouvelle, en 1988, en fait hurler plus d'un, car le centre commercial, ses parkings et la médiathèque d'allure futuriste surprennent dans leur environnement. Entre-temps, la ville s'est dotée d'un important complexe universitaire, contigu à un superbe parc floral (La Source) et retrouve ainsi une nouvelle jeunesse.

Adresses utiles

🛈 *Office du tourisme :* place Albert-Ier. Près de l'entrée du centre commercial place d'Arc, en surplomb du grand boulevard (qui passe ici en sous-sol). ☎ 02-38-24-05-05. Fax : 02-38-54-49-84. Minitel : 36-15, code ITOUR. Internet : www.tourisme.fr ou www.franceguide.com.
Ouvert tous les jours de 9 h à 18 h 30 de novembre à fin mars et de 9 h à 19 h d'avril à fin octobre (de 10 h à 12 h le dimanche) ; en juillet et août, ouvert les dimanche et jours fériés de 9 h 30 à 12 h 30 et de 15 h à 18 h 30. Fermé les 1er mai, 1er et

11 novembre, à Noël et au Jour de l'An. Personnel efficace.
■ *Location de vélos :* Kit Loisirs, 1720, rue Marcel-Belot, Olivet. ☎ 02-38-63-44-34. Ouvert tous les jours. Location de VTT ou VTC à la journée ou à la semaine. Récupération possible des vélos jusqu'à Angers. Réservation vivement conseillée.
■ *Location de kayaks* (☎ 02-38-66-14-80) *et de bateaux et planches à voile* (☎ 02-38-56-48-90) : base de loisirs de l'île Charlemagne. À 3 km au sud du centre-ville. Bus toutes les heures de la place du Martroi en juillet et août, et

tous les dimanches en juin et septembre. Sur place : plage, pique-nique, jeux pour enfants, volley, basket, ping-pong, etc.

🚂 **Gare ferroviaire :** 1, rue Saint-Yves. En plein centre. ☎ 08-36-35-35-35 (2,23 F la minute). Fermée entre minuit et 4 h. Attention, tous les trains n'arrivent pas à Orléans « Centre ». Nombreux sont ceux qui s'arrêtent uniquement à Orléans-Les

Aubrais. Mais des navettes assurent immédiatement le transfert.

🚌 **Gare routière :** transports inter-urbains : *Les Rapides du Val de Loire.* ☎ 02-38-53-94-75. Rue Marcel-Proust. Transports urbains : *SEMTAO.* ☎ 02-38-71-98-38. Centre bus Albert Ier, place d'Arc.

■ **Taxi-radio d'Orléans :** station principale, 5, rue Saint-Yves. Face à la gare. ☎ 02-38-53-11-11 (24 h sur 24).

Où dormir ?

Ville bourgeoise, Orléans n'en oublie pas pour autant les petits budgets. On vous a, comme d'habitude, déniché des hôtels pour routards et même quelques petites demeures de charme à des prix d'avant-guerre...

♠ **Auberge de jeunesse :** 14, rue du Faubourg-Madeleine. ☎ et fax : 02-38-62-45-75. Ouverte de 17 h 30 à 22 h (22 h 30 de juin à octobre). Fermée en décembre et janvier, et le samedi de février à fin mai. À l'ouest du centre-ville (compter environ 10 mn à pied). De la gare, prendre le bus ligne B direction Paul-Bert, arrêt Beaumont. Tenu depuis plus de 20 ans par une dame très gentille. Bâtiment banal, mais cour intérieure spacieuse, au calme. Carte de membre (F.U.A.J.) exigée (en vente sur place). 42 F la nuit. Draps : 16 F. Petit déjeuner : 18 F. Plusieurs dortoirs divisés en box. Les filles sont mieux loties, dans un bâtiment plus ancien. Cuisine à disposition, salon TV, ping-pong et location de vélos (58 F par jour). Accueil groupe possible (50 lits).

♠ **Hôtel de Paris :** 29, rue du Faubourg-Bannier. Non loin de la place Gambetta. ☎ 02-38-53-39-58. Accueil sympa et très décontracté. Chambres modestes mais plutôt agréables. Un petit coup de peinture et de nouvelles tapisseries leur ont même donné un air presque pimpant. Bonne literie. De 120 F (avec lavabo) à 160 F (avec bains). Dans l'escalier, on croise aussi bien des étudiants américains que des ouvriers en déplacement. Normal : le patron a longtemps vécu aux États-Unis et une grande partie de sa clientèle est anglophone. Au rez-de-

chaussée, bistrot de quartier (donc d'habitués) avec resto proposant plat du jour (à 41 F) le midi, du lundi au vendredi. Garage à vélos. Chiens acceptés.

Prix moyens

♠ **Hôtel Marguerite :** 14, place du Vieux-Marché (à 50 m de la rue Royale, près de la Poste centrale). ☎ 02-38-53-74-32. Fax : 02-38-53-31-56. Fermé le dimanche entre 12 h et 16 h 30. Voilà le genre d'adresse qui fait vraiment notre bonheur... et le vôtre. Ce bel hôtel au charme suranné allie confort, prix doux et accueil 3 étoiles. Dès que vous rencontrerez le patron à la réception (au 1er étage), vous aurez compris que jovialité, gentillesse et disponibilité sont de mise. 25 grandes chambres de 170 F (avec lavabo, sans télé) à 250 F (avec bains, w.-c. et TV), toutes confortables et très bien tenues. Les chambres sur rue sont maintenant dotées d'un double vitrage. Petit déjeuner avec boissons chaudes à volonté, jus de fruits et miel : 29 F (servi dans la chambre sans supplément). Remise exceptionnelle de 20 % sur le prix des chambres du vendredi au dimanche et en juillet et août. L'*hôtel Marguerite,* on l'aime un peu, beaucoup, passionnément, à la folie !

♠ **Hôtel Saint-Martin :** 52, bd Alexandre-Martin. ☎ 02-38-62-47-47. Fax : 02-38-81-13-28. Fermé de Noël au Nouvel An inclus. À gauche en sortant de la gare ferroviaire, en direction du théâtre. Un petit hôtel à l'atmosphère doucement familiale. À deux pas de la gare, il est étonnant de trouver des chambres aussi calmes, ouvrant sur une toute petite cour fleurie. De 145 F pour une chambre double avec cabinet de toilette (mais sans TV) à 250 ou 290 F avec douche et w.-c., côté cour. Remise de 10 % pour deux nuits consécutives, sauf en juillet et août, sur présentation du guide.

■ *Hôtel Central :* 6, rue d'Avignon. À 50 m de la rue Royale. ☎ 02-38-53-93-00. Fax : 02-38-77-23-85. Fermé le dimanche après-midi. Gérante absolument adorable. Des chambres meublées à l'ancienne et pour tous les budgets. 157 F (lavabo), 170 F (lavabo et w.-c.), 236 F (avec douche, w.-c. et TV), et, luxe suprême, la chambre n° 17, sur cour, lavabo en lambris, avec douche, w.-c. et TV (250 F). Si un client l'a déjà réservée, préférez les chambres qui ne donnent pas sur la rue parce que cet hôtel est vraiment central (mais ça, vous l'aviez sans doute déjà deviné...). Petit déjeuner offert et remise de 10 % sur présentation du guide.

Plus chic

■ *Jackotel :* 18, cloître Saint-Aignan. ☎ 02-38-54-48-48. Fax : 02-38-77-17-59. Fermé le dimanche après-midi et les jours fériés de 13 h à 18 h. Un peu à l'écart, à l'est du centre. Longer le quai du Châtelet, direction Montargis, et tourner avant le pont. Charmant hôtel récent, au fond d'une cour fleurie. Chambres confortables et soignées, dignes d'un 3 étoiles, à 280 F avec salle de bains, TV et téléphone. Pour l'anecdote, sachez que le curieux nom de l'hôtel (non, ce n'est pas une nouvelle chaîne !) est dû à la passion de la gérante pour... les perroquets ! Quelques-uns vous accueilleront à la réception. Hélas ils ne parlent pas... ils sont en bois ! On se consolera avec le chant des oiseaux, seuls

à troubler le calme de l'adorable placette voisine, au pied de l'église Saint-Aignan. Animaux acceptés. Remise de 10 % sur présentation du *Guide du Routard* au mois d'août.

■ *Hôtel des Cèdres :* 17, rue du Maréchal-Foch. ☎ 02-38-62-22-92. Fax : 02-38-81-76-46. Dans un quartier tranquille et résidentiel d'Orléans, près de la place Dunois. Un bon 3 étoiles tout simple qu'on aime bien pour son petit jardin avec fontaine où les clients pique-niquent aux beaux jours. Réveil au chant des oiseaux assuré. Chambres confortables de 300 à 330 F avec bains et TV câblée. De sympathiques hôteliers qui aiment enfants et animaux et mettent donc à disposition, outre le matériel *ad hoc* (chaise haute, chauffe-biberon...), de grandes chambres familiales communiquant entre elles pour les familles nombreuses. Réduction de 10 % accordée à nos lecteurs toute l'année.

■ *Hôtel de l'Abeille :* 64, rue d'Alsace-Lorraine. ☎ 02-38-53-54-87. Fax : 02-38-62-65-84. Il y a quelque chose dans l'atmosphère de cet hôtel, ouvert depuis 1919 (ce qui en fait l'un des plus anciens de la ville), qui nous a séduits : peut-être la bourdonnante enseigne, ou les arbustes et les plantes vertes qui rendent le trottoir presque bucolique. Peut-être aussi l'accueil aimable, l'escalier de bois patiné, le charme désuet des chambres, toutes différentes : de 240 à 310 F pour une double avec douche ou bains, w.-c., TV.

■ *Sanotel :* 16, quai Saint-Laurent. ☎ 02-38-54-47-64. Fax : 02-38-62-05-91. Sur la rive droite de la Loire, à 10 minutes à pied du centre-ville. Hôtel moderne confortable. Accès handicapés. Le double-vitrage côté rue isole bien du trafic urbain, mais ne vous empêche pas d'être informé des allées et venues de vos voisins. Chambres de 260 à 370 F avec TV, parking. Petit déjeuner princier offrant 5 viennoiseries, 2 confitures et un jus de fruits pour 35 F. Animaux acceptés.

Où manger?

Peu de très grandes tables en ville. Mais, tant mieux pour le routard, une quantité de petites adresses bon marché et une restauration cosmopolite : toutes les cuisines d'Europe et d'Asie y sont représentées, à la grande joie de la jeunesse orléanaise. Le centre historique fourmille de restos, principalement le long de la rue de Bourgogne, qui ne devait pas en compter autant lorsque la Pucelle la remonta pour venir sauver les habitants...

Pas vraiment de spécialités culinaires ici, à part une friandise : le *cotignac*. C'est de la gelée de coing coulée dans une petite boîte en bois d'épicéa, que l'on suce ensuite comme un roudoudou (vous vous souvenez ?). Vieille tradition de la ville, le cotignac était déjà évoqué par Rabelais dans son *Pantagruel*. Les notables de la ville en offraient aux ambassadeurs étrangers et aux rois (Louis XI en suçait, paraît-il, comme un gamin). On les trouve dans certaines pâtisseries, par exemple celles du 51, rue Royale, ou du 121, rue de Bourgogne. Pas de méprise : ça ressemble à des boîtes de camembert mais ce n'est pas du camembert...

Bon marché

|●| La Tête de l'Art : 13, cloître Saint-Pierre-Empont. ☎ 02-38-54-14-39. Fermé les dimanche et lundi, sauf en été. Pas évident à trouver : situé entre le temple et la cathédrale, dans une petite venelle. Au calme, sur une placette complètement isolée. Au choix : terrasse en plein air ou salle toute rose à la déco néo-1900, remplie d'une belle collection de chapeaux. Patronne éminemment sympathique qui chouchoute sa jeune clientèle, venue d'ailleurs autant pour l'atmosphère décontractée que pour la cuisine honnête et généreuse. Ici, rien que de la recette éprouvée. Le chef connaît son affaire, il a déjà passé plus de 40 ans derrière les fourneaux. Menu à 58 F (à midi, en semaine). Celui à 98 F propose coq au vin et tête de veau ravigote... Rognons de veau à la graine de moutarde et Saint-Jacques à la provençale proposés sur la carte. Nous, on a un faible pour le jarret demi-sel sur pommes tièdes. Vin de Cheverny bio rouge et blanc, provenant directement du domaine de Veilloux. Apéritif offert à nos lecteurs. Un bon rapport qualité-cadre-accueil-prix, indéniablement.

|●| Les Fagots : à proximité des halles, 32, rue du Poirier. ☎ 02-38-62-22-79. Fax : 02-38-77-99-87. Fermé les dimanche et lundi, ainsi que la 1re semaine de janvier et la 2e quinzaine d'août. Celui-là, on vous le sort de derrière... les fagots. Facile! Dès la porte franchie, on sent une ambiance particulière. Ici des amoureux dînent en tête-à-tête, là des comédiens discutent avec leur metteur en scène, plus loin, des habitués plaisantent avec le patron qui cuisine. Tout se passe autour de la grande cheminée qui trône au milieu d'une salle décorée de vieilles affiches, de cafetières en émail et en porcelaine et de photos d'acteurs. Spécialités de la maison : les grillades au feu de bois et surtout le pavé d'âne (à commander la veille). Menus à 65 F (à midi) et 85 F, menu-enfants à 55 F. Accueil et service amical. L'atmosphère nous inciterait à le classer dans les restos du soir mais on peut, à midi et au soleil, se laisser séduire par la petite terrasse. Apéritif offert sur présentation du guide.

|●| L'Étoile d'Or : 25-27, place du Vieux-Marché. ☎ 02-38-53-49-20. Fermé le dimanche, ainsi qu'en août et une semaine fin décembre. Entre les quais et la place du Martroi, dans une très vieille maison à colombages. Resto sans chichis, allant du plus simple au plus sophistiqué. Formule express à 60 ou 65 F le midi, formule gourmande à 100 F midi et soir, menu-enfants à 40 F. Spécialités sur commande. Kir offert sur présentation du guide.

|●| Chez Henri : 1, rue du Commandant-Arago. ☎ 02-38-54-80-30. Fermé les dimanche et jours fériés.

Dans une vieille maison flanquée d'une tourelle rigolote qui détonne un peu juste à côté de la médiathèque futuriste (enfin, c'est plutôt la médiathèque qui surprend dans le quartier...). Cadre et ambiance de brasserie. Très fréquenté à midi, pour son menu express à 67 F, d'un bon rapport qualité-prix. Menu-enfants à 35 F jusqu'à 12 ans. Honnête cuisine traditionnelle, service sympa et diligent. Quelques spécialités à la carte comme la choucroute de poisson. Dîner en terrasse aux beaux jours.

|●| *Don Quichotte :* 165, rue de Bourgogne. ☎ 02-38-62-36-57. Fermé le lundi toute la journée, le mardi midi, deux semaines en février et les trois dernières semaines de juillet. Auberge espagnole au cadre pastoral où quelques jambons sèchent au plafond sous l'œil bienveillant de Don Quichotte et de son fidèle Sancho Pança. Très populaire en ville pour ses paellas (81 F par personne) et sa cuisine aillée. Pichet de sangria : 51 F. Pas de menu mais l'un des endroits où l'on peut manger tard le soir. Espagne oblige ! Apéritif maison offert sur présentation du guide.

|●| *La Brasserie :* 1, rue Gourville. Près de la rue de la République (qui relie la gare au Martroi). ☎ 02-38-62-51-42. Service de 11 h 30 à 15 h et de 18 h 30 à minuit. Taverne alsacienne très fréquentée pour ses bons plats à petits prix. Choucroute de rigueur (de 86 à 92 F par personne) et belles salades de 45 à 51 F, menu express à 69 F, menu-enfants à 38 F. Les observateurs auront remarqué l'enseigne pendue au-dessus de l'entrée : une cigogne... (facile !).

Prix moyens

|●| *La Petite Marmite :* 178, rue de Bourgogne. ☎ 02-38-54-23-83. Fax : 02-38-54-41-81. Ouvert le soir uniquement du lundi au vendredi. Ouvert en plus le midi le samedi, le dimanche et les jours fériés. Réservez, c'est l'une des meilleures adresses de la rue, la plus riche d'Orléans en restos ! Franche cuisine de terroir à l'aise dans cette pe-

tite salle rustique et coquette. Un menu du terroir à 118 F servi jusqu'à 21 h. Pâté de fromage de chèvre, lapin au caviar ou au miel à l'orléanaise... On a bien aimé le panaché de sandre et saumon. Reste alors celui à 146 F, la marmite gourmande à 188 F ou la carte : confit de canard aux champignons des bois, marmite de rognons de veau au vinaigre de xérès, coq au vin, tripes, plats aux truffes et gibier en saison... Patronne affable qui choie ses clients. Digestif offert sur présentation du guide.

|●| *La P'tite Porte :* 28, rue de la Poterne. ☎ 02-38-62-28-00. Fermé à Noël et au Jour de l'An, la première semaine de mai, trois semaines en juillet-août et les dimanche et lundi. Dans une petite rue perpendiculaire à la rue de Bourgogne. Installé dans une échoppe du XVIᵉ siècle, au cœur de ce qui fut l'une des rues « chaudes » d'Orléans. On a bien aimé la salle tout en longueur, ses murs ocre, ses meubles de récupération et ses plantes vertes. La cuisine ne s'embarrasse pas de complications et la carte va à l'essentiel : quelques bonnes viandes, des moules-frites... Un peu plus d'inventivité pour les plats du jour inscrits au tableau noir. Et surtout les jeunes patrons ont la passion des bons petits vins de propriétaires. Leur cave sort des sentiers battus et si, bien sûr, elle suit le cours de la Loire, elle n'hésite pas à visiter d'autres vignobles : Jura, Côtes-du-Rhône... Pas de menus, mais pour 120 F vous serez repu. Café offert sur présentation du guide.

|●| *La Chancellerie :* 27, place du Martroi. ☎ 02-38-53-57-54. Fax : 02-38-77-09-92. Fermé le dimanche. La brasserie la plus célèbre d'Orléans, presque une institution. Dans cet immeuble du XVIIIᵉ siècle, d'où partaient les diligences, se retrouvent notables, hommes d'affaires et étudiants. Terrasse toujours très animée en été. Grand choix de plats à tous les prix pour une cuisine tout à fait honnête. Beaucoup de bons crus servis au verre. Un des patrons a été élu meilleur sommelier de France. Pour un repas rapide, essayez donc

une des intéressantes formules « mets et vins » (un plat et un verre) à partir de 56 F. Sinon, menu mitonné à 105 F (plat + dessert) ou, plus copieux, à 150 ou 160 F. La carte fait relativement grimper l'addition. Le « petit gourmet » pour enfants est à 48 F. Service jusqu'à minuit. Apéritif maison offert sur présentation du guide.

|●| Le Brin de Zinc : 62, rue Sainte-Catherine. ☎ 02-38-53-38-77. Fermé le dimanche midi et le lundi. Brasserie musée à décor bric-à-brac original. Menus à 74 F (le midi sauf les dimanche et jours fériés), 98 et 139 F, menu-enfants à 42 F. Moules avec frites à volonté de 64 à 69 F. Cuisine familiale généreusement servie. Nous avons particulièrement apprécié les profiteroles maison, de taille à vous garder collé(e) au siège.

Plus chic

|●| L'Archange : 66, faubourg Madeleine. ☎ 02-38-88-64-20. Fax : 02-38-45-08-81. Belle salle décorée d'eaux-fortes de paysages locaux. Grand prix d'honneur de l'Académie nationale de cuisine, M. Schmitt propose une cuisine fine (gâteau de langoustines et homard au saumon fumé dans son coulis rafraîchi à l'estragon, tian de lotte aux jeunes poireaux et son fumet de champignons, sans oublier l'entremets au chocolat blanc au coulis d'abricot, entre autres...), présentée dans les règles de l'art. Menus à 80, 128, 174 et 194 F. Carte des vins éclectique et alléchante, si vous en avez les moyens, allant du cheverny blanc (78 F) et rouge (82 F) au château-latour 1er grand cru classé à 880 F.

Où boire un verre ?

♟ Le Tex Mex (Indiana Café) : 21, rue Bannier. Entre Gambetta et le Martroi. ☎ 02-38-53-19-80. Fermé le dimanche. Les cow-boys parisiens connaissent déjà celui du 8e arrondissement. Le *Tex-Mex*, c'est un peu le *Hard-Rock Café* (version tex-mex, évidemment) sans la cohue permanente. On peut bien sûr y manger (salades copieuses, bons hamburgers, plats mexicanos), mais c'est tout de même cher pour de la *junk-food* et on ne visite pas la région, à notre avis, pour s'envoyer un *chile...* En revanche, pourquoi pas un cocktail exotique, au milieu des branchés du quartier ? *Happy hours* (entre 17 h 30 et 19 h 30), avec deux drinks pour le prix d'un (au fait, à quand enfin une extension de cette excellente idée anglo-saxonne à tous les cafés français ?).

♟ La Chancellerie : voir « Où manger ? ». Le café phare de la ville, toujours dans le coup grâce à sa situation privilégiée, sa déco inclassable, son service stylé (mais un peu long) et ses bons verres de vin. Si vous êtes patient, vous pourrez profiter de la terrasse en été.

♟ Paxton's Head : 264, rue de Bourgogne. ☎ 02-38-81-23-29. Ouvert de 15 h à 3 h. Un pub dans le plus pur style anglais. Des dizaines de bières (*stout, ale* et même des belges ou des allemandes) dans un décor cossu et lumière tamisée mais un peu bruyant. Tout ce qu'Orléans compte comme noctambules et amateurs de jazz se retrouve ici. Clientèle assez variée mais un poil B.C.-B.G. Soirée jazz de temps à autre. Et pour ceux qui en veulent encore plus, le *Club* est juste en dessous pour danser sur une musique variée.

♟ Pub Victoria : 28, rue Étienne-Dolet. ☎ 02-38-62-53-41. Encore une déco de pub (décidément, même dans la « Cité de Jeanne d'Arc », le style anglais a fait école !). Même genre donc que le précédent mais clientèle un peu plus margeo.

♟ Le Caveau des Trois Maries : 2, rue des Trois-Maries (entre la rue de Bourgogne et la rue É.-Dolet). ☎ 02-38-54-68-68. Ce bar, ouvert du mardi au samedi de 18 h à 3 h, est installé dans une cave à ogives cintrées d'un beau volume. Bœuf le mercredi, concert les vendredi et samedi. Entrée gratuite.

À voir

★ *La cathédrale Sainte-Croix :* ☎ 02-38-77-87-50. Ouverte tous les jours de 9 h 15 à 12 h et de 14 h 15 à 18 h 45 (17 h en hiver). Visite (payante) des hauteurs de la cathédrale (avec traversée des arcs-boutants !) du 4 mai au 30 juin, tous les samedis à 15 h 30 et 16 h 30 et de début juillet à fin septembre, tous les jours à 15 h, 16 h et 17 h. Peu de cathédrales en France peuvent se prévaloir d'un passé comme celui de Sainte-Croix. Et pourtant, la cathédrale d'Orléans n'a pas la réputation qu'elle mérite, sous prétexte que ses transepts, ses tours et sa façade sont d'un gothique plus que tardif des XVIIᵉ et XVIIIᵉ siècles.

La première basilique fut construite à la fin du IVᵉ siècle par saint Euverte. Lors de la consécration, une main apparut au-dessus de lui et bénit l'édifice ainsi que tous ceux qui participaient à la cérémonie. Pour le moins troublé, Euverte interrompit la petite fête, ne voulant pas refaire mal ce que Dieu venait de faire bien. Difficile de le blâmer ! Impossible donc de trouver ici les croix de consécration sur les piliers, Sainte-Croix est la seule cathédrale à n'avoir jamais été consacrée. Mais rappel de ce miracle : une main bénissante peinte sur la clé de voûte maîtresse de l'abside.

En 511, Clovis réunit ici le premier concile mérovingien qui réorganise l'Église des Gaules. En 848, Charles le Chauve se fait couronner roi d'Occident à Orléans. Un siècle plus tard, Robert le Pieux, fils d'Hugues Capet, y reçoit l'onction royale. En 989, la cathédrale est détruite dans l'incendie de la ville. Les Capets la font reconstruire et l'agrandissent : elle aura cinq nefs, à l'image des grandes églises de pèlerinage. Au XIIᵉ siècle, Louis VI le Gros se fait sacrer roi à Orléans. Les gens de Reims enragent de se faire voler la vedette...

1286 : tout le côté nord et une partie du chœur s'effondrent. 1287 : pose de la première pierre de la nouvelle cathédrale ; les travaux, bloqués par la guerre de Cent Ans, se terminent en 1511. Mais les guerres de Religion auront raison de ces restaurations. Les calvinistes détruisent presque totalement la cathédrale. De Henri IV à Charles X, les travaux s'éternisent pour redonner à l'église son ancienne splendeur. Elle la retrouve dans les faits lorsqu'en 1920 ont lieu les cérémonies de canonisation de Jeanne d'Arc.

La façade et les tours datent du XVIIIᵉ siècle. Dentelles pour la façade, pièces montées pour les tours hautes de 81 m, le style n'est pas forcément très pur mais l'ensemble force le respect. La flèche centrale fut élevée sur le modèle de celle d'Amiens et les tourelles à jours au 1ᵉʳ étage des tours ont pour modèles celles de Strasbourg.

Nef élancée de style flamboyant, d'une grande pureté. Au milieu subsistent les deux travées authentiques du début du XVIᵉ siècle. Dans les bas-côtés de la nef : magnifiques vitraux du XIXᵉ siècle retraçant la vie de Jeanne d'Arc. Une vraie bande dessinée ! Dans le chœur, admirables lambris exécutés par Mansart au XVIIIᵉ siècle. Les chapelles du pourtour sont les seules qui subsistent de l'ancienne cathédrale où Jeanne d'Arc vint en 1429. Elles donnent une idée de la magnificence de l'endroit à l'époque. La chapelle dédiée à la sainte et inaugurée en 1929 choque un peu par son mauvais goût.

Dans le sous-sol archéologique (accès payant et ouverture épisodique) : vestiges romans des édifices religieux antérieurs.

Le trésor recèle quelques belles pièces d'orfèvrerie du XIIIᵉ siècle, des restes de vêtements pontificaux et de superbes émaux byzantins du XIᵉ siècle.

★ *Le musée des Beaux-Arts :* 1, rue Fernand-Rabier (place Sainte-Croix). ☎ 02-38-79-21-55. Près de la cathédrale. Ouvert les mardi et dimanche de 11 h à 18 h, les jeudi, vendredi, samedi de 10 h à 18 h, le mercredi de 10 h à 20 h. Fermé le lundi, le 1ᵉʳ mai, le 1ᵉʳ novembre, à Noël et au Jour de l'An.

Entrée payante. Certaines salles fermant à l'heure du déjeuner, les autres sont gratuites de 11 h 30 à 14 h (expositions temporaires en particulier). Visites guidées d'octobre à mai.

Importante collection d'œuvres françaises du XVIe au XXe siècle. Parmi les artistes connus : Watteau, Boucher, Courbet, Bourdin, Soutine, Dufy, Maillol et Gauguin (sa famille était en partie d'Orléans). Très belle collection d'art contemporain au 2e sous-sol : *Le Compositeur* d'Ossip Zadkine, un portrait en bronze de Germaine Richier qui avait le même professeur que Giacometti, *5 h 35, un jour de pluie* de Bernard Rancillac, bronzes de Maillol et Rodin.

1er étage : salle consacrée à la peinture monumentale religieuse française et une impressionnante galerie de portraits, des statuettes d'ivoire et de bois, des émaux, des bustes d'Houdon.

2e étage : salles dédiées à l'école italienne (petits bronzes et peintures) du XVIe au XIXe siècle, à l'école flamande des XVIe et XVIIe siècles. Parmi ces collections figurent quelques illustres artistes : Le Tintoret, Le Corrège, Van Goyen, Ruysdael, Jan Bruegel, Corot (*Tour de l'église Saint-Paterne à Orléans*), un chef-d'œuvre de Velasquez, *L'Apôtre saint Thomas*, ainsi que la *Tête de Vieille Femme* de Delacroix.

Fleuron des collections du musée : le « cabinet des pastels », sans doute le plus riche de France après celui du Louvre avec des œuvres majeures du XVIIIe siècle comme le célèbre *Autoportrait aux besicles* de Chardin, le *Portrait d'un Jeune Homme Noir, Saint Sébastien soigné par Irène* de Quentin de La Tour, et des pastels de Perroneau, Valade...

★ **L'hôtel de ville Groslot :** place de l'Étape. Près de la cathédrale. ☎ 02-38-79-22-30. Ouvert du 1er juillet au 30 septembre, en semaine et le dimanche de 9 h à 19 h, le samedi de 17 h à 21 h ; du 1er octobre au 30 juin en semaine et le dimanche de 10 h à 12 h et de 14 h à 18 h, le samedi de 16 h 30 à 18 h. Fermé le 8 mai (fête de Jeanne d'Arc). Entrée gratuite. Visite guidée sur demande.

Construit au XVIe siècle (1530-1550) pour le bailli de la ville, Jacques Groslot, par l'architecte Ducerceau, qui participa également au château du Louvre. Bâtiment en brique, avec pignons selon le style flamand, ses murs intérieurs étaient sobrement (comme il convenait à un protestant) tendus de cuir. Il fit office de mairie à partir de la Révolution et fut redécoré au milieu du XIXe siècle dans un style « gothique troubadour » beaucoup plus fastueux, le cuir des murs étant remplacé par de la toile de jute peinte et dorée.

Devant le bâtiment, statue de bronze de Jeanne d'Arc réalisée par la princesse Marie d'Orléans, fille de Louis-Philippe, en 1840. Son armure est percée de trous : traces de coups de lance ou d'épée ? Le sculpteur n'a pas poussé jusque-là le souci du réalisme. En fait, pendant la dernière guerre mondiale, la statue était cachée dans un dépôt de munitions qui a explosé ! C'est l'un des nombreux théâtres de l'histoire de France. On visite le somptueux salon d'honneur, la salle du conseil, l'ancien bureau du maire et la fameuse salle des mariages (toujours en usage), où François II mourut (à l'âge de 17 ans) d'une mastoïdite qu'Ambroise Paré voulait soigner au vilebrequin ! Catherine de Médicis, mère du jeune roi, l'en empêcha. C'est du moins ce que prétend un tableau du XIXe siècle exposé ici. Puis Charles IX, Henri III et Henri IV y séjournèrent (sans y mourir).

Beau mobilier de bois tendu de cuir de Cordoue. Tapis d'Aubusson. Coffre du XVe en cormier superbement conservé, dont le bas-relief sculpté représente le sacre de Louis XI, et coffre de mariage de François Ier et Claude de France (XVIe siècle) les présentant en médaillon autour d'une *Vierge à l'Enfant*.

Derrière, croquignolet petit jardin public qui abrite les vestiges d'une chapelle du XVe siècle édifiée par les pèlerins se rendant à Saint-Jacques-de-Compostelle.

★ *L'hôtel Cabu :* square Abbé-Desnoyers. ☎ 02-38-79-25-60. Ouvert de 14 h à 18 h les mercredi, samedi et dimanche du 1er octobre au 30 avril et du mardi au dimanche en mai, juin et septembre ; de 10 h à 18 h du mardi au dimanche en juillet et août. Fermé le lundi. Entrée payante. Rien à voir avec le dessinateur anar... Cette très élégante maison du XVIe siècle abrite le *musée historique et archéologique de l'Orléanais.* Diane de Poitiers, l'une des maîtresses d'Henri II, y aurait séjourné quelque temps.
À l'intérieur, intéressante collection de bronzes gallo-romains (trésor de Neuvy-en-Sullias) représentant des animaux (superbe cheval...), orfèvrerie, enseignes de pierre, faïences et porcelaines des XVIIIe et XIXe siècles, chapiteaux et boiseries sculptées. Une partie du musée de la Loire et du bateau y a pris ses quartiers. Expositions temporaires chaque été.

★ Sur la même place, *maison de la Pomme* (elle doit son nom au fruit sculpté dans un cartouche de son intéressante façade Renaissance). Sur la place toujours, s'amorce le passage du Saloir, voûté d'ogives (accessible du 1er juillet au 31 août de 14 h à 20 h), qui traverse la cour de l'*hôtel des Créneaux* (XVIe siècle), premier hôtel de ville d'Orléans mais sérieusement remanié au fil des époques et de ses changements de destination. Jetez quand même un coup d'œil (en n'oubliant pas de lever la tête) vers le beffroi.

★ *La place du Martroi :* le cœur et le symbole de la ville. Au centre, bien sûr, une *statue de Jeanne d'Arc* (du XIXe siècle). Belles proportions et intéressantes perspectives. Autour, façades du XIXe siècle et, à un angle, l'ancienne chancellerie, construite au XVIIIe siècle par le duc d'Orléans.
Il y a quelques années, des fouilles archéologiques ont permis de retrouver, sous la place, des vestiges des anciens remparts, dont la *porte Bannier*, à laquelle on peut accéder par un escalier dissimulé sous les dalles de la place (demander un guide à l'office du tourisme) ou que l'on peut apercevoir depuis le parking souterrain.
La place, comme on s'en doute, est l'un des endroits les plus animés de la ville, grâce à ses terrasses de café (voir « Où boire un verre ? ») et aux commerces environnants.

★ *La rue Royale :* elle relie la place du Martroi (ici on dit familièrement « le » Martroi) au pont George-V. Percée au XVIIIe siècle, elle ne manque pas de noblesse, en effet, avec ses arcades et ses élégantes façades. Le pont, dans le prolongement, est de la même époque. Architecture typique du Val de Loire, avec ses arches et ses belles dimensions (330 m de long).

★ *Le centre Charles Péguy :* dans l'hôtel Euverte Hatte, 11, rue du Tabour, près de la maison de Jeanne d'Arc. ☎ 02-38-53-20-23. Ouvert de 14 h à 18 h du 2 janvier au 31 décembre. Fermé les samedi et dimanche. Entrée gratuite. Là aussi, belles galeries à arcades Renaissance (hôtel particulier du XVIe siècle).
Le musée retrace la vie de l'écrivain orléanais. Né en 1873, dans une famille pauvre, Péguy perd très tôt ses parents mais parvient à entrer à Normale Sup. Puis il s'engage dans le socialisme, devient libraire et lance *Les Cahiers de la Quinzaine.* Il a également laissé de nombreux poèmes. Grand humaniste, il prit parti dans l'affaire Dreyfus contre les antisémites. Catholique, il consacra plusieurs ouvrages à la sainte de sa ville natale (l'inévitable Jeanne d'Arc). Il est mort au front en 1914.
Musée intéressant, qui rassemble de nombreuses archives, tant sur l'homme que sur son époque. Une troublante anecdote : la statue du poète (à l'entrée de la ville) aurait été atteinte en 1940 d'une balle tirée par un soldat allemand... à l'endroit exact de la tête où Péguy avait été mortellement frappé en 1914 !

★ *L'hôtel Toutin :* 26, rue Notre-Dame-de-Recouvrance. Fermé le dimanche et le lundi matin, ainsi qu'en août. On ne peut visiter que la cour, de ce petit joyau de la Renaissance. La maison, construite en 1540, abritait le valet du fils de François Ier. La galerie à deux étages est soutenue par de remarquables colonnes à chapiteaux corinthiens et ioniques. Un endroit complètement magique.

★ *La maison de Ducerceau :* 6, rue Ducerceau. Superbe maison du XVIe siècle. Admirer la porte gravée et les piliers. À l'intérieur, bar à vin-resto un brin yuppie mais sympa tout de même.

★ *L'église Saint-Aignan :* au début du XIe siècle, Robert le Pieux (avec un nom comme ça...) fait élever à proximité de la basilique protégeant les restes de saint Aignan (évêque d'Orléans qui, en 451, organisa la résistance face aux Huns d'Attila) une église dotée d'une crypte aux dimensions semblables à celles de Saint-Martin de Tours (soit l'une des plus grandes de France pour l'époque) et abritant 7 corps saints. Cette crypte servira jusqu'en 1358. L'église sera rasée au XVe siècle devant la menace anglaise. Après la guerre de Cent Ans, l'église est reconstruite sous les ordres de Charles VII puis de Louis XI mais l'entrée de la crypte est scellée. L'église subira de nouveaux dommages pendant les guerres de Religion.
De l'époque, restent le chœur et le transept (visibles uniquement aux heures des offices). L'incroyable crypte romane, elle, se visite (tous les jours de 12 h à 18 h de début juillet à fin septembre ; entrée gratuite). Elle semble donc être contemporaine du 1er édifice (1er tiers du XIe siècle). Les colonnes à chapiteaux sont parmi les plus anciennes de l'art roman. Si les motifs végétaux se rattachent à la tradition carolingienne, les chapiteaux figurés sont particulièrement novateurs. De l'art moderne, carrément, pour le XIe siècle ! Remarquez notamment celui représentant des lions encadrant un homme nu (Daniel dans la fosse aux lions ?). Le chapiteau enchâssé dans le pilier de renfort porte sa polychromie d'origine.

À voir encore

★ Nombreuses *maisons anciennes* et beaux *hôtels particuliers* des XVIe et XVIIe siècles, disséminés dans la vieille ville. Citons entre autres : le pavillon de Colas-des-Francs (square Jacques-Boucher), la maison de Jean d'Alibert (6, place du Châtelet), la curieuse maison de la Coquille (7, rue de la Pierre-Percée), la maison d'Hector de Sauxerre (XVIe siècle) avec son curieux cabinet à encorbellement qui servait de cabinet de lecture (211, rue de Bourgogne), la maison des Oves (11, rue Sainte-Anne), à la façade intérieure bizarre, et les pavillons d'Escures (au début de la rue du même nom), jolies petites demeures en brique, du XVIIe siècle, qui rappellent les façades de la place des Vosges, à Paris...

★ *Le parc floral de la Source :* ☎ 02-38-49-30-00. Ouvert tous les jours, de 9 h à 18 h d'avril au 11 novembre (on peut y rester jusqu'à 19 h de mi-juin à fin août) et de 14 h à 17 h après cette date. Entrée payante. Le Loiret (en fait une résurgence de la Loire) sort de terre en bouillonnant dans le parc. Cette petite rivière a évidemment laissé son nom au département et est symbolisée par une des huit nymphes qui entourent la pièce d'eau face à la galerie des Glaces de Versailles. Pas mal pour une rivière qui ne fait que 12 km de long !
Créé en 1963, ce parc de 35 hectares est l'un des sites les plus visités du département. Attrayant avec ses buissons de roses rares, les flamants roses qui trempent leurs pattes dans la rivière... De nouvelles attractions l'ont rajeuni : grande volière (en demi-lunes) et serre à papillons dans laquelle vous vous promenez au milieu de papillons exotiques vivants. De nombreuses expositions florales y sont organisées tout au long de l'année.

À faire

– **Circuit du vieil Orléans :** itinéraire pédestre fléché. Demander le plan (« D'un point à l'autre ») à l'office du tourisme. Un circuit nocturne, passant par les bâtiments illuminés, est également disponible.

– **Promenades en calèche :** du 10 juillet au 31 août, départ de l'hôtel *Groslot* (retour également) les vendredi, samedi et dimanche de 15 h à 19 h. Circuit commenté. Vente des billets à l'office du tourisme et à l'hôtel *Groslot*.

– **Petit train touristique :** du 30 mai au 30 juin, tous les jours à 15 h, 16 h et 17 h. En juillet et août, départ supplémentaire à 18 h. En septembre, les week-ends uniquement, à 15 h, 16 h et 17 h. Circuit commenté de 45 minutes. Départ de la place Sainte-Croix, devant la cathédrale. Retour au même endroit.

– **Balades en bateau-mouche sur le Loiret :** au départ d'Olivet, 315, route de la Reine-Blanche, sur *le Sologne*. Renseignements : ☎ 02-38-51-12-12.

– **Découverte du Loiret en canoë-kayak :**
● *Chécy-Nautic* (Chécy), ☎ 02-38-91-35-00 ;
● *EMIS* (Orléans), ☎ 02-38-66-14-80 ;
● *Montjoie Canoë* (Saint-Denis-en-Val), ☎ 02-38-64-98-85.

– **Croisières-promenades sur le canal d'Orléans :** à bord du bateau-promenade l'*Oussance*, embarquement du 5 avril au 5 juillet : le dimanche et jours fériés à 15 h à Mardié. Du 6 juillet au 31 août, tous les après-midi et jours fériés, du lundi au vendredi à 15 h à Mardié ; les samedi et dimanche, à 15 h à Fay-aux-Loges. En septembre et octobre, les dimanche et jours fériés, embarquement à 14 h 30 à Fay-aux-Loges. Durée : 2 h 30.

– **Croisières sur pénichette :** pour une journée, un week-end, une mini-semaine, une semaine voire davantage, vous pouvez louer sans permis (après initiation) une de ces maisons sur l'eau et explorer le réseau français de la Bourgogne, de l'Île-de-France et du Berry, au rythme du doux clapotis de l'eau (6 km/h maximum). Toutes les escales sont possibles. Se renseigner auprès du Comité Départemental du Tourisme du Loiret : ☎ 02-38-78-04-04.

– **Randonnées à vélo :**
● *Itinéraire de 50 km :* d'Orléans, longez les quais de la Loire, en remontant le fleuve jusqu'au superbe village de Combleux, puis le canal d'Orléans jusqu'à Chécy. Continuez en suivant la Loire jusqu'à Saint-Denis-de-l'Hôtel. Évitez la N60 bien trop fréquentée. À Saint-Denis, franchir le fleuve. À Jargeau, retour par la rive gauche vers Orléans en passant par Darvoy et Saint-Jean-le-Blanc.

● *Itinéraire de 55 km :* d'Orléans, longez la rive droite de la Loire en passant par La Chapelle-Saint-Mesmin et le joli village de Meung-sur-Loire. Le chemin, qui suit pratiquement le fleuve jusqu'à Beaugency, est rarement goudronné mais bien entretenu. À Beaugency, franchir la Loire et revenir par la route qui traverse Mareau-aux-Prés et Saint-Hilaire-Saint-Mesmin.

– **Randonnée pédestre** (27 km) : d'Orléans, suivre le G.R. 3 qui longe la rive droite de la Loire. On passe par La Chapelle-Saint-Mesmin (5 km), la plage de Fourneaux (5 km), Saint-Ay (3 km), Meung-sur-Loire (6 km) et Beaugency (8 km). Au total, compter 6 h 45 de marche. Gare de chemin de fer à Beaugency. Renseignements S.N.C.F. : ☎ 08-36-35-35-35 (2,23 F la minute). Internet : www.sncf.fr.

– **Balade en montgolfière :** avec la *Compagnie des Montgolfières*, 15, rue du Bœuf-Saint-Paterne à Orléans, ☎ 02-38-54-51-07.

– **Balade en hélicoptère :** avec *Hélitop*, 24, rue Moine, à Orléans. ☎ 02-38-61-05-00.

COMBLEUX (45800)

Un merveilleux petit village à 5 ou 6 km à l'est d'Orléans, non loin de la N60. Un avantage de taille, il est à l'écart de la nationale et reste donc ignoré des touristes qui « font » le Val de Loire. À peine une vingtaine de ces maisons basses de mariniers et quelques chalets coincés entre la Loire et le canal d'Orléans, formant une petite île. Un charme fou, au milieu des fleurs et loin du monde.
Un chemin piéton longe la Loire. À cet endroit, le fleuve est large et forme de vastes bancs de sable. À l'horizon, on distingue les deux majestueux clochers de la cathédrale d'Orléans.

Où manger ?

|●| **Restaurant La Marine :** ☎ 02-38-55-12-69. Le seul du village. À côté d'une écluse. Sur la façade, une jauge indique la hauteur des crues de la Loire. Le restaurant offre deux menus à 120 et 160 F. Terrasse terriblement tentante juste au bord du canal d'Orléans qui se jette dans la Loire au pied de la maison. Mais cuisine avec ses hauts et ses bas...

CHÂTEAUNEUF-SUR-LOIRE (45110)

Sur la rive droite de la Loire, à 25 km à l'est d'Orléans, sur la N60, la petite ville, où l'écrivain Maurice Genevoix (né à Decize dans la Nièvre) passa toute son enfance, est un peu perturbée par la nationale qui la traverse.
Agréable *château* bâti sur le coteau dominant le fleuve. Du parc, prendre l'escalier conduisant à l'allée qui descend paresseusement jusqu'à la Loire. Dans le parc à l'anglaise, beaux arbres et jolis rhododendrons fleuris en mai et juin.

Adresses utiles

🄵 **Office du tourisme :** 3, place Aristide-Briand (face aux grilles du château). ☎ 02-38-58-44-79. Fax : 02-38-58-52-83. Ouvert du lundi au samedi de 9 h 30 à 12 h 30 et de 14 h à 19 h. De début mai à fin septembre, les dimanche et jours fériés de 9 h 30 à 12 h 30. Compétent et concerné.

■ **Location de VTT :** *Châteauneuf Loire Découverte* au *camping de la Maltournée,* 8, rue de la Poterie, à Sigloy (de l'autre côté du pont sur la Loire). ☎ 02-38-58-42-46 ou 02-38-58-90-16. Loue également kayaks et canoës.

Où dormir ? Où manger ?

🛌 **Hôtel du Jet d'Eau :** 80, Grande-Rue. ☎ 02-38-58-62-91. Fax : 02-38-46-24-43. En plein centre, en face des halles (et du jet d'eau !). On a bien aimé les chambres, au calme sur une cour intérieure, le petit côté pimpant de celles qui ont été rénovées, la literie neuve. De 180 F (avec douche) à 270 F (avec bains) pour une double. On a succombé au charme de la salle où se prend le petit déjeuner avec son café filtré par d'étonnants « Cona ». Et on a trouvé bien sympa l'accueil du patron, Bernard Ferry, qui, si vous restez quelques jours, vous emmènera en calèche, en balade sur les bords de Loire. À partir de deux nuits consécutives, 10 % de remise sur le prix de la chambre sur présentation du guide.

📧 |●| *L'Auberge du Port :* ☎ 02-38-58-43-07. Fermée le mardi soir et le mercredi. Bien située, cette petite auberge sans prétention à l'ambiance gentiment familiale. En bord de Loire face à une petite place à laquelle quelques joueurs de boules donnent un petit air presque méridional. 4 chambres seulement, pas luxueuses mais bien tenues. 250 F et 280 F la double avec douche et w.-c. Toutes les fenêtres ouvrent sur la rivière. La cuisine, honnête, regarde aussi de ce côté-là : anguilles en matelote, sandre au beurre blanc... Menus à 82, 138 et 185 F. Petite terrasse un peu perturbée par la circulation automobile. Réduction de 50 F sur le prix des chambres si l'on prend ses repas à l'auberge.

Où dormir ? Où manger dans les environs ?

📧 |●| *Chambres et table d'hôte La Polonerie :* hameau des Places, 45110 Saint-Martin-d'Abbat. ☎ 02-38-58-21-51. Accès : à 9 km à l'est de Châteauneuf par la D952, direction Gien, 3 km après le village de Saint-Martin-d'Abbat, prendre, après être passé sous le pont de chemin de fer, la deuxième route à gauche, direction Les Places ; fléché ensuite. Fermé de mi-août à mi-septembre. En pleine nature et à l'orée de la forêt d'Orléans, deux chambres spacieuses et décorées avec goût. De plain-pied, entre un petit jardin et la cour de cette vaste ferme bourgeoise du début du siècle. Compter 260 F pour deux, petit déjeuner compris. Table d'hôte sur réservation. Menu à 100 F (apéro et vin compris) et menu-enfants à 70 F. On nous a dit le plus grand bien du lapin à la moutarde de la charmante hôtesse, Françoise Vanalder. Apéritif et café offerts aux lecteurs du *G.D.R.* sur présentation du guide. Et en plus, vous bénéficiez d'une nuit gratuite pour un séjour de 5 jours.

À voir. À faire

★ *Le musée de la Marine de Loire :* dans l'ancienne salle des gardes du château. ☎ 02-38-46-84-46. Ouvert tous les jours de 10 h à 18 h du 1er avril au 31 octobre, et de 14 h à 18 h du 1er novembre au 31 mars. Fermé les 1er mai, 25 décembre et 1er janvier. Un petit musée qui évoque la plupart des activités nées de la présence de la Loire, rivière sur laquelle nos très lointains ancêtres naviguaient déjà (expo d'une pirogue monoxyle du néolithique) et qui sera, jusqu'au XIXe siècle, le fleuve français le plus utilisé pour le transport des marchandises. Une foule d'objets liés à la batellerie (ex-voto, maquettes de procession de 1838, boucles d'oreilles que portaient les mariniers, morceaux d'épaves...), à la pêche, à l'édification des ponts (le pont transbordeur de Nantes a été construit à Châteauneuf). Plongez-vous dans... la lecture du très pudibond arrêté de police des bains de 1814 !
– Pour parachever la visite, on peut suivre la *balade des Mariniers* (demandez le circuit à l'office du tourisme) : le long du quai de Châteauneuf où se trouvent amarrées des reconstitutions de bateaux traditionnels : gabare, futreau, toue cabanée (pour pêcher jour et nuit, au barrage, les poissons migrateurs : saumons, aloses).

COMBREUX (45530) ET LA FORÊT D'ORLÉANS

De Châteauneuf-sur-Loire, prendre la direction de Fay-aux-Loges, puis la D9 jusqu'à Combreux, ou encore, à la sortie nord de Châteauneuf, prendre à gauche la D10 sur 13 km. Minuscule village d'à peine 200 habitants le long du canal d'Orléans. Au nord du village, un étonnant *château* (XVIe et XVIIe siècles) dont la construction alambiquée semble sortir directement des cartons de Walt Disney. Il appartient toujours à la famille de La Rochefoucauld.

À 2 km en suivant les rives paisibles du canal (à pied ou en voiture), l'*étang de la Vallée,* entouré par la forêt d'Orléans. On peut y louer des pédalos, barques et planches à voile.

Combreux est à l'orée de la *forêt d'Orléans.* Aux confins de la Beauce, du Gâtinais et du Val de Loire, celle-ci s'étend au nord de la Loire sur 60 km d'Orléans à Gien.

La forêt proprement dite occupe près de 40 000 ha; elle constitue la plus grande forêt d'État et l'une des plus importantes de France. Formée de feuillus et de résineux, tantôt localisés, tantôt mélangés, elle présente des aspects extrêmement divers dans sa masse et de remarquables sujets. À l'époque de Napoléon, on y planta même des pins maritimes dont la présence est quelque peu bizarre dans cette région. De nombreuses routes, chemins et allées invitent à découvrir à pied, à vélo ou en voiture le charme de ces espaces presque inviolés dans un univers de silence et de quiétude. Peut-être surprendrez-vous furtivement un cerf ou un chevreuil dans cette forêt. Maurice Genevoix en fit l'apologie dans sa *Forêt voisine :* « La Forêt est une cathédrale. La cathédrale est une forêt : les piliers qui s'élèvent d'un jet comme les arbres d'une futaie, les nervures qui drageonnent, ces arcs gothiques inscrivant leur ramure, cette verrière qui chatoie dans la pénombre de l'abside, comme un feuillage transpercé de lumière ».

Où dormir ? Où manger ?

â l●l *L'Auberge de Combreux :* 35, route du Gâtinais; à l'entrée du village. ☎ 02-38-59-47-63 et 02-38-46-89-89. Fax : 02-38-59-36-19. Fermée de mi-décembre à mi-janvier. Chris Gangloff, ex-mannequin chez Catherine Harley (comme dans *Les Play-boys* de Dutronc !) et ancienne photographe, a posé ses valises dans ce relais de poste du XIXe siècle mangé par le lierre et la vigne vierge. On la comprend ! Elle y a aménagé cette auberge un rien chic bien sûr mais tellement agréable. Un petit salon *cosy* avec cheminée. Une salle à manger rustique juste ce qu'il faut avec une véranda qui ouvre sur un jardin fleuri. Avec le soleil, on s'y installera sous les arbres. Menus à 95 F (en semaine) et de 180 à 210 F. Terrines maison, gibier en saison, tartes aux fruits chaudes... Dans la maison comme dans les petites annexes enfouies dans la verdure, les chambres sont charmantes : papiers peints discrètement fleuris (à l'anglaise !), poutres, armoires cirées... De 325 F avec douche et w.-c. à 395 F (avec bains). Demi-pension à 400 F par personne. Location de vélos pour se balader dans la forêt d'Orléans toute proche. Tennis et piscine chauffée également. Une de nos meilleures adresses. 10 % de remise sur le prix de la chambre sur présentation du guide.

â l●l *La Croix Blanche :* face à l'église. ☎ 02-38-59-47-62. Fax : 02-38-59-41-35. Fermé le mercredi. Le petit hôtel gentiment familial. Sept chambres avec douche et cabinet de toilette : 280 F pour deux. Au restaurant, honnête cuisine servie l'hiver dans une salle rustique où un feu brûle dans l'âtre, l'été sur une belle terrasse ombragée. Menus à 145 et

210 F. Demi-pension : 300 F par personne. En semaine, 10 % de réduction sur le prix de la chambre sur présentation du guide.

Où dormir? Où manger dans les environs?

🏠 |●| *Domaine de Chicamour :* 45530 Sury-aux-Bois. ☎ 02-38-55-85-42. Fax : 02-38-55-80-43. Sur la N60 (fléché de Combreux). Fermé du 11 novembre au 15 mars. Belle demeure du XIXᵉ siècle transformée en hôtel-restaurant des Relais du Silence. Dans un joli parc avec club hippique, tennis et VTT à louer. Des chambres à prix élevés mais qui le méritent (490 F pour deux, petit déjeuner compris). Demi-pension (425 F par personne) obligatoire du 15 mars au 11 novembre. Chaque chambre porte le nom d'une race de poneys (1ᵉʳ étage) ou de chevaux (2ᵉ étage) : shetland, connemara, palomino, etc. Au resto, menus à 100, 170 et 230 F. Foie gras de canard fait maison, noisette d'agneau en croûte, glaces et sorbets maison.

|●| *Le Relais du Pont des Beigners :* lieu-dit Pont-des-Beigners, 45530 Sury-aux-Bois. ☎ 02-38-55-97-72. Sur la N60 entre Châteauneuf-sur-Loire et Bellegarde. Fermé le samedi soir et le dimanche. Le routier comme on les aime : une solide (5 kg !) terrine de campagne dans laquelle on plante allégrement son couteau, de bons petits plats accompagnés de gouleyants vins de propriétaires impeccablement sélectionnés par le patron, un accueil naturellement chaleureux et un service sans chichis... Menu à 71 F.

À faire

– *Randonnées :* nombreux sentiers pédestres (balisés) dans la forêt, notamment les G.R. 3 et 32. Circuits de petite randonnée également. Se procurer les cartes I.G.N. au 1/25 000 série bleue n° 2219 Est (Chécy), n° 2319 Ouest (Vitry-aux-Loges) et n° 2319 Est (Lorris-Bellegarde). Pour votre tranquillité (et votre sécurité !), en saison, la chasse à courre pour laquelle la forêt a été équipée au XVIIIᵉ siècle (carrefours en étoile) est toujours pratiquée les mercredi et samedi ainsi que la chasse à tir (tous les jours sauf le week-end).

– *Visites de la forêt :* l'O.N.F. organise des visites de découverte de la faune (balbuzard pêcheur, brame du cerf) ou de la flore (fougères, champignons, visite de l'arboretum du chêne à deux jambes...). Renseignements : ☎ 02-38-83-91-60.

– *Croisière sur le canal d'Orléans :* creusé à la fin du XVIIᵉ siècle par le duc d'Orléans, frère de Louis XIV, pour permettre l'acheminement des « haut bois et futaies » de la forêt jusqu'à Orléans, mais aussi et surtout le transport du vin, du blé ou des épices de la Loire à la Seine via le Loing. La navigation commerciale s'y est poursuivie jusqu'en 1954, date de déclassement du canal. Pas mal de charme et beaucoup moins fréquenté que le secteur de Briare. Croisière de 2 h, d'avril à octobre, à bord de l'*Oussance* entre Fay-aux-Loges, Donnery, Mardie, Chécy et Combleux (ports d'embarquement et escales variables selon les mois et les jours).

Renseignements et réservations : Syndicat mixte de gestion du canal d'Orléans, à Fay-aux-Loges. ☎ 02-38-57-04-74.

– *Ferme équestre du Carrouge :* à Vitry-aux-Loges. ☎ 02-38-59-35-34. Visite de la ferme (80 chevaux), promenades et randonnées sur double poneys et chevaux, découverte de la nature à poneys pour les enfants...

GERMIGNY-DES-PRÉS (45110)

À 4 km à l'est de Châteauneuf-sur-Loire. Minuscule village fier de posséder une magnifique *église* carolingienne, la plus vieille de France. Construite en 806 par Théodulfe, évêque de Charlemagne, elle possède dans son abside une superbe mosaïque d'influence orientale, représentant l'arche d'alliance. L'oratoire est construit selon un plan en croix grecque. Il faut pénétrer dans le jardin du presbytère pour admirer au mieux l'architecture romane de l'église.

Dans le petit jardin donnant sur le parking, on aperçoit, cachée dans les arbustes, une lanterne des morts. Au Moyen Âge, on l'allumait lors des enterrements ou pour prévenir des épidémies.

🛏 Dans le village, deux petits *hôtels* très modestes, sans grand intérêt, il faut l'avouer.

SAINT-BENOÎT-SUR-LOIRE (45110)

5 km plus loin, par la D60, on arrive à Saint-Benoît-sur-Loire, siège de la célèbre *abbaye* bénédictine, l'un des édifices romans les plus remarquables de France.

Adresse utile

◻ *Office du tourisme - Maison Max Jacob :* 44, rue Orléanaise. ☎ et fax : 02-38-35-79-00. Ouvert de mars à octobre du lundi au samedi de 9 h 15 à 11 h 45 et de 14 h 30 à 18 h 30. Fermé le lundi matin, le mercredi après-midi, et les jours fériés. À l'étage de l'office du tourisme, une salle retrace succinctement le passage du poète et écrivain Max Jacob à Saint-Benoît.

Où dormir ? Où manger ?

🛏 ◉ *Hôtel du Labrador :* 7, place de l'Abbaye. ☎ 02-38-35-74-38. Fax : 02-38-35-72-99. Sur une petite place où l'ambiance est au calme, au silence, voire au recueillement (la proximité de l'abbaye y est sûrement pour quelque chose !). La maison ne manque pas de charme. On y trouve des chambres à l'ancienne (180 F la double avec lavabo). Dans une annexe plus récente, les chambres sont plus confortables (les sanitaires sont récents) et décorées avec goût. Certaines ont des poutres apparentes, d'autres (les n°s 4 et 7 par exemple) offrent une jolie vue sur l'abbaye et la campagne environnante. Compter de 310 à 360 F pour une double avec douche ou bains. Menus à 60 F, 80 F (samedi uniquement), 130 F et carte.

🛏 ◉ *Hôtel-restaurant de la Madeleine :* 65, rue Orléanaise. ☎ 02-38-35-71-15. Fermé en janvier et le mardi en hiver. Sans grand charme, mais correct. Demandez une chambre donnant sur la cour. De 110 à 180 F à deux. Petit déjeuner : 25 F. Au restaurant, menu à 75 F, correct. Autre menu à 105 F (pâtés et terrines du chef, poisson...). Accueil enthousiaste.

D'ORLÉANS À SULLY

Où dormir ? Où manger dans les environs ?

🛏 🍴 *Chambres et table d'hôte chez Mireille et Dominique Bouin :* 6, chemin de la Borde. ☎ 02-38-35-70-53. À 2 km à l'est de Saint-Benoît, par la D148. Fléché à partir du hameau de Sainte-Scholastique (chapelle). De préférence sur réservation. Chez un jeune couple d'agriculteurs qui vous accueille comme des amis. 5 chambres spacieuses avec des meubles anciens qui font oublier que l'on est dans une maison récente. Trois à l'étage, deux au rez-de-chaussée (donc plus indépendantes). Toutes avec bains et w.-c.

De 260 à 295 F pour deux, petit déjeuner (avec gâteau et confitures maison) compris. Les repas se prennent autour d'une table gigantesque dans une véranda ouvrant sur un jardin fleuri. 85 F le repas (vin compris) à base de produits de l'exploitation. Mireille adore faire les gâteaux et elle réussit de succulents clafoutis et autres tartes Tatin. Café offert sur présentation du guide. Pour ceux qui restent plus de 4 jours, des vélos sont à disposition gratuitement.

À voir. À faire

★ *L'abbaye :* visite tous les jours jusqu'à 21 h. Visites guidées par les moines du 1er mai au 30 septembre, tous les samedis à 15 h et les dimanches à 15 h 15 et 16 h 30. Visites pour groupes auxquels peuvent se joindre les particuliers (horaires variables, inscrits en rouge à l'entrée de l'abbaye).
Fondée en 631, elle a traversé l'histoire (pillages, incendies, guerres) sans trop de dommages, si ce ne sont ceux du temps. Avant d'être sous la protection de saint Benoît, elle s'appelait abbaye de Fleury. Elle fut l'une des écoles les plus célèbres avant la fondation des universités. Sa bibliothèque, l'une des plus riches du monde monastique, recelait des trésors aujourd'hui disparus. Le syndrome du *Nom de la Rose* sans doute ! Pourtant un manuscrit du XIIe siècle, conservé à la bibliothèque d'Orléans et racontant dix drames liturgiques, prouve que Saint-Benoît fut l'un des berceaux du théâtre français. En effet, les moines et leurs élèves jouaient ces historiettes en public comme une autre de faire passer le message divin. Plus tard, Jeanne d'Arc y passa avec Charles VII.
– Le chœur et le transept datent du XIe siècle, le porche est surmonté d'une massive tour carrée dont le clocher rappelle celui du Mont-Saint-Michel. Les chapiteaux extérieurs sont de toute beauté. Ils évoquent le dernier des livres de la Bible, *l'Apocalypse selon saint Jean.*
À l'intérieur, la nef du XIIe siècle, romane dans ses parties basses, est couverte d'une voûte gothique, mais les deux styles cohabitent (une fois n'est pas coutume) avec élégance. Dans le chœur, ne manquez pas les étonnants dallages en mosaïques provenant d'Italie, d'origine romaine (IVe ou Ve siècle). Les pas de tous ceux qui les ont foulés ne sont pas parvenus à les user (on construisait solide à l'époque !). Sous le chœur, la crypte avec un coffre renfermant les reliques de saint Benoît qui avaient été abandonnées sur le mont Cassin et que des moines ramenèrent ici (entrée par le bas-côté gauche). C'est ici que se retira, pendant la guerre, l'écrivain et peintre Max Jacob, précurseur du surréalisme, qui fut en 1944 « transféré » au camp de Drancy où il mourut cette même année.

– En face de la basilique, prendre la rue qui longe l'*hôtel du Labrador.* Sur la gauche, de l'autre côté du parking, s'amorce ensuite un petit chemin qui mène à travers champs (600 m environ) à la Loire. Une *balade* à ne pas manquer, d'autant plus qu'on trouve le long du fleuve de vieilles maisons superbement restaurées qui appartenaient à des mariniers. Des plaques rappellent qu'au XIXᵉ siècle les crues parvenaient à mi-hauteur des habitations! Le port de Saint-Benoît était très prospère au Moyen Âge. On y acheminait les récoltes et vins produits par les immenses propriétés de l'abbaye.

SULLY-SUR-LOIRE (45600)

Au sud de la Loire, toujours sur la D60, à 18 km de Châteauneuf, Sully a déjà un pied en Sologne. Ayant beaucoup souffert des bombardements en 1940, elle ne conserve guère de maisons anciennes. À cette hauteur, le fleuve, très large, est encombré de bancs de sable.
La ville est surtout connue pour son château.

Adresse utile

🛈 *Office du tourisme :* place Charles-de-Gaulle. ☎ 02-38-36-23-70 et 32-21. Ouvert du lundi au samedi du 1ᵉʳ avril au 30 septembre de 9 h à 12 h 30 et de 14 h à 19 h, et du 1ᵉʳ octobre au 31 mars de 9 h à 12 h et de 14 h 30 à 18 h. En juillet et août, ouvert le samedi de 9 h à 19 h et le dimanche de 10 h 30 à 13 h.

Où dormir ? Où manger ?

📷 🍴 *Hôtel de la Poste :* 11, rue du Faubourg-Saint-Germain. ☎ 02-38-36-26-22. Fax : 02-38-36-39-35. Ancien relais de poste. Une partie des chambres se trouve côté Loire ; dans l'autre, pour la vue, on se contentera de la télévision! Doubles de 175 F avec cabinet de toilette, à 300 F avec bains. 1ᵉʳ menu à 96 F avec, par exemple, pain de crabe à l'oseille et filet de perche, puis à 120, 130, 160 F et enfin menu-surprise à 210 F. Réduction de 50 F sur le prix des chambres si les clients dînent à l'hôtel. Une véritable institution à Sully. D'ailleurs, la volière à perruches dans la cour de l'hôtel est presque aussi célèbre que la maison elle-même.
📷 *Le Pont de Sologne :* 21, rue de la Porte-de-Sologne. ☎ 02-38-36-26-34. Fax : 02-38-36-37-86. Dans le centre-ville. Grande maison de l'après-guerre. Large escalier et longs couloirs pleins de ce charme désuet que savent distiller les tranquilles hôtels de province. Chambres pas désagréables, de 150 à 240 F pour une double. Apéritif maison offert sur présentation du guide.

À voir

★ *Le château :* renseignements, ☎ 02-38-36-25-60. Ouvert du 1ᵉʳ février au 31 mars de 10 h à 12 h et de 14 h à 17 h. Du 1ᵉʳ avril au 30 septembre de 10 h à 18 h. Du 1ᵉʳ octobre au 31 décembre de 10 h à 12 h et de 14 h à 17 h. Fermé en janvier.
Bâti au confluent de la Sange et de la Loire à la fin du XIVᵉ siècle sur des plans de Raymond du Temple, architecte du Louvre au temps de Charles VI, ce château rectangulaire flanqué de quatre tours n'a appartenu qu'à trois familles qui se sont succédé ici : les premiers seigneurs de Sully, fondateurs de la baronnie au Xᵉ siècle, suivis de la famille de La Trémoille, barons de Sully de 1383 à 1602, et la famille de Béthune, descendante de Maximilien,

premier duc de Sully, fameux ministre d'Henri IV. Le département racheta le château en ruine après la dernière guerre à Mahaut de Béthune.

Entouré de douves, il comprend deux parties : le donjon, imposant bâtiment médiéval, et le « petit château », aile ajoutée au XVIIIe siècle. Dans la salle d'honneur, nombreux portraits des descendants de Sully. Sur le manteau de la cheminée, l'autre château du duc à Rosny. Voltaire, fuyant Paris en 1715, avait trouvé refuge à Sully. Il donna quelques représentations théâtrales dans cette pièce. Les poutres peintes au plafond marquent le devant de la scène. La pièce adjacente est dite « chambre du roi » en l'honneur de Louis XIII et non d'Henri IV comme on pouvait s'y attendre. Le bon roi n'a jamais pu ou n'a jamais voulu goûter à la poule au pot de son ministre. Sur la fin, ils n'étaient plus très copains puisque Sully dut s'exiler ici sur ordre du souverain. Dans la chambre, deux belles tapisseries du XVIIIe siècle. Remarquez les tommettes dans lesquelles l'artisan a laissé des empreintes de pouces. Qualité moyenne, donc ! Des chemins de ronde couverts, beau panorama sur la région. Les pierres en triangle sur lesquelles on marche proviennent d'un ancien escalier à vis. La crise sévissait déjà !

Ne manquez pas la superbe charpente en chêne, d'une hauteur de 15 m, entièrement assemblée en tenons et mortaises. Elle constitue un témoignage exceptionnel du XIVe siècle. Soyons un brin pragmatique : on s'extasie devant cette réalisation mais à l'origine ce n'est quand même qu'une charpente, pas une œuvre d'art ! Elle est arrivée intacte jusqu'en 1940 et les bombardements ne l'ont que peu endommagée car, par une chance inouïe, les bombes sont tombées directement dans les conduits de cheminée sans même exploser.

À voir encore, la chambre de Sully avec son plafond peint à l'italienne et, au centre, des divinités dont Jupiter (symbolisant Henri IV) et la foudre (Sully lui-même, ministre du roi). Sa devise *Quo jussa Jovis* se traduisant par : « Je vais où Jupiter ordonne ». Pas de lit dans la chambre car Sully n'est pas mort ici ! Enfin, dans la grande salle des gardes, une somptueuse tapisserie du XVIIe siècle toute brodée de fils d'or et d'argent, racontant l'histoire de Psyché punie par Vénus car elle était plus belle. (Inutile de chercher le fameux trésor de Sully. Depuis des siècles, il reste désespérément introuvable. À se demander s'il existe vraiment...).

Parc prétexte à d'agréables promenades avant de rejoindre la ville par la petite passerelle qui traverse la Sange.

Fête

– **Festival de Sully :** toutes les fins de semaine de fin juin à mi-juillet. Programme de très bon niveau, assez éclectique : jazz, rock et classique.

| SUD-OUEST | Paris : 115 km | Itinéraire | 46 |

LA LOIRE, D'ORLÉANS À BLOIS
Olivet. Meung-sur-Loire. Beaugency. Talcy.
Le château de Chambord. Le château de Cheverny.
Le château de Troussay. Le château de Beauregard. Blois.

Pour les adresses utiles et locations de vélos, se reporter au chapitre « La Loire, d'Orléans à Sully », itinéraire 45.

Comment y aller ?

– **Par la route :** autoroute A10 (pont de Sèvres), jusqu'à la sortie Orléans-Centre et autoroute A71 (direction Bourges). Sortir à La Source ; on arrive directement sur Olivet. Ou alors N20 (porte d'Orléans). Traverser Orléans et franchir la Loire. Sortir à Olivet.
– **Par le train :** départ presque toutes les heures de la gare d'Austerlitz. Arrivée en 1 h à la gare des Aubrais, en principe. Correspondance immédiate pour Orléans lorsque le train ne vous y conduit pas directement. Renseignements S.N.C.F. : ☎ 08-36-35-35-35 (2,23 F la minute). Pour Blois, départ en T.G.V. de la gare Montparnasse jusqu'à Saint-Pierre-des-Corps puis correspondance pour Blois (1 h 40 de trajet).

Randonnée à vélo (55 km)

● *Itinéraire de 50 km :* d'Orléans, longez les quais de la Loire, en remontant le fleuve jusqu'au superbe village de Combleux, puis le canal d'Orléans jusqu'à Chécy. Continuez en suivant la Loire jusqu'à Saint-Denis-de-l'Hôtel. Évitez la N60 bien trop fréquentée. À Saint-Denis, franchir le fleuve. À Jargeau, retour par la rive gauche vers Orléans en passant par Darvoy et Saint-Jean-le-Blanc.
● *Itinéraire de 55 km :* d'Orléans, longez la rive droite de la Loire en passant par La Chapelle-Saint-Mesmin et le joli village de Meung-sur-Loire. Le chemin, qui suit pratiquement le fleuve jusqu'à Beaugency, est rarement goudronné mais bien entretenu. À Beaugency, franchir la Loire et revenir par la route qui traverse Mareau-aux-Prés et Saint-Hilaire-Saint-Mesmin.

Randonnée pédestre (27 km)

D'Orléans, suivre le G.R. 3 qui longe la rive droite de la Loire. On passe par La Chapelle-Saint-Mesmin (5 km), la plage de Fourneaux (5 km), Saint-Ay (3 km), Meung-sur-Loire (6 km) et Beaugency (8 km). Au total, compter 6 h 45 de marche. Gare de chemin de fer à Beaugency. Renseignements S.N.C.F. : ☎ 08-36-35-35-35 (2,23 F la minute). Internet : www.sncf.fr.

OLIVET (45160)

Trop proche d'Orléans pour être vraiment calme. C'est en effet le lieu de balade des Orléanais. Ils n'ont pas tort. Les promenades au bord du Loiret sont bien agréables.

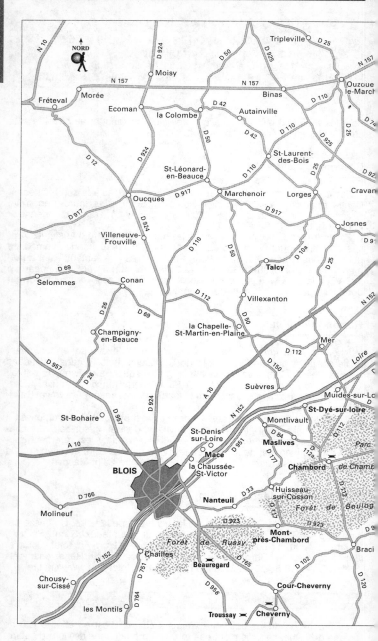

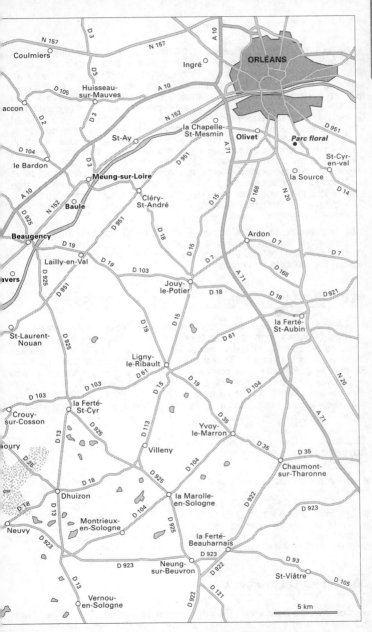

LA LOIRE, D'ORLÉANS À BLOIS

À voir. À faire

★ *Le parc floral de La Source :* ☎ 02-38-49-30-00. Ouvert tous les jours du 1er avril au 11 novembre de 9 h à 18 h et de 14 h à 17 h après cette date. Entrée payante. Tarif réduit pour les enfants. Le Loiret (en fait une résurgence de la Loire) sort de terre en bouillonnant dans le parc. Cette petite rivière a évidemment laissé son nom au département et elle est symbolisée par l'une des huit nymphes qui entourent la pièce d'eau face à la galerie des Glaces de Versailles. Pas mal pour une rivière qui ne fait que 12 km de long ! Créé en 1963, le parc a accueilli 2,3 millions de visiteurs pour les 6 mois d'exposition des Floralies de 1967. Il reste l'un des sites les plus visités du département même s'il a un peu vieilli. Attrayant tout de même avec ses buissons de roses rares, les flamants roses qui trempent leurs pattes dans la rivière... De nombreux aménagements sont en cours pour lui redonner de sa superbe : tonnelle aux oiseaux, gloriette à papillons. C'est, paraît-il, au château de la Source, surplombant le parc, que Voltaire aurait eut l'idée de son *Candide*. De là à affirmer que c'est également ici qu'il eut l'intuition du célèbre « cultivons notre jardin »...

– *La promenade des moulins :* à la sortie nord d'Olivet, en allant sur Saint-Hilaire-Saint-Mesmin. Balade très agréable à vélo ou même en barque, d'autant plus que ces vieux moulins à eau ont été admirablement restaurés (moulin des Béchets, notamment).

MEUNG-SUR-LOIRE (45130)

À 14 km à l'ouest d'Orléans, sur la rive droite de la Loire, Meung-sur-Loire nous plaît pour son rythme de vie très ralenti et ses vestiges anciens. Patrie de Jehan de Meung, l'un des auteurs du *Roman de la Rose,* elle est devenue, sous la plume de Simenon, le lieu de vacances de Jules Maigret. Eh oui ! le commissaire se prénommait ainsi. La ville est traversée par les Mauves, trois petites rivières faisant tourner les moulins qui travaillaient les blés beaucerons. Longeant ces Mauves, les vieilles ruelles du centre sont prétexte à de jolies balades à travers le temps. Il suffit d'un peu d'imagination.

Adresse utile

🅱 *Office du tourisme :* 42, rue Jehan-de-Meung. ☎ 02-38-44-32-28. Fax : 02-38-45-30-88. Ouvert d'avril à septembre de 9 h à 12 h et de 14 h à 18 h 30 du mardi au samedi, le dimanche matin de 10 h à 12 h, et le lundi de 10 h à 12 h et de 14 h 30 à 17 h 30. En juillet et août, et du mercredi au samedi sur simple demande, visites commentées de la ville. Très compétent. D'octobre à mars, le lundi de 14 h 30 à 17 h 30, du mardi au samedi de 9 h à 12 h et de 14 h à 18 h 30.

Où dormir ? Où manger ?

🛏 *Chambres d'hôte :* chez Gillette et Pierre Penaud, 5, rue de la Haute-Croix. ☎ 02-38-44-35-37. Fermé une semaine en mars et une semaine en octobre. Près de la gare, mais dans une petite rue tranquille. Jolie maison bordée d'un grand jardin (on peut y pique-niquer à défaut de table d'hôte...). 5 chambres plaisantes, toutes avec douche. Compter 250 F pour deux avec douche, petit déjeuner compris. Certaines peuvent accueillir 3 personnes.

🛏 ❙●❙ *Auberge Saint-Jacques :* 60, rue du Général-de-Gaulle (la RN 152), dans le centre-ville. ☎ 02-38-44-30-39. Fax : 02-38-45-17-02. Ouverte tous les jours. Un lundi d'avril 1625, en arrivant à l'hostellerie de Meung (aujourd'hui remplacée par cette auberge), d'Artagnan se prit de querelle avec un voisin qui, de sa fenêtre, s'était moqué de la couleur de son cheval ! Duel : d'Artagnan fut blessé. L'aubergiste prit bien soin de lui. Mais la visite dans sa chambre d'une certaine Milady accéléra peut-être aussi sa guérison ! Si ce brave d'Artagnan revenait aujourd'hui, il ne serait pas dépaysé. Dans la salle, c'est le ballet des serveuses en noir et blanc, et dans les assiettes, des plats de toujours. Menus de 95 à 220 F. Chambres sans beaucoup de charme mais confortables et au calme si vous évitez celles qui donnent sur la nationale. 220 à 250 F avec douche ou bains et w.-c. Demi-pension obligatoire en saison : de 205 à 275 F par jour et par personne. Apéritif maison offert sur présentation du guide.

❙●❙ *L'Olivier :* 15-17, rue du Général-de-Gaulle. ☎ 02-38-45-13-41. Fermé les mardi soir et dimanche soir hors saison. Une salle charmante et une petite terrasse qui font oublier que ce resto donne sur la nationale. Service attentionné et discret. Le chef travaille surtout le poisson, avec passion et imagination : sandre au vin de Chinon, loup aux lentilles, ragoût de joues de lotte à la crème... Menus à 85, 95, 135 et 185 F. Petite mais étonnante carte des vins. Dernier détail pour les amateurs : le cheverny est superbe.

Où manger chic dans les environs ?

❙●❙ *L'Auberge Gourmande :* RN 152, 45130 Baule (2 km de Meung vers Beaugency). ☎ 02-38-45-01-02. Fax : 02-38-45-03-08. Fermée le dimanche soir toute l'année et le mercredi hors saison, ainsi qu'une semaine fin août. Bonne adresse et valeur sûre. Salle pleine de raffinement, superbe terrasse donnant sur la campagne. Cuisine qui remet au goût du jour des mets un peu délaissés. Effiloché de queue de bœuf et pied de porc farci pour le menu à 85 F (en semaine). Autres menus à 158, 195 et 220 F avec, notamment, un nougat de pot-au-feu à l'ancienne sur un lit de navets. Seul rouage qui grippe : les vins, très chers !

À voir

★ *L'église Saint-Liphard :* l'une des plus remarquables églises romanes du département, intéressante par le plan tréflé du sanctuaire et par son clocher à flèche de pierre du XIe siècle. L'ensemble a été restauré aux XIIe et XIIIe siècles après que Louis VI le Gros eut assiégé son vassal Léonard et qu'il fit mettre le feu à l'église alors que les troupes du seigneur de Meung s'y étaient enfermées. Bizarrement, on entre par le transept. La tour Manassès, accolée au XIIe siècle à celle formant le clocher, a obstrué à jamais l'entrée par la nef.

★ *Le château :* ☎ 02-38-44-36-47. Ouvert tous les jours en été de 9 h à 19 h et en hiver de 10 h à 17 h 30. Visite guidée toutes les 30 minutes. Entrée payante, gratuit pour les enfants de moins de 12 ans.
Le château originel fut construit à l'époque gallo-romaine mais totalement rasé par les Vandales au Ve siècle. Saint Liphard vint s'installer dans les ruines et construisit un monastère, propriété des évêques d'Orléans. Plu-

sieurs générations de la famille de Meung se succédèrent dans le château jusqu'au dernier d'entre eux, Jehan, qui mourut ici au XIIIe siècle. Ballotté dans les vicissitudes de la guerre de Cent Ans, le château fut la base de repli des Anglais chassés d'Orléans par Jeanne d'Arc.

Les évêques d'Orléans qui habiteront le château pratiquement jusqu'à la Révolution en transformèrent une partie en prison au XVe siècle. Condamné à mort (pour avoir volé des calices dans une église !), François Villon y fut jeté dans un cul-de-basse-fosse qu'on découvre, dans le parc, au début de la visite. Il dut son salut à sa plume et à Louis XI. Le roi donna en effet l'ordre de le libérer après avoir lu une poésie flatteuse écrite par le poète-brigand.

Sur les 130 pièces de ce château toujours habité, 20 se visitent : tapisseries d'Aubusson et des Flandres, beau mobilier Louis XIII et quelques surprises (comme cette trappe dissimulée dans les escaliers pour évacuer les invités indésirables !).

Sous le château, étonnante chapelle souterraine du XIIe siècle et salle des tortures : vous y découvrirez que les évêques, qui avaient le droit de rendre justice (mais pas celui de faire couler le sang), ne manquaient pas d'arguments pour faire parler les suspects !

BEAUGENCY (45190)

Le célèbre carillon « Orléans Beaugency » tintera sûrement à vos oreilles lorsque vous arriverez dans cette très jolie petite ville postée sur la rive droite de la Loire, à 6 km de Meung. Unissant, grâce à un pont séculaire, les quatre terroirs de l'Orléanais, Beaugency fut un pôle d'attraction essentiel pour l'unité française. Déjà connue à l'époque gallo-romaine, c'est pendant le haut Moyen Âge que l'enceinte se développa par trois fois autour du « castrum ». La seigneurie de Beaugency, dépendante du comté de Blois et de l'évêché d'Amiens, fut rattachée au royaume de Philippe le Bel en 1292.

Dernière position occupée par les Anglais sur la Loire, les troupes royales conduites par Jeanne d'Arc expulsèrent les envahisseurs de cet endroit stratégique. Qui tenait Beaugency et son pont tenait une partie de la Loire. Touchée cruellement par la guerre entre catholiques et protestants au XVIe siècle, la ville ne dut sa survie qu'à la protection active d'Henri IV. En revanche, la Révolution passa tranquillement dans la région. À partir du XIXe siècle, Beaugency s'endormit doucement à cause de l'ouverture de la ligne de chemin de fer Orléans-Tours. La navigation commerciale sur la Loire, qui avait fait la fortune de cette ville, devint de plus en plus rare. C'est cela le progrès ! Justement, tenue à l'écart des bouleversements contemporains, toujours enserrée par les vestiges des sept portes qui ouvraient ses remparts, la ville a gardé un indéniable cachet : ses ruelles médiévales, ses mails ombragés méritent qu'on s'y balade.

Adresse utile

🛈 *Office du tourisme :* 3, place du Docteur-Hyvernaud. ☎ 02-38-44-54-42. Fax : 02-38-46-45-31. Ouvert en juillet et août du lundi au samedi de 9 h 30 à 18 h 30, le dimanche (et jours fériés) de 10 h à 12 h ; hors saison, du lundi au samedi de 9 h 30 à 12 h et de 14 h 30 à 18 h.

Où dormir ? Où manger ?

Prix moyens

🏠 *Hôtel de la Sologne :* 6, place Saint-Firmin. ☎ 02-38-44-50-27. Fax : 02-38-44-90-19. Fermé du 20 décembre au 6 janvier. La médiévale rue de l'Évêché débouche sur cette adorable placette dominée par un donjon du XIe siècle. C'est le cœur historique de la ville et la belle façade de pierre de cet hôtel, festonnée de géraniums, ne fait pas tache dans le décor. Chambres au calme et bien équipées : de 230 à 270 F avec douche et de 300 à 330 F avec bains. Le petit salon, avec ses poutres au plafond et sa cheminée, la véranda qui ouvre sur une cour fleurie, le jardin d'hiver où trône un énorme philodendron : l'ensemble ne manque pas de charme. Et pour ne rien gâcher, l'accueil est impeccable. Une de nos meilleures adresses, il faut donc réserver.

🏠 *Hôtel des Templiers :* 68, rue du Pont. ☎ 02-38-44-53-78. Fax : 02-38-46-42-55. Fermé en février. Dans un quartier paisible. Une très jolie maison de pierre face à la pittoresque (et fleurie) ruelle du Ru (ceux qui parlent encore couramment le vieux français auront déjà compris qu'elle est traversée par un ruisseau). Chambres délicieusement rustiques (elles sont moins jolies dans l'annexe), toutes avec douche ou bains, w.-c., TV, literie récente. À partir de 230 F la double jusqu'à 270 F, soit un excellent rapport qualité-prix. Toute l'accueillante famille Dumez a un faible pour la n° 25, traversée de poutres. Au petit déjeuner, optez pour la version allemande (copieuse et servie jusque tard dans la matinée), pays d'origine de la patronne.

🏠 |●| *Hostellerie de l'Écu de Bretagne :* place du Martroi. ☎ 02-38-44-67-60. Fax : 02-38-44-68-07. Rien à voir avec la Bretagne malgré les écussons qui ornent les murs de cet hôtel digne, à l'ambiance des films de Chabrol. Il tire son nom des propriétaires de l'immeuble : les Bretons, installés ici au XVe siècle. Un bail ! Chambres dans les tons pastel

de 200 à 365 F. Demandez à être dans l'hôtel (un ancien relais de poste) plutôt que dans l'annexe en face. Restaurant un peu coûteux mais de bonne qualité. Menus de 95 à 220 F. Un endroit fréquenté par de nombreux chasseurs durant la saison.

|●| *Au Vieux Fourneau :* 12, rue de la Cordonnerie. ☎ 02-38-46-40-56. Fermé les dimanche soir et lundi. Deux salles spacieuses, claires et dépouillées où trône (inévitablement) un vieux fourneau. Un jeune chef plutôt doué qui dynamise une cuisine de tradition et de terroir. Au 1er menu à 95 F : rémoulade d'endives aux olives et dés de rillons, blanquette aux trois poissons et cassolette de pommes gratinées au sucre roux. Simple mais joliment présenté et très bon. Autres menus à 125, 155 et 185 F. Accueil charmant.

|●| *Chez Yvette, restaurant Le P'tit Bateau :* 54-56, rue du Pont. ☎ 02-38-44-56-38. Fax : 02-38-46-44-37. Fermé le lundi. On entre par le bar, la salle est au fond. Poutres au plafond, atmosphère rustico-chic. Belle terrasse fraîche et tranquille. Cuisine réputée dans la région. Bon rapport qualité-prix pour le menu à 85 F en semaine. Sinon, on mange de 120 à 200 F. Spécialités de poisson et d'abats. Les ris de veau valent le déplacement.

Très chic

🏠 |●| *Hôtel de l'Abbaye :* 2, quai de l'Abbaye. ☎ 02-38-44-67-35. Fax : 02-38-44-87-92. Pas de panneau criard, pas d'enseigne au néon tapageuse : il faut savoir que cet imposant bâtiment est un hôtel ! Adossé à une ancienne église abbatiale, il a été construit au XVIIe siècle pour abriter un couvent d'augustins. Un superbe et grandiose escalier de pierre surplombé d'un plafond en bois peint monte vers les chambres. Des couloirs somptueux (ces chanoines génovéfains savaient vivre !), des chambres meublées en style Louis XIII (d'époque !). Grande et haute cheminée dans la salle à manger pour l'hiver et quelques tables sur la grande terrasse qui domine la Loire pour l'été. Évidemment tout cela a un prix : chambres doubles de 520 à 580 F. Un seul menu à 190 F avec la grande spécialité de la maison : le suprême de bar à la crème de champignons.

Où dormir ? Où manger dans les environs ?

â l◉l *Chambres et table d'hôte Le Clos de Pontpierre :* 115, rue des Eaux-Bleues, 45190 Tavers, à 3 km au sud-ouest de Beaugency par la N152. ☎ 02-38-44-56-85. Fax : 02-38-44-58-94. En décembre et janvier sur réservation. Congés annuels en février. À gauche à l'entrée du bourg. La maison est collée contre la nationale. Pas de panique, les épais murs de pierre de cette ancienne ferme offrent un solide rempart contre le bruit. En outre, toutes les chambres donnent sur un vaste jardin. Deux chambres de plain-pied, deux à l'étage. Toutes avec bains, w.-c. et TV. Déco sobre mais de bon goût. 270 F pour deux, petit déjeuner (avec confitures maison) compris. Accueil charmant de Patricia Fournier ; Pierre, son mari, cuisinier de métier, s'occupe de la table d'hôte. Sur réservation : confit, saumon, tarte Tatin... Menu à 90 F, boissons comprises. Au fait, les Eaux Bleues qui ont donné son nom à la rue ne sont pas celles de la superbe piscine du *Clos de Pontpierre* mais désignent un curieux phénomène naturel voisin : un petit ruisseau qui devient subitement d'un très beau bleu turquoise (c'est lié à la nature du sol). Plus loin, on trouve une étonnante résurgence, entourée de sables mouvants. Balade conseillée. Remise de 10 % en hiver sur le prix de la chambre pour nos lecteurs.

À voir

★ *Le château Dunois :* ☎ 02-38-44-55-23. Ouvert de début avril à fin septembre tous les jours, sauf le mardi, de 10 h à 12 h et de 14 h à 18 h 30 (17 h hors saison). Entrée payante, en tarif réduit.
Compagnon d'armes de la petite Jeanne d'Arc, Jean, bâtard d'Orléans (à l'époque, c'était pratiquement un titre de noblesse), devint comte de Dunois et, par mariage avec Marie d'Harcourt, seigneur de Beaugency. Il fit construire ce château à l'emplacement de l'ancienne forteresse et y résida au milieu du XVe siècle. À côté de la grosse tour, aile Renaissance construite par Jean II d'Orléans. En 1839, le Département y crée un « Dépôt de mendicité » et ce n'est qu'après la Première Guerre mondiale que le château est transformé en musée régional.
À la fois ethnographiques, archéologiques et artistiques, les collections survolent l'histoire locale depuis la préhistoire. Intéressante salle consacrée à la Loire, au pont et à l'intense activité économique qu'il engendrait. Dans la salle des Personnalités, monumentale bibliothèque ayant appartenu à Eugène Sue. Dans les combles, charpente en coque de bateau renversée. Ouvrage du XVe siècle en châtaignier aux assemblages chevillés. Pas une seule vis !

★ *La tour de César :* à côté du château Dunois. Datant de la fin du XIe siècle, elle fut classée Monument historique grâce à Mérimée. Victor Hugo en fit le décor d'une partie de sa pièce *Marion Delorme*.

★ *L'église Notre-Dame :* belle abbatiale du XIIe siècle, restaurée au XVIIe siècle. Ouverte de 9 h à 18 h. La lumière joue avec la pierre blanchie par le temps et avec les vitraux suivant les heures de la journée. Baptistère et déambulatoire d'une simplicité émouvante. Ici fut prononcée l'annulation du mariage de Louis VII et d'Aliénor d'Aquitaine qui (pour se venger ?) devint deux ans plus tard reine d'Angleterre...

★ *L'hôtel de ville :* place du Docteur-Hyvernaud. Visite guidée (et payante) de mai à fin septembre, du lundi au vendredi à 11 h, 15 h, 16 h et 16 h 30 et à 11 h le samedi (sauf mariages...). D'octobre à fin avril, du mardi au vendredi à 15 h, 16 h et 16 h 30. Départ de l'office du tourisme.

Le rez-de-chaussée, avec ses fenêtres en arc, s'inspire de la tradition italienne. Au-dessus, bandeau sculpté sur lequel on peut voir les armes des seigneurs de Beaugency (les Dunois, les Longueville), ainsi que l'omniprésente salamandre de François Ier. Le premier étage est un bel exemple de style Renaissance française. L'architecte s'est d'ailleurs largement inspiré du Palais de Chaillot (c'est pas beau de copier !). Au deuxième étage, tourelles d'angle et balcon ajouré du XIXe siècle qui brisent quelque peu l'harmonie de la façade. À l'intérieur, dans la salle qui sert toujours aux réunions du conseil municipal, grands panneaux muraux réalisés sous Louis XIII et brodés au point de passe empiétant (il faut connaître !). Ils représentent des sacrifices anciens et les quatre continents. Eh oui ! il en manque un : l'Océanie, dont on ignorait encore l'existence. Et les représentations de l'Afrique ou de l'Asie sont largement fantaisistes. Dommage pour ces moines (ils se mettaient à plusieurs pour réaliser un mètre de tapisserie par an), le *Guide du Routard* n'avait pas encore été inventé !

★ *La tour Saint-Firmin :* c'est tout ce qui reste d'une église du XVIe siècle, détruite lors de la Révolution. On ne peut malheureusement plus monter à son sommet (53 m) ! À côté, beau petit pavillon Renaissance, dans la cour de l'hôtel-Dieu.

— Ne pas manquer non plus de se promener sur les *quais du bord de Loire*, plantés d'arbres magnifiques. Vue splendide sur la Loire et le Vieux Pont construit au XIIe siècle. Restauré après une énorme crue au début du XVIIe siècle, il a pris alors sa structure actuelle avec ses 22 arches. Et si vous entendez des petits rires sardoniques en le traversant, rien de plus normal, il serait l'œuvre du diable, selon une légende de Beaugency.

Randonnées pédestres

— *Vers Orléans* (27 km).
— *Vers Mer* (15 km) : de Beaugency, suivre le G.R. 3 qui longe la rive droite de la Loire, via Lestiou (7 km). Continuer jusqu'à la hauteur de Muides-sur-Loire (7 km) et prendre la D112 à droite pour atteindre Mer. Gare de chemin de fer à Mer. Renseignements S.N.C.F. : ☎ 08-36-35-35-35.

TALCY (41370)

À l'est de Beaugency par la D917 puis la D10a, à l'écart des circuits habituels, un charmant village encerclé par les champs de blé et de tournesols. Ici, peu de touristes malgré la présence d'un *château* célèbre pour avoir abrité Cassandre, inspiratrice de Ronsard, puis les amours d'un autre poète, Agrippa d'Aubigné. ☎ 02-54-81-03-01. Ouvert tous les jours de 9 h 30 à 12 h et de 14 h à 18 h, d'avril à fin septembre ; d'octobre à fin mars, ouvert de 10 h à 12 h et de 14 h à 16 h 30 ; fermé le mardi (hors saison) et les jours fériés. Visites guidées toutes les heures.

Construit au XVIe siècle, ce ravissant château a conservé son charme particulier, faisant office à la fois de forteresse et d'élégante demeure Renaissance. Disposés autour d'une cour pavée où trône une fontaine, galeries et jardin aux noyers séculaires achèvent de le rendre romantique. Les pièces ont conservé leur mobilier d'époque, luxueux comme dans la chambre Catherine de Médicis, plutôt rustique pour la chambre des Demoiselles (charmante) ou la grande salle des gardes. Somptueuses tapisseries et bien belles poutres un peu partout.

Dehors, on visite également les dépendances et un vieux pressoir, gigantesque. Ne pas rater le colombier.

Où manger ?

|●| *Auberge du Château :* ☎ 02-54-81-03-14. Dans le village, face au château. Fermée le dimanche soir, le lundi et le mardi (sauf jours fériés) et courant octobre. Jolie décoration intérieure. Le menu à 80 F remet au goût du jour des recettes ménagères. D'autres menus plus chers (105, 165, 195 et 230 F) mais avec de bons petits plats originaux, comme le demi-colvert à la concassée de noix et de bleu, les cuisses de grenouilles aux parfums exotiques... Expositions d'artistes qui, chaque mois, élaborent un menu avec le chef. Réservation conseillée. Café offert sur présentation du guide.

LE CHÂTEAU DE CHAMBORD (41250)

À 16 km à l'est de Blois sur la D33. À 180 km de Paris. Autoroute A10, sortie n° 7.

Ancien rendez-vous de chasse, Chambord fut construit par François Ier, mais celui-ci ne le verra jamais achevé. C'est une des merveilles de la Renaissance et certainement le château le plus célèbre du Val de Loire. Louis XIV y donna des fêtes somptueuses. Aujourd'hui, il reçoit environ 800 000 visiteurs par an. Rassurez-vous, il possède 440 pièces ; on peut éviter de se rentrer dedans !

La grandiose façade symétrique est flanquée de quatre tours rondes qui se mirent dans les eaux du Cosson. Chambord est un chef-d'œuvre du style Renaissance mais l'architecture rappelle encore l'époque féodale. Le donjon central avec ses quatre tours en est le meilleur exemple. Le bâtiment central est célèbre pour son grand escalier à double vis autour d'un noyau creux. Deux personnes peuvent l'une monter et l'autre descendre sans jamais se rencontrer. Autrefois, les amoureux aimaient y jouer à cache-cache... Au-dessus, splendide plafond à caissons orné des emblèmes de François Ier.

Dans l'une des salles des gardes se trouve un poêle monumental en faïence, apporté par le maréchal de Saxe. En haut du grand escalier, on débouche sur de vastes terrasses d'où l'on peut admirer la riche ornementation des cheminées et des lucarnes.

Au 1er étage du donjon, les appartements de Louis XIV ; boiseries provenant de Versailles et tapisseries des Gobelins. Au 2e étage, musée de la chasse et de l'art animalier.

L'ensemble du parc (5 500 ha) est une réserve nationale de faune sauvage rénovée en 1997.

Adresse utile

■ ***Centre d'information :*** ☎ 02-54-20-34-86. Au château : ☎ 02-54-50-40-00. Ouvert tous les jours sauf les 1er janvier, 1er mai, 25 décembre, de

9 h 30 à 17 h 15 du 2 janvier au 31 mars et du 11 octobre au 31 décembre, et de 9 h 30 à 18 h 15 d'avril à juin ainsi qu'en septembre, jusqu'à 19 h 15 en juillet et août. Visites payantes en nocturne les vendredi et samedi en juillet et août sur réservation (sous réserve). Audioguidage, garderie d'enfants l'été.

Spectacles, manifestations

– **Spectacle équestre :** en costumes Renaissance et Louis XV, tous les jours de début juillet à fin septembre à 11 h 45 et 17 h (à 16 h les week-ends de juin et septembre). ☎ 02-54-20-31-01.
– **Game Fair :** journées nationales de la chasse et de la pêche dans le cadre du château. En général, le troisième week-end de juin. ☎ 02-32-49-10-00.

Où dormir ? Où manger dans les environs ?

Prix modérés

🛏 |●| **L'Orée de Chambord :** 14, route de Chambord, 41250 Maslives. ☎ 02-54-81-42-42. Fax : 02-54-81-66-76. Fermé du 20 janvier à début mars. À 3 km du château, sur la route de Montlivault. La bonne auberge de village. Ambiance détendue. Chambres de 170 F (douche et w.-c.) et à 278 F (bains, w.-c. et... TV !). Deux chambres avec baldaquin neuf à 335 F. Deux restaurants, dont l'un dans une ancienne grange avec un menu à 75 F. Autres menus de 105 à 198 F avec gibier en saison, pintade au miel...

Plus chic

🛏 |●| **Hôtel du Grand Saint-Michel :** ☎ 02-54-20-31-31. Fermé à partir du week-end suivant le 11 novembre jusqu'au 20 décembre. Un emplacement absolument exceptionnel puisque c'est le seul hôtel face au château. Les rues et la place ont été aménagées en zone piétonne. Le soir, balade dans le parc en toute tranquillité : les touristes sont partis. Tennis. Demander une chambre donnant directement sur le château. Compter de 290 à 450 F pour deux. Brame du cerf en septembre. Menus à 98 et 135 F : filet de sandre à la graine de fenouil, côte d'agneau au romarin ou civet de sanglier grand veneur. Réserver à l'avance, bien sûr.

🛏 |●| **Le Saint Florent :** 41250 Mont-près-Chambord. ☎ 02-54-70-81-00. Fax : 02-54-70-78-53. Restaurant fermé le lundi midi ainsi qu'en janvier. À 10 km au sud de Chambord et de Blois et à peine plus de Cheverny, au cœur de la région des châteaux. Un petit hôtel propret. Des chambres claires et gaies pour un prix honnête : de 195 à 275 F la double avec douche et de 295 à 350 F avec bains. Réduction de 10 % du 12 novembre au 31 mars sur présentation du guide. Menus de 98 à 210 F. Formule rapide : 83 F. Plats du terroir comme la marmite de carpes au vin de Chinon et sa matignone de légumes, pied de porc à la solognote farci au foie gras, gibier en saison. Accueil agréable. Une bonne adresse.

🛏 |●| **Manoir du Bel Air :** 41500 Saint-Dyé-sur-Loire. ☎ 02-54-81-60-10. Fax : 02-54-81-65-34. À 5 km au nord de Chambord. Fermé du 20 janvier au 20 février. Vieille bâtisse couverte de lierre, en bord de Loire. Le prix des chambres est modéré vu le confort et la propreté ; compter de 320 à 380 F pour deux. Préférer celles qui donnent sur la Loire. 10 % de réduction sur présentation du guide du 1er octobre au 30 juin. Menus à partir de 118 F, puis à 168 et 218 F. Spécialités : mousseline de sandre, tapenade aux trois saumons, gibier (en saison), caille à la solognote. Et, pour digérer, un chemin de halage (donc sans voitures) passe en contrebas et longe la Loire.

À faire

– *Canotage :* de mars à novembre, promenade en barque sur le grand canal et dans les douves du château. ☎ 02-54-56-00-43.
– *Symphonie de brame :* de mi-septembre à mi-octobre, possibilité d'écouter une curieuse symphonie, au creux de certaines forêts. Écoute à partir de l'un des quatre postes d'observation disséminés dans le parc de Chambord dès la tombée de la nuit (accès libre). *Maison forestière des réfractaires,* 41250 Chambord. ☎ 02-54-50-40-00.
– *Location de vélos et de canoës :* à Saint-Dyé-sur-Loire, possibilité de louer des vélos à 30 F la demi-journée, pour une balade de 6 km jusqu'au château de Chambord. Également location de canoës-kayaks pour une descente de la Loire jusqu'à Saint-Laurent. Compter environ 85 F pour deux à trois personnes. Se renseigner à la *Maison de la Loire* ou à l'*office du tourisme,* dans la rue principale. ☎ 02-54-81-65-45. Fax : 02-54-81-62-22. Ouvert tous les après-midi, sauf le mardi.

Randonnées à cheval

– À proximité du château, *le **centre équestre des Écuries du Maréchal de Saxe*** (☎ 02-54-20-31-01. Fax : 02-54-20-38-52) offre la possibilité de promenade en calèche. Départs à 11 h 30, 15 h, 16 h et 18 h, uniquement en juillet et août.
Le parc est entouré par le plus long mur de France (32 km).

Pêche

– *Location de matériel de pêche : Au Rendez-vous des Pêcheurs,* à Pont-d'Arian (11 km au sud de Chambord). Petite bâtisse recouverte de lierre au carrefour des deux routes. Rivière à proximité. Profitez-en pour y boire un petit gamay rosé de Cheverny, histoire de vous donner du cœur à l'ouvrage.

LE CHÂTEAU DE CHEVERNY (41700)

À 14 km au sud-est de Blois sur la D765. Ouvert tous les jours de 9 h 30 à 12 h et de 14 h 15 à 17 h (17 h 30 en mars et octobre, 18 h la 2e quinzaine de septembre et 18 h 30 en avril et mai) ; de juin à mi-septembre, sans interruption de 9 h 15 à 18 h 45. ☎ 02-54-79-96-29. Entrée payante. Réduction pour les étudiants.
Très classique, son aspect extérieur dégage une certaine froideur. Il fut construit en pierre de Touraine qui a la particularité de blanchir avec le temps. Ce domaine appartient à la même famille depuis 600 ans.
Mais l'intérêt de Cheverny réside avant tout dans sa décoration intérieure datant de Louis XIII. D'ailleurs, on sent bien que les gens y vivent et le mobilier n'y est pas figé comme dans bien d'autres châteaux. Dans le petit salon, tapisseries des Flandres. Un bel escalier de pierre permet l'accès à l'appartement du Roi. La chambre contient six tapisseries des Ateliers de Paris, antérieurs aux Gobelins, et des meubles très anciens. Dans les communs,

petit musée de la chasse. La salle des trophées expose plus de 2 000 bois de cerfs. Le château possède toujours une meute de 70 chiens pour la chasse à courre. Soupes aux chiens du 1er avril au 15 septembre, sauf les samedi, dimanche et jours de fête, à 17 h; le reste de l'année à 15 h sauf les mardi, samedi, dimanche et jours fériés.
– On peut aussi admirer Cheverny et ses alentours du haut du plus grand ballon à hélium du monde! ***L'aéro-Cheverny*** est un ballon captif relié au sol par un câble qui s'élève à plus de 150 m d'altitude, de mars à fin octobre. À cette hauteur, les 30 passagers de la nacelle peuvent contempler le paysage à 20 km à la ronde. Mais attention, l'ascension du ballon dépend des conditions de la météo. Renseignements : ☎ 02-54-79-25-05. Tarif (80 F) qui comprend la visite du château et l'ascension en ballon.
Une nouvelle activité est proposée aux visiteurs du château. Il s'agit d'une visite accompagnée de la partie forestière du parc et du canal à bord de voiture et de bateau électriques. Fonctionne du 1er avril au 10 novembre. Dans la rue principale, charmante petite ***église*** entourée d'un porche en bois du XVIe siècle.
À côté, accueillant ***syndicat d'initiative*** (☎ 02-54-79-95-63) où l'on se rend avant tout pour déguster du fois gras de canard et du vin de Cheverny offerts par des producteurs locaux.

De bouche à oreille

Savez-vous que l'auteur de Tintin, Hergé, s'est inspiré de Cheverny pour dessiner le célèbre château de Moulinsart, propriété des ancêtres du capitaine Haddock? Ce dernier le rachètera dans *Le Trésor de Rackham le Rouge*, grâce à un don de Tournesol.

Où manger?

⦿ ***Le Pousse-rapière :*** rue Nationale. ☎ 02-54-79-94-23. En face de l'entrée du château. Ouvert jusqu'à 21 h 30, fermé le dimanche soir et le lundi, ainsi que de mi-décembre à mi-janvier. Confortable, et proprios sympas. Plusieurs menus : de 90 à 280 F. Cuisine bonne et originale, desserts particulièrement savoureux parmi lesquels une délicieuse tarte Tatin. Spécialités gasconnes : foie gras, confits, gibier en saison, etc.

Où dormir? Où manger dans les environs?

⌂ ⦿ ***Hôtel des Trois Marchands :*** 41700 Cour-Cheverny. ☎ 02-54-79-96-44. Fax : 02-54-79-25-60. Fermé le lundi ainsi qu'en février. Petite ville à 1 km du château. Sur la rue principale, à côté de l'église. Auberge assez récente. Quelques poutres apparentes sur la façade lui donnent un certain charme solognot. 39 chambres de 180 F (avec lavabo) à 360 F avec bains et w.-c. 10 % de réduction sur le prix des chambres sur présentation du guide. Table réputée. Menus à 120 F (sauf le dimanche midi), 190 et 240 F. Formule snack à 75,50 F, comprenant une entrée et un plat comme le mignon de porc à la crème d'ail.

⌂ ⦿ ***Chambres d'hôte Les Saules :*** chez Didier et Anita Merlin-Overschie, 41700 Cheverny. ☎ 02-54-74-26-95. Sortir de Cheverny par la D102 et, le long du golf, tourner à droite vers le camping des Saules. Fermé tous les midis, le mardi soir et de mi-décembre à mi-janvier. Quatre chambres rustiques mais sympa.

L'une est avec douche (285 F), trois autres avec bains (295 F), petit déjeuner compris. Didier, cuisinier pendant 12 ans, vous propose le soir sa table d'hôte à 110 F avec apéritif, vin et café compris. Piscine.

LE CHÂTEAU DE TROUSSAY

À 3 km de Cheverny, une ravissante gentilhommière Renaissance construite en 1450, qui offre un témoignage étonnant de la vie de la petite noblesse. Un des plus beaux témoignages de sculptures sur bois de l'époque et dont la porte de la chapelle est le fleuron. Petit musée consacré aux traditions de Sologne.

On peut y organiser mariages et réceptions et halte-repas pour groupes (sur rendez-vous de Pâques au 11 novembre ; ☎ et fax : 02-54-44-29-07).

Visite : pendant les vacances de Pâques, de 10 h 30 à 12 h 30 et de 14 h à 18 h 30. En juin de 10 h à 13 h et de 14 h à 19 h ; en juillet et août, de 10 h à 19 h. En septembre, de 10 h à 13 h et de 14 h à 18 h. En dehors des périodes citées, ouvert de Pâques à la Toussaint les dimanche et jours fériés de 10 h 30 à 12 h 30 et de 14 h à 18 h. Entrée : 26 F.

LE CHÂTEAU DE BEAUREGARD

Entre Cheverny et Blois, sur la D765. Du 10 avril au 30 septembre, ouvert tous les jours de 9 h 30 à 12 h et de 14 h à 18 h 30. En juillet et août sans interruption de 9 h 30 à 18 h 30. Du 1er octobre au 1er décembre tous les jours sauf le mercredi de 9 h 30 à 12 h et de 14 h à 17 h. Fermé du 1er décembre au 19 décembre et du 5 janvier au 10 avril 1999 (vérifier toutefois). Entrée payante (30 F pour parc et jardins, 40 F pour parc, jardins et château). ☎ 02-54-70-40-05.

Entouré d'un vaste parc, il domine la vallée du Beuvron. La plus grande partie du château date du début du XVIe siècle. À l'entrée, splendide armoire du XVIIe siècle rapportée des pays de l'Est et une mâchoire de baleine. La partie la plus remarquable est la *galerie des Illustres* au 1er étage, qui comporte 327 portraits historiques. On y trouve la succession complète des rois, de Philippe VI de Valois à Louis XIII et tous les personnages célèbres de leur temps. Le carrelage de la galerie (en faïence de Delft) représente toute une armée de l'époque Louis XIII en marche. Sous les tableaux figurent les dates du règne et la devise de chaque roi. Lever le nez vers le plafond (1624) peint en poudre de lapis-lazuli. Au XVIIe siècle, cette pierre valait dix fois plus qu'un kilo d'or. Dans la galerie des meubles, quelques trésors dont un fauteuil indo-portugais à fond réversible selon la saison !

On visite également la vaste *cuisine* du XVIe siècle à deux cheminées et le *cabinet des Grelots,* charmante petite salle aménagée au milieu du XVIe siècle pour Jean du Thiers (secrétaire d'État d'Henri II). Son blason, d'azur à trois grelots d'or, orne le plafond. Expos temporaires. Jardin des Portraits dessiné par Gilles Clément (10 mars-19 octobre). Fête des Plantes au printemps, et Salon du livre et des associations en septembre. Renseignements au château.

Où dormir ?

Chic

🛌 *Château de Lutaine :* route de Seur, 41120 Cellettes. ☎ 02-54-70- 48-14. Fermé de la Toussaint à Pâques. Au sud de Blois, à quelques kilomètres de Beauregard, entre

Cellettes et Montil. M. de Chevignay, gentleman-farmer fort sympathique, et sa femme louent 5 chambres d'hôte joliment meublées dans une très séduisante ferme entièrement restaurée. 360 F pour deux avec petit déjeuner. Pas de table d'hôte mais pique-nique autorisé dans le grand parc de 30 ha. Un endroit (situé en pleine nature en lisière de forêt) idéal pour se mettre au vert.

BLOIS (41000)

La ville est bâtie en amphithéâtre sur les coteaux qui dominent la Loire. Une grande partie de Blois fut gravement endommagée pendant la guerre. Les nouvelles constructions furent aménagées de manière à dégager parfaitement la vue du château (n'oublions pas que le maire n'est autre que... Jack Lang). Mais Blois possède encore des rues anciennes, tortueuses, escaladant capricieusement les flancs escarpés de la rive. L'actuel chef-lieu du Loir-et-Cher a tout de même été le centre de la Renaissance française, comme en témoigne son prestigieux château, où se tramèrent de grands événements du pays. Louis XII, roi de France en 1498, y naquit en 1462. Denis Papin, l'inventeur de la machine à vapeur, y vit le jour en 1647. Patrie également de l'illusionniste Louis-Eugène-Robert Houdin, né en 1805. La ville a d'ailleurs financé un Centre national des Arts et de la Magie en mémoire de ce dernier.

Comment y aller ?

– *Par la route :* de Paris, autoroute A10, sortie Blois.
– *Par le train :* deux possibilités. Au départ de Paris-Gare d'Austerlitz, trains directs ou avec un changement aux Aubrais-Orléans. 1 h 30 à 2 h de voyage. Au départ de Paris-Gare Montparnasse, TGV avec un changement à Saint-Pierre-des-Corps. 1 h 45 de voyage. Renseignements S.N.C.F. : ☎ 08-36-35-35-35 (2,23 F la minute). Internet : www.sncf.fr.

Adresses utiles

◻ *Office du tourisme :* pavillon Anne-de-Bretagne, 3, av. Jean-Laigret. ☎ 02-54-90-41-41. De mai à fin septembre, ouvert de 9 h à 19 h, les dimanche et jours fériés de 10 h à 19 h. Le reste de l'année, de 9 h à 12 h 30 et de 14 h à 18 h, les dimanche et jours fériés de 10 h à 13 h.
■ *Location de vélos :* Cycles Leblond, 44, levée des Tuileries, ou 17, rue du Sanitas. ☎ 02-54-74-30-13. Ouvert tous les jours de 9 h à 21 h. À partir de 35 F par jour pour un vélo classique ; de 40 à 90 F pour un VTT. Caution demandée.
■ *Location de voitures :* Europcar, 105, av. de Vendôme. ☎ 02-54-43-22-20.

■ *Descente de la Loire, canoë-kayak, séjours à thème :* Canoë Loisirs, à La Chaussée-Saint-Victor. ☎ 02-54-78-67-48.
■ *Planche à voile, tennis et ski nautique :* au lac de Loire (150 ha).
■ *Survol des châteaux de la Loire en U.L.M. :* vol d'initiation en juin, juillet, août et septembre, les dimanche et jours fériés, à la *Ferme de Duguy,* 41150 Onzain. Tours à 150 et 200 F. Renseignements : ☎ 02-54-20-68-51.
■ *Survol des châteaux de la Loire en hélicoptère :* s'adresser à l'office du tourisme. ☎ 02-54-90-41-41. Balades de 250 F (10 mn), 400 F (20 mn) ou 1 400 F (1 h).

Où dormir ?

▲ *Hôtel du Bellay :* 12, rue des Minimes. ☎ 02-54-78-23-62. Fax : 02-54-78-52-04. Fermé en janvier. À l'écart des circuits touristiques de l'hôtellerie, une chaumière du XVIIIᵉ siècle avec une charmante entrée de lilliputien. La salle d'accueil à peine plus grande facilite le contact avec les adorables patrons. Chambres printanières, tonifiantes et bien équipées à 145 F (avec lavabo et w-c), 160 F (avec douche et TV) et 185 F (bains, w.-c., TV, téléphone). Excellent rapport qualité-prix. Le genre d'adresse, coup de cœur du routard, pour déplier ses bagages jusqu'à la fin du séjour. Conseillé de réserver.

▲ *Hôtel Anne de Bretagne :* 31, av. Jean-Laigret. ☎ 02-54-78-05-38. Fax : 02-54-74-37-79. Situé à 300 m du château et du centre-ville. Une adresse accueillante avec un cachet provincial. Bar intime. 29 chambres de 210 à 380 F (douche ou bains, w.-c., TV et téléphone). Légèrement bruyantes mais agréables. Un peu moins cher en hiver. Une nuit gratuite pour un séjour de trois jours du 1ᵉʳ novembre au 31 mars sur présentation du guide.

▲ *Le Savoie :* 6-8, rue du Docteur-Ducoux. ☎ 02-54-74-32-21. Fax : 02-54-74-29-58. Fermé du 23 décembre au 4 janvier. En face de la gare. Atmosphère de pension de famille. Chambres propres et gaies à la déco un peu défraîchie. De 230 à 280 F avec douche, w.-c., téléphone et TV (Canal +). Très bon accueil. Conseillé de réserver. 10 % de réduction du 1ᵉʳ octobre au 30 avril sur le prix des chambres sur présentation du guide.

▲ *À la Ville de Tours :* 2, place de la Grève. ☎ 02-54-78-07-86. Fermé la première quinzaine de janvier et la première semaine d'octobre. Un petit hôtel sans chichi mais très accueillant avec de jolies chambres de 180 à 220 F la double selon la saison. TV sur demande. Certaines donnent sur la cour, d'autres sont un peu plus bruyantes mais ont vue sur la Loire et la rive gauche de la ville. Cuisine traditionnelle au resto avec des menus à 59 et 89 F : duo de poisson en terrine, aumônière d'escargots, panequet de volaille. Réduction de 10 % sur la chambre et le petit déjeuner si l'on mange au resto. Bon accueil.

Aux environs

▲ *Villa Médicis :* chez Mme de Cabin Saint-Marcel, à Macé, 41000 Saint-Denis-sur-Loire. ☎ 02-54-74-46-38. Fax : 02-54-78-20-27. Ancienne station thermale, entourée de sources et d'un parc. Dans un petit château du XVIIIᵉ siècle, des chambres d'hôte simples, mais confortables, avec leurs gros lits douillets. 400 F la chambre pour deux avec douche, petit déjeuner compris. Fait aussi table d'hôte sur réservation (de 100 à 200 F le repas, vin compris, repas gratuit pour les enfants de moins de 10 ans). Produits frais de la région : asperges, canard, etc. Très bon accueil. Apéritif maison offert sur présentation du guide.

▲ *Château de Nanteuil :* 41350 Huisseau-sur-Cosson. ☎ 02-54-42-61-98. Fax : 02-54-42-37-23. Fermé du lundi midi au mardi midi. À Blois prendre la D133 direction Chambord, c'est dans le bourg du Chiteau. À quelques minutes de Blois, c'est d'un calme et d'un repos absolus. Dans une belle et grande demeure, 5 chambres agréablement décorées de 280 à 350 F dont certaines donnent directement sur la petite rivière, le Cosson. Resto assez cher avec une cuisine régionale à base de poisson. Menus à 100 et 160 F avec roulade de saumon au chèvre frais, salade de cailles au vinaigre de griottes, escalopine de rascasse. Service au bord du Cosson dès les beaux jours. Le patron est plutôt sympa et très fier de sa petite entreprise !

Où manger ?

|●| *La Garbure :* 36, rue Saint-Lubin. ☎ 02-54-74-32-89. Dans la vieille ville. Fermé le mercredi en hiver et le samedi midi. Service jusqu'à 22 h. La salle principale est ornée de poutres apparentes, l'autre, minuscule et située dans une cave, ne reçoit malheureusement plus que les groupes. Une jeune équipe charmante y sert une savoureuse cuisine du Sud-Ouest : magret de canard au torchon (50 F), tripoux d'Auvergne (75 F), délicieux chèvre chaud, cassoulet, foie gras et, bien sûr, la garbure (une potée du Périgord faite de choux, lard et confit d'oie) à 85 F. Premier menu à 79 F, en semaine. Autre menu à 89 F. Simple, copieux et réussi. Réservation recommandée.

|●| *Au Bouchon Lyonnais (chez Georges) :* 25, rue des Violettes. ☎ 02-54-74-12-87. Dans la vieille ville, près de la place Louis-XII. Fermé les dimanche et lundi sauf jours fériés et en juillet et août (congés annuels en janvier). Petite salle chaleureuse, où l'on déguste une bonne cuisine traditionnelle. Menus à 115 et 165 F (avec, par exemple : tête de veau sauce ravigote, cuisses de canard, confits aux lentilles). Spécialités lyonnaises. Terrasse aux beaux jours. Une valeur sûre. Réserver.

|●| *Restaurant Les Banquettes Rouges :* 16, rue des Trois-Marchands. ☎ 02-54-78-74-92. Au cœur de la vieille ville. Un accueillant petit restaurant qui doit son nom aux banquettes rouges sur lesquelles s'entassent, hiver comme été, les habitués du lieu. Même les touristes qui s'arrêtent pour demander un verre d'eau ou les toilettes sont reçus ici avec le sourire. Dans les assiettes, des mets traditionnels présentés avec un souci artistique. 1er menu différent chaque midi à 89 F. Autres formules à 119 et 159 F où le poisson est à l'honneur. À noter également, une belle carte de vins de cépage. C'est un de nos coups de cœur de la région.

|●| *Le Bistrot du Cuisinier :* 20, quai Villebois-Mareuil. ☎ 02-54-78-06-70. Service jusqu'à 23 h 30. De l'autre côté de la Loire, à 50 m du pont Gabriel, autrement connu sous le nom de Vieux Pont. Un resto à vin avec une vue imprenable sur la ville de Blois. Très bonne adresse. Grande salle sans prétention pour un très bon rapport qualité-prix. 1er menu à 94 F et un autre à 132 F. Cuisine parfumée et copieuse, servie et commentée par le chef-cuistot en personne. Des spécialités alléchantes comme les ravioles de homard dans sa bisque au whisky, la salade de cailles aux coteaux-du-layon et la matelote d'anguilles des bateliers de la Loire.

|●| *Le Relais des Gardes :* 52, rue de la Foulerie. ☎ 02-54-74-36-56. Ouvert jusqu'à 23 h. Fermé le dimanche midi et le mercredi. Agréable crêperie du vieux quartier en contrebas de la cathédrale. Grand choix de galettes (environ 40 F) provençale, cheyenne ou Fort Apache (!). En dessert, crêpes ananas au rhum ou à la crème de noisette. Menu à 62 F.

|●| *Au Rendez-vous des Pêcheurs :* 27, rue Foix. ☎ 02-54-74-67-48. Fermé le dimanche, lundi midi ainsi qu'une semaine en février et trois semaines en août. Ce resto est recommandé aux grands amateurs de poisson et mérite en effet de faire une petite folie et de craquer pour le premier menu à 145 F. La carte vous propose par exemple : cassolette d'huîtres, d'escargots, omble chevalier grillé sur la peau, ragoût d'asperges et langoustines, fondant au chocolat... Et pour arroser le tout, laissez le chef, Éric Reithler, vous conseiller ses vins de Loire, c'est son hobby et il le fait à la perfection.

– Ne pas oublier d'acheter du fromage de chèvre au *marché* le samedi matin. Dans la vieille ville.

D'ORLÉANS À BLOIS

À voir

★ **Le château :** ouvert du 1er octobre au 14 mars de 9 h à 12 h 30 et de 14 h à 17 h. Du 15 mars au 30 septembre de 9 h à 18 h 30 (jusqu'à 20 h en juillet et août). Visite-conférence (ou insolite) du château : tous les jours à 14 h 30, en juillet et août (durée 2 h). Rendez-vous devant le château. Renseignements : ☎ 02-54-74-16-06. Son et lumière « Ainsi Blois vous est conté » : un texte d'Alain Decaux dit par Robert Hossein, entre autres. À l'Ascension et à la Pentecôte ainsi que tous les soirs de début mai à mi-septembre. Renseignements : ☎ 02-54-78-72-76. Venir un quart d'heure à l'avance. Le billet du château donne accès au cloître Saint-Saturnin et au musée Lapidaire.

Bâti sur un coteau en plein centre-ville, le château épouse la forme d'un quadrilatère entourant une cour d'honneur. La façade extérieure comprend une partie médiévale et une autre plus récente, joliment construite en brique et pierre. Certains personnages sculptés (1re et 4e fenêtres à gauche de l'entrée) rappellent la grivoiserie bien rabelaisienne de l'époque. La cour intérieure est célèbre pour son escalier enfermé dans une tour octogonale et décoré de sculptures merveilleuses. Remarquer, sur la tour de droite en entrant dans la cour, au niveau du 1er étage, sous une fenêtre, le charmant angelot en cul-de-lampe doté de la tignasse, du nez et du sourire de... Jack Lang. C'est l'un des sculpteurs, lors de la restauration du château, qui a fait le coup, estimant certainement que le célèbre maire de Blois valait bien d'être immortalisé ainsi !

Au 1er étage, la salle des Gardes, où Ronsard rencontra Cassandre, et les appartements de la Reine où vécut Catherine de Médicis. Superbes tentures aux murs. Le guide vous montrera l'armoire à poisons que l'on ouvre en pressant du pied un dispositif caché dans la plinthe. Au 2e étage, les appartements d'Henri III. Le duc de Guise fut assassiné et vint mourir dans la chambre du roi (23 coups de couteau ; on avait encore le goût du travail bien fait). Soutenu par l'Espagne, le duc de Guise était le chef de la Ligue catholique. Son assassinat fut l'un des épisodes les plus tragiques des guerres de Religion.

Le château abrite également trois musées : le **musée des Beaux-Arts**, dans les appartements Louis XII (meubles, objets d'art et toiles de Rubens, Ingres, Bruegel, etc.), ainsi que le **musée d'Archéologie**, au rez-de-chaussée de l'aile François-Ier et le **musée des Sculptures monumentales**.

Le soir, vue féerique sur le château du square en contrebas. Les balcons et arcades sont éclairés de l'intérieur.

★ **Le cloître Saint-Saturnin et le Musée lapidaire :** rue Munier. ☎ 02-54-74-16-06. Rive gauche de la Loire. Prendre le pont Gabriel et remonter le quai Villebois-Mareuil. Billet d'entrée unique pour le château, le cloître et le musée. Ouverts de Pâques à fin juin et en septembre : les week-ends de 14 h à 18 h 30 ; en juillet et août tous les jours de 14 h à 18 h 30. Un des derniers exemples de cimetières à galeries du XVIe siècle. Autour de la cour intérieure ont été réunies des collections lapidaires.

★ **Le musée d'Histoire naturelle :** les Jacobins, rue Anne-de-Bretagne. ☎ 02-54-74-13-89. Ouvert de 14 h à 18 h de janvier à avril et de septembre à décembre. Fermé le lundi ; de juin à août, ouvert de 10 h à 12 h et de 14 h à 18 h. Fermé les jours fériés. Entrée payante (15 F), gratuite pour les enfants de moins de 12 ans.

★ **L'église Saint-Nicolas :** entre le château et la Loire. Ancienne abbatiale bâtie aux XIIe et XIIIe siècles, qui offre une heureuse alliance des styles roman et gothique. Plus intéressante que la cathédrale. Sa façade en pierre calcaire de Beauce est partiellement recouverte d'herbes folles. À l'intérieur, remarquer la forme du chœur, très haut et très étroit. Curieux vitraux, presque surréalistes.

★ *Le Centre national des Arts et de la Magie :* place du château. ☎ 02-54-55-26-26. Ouvert du 1ᵉʳ au 30 juin de 10 h à 13 h et de 14 h à 18 h. Du 1ᵉʳ juillet au 31 août de 10 h à 18 h 30, et en septembre de 10 h à 13 h et de 14 h à 18 h. Du 1ᵉʳ octobre au 1ᵉʳ novembre, ouvert uniquement le mercredi, le jeudi et les week-ends de 10 h à 12 h 30 et de 14 h à 17 h 30. Gigantesque maison bourgeoise juste en face du château. Un musée exceptionnel en hommage à Robert Houdin qui vivait à Saint-Gervais, à 3 km au sud de Blois. Sa maison, le Prieuré, ne se visite pas.
— Sur le toit, la célèbre *horloge mystérieuse* inventée par Houdin, qui fonctionne sans mécanisme apparent.
— *Le sous-sol :* on entre dans l'univers de la magie avec des hologrammes, des entresorts, des vidéos et des objets de collection ayant appartenu à Robert Houdin.
— *Le 2ᵉ sous-sol :* toute l'histoire du célèbre magicien et des films de Méliès (qui était le directeur des Soirées fantastiques de Robert Houdin).
— *La salle de spectacle :* le seul théâtre au monde totalement prééquipé pour la magie. Parfois des choses bizarres traversent la salle, des fausses loges et des gens qui disparaissent...
— *La boutique :* quelques tours de magie en vente au rez-de-chaussée pour effrayer mamie.
— Le *cabinet de travail* de Robert Houdin et le *Jardin des Illusions* aux étages supérieurs. Attention, pas forcément ouvert au grand public.

★ *Le musée de l'Objet :* 6, rue Franciade. ☎ 02-54-78-87-26. Ouvert le week-end de 14 h à 18 h. De juin à août, ouvert du mercredi au dimanche de 13 h 30 à 18 h 30. Fermé les jours fériés. Entrée payante (15 F, et 5 F pour les étudiants et les enfants). Dans un ancien couvent, un musée entièrement consacré à l'objet, élevé au rang d'œuvre d'art, et devenu dès 1913 avec Marcel Duchamp, puis André Breton et Dalí le lieu d'interprétations poétique, littéraire et plastique. Sur plus de trois niveaux, vous pourrez admirer, entre autres, les délires artistiques des années 60 à nos jours, de César et ses sculptures de ferraille, de Christo et ses empaquetages, d'Isou, l'inventeur du lettrisme. Tout cela est fort surprenant et très intéressant. Également des expositions temporaires en collaboration avec l'école des Beaux-Arts.

★ *Les vieux quartiers :* les rues les plus jolies se trouvent entre la cathédrale et la Loire, notamment la *rue du Puits-Châtel* et la *rue des Papegaults*. Également la *rue Rebroussepénil,* piétonne, qui donne sur la rue du Commerce : adorable passage de pierre sous une maison. Se renseigner au château de Blois (☎ 02-54-74-16-06), qui organise des visites guidées du vieux Blois.

★ *La statue Denis Papin :* sur le grand escalier reliant la ville haute à la ville basse. L'inventeur de la cocotte-minute. La maison SEB verse-t-elle toujours des royalties à ses héritiers ?

★ *Les jardins de l'Évêché :* superbe roseraie et vue magnifique sur la ville.

Festivals

— *Le soleil a rendez-vous avec la lune :* une constellation de spectacles musicaux gratuits, de fin juin à début septembre. Renseignements : ☎ 02-54-74-19-16.
— *Les conteries de Blois :* festival du conte du 15 au 22 mars. Renseignements : ☎ 02-54-56-30-44.

Randonnée pédestre (39,5 km)

Possibilité d'arriver à Blois en train. Traverser la Loire par la D956 jusqu'à Cellettes (4 km), pour rejoindre le G.R. 3, puis Clénord (4 km) et Rue-de-Meneuil (6 km). Continuer sur la Chaussée-le-Comte (7 km) pour atteindre enfin le château de Chambord (3,5 km). Poursuivre dans le parc jusqu'au carrefour des Chemins (4 km). En continuant vers le nord, on atteint la Loire à Saint-Dyé-sur-Loire (3 km).

Le G.R. 3 longe ensuite la rive gauche de la Loire et remonte jusqu'à Muides-sur-Loire (4 km). Traverser la Loire pour rejoindre Mer (4 km). Gare de chemin de fer à Mer. Renseignements S.N.C.F. : ☎ 08-36-35-35-35.

De Blois, nombreuses randonnées. Itinéraires en vente au *Comité départemental de la randonnée pédestre* (☎ 02-54-78-55-50), de 15 à 36 F. Au programme : Sologne, Perche et Val de Cisse.

Le plein de campagne.

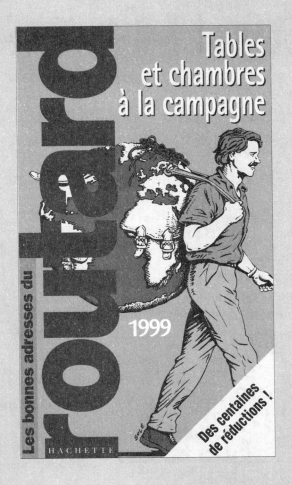

Les bonnes adresses du **routard**

Tables et chambres à la campagne

1999

HACHETTE

Des centaines de réductions !

*Plus de 1 600 adresses dont 130 inédites de fermes-auberges,
chambres d'hôtes et gîtes sélectionnés dans toute la France.
Un certain art de vivre qui renaît.*

Le Guide du Routard.
La liberté pour seul guide.

Hachette Tourisme

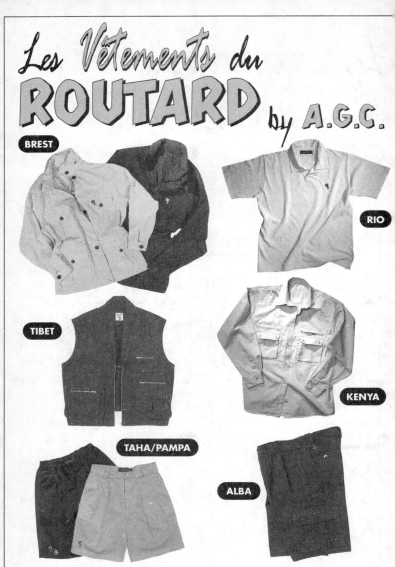

Les vêtements du Routard sont distribués par les détaillants textiles et sports et en VPC, par la **CAMIF** (téléphone du lundi au samedi de 8 à 20h : 0803 060 060 - web CAMIF : www.camif.fr).

La collection complète et la liste des points de vente sont visibles sur Internet **www.club-internet.fr/routard**

Pour tout renseignement complémentaire :

Tél. +32 71 82 25 00 - Fax +32 71 81 72 50
E-mail : joe.garot.agc@skypro.be

LE GUIDE DU ROUTARD ET VOUS

Nous souhaitons mieux vous connaître. Vous nous y aiderez en répondant
à ce questionnaire et en le retournant à :

Hachette Tourisme - Service Marketing
43, quai de Grenelle - 75905 Paris cedex 15
Chaque année, le 15 décembre, un tirage au sort sélectionnera
les 500 gagnants d'un Guide de Voyage.

NOM : .... Prénom : ....

Adresse : ....

.... Routard Fr.

1 - VOUS ÊTES :

a - ☐ 1 Un homme ☐ 2 Une femme

b - Votre âge : .... ans

c - Votre profession : ....

d - Quels journaux ou magazines lisez-vous ?
Indiquez les titres.

....

....

e - Quelles radios écoutez-vous ? *Précisez.*

....

2 - VOUS ET VOTRE GUIDE :

a - Dans quel guide avez-vous trouvé ce questionnaire ? *Précisez le titre exact du guide.*

b - Où l'avez-vous acheté ?

☐ 1 Librairie ☐ 2 Fnac/Virgin/Grands mag. ☐ 3 Maison de la Presse ☐ 4 Hypermarchés
☐ 5 Relais H : ○ aéroport ○ gare ☐ 6 Ailleurs ☐ 7 On vous l'a offert

c - Combien de jours avant votre départ ? .... jours

Pour un séjour de quelle durée ? .... jours

d - Quels sont, d'après vous, les points forts du GDR : ....

- Quels sont, d'après vous, les points faibles du GDR : ....

e - Que pensez-vous du Guide du Routard ?
Notez les points suivants de 1 à 5 *(5 = meilleure note)*.

Présentation	1 2 3 4 5	Adresses	1 2 3 4 5
Couverture	1 2 3 4 5	Cartographie	1 2 3 4 5
Informations culturelles	1 2 3 4 5	Rapport Qualité / prix du livre	1 2 3 4 5

Précisez vos réponses ....

f - Depuis quelle année utilisez-vous le Guide du Routard ? ....

g - Pensez-vous que le guide vous propose un nombre suffisant d'adresses ?

d'hôtels ?	tous prix confondus	< 200 F la nuit	200 à 280 F la nuit	> 280 F la nuit
suffisamment				
pas assez				
trop				

de restos ?	tous prix confondus	< 100 F le repas	100 à 149 F le repas	> 150 F le repas
suffisamment				
pas assez				
trop				

3 - VOUS ET LES VOYAGES :

a - Dans le cadre de vos voyages, utilisez-vous :

❑ Le GDR uniquement

❑ Le GDR et un autre guide   lequel ? ....

❑ Le GDR et 2 (ou +) autres guides   lesquels ? ....

Cochez, par destination, les voyages de 3 jours au moins, que vous avez effectués au cours de ces 3 dernières années et précisez les guides que vous avez utilisés (tous éditeurs confondus).

	Vous êtes allé...	avec quel(s) guide(s) ?		Vous êtes allé...	avec quel(s) guide(s) ?
FRANCE			**AMÉRIQUE**		
Tour de France			Canada Est		
Alsace			Canada Ouest		
Auvergne			Etats-Unis Est		
Bretagne			Etats-Unis Ouest		
Corse			Argentine		
Côte-d'Azur			Brésil		
Languedoc-Roussillon .			Bolivie		
Midi-Pyrénées			Chili		
Normandie			Equateur		
Paris - Ile de France ..			Mexique - Guatemala .		
Pays de la Loire			Pérou		
Poitou - Charentes			Autres :		
Provence			....		
Sud-Ouest			**ASIE / OCÉANIE**		
Autres :			Australie		
....			Birmanie		
EUROPE			Cambodge		
Allemagne			Chine		
Autriche			Hong-Kong		
Belgique			Inde		
Bulgarie			Indonésie		
Danemark			Japon		
Espagne			Laos		
Finlande			Macao		
Grande-Bretagne			Malaisie		
Grèce			Népal		
Hongrie			Sri Lanka		
Irlande			Thaïlande		
Islande			Tibet		
Italie			Vietnam		
Norvège			Singapour		
Pays-Bas			Autres :		
Portugal			....		
Rép.Tchèq. / Slovaquie			**ILES**		
Russie			Antilles		
Suède			Baléares		
Suisse			Canaries		
Autres :			Chypre		
....			Crète		
AFRIQUE			Iles anglo-normandes .		
Maroc			Iles grecques		
Tunisie			Maurice		
Afrique Noire			Madagascar		
Autres :			Maldives		
....			Malte		
PROCHE-ORIENT			Nlle Calédonie		
Egypte			Polynésie-Tahiti		
Israël			Réunion		
Jordanie			Sardaigne		
Liban			Seychelles		
Syrie			Sicile		
Turquie			Autres :		
Yemen			....		
Autres :					
....					

ROUTARD ASSISTANCE
L'ASSURANCE VOYAGE INTÉGRALE À L'ÉTRANGER

VOTRE ASSISTANCE «MONDE ENTIER»
LA PLUS ÉTENDUE !

RAPATRIEMENT MÉDICAL "VOIR MINITEL" (au besoin par avion sanitaire)	**1.000.000 FF**
VOS DÉPENSES : MÉDECINE, CHIRURGIE, HÔPITAL GARANTIES À 100 % SANS FRANCHISE	**2.000.000 FF**

HOSPITALISÉ ! RIEN À PAYER... (ou entièrement remboursé)

BILLET GRATUIT DE RETOUR DANS VOTRE PAYS En cas de décès (ou état de santé alarmant) d'un proche parent père, mère, conjoint, enfants	**BILLET GRATUIT (de retour)**
*BILLET DE VISITE POUR UNE PERSONNE DE VOTRE CHOIX Si vous êtes hospitalisé plus de 5 jours Rapatriement du corps - Frais réels	**BILLET GRATUIT (aller-retour) sans limitation**

avec CHUBB INSURANCE COMPANY OF EUROPE S.A.

RESPONSABILITÉ CIVILE «VIE PRIVÉE»
À L'ÉTRANGER

Dommages CORPORELS...	garantie à 100 %	**30.000.000 FF**
Dommages MATÉRIELS......	garantie à 100 %	**5.000.000 FF**
(dommages causés au tiers)		(AUCUNE FRANCHISE)

EXCLUSION RESPONSABILITÉ CIVILE AUTO : ne sont pas assurés les dommages causés ou subis par votre véhicule à moteur : ils doivent être couverts par un contrat spécial : ASSURANCE AUTO OU MOTO.

ASSISTANCE JURIDIQUE (Accident).....................................	**3.000.000 FF**
CAUTION PÉNALE	**50.000 FF**
AVANCE DE FONDS en cas de perte ou vol d'argent	**5.000 FF**

VOTRE ASSURANCE PERSONNELLE "ACCIDENTS"
À L'ÉTRANGER

Infirmité totale et définitive..	**500.000 FF.**
Infirmité partielle - (SANS FRANCHISE)	**de 1.000 à 495.000 FF.**
Préjudice moral : dommage esthétique...................	**100.000 FF.**
Capital DÉCÈS...	**20.000 FF.**

VOS BAGAGES ET BIENS PERSONNELS
À L'ÉTRANGER

Vêtements, objets personnels pendant toute la durée de votre voyage à l'étranger : vols, perte, accidents, incendie :	**6.000 FF**
dont APPAREILS PHOTO et objets de valeurs	**2.000 FF**

COMBIEN çA COÛTE ? **124 FF** par semaine
Chaque Guide du Routard pour l'étranger comprend un bulletin d'inscription dans les dernières pages.
Informations complètes MINITEL **36-15, code ROUTARD**

INDEX
GÉNÉRAL

les **Routards** *parlent aux* **Routards**

Faites-nous part de vos expériences, de vos découvertes, de vos tuyaux pour que d'autres routards ne tombent pas dans les mêmes erreurs. Indiquez-nous les renseignements périmés. Aidez-nous à remettre l'ouvrage à jour. Faites profiter les autres de vos adresses nouvelles, combines géniales... On adresse un exemplaire gratuit de la prochaine édition à ceux qui nous envoient les lettres les meilleures, pour la qualité et la pertinence des informations. Quelques conseils cependant :
– N'oubliez pas de préciser sur votre lettre l'ouvrage que vous désirez recevoir.
– Vérifiez que vos remarques concernent l'édition en cours et notez les pages du guide concernées par vos observations.
– Quand vous indiquez des hôtels ou des restaurants, pensez à signaler leur adresse précise et, pour les grandes villes, les moyens de transport pour y aller. Si vous le pouvez, joignez la carte de visite de l'hôtel ou du resto décrit.
– N'écrivez si possible que d'un côté de la lettre (et non recto verso).
– Bien sûr, on s'arrache moins les yeux sur les lettres dactylographiées ou correctement écrites !

Le Guide du Routard : 5, rue de l'Arrivée, 92190 Meudon

36-15, *code* **Routard**

Les routards ont enfin leur banque de données sur Minitel : 36-15, code ROUTARD. Vols superdiscount, réductions, nouveautés, fêtes dans le monde entier, dates de parution des G.D.R., rancards insolites et... petites annonces.

Routard Assistance 99

Vous, les voyageurs indépendants, vous êtes déjà des milliers entièrement satisfaits de Routard Assistance, l'Assurance Voyage Intégrale sans franchise que nous avons négociée avec les meilleures compagnies. Assistance complète avec rapatriement médical illimité. Dépenses de santé, frais d'hôpital, pris en charge directement sans franchise jusqu'à 2 000 000 F + caution + défense pénale + responsabilité civile + tous risques bagages et photos + 500 000 F. Assurance personnelle accidents. Très complet ! Le tarif à la semaine vous donne une grande souplesse. Chacun des *Guides du Routard* pour l'étranger comprend, dans les dernières pages, un tableau des garanties et un bulletin d'inscription. Si votre départ est très proche, vous pouvez vous assurer par fax : 01-42-80-41-57, mais vous devez, dans ce cas, indiquer le numéro de votre carte bancaire. Pour en savoir plus : ☎ 01-44-63-51-00 ; ou, encore mieux, Minitel : 36-15, code ROUTARD.

Imprimé en France par Aubin n° L 56795
Dépôt légal n° 3309-03/99
Collection n° 15 - Édition n° 01
24/2967/8
I.S.B.N. 2.01.242967-X
I.S.S.N. 0768.2034